青年时期的杨生茂先生

中年时期的杨生茂先生

晚年的杨生茂先生

南开百年史学名家文库

南开大学历史学科学术委员会　主编

# 杨生茂文集

杨令侠　编

南开大学出版社

天　津

**图书在版编目(CIP)数据**

杨生茂文集 / 杨令侠编. —天津:南开大学出版
社,2019.9
(南开百年史学名家文库)
ISBN 978-7-310-05848-8

Ⅰ.①杨… Ⅱ.①杨… Ⅲ.①世界史—文集 Ⅳ.
①K107—53

中国版本图书馆 CIP 数据核字(2019)第 162868 号

南开大学出版社出版发行
出版人:刘运峰
地址:天津市南开区卫津路 94 号　　邮政编码:300071
营销部电话:(022)23508339　23500755
营销部传真:(022)23508542　　邮购部电话:(022)23502200
\*
河北鹏润印刷有限公司印刷
全国各地新华书店经销
\*
2019 年 9 月第 1 版　　2019 年 9 月第 1 次印刷
240×170 毫米　16 开本　31.75 印张　6 插页　550 千字
定价:132.00 元

如遇图书印装质量问题,请与本社营销部联系调换,电话:(022)23507125

## "南开百年史学名家文库"编委会名单

江　沛　　赵桂敏　　李治安　　陈志强

杨栋梁　　常建华　　王先明　　王利华

刘　毅　　赵学功　　李金铮　　余新忠

陈　絜　　付成双　　刘岳兵

# 总 序

为庆祝南开大学建校一百周年，南开大学统筹策划一系列庆典活动和工作。其中，借机整理人文社会科学学科百年历程，特别将各学科著名学者文集的编辑和出版列为代表性成果之一予以确定。2017 年底，时任南开大学副校长朱光磊教授主持部署此项工作，将历史学科相关著名学者的选择及成果汇集工作交予了历史学院。

2018 年 11 月，历史学科学术委员会集体商定入选原则后，确定 1923 年建系以来已去世的、具有代表性的十位著名学者入选"南开百年史学名家文库"，他们是：1923 年历史系创系主任蒋廷黻，20 世纪 20 年代在文学院任教的范文澜，明清史专家郑天挺，世界上古史专家雷海宗，先秦史专家王玉哲，亚洲史暨日本史专家吴廷璆，唐元史专家杨志玖，美国史专家杨生茂，史学史与史学理论专家杨翼骧，北洋史、方志学家暨图书文献学专家来新夏。

随即，历史学科学术委员会委托江沛教授主持此事，并邀请退休和在岗的十位学者（依主持各卷顺序为：邓丽兰、王凛然、孙卫国、江沛、朱彦民、杨栋梁与郑昭辉、王晓欣、杨令侠、乔治忠、焦静宜）参与此项工作，分别主持一卷。此后，各位编辑者按照统一要求展开编辑工作，克服重重困难，并于 2019 年 1 月提交了各卷全部稿件。南开大学出版社莫建来等编辑，精心编校，使"文库"得以在百年校庆前印刷问世，这是对南开史学九十六年风雨历程的一个小结，是对南开史学学科建设的一个有益贡献，更是对南开大学百年校庆奉上的厚重贺礼。

十位入选学人，均为中国史、世界史学科的著名学者，创系主任蒋廷黻，是中国近代外交史领域和世界史学科的开拓者之一；范文澜是中国较早的马克思主义史学家；郑天挺、雷海宗先生是南开史学公认的奠基人，是学界公认的史学大家，其影响力无远弗届；王玉哲（先秦史）、吴廷璆（亚洲史暨日本史）、杨志玖（唐元史）、杨生茂（美国史）、杨翼骧（史学史）、来新夏（北洋史、方志学、图书文献学）在各自学术领域辛勤耕耘、学识深厚、育人精良、誉满海内外。他们几十年前的论著，至今读来仍不过时，仍具有启示意义；他们所开创的领域仍是南开史学最为重要的学术方向，他们的学术成就及言传身教，引领了南开史学的持续辉煌，他们是南开史学的标志性人物。

学术传承，一要承继，二要创新。九十六年来，在这些史学大家引导下，逐渐凝聚出南开史学的重要特征：惟真惟新、求通致用。近四十年，已发展出"中国社会史""王权主义学派"等具有重要引导作用的学术方向。在当今历史学国际化、跨学科、复合型的发展潮流中，南开史学更是迎难而上，把发展方向定位在服务国家战略及社会需求上，定位在文理交叉、多方融合上，承旧纳新，必将带来南开史学新的辉煌。

值此"南开百年史学名家文库"即将付梓之际，特做此文，以为说明。

魏晋嵇康有诗曰："人生寿促，天地长久。百年之期，孰云其寿？"衷心祝福母校在第二个百年发展顺利、迈进世界一流大学的行列，恭迎南开史学百年盛典！

南开大学历史学科学术委员会主任：江沛
2019 年 8 月 26 日

# 前 言

杨生茂，字畅如，1917 年生于河北省涿鹿县，1934 年入河北省省立北平高级中学，1938 年考入北平燕京大学，三年后肄业，1941 年秋赴美入加利福尼亚大学（伯克利）历史系读书，1944 年获本科学士学位后，旋入斯坦福大学研究院，主修美国外交史，获历史学硕士学位后，1946 年底回国，1947 年 9 月任教于南开大学历史系，1995 年退休。

杨生茂教授历任南开大学历史系代主任（1949 年）和副主任（1962—1964年）、世界近代史教研室主任（1957—1966 年）、美国史研究室主任（1964—1984年）、校学位委员会委员（1985—1988 年），以及中国美国史研究会副理事长（1979—1986 年）、中华美国学会常务理事（1988 年）、国务院学位委员会第二届学科评议组成员（1985—1991 年）、全国哲学社会科学"七五"规划会世界史组成员（1986—1990 年）、中国社会科学院美国研究所兼职研究员（1983 年）、天津市哲学社会科学规划领导小组成员（1984 年）、美国《美国历史杂志》国际特约编辑（1992—2008 年）及《历史教学》编委（1951—2010 年）等。

杨生茂教授曾获天津市劳动模范（1959 年）、天津市"五讲四美为人师表"优秀教育工作者（1982 年）、南开大学教学质量优秀奖（1990 年）、天津市总工会"七五"立功奖（1991 年）和国务院颁发的政府特殊津贴证书（1991 年）等。

这本《杨生茂文集》是杨生茂先生的第二本学术论文集①。新收录的文章包括三大类：一、新中国成立初期写给学术刊物的文章；二、没有公开发表过的文章；三、新中国成立前给报社撰写的时事评论文章（见附录）。

文集把文章分成几个部分，除第一部分集中了作者改革开放前撰写的文章外，其他各部分皆按专题分类；每类中的文章按发表时间排序。

---

① 杨生茂先生第一本学术论文集是《探径集》（南开史学家论丛，中华书局 2002 年出版）；这本文集中的文章比《探径集》（31 篇）增加了 17 篇。

一

编者秉持实事求是原则，对原作品未加改动。在 1978 年前杨生茂先生发表的文章中，有一些仅属于那个年代的词汇，具有浓重的历史印记，故都原封保留。如对这些词汇进行修改，倒是颇合当今的语境，但就顿失当时的文风了，更脱离了历史背景，大而论之，难以看清中国的世界史研究发展的真正轨迹，小而括之，模糊了杨生茂这个个体研究者的思路历程。由此说来，严格保留文集中文字的"原汁原味"就显得特别重要。这对中国的美国史学史和世界史学史的研究，乃至世界的世界史学史研究一定会有重要的史学价值和现实意义，因为它是那辈人在那个时代孜孜求真的探索过程。

1999 年时，杨生茂先生对他在 1949 至 1976 年撰写的文章，做自我评价如下：

> 我对美国史的研究可以说始于 1951 年。朝鲜战争时候，美国在中国影响很大，思想上、政治上、经济上影响很大，所以反对崇美是一个思想解放。

> 我发表了"美帝侵华政策的演变"一文。我认为这篇文章写的还是我的真实思想。为什么当时写这篇文章，不一定完全是政治上的需要。那时我写了好多文章，我觉得那时的文章有点片面。片面不怨我，因为你美国人打中国，中国人就反对你。而且当时中国人的任务就是要扭转对美国的看法，不要害怕美国，不要崇美，从我思想说这是政治任务。但是，我没有说假话，可能措辞上激烈，这情况倒是有的。

> "美帝侵华政策的演变"不是主要文章，主要文章是 1965 年发表的"'新边疆'是美帝国主义侵略扩张政策的产物——兼评特纳学派"，同前面的文章没有矛盾。后来，1966 年《历史研究》有一个书评，很赞成我的观点。说实在的，（"文革"结束前）有点分量的文章就这一篇。我们开始搞学问是"文革"结束后才开始，都 60 来岁了。在以前，都是运动、运动、运动，……，上山下乡，就搞这些东西。不能说在思想上一点收获都没有，但得不偿失，形式太简单。"新边疆"这篇文章代表了我的美国史学史研究

的一个阶段。[①]

## 二

本书《附录五》的内容均系杨生茂先生在 1946 至 1948 年间，就当时国际关系中 27 个方面的问题所撰写的 40 余篇时事评论。凡遇缺字，皆用"□"表示。

杨生茂先生曾有意从事媒体报业工作，在加利福尼亚大学伯克利分校读书时，选修过新闻系的许多课程，还到华侨报社工作过。1946 年夏他到纽约游历之前，曾与当时美国最大的报业大王、美国三大杂志的拥有者亨利·鲁斯互通信件，约定在纽约会面。1946 年年底回国后，他对中国报界抱着殷切期望。1948 年他说，现在许多国家的人民所知道的，只是政府愿意告诉的，对于国际真实的情形没有明确认识的机会。各种偏见深深印入人民的心目中，令国际合作的工作日见困难。[②] 为了让中国百姓认识国际政治真实的情形，他撰写了这些关于国际关系的时评。

那时正值第二次世界大战结束一两年。通过杨生茂先生的这些时评，我们可以观察到，他对诸如联合国机构的作用、世界和平与国家主权的关系、经济在外交中的地位、监管原子武器使用、美国媒体的本质和战后强权国家的目标等问题，都做了客观的报道，并放眼量去，做了评析与判断。现在读来，不能不说这些推论具有先见性，并且与他日后的学术观点的语气、立场基本一致。

## 三

历史学的研究的确受时间、空间等条件的限制，但有时又不完全受它们的限制。1949 年后相当长的一段时间，我们国家隔绝了与美国在各方面的往来交流。在这种情况下，对学术研究质量水准的坚守，便是考验学者的一块试金石。

此次在校对杨生茂先生论文的过程中，我有两点体会比较深刻。

第一是杨生茂先生对注释的严谨、规范使用。在对杨先生的英文注释做校

---

① 杨生茂：《接受北京大学历史学系"中美文化交流与中国现代化：留美学人口述史"项目采访》，杨令侠、朱佳寅编：《中国世界史学界的拓荒者——杨生茂先生百年诞辰纪念文集》，南开大学出版社 2017 年版，第 39 页。

② 杨生茂：《统制国际原子能的先决条件》，《益世报》第 75 期，1948 年 1 月 7 日，第 6 版。

对的过程中，我发现错误率极低，书名、页码等信息几乎完全与原著吻合。足见杨先生做学问一丝不苟的精神。此外，杨生茂先生论文的另一个特点是注释多。1978 年发表的论文《林肯与黑人奴隶的"解放"》使用了近 50 种英文论著和学术杂志，做了 88 个注释；1980 年撰写的论文《试论威廉·阿普曼·威廉斯的美国外交史学》使用了不下 60 种的英文著述和学术杂志，做了 106 个注释，仅威廉·阿普曼·威廉斯一个人的著述就引用达 9 种之多；1982 年的论文《试论弗雷德里克·杰克逊·特纳及其学派》使用了 75 种英文资料，做了 165 个注释，有的篇幅甚至注释过半。

对于一个出生在 20 世纪初期的人，幸运的是，1978 年以后中国改革开放的环境，给予他能在 70—90 年代写作出有关美国历史研究的作品的机会；不幸的是，即便在那个年代，他也无法获得今天我们几乎唾手可得的外文资源。如他所描述的，"解放后，我国美国史学者是在一块硗薄的沙碛上，把美国史研究开展起来的"。[①]杨生茂先生在有限的条件下，工笔书史，周敏勤慎，集腋成裘，苦心孤诣。

第二是杨生茂先生观察问题的透视力。杨先生成熟的方法论浸润在字里行间，超以象外，得其环中。在 20 世纪 50 年代，抑或在 80 年代初，杨生茂先生对学术民主风气和规范的树立、对国际事务与世界历史的参悟和解读，以及对他当时根本不能预见的计算机网络的大规模应用等问题的独到认识，在今日仍旧具有重要的意义。

《杨生茂文集》的出版时逢南开大学百年校庆，不胜欣慰。本书在出版过程中得到多方大力支持。首先感谢李剑鸣教授在 2001 年和丁见民等到北京各图书馆，对杨生茂先生论文中的英文注释所做的译、校工作；感谢南开大学出版社、南开大学历史学院、南开大学世界近现代史研究中心和美国历史与文化研究中心的鼎力支持；感谢孙晨旭、刘永浩、刘鹏娇、牛丹丹、王卿卿、吕文娟、马妮娅、乔自珍、高珊、吕璐和朱佳寅等为查寻文献和录入文字所付出的辛劳。

如有疏漏，敬请包涵。

杨令侠<br>2018 年夏

---

① 杨生茂、杜耀光：《中国美国史研究四十年（1949—1989）》，肖黎主编：《中国历史学四十年（1949—1989）》，书目文献出版社 1989 年版，第 1 页。

# 目　录

## 六

## 七

—

# 美帝侵华政策的演变

## 一、引言

在抗美援朝的运动中，我们首先须对于美帝侵华的真实面孔认识清楚，认清美帝的真面孔后，仇视美帝的观点自会树立起来。

美帝在侵华政策上是极阴险诡诈的，惯用假面具假慈悲来掩盖其凶恶的血腥的魔掌，善于以假惺惺的姿态来实现其强盗式的企图。过去在经济、政治、文化上的侵略无不表现出这种卑劣的手法，尤其在文化侵略上这种阴谋表现得最为狠辣。过去美帝利用糖质的毒药来麻醉我们的思想，御用下的中国反动统治阶级也散布了些亲美的蒙骗宣传，所以现在有些人对于美帝侵华的真面孔是认识不清楚的，因之仇视美帝的程度也不够深刻，假如我们把美帝侵华的真面孔揭露出来，把美帝侵华的来龙去脉认识清楚，我们便不能不仇视美帝了。

美帝侵华政策的演变可分三个阶段，在每个阶段中，其使用的方法有缓急明暗之分，依照当时美帝国内情况及国际局势，侵略的方法时有改变，方法尽管不同，而侵略的意图是一成不变的。

## 二、第一阶段：1785 至 1860 年

中美关系的开始是在美国独立（1776 年）后九年的 1785 年，至今也不过 160 多年，比诸□西诸国，中美两国的关系是很浅近的。

1784 年 8 月，纽约商人摩利斯派中国皇后号来远东经商，该船经大西洋、印度洋，历时六个月，到达广州，船上载有獭皮、木材、棉花，到中国来换取蚕丝、瓷器、茶叶、棉布。继中国皇后号后，来中国经商的美船逐年增加，至 1789 年止，即有 15 艘美船到过广州。据 1800 年的统计，美国七分之一的入口货系由中国去的。

美国从开始就是现代的、资产阶级的，所以美国从建国开始就致力于对外

经济扩张了。美国在独立成功后，极力从事的是资本的积累，向海外经商便是其资本积累的主要方式，尤其在合众国正式成立（1789 年）后，以哈密尔顿财政部长为首的资产阶级掌握了联邦政府，海外商业的推进更是不遗余力。

可是当时美国独立不久，势力不大，在海外贸易上处处受到英、西、法、荷诸先进国家的掣肘和压迫，尤其在拿破仑战争时期美国的海外贸易时受法、英两国的限制，美国的资产阶级不甘受缚，遂引起美法的海上冲突（1798 年）及美英第二次战争（1812 至 1814 年）。

美英第二次战争后，美国在经济上摆脱英国的牵制，美国资产阶级尝到这次胜利的果实，海外贸易更形增加。

当时美国新英格兰纺织工业还未兴起，交换物资感到缺乏，美船遂于沿途港口（南非、印度、南洋）购买物品，用以换取中国的茶丝。是时美国西北出产水獭甚多，美商亦载运獭皮至广州出售，利润甚丰，自 1790 至 1818 年足有180 只船经营此类生意，美商并到太平洋诸岛购置诸般物品（如檀香、珍珠、燕窝、鱼翅等），作为来华经商的交换物资，甚而将土耳其的鸦片运来我国。我国输出物品以茶叶为主，以肉桂、大黄、棉纱布、漆器为副。是时美人来华进行贸易，只希获得厚利加速其资本积累的过程，唯利是图，不择手段。

1822 至 1841 年间，美船驶赴广州者平均每年有三四十只，贸易总额平均每年值 1000 万元。

此时美人除运鸦片到中国出售，进行不道德贸易外，在行为上亦日加蛮横。1821 年埃米莉号商船上的水手弗朗西斯·特兰诺瓦（Francis Terranova）以瓶掷击售货华妇，落水丧生，这是早期美人在华暴行之一。当时清廷威风犹存，美人虽再三抵赖，卒被定罪。虽然英商——美人的不道德的伙伴——企图怂恿滋事，华盛顿政府并未敢声张。

1832 年美总统杰克逊派远东代表罗伯茨乘孔雀号兵舰侵入我领海，这是早期蔑视我国主权的具体行动。

1840 年英帝发动鸦片战争，美帝就此趁火打劫。趁火打劫是美帝侵华的一贯作风，在 19 世纪中叶表现得最为突出。

美帝是英国贩毒商人的好帮手，1839 年林则徐所烧毁的鸦片中有不少是美人运来的。鸦片战争后，美帝海军统领基尔尼还向广州当局掠索白银数十万两的损失费。当时中英贸易上，中国是入超的，但在中美贸易上，中国是出超的，中美贸易债款是在伦敦市场交换票据，这样美帝间接地助长了英帝鸦片输华的势力。

在鸦片战争中，美帝采取一种伺机而动的态度，在中国海面上基尔尼率领海军遥做支援，在美国，美前总统亚丹姆斯发表演说，声援英帝。

鸦片战争后两年（1844年），美帝派遣库欣（Cushing）来华，以战争要挟清廷，强迫清廷订定中美《望厦条约》。1840年库欣在众议院会发表指责英人的言论，到1844年库欣的假面具被剥落了，本来他同英帝俱是一丘之貉。《望厦条约》具体地规定了"治外法权""最惠国待遇"与"协定关税"的条款。这是中美两国间首次订定的条约，而这个条约即是极不平等的。

鸦片战争后，中国的门户被帝国主义的炮火打开了。帝国主义的经济势力紧接着侵蚀了中国的农村。中国沦入半殖民地的境地，广大的农民破产了，被逼得走投无路的农民团结起来，展开革命的斗争——太平天国的革命运动（1850—1864年）。

在太平天国革命运动中，美帝又伸出血腥的毒手，一方面要挟清廷，趁火打劫，另一方面维护腐败的清廷，对革命的农民进行屠杀。

革命战争的初期（1854年），美帝纠合英、法乘机霸夺了上海海关的收税权，我国海关的行政权即开始旁落到帝国主义的手掌中。

自革命战争爆发后，美帝即进行修改条约的谈判，威胁利诱并施，主要目的在扩大侵略范围，并发动英法武力侵华，期能从中渔利。英法联军的武装侵略（1858年）得到美帝舆论的支持及一个月的军饷。美帝并以军舰示威黄浦江岸，表示声援，当英法联军北上进攻天津时，美帝乘机诱胁清廷订立中美《天津条约》。英法逼迫清廷订立《天津条约》后，美帝又要求"利益均沾"，强迫修改中美《天津条约》，续增八款，取得关税协定、内地游历、自由传教和内河航行等权利。英法联军二次侵略中国时（1859年），美舰亦同驶入大沽口，参加作战。

1860年当李秀成军队逼近上海时，美帝驻沪总领事指示美人华尔（1862年战死）组织"常胜军"，扶持腐败的清廷，对于革命的人民进行屠杀。

## 三、第二阶段——1860 至 1898 年

美帝侵华政策的第二阶段是由南北美战争（1861—1865年）始至美西战争（1898年）止。

南北美战争中北部的工业势力战胜了南部的工业势力，也就是代表工商业利益的资产阶级战胜了维护种植园制度的奴隶主。此后美国工业得到无阻止的猛烈的发展，大资本家统治了美国的政治，美帝成为诸帝国主义列强中的暴发

户。随着国内工业的长速的发展，垄断资本家与日增长，国内广大的市场变为新兴的大资本家征服的对象，就因美资本家开始征服国内的市场，对于中国的贸易数额便形减少，何况此时资本家实行保护政策（如 1862、1875、1883、1890 年诸关税壁垒法案）也会影响中美贸易的数额。

中美贸易额虽然减少，但美帝对于中国的侵略，对于中国人民的迫害，还是不肯放松。在这期间（19 世纪后半叶）美帝的侵略阴谋和暴行具体集中在两件事情，一是通过日本进占侵略我军事基地；二是排斥华工。

（一）南北美战争后，美帝帮助日本在远东发动了一连串的侵略行动。早在 1864 年美海军军官皮利到日本时，即声称"日本对于美国在中国的政策有重要的影响"。至 1862 年美帝用炮舰打开日本门户后，遂与日本取得妥协，帮助日本对朝鲜及我国台湾地区发动侵略。

1863 年美日联合攻破朝鲜的门户，1867 年美国务卿西沃德（Seward）倡议与法瓜分朝鲜。1872 年美帝派军队，强迫订定商约，朝鲜拒绝，次年以军火助日，侵略朝鲜。1876 年于日本强迫朝鲜订立《江华条约》后，美帝亦即强迫订立《美朝条约》。1884 年美帝联合日本向朝鲜进攻，扶持韩奸，劫持韩王。

1857 年美助香港海军舰队司令指示在台美人进行阴谋，希图占领。1873 年美前驻福建领事率军进攻台湾，但未得逞，次年怂恿日本出兵侵台，并以海军援助。

1879 年美藉调处为名，助日占我琉球。1894 年美帝助日发动甲午战争，进一步侵略我国及朝鲜。1899 年占领菲律宾群岛，作为侵华的最近基地和跳板。

（二）19 世纪后半叶，在美随着大工业的发展，烈性的经济恐慌——资本主义的孪生子——亦与之俱来（如 1873 至 1879 年、1893 年）。在经济恐慌时，劳动力即感过剩，工人饱受失业的痛苦。这时，资本家企图掩盖自身存在的不可挽救的矛盾，竟将失业罪因加诸华侨。资本家制造种种谎言，污蔑华侨，排斥华侨，资本家御用下的政客亦兴风作浪，离间工人团结，鼓励排华情绪，作为自己登龙之术（如 1876、1880、1888 年几次竞选中，民主共和俱以排华为竞选纲领），在美西一带，排华运动尤烈，许多华侨商店被捣毁，许多华侨遭受虐待，更有许多华侨被杀死（例子很多，最突出的例子是：1869 年在旧金山街头一群小学生用砖石击杀数名华侨），随着排华运动（如 1866 年所组成的三 K 党）发展到今日，已经变成法西斯式的种族煎迫了。

中国工人对于美国西部的开发贡献极大。美西矿山的开采（尤其金矿）、铁路的建筑〔太平洋中心（Central Pacific）与太平洋联盟（Union Pacific）于 1869

年接轨]，都由中国工人流了多少血汗完成的。美帝开始利用工资低耐劳苦的华工开发美西，到后又实行排华运动，简直是忘恩负义，以怨报德。

中国工人大批到美国去做工开始在 19 世纪中叶，当时美西地广人稀，缺乏劳动力，欢迎华工移入美国。而且当时中国门户已被诸帝国主义国家的炮火轰开，再加种种不平等条约的侵压，自给自足的小农经济日形破产，因遭受帝国主义经济侵略而遭受失业的人亦不得不离乡背井，远涉重洋，去充苦工，忍受剥削。

此时美人还进行着一种极不道德的劳工贩卖勾当。美人由香港、澳门雇佣成批华工，运往秘鲁、古巴充作热带植物园的苦工，载运船只极不卫生，载乘人数超额，拥挤不堪，沿途死亡甚众！抵达目的地则已 400 元至 1000 元转雇，依约工作数年后方能恢复自由。此类贸易俨如过去英法等国向美洲贩卖黑奴的情况，清政府虽提出抗议，美帝置若罔闻，经此方式运往秘鲁的华工有 10 万人，运往古巴的有 15 万人。

当美西发现金矿时，在美华工仅约 50 人，至 1868 年方增至 9 万。1868 年中美订立《蒲安臣条约》，规定中美两国人民可以自由来往。此时美国劳动力仍缺乏，尚需华工的帮助。1880 年中美订立新约，美国可以调节华工入境名额，但不可以完全禁止。1882 年美国会通过法案，禁止华工在 10 年内入境，此项法案显系违反 1880 年的中美条约。1892 年通过加莱法，不但禁止华工入境，而且已入境的华工须实行登记。1924 年，美颁布新移民法，只许中国学生、教员、官吏、商人入境，而禁拒中国工人入境，对于中国劳动人民这是莫大的恶意的污蔑。1943 年，在二次大战中，美帝需要中国人民的帮助，遂假惺惺地宣布废除《排华法案》，每年只许 105 人入境，其中包括海外华侨在内，比之英国、北爱尔兰、德国等国的移民数额，显然对我国人民是有意的歧视。

1929 年开始施行的所谓民族种源法案，充分暴露了美帝法西斯式的种族歧视的观念。根据民族种源法案，每年入境人数定为 153,774 人（即少于百人者不计）。此项法案的目的在"选择北欧及西欧的优越人种"。依照此项法案英国及北爱尔兰人每年可入境 65,721 人，德人 27,370 人，爱尔兰、自由邦人 17,853 人，而波兰仅 6,524 人，意大利 5,802 人，至于中国人根本不能入美国国籍，更无从谈入境的数额了。

# 四、第三阶段——1898 年至现今

1898 年，美国与西班牙发生战争，这是美国历史上的一个转折点。美西战争标志着美国资本主义发展的质变，美国资本主义发展到最高的阶段——帝国主义的阶段。

这时，铁路兴建、垄断资本家兴起，向广大的美西移民已经完成，国内市场均为征服，生产超过国内市场的消费，遂开始向国外侵略——掠夺国外市场及原料供给地。

这时马汉（Mahan）上尉著书立说，倡导建立强大海军，作为向外侵略的工具。参议员贝弗里奇（Beveridge）也发表了些"天意授命美利坚统治太平洋甚而全世界"的侵略理论。这些论调正是迎合新兴的煤油大王、钢铁大王、金融大王等垄断资本家的要求的。

1898 年美帝正式合并夏威夷，次年正式并吞菲律宾。古巴、普陶利克相继沦亡于美。南美诸国亦沦入美帝侵略的魔掌，1903 年的巴拿马傀儡政府的建立，1904 年老罗斯福对于门罗主义的新解释都说明了美帝在太平洋、加勒比海及南美的侵略扩张政策。

美帝步入帝国主义阶段后，对于我国的侵略也更加紧一步。但自中日甲午战争后，英、法、德、俄诸帝国主义趁火打劫，在中国已划定势力范围圈，美帝晚来了一步，所以提出门户开放政策（1899 年）。

关于门户开放政策，美帝政客一向故弄玄虚，曲解为阻止列强瓜分中国的"友谊"神话，其实这是美帝侵华的奸恶的诡计，企图在谎言诬语的蒙蔽下进行侵略的阴谋。美帝所发表的门户开放政策是单面的声明，对于我国是件莫大侮辱的事，且其动机不在反对诸帝国主义侵略中国，而是在侵略分赃中多得一杯羹。美帝这项声明是符合诸帝国主义利益的，首先倡议这种侵略政策的是一个英国的"中国通"希皮斯利（Hippisley）。当美帝国务卿约翰·海公开发表后，即时受到德、日、英、俄、法诸帝国主义的赞同。这说明美帝与其他帝国主义狼狈为奸，向中国共同加紧侵略，1900 年八国联军联合向我国进侵更说明这点。

美帝所以发表门户开放政策，正有其如意算盘，一者当时美帝实力还不及英、法诸国（1907 年美方派遣军舰，环行世界，藉以示威），假借门户开放政策插入一脚，作为来日侵略中与其他列强抗衡的工具；二者当时美帝注意力吸引在近水楼台的南美，对于中国的侵略尚无足够的余力，何况当时菲律宾人民反抗美帝入侵的游击战争（1899—1902 年）已经使美帝焦头烂额，美帝已感到经济侵略较为合算了。

1900 年 12 月美帝曾阴谋侵占福建省的三都澳，后因日帝反对，卒未成功，这又充分地暴露了所谓"保持中国领土完整"的欺骗性。

帝国主义对于中国的加紧侵略，促成我国农民武装反帝的运动。1900 年美帝参加八国联军，入侵北京，烧杀抢掠，无所不为，最后强迫清廷订立不平等条约（1901 年），美帝分得赔款 2444 万余元。1909 年美帝又将庚子赔款退还，兴办学校，希图通过教育，进行文化侵略，要从知识与精神上支配中国人，伊利诺伊大学校长詹姆斯（E. G. James）认为这是"最圆满和巧妙的方式而控中国的发展"。美帝侵略中国是处心积虑、千方百计的，通过教育及教会（美帝教士来华自 1830 年开始）企图麻痹中国人民的思想，在这两桩事情上美帝是不惜工本的。

1905 年日本在美帝支持下战败帝俄后，美帝遂加紧向满洲侵略，因之，引起美日外交的紧张。在 1908 年的《罗脱-高平协定》中，美日在侵华的行动上达成协议。

1908 至 1911 年美帝在华的经济侵略集中在满洲的铁路让与权上，美国铁路大王哈里曼、金融大王摩根都积极地参与其事。美总统塔夫脱、国务卿诺克斯都以政治方式予以支持，美帝企图通过铁路及银行来侵略中国。在这时期，美帝与英、日、法、德诸帝国主义发生了尖锐的冲突，这是美帝逐渐步入单独霸占中国的初阶。

美帝国主义在中国争夺铁路的让与权中，暴露了清廷的腐败，促成了辛亥革命的爆发（1911 年）。美帝既不能挽救清廷的灭亡，遂掉转头来，进行分裂资产阶级革命的阴谋，出头露面，支持反革命的袁世凯，及六国善后大借款（1913 年），默许日本的二十一条件（1915 年），赞助袁世凯称帝（1915 年，袁氏政治顾问为美人古德诺，曾任哥伦比亚大学教授及霍普金斯大学校长），都暴露了美帝破坏中国革命的奸计。

在世界帝国主义第一次大战中，美帝乘英、法诸帝国主义无暇东顾时，遂开始进一步地争取独占中国的霸权。首先与日本取得平分中国霸权的协议（1917 年《蓝辛-石井协定》），作为排斥其他帝国主义在华势力的手段（此时美帝也支持中国国内英帝走狗直系去对抗日帝走狗的皖系）。同时对中国的经济侵略也步步加紧，如 1919 年对中国的输出激增至 110,000,000 两，比战前增三倍，在中国的企业，自 1913 至 1919 年，由 70 家增至 130 家，1917 年在中国只一个有五个分行的银行，至 1925 年则增至六个有 28 个分行的银行。

1919 年巴黎和会中，中国合理的要求受到美帝的阻梗，国内爆发了五四运动（1919 年）。在苏联十月社会主义革命的影响下（1917 年），中国开始了新民主主义的革命，中国工人阶级参加了这次全国反帝群众运动，反帝的旗帜从此明显地显露出来，因之，中国反帝的民族解放运动变成了世界革命运动的一部分。

中国工人阶级的政党共产党成立（1921 年）后，反帝的运动更有组织地更坚强地扩大展开了。此后，美国不但乘战争致富的时机加紧侵略中国，打击其敌对的日本（如 1921 年华盛顿会议），更进一步希图独占中国，而且还加紧反苏的阴谋，对于中国工人阶级的革命斗争进行破坏。通过吴佩孚、蒋介石等反动势力，对于中国人民进行屠杀，正如过去通过李鸿章、袁世凯一样，如 1923 年的"二七惨案"，1925 年的"五卅惨案"，1927 年的炮击南京城，同年的"四一二"的反革命政变，1930 年的炮击长沙城。

1931 年"九一八"事变发生后，美帝一方指示蒋介石实行"不抵抗主义"，一方又置《九国公约》《非战公约》于不顾，设法与日帝取得默契，表面上发表了一项"不承认主义"（1932 年），骨子里都在促使日帝侵苏侵华。在中国危急患难期间，美帝一方为解决其国内经济恐慌，加紧对中国的经济侵略，如 1931 年的"美麦借款"，1933 年的"棉麦借款"，1936 年的"中美白银协定"；另一方面帮助反动的蒋介石进行反人民的内战，藉以压制中国人民的抗战（如 1933 年的所谓"第五次围剿"），而同时以价值 3 亿以上美元的军需物资供给日帝（其中尤以废铁及汽油为主），帮助日帝扩张军事工业。

1937 年"七七事变"后，中国人民对日帝展开英勇的抗战，而美帝却与日帝进行牺牲中国的谈判，非但不遵守条约，维护正义，而且还通过"现款自运"的所谓中立法（1937 年 5 月初次通过，1939 年 9 月二次通过，对日更为有利），直接帮助了日帝。在抗战期间，美帝帮助蒋介石封锁民主中国，对于在敌后进行游击战争的中国人民军队不但不予以资助，反而发动蒋介石进行反共反人民的内战（如 1939 年、1940 年）。战争结束前一年（1944 年）美帝的反动的侵略阴谋随着战争胜利的进展越形露骨了。

第二次世界大战结束（1945 年）后，东方的日本被打败，在西方的英、法、德、意诸帝国主义中，有的势力减削，有的战败，美帝遂开始进行独霸中国的阴谋。过去虽经过许多花样，但终未得逞，在二次大战结束后，美帝欲通过卖国反动的蒋介石，实现这项阴谋，而且战后美帝军需工业益形膨胀，海外市场反形缩小，美帝为延宕其本身资本主义制度的垂亡，对于中国更加疯狂的侵略。

首先美帝利用蒋介石进行"政治解决"的谈判（1945 年 8 月至 10 月），而同时将 20 万蒋军送往华北及东北，向坚持抗战的人民军队进行袭击。在日本投降后第 50 天（1945 年 9 月 30 日），美军陆战队在大沽登陆，10 月 10 日美军开入青岛海面，并进入吴淞口，当时开来中国的美军约有 113,000 人。

同时美帝派来一位"特使"马歇尔（1945 年 12 月至 1947 年 1 月），以"调处"为名，帮助蒋军施展其"边谈边打，边打边谈，又谈又打，又打又谈"的诡计，进行其戮杀人民独占中国的阴谋。

在经济上，美帝更不放松，除用大量军火美元（据统计自 1939 年来约合 60 余亿）支持蒋介石，并订立了一长串的不平等条约，在农业、工业、金融、贸易、铁路航空等等方面，美帝无不伸出魔掌，加以控制，如《成渝铁路修建协定》《中美 30 年船坞秘密协定》《粤汉铁路借款协定》《友好通商航海条约》《中美航空协定》《滇越铁路管理与川滇铁路修筑协定》《中美救济协定》及《中美农业协定》。在政治军事上，美帝亦进行更进一步的控制，如《中美宪联合勤务议定书》《青岛海事基地秘密协定》《美军驻华美蒋秘密协定》和《美军在华教育基金协定》。

第二次世界大战后，美帝侵略政策的毒辣，其范围的广大，在中国历史上是史无前例的。美帝一步一步地加紧控制，最后的目的是独占中国。

可是，美帝的阴谋失败了，由于中国共产党及毛主席的领导，中国人民站起来了，1949 年 10 月 1 日中华人民共和国成立了。美国帝国主义及其御用的傀儡蒋政权彻底地由中国大陆上清除出去。美帝 50 年来的门户开放政策的阴谋寿终正寝了，对美帝国主义而言，中国的门户关闭了。

但美帝是不甘心的，它一方在发动表决机器，阻挠我国正式参加联合国，另一方在侵略我国的台湾，并发动侵朝战争，不但阻止了我们解放自己的领土，而且还威胁着我们的国防。由过去美侵华历史中便可认识到其意图的阴险与毒辣，所以我们要打击美帝，要抗美援朝，并且在抗美援朝战争中树立起□视美帝的观点。

（原载《历史教学》1951 年第 1 期）

# 抗日战争期间美帝如何武装日本

## 一、美日帝国主义是侵华的老搭档

1937 年"七七事变"后，日本帝国主义对中国开始了更大规模的侵略，企图进一步征服全中国。中国人民为了卫国保家，对残暴日帝展开了艰巨的神圣的反侵略战争。就在英勇的中国人民对日帝侵略军进行坚决斗争的时候，美帝不但不主持正义，履行国际条约的义务，反而积极武装日本，助长了日帝侵华的势力，加深了我国人民所受的苦难。当时美帝的垄断资本家们是以中国人民的鲜血和白骨为代价，通过经济援助日帝的方式，获取了丰厚的血腥的利润。

在侵略中国、压榨中国人民的总路线上，日美帝国主义是行动一致的，是互通声气的，例如在珍珠港事件前，美帝一直是日帝侵华的帮凶。但在侵华过程中，日美之间是有矛盾的，当矛盾发展到不可缓和的时候，侵略阵营就生破裂，珍珠港事件的发生主要说明了这点。

在对华侵略的路途上，美日帝国主义是两个老搭档，彼此勾结远自 19 世纪中叶起，在侵占朝鲜、琉球及我国的澎湖和台湾的行动上，日帝都直接或间接得到美帝的支持。美帝先扶植日帝侵华，然后通过日本侵略的行动，援用"机会均等"的方式，再扩大其侵略的阴谋。日俄战后，日帝力量强大了，在侵华的利益上，日美发生了尖锐的冲突，这是美帝在牺牲中国的原则下，设法与日帝取得种种协议。在巴黎和平会议上日美狼狈为奸，欺压中国的行动正是个最明显的说明。第一次世界大战后，美帝对华的侵略更形加紧，在行动上美帝便设法排斥日帝，逐步实现其独占中国的阴谋，华盛顿会议正表现了这种企图。可是由于中国人民反帝的坚决的斗争，由于诸帝国主义中间的矛盾，由于帝国主义不可挽救的恶性经济恐慌，美帝的独占阴谋不但总未得逞，反而在经济恐慌期间日帝撕毁《华盛顿条约》，对中国进行了进一步的侵略。这时美帝由于本身的经济危机，由于反苏反人民的反动政策，遂牺牲中国，对日帝进行种种的妥协与支持，一方面以中国人民的血肉换取利润，以缓和其本身的经济矛盾，另一方面企图通过日帝镇压中国反帝的人民力量，进一步达到其反苏的阴谋。所以在中国人民展开神圣的反抗日帝侵略战争的时候，美帝反而积极地武装日本，一直到太平洋战争爆发才止。

## 二、美帝武装日本

就以 1937 与 1938 年美帝输日物资的数量为例，即可窥出美帝对日军需供给数量的庞大了。

1937 年，美帝输日物资总值 288,500,000 美元,其中军需物资值 167,962,000 美元，原棉值 61,724,000 美元。1938 年，美帝输日总物资总值 239,575,000 美元，其中军需物资 158,527,000 美元，原棉 52,644,000 美元（由于 1938 年美帝国内数种军需品价格的跌落，所以是年输日军需品的总值虽较 1937 年低，但在实际数量上却增加许多。）1937 年与 1938 年的两年间，在美帝输日物资的总值中，军需物资即占 61.2%（1937 年占 58.8%，1938 年占 66.3%），1937 年美帝输日军需物资的价值占日帝军需物资输入总值的 54.5%，1938 年占 56%。

由以上数字可以看到：在经济上美帝是日帝的主要支持者，日帝用以屠杀中国人民的军需物品主要是由美帝供给的。

当时日帝由美帝输入的主要军需物资是汽油、废钢、机器零件、橡皮、金工母机、皮革等，最可注意的是：在 1937 年，当中国全面抗战开始的时候，美帝输日军需物资的数量却突然地增加了，兹择数种最重要军需物资列举如下：

### （一）油类（以千桶为单位）

| 年份 | 1936 | 1937 | 1938 | 1939 | 1940 | 1941（前三个月） |
|---|---|---|---|---|---|---|
| 原石油 | 10,381 | 16,668 | 22,207 | 16,904 | 12,373 | 2,168 |
| 机动油 | 1,013 | 1,093 | 1,059 | 13,198 | 未详 | 未详 |
| 煤油 | — | 182 | 1 | 51（前十个月） | 未详 | 未详 |
| 汽油 | 未详 | 1,479 | 1,696 | 1,967 | 3,912 | 1,097 |
| 重材油 | 4,265 | 4,045 | 3,030 | 3,942 | 3,324 | 未详 |
| 滑油 | 308 | 444 | 289 | 549 | 764 | 未详 |
| 飞机用之汽油 | | 未详 | 未详 | 628,560 | 556,613 | 161,675 |

在美帝输往日本的油类中，飞机使用的汽油数量占相当大的比例，由此亦可见日寇轰炸我国人民的飞机是由美帝保持其飞翔的。

### （二）铁钢

1930 年美输往日本废铁废钢的数量为 168,168 吨，1934 年即增加至 1,168,496 吨，1939 年骤增至 2,035,000 吨。美帝供给废铁废钢的数量即占日本废铁废钢入口总数量的 90% 以上。

| 年份 | 1936 | 1937 | 1938 | 1939 | 1940 |
|---|---|---|---|---|---|
| 吨数（千吨计） | 1,058 | 1,912 | 1,382 | 2,035 | 963 |
| 价值（千元计） | 14,177 | 39,386 | 22,061 | 32,732 | 17,082 |

美帝除供给日本废铁废钢外，还供给大量的铸铁及铸砂，如 1935 年美帝供给了日帝所需的二分之一的废铁废钢，四分之一的铁砂，三分之一的铸铁。在 1937 年前四个月中，美帝输日铸铁的数量即超过此前 6 年中所输往其他国家的总和。由 1938 年起，日帝开始向美购买大量的铁砂，即在是年中购买了菲律宾所出产的铁砂的 98%。

大量购买废铁、废钢、铸铁、铸砂，仍不敷日帝在膨胀中军需工业的需要，美帝遂又供给了大量的钢铁制成品，在 1936 年为 54,000 吨，1937 年即升至 880,000 吨，1938 年为 480,000 吨，1939 年前七个月为 86,000 吨。

1938 年后美帝输日钢铁半制成品及炼钢设备品的数量年形减少，1936 年值 29,379,000 元，1937 年增至 111,580,000 元，1938 年减至 70,152,000 元，1939 年减至 48,208,000 元，1940 年复减至 43,418,000 元。这说明了日帝极力扩展国内钢铁工业，避免由美输入钢铁制成品及半制成品。上述数字表明这种成效。在扩充钢铁工业上，日本由美帝获得的帮助很大。日本由美帝购买钢铁工厂的设备，并由美国工程师代为装置，即在 1939 年中就成立了两个大规模的炼钢工厂，一个值 10,000,000 日元，一个值 5,000,000 日元。美帝即售予价值 18,000,000 日元的设备，是年 6 月间，美日钢铁公司又合资建立一个炼钢工厂，价值 16,000,000 日元，其中日本占有 50% 的股金，美国公司的投资全用在购买工厂设备上面，同时美国公司负责派遣工程师担任技术的指导。①

除钢铁工业外，在其他工业上美帝亦予日本极大的帮助，如三菱之汽车、飞机、军舰制造业，特别是潜水艇、水雷所极需的狄塞尔发动机及磁力发电机之制作，在美国军火商（阿姆斯特朗-狄塞尔公司）技术指导下，大大改进了。

---

① 《美亚月刊》第 3 卷第 8 期。

美国洛克菲勒财阀不仅供给日本军部军需企业"帝国燃料国策会社"足够的石油，而且还供给了创办新石油工业所必需的技术设备。①

### （三）橡皮

美帝不产橡胶，橡皮亦须由外输入，但在中国抗战期间，美帝供给日帝的数量仍是有增无已，1937 年为 4,524 常吨，1938 年即增至 7,426 常吨，1939 年美帝因为国内橡皮储量不足，曾以棉花向英交换橡皮（总值约 3000 万元），但在是年中，美帝输日橡皮的数量还是节节增加（如 1 月 3,126,381 磅，2 月 4,313,893 磅，3 月 4,753,823 磅，4 月 5,076,412 磅）。这一方面固然说明了美帝资本家在战争中进行投机生意，但在另一方面也说明了美帝对日本是有求必应的。

### （四）废钢、熟铜、锡、铅、机动金工母机、皮革等

上列输日物资的数量在 1937 年突然增加，熟铜的数量一直在增加中。

|  | 1936 | 1937 | 1938 | 1939 | 1940 |
|---|---|---|---|---|---|
| 废铜（千元计） | 432 | 1,215 | 351 | 983 | 716 |
| 熟铜 | 7,293 | 17,997 | 22,402 | 27,936 | 25,108 |
| 锡 | 2,002 | 6,595 | 1,794 | 145 | 1,215 |
| 铅 | 未详 | 754 | 2,100 | 2,154 | 733 |
| 机动金工母机 | 20,459 | 34,203 | 49,019 | 24,578 | 23,321 |
| 皮革 | 298 | 1,836 | 2,435 | 1,616 | 1,348 |

## 三、美帝所谓的中立法

自 1935 年，美帝制定一连串的中立法（1935 年 8 月 31 日，1936 年 2 月 29 日，1937 年 1 月 8 日，同年 5 月 1 日，1939 年 11 月 3 日）。美帝制定中立法的目的在以极小的危险进行大量的战时国际投机经济。在中立法的掩护下，美帝帮助了意大利侵占阿比西尼亚，帮助了弗朗哥进行反革命的内战。在 1937 年 5 月及 1939 年 11 月所通过的中立法中，规定了"现款""自运"的条文，就在"现款""自运"的掩饰下，美帝大量供给日帝在战争时期所需要的一切重要物资。当时中国没有海洋运输，自然不能到美国运货，而且财政经济亦为美帝

---

① 《知识》第 8 卷第 1 期。

操纵，也不能大批雇佣外国船只。即使中国把大量白银送往美国，仍不易把货运输回来，所以在这种中立法下，美帝单面地帮助了日帝，例如在 1937 至 1938 年间，美帝输日物资的总值为 528,100,000 美元（1937 年 288,500,000 美元）。更可注意的是：上述 8450 万美元的物资绝大部分是运往日寇占领下的沦陷区的！[①]

在运输方面，日帝占了绝对的优势，例如在 1938 年年底，日帝在武汉及广州地区发动进攻时，曾运载了共 175 万吨的军需，其中 90 万吨是由外国船只运输的（英船约 466,000 吨，挪威船约 302,000 吨）。由此可见，在武汉与广州战役中，日帝二分之一的军需是由外国船运输的，英国即替载运了四分之一。[②]在这次战役中，英帝的船、美帝的军需物资都给了日帝决定性的帮助。

（原载《历史教学》1951 年第 2 期）

---

① 《美亚月刊》第 3 卷第 1 期。
② 《亚细亚月刊》1939 年 7 月号。

# 1937 至 1941 年抗战期间美日如何合伙侵华

## （一）

1937 年 7 月 7 日，日本帝国主义制造"卢沟桥事变"，进一步扩大侵略战争，企图达到其吞并我国的目的。在这危急的时候，中国共产党坚持实现抗日救国的主张，继续扩大救亡图存的运动，号召全国人民，团结起来，为保卫祖国，掀起全国的神圣的抗日战争。

当中国人民对日帝展开英勇不屈的卫国战争时，美帝国主义采取了勾结日本，出卖中国的政策。美帝一方面扩大武装日帝，继续其与日帝狼狈为奸的传统政策，在中国人民的白骨与鲜血上，美帝垄断资本家赚取厚利；另一方面在牺牲中国的基础上与日帝谋取政治妥协，藉以保存其在华既得的侵略特权，同时通过蒋匪政权，逐步实现其出卖中国，打击中国人民救亡运动的阴谋。

由于中国人民艰苦奋斗不屈不挠的决心和行动，美帝御用下的蒋匪政权出卖国家的阴谋遭受打击，美帝支持下的日本法西斯侵略集团灭亡中国的计划亦无以得逞。日美帝国主义共同亡华的阴谋不得手，美日两帝国主义间的矛盾逐渐加深，新的矛盾也逐渐滋生。日美狼狈为奸的暂时的妥协因之破裂，日帝抢先一步，就在其侵华的老搭档的头上猛施一棒。在日帝偷袭珍珠港后，日美帝国主义才暂时分手。

## （二）

"七七事变"后，中国发动了全民反抗日本侵略的战争。美帝违弃了过去所签的国际公约，拒绝履行维护《九国公约》（1922）及《非战公约》（1928）的义务。在表面上，美帝是采取袖手旁观，隔岸观火的态度，实际上，正在积极武装日本，助长日帝侵华的势力。

"七七事变"九日后，美帝国务卿发表一项声明，内容空泛，措辞含混，文中充满"主张""提倡"一类的字句，既未提到日本侵略，更未论及中国抗战。9 月 12 日，中国向国际联盟申诉，诉案交付国联远东咨询委员会。会议中美帝代表拒绝参加任何共同行动，仅表示将采取一种"同等的行动"。国联建议召开九国会议，11 月间由比利时在布鲁塞尔召集举行，美帝亦应约出席。会议目的仅在"供给一种建设性讨论的论坛"，藉期"经过和平谈判方式，促使两方（指中日——笔者）接近"。美帝政府赋予其代表戴维斯的使命极为空洞，戴维斯本人在布鲁塞尔会议中亦只敷衍了事而已。

1937 年底，日帝在华侵略范围日形扩大，而日美关系反形融洽。至 10 月底，美帝即经由上海撤走侨民 4500 人，极力避免与日帝发生摩擦，藉以便利日帝侵略势力的扩张。12 月 12 日，日军飞机在长江击沉美帝炮舰一只、商船三只，对于这种挑衅行动，美帝亦以"友谊"态度进行交涉，事件得以迅速解决。不久美帝亦调走驻津部队及数月前增派上海的海军陆战队。

美帝对日实行妥协政策的目的之一，在利用日帝侵华时机，进行对日输出物资，藉以谋取厚利。1937 年间美帝输日的军需数量骤形增加，美帝不但增加对日输出废铁、汽油、棉花、橡皮等军需物资的数量，并为日帝建立工厂，给予设备上及技术上的帮助。

1938 年日帝在华加紧经济统治，对于外汇亦行控制。赫尔在 10 月对日发出通知，说明美帝对于日美贸易未加任何限制，因之要求日帝尊重美帝在华的侵略权益。日本矢口否认任何经济统治的存在。赫尔遭到日本反驳后，遂又改换方式向日本讨价。不久赫尔声明美国拒绝承认以武力所形的"新形势"及"新秩序"，但欢迎以和平谈判方式，修改现存条约。这项声明说明美帝向日帝讨价，在有利美帝的条件下，美帝是不惜牺牲中国，与日进行合作谈判的。

1939 年中，日美在华的侵略势力发生尖锐的冲突。日帝继封锁天津租界之后，要求改组上海公共租界，并进一步强化在华的统治。日美冲突表现在美帝国会的中立法讨论中，参议院外交事务委员会主席皮特曼（Piltman）提议禁运军火及军需物资至任何破坏《九国公约》的国家。这项提案遭到国务院及海军部的强烈反对，赫尔本人拒绝出席委员会表示意见，皮特曼议案未得提出。

7 月 26 日美帝宣布，6 个月之后，美日商约正式废止。这又是向日讨价的姿态。美帝企图利用此种措施，争取日帝在华侵略利益上分给美帝相当的一部。当时欧战风云已紧，欧洲军火贸易已形增加，对日贸易已属次要，何况日美商约的废除并不妨碍军需输日，这种姿态是无伤于日美的勾结关系的。

1940 年 6 月，随法国降德，英国亦告紧急。这时日帝决定扩大侵略范围，转向南洋扩张。9月22日日帝要求维希政府出让安南北部要地，并许日军假道安南入侵我国。不久日帝又加入轴心军事侵略联盟。日帝在远东侵略的意图更形扩大。日美的利益冲突益形尖锐，但美帝输日军需物资并未停止，其中汽油一项反见增加。

1940年间，美帝数次贷款蒋介石，通过对日妥协的蒋政权，进一步控制中国的经济及政治。3月间有中美滇锡借款，9月间有中美锡砂借款，11月间有平准基金局信用借款。这些借款是美帝向日讨价的另一种手段（如滇锡借款，适在汉奸汪精卫成立伪政府时，锡砂借款适在日帝参加轴心军事联盟之后，平准基金借款适在日本承认汪伪政权时），同时也是通过反抗战反人民的蒋政权，进而加强对中国政治经济控制的方法。蒋匪政权在这样美帝支持的基础上，对中国抵抗日本的人民进行一连串的血腥的迫害。继1939年底的反共进攻，蒋介石又于1940年底发动围攻江北的新四军抗日支队，接着在1941年初策动"皖南事变"，企图实现其全国反共内战的大阴谋。

随着在经济"援助"的掩护下，美帝进一步加强控制中国的政治和军事，逐步实现其独占中国的野心。美帝送来大批"顾问""专家"一类政治冒险家，安插在中国政府的重要机构中，如约翰·马格鲁德将军（Gen. John Magruder）、埃米尔·德雷普雷斯（Emile Drespres）和劳克林·柯里（Laughlin Currie）等，1941年6月间竟送来一名政治顾问欧文·拉蒂莫尔（Owen Latimore）。

日帝继续积极向南洋侵略扩张，日美冲突有增无已，但美帝一味对日妥协，企图在牺牲中国的原则下与日取得谅解。美帝第一要求日帝不向南扩大侵略，第二要求"经济机会均等"，只要答应不向南洋侵略，只要答应对华经济侵略上能平分秋色，日美之间是不难取得协议的。美帝大事宣传"出口统制法"，但军需物资仍然源源输日，一直没有对日实行经济制裁，一直敞开外交大门准备与日举行分赃式的妥协。当日美争夺远东势力范围圈越来越尖锐的时候，美帝输日的石油成品反形增加。这十足证明美帝是以石油为饵，设法与日谋取侵略性的合作的。

正因美帝急于保存其在南洋的经济利益，并希与日帝平分侵略成果，美帝一直是利诱蒋政权出卖中国，向日投降。美帝"远东慕尼黑"的阴谋活动至1941年更形加紧。前此，在1938年12月和1939年9月间美帝已开始诱降活动。1940年年底，美天主教马利·诺尔（Mary knoll）、教会对外传教协会会长沃尔什（Walsh）主教、德鲁特（Drougnt）神父，天主教徒邮务部部长沃克（Walker）赴日，与日本法西斯军人（如井川忠雄和岩畔大佐）及高级官员（如松冈洋石）

进行秘密谈判准备牺牲中国的方案。这批人回到美国后，继续与日本大使馆经常接触。赫尔在其回忆录中曾称："总统和我都同意，沃尔什主教，德鲁特神父，再加上沃克部长，可以在纯粹私人的基础上继续和日本大使馆接触，把日本人的意向记录下来。可是我们认为我们自己在日本新大使野村三郎到达华府之前，不能采取任何行动。"

1941年3月间野村至美，遂开始与赫尔举行数十次的秘密会谈。赫尔回忆录中称："会谈总在晚间……野村宁可到我的寓所来而不愿到国务院，以便使我们的会谈能尽量避免受人注意"。4月初，谈判告一段落，赫尔提出一个"日美谅解方案"，美帝答应对蒋政权与汪政权合并等条款。同时美驻日大使格鲁亦与松冈洋石举行会谈，美帝答应"调停"中日战争，在南洋方面允予经济的让步，承认日帝在华的支配权，同时还要求日帝北进侵苏。

6月间希特勒发动侵苏战争，日帝进一步向南侵略，进占安南南部，日美矛盾益形尖锐。7月26日美帝宣布冻结日本资金，但日美经济关系恶化，并不等于日美勾结阴谋的终止。罗斯福提议亲自与近卫文麿会谈，虽未实现，但妥协大门仍然敞开。11月间未能获得协议，谈判遂行破裂。日美帝国主义争夺中国霸权的明争暗斗，至此演为火并。

1941年12月7日日寇先发制人，偷袭珍珠港，太平洋战争因之而起，美日的勾结阴谋暂时告一段落。美帝侵华阴谋的破产正说明中国广大爱国人民在中国共产党领导下进行了坚决英勇的抗日斗争，这不但粉碎了国内蒋介石的卖国计划，而且也摧毁了国外帝国主义牺牲中国的企图。

（原载《历史教学》1951年第4期）

# 读《前日本陆军军人因准备和使用细菌武器被控案审判材料》*

1949 年 12 月 25 日至 30 日，在苏联伯力城举行了前日本陆军人 12 名因准备和使用细菌武器被控一案的审判。审判是由苏联滨海军事法庭公开进行的。被提交法庭审判的有，前日本关东军总司令陆军大将山田乙三、前日本关东军医务处户军医中将梶塚隆二、前关东军兽医处长兽医中将高桥隆笃、前第 731 细菌部队部长军医少将川岛清、前第 731 部队分部长军医少佐柄泽十三夫、前第 731 部队部长军医中佐西俊英、前第 731 部队支队长军医少佐尾上正男、前第五军团军医处长军医少将佐藤俊二、前第 100 细菌部队科学工作员中尉平樱全作、前 100 部队工作员上士官三友一男、前第 731 部队第 643 支队医务实习员上等兵菊池则光，及前第 731 部队第 162 支队医务实验员久留岛佑司。

本书搜集了这次公审的材料，其中包括预审文件（起诉书、被告与证人的供词和文件证据）、被告和证人在法庭上的供词、检验委员会结论、国家公诉人的演词和辩护人的演词，及军事法庭判决书。

这些文件充分暴露了日本帝国主义的军人在第二次世界大战中在远东各地使用细菌武器残暴的罪行。这种反人道的罪行违背了 1925 年日本所参加签订的《日内瓦公约》，因之罪行也深刻地刻画出日本法西斯军人背信弃义的凶恶的面孔。

八年抗战期间，日帝法西斯军人屠杀我国同胞手段之毒辣和方法之残酷，至今记忆犹新，血的事实是永不会忘记的。现在美帝又在扶植日本军人，并开始武装日本。根据过去的惨痛的经历，我们认识到美帝武装日本对我们的危害。我们绝不容美帝武装日本，我们要揭露美帝奸险凶恶的阴谋，所以在这"反对美帝武装日本"运动在全国广泛展开的时候，读这本书是有教育意义的。

在"卢沟桥事件"爆发的一两年前（即 1935 与 1936 年间），日皇裕仁诸次密令日本参谋本部及陆军省在满洲境内成立两个准备和进行细菌战的极秘密的

---

* [作者不详]：《前日本陆军军人因准备和使用细菌武器被控案审判材料》，[译者不详]中译本，外国文书籍出版局印行，1950 年版，莫斯科。

部队。为保守秘密起见，各部队给以假名，一个叫作"关东军防疫给水部"，另一叫作"关东军兽疫预防部"。1941 年，在希特勒开始进侵苏联后，这两个机关又改用秘密番号，一个改作"第 731 部队"，另个改作"第 100 部队"。前者由石井四郎领导，后者由兽医少将若松主持。上述部队又有支队，如第 1644 部队，暗号是"荣"，设在南京；第 8604 部队，暗号是"波"，设在广州。

第 731 部队设在距哈尔滨 20 公里的平房站一带，为保守秘密，周围划定一个禁区，并备有自用的航空队。第 731 部队共有八部，分工极细，如第一部负责培养鼠疫菌、霍乱菌、坏疽菌、炭疽热菌、伤感菌、副伤感菌及其他菌类；第二部专门制造散布细菌的特种武器，如自来水笔式、手杖式的投掷器和自制飞机弹；第四部（又名生产部）负责大规模地出产各种细菌。"工厂"内的设备规模庞大，例如装有四个制造细菌营养液的大锅炉，每个容量就有一吨，在不过几天的生产过程中，就可出产不下三万万亿细菌；另一部叫作"训练部"，负责为日军战斗分队和别动队造就善于使用细菌武器的专门人才。

在第 731 部队及其他支队中，也会大规模养育跳蚤，使其受到细菌的传染。第 731 部队内就有 4500 具用鼠类血液繁殖跳蚤的孵育器。据证人森田供述，单在海拉尔第 543 支队内，1945 年夏就同时饲养了约 13,000 只老鼠。

日军使用专门装置的飞机以及受过特别训练的战斗部队，进行散布各种致命细菌的工作，并用一切可能办法传染居民区。蓄水池、水井、庄稼、牲畜、蔬菜、果品等都是散放细菌的对象。

更残忍的是在活人身上进行反人道的罪恶实验。这种惨无人道的实验，曾加诸我国参加抗日运动的爱国志士，以及苏联公民，其中包括妇女及婴儿。例如 1940—1945 年，第 731 部队即用实验方法惨杀了三千余人。用活人做实验不仅限于细菌实验，还有实验耐冻程度的，例如证人仓原说："当我走进监狱附设实验室时，我看到一条长凳上坐着五个受实验的中国人，其中有两个已完全脱掉了手指，他们的手掌是乌黑的，而其余三个人的手上则露出骨头。虽然他们还有手指，但剩下的只是指骨。吉田对我说，他们这种情形是由于受过实验冻伤的结果。"这是一幅多么残酷绝伦，不忍目睹的景象！

日军细菌战部队曾数次到我国内地散布细菌，对我国居民进行残忍的杀害。1940 年石井曾领导细菌战部队到华中一带活动，将伤寒菌和霍乱菌播散在蓄水池内，鼠疫跳蚤则由飞机投散。当年夏季宁波附近整个区域上发生烈性的鼠疫症，九月间汉口边发生鼠疫。1941 年夏，由太田大佐领导，在常德城及洞庭湖一带居民中心的上空散播大量鼠疫跳蚤。1942 年在浙赣战区内散布了大量的细菌，其中包括鼠疫菌、副伤寒菌、炭疽热菌、伤寒菌等，在金华、龙游、衢县、玉山诸地发生鼠疫等流行传染病症。

由上述简介，我们可以看到日帝法西斯人在抗战期间是怎样凶残地有计划地屠荼毒我国同胞，更令我们回忆起在抗战期间我国人民所受的迫害和苦艰。

读完这本书，脑中不禁涌现出好多悲惨可怕的景象，想到当时有多少人在流泪，多少人在淌血，多少人在哀呼，更想到多少惨痛的苍白的面孔，多少与死亡挣扎的经过。越想到过去，越痛恨日帝，因之也越愤恨美帝武装日本的阴谋。

1951 年 2 月 23 日中国红十字会向世界各国红十字会发出声明，反对美帝重新武装日本。该声明说："中国人民对日本侵略者的罪行，记忆犹新。美帝国主义重新武装日本的这一阴谋不能不激起了我们的无边愤怒。日本法西斯强盗们的罪状是无法罄述的"；"中国红十字会在工作中证实了 1940 年日寇在浙江衢县、金华和 1941 年在湖南常德等地散布了鼠疫杆菌，使各该地区流行严重的鼠疫症"。红十字会工作者的严正的声明是维护正义及人道的呼声，对于日帝法西斯军人及美帝战争贩子施以无情的揭露和声斥。

法西斯军人的残虐罪行是无独有偶的。第二次世界大战中，在欧洲食人生番希特勒就建立了几百个吃人的魔窟，例如在波兰奥斯维辛和勃莱夫秦卡二地的杀人屠场中的残酷也是不忍想象的。在勃莱夫秦卡设有毒气室及烧人炉，毒气室一天可以毒死 4 万人，烧人炉一天可以烧毁 24,000 人，烧人炉不敷用时，死体就在空地上被浇泼汽油，燃烧销毁。

战争结束后，美帝解放并起用了奥斯维辛集中营和勃莱夫秦卡杀人厂的首犯奥斯瓦尔德·波尔（Oswald Pohl）。同样在战后，日本美帝也释放起用了一些恶迹滔天的战争罪犯。美帝现在积极起用德日法西斯战争罪犯，证明现今美帝所走的道路正是过去德日所走的侵略旧途。1946 年 8 月国际法庭在东京审判日本战犯时，美帝代表拒绝审讯裕仁、石井、北野、若松、笠原诸人，并设法规避提供或极力掩饰日帝军人在战争期间使用细菌的犯罪证据。在那时候，美帝就开始企图重踏日帝军人的血迹了。现在美帝国内积极准备细菌战争，积极重新武装日本，以及最近美帝在朝鲜卑鄙地残忍地使用氯气，都是这种企图的具体的表现。

读完这本书后，增加了我们对于美帝重新武装日本行动的警惕，同时也认识到美帝阴谋的毒狠。在反对美帝武装日本运动在全国开展的现在，这本书是更应及时一读的。

（原载《历史教学》1951 年第 4 期）

# "新边疆"是美帝国主义侵略扩张政策的产物

## ——兼论美国"边疆史学派"

第二次世界大战后，为了实现所谓全球战略的扩张计划和欺骗国内外人民群众，美帝国主义统治集团利用各种宣传手段，大量散播蛊惑性的侵略扩张口号。"新边疆"就是其中之一。

"新边疆"这个名词在美国进入帝国主义阶段后即已出现。资产阶级史学者早已运用它来概括 1898 年美西战争后美国对外政策的特点。[1]二次大战后，随着美国侵略扩张活动空前猖獗，约翰·肯尼迪在上台前后，从垃圾堆中翻出这个名词，正式作为美国统治集团的外交政策口号而提出。

在"新边疆"的口号下，肯尼迪不仅从地缘政治的观点竭力鼓吹向外侵略，而且还诡黠地利用美国历史上"边疆史学派"所渲染的"拓荒者精神"，大肆宣扬战争政策。肯尼迪任参议员时，就在《和平战略》一书中扬言美国边疆"已经扩张到各大洲"，主张美国应致力于"开拓"由赤道稍北一直往南分布于拉丁美洲、非洲、中东和亚洲的"这个未见分晓的地区"。[2]1960 年肯尼迪在民主党总统提名大会上宣称："我们今天正站在新边疆的边缘——20 世纪 60 年代的边疆"；"我们向你们每一个人呼吁，做这个新边疆的新拓荒者。我向无论若何年纪但心地年轻的人呼吁，向无论何种党派但坚强有为的人呼吁，向所有回答这种神圣号召的人呼吁：'坚强，勇敢，不要畏惧，也不要沮丧'"。[3]就任总统后，肯尼迪为《行动中的美国人》一文所作的序言中，叫嚷"美国是拓荒精神的产物"，"边疆人物""在越过最后一道河流和爬上最后一道山岭以前，决不感到

---

① A. W. Griswald, *The Far Eastern Policy of the United States*, Chapter 1 (New York: Harcourt, Brace and Company, 1938); H. Faulkner, *The Quest for Social Justice, 1898-1914* (New York: Macmillan Company, 1931), p. 319.

② Allan Nevins, ed., *John F. Kennedy: The Strategy of Peace* (New York: Harper & Brothers, 1960), Part3 and Part 5.

③ *U. S. News and World Report*, July 25th, 1960, p. 102.

满足"。①

肯尼迪扩张"新边疆"的叫嚣，为美国各种侵略行径和强盗活动提供了"理论"根据。"粮食用于和平"计划的执行人麦戈文叫喊"这个计划是一个'重要的边疆'"。②1962 年 2 月司法部长罗伯特·肯尼迪到日本活动时，也扬言要把"新边疆精神"带到日本。③林登·约翰逊上台后，又提出"人类边疆"，鼓吹于 50 年后建立一个"新的世界"。④约翰逊的"人类边疆"是肯尼迪"新边疆"的翻版，名词尽管不同，内容并无二致。

在美帝国主义统治集团大肆叫嚣扩张侵略的同时，资产阶级学者也著书立说，以"新边疆"相标榜。⑤最引人注目的是战后美国史学家对于边疆史的研究特别活跃，著作数量也显著增加。⑥显然，这是为了适应帝国主义侵略集团在政治上的需要。R. J. 马里恩在评介一篇边疆史论文时写道：自从第二次世界大战后，美国国家"安全"受到越来越大的"威胁"，因之对于国家的"福利"来说，"自由边疆精神"愈益需要。⑦透过"安全""威胁""福利"等骗人字眼，可以识破边疆史学在战后美国之所以盛行的原因。

为了附和帝国主义侵略政策，战后美国边疆史学者着意引申"特纳假说"的原意。新特纳学派的重要人物 R. A. 比林顿在其《向西扩张——美国边疆史》一书的再版序言中说："自《向西扩张》初版发行以来的 11 年间，大家对于美国边疆史的兴趣有增无已。许多年轻的学者特别倾向于检验边疆'假说'的各个方面，而不拘泥于 F. J. 特纳 1893 年论文所提出的'假说'的原句。……结果是著作源源出版。这些著作不仅改变了关于扩张对美国人民影响的较陈旧的概念，特别重要的是在事实和解释方面，增加了我们关于西进运动性质的知识。"⑧另一个史学家 R. F. 尼科尔斯在 1957 年谈到战后美国边疆史研究的情况

① 《现代"拓荒者"的说教》，《人民日报》1962 年 5 月 14 日。

② 参阅金仲华：《粮食用于和平的阴谋》，北京：《世界知识》1961 年第 6 期，第 4 页。

③ *The Washington Post*, February 3rd, 1962, A13.

④ 美新处华盛顿 1963 年 11 月 26 日电稿。

⑤ 如 12 名服务于肯尼迪政府的大学教授合著《新边疆的经济学选集》[*The Economics of the New Frontier: An Anthology* (New York: Random House, 1963)]。

⑥ 《期刊文献读者指南》12、13、14、15、16、19、20、21、22 各卷上所载有关边疆史的论文篇数，可说明增加的趋势：1939—1949 年 11 年间 120 种杂志发表了 34 篇；1953—1961 年 8 年间 11 种杂志就发表了 60 篇；有关边疆史的专著数量也激增。

⑦ R. J. 马里恩（R. J. Marion）于《中美洲》杂志（*Mid-America*）评介 R. A. 巴利特的《自由与边疆》（R. A. Barlett, *Freedom and the Frontier, Historical Abstract*, March, 1959, p. 21）。

⑧ Ray A. Billington, *Western Expansion: A History of the American Frontier* (New York: Macmillan, 1960) p. IX.

时说："关于美国文化发展的一种更现实更详尽的学说无疑将由一些新特纳创立。这种学说可能仍旧依据人口移动这一重要的因素，但这种移动不是简单地向西运动，而是一种复杂的伸向四面八方的运动。"①尼科尔斯说得相当露骨，"伸向四面八方的运动"实际就是向世界各地扩大侵略的同义语。

战后边疆史研究的盛行是经过美国历史协会界有势力人物精心策划的。大战一结束（1945 年），卡尔顿·海斯就在美国历史协会年会上以《美国的边疆——什么的边疆？》为题发表主席演说，号召史学家"扩展关于边疆的概念，更应扩大研究和写作的范围"②。他说："如今共和国的旧边疆完结了西进运动，已经在美洲大陆上消逝了，已经由遥远的太平洋岛屿上、亚速尔群岛上、莱茵河以及多瑙河上的新的迥乎不同的边疆所代替。我们史学家，无论他们是否赞同我的看法，应当对至今比较忽视的地方给以更多的注视。"③

更引人注意的是美国历史协会1958年年会又推举边疆史学家 W. P. 韦布发表主席演说。这个非特纳正宗门徒的边疆史学者在讲演中颇有牢骚之感。他说："我从来没有希望受到全国的承认。"④为何美国历史协会推选韦布为主席呢？他所发表的讲演本身就道破了其中的秘密。他说："这四部书（指他写的《大平原》，1931 年；《得克萨斯突击队》，1935 年；《我们的立场分歧》，1937 年和《伟大的边疆》，1952 年——作者）是在探索一个逐渐扩大的世界时所做的精神冒险的记录。《得克萨斯突击队》是地方性的；……《大平原》是区域性的；……《我们的立场分歧》是全国性的；《伟大的边疆》是国际性的。……这四部历史的共同要素都是边疆。……总起来说，这说明我的思想从得克萨斯的西部一个拥挤不堪的庭院发展到西方世界外层边缘的经过。"⑤他还鼓吹近代资产阶级文学作品中所表现的"伟大边疆"，"对于人类想象所做出的范例"。⑥从韦布的自述，可以知道美国历史协会所以推选他，不仅由于他是个边疆史学家，而且由于他在书中宣扬了"冒险精神"、通向"西方世界外层边缘"的扩张精神以及扩张的"想象力"。这一切都是帝国主义强盗政策所提倡和需要的。

---

① R. F. Nichols, "The Present State of American Research of the Frontier Problem", see Gene H. Gressley, "The Turner Thesis-A Problem in Historiography", in *Agricultural History*, No. 4, 1958, p. 249.

② Carlton J. H. Hayes, "The American Frontier-Frontier of What?", *The American Historical Review*, No. 2, 1946, p. 200.

③ Carlton J. H. Hayes, "The American Frontier-Frontier of What?", p. 214.

④ W. P. Webb, "History as High Adventure", *The American Historical Review*, No. 2, 1959, p. 267.

⑤ W. P. Webb, "History as High Adventure", p. 278.

⑥ W. P. Webb, "History as High Adventure", p. 277.

1955 年一个美国史教授写道：美西战争使美国担负起两个特殊的"职责"。首先，"美国战略和经济利益"扩展到菲律宾后，最终使美国西部边疆置于中国海岸之上；其次，"美国战略和经济利益"扩展到加勒比海后，最终使美国东部边疆置于莱茵河畔。①关于第二次世界大战后的国际情势，他说："显然，这个黎明时代是属于美国的。正如罗马人过去在地中海一样，美国人在世界各地处处出现。"②他更露骨地说："美国人承认世界美国化这一事实，但他们将此视作在散播创造愿望和对新事物乐于试验的意愿。"③这些蛮横无耻的帝国主义词句竟然出自大学讲坛上的教授口中，刊印在大学教科书上，令人愤慨。

对于美国侵略集团利用"边疆"口号贩卖战争政策、掩饰征服世界野心这一阴谋，必须予以剥露。本文试就下列五题揭发"新边疆"的反动本质：（1）美国统治集团选用"边疆学说"的原因；（2）"边疆学说"反映美国侵略扩张政策的传统；（3）"新边疆"一词是帝国主义政策的产物；（4）美帝国主义扩张"新边疆"的历程；（5）"新边疆"政策是美帝国主义穷凶极恶、失道寡助的表现。

# 一、美国统治集团选用"边疆学说"的原因

美国统治集团选用"边疆学说"的原因有三。

（1）边疆史学派是美国史学中比较有影响的学派，其"学说"的欺骗蒙蔽性也比较大。在边疆史学派中，最早运用综合方法叙述美国边疆史的重要人物是 F. L. 帕克森。他认为，1893 年特纳宣读的《边疆在美国历史上的重要性》一文所产生的影响很大。他说："在那篇论文所提出的边疆假说，几乎未遇到任何批评性的检验，就迅速地几乎一致地为美国史学家接受了。"④他认为自那篇论文发表以来，"所有美国史学家已重新修改了关于我们（指美国——作者）历史的意义的看法"。⑤H. H. 贝洛特指出，从 1893 年到 1932 年特纳逝世止，在研究和论述美国史方面，无人能超过特纳所产生的影响。⑥W. A. 威廉斯也说：特

---

① L. D. Baldwin, *The Meaning of America: Essays toward an Understanding of the American Spirit* (Pittsburgh: University of Pittsburgh Press, 1955), p. 293.

② L. D. Baldwin, *The Meaning of America*, p. 299.

③ L. D. Baldwin, *The Meaning of America*, p. 302.

④ E. R. Seligman, *Encyclopedia of the Social Science* (New York: Macmillan, 1935), Vol. 15, p. 133.

⑤ F. L. Paxson, *History of the American Frontier, 1763-1893*（Boston and New York: Houghton Mifflin Company, 1924）, p. 7.

⑥ Hugh H. Bellot, *American History and American Historians: A Review of Recent Contributions to the Interpretation of the History of the United States* (Norman: University of Oklahoma Press, 1952), p. 24.

纳的边疆说已经变成"人人美国史"（Everyman's History of the U.S.）的中心论题了。[①]卡尔顿·海斯甚至说："今天我们的大学历史系假如没有一个边疆史专家，那就是缺陷了。"[②]

特纳原在威斯康星大学任教，他的边疆假说本来在当时东部著名大学如哈佛、约翰斯·霍普金斯、密歇根、哥伦比亚等校中，不受欢迎。当时东部史学界有影响的人物多数是留欧学者，其中主要是留德学者。但到1910年特纳当选为美国历史协会主席，哈佛大学也居然聘他任教。由于边疆史学派的影响日增，一个较老的东部大学不得不为之敞开大门。

早在1905年，特纳的学生已散布全国各地，其中著名的J.沙弗尔（俄勒冈大学）、T.D.克拉克（得克萨斯大学）、C.贝克尔（堪萨斯大学）；稍晚有S.F.比米斯（耶鲁大学）、A.O.克雷文（芝加哥大学）、E.E.罗宾逊（斯坦福大学）等。在中西部和西部，他们建有据点，其中较著名的有加利福尼亚大学（伯克利）和威斯康星大学，[③]在诸如《太平洋历史评论》和《农业史》等杂志也拥有阵地。1958年G.M.格雷斯利统计13本流行的美国史教科书中，拥护"特纳学说"者就有9本。这个学派在美国史学界一直占有优势。[④]

特纳的"学说"对于他的当代人如西奥多·罗斯福和伍德罗·威尔逊发生过影响，对于后来的知识分子、企业主和教育界人士起过指导作用，[⑤]"国务院官员、专栏作家、传教士、新闻评论家以及其他有势力人物的顾问们"都向他学舌。[⑥]自第一次世界大战后，在加拿大、西欧、澳大利亚和新西兰，研究边疆史的人数也日渐增多。

这一切说明边疆史学派通过讲坛和杂志报纸在国内吸引了广大的听众和读者，在资本主义国家间也有广泛的影响，因之美国统治阶级乐于利用这一现成的"学说"，以蒙蔽人民群众。

（2）边疆史学派的扩张观点符合美帝国主义侵略扩张政策的需要。扩张是特纳学说的中心思想，他是以向西扩张来解释美国史的一些特点。他所描绘的

---

① William A. Williams, "The Frontier Thesis and American Foreign Policy", *The Pacific Historical Review*, Vol. 24, No. 4 (November, 1955), p. 380.

② Carlton J. H. Hayes, "The American Frontier-Frontier of What?", p. 199.

③ M. A. Fitzsimons, A. G. Pundt and C. E. Nowell, *The Development of Historiography* (Harrisburg: The Stackpole Company, cop., 1954), p. 418.

④ Gene H. Gressley, "The Turner Thesis", p. 249.

⑤ William A. Williams, "The Frontier Thesis and American Foreign Policy", p. 380.

⑥ William A. Williams, "The Frontier Thesis and American Foreign Policy", p. 386.

西进图景是东起大西洋岸、西迄太平洋岸的连续不断的波浪式的扩张。

第二次世界大战后，边疆史学者进一步引申特纳的扩张概念。1946 年帕克森就鼓吹"边疆是无止境的"。①T. D. 克拉克认为西进运动犹如海水波浪，有时"澎湃狂啸"，有时"回流旋转"，有时遇阻"破裂"。②在他看来，边疆是"横冲直撞"，不受羁绊的。③他甚至扬言，如今美国没有"自由土地的边疆"了，而月球提供了新的殖民场所。④英人 H. C. 艾伦说，美国人所理解的边疆是"一个流动的区域"，"这种敞开的运动中的边疆"对于一个人的"历史想象力发生一种直接的生动的引诱力"。⑤显然，对克拉克来说，月球这条"边疆"也是富有"生动的引诱力"的。无疑，这种狂妄的扩张思想迎合了帝国主义统治集团的口味。

（3）特纳学派用"边疆"一词美化美国社会政治制度和"拓荒者"的性格，尤其是美化"拓荒者"的"征服的思想"，并从实用主义观点，对于"边疆"一词给以不同的解释，这就使侵略集团便于利用"拓荒者精神"和"边疆"之类的口号以掩盖侵略目的。特纳在《边疆在美国历史上的重要性》一文中，把诸如"智力""机敏""好奇""创造力""魄力""精力""民主""自信""无限机会"和"力量"等动听的词语同"扩张"和"拓荒者"联系起来，⑥这就给侵略扩张蒙上一层华丽的外衣。特纳歌颂"拓荒者"是"帝国的先驱"，说边疆是一个"魔术的青春之泉，美国经常沐浴其中，得以返老还童"。所以 W. A. 威廉斯说：边疆论题对于"情感上和智力上不消化症"来说，"是一种烹调用的苏打"。⑦美国统治阶级在烹制侵略外交政策时，正是利用"边疆学说"中一些悦耳的词句来开胃的。

美国资产阶级文人对于西部边疆生活惯于大笔渲染，以一些传奇式的故事勾引人们的好奇心。持生意经想法的小说家、连环漫画作家以及报纸杂志、好莱坞影片的编写家，都竭力歪曲和虚构西部边疆生活。在他们的笔下，"牧牛人、

---

① F. L. Paxson, "The Highway Movement, 1916-1935", *The American Historical Review*, No. 2, 1946, p. 236.

② T. D. Clark, *Frontier America: The Story of the Westward Movement* (New York: Charles Scribners Sons, 1959), p. 3; pp. 761-762.

③ 1939 年克拉克著《横冲直撞的边疆》一书。

④ T. D. Clark, *Frontier America*, p. 762.

⑤ H. C. Allen, "F. J. Turner and the Frontier in American History", H. C. Allen and C. P. Hill, *British Essays in American History* (London: Arnold, 1957), pp. 145-146.

⑥ F. J. Turner, *The Frontier in America History* (New York: Henry Holt and Co., 1921), pp. 37-38; p. 153; p. 203; p. 268; p. 271; p. 345.

⑦ William A. Williams, "The Frontier Thesis and American Foreign Policy", p. 383.

窃牛贼、驿车强盗、妓女、头脑简单的边疆银行家的善良女儿、毫无办法的牧师、矿工、乘坐马车的旅客，……冒长烟的火枪、迅速发射的手枪、浑身是汗的骋马、货物高迭烟丝袅袅的汽船、顶部倾斜颠簸不定的马车"，构成所谓浪漫主义的西部生活画面。①这种画面叩击着人们的心弦。"小伙子们，到西部去！"这句 19 世纪常喊的口号，有时还回旋在人们的耳边。韦布说："研究伟大的边疆是精神上的一种非常重大的冒险。许多壮观的远景在我们面前展开，许多熟悉的事物有了新的意义。"②从这个备受统治阶级赏识的史学家口中，不难看到冒险和扩张多么富有诱惑力。

特纳说："拓荒者的首要的理想是征服的理想。"③美国在西进中掠夺所谓"自由土地"的过程就是征服和屠杀印第安人的过程。信奉基督教的征服者"首先跪下祈祷，接着就袭击当地土人"④。对此特纳直言不讳。他说：每条边疆"都是通过对印第安人进行一系列战争而赢得的"⑤。这种杀人犯的"理想"为美国扩张主义者提供了"关于世界的见解和解释"，并普及了"帝国主义和白人负担"的思想。⑥所以 T. D. 克拉克说："每当一个机构试图劝说它的成员来支持这种或那种运动时……便宣传以铁腕砍击印第安人和森林的我们美国祖先的美德。"⑦征服和屠杀被视作"美德"，无怪肯尼迪在驱策他的"和平队"时，大谈特谈"理想精神"了。⑧

"边疆"一词的含义很多，在不同时期和不同场合，总有一种动听的含混不清的解释。一个美国史学家给"显明天命"一词找出 15 种含义⑨，而"边疆"的含义不在此数之下。就地理概念言，边疆有时指一条线，有时指一个区域。特纳说："瀑布线标志 17 世纪的边疆，阿勒格尼标志 18 世纪的边疆，密西西比标志 19 世纪最初 25 年的边疆，密苏里标志本世纪中期的边疆……，落基山和

---

① T. D. Clark, *Frontier America*, p. 24.

② W. P. Webb, "History as High Adventure", pp. 248-249.

③ F. J. Turner, *The Frontier in America History*, p. 269.

④ Owen Latimore, *Studies in Frontier History: Collected Papers, 1928-1958* (Paris: Mouton et Co., 1962), p. 509.

⑤ F. J. Turner, *The Frontier in America History*, p. 9.

⑥ William A. Williams, "The Frontier Thesis and American Foreign Policy", p. 380.

⑦ T. D. Clark, *Frontier America*, p. 10.

⑧ 1963 年 1 月 14 日肯尼迪向国会提出的国情咨文中，号召他的"和平队"队员"把美国的理想精神最有效地带到地球上的遥远的角落里去"。

⑨ A. K. Weinberg, *Manifest Destiny: A Study of Nationalist Expansion in American History* (Baltimore: The Johns Hopkins Press, 1935).

干旱地区标志现在（指 19 世纪 90 年代初——作者）的边疆。"①这里所指的是一条线。而韦布认为边疆"不是一条停止前进的线，而是一个引人入胜的区域"②。他还认为，"自 1500 年以来，一个环绕地球的边疆逐渐形成，并以特纳所谈的形式制约着地球其他部分。③海斯把美国的边疆视作"大西洋集体"的边疆，并且具体地指出这个地区向东伸入欧洲大陆，包括沿非洲海岸从挪威、芬兰直至开普敦的地方，向西包括从加拿大直至潘特高利亚的所有美洲地方。④

美国史学家有时也以移民的身份划分边疆。特纳依照移民向西掠夺印第安人土地的足迹，顺序命名边疆。他把边疆分为皮货商人的边疆、牧人的边疆、矿工的边疆和农民的边疆。特纳学派所写的美国史都从此说，战后新特纳学派成员亦持之不变。

有时他们以超空间的概念解释边疆，把边疆视为一种在经济上、政治上以及科学技术上所追求的目的。特纳宣称，"边疆是……文明与野蛮的汇合点"⑤。二次大战后，韦布和海斯扬言美国的边疆是西方文明的边疆；他们以西方文明的主宰人自居，把特纳的想法加以扩大。马歇尔计划策划人之一 W. A. 哈里曼说，"在一定意义上说"，马歇尔计划"是他们（指西欧人——作者）的边疆，正如西部曾是我们的边疆一样"。⑥克拉克甚至把扩展城市界限、建设新的动力和灌溉系统、扑灭疾病、销售新式汽车和货物也视作新边疆。⑦两个历史学家甚至告诉美国小学生说，"新边疆处处皆是，每人必须正视有关它的问题"⑧。把边疆的概念弄得越抽象越含混，越便于掩饰侵略扩张的行径，这是美国统治阶级炮制政治口号时惯用的手法。

## 二、"边疆学说"反映美国侵略扩张政策的传统

第二次世界大战后美帝国主义统治集团宣扬"新边疆"外交所依据的"边疆学说"，产生于 19 世纪末。这个"学说"是美国侵略扩张传统的结晶。

---

① F. J. Turner, *The Frontier in America History*, p. 9.

② William A. Williams, "The Frontier Thesis and American Foreign Policy", p. 393.

③ H. Smith, *The American Historians* (Oxford, 1960), p. 208.

④ Carlton J. H. Hayes, "The American Frontier-Frontier of What?", p. 210.

⑤ F. J. Turner, *The Frontier in America History*, p. 3.

⑥ William A. Williams, "The Frontier Thesis and American Foreign Policy", pp. 393-394.

⑦ T. D. Clark, *Frontier America*, p. 762.

⑧ G. E. Freeland and J. T. Adams, *America and the New Frontier* (New York: Scribner, 1936), p. 591.

侵略扩张思想在美国历史上是根深蒂固的，美国在北美大陆上的发展史整个贯串着这条黑线。哈罗德·U.福克纳说：扩大领土的"习惯"是美国立国以来的"特点"。[1]拉斯基认为"美国人思想的根源是建筑在扩张的基础之上"[2]。

北美殖民地本身就是西欧资本主义国家扩张的结果。新泽西、新英格兰、新尼德兰、新约克（纽约）、詹姆斯敦、路易斯安那、弗吉尼亚等等均是这种侵略扩张的标志。帕克森说，美国的边疆源于英国的殖民活动，而"它的命运和精神则变为美国的了"[3]。说得更明显一些，美国统治阶级继承了英国殖民主义者的扩张传统。

据帕克森说，美国最初的一条边疆是英国的《1763年皇室公告》所规定的阿巴拉契亚山。[4]美国的所谓"建国祖先们"对这条边疆表示不满，例如本杰明·富兰克林反对《公告》将殖民地居民"局囿于阿勒格尼山间"，主张英国应交出全部加拿大。[5]独立战争期间，美国成立"大陆会议"，原想将加拿大包括在内。独立后，约翰·亚当斯对加拿大仍然恋恋不舍。1787年他说，"地球这部分的全部北部""命定"要纳入美国版图之内。[6]美国对于加拿大的觊觎，直到1812年战争才暂时受到遏止。

独立战争后的百年间，在北美大陆上，除1818年兼并雷德河盆地、1819年兼并佛罗里达、1845年兼并得克萨斯、1846年兼并俄勒冈和1853年所谓"加兹登购买"几次领土扩张外，美国三次最大的领土扩张是1803年兼并路易斯安那、1848年对墨西哥领土的侵占和1867年兼并阿拉斯加。联邦政府成立时，美国领土为84万余平方英里，至南北战争增至200余万平方英里。1867年又增加近60万平方英里。至此，美国领土较1789年扩大了三倍。

在这百年间，重要的扩张主义倡导者除"建国祖先"如华盛顿、富兰克林、约翰·亚当斯、杰斐逊等人外，还有约翰·昆西·亚当斯、安德鲁·杰克逊、亨利·克莱、J.K.波尔克、富兰克林·皮尔斯、詹姆斯·布坎南、W.H.西沃德、U.S.格兰特、本杰明·哈里森和威廉·麦金利等。

---

[1] H. Faulkner, *The Quest for Social Justice, 1898-1914* (New York, 1931), p. 516.

[2] H. J. Laski, *The American Democracy: A Commentary and An Interpretation* (New York: The Viking Press, 1948), p. 5.

[3] F. L. Paxson, *History of the American Frontier*, p. 1.

[4] F. L. Paxson, *History of the American Frontier*, p. 1.

[5] J. A. Hawgood, "Manifest Destiny", H. C. Allen and C. P. Hill, *British Essays in American History* (London: E. Arnold, 1957), p. 127.

[6] J. A. Hawgood, "Manifest Destiny", p. 127.

约翰·昆西·亚当斯是美国侵略拉丁美洲政策的创建人。"门罗主义"实际是由他一手炮制的。正是这个亚当斯利用引力定律，说明古巴这个苹果只能落到美国，并以同一法则说明美国不能拒而不受。这个譬喻听起来十分荒唐，但强盗逻辑正是如此。在这方面，与亚当斯足可"媲美"者还大有人在。早在1807年杰斐逊就写道："我们认为全部海湾（指墨西哥湾——作者）是我们的领海。""战鹰"之一的亨利·克莱曾叫嚷佛罗里达"填充了我们想象的空间"。1823年门罗也喊："我认为佛罗里达和古巴正是密西西比河河口的一部分。"[①]显然，门罗又延长了克莱的"想象"。自1823年起，门罗主义这条黑线贯串着美国的拉丁美洲政策，"越来越深地涌入美国人和他们领导人的头脑"[②]。从1826年巴拿马会议到1889年詹姆斯·布莱恩在华盛顿召集的"泛美会议"，无不看到门罗主义的幽灵。这个幽灵游荡到1898年美西战争时，又披挂起一件更加凶恶残暴的帝国主义袈裟。

在19世纪40年代侵占墨西哥的得克萨斯的过程中[③]，美国又炮制出一个新的扩张口号："显明天命"。美国扩张主义分子一本正经地利用"天命"二字吹嘘他们的强盗行径。在上帝的旗号下，真不知他们做了多少伤天害理之事！虽然比米斯认为杰斐逊和约翰·昆西·亚当斯是"显明天命"这个名词的义父[④]，但实际杜撰者是J.L.奥沙利文。1845年奥沙利文在他编辑的《民主评论》上发表的题为《合并》的一文中，正式提出这个名词。"显明天命"规定了19世纪美国扩张主义分子合唱的腔调，成为当时指引美国强盗夜航的贼星。

美墨战争的结果使美国进一步占领了太平洋沿岸的大块土地。正如1513年西班牙人巴尔博亚（Balboa）在达陵山巅望洋兴叹一样，美国扩张主义分子的贪婪目光也落到了碧绿的太平洋面。其实早在这时之前，他们的手已经伸到中国。[⑤]第一个中美不平等条约《望厦条约》的订立比占领俄勒冈早两年，比占领加利福尼亚早四年。

美墨战争后，美国统治集团已认为大陆界限过于狭隘，开始要求实行海外领土扩张。1851年参议员R.E.斯特克顿叫嚷国力已经积蓄充足，华盛顿所提

---

① J. A. Hawgood, "Manifest Destiny", p. 133.

② S. F. Bemis, *A Diplomatic History of the United States* (New York: H. Holt, 1942), p. 209.

③ 1845年约翰·泰勒吞并得克萨斯，面积近40万平方英里。得克萨斯的吞并是通过安德鲁·杰克逊的"得克萨斯计谋"（今所谓"第五纵队"）而取得的。1836年宣布得克萨斯独立的领导人萨姆·豪斯顿是杰克逊的一个行伍伙伴，并由他派往得克萨斯的。

④ S. F. Bemis, *A Diplomatic History of the United States*, p. 215.

⑤ 1784年，美国一艘商船绕过好望角，到达黄埔。

出的"孤立"政策已失时效，美国应当投入海外扩张的竞争。[①]1853 年奴隶主代言人皮尔斯在其总统就职演说中，宣称他"将不听从任何关于扩张危害的怯弱的预言"[②]；4 年后布坎南就职时也扬言："在事态的发展中，我们仍要进一步扩展领土，任何国家无权干涉或抱怨。"[③]

19 世纪 50 年代，美国扩大了对加勒比海、太平洋和亚洲的侵略活动。《克莱顿-布尔沃条约》、威廉·沃克对尼加拉瓜的侵略、《奥斯坦德宣言》、佩里炮击日本和中美《天津条约》等标志着美国扩张的动向。由于当时国内阶级斗争的尖锐，统治集团的扩张行动受到牵制。内战的爆发，使各种侵略阴谋暂时中断。

内战后，工业资产阶级代替奴隶主掌握了联邦的政权，加紧推行向太平洋和加勒比海扩张的政策。在林肯和约翰逊政府中历任国务卿的威廉·西沃德是这一政策的狂热的执行人。在他任职期间，美国攫得阿拉斯加，炮击日本和朝鲜，甚至企图在中国领土上建立基地。格兰特、海斯和阿瑟不断扬言要并吞丹属西印度群岛、圣多明各和夏威夷，要霸占未来在中美洲开凿的运河。1878 和1884 年美国分别在萨摩亚的帕果帕果和夏威夷的珍珠港建立了海军基地，1889年国务卿布莱恩在华盛顿召集了第一次"泛美会议"。

在内战后 30 年间美国统治阶级这一系列的侵略活动中，以"夏威夷革命"达到高潮。1893 年在美国公使 J. L. 史蒂文斯的策划下，在保护美侨安全和财产的名义下，美国海军登陆，帮助美国甘蔗种植园主、传教士和商人取代了当地女王的统治。这种所谓"革命"的侵略活动是美国惯用的扩张手法，在美国外交史上屡见不鲜。史蒂文斯在给国务院的报告中写道："现在夏威夷梨子已经完全成熟了，……现在是美国摘取它的黄金时刻。"[④]就在事变一个月内，美侨暴乱集团同美国签订一个"合并条约"，这个太平洋上距离美国两千余英里的群岛就此被宣判了死刑。[⑤]

就在美侨于夏威夷进行颠覆活动的五个月后，一个年轻的美国史教授在芝加哥宣读了一篇论文，提出了"边疆学说"。两件事都发生在 1893 年，在时间

---

① F. R. Dulles, *America's Rise to World Power, 1898-1954* (New York: Harper & Row, 1955), p. 12.

② J. D. Richardson, *A Compilation of the Messages and Papers of the Presidents*, Vol. 7 (Washington: Authority of Congress, 1897), p. 2731.

③ J. D. Richardson, *A Compilation of the Messages and Papers of the Presidents*, p. 2962.

④ J. D. Hicks, *The American Nation* (Published by Houghton Mifflin, 1941), p. 302.

⑤ 1893 年 3 月继哈里森上台的克利夫兰虽然撤销了这个约，但美侨颠覆分子成立了一个临时政府。五年后夏威夷终于被美国并吞。

上虽是偶合，但表明美国的扩张已进入一个新的阶段。特纳的《边疆在美国历史上的重要性》一文反映旧边疆的结束，预示着一个新的扩张时期的开始。1903年特纳在一篇题为《西部对美国民主的贡献》一文中指出，"在我们立国的最初25年中，几乎不断地努力使我们不卷入欧洲战争。在那个冲突时期过去后，美国才面向西部，开始移入和开发这个国家的广阔的内地。……这个过程已告完结，无怪美国又卷入世界政治了。四年前，美国击败了领导发现这个'新世界'的一个古老的国家（指西班牙——作者），这个革命现在还很少为人所理解"[①]。特纳敏感地看到大陆边疆完结与"卷入世界政治"在时间上的吻合，但作为一个资产阶级史学家，他不肯道破"卷入世界政治"的卑鄙企图，其实"卷入世界政治"正表明美国已经踏上了更加凶残的帝国主义侵略扩张的征途。

## 三、"新边疆"一词是帝国主义政策的产物

南北战争后，资产阶级竭力为工业发展开辟道路。到 19 世纪 90 年代，美国主要工业的生产已超过英法，跃居世界第一位；垄断资本也已形成；美国资本主义正式进入帝国主义阶段。这时资本家依靠国内市场发展经济、维持高额利润的可能性大大减少。他们为了扩大海外市场，掠夺海外原料，增加海外投资，就投入重新分割世界殖民地的竞争。同时随着垄断资本的形成，国内阶级矛盾不断加剧，尤其农民运动和工人运动的规模和激烈程度空前增长。垄断资本集团为了巩固其统治地位，在加紧实行改进统治政策和加强镇压、剥削本国人民群众的同时，对外着力推行侵略政策。

为了符合垄断资本利益的需要，美国统治集团开始制订新的政策，所以以"新"为名的词汇风行一时，例如"新神学""新道德""新妇女""新移民""新城市""新南部""新国家主义""新自由"和"新泽西的新思想"等名词在讲坛和报纸上广泛流传。在外交方面，为了说明新的扩张政策，"新边疆"一词就被提出。1898 年一个月刊的编辑写道："征服大陆使美国人民在家里忙碌了一个世纪，……现在大陆已被征服，我们正寻找足资征服的新世界。"[②]"新边疆"一词正是美帝国主义"征服新世界"政策的产物。

"征服新世界"的侵略政策反映在当时垄断资产阶级的政治代理人的言论

---

① F. J. Turner, *The Frontier in America History*, p. 246.

② J. W. Pratt, "The Large Policy of 1898", S. Fenn, *Recent America: Conflicting Interpretations of the Great Issues* (New York: Macmillan Co., 1962), p. 18.

中。在这些人中，以参议员 A. J. 贝弗里奇最为嚣张。1898 年 9 月他在印第安纳波利斯所发表的"国旗的进军"演说，是作为帝国主义的扩张号角而载入美国史册的。他说："天命已为我们写下我们的政策，世界贸易必须是，而且势必是我们的。……我们的商船队将遍航各海洋。围绕我们的贸易基地将形成许多庞大的殖民地。它们……与我们进行贸易，并在其上飘扬我们的国旗。我们的制度将乘贸易之翼，紧随我们国旗之后。美国的法律、美国的文明和美国的国旗将在过去是血腥黑暗的海岸上树立起来，这些地方从此将以上帝的启迪变成美丽而光明。"①对于中国，他也垂涎三尺。他说："菲律宾永远是我们的，……跨过菲律宾，就是中国的无垠的市场。我们将不从任何一地撤出。……我们将不放弃在东方的机会。"②

除垄断资本家的政治代言人外，扩大"新边疆"的活动也赢得社会学家、哲学家、文学家和传教士的喝彩。这些人在国内制造舆论，并为垄断资本统治集团出谋划策。他们的言论规定了"新边疆"的基调和动向。

19 世纪晚期，美国盛行社会达尔文主义。当时斯宾塞在美国的声誉很高。在美国斯宾塞的重要的信徒和解释者是哲学家、史学家约翰·菲斯克；此外，教士 H. W. 比彻、乔赛亚·斯特朗、社会学家 F. H. 吉丁斯和 E. L. 尤曼斯都是积极的支持者。社会达尔文主义者以"物竞天择、适者生存"的原则为垄断资本及其扩张政策辩护。斯特朗在《我们的国家》一书中写道："世界将进入历史的一个新阶段——种族间的最后竞争，……几个较强大的种族无疑能够保全下来，但是为了同盎格鲁-撒克逊人竞争，他们或许被迫接受盎格鲁-撒克逊人的方法、制度、文明和宗教。"③甚至"强盗大王"也无耻地搬弄这个"原则"。J. D. 洛克菲勒说："大企业的发展只是由于适者生存，仅是自然和上帝法则的作用。"④而特纳认为，"强盗大王"正是"边疆英雄"如 G. R. 克拉克诸人的继承人。⑤

社会达尔文主义是同种族论相联系的。当时美国的留德学生从欧洲搬回德戈宾诺和 H. S. 张伯伦的种族论，与庸俗进化论结合起来，形成盎格鲁-撒克逊种族优秀论。政治学家 J. W. 伯吉斯、史学家 J. K. 霍斯摩、约翰·菲斯克、乔赛亚·斯特朗、F. H. 吉丁斯等都是极端的种族论者。早在 1880 年菲斯克就主

① C. G. Bowers, *Beveridge and the Progressive Era* (Boston: Houghton Mifflin, 1932), p. 67.

② H. U. Faulkner, *American Political and Social History* (New York: F. S. Crofts & Co., 1946), p. 516.

③ A. Craven, W. Johnson, and F. R. Dunn, *A Documentary History of the American People* (New York: Blaisdell Publ. Co., 1951), p. 633.

④ Frank Freidel, *America in the Twentieth Century* (New York: Knopf, 1960), p. 15.

⑤ F. J. Turner, *The Frontier in America History*, p. 260.

张美国应当不断扩张，"直至地球上所有地方……在语文上、政治习惯和传统上以及绝大部分人民的血统中通通英国化"。①他认为"美国和英国是进化的先导，是世界的命定的主宰者"②。1890 年伯吉斯发表《政治学和比较宪法》一书，输入了"诺曼优越论"。他认为盎格鲁-撒克逊人和德国人是近代最优秀的民族，因之统治落后种族不仅是他们的权利，而且是他们的责任。种族主义的叫嚣如此猖狂，所以 1899 年英国诗人 R. 基普林在《麦克卢尔杂志》上发表的"白人的负担"诗句，引起扩张主义者如参议员亨利·卡伯特·洛奇等人的赞赏。特纳对基普林也推崇备至，更乐于运用他的词句来渲染"西进运动"。③

种族主义分子是惯于利用宗教外衣掩饰其侵略扩张活动的。斯特朗说："在这个大陆上，上帝训练盎格鲁-撒克逊人去实现其使命。……上帝有两只手，他不仅在我们的文明中铸模，以便给其他国家打上印记，……而且他也使人类作好准备，以接受我们的'印记'。"④1898 年麦金利并吞菲律宾，也是得到"上帝的启示"的！他对一群访问他的教士说："我夜夜在白宫地板上踱来踱去，直到午夜。先生们，我不怕难为情地告诉你们，我曾经不止一夜地跪下祈求上帝给以光明和启示。"最终上帝给了他鲸吞菲律宾以"提高、开化和基督教化菲律宾"的"启示"。之后，他"便上床安歇"，"睡得很熟"。麦金利所说的纯是一片假话，甚而他的传记作者写道："显然，虔诚的麦金利忽视了菲律宾人已经是基督教徒这一事实了。"⑤特纳在叙述向西扩张边疆时，大谈美国的理想，而他也把"理想"与上帝赋予的"天命"联系起来。⑥

德国地理学家弗里德里希·拉塞尔的国家有机论和生存空间论，对特纳影响很深。⑦海军扩张论者也竭力鼓吹开辟"新边疆"。他们根据地缘政治的概念，宣扬建立强大海军的必要；以英国为例，强调"海权"对于霸占殖民地和开辟市场的重要性。他们的具体要求是开凿连接两洋的运河，在加勒比海和太平洋上夺取海军基地，并以优势海军在亚洲争夺商业霸权。海军扩张论的主要人物是 A. T. 马汉。1890 年他在《大西洋月刊》上发表的《美国面向国外》一文，

---

① M. D. Peterson and L. W. Levy, *Major Crisis in American History: Documentary Problem* (Harcourt: Brace & World, 1962), p. 139.

② Milton Berman, *John Fiske: The Evolution of a Popularizer* (Cambridge: Harvard University Press, 1961), p. 252.

③ F. J. Turner, *The Frontier in America History*, p. 262; p. 270.

④ A. Craven, et al., *A Documentary History of the American People*, p. 633.

⑤ H. U. Faulkner, *American Political and Social History*, p. 310.

⑥ F. J. Turner, *The Frontier in America History*, p. 242; p. 263; p. 301; p. 35; p. 345.

⑦ H. Smith, *The American Historians*, p. 186.

被视为美国统治阶级加紧推行海军扩张政策的信号。此后他撰写《海权对于历史的影响，1663—1783》（1890年）、《海权对于法国革命和帝国的影响》（1892年）和《海权与1812年战争的关系》（1905年）等海军史，用以不断宣传"大海军"论。马汉的有力支持者和信徒是西奥多·罗斯福和亨利·卡伯特·洛奇。1897年，通过洛奇的推荐，罗斯福做了麦金利政府的海军次长。罗斯福大力扩充海军，加紧推行战争政策。当1885年阿瑟政府开始扩建舰队时，美国海军实力低于智利，经罗斯福扩充，到1905年已升到世界第三位。海军的急剧扩大标志着美国准备投入帝国主义重新瓜分世界殖民地的掠夺战争。1898年美西战争就是在这种情势下爆发的。

## 四、美帝国主义扩张"新边疆"的历程

被约翰·海称作"小而辉煌"的美西战争是初期帝国主义战争之一。这次战争是美国外交史上的一个转折，翻开了新边疆史的第一页。一个驻华盛顿的外国使节在1901年说：他虽然在美国为时不久，但看到了两个美国，一个是美西战争前的美国，另一个是美西战争后的美国。隆隆炮声为"另一个美国"吹起了一首凄厉的前奏曲。

19世纪末年以来，美国"新边疆历史"大致分为两个阶段。第一个阶段至第二次世界大战发生止，侵略扩张的方向仍然指向太平洋和拉丁美洲，并辅以世界范围内争夺海上霸权、殖民地、势力范围以及投资场所的斗争。在太平洋上，侵略矛头主要指向中国；在拉丁美洲，主要指向加勒比海。这期间，1898至1905年是美国在太平洋和加勒比海侵略扩张的高潮时期，为美国向亚洲和拉丁美洲进一步侵略奠立了基础；第一次世界大战和国际联盟成立会议是美国试图争夺世界霸权的高潮，但野心未得实现。第二阶段由第二次世界大战开始。这期间，美国妄图在全球范围内实现其称王称霸的野心，这更暴露了美帝国主义凶恶残暴的面貌及其失道寡助的处境。

1898年美国通过美西战争，在太平洋上霸占了菲律宾和关岛；同年正式并吞了夏威夷；次年，又霸占了威克岛，同德国瓜分了萨摩亚群岛。这样，美国的新边疆伸张到加利福尼亚以西近7000海里、距中国海岸700海里之外。李普曼认为，这次掠夺使美国占据了亚洲东部的"地理中心"和交通线的"战略地位"。他大言不惭地说："以马尼拉为中心，以1500英里为半径画一个圆，则可囊括日本的工业地区、全部朝鲜、荷属东印度群岛以及中国腹地、印度支那、

英属缅甸和马来西亚的绝大部分。"①李普曼张牙舞爪地挥动他的圆规，看来帝国主义的扩张欲壑永远不会填平。

美国向亚洲扩张时，侵略矛头首先对准中国。这时中国在甲午战争中新败，帝国主义国家间争夺中国领土的竞争十分激烈，美国也乘机插足进来，于1899年提出"门户开放"政策。和"门罗主义"一样，"门户开放"是美国一项侵略政策，目的在为实现独占中国的野心准备条件。②次年，美国又出兵镇压了中国人民反帝爱国大起义。至此，《美国远东政策史》作者格里斯沃尔德认为美国建立了"亚洲的新边疆"。

在拉丁美洲，美国通过美西战争，攫取了波多黎各，将古巴置于美国"保护"之下，接着霸占巴拿马土地，开凿运河。自立国以来，美国统治者日夜所追求的将加勒比海变成"美国湖"的阴谋完全得逞。扩张主义分子罗斯福挥舞"大棒"，对拉丁美洲人民实行肆无忌惮的剥削和镇压，并为了适应帝国主义政策的需要，于1904年对门罗主义作了新的解释——"罗斯福推论"。他说："在西半球，美国坚持门罗主义，因而发生严重的作恶不端和孱弱无能的事情时，美国尽管犹疑，势必被迫使用国际警察权力。"③罗斯福竟以"国际警察"自居，这比1895年国务卿奥尔尼写给英国的声明更加凶恶。④

罗斯福的"大棒"政策由塔夫脱、威尔逊、哈定和柯立芝继承下来。美西

---

① Walter Lippmann, *U. S. Foreign Policy: Shield of Republic* (New York: Council on Books in Wartime, 1943), p. 17.

② "门罗主义"是一种独占殖民地或势力范围的侵略政策，主要运用于拉丁美洲，有时也扩展到其他地区，如1888—1889年萨摩亚危机时，美国参议员和外交官员都曾宣称萨摩亚是在门罗主义"保护"之下。"门户开放"是美国在某一时期或某一地区一时无力实现其独占野心而提出的，目的在于保存其势力，为后来独占准备条件。如1842年泰勒总统宣布无意合并夏威夷，同时要求其他国家不要夺取之。迟至1894年参议院又通过决议，声明不干涉夏威夷内政，同时也反对其他国家干涉。经过一系列的阴谋诡计，美国最后于1898年并吞了夏威夷，并于1959年改为一州。泰勒对夏威夷所采取的政策可以看作"门户开放"的雏形。又如，1878年美国与萨摩亚订约，在帕果-帕果建立一个"供煤站"。比米斯说："1878年条约成为美国对萨摩亚政策的一个基石。这种政策的目的在于防止这个群岛在美国准备占领之前，落入其他海军国家之手"(S. F. Bemis, *A Diplomatic History of the United States*, p. 456)。对中国实行的"门户开放"政策，布坎南曾经提出，最后在帝国主义瓜分中国的叫嚣中由约翰·海加以具体化。这种政策不仅运用于中国，也运用于美帝国主义侵略势力相对不足的其他地方。1946年美国与蒋匪帮订立的《中美友好通商航海条约》将中国全部领土和主权向美国"开放"。这是战后美帝国主义妄图实现其独占中国的具体步骤之一。中国人民革命的胜利，彻底粉碎了50年来美帝国主义策划的大阴谋。

③ W. A. Hamm, *From Colony to World Power: A History of the U. S.* (New York: Heath, 1957), p. 675.

④ 在1895年，在英属圭亚那与委内瑞拉的边界争端中，美国国务卿理查德·奥尔尼在写给英外交大臣萨尔茨堡的一封信里声明："如今美国实际上是这个大陆的主宰人。对于处在她的干预之下的庶民来说，她的号令就是法律。"(J. D. Hicks, *The American Nation*, p. 306)。

战争后的 30 年间，美帝国主义在拉丁美洲干的坏事罄竹难书。据统计[①]，这期间他们"建立"了两个新的共和国（古巴和巴拿马），将五个国家变为美国的"保护"国（古巴、巴拿马、多米尼加、尼加拉瓜和海地），以武力干涉九个国家的内政至少达 30 次之多，武装占领时间由几天至十几年，投资由二三亿美元增至30 亿美元，4 个国家的海关由美国完全控制；此外，还吞并了波多黎各和维尔京群岛，开凿了一条运河，取得另一条运河的开凿权，并攫取了几个海军基地。

美国势力笼罩了整个拉丁美洲。就外交辞令言，这些国家都是"独立自主"的，但实际上都成为美国资本家尽兴狩猎的场所，而这些资本家又得到美国政府的"保护"和支持。塔夫脱推行的所谓"以美元代替枪弹"的"金元外交"只是罗斯福"大棒政策"的变种。美国以一种债务网，诸如政府公债、铁路股票、垄断公司的投资等，控制各国的生产、贸易和资源，把拉丁美洲人民置于美国政治奴役和经济压迫的桎梏之下。

美西战争后，美国除向太平洋和拉丁美洲扩张"边疆"外，也加紧在世界范围内同其他帝国主义进行角逐。正如甲午战争中支持日本，并利用日本向朝鲜插足一样，美国在 1904—1905 年日俄战争中帮助日本，以实现其打入中国东北的野心。1906 年美国参加了德、法、西诸国争夺摩洛哥的阿尔吉西拉斯会议。罗斯福"不以美洲场地为满足，又把'大棒'的阴影投掷到遥远的摩洛哥，使它的'门户'向美国开放"[②]。次年年底，罗斯福又调遣美国全部战舰作环游世界的航行。当时日美因移民问题关系紧张，表面上罗斯福在向日本示威，实际上这是世界殖民角逐中显示力量的讹诈活动。

其实日美争夺中国东北权益的斗争也是日美交恶的原因。日俄战争结束后，"铁路大王"哈里曼就企图建立一个在美国控制下的环球运输系统，把东起太平洋岸，经西伯利亚，西至大西洋航线的铁路系统联结起来，这个计划因日本的反对而失败。1909 年塔夫脱和国务卿诺克斯在中国东北推行"金元外交"，企图大量投资，但因日俄联合反对又未成功。此后，美国的金元矛头转向中国关内，围绕"贷款"问题，又同英、法、日等帝国主义展开竞争。

1913 年上台的伍德罗·威尔逊是一个狂妄的扩张主义者，对于"边疆学说"推崇备至。在白宫，特纳是他的"无形的思想上的同居者"[③]。早在 1902 年威尔逊任教普林斯顿大学时，就曾扬言："在我们面前是一个新的时代。在这个时

---

① W. A. Hamm, *From Colony to World Power*, p. 683.
② T. A. Bailey, *A Diplomatic History of the American People* (New York: F. S. Crofts, 1944), pp. 560-561.
③ William A. Williams, "The Frontier Thesis and American Foreign Policy", p. 387.

代中，似乎我们必须领导世界。"[1]

1914 年第一次世界大战的爆发，为威尔逊的扩张主义策划提供了有利的条件。大战初期，威尔逊一方面打出"中立"的幌子，大做战争生意，并通过贷款尤其是军火供应，加强对英法等帝国主义的控制；另一方面加紧扩军备战，伺交战双方筋疲力尽的时机，插手进去。通过这种手法，威尔逊增强了美国在国际上的经济和政治实力，加速了同其他帝国主义争夺世界霸权的步伐。战后他的赌注全数压在国际联盟之上。他企图以伪善的"宣道式外交"，[2]通过国际联盟，在世界范围内扩大美国的势力。但由于英法等国的抵制，美国无法控制国联。在十月社会主义革命的影响下，世界各地和美国国内出现了革命运动高涨的情势。资本主义体系的经济危机不仅加深，而且产生了政治危机。美国垄断资本集团看到既不能驾驭国联，在国内又须集中力量，加强镇压人民，设法渡过战后经济危机，迅速"恢复常态"，因之通过共和党国会拒绝批准盟约，威尔逊的策划未得实现。

萨摩·威尔斯认为，战后"美国作为一个世界强国，反而更深地钻入自己的甲壳"[3]。实际上美国并未钻入甲壳，只不过是适应垄断资本的需要，改变了扩张的手法而已。

大战期间，美国发了战争财，由债务国变成债权国；被战火破坏的各国需要恢复，这又促进了美国工业生产。战后美国竭力反对苏维埃俄国，反对各国革命运动，大力巩固其在战争中所攫得的军事、经济和政治优势，并将力量更集中地转到经济扩张方面，企图为进一步实现领土扩张、取得世界霸权打下基础。20 年代的一系列军备限制条约、债务条约以及《九国公约》《非战公约》等等的订立，都出于这种考虑。及至 30 年代，美国遭到空前严重的经济危机，工农业生产急剧下降，阶级矛盾不断上升。为了缓和国内经济恐慌和阶级矛盾的发展，统治集团更加紧对外进行经济扩张。他们提出"睦邻政策"和"不干涉政策"，一方面企图将经济危机的重荷转嫁到拉丁美洲人民头上，另一方面企图利用德、意、日法西斯国家的侵略活动，从中渔利。

拉斯基说：不同于西奥多·罗斯福和洛奇，富兰克林·罗斯福放弃了领土

---

① J. A. Hawgood, "Manifest Destiny", p. 127.

② A. S. Link, *Woodrow Wilson and the Progressive Era, 1910-1917* (New York: Harper, 1954), p. 81；法国总理克里蒙梭说："威尔逊谈起话来，像一个基督耶稣；行起事来，却像一个劳合–乔治"（Avery Craven, *A Documentary History of the American People*, p. 679）。

③ Avery Craven, *A Documentary History of the American People*, p. 769.

扩张。①这是无稽之谈。第二次世界大战一爆发，罗斯福就迫不及待地开始了扩张边疆的活动。1940 年他乘英国之危，以 50 艘超龄驱逐舰，在纽芬兰、百慕大、巴哈马、牙买加、圣罗西亚、特立尼达英属圭亚那和安地瓜等地，以 99 年为期，租借了 8 个军事基地。同时又以联防为名，把"门罗主义"扩展到加拿大。次年，在防务名义下，美国军队又进入冰岛和丹属格陵兰。战争初期美国边疆的扩张掀开了新的领土侵占活动的序幕。

美国参战是美帝国主义侵略扩张史上的一个转折，标志着"新边疆"扩张史第二阶段的开始。妄图征服世界是这一阶段美国扩张政策的主要特点，美国统治阶级公开抛弃了他们一向标榜的所谓"孤立主义"。②

早在战争初期，美国称霸世界的野心就已显示出来，在苏德战争爆发后更加暴露。一个德国外交谍报官员在纽伦堡法庭上说，他根据在美国，尤其是在 1940—1941 年看到的情况，认为美国的对外政策的目的是，在战后国际上出现一个极其筋疲力尽的苏联，筋疲力尽的德国，削弱了的英国和最强的美国。③战争还未结束，美国的舆论就为这种思想所毒化。例如 1941 年《时代周刊》《幸福》和《生活》杂志的创办人亨利·鲁斯就提出"最伟大的美国世纪"的口号。1942 年耶鲁大学外交史学家尼克尔斯·斯皮克曼出版《美国在世界政治中的战略》，宣扬地缘政治和强权政治。1943 年以后，其助手为其出版《和平地理》（1944年）。1943 年，温德尔·威尔基宣扬"一个世界"，李普曼甚至"提醒"美国人要注意："构成今天美国大陆本土的大部分土地过去一度曾是外国领土，这部分土地都是通过外交和战争变成美国的领土。"④

第二次世界大战一结束，美国便公开踏上称霸世界的征途。他们是在反共产主义的幌子下行事的。1946 年 3 月，在杜鲁门陪同下，丘吉尔在美国富尔顿

---

① H. J. Laski, *The American Democracy*, p. 562.

② 美国资产阶级外交史上大画特画的孤立主义实际上是美国统治阶级在国际事务中奉行的一种独断独行的极端利己的外交政策。1796 年华盛顿在去职之前，发表"告别词"，鼓吹"孤立"外交。当时独立不久，羽毛未丰，力量不足，因之美国的政策是不卷入欧洲战争，以便发展海上贸易，吞食北美，控制美洲。在内政上克莱的"美国体系"，在外交上的"门罗主义"都反映这种趋势。独立后一百年间美国统治阶级基本上依照这种侵略政策行事。19 世纪末当美国资本主义进入帝国主义阶段后，垄断资本恣意海外扩张。孤立政策实际上已经名存实亡。1896 年总统选举时民主党和共和党虽然在这个问题上争论甚烈，但是这只是统治阶级内部在策略问题上的争吵。第一次大战后威尔逊争取世界霸权的野心未遂，美国又"恢复"了所谓"孤立主义"，直至二次大战前夕，统治阶级内部所谓干涉派与不干涉派还在吵闹不休。其实当时所谓"孤立主义"和"不干涉主义"只不过是扩张政策的另一种形式而已，所以在二次大战结束时，罗斯福在建立联合国问题上，取得两党的一致赞同，并未遇到任何"阻碍"。

③〔苏〕M. 古斯：《美帝国主义和慕尼黑政策》，北京：世界知识出版社 1957 年版，第 174 页。

④ Walter Lippman, *U. S. Foreign Policy*, p. 8.

（Fulton）发表演说，公开发出"冷战"的信号。此后美国统治集团恬然以世界盟主自居，加紧煽动反共的战争歇斯底里，借以达到其囊括世界的野心。艾森豪威尔在 1953 年宣扬"命运"已把"领导自由世界的责任交给美国"，叫嚷"我们的国策必须是一个周密的全球政策"[①]。肯尼迪说什么"在本半球，在西欧和西欧防御方面，在柏林、在非洲、在亚洲、在遥远的南朝鲜、在从柏林伸展出去的大半个圆圈上，美国是大门口的哨兵"[②]。约翰逊甚至叫喊"我们希望，我们打算，我们祈求，我们力图使用自由最后突破到我们周围的整个世界，乃至我们上空宇宙的其他世界中去"[③]。

在这种极端狂妄的扩张思想的指引下，美帝国主义推行了一系列的恣肆蛮横的战争政策和新殖民主义政策。他们拼命扩军，以原子弹进行讹诈；在"美援"名义下，到处发展间谍颠覆活动，干涉别国内政，并以一系列的军事同盟条约，搜罗炮灰，把许多国家捆在美国战车之上。"杜鲁门主义""马歇尔计划""艾森豪威尔主义""北大西洋公约""东南亚条约""实力地位政策""战争边缘政策""填充真空""特种战争""原子外交""联合国表决机器""争取进步联盟""和平队"和"粮食用于和平"等等口号、步骤和组织，均是美帝国主义妄图征服世界的计划的组成部分。

战后美国霸占了许多国家的领土，建立了许多海军、空军和陆军基地。乔治·马立昂说："今天你们若在地图上任何一处插上指针，你们就可以刺到一个美国陆军或海军上将。"[④]除本土外，战前美国实际控制的领土约 90 万平方英里，而战后美国实际控制的国外领土和领海达 10800 万平方英里，其中领海增加 9640 万平方英里，领土增加 1100 万平方英里。[⑤]在这些外国领土上，美国军人横行霸道，蹂躏人权。据 1963 年底统计[⑥]，美国现有兵力为 270 万，其中驻在国外各地的有 62 万，驻在海面的有 39 万。美国军队分布于欧、亚、非、拉丁美洲以及太平洋、大西洋。小股军队不计外，常规部队驻扎地有西德、法国、英国、地中海、西班牙、意大利、西柏林、亚速尔群岛、冰岛、利比亚、土耳其、泰国、越南、菲律宾、冲绳岛、日本、南朝鲜、加勒比海和格陵兰等地。战后美国扩张面积和军队在国外分布的情况就是张肯尼迪所谓"新边疆"的地

---

① F. R. Dulles, *America's Rise to World Power*, pp. 271-272.

② 美新处佛罗里达州迈阿密 1962 年 3 月 11 日电稿。

③ *Congressional Records*, June 6, 1963, Vol. 109, p. 9725.

④〔美〕马立昂著，戴平章译：《美帝国主义的扩张》，北京：世界知识出版社 1951 年版，第 34 页。

⑤ 马立昂：《美帝国主义的扩张》，第 160-166 页。

⑥ *New York Times*, November 4, 1963.

图。自 19 世纪末年美国伸出魔爪、开辟"新边疆"以来，它即以帝国主义强盗黑笔，涂出一幅史无前例的奴役蹂躏、血腥残暴的图景。第二次世界大战后，这支黑笔上的血渍更浓，所涂的画面更加凶恶。

19 世纪末年以前，在北美大陆上，美国是一个从后门抢掠邻国领土的惯贼；自那时起，变成一个在海上进行剽劫的海盗了。在 1798、1812 甚至 1917 年，美国都是打着维护"公海自由"的旗号，分别与法国、英国和德国进行过战争。过去美国羽毛未丰，口口声声向其他资本主义强盗要"公海自由"；而今却凭借武力，恣意践踏"公海自由"了。1898 年美帝国主义在哈瓦那海港蓄意制造缅因号事件。由于美国政府隐瞒真相，至今元凶还未归案；如今又远涉重洋，在迢迢一万公里以外的东京湾制造类似事件（1964 年 8 月 4 日）。这真是历史上一个绝大的讽刺，也是帝国主义强盗本性难以改变的生动的说明。

## 五、"新边疆"政策是美帝国主义穷凶极恶、失道寡助的表现

战后美帝国主义"新边疆"政策的战略目标是："侵略和控制处于美国和社会主义阵营之间的中间地带，扑灭被压迫人民和被压迫民族的革命；并且进而消灭社会主义国家，把全世界所有的人民和国家，包括美国的同盟国在内，都置于美国垄断资本的奴役和控制之下。"[1]美帝国主义貌似强大，不可一世，而实际上这种称王称霸、倒行逆施的政策正是美帝国主义穷凶极恶、失道寡助的表现。如今美帝国主义是全世界反动势力的中心，是新殖民主义的主要堡垒，是无恶不作的国际宪兵，是侵略和战争的主要力量，是全世界被压迫人民和被压迫民族的极凶恶的敌人。"他们做尽了坏事，全世界一切受压迫的人民决不会饶恕他们"。[2]

美国统治集团以其反动本能，察觉到时势不利于帝国主义，但他们竭力顽抗，企图阻止历史潮流。肯尼迪一直叫嚷要把"人类大家庭""团结"成上帝领导下的"一个羊群"。[3]腊斯克也喊："我们必须持久不懈地进行这项建立有秩序和法律的世界大家庭的工作。我们必须继续寻求把共产党国家拉入这个大家庭的办法。"[4]

---

① 《关于国际共产主义运动总路线的建议》，北京：人民出版社 1963 年版，第 10-11 页。
② 毛主席在郑州接见伊拉克、伊朗、塞浦路斯的朋友时谈话，《人民日报》1960 年 5 月 10 日。
③ *New York Times*, International Edition, July 3, 1963.
④ 美新处西雅图 1962 年 5 月 25 日电稿。

有些边疆史学者也看到美帝国主义的日益迫近的悲哀结局，如 W. A. 威廉斯建议根据现实，重新修改"边疆学说"，因为"目前边疆已濒临地狱的边缘，而这个地狱是放射性的"①。威廉斯的观点流露出美国知识界的悲观怵惕的情绪。基于这种心情，他们竭力挽救帝国主义的命运。他们惯用的手法有三：（1）鼓吹美国的帝国主义性质已经消失，扩张的要求已不存在。特纳的学生、哈佛大学边疆史教授默克认为，美国在 19 世纪末年的扩张仅是昙花一现；到 20 世纪，帝国主义这一现象已消逝。他说："'显明天命'在 20 世纪已经逝去，它不仅是确实死了，而且通过两次世界大战仍未复活。"②他又说："美国人在宣传战中可以夸耀已不复是殖民国家了，过去扩张主义者把邻国领土视作可以收集到筐篮中的苹果，现在对这种人则侧目以视了。"③杜鲁门、艾森豪威尔、肯尼迪、约翰逊和腊斯克都叫嚷帝国主义时期结束了。约翰逊说："从殖民统治到独立的伟大的过渡已经大体上完成。"④腊斯克说："旧的殖民秩序差不多已经消除殆尽了。……他们（指亚非人民——作者）和旧宗主国之间的新秩序……是一种平等国家间的伙伴关系。"⑤（2）宣传美国在世界事务中负有"使命"和"义务"，恬不知耻地自封美国"命定"要做"世界的领导人"。他们用"生物学""自然法则""自然权力""自身生存""安全""幸福的追求""开发荒野弃地的优异能力"，以及"向落后民族传播基督教文明"种种谰言为扩张行径辩护⑥，给塔夫脱的金元外交、威尔逊的参战动机、罗斯福的睦邻政策、马歇尔计划、肯尼迪的新边疆等披挂上散播"民主"和"自由"的外衣。哥伦比亚大学美国史教授康马杰和莫里斯写道，美国的外交政策"不取决于对领土、商业、权力以及比较炫耀的帝国主义的任何传统奖品的贪婪，而取决于乐意接受——至少

① William A. Williams, "The Frontier Thesis and American Foreign Policy", p. 395.

② F. Merk, *Manifest Destiny and Mission in American History: A Reinterpretation* (New York: Knopf, 1963), p. 265. 一个资产阶级历史学者感到这种说法自相矛盾。他说："美国史学中最中心的论题之一是美国不是一个帝国。假如要追问，大多数史学家会承认过去美国曾是一个帝国，他们大概会坚持已经放弃了这个帝国，但是他们又接连不断地宣称美国是一个世界强权国家"（William A. Williams, "The Frontier Thesis and American Foreign Policy", p. 379）。这种不能自圆其说的心情正说明谎言是走不远的，无论如何涂脂抹粉，豺狼的嘴脸总是难以掩盖的。

③ F. Merk, *Manifest Destiny and Mission in American History*, p. 260.

④ 约翰逊 1963 年 10 月 17 日在联合国大会上的讲话（*New York Times,* International Edition, December 18, 1963）。早在 1945 年 10 月 7 日杜鲁门就胡说什么美国"不追求领土扩张（H. S. Commager, *Documents of American History*, Vol. 2 (New York: Appleton-Century-Crofts, 1958), p. 638）。约翰逊也卑鄙地撒过类似的谎言（*New York Times,* International Edition, December 12, 1963）。

⑤ 美新处西雅图 1962 年 5 月 25 日电稿。

⑥ H. J. Laski, *The American Democracy*, pp. 560-563.

不愿逃避——责任"。①李普曼说得更为露骨。他说，"大陆的界线永远不等于美国的防务边疆"，因之他主张美国应在"大陆界限之外"承担"义务"，并依靠本土兵力和"可靠联盟的增援"以实现这种"义务"。②（3）叫嚷美国扩张的目的在于保护世界"和平"和"秩序"。默克说，无论什么自然边疆，都应宽阔得足以保证和平。③早在大战初期，康奈尔大学教授基维特就鼓吹英语国家联合起来，以扩大边疆，保卫世界的"秩序"。他眷恋1815—1914年一百年间的往事，当时国际上存在一种"秩序"，因而美国和英国得以自由自在地扩大各自的"边疆"。基维特主张英美共同"开放自己的边疆"，以"包括其他的集团和区域"，进而"形成一个真正的世界秩序"。④

这些谰言居然得到美国现代修正主义者的喝彩。他们为帝国主义涂脂抹粉，说什么帝国主义本性改变了，说什么肯尼迪、约翰逊等人表现清醒明智，表现对和平关心。他们对于肯尼迪的"新边疆"口号也倍加吹捧，说什么像肯尼迪那样谈到新边疆是好的⑤，说什么美国南部是扩张美国民主的新边疆。⑥但是帝国主义辩护士的谰言绝不能欺骗世界有革命觉悟的人民，现代修正主义者也帮不了任何忙。如今帝国主义为所欲为的时代已经一去不返，历史车轮不会听任反动派摆布。正如毛主席所说，"美帝国主义的手伸得太长了。它每侵略一个地方，就把一条新的绞索套在自己的脖子上。它已经陷入全世界人民的重重包围之中。"⑦

（原载《南开大学学报》1965年第1期）

---

① F. R. Dulles, *America's Rise to World Power*, p. XIV.

② Walter Lippman, *U. S. Foreign Policy*, p. 6; p. 64.

③ F. Merk, *Manifest Destiny and Mission in American History*, p. 33.

④ Robert Eugene Cushman, *The Impact of the War on America* (Ithaca: Cornell Univ. Press, 1942), pp. 60-61; p. 67; p. 70. 这种主张不仅是19世纪盎格鲁-撒克逊种族优秀论的回响，而且是战后美国操纵和掠夺一个衰老的老牌资产阶级国家及其殖民地的手法之一。从英帝国主义的利益出发，拉斯基曾对这种"你先驮我，我再骑你"的哲学给予反驳（see H. J. Laski, *The American Democracy*, p. 510）。

⑤ G. Hall, "The U. S. in Today's World", *Political Affairs*, Vol. 40, No. 2 (February 1961), p. 23.

⑥ B. J. Davis, "The Time is New", *Political Affairs*, Vol. 42, No. 8 (August 1963), p. 27.

⑦《毛主席关于支持刚果（利）人民反对美国侵略的声明》，《人民日报》1964年11月29日。

# 扼杀黑人运动的一把软刀子

## ——评《黑人资本主义——量的分析》

"黑人资本主义"是当前美国黑人运动当中一个聚讼纷纭的问题。1973 年美国出版的《黑人资本主义——量的分析》[1]一书，值得我们注目。作者蒂莫西·梅森·贝茨曾任美国威斯康星大学贫困研究所副研究员，现任肯尼昂学院经济学助理教授，是个后起的资产阶级学者。

在这本书中，作者对"黑人资本主义"这个概念，做了一个全新的解释。他认为，"黑人资本主义"应该包括两重意思：一指黑人企业所有制；二指设在黑人聚居区附近的黑人企业。[2]这一定义的要害是，它使黑人资本主义的研究脱离美国资本主义经济制度的总体系及其发展的总规律，因而蒙蔽了读者的视线，使他们看不到黑人资本主义的阶级实质、作用和前途。

我们知道，从社会发展观点看，黑人资本主义是美国资本主义发展的产物。随着黑人资产阶级的成长，它早在 19、20 世纪之交就出现了。发展黑人资本主义的要求最早是由黑人资产阶级提出来的，是他们从经济学上"反抗"（实为适应）垄断资产资本的一种方式。19 世纪末，黑人资产阶级右翼势力著名领导人、塔斯卡基运动的发起人布克·华盛顿（1856—1915），就曾鼓吹黑人应在向垄断资本屈从和效力的条件下，在经济上求得"发家致富"，进入"上层社会"。与布克·华盛顿投降主义路线相对立的，是以黑人学者威廉·杜波依斯（1868—1963）为领导、以黑人青年知识分子为骨干的尼亚加拉运动。杜波依斯虽然在政治上主张积极开展争取黑人民主权利的斗争，但在经济上也是提倡发展黑人商业组织，以改善黑人经济地位。第一次世界大战期间发展起来的由黑人民族主义者玛卡斯·加维（1887—1940）领导的加维运动，仍是主张发展黑人经济以对抗"白人资本"。及至 20 世纪 30 年代经济危机期间，杜波依斯又大力推行"买黑人货"（Buy Black）运动，用以增强黑人资本的实力。至于当时黑人宗教

---

① Timothy Mason Bates, *Black Capitalism: A Quantitative Analysis* (New York: Praeger, 1973).

② Timothy Mason Bates, *Black Capitalism*, p. 2.

组织提倡的发展黑人企业的活动，也都是出于同样的目的。

黑人发起的发展黑人资本主义的运动，在改善黑人经济和状况方面，都没有获得任何积极的成果。其原因是，这些运动都是由中、小资产阶级领导的，只代表黑人资产阶级的利益，没有也不可能同广大黑人工农群众相结合。在美国企业总数中，黑人企业所占的数量很少。黑人资产阶级不仅在量上是微小的，而且在经济地位上也是脆弱的。他们在黑人聚居区中所经营的企业主要是零售业、服务业、饮食业、小型生活必需品的加工和制造业。在垄断资本的统治下，他们根本没有可能进入重要的工业生产部门。此外，也有少数黑人企业主仰仗白人垄断资本家生活，充当他们的承包商和代销点，作为垄断资产阶级剥削广大黑人群众的业务中间人。至于经营金融业如银行业和保险业的黑人企业主为数更少，他们压榨的对象也是黑人劳动群众。因为黑人企业是建立在剥削黑人群众基础之上的，所以黑人企业主同广大黑人工农群众之间有着深刻的矛盾；同时他们虽然受到垄断资本的排挤和控制，但又不得不依赖垄断资本的"支撑"，所以他们同垄断资本存在矛盾，又有一定的"瓜葛"。基于这些原因，黑人企业主在政治上是动摇的。这就是他们的阶级局限性。在垄断资本的统治下，企图通过发展黑人资本主义去求得政治和经济解放的尝试，是一条走不通的死胡同，是没有任何前途的。

可是值得注意的是，自 20 世纪 60 年代黑人运动新高涨以来，发展黑人资本主义的口号又甚嚣尘上。这次的鼓吹手不仅出自黑人运动本身，而且来自美国统治阶级。正如本书作者所说，"20 世纪 60 年代种族暴乱之前，财政机构很少向黑人企业提供贷款"[①]。但自洛杉矶、克利夫兰、底特律和其他城市发生"国内骚乱"之后，黑人聚居区的社会经济状况才"吸引了全国的注意"，"政府、企业和学术机构的领导人物"才开始谈论黑人企业。[②]所以西奥多·克拉斯在1969 年所著《黑人资本主义——贫民区中的商业政策》一书中，颇具讽刺意味地说："暴乱和纵火"总是伴随着承担建立新工厂的义务的。[③]

为什么现在特别宣扬黑人资本主义呢？作者在本书的开端就提到了这个问题。他的回答有四。[④]

1. 提高黑人聚居区中居民的生活水平。

---

① Timothy Mason Bates, *Black Capitalism*, p. 22.

② Timothy Mason Bates, *Black Capitalism*, p. 14.

③ Timothy Mason Bates, *Black Capitalism*, p. 23.

④ Timothy Mason Bates, *Black Capitalism*, pp. 1-2.

2. 使种族聚居区的社会和经济溶化于美国生活的主旋律之中。

3. 建立一个在维护现存资本主义制度中持有一种既得利益的黑人中产阶级：a. 在白人中产阶级和低收入的黑人中间，黑人资本家发挥一种缓冲集团的作用；b. 通过贷款和有保障的市场，黑人企业可依靠政府和白人公司机构取得繁荣。

4. 黑人权利的要求可以得到满足。

作者平列了四条理由，实质上就是一个目的：维护资本主义剥削制度。这里，无论是提高聚居区中黑人居民的生活水平，"溶化"聚居区的社会经济，还是满足"黑人权利"的要求，都是为第三条服务的，即在黑人中培植一个"既得利益的黑人中产阶级"，缓和广大黑人工农劳动群众对垄断资本的革命的直接冲击，抽去黑人革命运动的"釜底之薪"。这正是美国统治阶级提倡黑人资本主义的秘密所在。发展黑人资本主义，是垄断资产阶级用残羹剩饭，在黑人中扩大其社会基础的办法。这是破坏、腐蚀和瓦解黑人革命运动的一把软刀子。

黑人无产阶级集中在广大商业都市的种族聚居区（所谓内城），这是当代黑人运动的风暴中心，所以统治阶级把发展黑人资本主义的注意力集中到这种地区的黑人企业主身上。此外，黑人运动中也有那么一些"著名"的黑人领导人和一些"著名"的黑人组织，歪曲"黑人权利"这个革命口号，把争取"黑人权利"说成是什么争取黑人"发家致富"的"权利"。所以美国统治阶级见到有机可乘，就以黑人资本主义这块画饼来"满足"他们的"要求"了。

作者写这本书的目的之一，是驳斥安德鲁·布里摩的错误说法。身任联邦储备系统管理委员会的布里摩，作为垄断资本的高级官吏，主张不应贷款给黑人小企业主，认为他们既"不善于"经营小企业，更不能管理"随机善变的近代公司企业"。[①]布里摩主张黑人忽视了黑人企业主所承受的种族歧视这个巨大的负担。作者认为，黑人开设的企业是能够盈利的，在经济上是可以维持生存的，至少可以赚足维持"一种中下等级的生活水平"。[②]作者为发展黑人资本主义做了不少辩护，并宣称本书就是为了提倡黑人企业而做的。[③]布里摩是一个吝啬的富翁，而作者只是反对富翁的吝啬而已。

事实上，在美国根本不存在什么"黑人资本主义"，那里只有一种资本主义，即由美国垄断资本统治阶级组织、管理，并用以为其阶级利益服务的资本主义。

---

① Timothy Mason Bates, *Black Capitalism*, p. 3.

② Timothy Mason Bates, *Black Capitalism*, p. 4.

③ Timothy Mason Bates, *Black Capitalism*, p. 16.

黑人社会学者厄里·奥利法在其所著的《黑人资本主义神话》一书中，道出了事实的真相。他说：1. 黑人资本主义是一种无稽之谈，不是一种现实[①]；2. 黑人企业是脆弱的，抵挡不住白人资本的竞争[②]；3. 黑人企业即使发达起来了，也只是对少数黑人特殊利益阶层有利，因为所谓黑人资本主义的发展仍然是建立在对广大黑人群众剥削的基础之上的[③]。大垄断资本家如石油大王洛克菲勒和汽车大王福特等都为发展黑人企业提供过大笔贷款。[④]这一事实揭出了发展黑人资本主义的底细。

贝茨在其著作中非但不肯揭露和批判这种"底细"，反而为它涂脂抹粉，极力美化，为美国垄断资本建立起一座抵制黑人革命洪流的堤坝大喊大叫。对黑人运动来说，贝茨的这本书是一本有害的书，它起了腐蚀黑人革命意志，瓦解黑人革命队伍的作用。

贝茨在研究黑人资本主义所使用的方法——量的分析，是 20 世纪 60 年代以来资产阶级史学研究中流行的一种方法。它的特点是运用计算机，从大量的数据中，做出事物的质的解释。从数量固然可以找到一定的质量关系，但借助计算机来分析社会科学，是具有极大片面性的。在社会科学的研究中，这种方法只能在一定程度上作为一种辅助方法，不能作为一种主导方法。不同于自然科学，社会科学是有阶级性的，单纯从数量上进行分析，不但很容易使研究脱离社会，而且所得结论不可能揭示出社会关系的本质。正因为如此，这种研究方法一开始就得到了垄断资产阶级的赞赏和提倡。

对于用这样方法研究这样主题的著作，读者应当保持警惕性。在美国，不是有人用"量的分析"法去证明：19 世纪末叶和 20 世纪上半叶，在"中等阶级"的心目中，垄断大企业不是伸张恶势力的"章鱼"，也不是穷凶极恶的"怪兽"，而是正常的"公司"和"商号"吗？革命的黑人读者应倍加警惕。

（原载《南开学报》，1977 年第 5 期）

---

① Timothy Mason Bates, *Black Capitalism*, p. 12.
② Timothy Mason Bates, *Black Capitalism*, p. 69.
③ Timothy Mason Bates, *Black Capitalism*, p. 85.
④ Timothy Mason Bates, *Black Capitalism*, p. 78.

# 林肯与黑人奴隶的"解放"

## ——一个评价

1861—1865 年间，美国南部和北部发生了一次战争。在这场内战的烈火中，南部的黑人奴隶制被摧毁。领导联邦军队战胜南部奴隶主的是美国第 16 任总统亚伯拉罕·林肯。

南北战争同独立战争一样，是美国史上一次具有伟大意义的资产阶级革命运动。亚伯拉罕·林肯和乔治·华盛顿齐名，都是美国历史上深孚众望的杰出的资产阶级政治家。一个美国史学家写道："通常合情合理地把内战看作美国史上最重要的事件，称之为'转折点''分水岭'。林肯作为内战时期的总统，同样合理地被视为美国史上最感动人的人物。"①因为林肯在美国史上是一个影响深远的人物，所以在美国关于他的著作真可谓"汗牛充栋"。

美国人对林肯的评价，因评者代表的阶级利益不同而大相径庭。代表奴隶主利益或坚持旧奴隶主反动立场的人，对林肯百般辱骂和诅咒。一个南部史学者说："充满林肯心的是杀机，而不是和平"。也有人说林肯是"邪恶政客的工具"，是"骗子"，是"猩猩"，等等。②而垄断资产阶级为了利用林肯的幽灵，为其反动统治服务，则竭力吹捧林肯，甚至把他理想化。③他们说什么"林肯

---

① Marcus Cunliffe, "Recent Writing on the American Civil war", *History*, Vol. 50, No. 168 (February 1965), p. 17.

② Ralph Newman, ed., *Lincoln for the Ages* (New York: Doubleday, 1960), p. 204; p. 205; p. 207.

③ 如卡尔·舒尔茨说, 林肯被视为一种"半神话"的人物[see Carl Schurz, *Abraham Lincoln: An essay* (New York: Mifflin Co., 1919), p. 75]; J. T. 莫尔斯说, 有人把林肯视作过去所有伟大人物中最伟大的一人[see John T. Morse, *Abraham Lincoln*, Vol. 2 (New York: Mifflin Co., 1893), p. 357]; 菲利普·斯特恩说, 美国人已把林肯视为"神明"(see Philip Stern, ed., *The Life and Writings of Abraham Lincoln* (New York: The Modern Library, 1940), p. 4); 本杰明·夸尔斯说, "林肯是一个传奇式的半宗教的民间英雄"[see Benjamin Quarles, *Lincoln and Negro* (New York: Oxford University Press, 1962), p. 12]; 约翰·海说, 林肯是"自耶稣基督以来最伟大的人物"[see Courtlandt Canby, ed., *Lincoln and the Civil War: A Profile and a History* (New York: George Braziller, 1960), p. 370; p. 372; p. 373]。

的形象代表美国人民"①，林肯是一个"伟大的解放者"②。奴隶主反动势力的无理辱骂不值得评论，对垄断资产阶级的一味吹捧却应加审视。

垄断资产阶级的蛊惑性宣传在美国社会中流毒很深。美国使用的一分铜币上铸有林肯的肖像，所以一个林肯传记家写道："假如此刻在我们身上没有林肯的肖像，那么我们简直是穷得一文不名了。"③林肯的被歪曲的形象正如那些铜币一样，在美国传播很广。这种宣传起着麻痹劳动人民革命意志、模糊劳动人民斗争方向的作用，特别是对黑人反对种族歧视和压迫的斗争发生极其恶劣的影响。垄断资产阶级对于林肯形象的歪曲，必须予以批驳。我们应当根据历史唯物主义原理，对林肯做出新的评价，既肯定他是一个杰出的资产阶级政治家，又须看到他作为一个资产阶级政治代表人物，具有极大的阶级局限性，根本不能完成真正彻底解放黑人的任务。对林肯做出正确评价，就须把他放在当时时代潮流和阶级斗争的总形势与总任务中去考察。

# 一、林肯是一个杰出的资产阶级政治家

马克思对林肯给予很高的评价，曾称他为"英雄""出类拔萃"的"罕有的人物"。④

林肯之所以成为英雄，首先是因为他在人民群众的支持和推动下，顺应历史潮流，不断前进，并用革命方式，维护了国家的统一，摧毁了黑人奴隶制，解决了美国当时社会经济中存在的主要矛盾，因而推动了美国社会的发展。

独立战争后的联邦政府是资产阶级和种植园奴隶主的联合专政。当时，南部种植园经济日趋衰落，北部还处于商业资本的统治，所以统治阶级内部的矛盾还不尖锐。他们在原封保存黑人奴隶制的基础上，建立起联合政府。及至19

---

① 罗依·贝斯勒：《阿伯拉罕·林肯：不朽的象征》[see Norman A. Greabner, ed., *Enduring Lincoln* (Urbana: University of Illinois Press, 1959), p. 4]。

② 如美国对外战争退伍军人团编：《美国：亲历者叙述的美国史上的重大危机》，第 8 卷，芝加哥 1925 年版，第 13 页；David A. Shannon, *Twentieth Century America: The United States since 1890's* (Chicago: Rand McNally, 1963), p. 594；*Congressional Records*, 1961, Vol. 107, No. 35, p. A1285; p. A1336; Kenneth A. Bernard, "Lincoln, The Emancipator", Henry Kranz, ed., *Abraham Lincoln: A New Portrait* (New York: G . P. Putnam's Sons, 1959), p. 40.

③ Philip Stern, ed., *The Life and Writings of Abraham Lincoln,* p. 4. 又，本文所引、且未注明出处的林肯的原语，均出自该书。

④ 马克思：《国际工人协会致约翰逊总统的公开信》（1865 年 5 月 2 日至 9 日之间），中共中央马克思格斯列宁斯大林著作编译局译：《马克思恩格斯全集》，北京：人民出版社，1964 年版，第 16 卷，第 109 页。

世纪，在南部，由于棉花种植业的迅速发展，黑人奴隶制膨胀起来；在北部，工业资本也迅速增长。因此资产阶级与奴隶主之间的矛盾日益尖锐，两种社会制度即奴隶制度与自由劳动制度之间的竞争日益激烈。在关税、国立银行、开发内地、兴建铁路等一系列问题上，资产阶级与奴隶主发生冲突。特别是随着美国向西不断扩张，在建立自由州或蓄奴州的问题上，统治阶级内部的矛盾非常尖锐。这种矛盾在 50 年代达到白热化程度。资产阶级和奴隶主为了缓和他们间的矛盾，曾经进行过几次妥协（1787、1820、1833 和 1850 年），但每次妥协并不能止息矛盾的发展。

内战前，这种矛盾主要表现为限制和反限制的竞争。资产阶级主张在新占领的西部领地上限制奴隶制扩张，而奴隶主意识到限制扩张就等于从经济法则上宣告了奴隶制的灭亡，同时他们认识到在西部领地上自由州数目的增加，也就等于他们在联邦政府中权势的削弱，因此他们不仅竭力反对限制，而且还千方百计地扩张奴隶制。他们凭借自 20 年代末长期控制的联邦政府中行政、司法和立法权力，肆意推行严酷的逃奴法，力图重新开放奴隶贸易，设法取消 1820 年密苏里法案所设置的地理界限和 1854 年堪萨斯—内布拉斯加法案中的"政治障壁"，并企图通过 1857 年德雷德·斯科特判决案，从法律上把共和国的一切领地从培植自由州的地方变为培植奴隶制的地方。内战前确实存在着奴隶制扩展到全国的危险。不仅如此，奴隶主还推行向外侵略扩张政策。他们是发动侵略墨西哥的罪魁，并几度派遣武装强盗，在古巴和尼加拉瓜登陆，妄想建立一个"奴隶主帝国"。[①]

在两种社会制度矛盾不断尖锐的情况下，奴隶主与资产阶级的阶级矛盾更加深化。奴隶主最初要求州权，进而要求审议联邦法律的权力，更进而要求宪法保护奴隶制，最后要求"分离"，自行成立国家。独立后建立起来的联合专政的基础已经瓦解，对于南部 30 万奴隶主寡头应否继续控制北部 2000 万自由人的问题必须找出答案。政权问题遂上升为矛盾的焦点。当工业资产阶级的代理人林肯当选为总统时，南部奴隶主各州先后宣布脱离联邦，继而放出第一枪，挑起内战。就在这一关键时刻，林肯肩负起维护统一、反对分裂的重任，并用利剑斩掉障碍资本主义发展的"赘瘤"。林肯的行动是进步的，所从事的事业是正义的。林肯的功绩首先是以摧毁奴隶制、维护国家统一这一辉煌事迹载入美国史册的。

① Edward J. Channing, *A History of the United States*, Vol. 6: *The War for Southern Independence, 1849-1865* (New York:Macmillan, 1926), pp. 259-260.

内战不只是资产阶级和奴隶主这两个统治阶级内部矛盾的结果，而且是美国国内各种阶级矛盾的总爆发。反奴隶制的首要力量是广大工农劳动群众，特别是广大黑人群众。

北部工人清楚地认识到，"在黑人的劳动被打上屈辱的烙印的地方，白人的劳动也永远不能解放"。[①]他们也知道，"如果最繁重的劳动在南部是黑人的天职，那末在北部它就是德国人和爱尔兰人或他们子孙的天职"了。[②]反对资本主义剥削形式的工人阶级，是反对黑人奴隶制的先锋。广大的农民群众对于奴隶制更是深恶痛绝。19 世纪上半叶源源涌入美国西部的移民洪流，正是渴望无偿获得耕地的农民。他们对于反对奴隶制扩张的主张表示竭诚的拥护。马克思对于农民反奴隶制的作用，给予很高的评价。他说："南部和北部之间的冲突，……由于西北部各州的非凡发展对事件进程产生影响而爆发了。……西北部各州不仅提供了拥护执政党的基本群众，……一开始就坚决反对任何对南部同盟的独立的承认。……同样，正是西北部各州的居民，在堪萨斯事件……中起来同边境的暴徒进行搏斗。"[③]在北部城市中，市民反对逃奴法的斗争不断发展。白人和自由黑人发起的废奴主义运动也如火如荼。他们口诛笔伐，对奴隶制进行严厉的批判，并参加诸如"地下铁路"等反奴隶制的斗争活动。直接遭受奴隶主迫害和压迫的广大黑人奴隶群众更是反奴隶制的生力军。进入 19 世纪，黑人奴隶起义的频繁，以及声势的浩大，都是前所未有的。加布里埃尔·普罗瑟、查尔斯·戴隆德、登马克·维奇和纳特·特纳的可歌可泣的斗争业绩，象征着美国黑人革命斗争的传统。1859 年约翰·布朗领导的奴隶起义，正是南北战争的序幕。

资产阶级、工人、农民、城市居民、自由黑人和黑人奴隶——所有这些汇合成为同奴隶主进行阶级大搏斗的力量。林肯领导了这支浩浩荡荡的大军，并在他们的推动下，把这场伟大的资产阶级民主革命运动节节引向深入，最后取得胜利。胜利符合广大人民的要求和利益，加速了美国社会的发展进程。这就在美国史上确立了林肯的卓越的地位。

以资产阶级民主主义的尺度来衡量，在美国总统中，林肯的成就既空前，

---

① 马克思：《致保·拉法格》，中共中央马克思恩格斯列宁斯大林著作编译局译：《马克思恩格斯全集》，北京：人民出版社，1972 年版，第 31 卷，第 539 页。

② 马克思：《美国内战》，中共中央马克思恩格斯列宁斯大林著作编译局译：《马克思恩格斯全集》，北京：人民出版社，1963 年版，第 15 卷，第 364-365 页。

③ 马克思：《马克思致恩格斯的信》（1861 年 7 月 1 日），中共中央马克思恩格斯列宁斯大林著作编译局译：《马克思恩格斯全集》，北京：人民出版社，1975 年版，第 30 卷，第 180-181 页。

又绝后。林肯处于"自由"资本主义末期，而他以后的 23 个总统大多处于帝国主义时期。帝国主义时期的资产阶级已完全丧失革命性，自然无人能超过林肯。在林肯之前的 15 个总统中，堪与林肯"媲美"者仅有华盛顿和杰斐逊，而他们所维护的却是奴隶主参与的政权。林肯虽然缅怀"昔日那样的联邦"，但他毕竟代表新兴的工业资产阶级，打倒了奴隶主。同杰斐逊、杰克逊相比，林肯在他自己的政党中虽然是一个无足轻重的人物，但"伟大的革命斗争会造就伟大人物"①，这匹"黑马"、这个沉默寡言的西部铁路公司律师在当选总统后，在群众的推动下，却由时势铸造成英雄。

南北战争是美国历史上的"第二次革命"。林肯所领导的这场战争的胜利，解决了"自由"劳动制与奴隶制谁胜谁负的问题，完成了独立战争遗留下的历史任务。在战争过程中，林肯政府制订了宅地法，实行了保护关税制，设立了国家银行，开始兴建横贯大陆的铁路，奖励移民，严厉制止奴隶贸易。自由劳动力的来源扩大了，统一市场出现了。这一切为资本主义在工农业中进一步发展，特别是为工业资本伸入南部，提供了有利的条件。同时内战的胜利斩断了南部奴隶主在经济和政治上对英国的依附关系，进一步保证了美国经济沿着独立道路向前发展。恩格斯说：美国这次革命"无疑将决定整个美国今后几百年的命运。美国政治和社会发展的大障碍—奴隶制一经粉碎，这一国家就会繁荣起来，在最短期间它就会在世界历史上占据完全不同的地位"②。事实正是如此。及至 90 年代，美国主要工业生产超过了资本主义各国，跃居世界第一位。内战时期所采取的具有资产阶级民主性质的措施，显示了内战的进步性，博得了人民群众的赞扬。内战胜利在经济上结出的硕果，提高了林肯在美国史上的声誉。

林肯领导的这次战争，具有"极伟大的世界历史性的进步的和革命的意义"，③是"自由"资本主义末期世界上仅有的一次巨大的资产阶级民主革命。当时在欧洲主要资本主义国家中，资产阶级的革命性已经衰退，他们已经和封建势力进行妥协，反而共同反对无产阶级了。而美国工业资产阶级尚处于上升时期。在广大人民群众的支持下，他们在国内推翻了奴隶制，在国际上反抗了

---

① 列宁：《悼念雅·米·斯维尔德洛夫》，中共中央马克思恩格斯列宁斯大林著作编译局译：《列宁全集》，北京：人民出版社 1959 年版，第 29 卷，第 71 页。

② 恩格斯：《恩格斯致约·魏德迈》（1864 年 11 月 24 日），中共中央马克思恩格斯列宁斯大林著作编译局译：《马克思恩格斯全集》，北京：人民出版社 1972 版，第 31 卷，第 431 页。

③ 列宁：《给美国工人的信》，中共中央马克思恩格斯列宁斯大林著作编译局译：《列宁全集》，北京：人民出版社 1956 年版，第 28 卷，第 50 页。

欧洲反动君主国联合进攻的威胁，并同黑人共和国利比里亚和海地建立了外交关系。北部所进行的战争，击破了 1848—1849 年革命后欧洲出现的沉闷，对于欧洲进步力量是一种鼓舞，对于反动势力是一个沉重的打击。这在英国尤为明显。美国一个史学家说，阿波马托克斯的胜利，就是"3000 英里外（指英国）民主的胜利"。[1]反之，南部同盟的覆灭，无疑是英国反动的保守势力的失败。[2]在美国内战的年代里，欧洲工人阶级为保卫北部的正义事业，自发地动员起来进行联合斗争，一次又一次地挫败了各国反动统治阶级企图发动武装干涉的阴谋。

欧洲工人阶级懂得，"欧洲的隐蔽的雇佣工人奴隶制，需要以新大陆的赤裸裸的奴隶制作基础"。[3]北美奴隶制的废除，使英国统治阶级在北美失去了一个借以压迫本国工人的经济基础。所以英国工人不顾因棉花缺少而带来的停工闭厂的痛苦，大力支持联邦政府。[4]英国工人联合会的反战活动，就是阻止英国政府出兵支持南部同盟的重要力量。[5]同英国工人一样，法国工人阶级宁愿忍受失业的困苦，也反对支持同盟政府。[6]

内战也为美国工人运动的发展创造了有利的条件。战争期间美国工人一面参加反奴隶主的斗争，一面又从国际主义出发，接济欧洲失业工人。[7]战后随着美国工业进一步发展，美国工人阶级队伍日益壮大。这时他所反对的不是他们敌人的敌人——奴隶主，而是他们的直接的敌人——资本家了。美国空前强大的工人运动，更加有力地支援了欧洲工人的革命斗争。正如国际工人协会致林肯的信中所说："自从巨大的搏斗在美国一开展，欧洲的工人就本能地感觉到他们阶级的命运是同星条旗连在一起的。……欧洲的工人坚信，正如美国独立

---

① A. C. 麦克洛弗林：《作为世界杰出人物的林肯》，《林肯百周年纪念协会文集》，伊利诺伊 1924 年版，第 115 页。

② 如拒绝发表任何同情北部新闻消息的《泰晤士报》就曾承认：1864 年 12 月萨凡纳的陷落，就是"对南部和我们的沉重的打击"[see Hugh Brogan, ed., *The Times Reports the American Civil War: Extracts from "The Times", 1800-1865* (London, 1975), p. 5]；一个美国史学者说，内战的胜利就是英、法、奥三国君主的失败[see A. R. Tyrner-Tyrnauer, *Lincoln and the Emperors* (New York: Brace & World, 1962), p. XVI]。

③ 马克思：《资本论》，中共中央马克思恩格斯列宁斯大林著作编译局译：《马克思恩格斯全集》，北京：人民出版社 1972 年版，第 23 卷，第 828 页。

④ Royden Harrison, "British Labor and American Slavery", *Science and Society*, Vol. 25, No. 4 (December 1961), p. 315.

⑤ Richard Greenleaf, "British Labor Against American Slavery", *Science and Society*, Vol. 17, No. 1 (Winter, 1953), p. 53.

⑥ Samuel Bernstein, "The Opposition of French Labor to American Slavery", *Science and Society*, Vol. 17, No. 2 (Winter, 1953), p. 145.

⑦ 如美国工人以食物接济利物浦的失业工人[see Clare Taylor, *British and American Abolitionists: An Episode in Transatlantic Understanding* (Edinburgh: Edinburgh University Press, 1974), p. 94]。

战争开创了资产阶级取胜的新纪元一样，美国反对奴隶制的战争将开创工人阶级取胜的新纪元。"①美国内战是推动欧洲工人运动高涨的因素之一，在美国更是工人运动的有力的催化剂。这就给领导工农群众进行内战的林肯增加了许多光辉的色彩。

林肯在内战中创造的伟大业绩，博得了美国人民和世界人民的敬意，因此在战争结束后他猝然倒下，引起人民的哀思。马丁·麦克马洪生动地记录下当林肯枢车由华盛顿运往斯普林菲尔德的途中，人民迸发出来的缅怀悼念之情，他写道："人民的悲伤的表情是前所未有的。当枢车经过一些沿铁路线的偏僻的地方时，在半英里外的农夫就放下他手里的锄或锹，把耕畜停下，脱下帽子。当火车驶过时，他们光着头，直到火车在视线中消失为止。"②在国外，林肯的死也引起强烈的反应。悼念林肯的社论、集会决议和函件，纷纷飞向华盛顿。西西里人说："林肯不仅是你们的，也是我们的。"法国卡恩城居民写道："林肯已经阻止了他的国家的分裂，已经废除了奴隶制。他已经是鞠躬尽瘁，可以安息了。"伦敦的工人写道："在英国的工人间，林肯是著名的。他犹如他们的一员，为各国的自由而战斗，是自由和正义的英勇的殉道者。"

## 二、林肯不主张用强制手段立即废除奴隶制

一个美国史学家写道："林肯属于自由土地派，从未成为一个废奴主义者。在某些方面，林肯赞同他的南部同胞们，认为废奴主义者是可诅咒和折磨人的。"③英国著名政治经济学家约翰·斯·穆勒写道："美国现任政府不是一个废奴主义者的政府"；美国废奴主义者的活动"不局限于宪法范围之内，……必要时，使用武力"。④

历史往往是具有刻薄的讽刺意味的。林肯虽然不是一个直接主动的废奴主义者，虽然竭力设法在宪法范围内解决奴隶制问题，但奴隶制的废除最终还是通过战争手段实现的。

从林肯在《解放宣言》发表前的40年政治生涯看，他并不主张用强制手段，

① 马克思：《致美国总统阿伯拉罕·林肯》，中共中央马克思恩格斯列宁斯大林著作编译局译：《马克思恩格斯全集》，北京：人民出版社1964年版，第16卷，第20—21页。

② Allan Nevins, *The Statesmanship of the Civil War* (New York: Macmillan, 1953), p. 65.

③ Robert A. Goldwin, ed., *100 Years of Emancipation* (Chicago: Rand McNally, 1964), p. 14.

④ Robert A. Goldwin, ed., *100 Years of Emancipation*, pp. 16-17.

立即废除奴隶制。内战发生前，他主张限制奴隶制的扩张，在个别地区实行逐步的自愿的赎买制；及至内战爆发后，他认为统一联邦是当务之急。他虽然曾企图在边界州推行赎买政策，但更加小心翼翼地避免接触奴隶制问题了。

1823 年林肯竞选伊利诺伊州议员，正式开始了他的政党活动。最初他是辉格党人亨利·克莱的信徒。辉格党的实权操纵在北部代表工厂主利益的人们的手中，它联合了北部资产阶级中主张与南部奴隶主实行妥协的势力，并得到与北部工业有密切联系的南部种植园奴隶主的支持，也基本上反映了边界州统治集团的看法。1837 年"林肯-斯通的抗议"是林肯在伊利诺伊州议会里，在奴隶制问题上第一次公开发表的意见。在这个声明中，他既不赞成废奴主义，又不赞成国会干涉各州的奴隶制。他认为，根据宪法，国会虽有权废除哥伦比亚特区的奴隶制，但必须在当地居民的要求下方可施行。所以在奴隶制问题上，林肯的政治活动是以不干涉原则为起点的。

1847 至 1849 年在联邦众议院期间，林肯继续遵循辉格党的政治路线，至少有 40 次投票赞成限制奴隶制扩张。为此，他曾提出"肇事点决议案"，反对侵墨战争。他也曾投票赞成威尔莫特附文，还曾要求以赔偿奴隶主财产损失的方式，释放哥伦比亚特区的奴隶。总之，在 1862 年《解放宣言》发表前，限制扩张和逐步赎买是林肯在解决奴隶制问题上的最高纲领。

1850 年妥协案后，由于辉格党所揭橥的主张均失时效，他们既不支持日益壮大的废奴主义运动，除了反对民主党外，又提不出任何新的口号。到 1852 年辉格党已趋解体。在尖锐的阶级斗争情势下，妥协态度无法维持，这是辉格党瓦解的原因，也是林肯自 1849 年后脱离政党活动、埋首律师业务的原因。

1854 年，在奴隶主的操纵下，国会通过堪萨斯—内布拉斯加法案。民主党领袖、伊利诺伊大地产持有者斯蒂芬·道格拉斯的"垦殖者多数的意志"说，取消了 1820 年密苏里妥协案所划定的地理界限，这是奴隶主发动新进攻的信号。当年林肯在皮奥里亚（伊利诺伊州）发表演说，反对堪萨斯-内布拉斯加法案。他仍认为，奴隶制在道义上是错误的，但得到宪法的保护，不过国会有责任和权利去限制它的扩张。

在奴隶主猖狂进攻的形势下，反奴隶制的势力重新集合。1854 年共和党成立。共和党建立之初，具有废奴主义的色彩，因而在伊利诺伊举行会议时，林肯托词远避。只是后来工业资产阶级掌握了共和党，并在奴隶制问题上袭用了自由土地党的纲领时，林肯才犹豫不决地放弃了丹尼尔·韦伯斯特、亨利·克莱的传统政纲，加入了共和党。

1856 年，林肯参加了共和党的伊利诺伊州代表大会和费城全国代表大会。当时自由州派和蓄奴州派已在堪萨斯展开"内战"，南部分离运动已在酝酿。在伊利诺伊州代表大会上，林肯警告奴隶主说："我们不脱离联邦，你们也不能。"会上，林肯着重弹弄的一个基调是统一，而不是奴隶制。

1858 年共和党伊利诺伊州代表大会上，林肯被提名为共和党的联邦参议员竞选人。他进一步以《家庭分裂》为题发表演说。他说："一个自相纷争的家庭，是站不住的。我相信这个政府在半奴役半自由的基础上是不能持久的。我不希望联邦解体——我不希望家庭倾覆——但我确实希望它将不再分裂。二者必居其一：或者奴隶制的反对者制止奴隶制的进一步扩张，并把它置于公众深信将归于完全消灭的进程中；或者是奴隶制的拥护者使它扩展，直至在各州，不论是新州或旧州，北部或南部，它都将变为合法的"。林肯这个演说的基本论点是：（1）联邦的统一必须维持；（2）奴隶制必须停止扩张；（3）至于奴隶制本身，则可任其自行消灭。后来，林肯多次重申这些主张。据此，他在 1860 年底，即在内战一触即发的时刻，拒绝了亨利·克莱的信徒、参议员约翰·克里滕登提出的妥协案。

在南部脱离联邦后，林肯甚至不惜以保存奴隶制来换取奴隶主在保存联邦问题上的妥协。他在从斯普林菲尔德赴华盛顿就任途中，在辛辛那提向隔河的肯塔基人说："我们打算尽力像华盛顿、杰斐逊、麦迪逊那样对待你们。我们不打算干扰你们，也无意干涉你们的制度。"[①] 在 1861 年 3 月就职演说中，林肯公然宣称："南部诸州人民似乎存在着顾虑，以为共和党执政，就会使他们的财产、他们的安宁与人身安全遭到威胁。这样的顾虑是从来没有任何正当根据的。……我声明，'我没有直接或间接干预南方现存奴隶制的企图。我认为，我没有法律权利去如此行事，并且也不打算这样做'。"他还主张严格执行逃奴法，甚至向奴隶主呼吁："我们不是敌人，而是朋友。我们必须不成为敌人。"这篇软弱的政策性宣言，助长了奴隶主分裂活动的气焰。

1861 年 4 月，南部奴隶主打响第一枪，使双方冲突越出宪法范围，转向战场。林肯被迫应战。他诉诸武力，不是为了反对奴隶制，而是因为南部脱离联邦。1862 年 8 月，林肯在回答霍勒斯·格里利的《两千万人的呼吁》一文中，更明确地表达了他无意使战争变为解放战争的观点："我要拯救联邦。我要根据宪法通过最短的途径来挽救联邦。国家权力恢复越快，联邦就会接近于'昔日

---

① Allan Nevins, *The Emergence of Lincoln* (New York: Scribner, 1950), p. 450.

那样的联邦'。如果有人一定要同时拯救奴隶制，才愿拯救联邦，我不同意他们。如果有人一定要毁灭奴隶制，才愿拯救联邦，我不同意他们。我在这斗争中的首要目标就是拯救联邦，而不是拯救或毁灭奴隶制。如果我能够不解放任何奴隶而拯救联邦，我愿意那样做；如果我能通过解放全部奴隶而拯救联邦，我愿意那样做；如果我能通过解放一些奴隶，让另一些奴隶听天由命而拯救联邦，我也愿意那样做。在奴隶制和有色人种问题上，凡有利于拯救联邦的事，我就做；凡无助于拯救联邦的事，我就不做。"显然，在林肯心目中，战争的首要目的是统一联邦，至于奴隶问题，则是无关大局之事了。

由于林肯无意立即释放奴隶，战争初期逃出奴隶主虎口的奴隶，遭到种种迫害。有的联邦军官拒绝收留前来投诚的奴隶；有的要求奴隶携带食物，方肯收容；甚至有的奴隶主越过火线，索取逃奴。对于前线这种迫害逃奴之事，林肯置若罔闻。

1861 年 7 月，本杰明·巴特勒将军出于军事的考虑，将逃亡奴隶看作"战时违禁品"，拒绝把他们归还前来索取的同盟军官。对此，林肯未曾表示坚决支持。8 月，林肯虽然签署了国会制订的"没收法"，但未认真执行。迟至 11 月，亨利·哈勒克将军还发布命令，禁止收留越过火线前来投诚的奴隶，激进派共和党人认为这是出于林肯的授意。[1]只是由于舆论和军事的压力，林肯才在 1862 年 3 月签署了禁止陆军和海军将逃奴交还原主的法令；同年 7 月，他签署了第二个"没收法"，但在签署时表现犹豫，签署后也不坚决施行。

但当军官由于战争需要而公开宣布释放奴隶时，林肯立即表示反对。1861 年 8 月，西部军区司令约翰·弗里蒙特将军发表文告，释放了密苏里州叛乱奴隶主的奴隶，而林肯要求弗里蒙特修改文告，使其符合国会所通过的没收法。当弗里蒙特拒绝执行时，林肯下令取消了他的文告。三个月后，弗雷蒙特被免职。次年 5 月，南方军区司令戴维·亨特将军下令释放佛罗里达、佐治亚和南卡罗来纳的奴隶时，林肯同样宣布无效。7 月，陆军部长埃德温·斯坦顿在一份致各军区的指令中说："他（指林肯）的意见是：根据国会的法令，他们（指逃奴）不应被送还他们的主人……凡是能工作者，应令其工作……指令如此行事，并不表示总统现在对奴隶与奴隶制制订了任何成规，这仅是在目前情势下为特种情况而制订的。"[2]林肯所考虑的只是将逃亡奴隶交给军队，听任他们随意驱使。

---

[1] Philip S. Foner, *Frederick Douglass Life and Writings*, Vol. 3 (New York: International Pubs., 1952), pp. 438-439.

[2] John G. Nicolay, *Abraham Lincoln, A History* (New York: Century Co., 1911), p. 349.

至 1862 年年中，有的军区已自动征召黑人奴隶入伍，但林肯表示反对。早在 1861 年底，陆军部长西蒙·卡梅伦在向国会作的年度报告中，曾提出征召黑人的建议，林肯读后令其删去。迟至 1862 年 8 月，他还拒绝印第安纳州提出的组织黑人部队的要求。直到 1863 年 1 月《解放宣言》生效，征召黑人入伍的政策已经确定后，林肯在写给一个将军的信中才承认：在战争发生后的一年半内，他设法不接触奴隶制。[①] 由此可见，林肯一再拒绝黑人参军的目的，在于使战争不沾染任何废奴主义的色彩。

林肯不敢接触奴隶制的现实原因，是恐怕边界州脱离联邦，倒向同盟。这种想法一直妨碍他在奴隶问题上采取坚决果敢的步骤，对于战争的发展，极为不利。这正反映林肯只看边界州奴隶主的眼色行事，却无视人民群众的要求。实际上边界州广大居民特别是高地居民，是拥护联邦、反对分裂的。[②]

由于林肯政府采取的歧视政策，黑人在联邦部队中遭到不公正的待遇。他们薪饷少，职位低。单独编队，实际上就是隔离。甚至林肯委派弗雷德里克·道格拉斯赴南部军区协助招募黑人时，竟拒绝发给委任状，只给了一个由他联名签署的通行证。不公正的待遇，使招募黑人的工作发生困难。迟至 1863 年 7 月，当道格拉斯提出改善黑人士兵的待遇时，林肯的回答还是"时机尚未成熟"。[③]

1862 年 4 月，林肯在几经犹豫之后，虽然签署了赎买哥伦比亚特区奴隶的法令，但这个措施只不过实现了他于 1849 年在众议院许下的夙愿，与整个奴隶制无关。同年 6 月，他签署的禁止在领地内保存奴隶制的法令，也只是实现了他的限制奴隶制扩张的主张，并不涉及奴隶制本身。1862 年，林肯曾三次徒劳无效地劝说边界州国会议员实行赎买制。早在 2 月林肯就拟要求国会通过议案，付给释奴州 4 亿美元。只是由于他的阁员们的反对，这个提案才被搁置。3 月，在林肯要求下，国会通过议案，答应向释奴州提供财政帮助。至 12 月，他仍向国会建议修改宪法，由国会出钱，资助凡于 1900 年前释放奴隶之州。林肯甚至计划向国外移出黑人。8 月，他对一批黑人代表宣称："没有奴隶制，没有黑人作为它的基础，这场战争就不会发生，因此分离对我们双方都有好处。"在 12 月提交国会的咨文中，他竟使用了"驱逐出境"这个词。从这种反动逻辑制订的计划当然是行不通的，他的移出活动终以失败而结束。

① Benjamin Quarles, *Lincoln and Negro*, p. 68.

② Henry B. Bins, *Life of Abraham Lincoln* (London: J. M. Dent & Sons, Ltd., 1927), p. 57; Maxim Ethan Armbruster, *Presidents of the United States: A New Appraisal* (New York: Horizon Press, 1960), pp. 178-179.

③ Philip S. Foner, *Frederick Douglass Life and Writings*, Vol. 3, p. 36.

## 三、在国内外各种压力下宣布《解放宣言》

1862 年 9 月 22 日，林肯发布了"在联邦成立以来美国史上最重要的文件"——《预告解放的宣言》，使叛乱各州的奴隶得到解放。

《宣言》是南北战争的一个转折点。它使美国内战具有一种道义的力量，把一个追求统一的战争变为一个实现解放的战争。战争目的被提到更高的水平。从此联邦军队转败为胜，最终击败了奴隶主。

《宣言》是林肯采取的一系列资产阶级民主革命措施中的一个最高步骤，也是他"一生中最伟大的一举"。①林肯亲手实行了他过去反对弗雷蒙特和亨特所做的事。在《宣言》发表前，他在奴隶问题上所持的主张，始终未突破 1837 年他在伊利诺伊州议会上所提出的范围。即在发表《宣言》的前一个月，他还重申战争的目的不是解放奴隶。由此可见，林肯的这"一举"是被动的，是出乎他本人意愿的。

林肯若不解放黑人奴隶，就无从取得战争的胜利。即使取得胜利，他在历史上的形象也不会像今天这样高大。林肯达到这个高度，是很艰难的，是在各种政治压力下攀登上去的。所以弗雷德里克·道格拉斯说："除非出于紧迫的需要，政府是不会采取明智的行动的。"②威廉·曼彻斯特也说："直到他（指林肯）感到束手无策了，他才会接受无条件解放的办法的。"③道格拉斯和曼彻斯特道破了林肯爬坡的原因是出于客观形势的逼迫。对此，林肯也不讳言。林肯曾自我解嘲地说："一个人今天不比昨天更明智些，那么我对他的评价就不会高了。"④他在解释发布《宣言》的原因时说："我不认为已经控制了事变，但坦白地承认事变已经控制了我。"⑤1862 年 9 月，林肯在接见一个要求释放奴隶的教士代表团时说的话，也表达了他的被动的矛盾的心情。他说："不要误会我，……一些困难阻止了我的行动。……我已决定不反对宣布给予黑人以自由，但还在考虑。我向你们保证，我考虑此事最多，日夜不辍。我愿做任何看来是上帝意旨之事。"美国诗人詹姆斯·洛厄尔写道："无疑奴隶制问题是一个微妙

---

① 〔美〕威廉·福斯特：《美国历史中的黑人》，北京：三联书店 1961 年版，第 289 页。

② Philip S. Foner, *Frederick Douglass Life and Writings*, p. 19.

③ William Manchester, *The Glory and the Dream* (Boston: Little, Brown, 1974), p. 73.

④ William Douglas, *Mr. Lincoln and the Negroes: The Long Road to Equality* (New York: Athenaeum, 1963), p. 56.

⑤ Philip S. Foner, *Frederick Douglass Life and Writings*, p. 15.

和穷人的问题。在他那种地位,不管他自己的意见如何,无法躲避这个问题。……在各种时机,以各种形式,形势不断地固执地将这个问题推给他,迟早他须顺从它。"①林肯竭力逃避时代提出的任务,但又须跟随时代潮流向前蹒跚,所以马克思说:林肯"犹豫不决地、违背自己意愿地甚至勉强地唱着自己所扮演的角色的豪迈的咏叹调,好像因为时势把他造成'英雄'而请求原谅似的"②。

　　林肯做出解放叛乱州奴隶的决定,首先是出于利用奴隶这支强劲的力量,以达到击败奴隶主、挽救联邦的目的。从这里也可看出,《宣言》的发表是出自战争形势的逼迫。一个林肯传记家说:"《解放宣言》不是为裨益被奴役的奴隶所作的善举,而是用以削弱叛乱诸州的一种军事措施。"③林肯把解放奴隶一事,看作是一个"破釜沉舟"的措施。④他说:"(1862年)夏季中期,形势变得越来越坏。直至我感到,在我们所执行的战争计划方面,我们已经到了山穷水尽的地步,我们必须打出最后一张牌,改变我们的战略,不然就会遭到失败。这时,我才决定采取解放政策。"⑤他又说:"我不会不打出可以利用的牌而放弃这场竞争的。"⑥他也曾写道:"真情是这样:在奴隶问题上有否行动,都是根据军事的需要。"⑦1862年7月,林肯的海军部长吉迪恩·韦尔斯在其《日记》中写道:"他(指林肯)考虑到这个行动(指发布《宣言》)的严重性、重要性和微妙性。他说,他经过深思熟虑所得的结论是:这是出于拯救联邦的绝对必要的军事需要。他又说,我们必须释放奴隶,不然我们就会被击败。"⑧林肯在写给斯普林菲尔德的詹姆斯·科克林律师的信中,也透露了他的想法。他写道:一些在战场上立了重要战功的我们的军队司令官相信,解放奴隶和利用黑人部队是对叛乱者施予的最沉重的打击。……在持有这种看法的司令官中,有些人对于废奴主义或共和党政策无所关注。他们主张如此,纯粹出于军事看法。……我想,在拯救联邦中,黑人作为士兵能做多少,白人士兵就可以少做多少。"迟

　　① Carl Schurz, *Abraham Lincoln*, p. 25.

　　② 马克思:《北美事件》,中共中央马克思恩格斯列宁斯大林著作编译局译:《马克思恩格斯全集》,北京:人民出版社1963年版,第15卷,第586页。

　　③ Philip Stern, ed., *The Life and Writings of Abraham Lincoln*, p. 144; James Ford Rhodes, *History of the United States from the Compromise of 1850*, Vol. 4 (New York: Macmillan Co., 1902), p. 159.

　　④ 罗伊·贝斯勒:《阿伯拉罕·林肯》,第10页。

　　⑤ Carl Sandburg, *Abraham Lincoln: The Prairie Years and the War Years* (Franklin Center: Franklin Library, 1978), p. 271.

　　⑥ Norman A. Greabner, ed., *Enduring Lincoln*, p. 78.

　　⑦ David Donald, "Abraham Lincoln: Whig in the White House", Norman A. Greabner, ed., *Enduring Lincoln*, p. 708.

　　⑧ Philip Stern, ed., *The Life and Writings of Abraham Lincoln*, p. 143.

至 1864 年 5 月，他还写道"现在在联邦部队中有 20 万身强力壮的黑人，……假如放弃他们现在防御的所有堡垒，从我们这边移走 20 万人，增到敌人的战场上，那么我们就会被迫于三个星期内退出战争。"①林肯"认为可以按照政治上或军事上的方便与否，利用他们（指黑人）或甩掉他们；可以在一筹莫展的时候，把他们用作战争中的锐利的斗争武器"。②

无怪有人认为，假如麦克莱伦在安蒂特姆能穷追罗伯特·李将军的溃军，并取得决定性的胜利，林肯也许会把《解放宣言》搁置起来，不予发表。③在《解放宣言》中，林肯没有解放边界州以及在联邦军队占领下的各地的奴隶，换言之，林肯只释放了他的权力尚未达到的地方的奴隶，在他有权释放奴隶的地方，奴隶反未得到解放。这更说明发布《宣言》的目的是从军事上削弱南部同盟，而非直接解放奴隶。这也就难怪林肯是以陆海军司令的权限发表《宣言》了。

战争形势的恶化迫使林肯再不能"隐瞒战争的原则，而放过敌人最害怕攻击的地方、罪恶的根源——奴隶制本身"。④早在内战初期，林肯就感到军事压力。如在弗吉尼亚转向同盟后，波托马克河成了前线，华盛顿暴露在敌军面前。当时华盛顿卫戍部队很少，而马萨诸塞和宾夕法尼亚的军队又被阻于巴尔的摩，未能及时赶到。林肯在白宫踱来踱去，喃喃自语："他们为什么还不来呢？"⑤这种焦急的情景仅是战争初期林肯所受军事压力的一个侧面。此后联邦军屡战屡败，压力益增。为了扭转战局，除了采取一些改革措施如宅地法等，以争取广大白人工农群众的支持外，林肯不得不动用更令奴隶主心惊胆战的自由黑人和黑人奴隶。林肯看到，联邦如果不立即以这种方式进行战争，它必将遭到南方的"一顿痛打"。

除军事压力外，来自国内外的政治压力也很大。内战爆发以来，外来的武装干涉威胁主要来自英国和法国。表面上，英国保守中立，但它承认南北双方为交战国，并在这种借口下，为同盟政府建造船只，订购同盟政府公债。战争期间，至少有 250 只北部商船被英国为南部建造的船只所劫持。1862 年，英国参战的叫嚣极为猖狂。6 月间，《泰晤士报》发表社论，公然宣扬南部独立势在必行，鼓吹欧洲实行武装干涉。它杀气腾腾地说："很明显，欧洲必须认真考虑

① Philip S. Foner, *Frederick Douglass Life and Writings*, Vol. 3, p. 445.
② 福斯特：《美国历史中的黑人》，第 257 页。
③ Richard N. Current, *The Lincoln Nobody Knows* (New York: McGraw-Hill Book Company, cop., 1958), p. 226.
④ 马克思：《美国内战》，第 365 页。
⑤（编者：原著上就没有国籍信息）罗德维基著，程伯群译：《林肯传》，民国三十二年版，第 233 页。

它对美国战争中交战双方的关系的时候来到了。……几乎所有的人认为，北部和南部现在必须在分立与毁灭之间进行抉择。"[1]法国也借钱给同盟政府。拿破仑在 1862 年夏认为南部胜利在望，拟伙同英国出兵干涉。英法政府甚至策划共同压迫北部在容许南部独立的基础上进行和谈。

当欧洲阴谋干涉的乌云密布时，从俄国回国的 C. M. 克莱将军向林肯报告说，他发现，欧洲各国准备承认南部同盟，急于进行干涉；只有解放奴隶，才能阻欧洲专制君主的行动。亨利·亚当斯在从伦敦寄回美国的信中也忧心忡忡地说："无疑，这里关于最后我们一定失败的想法，总是很强烈的。"他认为，只有北部取得一次决定性胜利，才能阻止欧洲进行干涉。美国驻布里斯托尔使节要求林肯加强英美反奴隶制势力的联系。美国驻西班牙公使卡尔·舒尔茨竭力想给内战披上一件"道义外衣"。他认为，只有宣布战争的目的为废除奴隶制，才可能得到欧洲进步力量的支持，并阻止欧洲反动君主国帮助同盟。一个法国人写信呼吁立即解放奴隶，并发出警告：据称南部同盟答应在二三十年内释放奴隶，以此换取外交上的承认。另一个法国人提出抗议说，欧洲不能理解为什么联邦政府迟迟不解放奴隶。[2]

欧洲武装干涉的威胁，迫使林肯不得不考虑这些来自欧洲的非常强烈的舆论。实际上，欧洲反动派已经开始行动了。1861 年，法、英、西三国曾企图利用美国无暇他顾之机，恢复他们在美洲早已失去的地盘，他们一度联合进攻墨西哥。后来法国在墨西哥扶植起一个傀儡皇帝，西班牙出兵侵占了多米尼加。神圣同盟此时虽早已土崩瓦解，但它的幽灵确使林肯忐忑不安。

在国内，1862 年的情势也对林肯不利。国会期中选举的日期越来越近，而战场上进展不大。有的人批评联邦军的战术，有的人指责林肯政府过于保守。特别是来自废奴主义者的压力有增无已。1861 年 11 月，"解放联盟"成立，威廉·加里森、温德尔·菲利普斯、哈丽雅特·塔布曼、霍勒斯·格里利、弗雷德里克·道格拉斯等人都加入了这个组织，反奴隶制的各派政治力量重新聚集在一起。废奴主义者报纸发表社论，大声疾呼，要求政府采取激进的措施。他们的呼吁书纷纷飞向白宫。温德尔·菲利普斯在波士顿的一次演讲中，愤怒斥责林肯优柔寡断，甚而把林肯形容为缩头缩尾的"乌龟"。[3]1862 年初，在激进

---

① Gerald H. Clarfield, *United States Diplomatic History*, Vol. 1 (Boston:Houghton Mifflin Harcourt, 1973),p. 214.

② Hans L. Trefousse, *Lincoln's Decision for Emancipation* (Philadelphia: J. B. Lippincott Company, 1975), p. 29.

③ Oscar Sherwin, *Prophet of Liberty: The Life and Times of Wendell Phillips* (New York: Bookman Associates, 1958), p. 463.

派共和党人查尔斯·萨姆纳和撒迪厄斯·史蒂文斯的推动下，国会成立了"两院战争督导联席委员会"。委员会成员经常会见总统，施加压力。他们要求释放奴隶，反对麦克莱伦的拖沓战术，要求惩办"铜头蛇"。他们甚至威胁说，林肯若不听从劝告，就要停止拨款。只有打胜仗，林肯才能摆脱困境；要打胜仗，则须释放并动用使奴隶主"大伤脑筋"的奴隶。

真正强大的压力来自广大人民群众。工人、农民、黑人是反奴隶制的主力军。林肯不能不考虑他们的呼声，而他们的呼声是愤怒的。1861 年底，《辛辛那提新闻报》写给财政部长萨蒙·蔡斯的信，反映了这种激昂愤慨的情绪。该报写道："政府知道西部正在酝酿着革命吧？假如昨天你能和民众在一起，目击当时的骚动；假如你能看到一向稳重的人民把总统的肖像从墙上扯下，放在脚下践踏；假如你能在今天听到各阶层民众的呼声，……我想，你一定要觉得……惭愧。这种烧毁总统肖像的行为，究竟是什么意思？这种愤慨情绪的爆发，究竟是什么意思？这些赞成西部同盟的窃窃私语，究竟是什么意思？北部正在受着革命的威胁。"[1]

由于来自上述各方面的压力，林肯被迫向前移动，终于缓慢而又艰难地从共和党右翼的影响下、从对边界州的恐惧下解脱出来，不得不在反奴隶主的大纛上特别补上废除奴隶制这几个闪闪发光的大字。

## 四、林肯无意彻底解放黑人奴隶

《宣言》发表后，南北战争才具解放的性质，才成为为自由而战的大进军。广大黑人踊跃参军，特别是当北军深入南部后，黑人奴隶成群结队，纷纷投奔。这强有力地瓦解着奴隶制的基础，但这时林肯竟无意将解放事业进行到底。

当战争形势稍有好转，林肯即开始考虑与旧奴隶主言归于好，并希望在不损害他们利益的前提下重建南部。林肯认为，联邦宪法并未因南部诸州的叛乱而遭到破坏；叛乱州虽有分裂行动，但不能视为脱离联邦。因此总统可不经国会，直接处理重建问题。林肯把叛乱州加入联邦一事比作鸡与蛋的关系。他认为，最好让鸡去孵蛋，比把鸡杀掉好。据此，他于 1863 年 12 月 8 日发布了《大赦与重建宣言》，规定除同盟政府和军队中高级官员以及联邦政府中弃职投敌者外，只要宣誓效忠联邦，即可得到大赦；只要有 1860 年选民的 10% 宣誓效忠

---

① 〔美〕路易斯·哈克著，陈瘦石译：《美国资本主义的胜利》，上海：商务印书馆 1946 年版，第 1281 页。

即可重建新的州政府。林肯的重建计划显然把自由民排斥在选举大门之外。

黑人奴隶争取解放的历程是艰难的。他们由逃奴变为"战时违禁品",进而成为苦力,最后成为自由民。但他们并未从林肯手中拿到选举权,林肯在黑人问题上的最后态度是不给公民权。在死前最后一次演说中,林肯仍认为选举权只能授给"很聪明"和参加过战争的黑人。自由民没有得到公民权利,没有获得土地,这种"自由"是不会得到保证的,这种"解放"只能是名义上的解放。

早在 1864 年 3 月,来自新奥尔良的黑人代表曾到白宫,请求选举权。林肯的答复是:黑人不能得到他们的所有的权利,"环境并不允许政府"将所有的权利给予他们。他说,他所能做到的,只是将他们介绍给他们州内行将召开的立宪大会。两个月后,又有一个黑人代表团要求选举权,林肯除表示"同情"和"合作"外,未作任何具体答复。林肯去世前,几个前叛乱州在所制订的新宪法中均未提及黑人选举权,但都得到林肯的承认。林肯生前曾竭力用宪法条文把黑人问题上所发生的变革固定下来,但宪法第 13 条修正案只是承认前奴隶的人身自由,也未触及自由民的公民权利。

林肯从来没有从实现种族平等的角度去考虑黑人问题。对此,他也不讳言,早在 1858 年 9 月与斯蒂芬·道格拉斯举行辩论时,就曾宣称:"我并不、也从未赞成以任何方式获取黑白种族间在社会和政治上的平等。我并不、也从未赞成使黑人成为选民或陪审员,使他们担任公职,使他们与白人通婚;此外,我还要说,由于黑白种族在体质上的差异,我相信这两个种族不能在社会上和政治上平等相处。因为他们不能如此相处,但又须居住在一起,那么在地位上就须有优等和劣等之分。我同其他人一样,赞成将优等地位赋予白人种族。"这就无怪林肯徒劳无益地一再推行向海外移走黑人的计划了。由于林肯持有白人种族优秀论的反动观点,种族歧视并未因《宣言》的发表而消失。例如弗雷德里克·道格拉斯参加庆贺林肯第二次就职的晚会时,竟因肤色一度被拒于白宫大门之外。当林肯枢车经过纽约时,黑人被拒绝参加送殡游行。只是经过坚决的斗争,黑人才得尾随送殡行列之后。种族歧视是政治和经济压迫的表现形式之一。随着重建的失败,这股黑流淹没了整个美国。因此一个美国史学家说:"诚实的亚伯可以确切地被称作种族歧视的倡导人了。"[1]

林肯不给黑人公民权,主要是为了保持旧奴隶主在南部的统治地位。因此,随着战争形势的好转,林肯对同盟采取了一系列的和解步骤。他急于使叛乱州

---

[1] William A. Williams, *America Confronts a Revolutionary World, 1776-1976* (New York: Morrow, 1976), p. 112.

回到联邦，甚至认为不必对南部进行任何重大的改变。重建本是内战的继续，是资产阶级民主革命的深入，但是林肯不希望发生一次社会革命，只希望除奴隶制外原封不动地使同盟各州返回联邦。早在 1864 年 7 月，他曾两次授意在加拿大和里士满向奴隶主进行试探。次年 2 月，林肯又与同盟政府三名代表直接谈判。在恢复联邦问题上，林肯毫不退让，但在奴隶问题上却表示愿意"赔偿损失"。他对奴隶主代表、同盟政府副总统亚历山大·斯蒂芬斯说，在南部建立奴隶制，北部也应当承担罪责。只是由于南部坚持"独立"，会谈终未成功。甚至胜利在望时，林肯还想以巨金诱使南部停战。在第二次就职演说中，他竟向奴隶主呼吁："对任何人都不怀恶念，对所有人皆持善心。……让我们努力……包扎起国家的创伤。"在同盟政府投降前，林肯还亲自指令格兰特和谢尔曼将军对战败者采取宽容政策。直到被刺的当天上午，他仍向格兰特说："假如我们希望和谐与联合，我们必须消除我们的憎恶。"他还说："国会已休会，其中捣乱分子（指激进派共和党人）不能妨碍工作了。在国会重新召集之前，假如我们聪明和审慎，我们便可重新鼓励各州（指叛乱州），使其顺利地建立起政府，以恢复秩序，重建联邦。"①

林肯当选总统后，反动派一直在暗算他的生命。战争结束不到一周，他就被奴隶主复仇分子杀害了。"就声誉来说，林肯之死适得其时。"②一个美国资产阶级史学家写道："'林肯传奇'的建立实为内战在心理方面的结果。……一般认为，林肯在非常恰当的时刻死去，因而保证了流芳千古。"他又说："林肯惨死的情况，使这种传奇惊人地传布开来。"③

美国总统在任期间死去者共八人，其中死于刺客之手的有四人。在他们之中，只有林肯一人是作为殉道者而倒下去的。马克思说，林肯死后，"就连那些被雇佣的诽谤者，他们成年累月地、不辞劳苦地、息息法斯式地对亚伯拉罕·林肯和他所领导的伟大的共和国进行精神上的暗杀，现在也在人民的这种愤懑情绪的总爆发面前吓得目瞪口呆，争先恐后地将辞令的花朵撒满他的陵墓"。④猝然死亡，使林肯由总统变成"圣者"。

---

① Lord Charnwood, *Abraham Lincoln* (New York: H. Molt and C., 1917), p. 450.

② Carl Schurz, *Abraham Lincoln*, p. 73.

③ Leland Dewitt Baldwin, *The Meaning of America: Essays Toward an Understanding of the American Spirit* (Pittsburgh: University of Pittsburgh Press, 1955), p. 164.

④ 马克思：《国际工人协会致约翰逊总统的公开信》（1865 年 5 月 2 日至 9 日之间），中共中央马克思恩格斯列宁斯大林著作编译局译：《马克思恩格斯全集》，北京：人民出版社 1964 年版，第 16 卷，第 108 页。文中的"息息法斯"（Sisyphus）现通译"西西弗斯"，为古希腊神话中人物。

假如不是在战争胜利的时刻死于敌人的凶杀，林肯在战后的声誉会降落的。至少关于他的"传奇"，不会"惊人地传布开来"。从他的重建计划就可看出这种迹象。撒迪厄斯·史蒂文斯说："没有活着执行它（指重建计划），对他的名誉来说是件幸事。否则他在离职时刻，便会由一个最得人心的人，成为历来占据总统职位的最不得人心的人。"①

在重建问题上，林肯生前已与激进派共和党人分道扬镳了。韦德-戴维斯法案的被否决，就是一个标志。1865 年 2 月，林肯与南部同盟代表进行和谈之后，就遭到国会中激进派共和党人的激烈反对。参众两院曾审查过林肯关于和谈事宜的各项指令。参议员亨利·威尔逊曾试图以未及时提供作战部队的罪名惩治林肯。国会已展开攻势，力求降低总统在制订重建政策上的作用。

美国唯一受到国会弹劾审讯的总统、林肯的继任者安德鲁·约翰逊在重建问题上所遵循的政策，实际上是林肯制定的。②有人说，假如林肯不死，重建计划可能更好地加以实现。③这种想法是不切实际的。因为在战后资产阶级政权进一步巩固的情况下，很难设想林肯对群众的要求，会像战争年代那样做出有效的反应。林肯在适应公众舆论方面可能比约翰逊要谨慎一些，手法也可能圆滑一些，但在宽容旧奴隶主、拒绝给予黑人公民权和土地等问题上，二人相去不会太远。在约翰逊失败的地方，林肯能否取得胜利，这是一个很值得怀疑的问题。④

1865 年 5 月，当亚历山大·斯蒂芬斯读到林肯被刺消息时，竟泪流满面。⑤前同盟军总司令罗伯特·李将军闻讯后说，正如所有北部人一样，他对此感到遗憾。⑥南部同盟的高级军政官员对林肯死讯的反应，从反面说明他对黑人的态度。林肯无意彻底解放黑人奴隶，并不是偶然的。

---

① 〔美〕詹姆斯·斯·艾伦著，宁京译，董乐山校：《美国改造时期——争取民主的斗争》，北京：三联书店 1957 年版，第 28 页。

② William Douglas, *Mr. Lincoln and the Negroes*, p. 357；丹·E. 弗伦巴什：《分裂与重合》（see John Higham, ed., *The Reconstruction of American History* (London: Hutchinson University Library, 1963), p. 103；M. B. 卡斯纳和 R. H. 格布里尔在《美国民主的大事》中持同样的看法（see Mark M. Krug, "On Rewriting of the Story of Reconstruction in the U. S. History Textbooks", *The Journal of Negro History*, Vol. 46, No. 3 (October 1961), p. 137）。

③ 伍德罗·威尔逊持这种看法（see Mark M. Krug, "On Rewriting of the Story of Reconstruction in the U. S. History Textbooks", p. 140）。

④ Howard Beale, *The Critical Year: A Study of Andrew Johnson and Reconstruction* (New York: F. Ungar Publishing Co., 1958), pp. 56-57; p. 58.

⑤ Rudolph Von Abele, *Alexander H. Stephens* (New York: Alfred A. Knopf, 1946), pp. 246-247.

⑥ Ralph Newman, ed., *Lincoln for the Ages*, p. 405.

## 五、林肯为什么不能彻底解放黑人奴隶

"林肯不是人民革命的产儿"，[①]而是工业资产阶级在政治上的代表。美国资产阶级在反对奴隶主的斗争中，特别是在战争时期，不得不向广大人民群众求援，不得不违背他们自己的意愿，采取某种能动员人民群众、一定程度上符合人民要求和利益的措施。这就是林肯在内战中采取诸如《解放宣言》一类步骤的原因。但资产阶级即使在自由资本主义时期的资产阶级民主革命中，也具有反对劳动人民的一面。"大敌当前，他们要联合工农反对敌人；工农觉悟，他们又联合敌人反对工农。这是世界各国资产阶级的一般规律。"[②]美国工业资产阶级也不例外。他们为了夺取联邦政府的权力，巩固资本主义剥削制度，进一步加速资本主义的发展，不惜同奴隶主兵戎相见，但一当他们凭借人民的力量，击败对手，攫得联邦的统治权力后，便竭力阻止革命向前发展，并设法与被打倒的阶级互相勾结，反过头来进攻人民特别是黑人。被"解放了"的自由民既无借以安身立命、维持生计的生产资料，又无争取获得任何经济权利的政治权利。代替奴隶制的不是自由，而是一种偿债劳役制。

美国工业资产阶级根本不可能真正完成其民主革命的任务，根本不可能彻底解放被剥削的广大黑人群众。"在资本制度下，要消灭民族的（和一般政治上的）压迫是不可能的。"[③]这种反动性质在林肯的政策中也得到了反映。

作为资产阶级在政治上的代理人，林肯是要竭力维护资本主义私有制的。这是了解林肯在奴隶制问题上所采取的各项政策的关键。归根到底，保卫资本主义私有制是他的一切政治活动的出发点，也是他在解决奴隶制问题上的行动准则。林肯认为："人们是用美元和美分来看待奴隶制的。""奴隶具有跟其他财产一样的'财产实质'。""资本具有它自己的权利，同其他权利一样，是值得保护的。"所以他主张，对于引进这种财产，南部人和北部人都负有责任，国会应当承担赎买奴隶的财政负担。

私有财产这个门槛，林肯从来不肯，也不可能跨越一步。他所以反对弗里

---

① 马克思：《北美事件》，《马克思恩格斯全集》，第 586 页。
② 毛泽东：《新民主主义论》，中共中央毛泽东选集出版委员会：《毛泽东选集》（一卷本），北京：人民出版社 1964 年版，第 635 页。
③ 列宁：《关于自治问题的争论总结》（1916 年 7 月），中共中央马克思恩格斯列宁斯大林著作编译局译：《列宁全集》，北京：人民出版社 1958 年版，第 22 卷，第 319 页。

蒙特和亨特的文告，主张在逐步、自愿和赎买三原则下释放哥伦比亚特区的奴隶，顽固地试图说服边界州国会议员采取赎买政策等，都是从维护"神圣的"财产权出发的。林肯所以竭力强调在宪法范围内解决南北双方存在的矛盾，也是因为美国宪法的基石是财产私有制。[①]他希望不发生战争，不发生革命，避免以暴力手段导致私有制的变革。基于同样的原因，林肯竭力宣扬劳动起家、劳资分工和劳资合作等资产阶级改良主义的思想。他说："财产是吸引人的，对世界是有直接好处的，……是对勤奋和进取精神的一种很大的鼓励。"他又说："资本是劳动的果实。""没有人劳动，除非其他有资本的人利用它（指资本）去吸引他"劳动。

资产阶级和奴隶主在维护私有制这一原则上是一脉相通的，所不同的只是，奴隶主要求把黑人作为动物，实行私人占有，进行超经济的人身奴役，而资产阶级则要求把黑人作为"自由"劳动力的提供者，作为榨取剩余劳动的对象。林肯在《宣言》中，对奴隶制并无非议，也未指责奴隶主，只是号召奴隶把他们的劳力由他们的压迫者那里，转到他们的解放者那里。林肯意识到，假如动摇了奴隶主私有财产的原则，则会进一步动摇资产阶级私有制原则。当战争的发展冲垮了林肯维护奴隶主私有财产制这道防线后，他就竭力阻止社会发生进一步的变革，力求用宪法条文把资本主义"自由"劳动制固定下来。资本主义"自由"雇佣制虽然较奴隶制前进一步，但毕竟还是剥削形式。资产阶级不可能彻底解放黑人奴隶。1865 年 8 月 12 日《纽约时报》的社论道破了这个秘密。它说：解放仅是"南方人需要学会不用鞭子把黑人作为雇佣劳工加以控制的艺术"。[②]列宁总结这一历史现象说："美国资产阶级在'解放了'黑人之后，就竭力在'自由的'、民主共和的资本主义基础上恢复一切可能恢复的东西，做一切可能做到和不可能做到的事情，来达到它最可耻最卑鄙地压迫黑人的目的。"[③]美国黑人奴隶制不同于古代奴隶制，它是卷入资本主义生产范围的。美国南部种植园经济，一开始就直接同商业资本联系着。在殖民地时期，它是作为英国殖民主义者进行资本原始积累的一种手段。独立后，及至工业资本兴起，

---

① 1774 年大陆会议曾宣布殖民者拥有财产的权利。《独立宣言》发表后，13 州所制定的新宪法中，大都包括天赋财产权[see Richard Shlater, *History of the Idea of Private Property*, Vol. 2 (London: G. Allen & Unwin, 1951), p. 188]。

② Nathan I. Huggins, et al., eds., *Key Issues in the Afro-American Experience*, Vol. 2 (New York: Harcourt Brace Jovanovich, cop., 1971), p. 48.

③ 列宁：《关于农业资本主义发展规律的新材料》（1915 年 12 月—1916 年 7 月），《列宁全集》，第 22 卷，第 11 页。

它又是资产阶级工业的基础。

北部不少工商业资本家与南部种植园奴隶主有着息息相关的经济利益。这就是南北战争前辉格党，以及战争爆发后北部"铜头蛇"的经济基础，也正是战争末期及战后林肯力图阻止社会革命进一步发展，并迫不及待地与旧奴隶主实现妥协的原因。战后这种妥协过程历时十余年，其间经过约翰逊、格兰特，直到1876年总统选举中，共和党与民主党完成一笔肮脏交易，结束了"重建"。从此在南部推行种族压迫政策的反动势力，又弹冠相庆，骑在"自由"黑人的头上作威作福了。

## 六、为什么要恰如其分地评价林肯

林肯不愿也不能彻底解放黑人。这是由他所处的阶级地位决定的。"没有民族的压迫，资本主义的存在是不可思议的。"[1]为发展工业资本主义服务的林肯，显然不会彻底解除加在黑人身上的民族压迫。只有无产阶级才能使被剥削和被压迫的人民和民族取得彻底的解放。不同垄断资产阶级大肆宣扬的那样，林肯达不到"伟大的解放者"的高度。我们这样说，并不是抹杀林肯在历史上的光辉业绩，而是在充分肯定这一剥削阶级杰出政治家的历史作用后，给他一个恰如其分的估价。更重要的是，我们这样说，是为了揭露当代垄断资产阶级的险恶用心：他们利用林肯这面旗帜，企图蒙蔽广大人民群众特别是黑人群众的视线，从思想上瓦解他们的队伍，涣散他们的斗争精神，以此加强垄断资产阶级的反动统治。

林肯作为剥削阶级的代表人物，本能地对人民群众的革命行动，感到怀疑和抵触。他希望避开人民群众，从上而下地逐步地进行改革。这就是他竭力主张在宪法范围内，实行限制和赎买政策的原因。从作为统治阶级的工业资产阶级的角度来看，那是一个既便当、又万无一失的政策。无怪有一些美国资产阶级史学家认为南北战争是场"不必要的战争"了。[2]但是实际上限制和赎买都是行不通的。奴隶主知道，承认限制，就等于自取灭亡；承认赎买，就等于放弃了他们世世代代压榨黑人血汗以自肥的一种社会制度。而奴隶主一意追求的，是"棉花大王"的至高无上的统治权力。林肯曾试图按照他的设想去铲除奴隶

---

[1] 斯大林：《论党在民族问题方面的当前任务》（1921年2月10日），中共中央马克思恩格斯列宁斯大林著作编译局译：《斯大林全集》，北京：人民出版社1953年版，第5卷，第17页。

[2] Thomas J. Pressly, *Americans Interpret Their Civil War* (Princeton, N. J.: Princeton Univ. Press, 1954), pp. 258-259; p. 262; p. 265; p. 270; p. 275; pp. 280-282.

制，但没有成功，最后被迫采取了他不愿采取的手段。固然我们不能苛求古人，不能要求林肯越出当时历史条件和他本人的阶级局限性，去做他不愿也不可能做到的事，但今天垄断资产阶级恰恰缄口不谈林肯不愿和不能做到的事，反而把林肯打扮起来，招摇过市，愚弄视听。对于垄断资产阶级包藏的祸心，必须揭露。揭露才有教育意义。

在美国历史上，统治阶级乞求幽灵、粉饰自己之事是司空见惯的。例如：1932 年在经济恐慌的黑暗日子里，赫伯特·胡佛跑到林肯的家乡斯普林菲尔德，宣扬什么如同内战一样，恐慌是可以战胜的。[①]1947 年的杜鲁门在林肯纪念堂前侈谈公民权利。[②]1957 年艾森豪威尔在小石城事件发生后，说什么在林肯过去办公的屋子里向全国发表演说，"可以更好地表达我所感到的悲伤心情"。[③]甚至林登·约翰逊在侵越战争时期，每当信誉下降，即向林肯求救。[④]

在美国，一切宣传和教育工具完全操纵在垄断资产阶级的手中。广大人民群众耳濡目染的，无不为巩固资本主义剥削制度和强化反动统治效劳，无不是为革命人民设置的一个又一个的思想樊笼。在这种情况下，恰如其分地理解林肯在历史上的作用和地位，对人民群众特别是对黑人群众，更具有非常重要的现实意义了。

第二次世界大战后，尤其是在 60 年代，随着黑人反对种族歧视、争取自由民主权利斗争的蓬勃高涨，美国统治集团加紧玩弄反革命两面手法。他们既是凶恶残暴的刽子手，又是娓娓动听的布道牧师。林肯被他们作为捅向人民的一把软刀子。

60 年代上半期，在纪念内战百周年的活动中[⑤]，美国垄断资产阶级及其御用文人，极力渲染林肯的"伟大解放者"的形象[⑥]，用以掩饰他们的侵略扩张

---

① Hugh Sidey, "Trying to Get Right with Lincoln", *Time*, Vol. 103, No. 8 (February 25, 1964), p. 14.

② 芝加哥大学学部编：《人民将作出公断》，芝加哥 1960 年版，第 2 卷，第 574 页。

③ Donald R. McCoy and Raymond G. O' Connor, eds., *Readings in Twentieth Century American History* (New York: Macmillan, 1963), p. 574.

④ Hugh Sidey, "Trying to Get Right with Lincoln", p. 14.

⑤ 1957 年 9 月，美国国会成立了纪念内战百周年纪念委员会。1960 年，艾森豪威尔又为此发表了特别文告。从 1961 年到 1965 年 4 月，美国出版了大量有关内战的著作，举办了各种各样的化妆表演。历时四年多的纪念活动，是以阿波马托克斯战斗表演结束的。罗伯特·李第四和尤利塞斯·格兰特第三都参加了这次表演会。会上买卖纪念品，诸如印有同盟政府旗帜的手巾，刻有李和格兰特肖像的烟灰碟，镌有"忘却往事"字样的打火机等（see *Time*, 16 April, 1965, Vol. 85, No. 16, p. 27）。

⑥ 如 *Congressional Records*, February 28, 1961, Vol. 107, No. 35, p. A1285; p. A1336; William Douglas, *Mr. Lincoln and the Negroes,* p. 79; Courtlandt Canby, ed., *Lincoln and the Civil War*, p. 291.

政策①，抹杀内战的革命意义②，散布阶级调和的幻想③。美国现代修正主义分子竟向垄断资产阶级效劳，也企图用林肯的幽灵，为垄断资本反动统治出力。他们公然要求约翰·肯尼迪效法林肯，说什么"1863 年亚伯拉罕·林肯曾以行政手段给奴隶制以毁灭性的打击，……我们必须促使和要求总统正如林肯在 1863 年那样，在这一非常时期勇敢果断地行动起来。时代要求颁布第二个《解放宣言》"④。

内战百周年纪念结束十年后，美国又开始了建国 200 周年纪念庆祝活动。为了欺骗群众，林肯又被抬到前台。一个国会议员说，200 周年纪念活动的一个重要的"副产物"，是"重新引起了人们了解这个国家及其缔造者个人历史的兴趣"，其中包括林肯。⑤了解什么？另一个议员推荐的是林肯的"民有、民治和民享"这句名言。⑥资产阶级惯于以全民的代表自居。事实上"民"是有阶级性的。在垄断资本统治下，被剥削被压迫的劳动人民不可能有"民有、民治和民享"，何况林肯的"民"根本不包括黑人。

美国统治阶级惯于利用独立运动来愚弄黑人。威廉·西沃德就曾劝说林肯于 1862 年 7 月 4 日这一天发表《解放宣言》，希望给《宣言》涂上"更神圣的和历史的"光彩。只是由于林肯害怕军官反对和边界州叛乱而未实行。⑦当时的实际情况是，黑人连参加 7 月 4 日庆祝会的权利都没有。1852 年弗雷德里克·道格拉斯针对这种歧视，曾加以愤怒的申斥。他说："7 月 4 日是你们的，不是我们的。"⑧

在美国建国 200 周年纪念活动中，美国现代修正主义者也做了表演。他们

---

① 如一个海军中将于 1961 年 3 月 1 日在潜水艇"阿伯拉罕·林肯号"命名典礼上的演讲（see *Congressional Records*, March 16, 1961, Vol. 107, No. 47, p. A1842）。

② 如美国史学者埃弗里·克雷文宣扬内战是少数激烈分子煽动起来的，认为他们"强迫国家用所知道的最不民主的方法去拯救民主价值"［see Avery O. Craven, *Coming of the Civil War, 1815-1860* (Chicago: The University of Chicago Press, 1960), p. 114］。

③ 如吹嘘战后美国统治阶级炮制"民权法案"的活动"是第二个重建"［see *Harper's*, Vol. 230, No. 1379 (April 1965), pp. 127-133］；又如战后美国史学者宣扬无冲突论，说什么美国的历史是"普遍和谐的历史"［see John Higham, *Writing American History: Essays on Modern Scholarship* (Bloomington: Indiana University Press, 1970), pp. 73-76; p. 116］。

④ Claude Lightfoot, "The Negro Liberation Movement Today", *Political Affairs*, Vol. 40, No. 2 (February 1961), pp. 71-72; p. 76.

⑤ *Congressional Records*, April 27, 1976, Vol. 122, No. 59, p. E2109.

⑥ *Congressional Records*, April 28, 1976, Vol. 122, No. 6, p. E2201.

⑦ Carl Sandburg, *Abraham Lincoln*, p. 267.

⑧ Herbert Aptheker, ed., *Documentary History of Negro People in the United States, 1661-1910* (New York: Citadel Press, 1951), p. 331.

闭口不谈林肯在历史上所起的进步作用，一味描绘林肯的落后和反动的一面。[①]
看起来是片面地否定林肯，而实际上是给革命的南北战争抹黑。

垄断资产阶级史学者还经常宣扬什么黑人奴隶没有参加战争，自由是恩赐
给他们的。[②]事实上，黑人奴隶为了挣脱锁链，进行了几个世纪的英勇不屈的
斗争。林肯发布的《宣言》只不过是对这种事实表示正式承认而已，绝不是在
一场"白人内讧"中无意间黑人被赐给了自由。

今天人民纪念林肯，是纪念他在资产阶级民主革命中的卓越贡献，而不是
纪念他是一个所谓"伟大的解放者"。不然，假如林肯死后有灵，也会提出抗议：
彻底解放黑人，原非吾之本意，尔等何必强求于我。

（原载《南开学报》1978 年第 4、5 期）

---

[①] 见重新发表的 J. A. 罗杰斯：《内战百周年：神话与事实》一文[J. A. Rogers, "Civil War Centennial: Myth and Reality", *Political Affairs*, Vol. 55, No. 7 (July 1976)]。

[②] William E. B. Du Bois, "The Negro and the American Civil War", *Science and Society*, Vol. 25, No. 4 (December 1961), p. 347.

二

# 试论威廉·阿普曼·威廉斯的美国外交史学

## 一、史学新左派的主要代表人物

20 世纪 50 年代末，美国产生一种新的社会思潮。进入 60 年代，这种思潮对哲学、社会科学发生重大影响，形成一个新左派运动。史学新左派的主要代表人物是威廉·阿普曼·威廉斯。

威廉斯生于 1921 年，1944 年毕业于美国海军学院，大战期间曾服役于太平洋两栖部队，战后至威斯康星大学研究院攻读历史，毕业后，先后在威斯康星大学和俄勒冈州立学院任教。威廉斯培养的一批历史学研究生形成了史学新左派的基本力量。他们于 1959 年创办一个新左派史学家的主要论坛——《左派研究》，到 60 年代著书立说，崭露头角，对于史学界的影响日益显著。①

新左派的主体是青年学生。从 50 年代中期起，他们从沉默到反抗，从现实秩序循规蹈矩的遵从者到激烈的抗议者，从书斋走到校园，从校园走上街头，从和平集会、游行示威到举起武器、以暴抗暴。他们是家庭和学校的反叛者，向社会提出新挑战。史学新左派对于这时学生运动起着明显的影响，例如加布里埃尔·科尔科就是 50 年代活跃于美国各大学校园的左翼学生团体"争取工业民主学生联盟"（SLID）的领导人之一，戴维·霍罗维茨是加利福尼亚大学（伯克利）学生运动的活动家。60 年代领导学生运动的重要社团——"学生争取民主社会"（SDS）的领导人汤姆·海登，是新左派史学著作的细心的阅读者。在他主持下，"学生争取民主社会"于 1962 年 6 月在密歇根州休伦港召开的年会上所通过的"休伦港宣言"，包含有新左派史学家的观点。诸如反对金钱特权、反对贫富不均、反对军事工业复合体、要求社会改革、要求改变外交政策、要求裁减军备等主张都可在威廉斯的著作中找到。"休伦港宣言"是新左派和老左

---

① 1971 年 10 月 9 日《华尔街日报》载文称，左派史学家的影响日渐增长；在中西部和东北部的著名大学里，至少有一个"激进派"史学家在授课，在西部和南部也有少数在任教。该文并认为在中学和大学的教科书中，"正确"与"错误"解释之比为一比二（see *Wall Street Journal*, Vol. 178, No. 77, p. 130）。

派的分界线①，对学生运动起着指导的作用。1964 年学生运动进入要求改善学校管理和教育制度的直接行动阶段，在斗争规模和激烈程度上有了进一步的发展。当年在加利福尼亚大学（伯克利）展开"自由言论运动"，次年在密歇根大学、拉格斯大学、加利福尼亚大学（伯克利）和旧金山学院等校继续举行"演讲示威"运动。群众抗议活动往往演变为与警察的冲突。1970 年 5 月在反征兵、反侵略柬埔寨的运动中，肯特州立大学（俄亥俄）竟有 4 个学生被枪杀。史学新左派成员活跃在这些激烈斗争的最前沿。如 1965 年耶鲁大学历史教授斯托顿·林德参加在伯克利举行的演讲示威，拉格斯大学历史教授尤金·吉诺维斯在该校"自由言论"演讲会上反对侵越战争，并与汤姆·海登去河内观察。

　　史学新左派的产生正是阶级矛盾发展的结果。50 年代中期，美国国内阶级矛盾已逐渐增长，侵朝战争的失败激化了这种矛盾。人民群众的反抗斗争特别是黑人群众反对种族歧视、争取民主自由权利的斗争蓬勃展开。及至 60 年代后期，侵越战争的接连失利，人民群众运动更加发展，以暴抗暴的斗争浪潮席卷全国。60 年代美国发生的群众暴力行动的次数在美国历史上是前所未有的。美国青年在这场如火如荼的群众斗争中不断提出抗议，不断进行思索，不断探讨过去，不断寻求解答。新左派的史学著作就是这种广泛的社会运动的产物。

　　新左派史学著作也反映了美国青年对于美国在世界所处地位和景况的不满。50 年代中叶以后，世界殖民地和半殖民地的民族解放运动不断高涨。金元优势开始削弱。1953 年苏联爆炸了氢弹，接着于 1957 年发射了第一颗人造卫星，美国的核优势也受到挑战。侵朝战争的失败，特别是侵越战争给国内政治和经济带来严重困难，曾使不可一世的美国陷入内外交困的境地。在美苏两霸的激烈争夺中，美国的霸主地位开始动摇。左翼青年群众对统治阶级的对外政策深感不满，极力反对他们所实行的扩张政策和战争政策。这种情绪在史学新左派特别是威廉斯的著作中得到明显的反映。

　　新左派运动也是一种国际现象。在 50 年代特别是在 60 年代，德国、法国和拉丁美洲国家都有左翼青年学生运动，这些运动在思想上对美国新左派发生过深刻的影响。美国新左派所推崇的人物中有古巴人埃内斯托·切·格瓦拉、法国人里吉斯·德布、法朗兹·凡农、美国黑人埃尔德里治·克莱佛、乔治·杰克逊和安吉拉·戴维斯、乌拉圭游击队的图帕马罗分子、阿尔及利亚的布迈丁、

---

① Stephen Goode, *Affluent Revolutionaries: A Portrait of the New Left* (New York: Watts, 1974), p. 37. 老左派的含义也极混杂，泛指 20 世纪 50 年代中期以前的各色社会主义活动家，在史学方面如赫伯特·阿普特克和菲利普·方纳等。

巴勒斯坦的法塔赫，等等。有的人也阅读过毛泽东和胡志明著作。可见美国史学新左派的思想是十分混杂的，这是他们的一个致命的弱点。

60 年代的新左派史学也是对 50 年代一致论史学①的一个反击，是对美国史学界保守势力的一种挑战。实际上一致论史学早在 30 年代就产生了。当时以冲突论解释美国史的弗雷德里克·杰克逊·特纳和弗农·帕林顿的影响已渐削弱。查尔斯·比尔德由经济史观转向相对主义，更是明显的征候。②约翰·兰德尔等人已把南北战争说成是一场"不必要的战争"。及至战后最初十几年，美国在政治上比较稳定，经济上比较繁荣，资产阶级要保持这种现状，生怕发生动荡，一致论史学正适应了他们的愿望和要求。与此同时，美国政治出现一股极端反动的逆流，美国统治阶级在反对共产党、攫取世界霸权的叫嚣中，向人民发动一系列的进攻。忠诚宣誓法、反劳工法案、扩军备战法令，乃至麦卡锡迫害活动猖獗一时。这种对人民群众政治活动所实行的高压政策，又为一致论史学的产生创造了条件。到了 50 年代后期，在国内阶级矛盾逐渐上升的情况下，一致论史学才无法立足，新左派史学的出现标志着一致论史学的衰落。

新左派运动的发展正在学生运动高涨的年代。进入 70 年代，当学生运动走向低潮时，新左派思潮日趋沉寂。虽然一些新左派史学家如威廉斯、科尔科等仍继续写作，但他们的著作成为新左派运动的余音了。

## 二、一个卓越的美国外交史学家——兼评美国外交史的写作

在史学新左派队伍中，威廉斯的著作比较多，影响也比较大。他曾写过有关美国通史的著作如《美国历史的轮廓》（1961 年），试以新左派观点改造美国

---

①"一致论史学"一词首先是由约翰·海厄姆提出的[see Richard Abrams and Lawrence Levine, *The Shaping of Twentieth-Century America* (Boston: Little, Brown, 1971), p. 710]。1970 年海厄姆虽然改正了他的看法，认为对于 20 世纪 50 年代美国史学中的一致论估计过高[see Richard Abrams etal., *The Shaping of Twentieth-Century America*, p. 699；John Higham, *Writing American History: Essays on Modern Scholarship* (Bloomington: London, Indiana University Press, 1970), p. 138]。但一致论史学流派确实在美国高等学府特别是在东部几个著名的大学中形成一种保守势力。他们强调美国生活中持久的一致性、各种制度的稳定性及民族性格的持续和亲和性，认为美国没有严重的阶级斗争，甚而根本不存在阶级斗争；即使存在斗争，也会以和平妥协办法取得解决。例如他们主张独立战争不是社会革命，而只是民族解放运动；南北战争的起因只是当时领导人的错误言行和民主制度的失误。他们厌恶剧烈的变革，极力维持现状，不愿涉及当代争论的问题，摒弃诸如弗雷德里克·特纳、查尔斯·比尔德、弗农·帕林顿等前辈史学家所主张的冲突论。他们否认美国存在贫富不均的现象，认为至少是贫穷部分太小，不足过虑。他们对人民群众疑惧参半，不愿给被压迫的人以支持和同情。总之，他们不相信物质力量对历史的影响，以唯心主义解释历史。

② 1933 年比尔德在美国历史协会发表主席演说，题为《书写的历史是一种信仰的行动》。

通史，但他的研究重点是美国外交史，所以有人把威廉斯领导的学派称为"外交史的威斯康星学派"①。

威廉斯在美国外交史方面的著作主要有《美俄关系史：1781—1947》（1952 年）、《美国外交的形成》（编，1956 年）、《美国和中东：是门户开放的帝国主义还是开明的领导？》（1958 年）、《美国外交的悲剧》（1959 年）、《美国、古巴和卡斯特罗——论革命的动力和帝国的解体》（1962 年）、《从殖民地到帝国——关于美国对外关系的论文集》（编，1972 年）、《美国面向一个革命的世界，1776—1976》（1976 年）、《变动世界中的美国人，1776—1976》（1978 年）等。此外，还有许多论文，散见《民族》周刊、《美国历史评论》《太平洋历史评论》《科学与社会》《评论》等杂志。五六十年代，《民族》杂志给威廉斯发表文章的机会比较多，当 1961 年他出版《美国历史的轮廓》时，曾对该杂志主编卡利·麦克威廉斯表示谢意。

作为一个新学派的创始人，威廉斯遭到保守的旧学派的围攻。威廉斯在写作《美国面向一个革命的世界》一书时，竟得不到美国学术团体如美国哲学学会和美国学术团体理事会的经济帮助，而不得不向私人举债。②他们对于威廉斯有关冷战著作的攻击，尤其不遗余力。威廉斯及其学派首先遭到所谓"官方史学家"③的反对。国务院专家赫伯特·菲斯曾鼓励罗伯特·曼德克斯教授写书，抨击新左派关于冷战起源的著作。沃尔特·罗斯托、小阿瑟·M. 施莱辛格、乔治·凯南等人对于曼德克斯的《新左派与冷战起源》（1973 年）一书赞誉不迭。被威廉斯称为"官方解说家"④的小施莱辛格竟认为曼德克斯做出了一种"很有价值的学术贡献"。来自各高等学校保守的外交史教授的攻击也很凶猛。托马斯·贝利说，新左派有关冷战的著作是"无稽之谈"，"学术价值贫乏"，"对我毫无影响"。⑤赫伯特·菲斯说，"新左派著作毫无用处，证据和解释基本上

---

① Joseph Siracusa, *New Left Diplomatic History and Historians: The American Revisionists* (New York: Kennikat Press, 1973), p. 23.

② William Appleman Williams, *America Confronts a Revolutionary World (1776-1976)* (New York: Morrow, 1976), p. 13.

③ "court historian" 一词首先是由哈里·E. 巴恩斯提出的［see Harvey Wish, *The American Historian: A Social-Intellectual History of the Writing of the American Past* (New York: Oxford University Press, 1960), p. 286］。

④ William Appleman Williams, "Greek Chorus: The Cold-War Revisionists", *The Nation*, Vol. 205, No. 6 (November 13, 1967), p. 494. 小施莱辛格认为，美国政府有权利在世界各地进行干预，侵越战争"没有错误"（同上，第 493 页）。

⑤ Joseph Siracusa, *New Left Diplomatic history and Historians*, p. 109.

是错误的"①。甚至一些比较心平气和、立论比较持平的史学家也不无刻薄讽刺之意。如艾尔文·厄格说，新左派史学家是"在死人身上耍诡计"②。即使在 1970 年，当新左派史学已经有很大发展时，哥伦比亚大学历史教授约翰·加勒蒂在其《解释美国历史与历史学家的对话录》一书中所邀请的谈话对象，都是一致论史学家。可见新左派史学家在美国史学界是受排斥的，虽然加勒蒂所用的措辞是很委婉的。③

新左派史学家斯托顿·林德所谈比较公允。他在评论《美国历史的轮廓》中说的话，可以概括新左派史学著作的一般特点。他说，《美国历史的轮廓》是"一本卓越的、有胆量的和令人失望的书"，"职业史学家责斥它，激进派却称赞它"。它是"一本好书，又是一本坏书"。"好"是因为自 1913 年比尔德出版《美国宪法的经济观》以来，这是一本"最重要的著作"；"坏"是因为不易阅读，且缺少注解。这些缺陷影响了著作的学术价值，妨碍了解他的思想深度。有些立论不知有无权威的根据，是否是即兴之谈。④这就是说，思想上是激进的，方法上是粗糙的。这是威廉斯和一些新左派史学家一贯表现的不够严谨的文风。

威廉斯对美国外交史许多传统说法提出挑战。他的观点在美国外交史研究这片平静的池水中投下了一块不小的石头，顿时水花四溅，鳞波皱叠。

美国外交史研究开始得比较晚，到 20 年代才有根据原始材料写成的具有一定分量的美国外交史著作。第一次世界大战给美国外交史研究以很大的推动。⑤大战前，除去几种有关美国早期外交史如革命时期和 1812 年战争时期的外交史，以及关于美国和拉美或远东的关系史外，没有任何重要的外交史可言。关于欧洲外交的研究，大都局限于海上权益之争，内容琐碎。对拉美、远东的关系史大都出于外交官之手，内容不纯为历史，介于历史和政治之间，且缺少档案资料，学术价值不大。至 20 年代始有较深博的著作，如狄克斯特·珀金斯的《门罗主义 1823—1826》使用了多处档案馆的资料，探讨了门罗主义的欧洲背景。到 30 年代方有综合的美国外交通史出现。1936 年塞缪尔·比米斯的

---

① Joseph Siracusa, *New Left Diplomatic history and Historians*, p. 111.

② 艾尔文·厄格：《新左派与美国历史——美国历史编纂学中一些新趋势》(see Richard Abrams and Lawrence Levine, *The Shaping of Twentieth-Century America*, p. 736)。

③ John Garraty, ed., *Interpreting American History: Conversations with Historians* (New York: Macmillan, 1970), p. ix.

④ Staughton Lynd, "Book Review: William Appleman Williams, The Contours of American History", *Science and Society*, Vol. 27, No. 2 (Spring 1963), p. 227.

⑤ Hugh H. Bellot, *American History and American Historians: A Review of Recent Contributions to the Interpretation of the History of the U. S.* (Norman: University of Oklahoma Press, 1952), p. 255.

《美国外交史》问世。珀金斯扩大了对门罗主义的研究，于 1933—1937 年分别出版《门罗主义 1826—1867》和《门罗主义 1867—1907》。在泰勒·丹涅特研究的基础上，A. W. 格里斯沃尔德写出了《美国远东政策史》（1938 年）。朱利叶斯·普拉特出版了《1898 年的扩张主义者》（1936 年）。1940 年托马斯·贝利出版了流行颇广的《美国人民外交史》，接着 A. P. 惠塔克出版了《美国与拉丁美洲的独立，1800—1820》（1941 年），珀金斯出版了《住手：门罗主义的历史》（1941 年）。

第二次世界大战后，美国外交史的研究主要分为三个流派：一是正统派或传统派，二是现实主义派，三是修正派。[①] 正统派即"官方史学家"，大半服务或曾服务于政府各部门，特别是国务院。1947 年 7 月主张对苏联实行遏制政策的乔治·凯南以"X"别名在《外交季刊》上发表的《苏维埃行动的根源》一文，就是这个流派吹起的第一声号角。现实主义者学派的代表人物有汉斯·摩根索、罗伯特·奥斯古德，乔治·凯南也是这个学派的台柱。他们主张强权政治，认为人生来就是追逐权力的，反对所谓"道德家—法学家的外交政策"。修正派即史学新左派，他们对于美国史特别是外交政策史的正统说法提出异议。早在 50 年代初，威廉斯就发表了美国外交史专著——《美俄关系史 1781—1947》。1959 年他所著的《美国外交的悲剧》，正是这个学派的响亮的开场白。[②]

威廉斯的美国外交史中一个主要命题是：美国是一个扩张主义国家。他强烈地批判了那些对扩张主义讳莫如深的美国外交史学家。他说，有些美国历史学家不承认美国是一个"帝国"；假如再追问一下，他们又会说，美国曾经是一个"帝国"，但已经"放弃"了，然而他们又口口声声地说美国是一个"世界强国"。[③]

威廉斯不同于其他美国外交史学家的是，他不仅指出美国对外政策中的扩张主义因素，而且强调了美国扩张外交政策的两个基本特点：一是扩张是美国

---

① Gerald N. Grob and George Athan Billias, *Interpretations of American History: Pattern and Prospective* (New York: The Free Press, 1972), Vol. 2, pp. 472-529.

② 美国外交史学家罗伯特·弗雷尔在评论《美国外交的悲剧》时说，这本书使许多历史家回想起 1890 年以来的美国对外关系的进程。他认为，威廉斯的立论，吸引了大批史学家；正如一个多世代以前的弗雷德里克·杰克逊·特纳的追随者一样，他们开始运用威廉斯的"学说"［see Robert H. Ferrell, *American Diplomacy: A History* (New York: Norton, 1959), p. 647］。

③ William Appleman Williams, "The Frontier Thesis and American Foreign Policy", *The Pacific Historical Review*, Vol. 24, No. 4 (November 1955), p. 379；Samuel Flagg Bemis, "The Shifting Strategy of American Defense and Diplomacy", Dwight E. Lee & George McReynolds, eds., *Essays in History and International Relations in Honor of George H. Blakeslee* (Worcester, Mass.: Clark University, 1949), p. 3；Samuel Bemis, *A Diplomatic History of the United States* (New York: Henry Holt, 1942), pp. 877-878.

外交政策的传统，美国历史上从来就没有孤立主义；二是对美国外交政策起决定作用的是经济要素。

孤立主义这个名词经常出现在美国外交史教科书[①]和外交文献中，而威廉斯认为"美国自从脱离英帝国以来，一直是积极地卷入世界事务……很可怀疑孤立主义这个名词是否具有任何用场"。[②]他认为，从立国以来，美国的对外政策就是不断扩张。[③]甚至"美国人作为英帝国的主要殖民地的公民时，就不是孤立主义者"。[④]美国历史上任何试图阻止向外扩张的尝试都没有成功。[⑤]

关于孤立主义的含义本来就是混杂不清的。D. F. 德拉蒙德说："孤立主义具有如此多的不同的方面，代表如此多的不同的看法，因而无人或团体能够有效地掌握每个方面和看法。"[⑥]法国的美国外交史学家让—巴蒂斯特·迪罗塞勒说："什么是孤立主义？与其说它是一个概念，倒不如说它是一种感情的东西，很难给它一个确切的定义。"[⑦]A. W. 格里斯沃尔德说，孤立主义和干涉主义这两个词"一向运用得如此不确切，如此充斥党派纠纷，因而失却它的意义"。[⑧]艾伯特·温伯格认为，孤立主义是一种国家主义，即作为一个主权国家所拥有的"行动自由"，但又认为美国与其他国家的关系必须是有来有往的，所以所谓

---

① Samuel Bemis, *A Diplomatic History of the United States*, pp. 835-848; Thomas Bailey, *A Diplomatic History of the American People* (New York: F. S. Crofts, 1940), pp. 4-6; p. 106; p. 682; p. 750; p. 803; p. 805; Hans J. Morgenthau, *A New Foreign Policy for the United States* (New York: Praeger, 1971), pp. 15-16; p. 82; p. 83; pp. 158-159. 如同比米斯、贝利和摩根索一样，珀莱斯和阿瑟·施莱辛格都称 20 年代为孤立主义时期。比米斯认为 19 世纪一百年是孤立主义的一百年，是与世隔绝、高枕无忧的"黄金时代"，是一去不复返的"快乐岁月"（见塞缪尔·比米斯"美国的外交政策和自由之幸福"，载于《历史译丛》，北京 1963 年第 4 期，第 70-71 页）。托马斯·贝利也说："从欧洲纷纠中孤立出来，或许是美国的最基本的外交政策。"（see Thomas Bailey, *A Diplomatic History of the American People*, p. 4）

② William Appleman Williams, *The United States, Cuba and Castro: An Essay on the Dynamics of Revolution and the Dissolution of Empire* (New York: Monthly Review Press, 1962), p. 166.

③ William Appleman Williams, "The Logic of Imperialism", *The Nation,* Vol. 185, No. 1 (July 6, 1957), pp. 14-15.

④ William Appleman Williams, ed., *The Shaping of American Diplomacy* (Chicago Rand McNally, 1970), Vol. 1, p. XV.

⑤ William Appleman Williams, *From Colony to Empire* (New York: J. Wiley, 1972), pp. 476-487.

⑥ Donald Francis Drummond, *Passing of American Neutrality (1937-1941)* (Ann Arbor: University of Michigan Press, 1955), p. 1.

⑦ Jean-Baptiste Duroselle, *From Wilson to Roosevelt: Foreign Policy of the United States (1913-1945)* (London: Chatto & Windus, 1964), p. 134.

⑧ Grisword, "The Future of American Diplomatic Policy", Allan Nevins and Hacker Louis, eds., *The Uunited States and its Place in World Affairs* (Boston: D. C. Heath & Co., 1943), p. 585.

"自由行动"是不存在的,"孤立主义是一个自相矛盾的概念"。①

实际上孤立主义原是美国历史上一定时期、针对一定地区所采取的一种外交方针,其含义往往与中立主义、不干涉主义、航海自由、不卷入等概念相联系,具有模棱性。孤立主义主要是美国针对欧洲的外交政策。19世纪末年前,"不卷入"是为了抵制欧洲卷入美洲;19世纪末年后,美国在"不卷入"的旗号下,尽力保持欧洲均势。只有在欧洲均势遭到破坏,同时自己有利可图时,才放弃"不卷入"。实质上这是"坐山观虎斗"与"渔人攫利"的结合物。这种政策不是针对拉美的,也往往不是针对亚洲的。美国在拉美是独霸主义,在亚洲是"合伙主义",交替使用对拉美、对欧洲所使用的手法。温伯格所谓的"行动自由"确是中肯之论,不过威廉斯比温伯格还前进一步。他由美国外交政策的特质——扩张主义这个角度,从根本否定了孤立主义的存在。基于这种看法,威廉斯批判了美国外交史上关于孤立主义的提法,特别是关于珀金斯、比米斯、贝利等人把20世纪20年代称为孤立主义时期的说法。②同样,威廉斯也否定了比米斯所谓的"大失常"的说法。比米斯认为,1898年向外扩张特别是兼并菲律宾是个"大的国家的失常"。③威廉斯说,"19世纪末年美国向帝国主义的发展不是大失常",也"不是外部世界强加给美国的"。④威廉斯也反对贝利把威尔逊国际联盟的被否定归结为"大背叛"。⑤他认为许多反对威尔逊参加国联的所谓孤立主义者跟威尔逊一样,都在追求把华盛顿"变为世界的大都会",他们的目标相同,只不过在策略上有所不同而已。⑥从50年代开始,美国在海外妄图称霸的野心到处碰壁。威廉斯关于孤立主义的这种执拗之见,正反映了美国中小资产阶级对于垄断集团的无限扩张政策的不满。

威廉斯认为,美国扩张主义对外政策的第二个基本特点是,经济因素对美国外交政策起着主导作用。

① Albert W. Weinberg, "The Historical Meaning of the American Doctrine of Isolation", William Appleman Williams, ed., *The Shaping of American Diplomacy*, p. 26. 汉斯·摩根索认为孤立主义和全球主义具有表里关系,全球主义是孤立主义之表,其意近似温伯格的"自由行动"(见摩根索《新的美国外交政策》,第16页)。

② 威廉斯的批判论文有:William Appleman Williams, "The Legend of Isolationism", William Appleman Williams, ed., *The Shaping of American Diplomacy*, pp. 103-107; "American Foreign Policy in Europe in the Twenties", *Science and Society*, Vol. 22, No. 1 (Winter 1958), pp. 1-20; "A Note on the Isolationism of Senator William E. Borah", *The Pacific History Review*, Vol. 22, No. 4 (November 1953), pp. 391-392.

③ Samuel Bemis, *A Diplomatic History of the United States*, p. 463; p. 475.

④ William Appleman Williams, *Americans in a Changing World* (New York: Harper & Row, 1978), p. 35.

⑤ Thomas Bailey, *Woodrow Wilson and the Great Betrayal* (New York: Macmillan, 1945).

⑥ William Appleman Williams, *From Colony to Empire*, p. 5; 威廉斯在《孤立主义的传奇》("The Legend of Isolationism")一文中持同样的看法。

对于扩张主义传统，有些美国史学家也肯承认，[①]但把扩张主义同经济因素联系起来，却是威廉斯外交史著作中最有价值之处。威廉斯说，在决定外交政策的诸因素中，"经济是很重要的"。在他所写的外交史中可以看到在政策形成的过程中经济原因、经济目的和经济手段的作用，特别是经济集团及其代表人物的幕后或直接的活动。这在美国外交史中是罕见的。一般资产阶级历史学家的通病是割裂史实，不能综合地全面地看待历史。写经济的不谈政治，写政治的不过问经济。写外交史的只交待外交关系，诸如外交口号、人物来往、条约制订、交涉经过等，也不肯联系社会经济问题。如阿林·拉波尔特写的《美国外交史》（1975 年）只是加强了对国际环境的叙述；托马斯·贝利的《美国人民外交史》也只是强调了"舆论"对外交政策的影响。国际环境尽管风云多变，但往往只能决定外交的方式和方法而不能决定外交政策的根本原则和方针。所谓"舆论"更难于捉摸。在资本主义社会中，"舆论"有几分能反映广大人民群众的意志？[②]外交是内政的延续，经济是政治的集中表现。威廉斯能从国内政治经济角度探讨美国对外关系，其著作实属资产阶级外交史学的上乘。威廉斯不失为一个卓越的资产阶级史学家。

威廉斯认为，他的经济史观的来源有二：一是卡尔·马克思；[③]二是查尔斯·比尔德。[④]实际上比尔德本人也曾受到马克思的影响。在 1935 年《美国宪法的经济观》再版序言中，他写道："我同所有初攻现代史的学生一样，早已熟习了马克思的学说和著作。……知道马克思在建立自己的历史学说之前也曾熟习亚里士多德、孟德斯鸠和其他进步作者的著作之后，我对于马克思的兴趣更

---

[①] 如理查德·凡·阿尔斯泰因说，扩张是同美国外交必然联系的三个概念之一 [see Richard Van Alstyne, *American Diplomacy in Action* (Stanford, Calif.: Stanford University Press, 1947), p. 50]；1896 年弗雷德里克·杰克逊·特纳在《大西洋》杂志上写道："三个世纪以来，美国生活中占支配地位的事实是扩张。"[see Frederick Jackson Turner, *The Frontier in American History* (New York: H. Holt, 1921), p. 291]；R. J. 卡里狄在《20 世纪美国外交政策：安全和自我利益》一书中说："争取领土的和经济的扩张，一向是美国理想中占支配地位的主题。" [see Ronald J. Caridi, *20th Century American Foreign Policy: Security and Self-Interest* (Englewood Cliffs, N. J.: Prentice-Hall, 1974), p. 1]；英国人也有同样的说法，如 H. C. 艾伦说，"从 1607 年建立詹姆斯敦到 1890 年普查局公开宣布'定居边疆'不再存在这期间，（移动的）边疆是美国生活中的一个占支配的事实"。[see H. C. Allen and C. R. Hill, *British Essays in American History* (London: E. Arnold, 1957), p. 145]；哈罗德·拉斯基说，"美国的心理根源是建立在扩张主义的基础之上的" [see Harold J. Laski, *The American Democracy: A Commentary and an Interpretation* (New York: Viking Press, 1948), p. 5]。

[②] 如欧内斯特·梅认为，"舆论"的创造者是人数很少的"实行操纵的势力"，其中包括政府官员、政客、企业主与政府有关的专业人员等。

[③] William A. Williams, *The Contours of American History* (Cleveland: World Publ. Co., 1961), p. 3.

[④] William A. Williams, *The Contours of American History*, p. 490.

加浓厚了。"①殊途同归，威廉斯所谓的两个来源实际出自一家。

威廉斯的经济命题同占据美国外交史学论坛的权威史学家的传统说法大相径庭。他们所谓美国制订外交政策的依据之多可说是五花八门，车载斗量。有的说美国外交政策有六大基石②，有的说有 11 个基础③，有的说有 5 个目的④，有的说有九种"力量和因素"⑤。至于美国扩张政策的目的更是天南地北，光怪陆离。有的说是为了实现上帝的意旨⑥，这是神圣的使命⑦、显明的天命⑧。有的根据地理概念，认为扩张是为了保证国家安全⑨，为了容纳不断增殖的人口⑩。有的根据种族优秀论⑪，认为扩张是一种责任⑫，是一种"白人负担"⑬，

---

① 〔美〕查尔斯·比尔德：《美国宪法的经济观》，北京：商务印书馆 1949 年版，第 7 页。

② 即政治孤立、不干涉、中立、门罗主义、门户开放和仲裁，见约翰·W. 戴维斯"美国外交政策的永久的基石"[see *Foreign Affairs*, Vol. 10, No. 1 (October 1931), p. 9]。

③ 即独立、大陆扩张、不卷入欧洲、欧洲国家不得在美洲大陆建立殖民地、美洲大陆上的领土不容在欧洲列强间转让、国际贸易自由、民族自决、战时航海自由、引渡权、不干涉、反帝国主义。见塞缪尔·比米斯：《美国防务和外交的转移战略》，李和麦克雷诺兹编：《为纪念 G. H. 布拉克斯里而写作的有关历史和国际关系的论文》，第 2-3 页。

④ 即谋取安全的边疆、扩展边疆、保护美国公民的权益、保持中立与和平、阻止欧洲国家干涉美洲事务 [see Julius W. Pratt, *A History of the United States Foreign Policy* (New York: Prentice-Hall, 1955), pp. 3-4]。

⑤ 即地理位置、供扩张的空间、邻国的弱小、多民族、民主、舆论的作用、国内事务的首要地位、经营商业和工业的人民、利用欧洲的困难（see, Thomas Bailey, *A Diplomatic History of the American People*, pp. 803-805）。

⑥ Julius W. Pratt, "The Ideology of American Expansion", A. E. Campbell, ed., *Expansion and Imperialism* (New York: Harper & Row, 1970), pp. 23-24.

⑦ Reinhold Niebuhr and Alan Heimert, *A Nation So Conceived: Reflections on the History of America from Its Early Visions to Its Present Power* (London: Faber and Faber, 1963), p. 127; p. 139. 资产阶级史学家特别宣扬威尔逊的使命说 [see Arthur S. Link, *Woodrow Wilson and the Progressive Era (1910-1917)* (New York: Harper, 1954), p. 81]。

⑧ Julius W. Pratt, "The Ideology of American Expansion", pp. 24-25.

⑨ 约翰·W. 戴维斯：《美国外交政策的永久的基石》[see *Foreign Affairs*, Vol. 10, No. 1 (October 1931), pp. 9-10]。

⑩ Julius W. Pratt, "The Ideology of American Expansion", p. 25; p. 27; p. 29. 美国政府领导人有这种说法，如 1786 年托马斯·杰斐逊说，联邦好比一个巢，从这里美国人将垦殖南北美洲；1846 年威廉·西沃德说，不可抗拒的美国人口的洪流，将冲向北冰洋和太平洋。

⑪ 如约翰·菲斯克说："美国和英国是进化的先导，是世界的命定的主宰者。"[see Milton Berman, *John Fiske: The Evolution of a Popularizer* (Cambridge, Mass.: Harvard University Press, 1961), p. 252]

⑫ 如莱因霍尔德·尼布尔说，美国"成长得特别快，……因而被强加给一种同它的显著巨大的国力相称的责任"（see Reinhold Niebuhr and Alan Heimert, *A Nation So Conceived*, p. 10）。

⑬ 如狄克斯特·珀金斯说："美国对其他民族的统治经常不是安然自在的统治。"（see Jean-Baptiste Duroselle, *From Wilson to Roosevelt*, p. 21）阿林·拉波尔德说，使命观念"使美国人为了从西班牙桎梏下解放古巴人而战斗，担当起帝国的负担"（见阿林·拉波尔德：《美国外交史》，纽约 1975 年版，第 175 页）。弗雷德里克·杰克逊·特纳对基普林推崇备至，更乐于运用他的辞句来渲染"西进运动"（see Frederick Jackson Turner, *The Frontier in American History*, p. 262; p. 270）。

为了传播基督文明①，为了自由②，为了民主③，因此扩张是出于利他主义④，合乎道德正义⑤和合法主义⑥的原则。有的吹捧帝国主义⑦，认为美国外交原则出于利己主义⑧，是以现实主义和强权政治为依据的⑨，有的甚至认为扩张是"美国人民"的心理⑩和习惯⑪，是出于地理环境的作用⑫。

威廉斯认为，美国实行扩张的目的在于夺取市场和原料。他说，美国人所追求的是"取得更多的财产，取得更多的土地"，美国是从重商主义胎胞中产生

① 如 A. J. 贝弗里奇说，"我们的制度将乘贸易之翼，紧随我们国旗之后。美国的法律、美国的文明和美国的国旗将在过去是血腥黑暗的海岸上树立起来，这些地方从此以上帝的启迪变成美丽而光明"［see Claude Gernade Bowers, *Beveridge and the Progressive Era* (New York: The Literary Guild, 1932), p. 67］。

② 如塞缪尔·比米斯在 1961 年 12 月以"美国的外交政策和自由之幸福"为题，在美国历史协会年会上发表主席演讲。

③ 如特纳认为美国的民主是边疆扩张的产物（see Frederick Jackson Turner, *The Frontier in American History*, p. 30; p. 190; p. 306）。

④ 如道格拉斯·多德指出，美国制定它的内政和外交政策经常是依据一种假设，即美国具有一种使它享有特殊的权利的特质；美国认为它的国家政策，无论是说的或做的都是符合其他国家的利益的［see Douglas F. Dowd, *The Twisted Dream: Capitalist Development in the United States Since 1776* (Cambridge, Mass: Winthrop, 1974), p. 210］。

⑤ 菲利克斯·吉尔伯特说，美国对外政策的"最显著的特点"是"道德特质"［见菲利克斯·吉尔伯特：《二百周年思考录》，*Foreign Affairs*, Vol. 54, No. 4 (July1976), p. 644］。迪罗塞勒说，美国外交政策"基本上是道德的"。（see Jean-Baptiste Duroselle, *From Wilson to Roosevelt*, p. 20）。

⑥ 如 F. L. 莱温海因说美国外交政策是道德主义—合法主义的［see Francis L. Loewenhein, ed. *The Historian and the Diplomat: The Role of History and Historians in American Foreign Policy* (New York: Harper & Row, 1967), p. 22］。乔治·凯南也持此说。

⑦ 如狄克斯特·珀金斯说，"帝国主义现在已成为一个带有谴责意味的名词，但帝国主义曾经奠定了秩序和安定的基础……为普遍的繁荣奠定基础"［见狄克斯特·珀金斯："我们需要高高兴兴地做老师"，何新等译：《美国历史协会主席演说集（1949—1960）》，北京：商务印书馆 1963 年版，第 194 页］。

⑧ 如托马斯·贝利说，"自身利益是一切外交的基石"（see Thomas Bailey, *A Diplomatic History of the American People*, p. 88）；A. B. 哈特说，"美国外交的诀窍在任何治国公式或格言中是找不到的，但它深深存在于人的利益的原则之中"；"这个国家的外交史证明，在世界各地只要看来能得到充分的利益，政府就毫不犹豫地攫取它"［see Albert Bushnell Hart, *The Foundations of American Foreign Policy* (New York: Macmillan Co., 1901), p. 4］。

⑨ 如莱因霍尔德·尼布尔在 1932 年写的《道德的人和不道德的社会》中指出，理想主义者是"伪善"的，这是不可避免的［see Robert E. Osgood, *Ideals and Self-Interest in American Foreign Relations: The Great Transformation of the Twentieth Century* (Chicago: The University of Chicago Press, 1953), p. 382］。汉斯·摩根索认为，人是"具有追求权力的私欲的"（see Joseph Siracusa, *New Left Diplomatic History and Historians*, p. 160）。

⑩ 如理查德·霍夫斯塔特把 19 世纪末产生的向外扩张的浪潮称为"心理上的危机"（see A. E. Campbell, ed. , *Expansion and Imperialism*, pp. 153-161）。

⑪ 如 H. U. 福克纳说，扩大领土的"习惯"是美国立国以来的"特点"［see Harold U. Faulkner, *The Quest For Social Justice (1898-1914)* (New York: Macmillan Co., 1931), p. 516］。

⑫ 如朱利叶斯·普拉特说，"一些毗邻地区命中注定是要被合并的，因为它们的位置使它们自然地要成为美国的一部分"（see Julius W. Pratt, "The Ideology of American Expansion", p. 23）。

的。①到 19 世纪末美国从"商业和领土的扩张"转为"海外帝国主义"。②威廉斯的学生沃尔特·拉夫伯在《新帝国》一书中为这种转变作了很好的说明。他说，"这种转变既不是一个历史的偶然事件"，也不是新的"失常"，基本上是一个"经济问题"，出于"工业家对原料和市场的需要"；同西班牙作战，兼并夏威夷、菲律宾和波多黎各，不是出于"下意识"，而是由于"商人的需要"。③

威廉斯进一步认为，海外扩张不仅是为了原料和市场，而往往是为了转移国内经济危机，防止国内发生革命运动。④《信使—日志》报的编辑曾说："我们已经从一个店员的国家变成一个战士的国家。同英国一样，我们用殖民和征服的政策，来逃脱社会主义和平均地权的威胁和危险。"⑤威廉斯更具体地说："当 1893 年危机中民主和繁荣呈现衰落，当美国帝国进一步扩张受到日、俄两国的对抗时，布鲁克斯·亚当斯和弗雷德里克·杰克逊·特纳就出来重述和辩护历史上的扩张哲学了。"⑥19 世纪 90 年代是这样，20 世纪第二个十年的威尔逊和 30 年代的罗斯福也是这样。⑦

1898 年缅因州参议员威廉·弗烈伊说："我们必须获取市场，不然我们就要发生革命。"⑧弗烈伊的话反映了统治阶级的真实思想，但威廉斯认为这种想法无法实现。他宣称，美国向海外扩张太多了，应当回头"想想自己"。⑨美国应与"过去"决裂⑩，不要再向外"转嫁祸端"⑪。扩张是危险的，因为它不易

① William Appleman Williams, *The Contours of American History*, p. 719.

② William Appleman Williams, *From Colony to Empire*, p. 480.

③ 转引自艾尔文·厄格：《新左派与美国历史——美国历史编纂学中的一些新趋势》，第 722 页。

④ William Appleman Williams, "The Logic of Imperialism", p. 14.

⑤ Richard Hofstadter, "Manifest Destiny and the Philippines", Daniel Arend, ed., *America in Crisis: Fourteen Crucial Episodes in American History* (Hamden, Connecticut: 1971), p. 196.

⑥ William Appleman Williams, "The Logic of Imperialism", p. 14.

⑦ William Appleman Williams, *From Colony to Empire*, p. 483；*The Contours of American History*, p. 416；*Americans in a Changing World*, p. 297；p. 301.

⑧ George L. Anderson, *Issues and Conflicts: Studies in Twentieth Century American Diplomacy* (Lawrence: University of Kansas Press, 1959), p. 9；William Appleman Williams, *The Tragedy of American Diplomacy* (New York: The World Publishing Co., 1959), p. 30.

⑨ William Appleman Williams, *The United States, Cuba and Castro*, p. 168.

⑩ William Appleman Williams, *The Contours of American History*, p. 482.

⑪ 威廉·阿普曼·威廉斯：《外交政策与美国人的思想》，载于《评论》杂志，第 33 卷，第 2 期（1962 年 2 月），第 157 页。

实现内政改革①，不能不损害自己的福利和安全②，代价太高③。例如，他认为战后冷战似乎给美国带来经济的高涨，但在精神上可能毁坏美国社会道德和理智的完善，在物质上还可能引起毁灭性的原子战争。④威廉斯指出，美国外交政策的"悲"在于战后美国看不到在国内进行社会改革的必要，却仍然相信通过门户开放政策，可继续增长国内的自由和繁荣，扩充经济的和思想的体系。⑤他认为威廉·J. 富布赖特悟出了这个道理。⑥因为后者曾说："年轻的这一代人抵制在一个贫穷和遥远的国家（指越南）进行不人道的战争，抵制他们自己国家里的贫穷和虚伪。……帝国主义代价是美国的灵魂，而这个代价是太高了。"⑦

向外扩张既然是危险的、失算的和可悲的，那么，如何改正美国对外政策呢？威廉斯的回答是转向国内，即所谓"开放国内门户"。

威廉斯开放国内门户这个设想也是师承查尔斯·比尔德的。⑧在 30 年代，即在第二次世界大战的前夜，比尔德就提出了这种主张。1934 年，当美国国内发生经济恐慌，在国际上又受到法西斯战争势力的威胁时，比尔德写了两本书：《国家利益观》和《开放国内门户》。这两本书标志着比尔德转向大陆主义。在 1917 年比尔德是一个干涉主义者，支持威尔逊对德宣战；到 30 年代后期却变成了一个孤立主义者。

在《国家利益观》一书的结束语中比尔德指出，美国不可能为不断增长的"剩余的"农业品、工业品和资本找到一个不断扩大的国外销路，"国家利益"不是扩张领土和海外贸易，而是需要一个新的概念，其"中心思想"是正如罗

---

① William Appleman Williams, *America Confronts a Revolutionary World, 1776-1976*, p. 42.

② William Appleman Williams, *The United States, Cuba and Castro*, p. 167；*Americans in a Changing World*, p. 301.

③ 威廉·阿普曼·威廉斯：《美国的世纪（1941—1957）》，*The Nation*, Vol. 135, No. 4 (November 2, 1957), p. 304.

④ William Appleman Williams, "Babbitt's New Fables: Economic Myths", *The Nation*, Vol. 182, No. 1 (January 7, 1956), p. 6.

⑤ Charles E. Neu, "The Changing Interpretive Structure of American Foreign Policy", John Braeman, R. H. Bremner, and David Brody, eds., *20th Century American Foreign Policy* (Ohio: Ohio State University Press, 1971), p. 53.

⑥ 威廉·阿普曼·威廉斯：《外交政策与美国人的思想》，载于《评论》杂志，第 33 卷，第 2 期（1962 年 2 月），第 158 页。

⑦〔美〕威廉·富布赖特：《跛足巨人》，上海：上海人民出版社 1967 年版，第 269 页。

⑧ William Appleman Williams, *The Contours of American History*, p. 490.

斯福新政所显示的那样①，对国内经济实行有计划的管理，保持一个不依赖国外销路并有高速度发展的内部市场，以处理"剩余的"货物和资本②。

在《开放国内门户》一书中，比尔德重申计划经济③，重申海外殖民地不能解决国内工农业生产"过剩"的问题④。他希望罗斯福像建立"健康的国内经济体系"一样，把内政原则实施于对外政策。比尔德认为扩张可能导致战争和专制，民主会被忽视，所以依靠国外市场是不明智的。⑤

威廉斯的"开放国内门户"的设想虽然建立在比尔德的构思之上，但他的设想范围却远远超过比尔德。

威廉斯抱怨美国人缺乏自知之明，不肯总结历史经验。⑥他举例说："（1949年）中国革命的胜利，使许多人意识到门户开放政策不再符合世界的现实，但是杜鲁门和艾奇逊却自恃手中有原子弹和飞机而表现为冥顽不化。"⑦他认为，美国人总结历史经验的时候来到了。

威廉斯指出，门户开放政策的制订不只是针对中国的，而是美国全球战略的核心，其目的在于为国内工商业保证"开放"的市场，取得对其他国家竞争的优势，同时又可少用兵力，少付代价，反而攫取较多较大的利益。而今美国人应当及时了解到，扩张主义的门户开放政策既不能使美国得到经济利益，也不能得到军事上的安全，因此从总结历史经验角度看，现在也应当是抛弃门户开放政策的时候了。

抛弃海外门户开放政策，是为了在国内开放门户，为了建立一个"均衡"的国内体系，即建立一个在发挥"民主"和导致"繁荣"方面具有活力的社会。

---

① 比尔德赞成罗斯福的大部分内政政策，但从孤立主义观点出发，从 30 年代后期起，表示不赞成罗斯福的对外政策，直到死前（1948 年）还出版《罗斯福总统和大战的发生，1941》一书，指责罗斯福为太平洋战争的预谋者。

② Charles Beard, *The Idea of National Interest: An Analytical Study in American Foreign Policy* (New York: Macmillan, 1934), p. 582.

③ 比尔德关于计划经济的设想，早在 1931 年 7 月《论坛》杂志上就有所论述。他主张实行一个"五年计划"。这显然是受到苏联的影响。他主张在大企业的基础上，政府直接指导经济（see William Appleman Williams, *Americans in a Changing World*, pp. 235-236）。

④ Charles Beard, *The Open Door at Home: A Philosophy of National Interest* (New York: Macmillan, 1934), p. 47; p. 53.

⑤ William Appleman Williams, "The Frontier Thesis and American Foreign Policy", *The Pacific Historical Review*, Vol. 24, No. 4, p. 390.

⑥ William Appleman Williams, *America Confronts a Revolutionary World*, p. 9. 加布里埃尔·科尔科也有类似的说法。他说，"美国从开始就是一个对自己缺乏了解的国家"［see Gabriel Kolko, *Main Currents in Modern American History* (New York: Pantheon Books, 1976), p. 7］。

⑦ William Appleman Williams, *Americans in a Changing World*, p. 36.

威廉斯首先主张根据"自决"的原则，改革国内政治形式。联邦应由联系疏松的地区性的共和国组成，以保证民主，改善国内政治弊端。社会经济机会的减少，引起犯罪和社会"暴乱事件"不断增加，政治压迫和民族迫害层出不穷。这显示出改革内政弊端的必要性。国民收入的分配既不平等，又不平衡，即为国内政治的重要弊端之一。政府在对外扩张政策上投入很多智力和资源，但在改进国内生活所需及其质量方面，则计划不周，所投的人力和物力也远远不够，结果造成极大的浪费，导致社会内部以及社会与自然环境间的平衡遭到破坏的危险。这是国内政治的另一重大的弊端。"大公司"对国民经济的控制更是一个需要改革的政治弊端。因为大公司政治经济体系使财富分配愈益不均，使黑人及其他少数民族更深地沦入无权地位。

威廉斯以社会民主主义者自居，主张"在美国建立世界上第一个真正的民主社会主义"。[1]因此他极力推崇尤金·德布斯和诺曼·托马斯。特别引人注目的是他竟然大力宣扬赫伯特·胡佛。

威廉斯认为胡佛主张社会应从"极端个人主义的行动"向"联合行动"过渡，应教育人民从一种"不变的人性"——自私向另一种"不变的性格"——利他主义过渡。威廉斯指出，胡佛认为美国的问题是如何控制大企业体系的问题。他一方面认为把一切经济活动国有化，就会出现"专制"；另一方面他又认为，假如大企业享受在自由放任制度下个人所享受的那种自由，就会出现一个庞大的辛迪加国家，那就是法西斯主义。胡佛一方面反对公司企业的领导人控制政治系统；另一方面又反对联邦政府成为一切经济生活的控制者。威廉斯说，胡佛所设想的政府是"社会体系中的一个仲裁人"，而不是大企业（法西斯主义）、劳工（社会主义）或利益集团（辛迪加主义）的"工具"。[2]

威廉斯对于胡佛的对外政策也极尽吹捧之能事。他说，胡佛一方面认为向海外扩张是必要的，但又认为扩张会导致"帝国主义和战争"，而胡佛出于"理想和实用主义的原因"，是"反对帝国主义和战争"的。[3]

这就是威廉斯所渲染的胡佛的内政和外交政策。实际上这就是威廉斯开放国内门户的蓝图。胡佛不赞成比尔德主张的那种庞大的辛迪加国家，显然威廉斯也有同感。威廉斯所想象的"开放国内门户"的美国是一个所谓"社会合作"和"社会均衡"的国家。

① William Appleman Williams, *The Contours of American History*, p. 488.
② William Appleman Williams, *Americans in a Changing World*, p. 228.
③ William Appleman Williams, *Americans in a Changing World*, p. 228.

威廉斯从研究外交政策转向探讨内政改革，起点是国际问题，落脚于国内政治。这也许就是他着重研究外交史的目的。

# 结语：总评价

在 60 年代，新左派史学可说是异军突起、生机勃勃，吸引了广大读者的注意。及至 70 年代，随着新左派运动的沉寂，史学新左派也失去了赖以前进的社会推动力量。

作为史学新左派的代表和先驱，威廉斯早在 50 年代初就开始试图以新的观点解释美国的历史。60 年代新左派运动的高涨又开阔了他的视野。到 70 年代，新左派运动出现消沉后，虽然威廉斯及其学派成员仍然继续写作，但当时不无"孤舟侧畔千帆过"之感，而今也可说是独傲霜天了。

从新左派运动失去强劲势头的原因，也可窥察到新左派史学的弱点。

新左派运动衰落的原因大致有三。

（一）新左派成员的思想是含混不清的，他们的要求和目的不尽相同，这就影响了内部团结。新左派对于资本主义政治经济弊端和社会失调现象表示厌恶，倾向于社会主义性质的改革，但美国社会主义运动并未给他们提供什么可资利用的有效的方案，美国共产党于 50 年代中期后也失去了革命气质。新左派不能形成一支有力的队伍。艾尔文·厄格说，美国历史没有给新左派一种"可用的过去"，他们只知道拒绝什么，但不知道应当接受什么。[1]这种说法似是而非，因为不知道应当接受什么，正说明他们不知道要拒绝什么。至于没有"可用的过去"的说法，也不尽然。美国人民具有革命传统，问题是肯不肯总结，要总结什么，为什么总结。对这些问题新左派却不甚了了。

（二）新左派运动的主力军是青年学生，特别是在大专院校读书的年轻的男女学生[2]，其中不少人来自富裕的中等资产阶级。这批青年是在战后"经济繁荣时期"出生的，不同于他们的父辈，从未经历过像 30 年代那样的经济危机，没有他们父辈那样安于现状的保守思想，对当时社会秩序和权力制度敏感，并深怀不满。但他们在思想上和组织上是分散的，特别是青年学生的流动性很大。他们在校期间最多四年左右，即在 30 岁前就离开了学校，携家带口，营取生计，脱离了学生运动。《时代》周刊上有文章说："60 年代的小伙子是在战后婴儿潮

---

[1] 艾尔文·厄格：《新左派与美国历史——美国历史编纂学中的一些新趋势》，第 717—718 页。

[2] Christopher Lasch, *The Agony of the American Left* (London: Andre Deutsch, 1970), p. 180.

时期'出生的,他们在谋求职业上所遇到的竞争很激烈","当他们担负起养家糊口的责任时,他们感到还是进公司可以在金钱上和心理上得到较多的报酬"。[1]但新左派成员不都是幸运儿,不都能找到职业。有的人颓废潦倒,用自弃方法来表示对社会的反抗;有的成为愤世嫉俗的嬉皮士、易比士;有的铤而走险,转入恐怖主义组织如气象员或癫狂汉;有的被迫拿起武器,进行抗暴自卫如黑豹党人。

(三)新左派的活动基地主要在高等院校。虽然他们也走上街头,深入乡间,但激动人心的斗争如群众集会、罢课演说,甚至与军警格斗的场合主要在校园。加利福尼亚大学(伯克利)、密歇根大学、威斯康星大学、纽约市立学院、哥伦比亚大学和旧金山学院等都是著名的新左派学生运动中心。学生运动同校外群众运动特别是同工人运动结合得很不够。[2]没有广大群众的支持,运动不会持久,也不会找出正确的方向。学生运动的社会基础单薄了,这就给统治阶级造成进行破坏活动的可乘之机。一如惯例,统治阶级对新左派运动所施行的手段也是软硬并行的。司法部、联邦调查局、税务署、便衣特务、警察打手都是压在新左派头上的凶残的暴力。有许多人被枪杀,有许多革命组织被破坏。成千上万的人被关入监狱,更多的人被送法院受讯,无辜被告者浪费掉许多金钱。同时统治阶级被迫作出一些改革,以缓和群众的不满,例如允许学生在校务上有较多的发言权,制订一些民权法案,培养一些黑人小资本家和黑人官吏,等等。这些"釜底抽薪"的办法,在瓦解和腐蚀新左派运动方面所起的作用是极其险恶的。

新左派运动的衰落也反映出威廉斯思想体系的弱点。作为一个"强硬的修正主义者",[3]威廉斯运用了某些马克思主义见解,揭露了一些资本主义的弊端,对于美帝国主义扩张政策,特别是对美帝国主义的门户开放政策,作了一些中肯的揭发和严肃的批判。这对霸权主义者是一起当头棒喝。在战后美国史坛上无疑吹过一阵发人清醒的煦风,但其本身的弱点是极其明显的。在称赞他的[4]和

---

① *Time*, March 6, 1978, Vol. 3, No. 2, p. 63.

② James Weinstein, *Ambiguous Legacy: The Left in American Politics* (New York: New Viewpoints, 1975), p. 170.

③ 罗伯特·马多克斯在《新左派和冷战的起源》中,把战后修正派史学家分为"温和的修正派"与"强硬的修正派",前者把冷战的发生归由个人如杜鲁门负责,后者则从美国制度去寻求冷战发生的原因。Robert J. Maddox, *The New Left and the Origins of the Cold War* (Princeton: Princeton University Press, 1973), p. 4.

④ Staughton Lynd, "Book review: The Contours of American History", *Science and Society*, Vol. 27, No. 2 (Spring 1963), p. 231.

反对他的[①]读者面前，威廉斯倒像是一个乌托邦主义者。他的主张非但不是振兴资本主义的灵丹妙药，且给人以力不从心、进退维谷的印象，原因是他钻在资本主义的躯壳里批判资本主义，实际上是以垄断资本主义的一种形式——国家资本主义去批判垄断资本主义。威廉斯在分析了 20 世纪整个美国外交政策之后，抱怨说："直到 1977 年美国仍继续围绕一个死气沉沉的中心碰撞和碾磨：曾经是一个革命的社会，可是不能挣脱这种现状。"[②]这种无能为力的抱怨心情正是他陷入"不能挣脱这种现状"的写照。要害问题是作者只谈扩张，不谈帝国主义侵略实质；只谈资本主义改革，不谈资本主义剥削实质。威廉斯居然认为美国对外政策的三个主导思想是乐于帮助别人的人道主义、民族自决原则和坚持别国人民依照美国方式进行生活或解决他们的问题。[③]第一、第二个思想表明威廉斯接受了美国对外政策的虚伪的表面价值，第三个也只叙述了表面现象，并未接触问题的实质。威廉斯的学生沃尔特·拉菲勃的思想也反映了威廉斯的观点。拉菲勃虽然不赞成扩张政策，但认为帝国主义商人和政策制订者都是"好心人"。[④]威廉斯本人看不到美国在口头上高谈道德原则，而实际摆弄的却是"一种错综复杂的新殖民主义的罗网"。[⑤]他甚至不清楚两霸争夺的性质，还幻想把古巴芬兰化。[⑥]在对帝国主义的认识上，威廉斯似乎还抵不过一个具有 20 世纪阿历克西·德·托克维尔之称的英国史学家 D. W. 布罗根。布罗根曾说："对美国人说来，战争是一种买卖，……他们对道义上的胜利并不感兴趣，只对战争的胜利感兴趣。……美国是一个很大很大的大公司，股东们都希望它不亏本。"[⑦]威廉斯对重商主义的论述，显示出他对资本主义剥削实质缺乏认识。他说："重商主义不是利己主义，……重商主义是一种慈善的父道主义，是为了整个社会的利益，而不是为了某一集团。尽管重商主义是依赖向外扩张以解决国内问题，但它是美国传统的宽厚的一面。"[⑧]

侵略扩张是帝国主义内政政策的延续。帝国主义既要剥削本国人民，也要进行战争，剥削外国人民。不侵略扩张，帝国主义就不能存在；同时垄断资产

① Robert J. Maddox, *The New Left and the Origins of the Cold War*, p. 14.

② William Appleman Williams, *Americans in a Changing World*, p. 471.

③ William Appleman Williams, *The Tragedy of American Diplomacy*, pp. 13-14.

④ 艾尔文·厄格：《新左派与美国历史——美国历史编纂学中的一些新趋势》，第 722 页。

⑤ Douglas F. Dowd, *The Twisted Dream*, p. 50.

⑥ William Appleman Williams, *The United States, Cuba and Castro*, p. 172.

⑦〔美〕威廉·曼彻斯特：《光荣与梦想：1932—1972 年美国实录》，北京：商务印书馆 1979 年版，第 2 分册，第 415 页。

⑧ 艾尔文·厄格：《新左派与美国历史——美国历史编纂学中的一些新趋势》，第 719 页。

阶级为了追逐最大利润，就要进行资本输出，这势必引起国内经济发展的相对迟滞。这也是帝国主义寄生性的表现。"开放国内门户"只不过是扬汤止沸的措施，并不能逆转帝国主义发展的规律。我们不禁要问，威廉斯主张"开放国内门户"的目的何在。不揭露、批判帝国主义制度的侵略和剥削实质，那么，即使有朝一日他的改革内政的设想得以实现，扩张主义这个美国史上的怪物还会"堂堂正正"地走出来。对威廉斯这个资产阶级史学家来说，这也许是不实际的要求了。

威廉斯既然对帝国主义侵略本性和资本主义剥削实质认识不清，因而在实现他的"开放国内门户"方面，就不知道应当依靠什么社会力量了。艾尔文·厄格说，新左派拒绝"责斥"企业主，也拒绝"崇拜"工资工人。①他们甚而敌视工人和工会。他们误认为，青年是一个阶级。这个大部分由激进学生组成的运动疏远了社会，削弱了它的社会基础。威廉斯的著作也具有这个弱点。②这正因为威廉斯所追求的只是资本主义内政事务的改革，而不接触资本主义制度本身。

作为改进资本主义制度的策士，威廉斯既不满意资本主义现状，又担心第三世界革命的增长以及原子战争的威胁③，所以他急切希望假借社会主义的某些方法去为资本主义图谋自救之道，但又找不到依据的社会力量，这就决定他去宣扬赫伯特·胡佛、罗伯特·塔夫脱之流了。结果在内政政策上，威廉斯是胡佛的门徒；在外交政策上，又是比尔德的追随者。他的思想是胡佛、比尔德等人思想的复合体，在外面又多多少少地抹上一点马克思主义的色彩。

关于涂抹马克思主义色彩，威廉斯和比尔德有其相似之处。在 19、20 世纪之交，当马克思主义在欧洲广泛传播时，在欧洲留学的比尔德采纳了一些马克思的想法。正如第二次世界大战后，当社会主义运动蓬勃发展时，在大学读书的威廉斯也接受了一些新思想。及至 30 年代经济恐慌发生，比尔德对资本主义社会的某些方面失去信心，在对外政策的看法上转向孤立主义，在历史研究上转向相对主义（虽然他本人并不承认这点）。④同样，在五六十年代，美国国内外的政治经济状况困难重重。特别是在 60 年代，侵越战争接连失利，水门事件

---

① 艾尔文·厄格：《新左派与美国历史——美国历史编纂学中的一些新趋势》，第 731 页。

② 在美国历史学家组织第 71 届年会上（1978 年 12 月），克里斯托弗·拉希和小 N. G. 莱文批评威廉斯在内政史中忽视工人和农民的斗争[see *The Journal of American History*, Vol. 65, No. 3 (December 1978), p. 876]。

③ 威廉斯曾说，约翰·海所谓的一个"小而辉煌的战争"也许会成为一个"可怖的巨大的冲突"。William Appleman Williams, *The United States, Cuba and Castro*, p. 178.

④ Harvey Wish, *The American Historian*, p. 289.

丑闻毒化了政治气氛,这就使威廉斯转向一条同比尔德所走的大致相仿的道路。

　　整个问题的症结是,威廉斯不了解或不承认资本主义社会的根深蒂固的痼疾是资本主义生产社会化与资本主义所有制之间的矛盾。尽管通过国家干预,美国社会内部的生产关系可以得到一定的调整,在某些时期生产也会得到一定的发展,但威廉斯的想法并未能从根本上解决他提出的问题。显然,若要为美国社会找到一条出路,还须另辟蹊径。

（原载《世界历史》1980 年第 1、2 期）

# 试论弗雷德里克·杰克逊·特纳及其学派

研究史学史，不只是研究历史著作的作者与内容，更重要的是研究历史著作产生的社会背景及其发生的社会影响。本文是根据这种想法撰写的。

## 一、特纳在美国历史编纂学上的地位

弗雷德里克·杰克逊·特纳（1861—1932）是 19 世纪末至 20 世纪 30 年代初美国史学界最有影响的人物之一。休·H. 贝洛特说：从 1893 年到 1932 年，在美国历史写作和研究方面，从没有一个人比特纳"发挥了更为深远的影响"。[1] 约翰·海厄姆把特纳同哲学家威廉·詹姆斯、建筑师弗兰克·L. 莱特并列为 19 世纪末在各自活动的领域中"三个促进思想解放、发挥潜移默化影响的人物"。[2] 1971 年，特纳的信徒雷·A. 比林顿说：从 20 世纪初到 30 年代，特纳对美国历史所作的解释，在史学界"居于统治地位"。"在那些年代里，美国历史协会被称作大'特纳联盟'"。[3] 1948 年美国历史协会理事会推选六名已故的最伟大的美国史学家，荣膺第一的就是特纳。[4] 1958 年，吉恩·格雷斯利分析 13 本比较著名的大学教科书时，发现其中 9 本在不同程度上接受了特纳的边疆假说。[5]

---

① Hugh Hale Bellot, *American History and American Historians: A Review of Recent Contributions to the Interpretation of the History of the United States* (Norman: University of Oklahoma Press, 1952), p. 24.

② John Higham, *Writing American History: Essays on Modern Scholarship* (Bloomington: Indiana University Press, 1970), p. 96.

③ Ray Allen Billington, *The American Frontier Thesis: Attack and Defense* (Washington: American Historical Association, 1971), p. 5.

④ John Higham, et al., *History: Professional scholarship in America* (Baltimore: Johns Hopkins University Press, 1973), p. 56；在 1951 年约翰—考菲举行的关于迄至 20 世纪 20 年代最佳美国历史著作的投票调查中，弗农·帕林顿的《美国思潮的主流》一书名列第一，第二为特纳编的《美国历史上的边疆》论文集［see John Higham and Paul K. Conkin, eds., *New Directions in American Intellectual History* (Baltimore: Johns Hopkins University Press, 1979), p. xviii］。

⑤ Gene M. Gressley, "The Turner Thesis: A Problem in Historiography", *Agricultural History*, Vol. 32, No. 4 (October 1958), p. 249.

特纳最著名的一篇论文是 1893 年于芝加哥"美国历史协会"会议上发表的。这篇题为《边疆在美国历史上的重要性》的论文，几乎包括了他的关于美国历史的主要看法。他以后所写的论著只是对这篇文章中所持论点的引申或补充。此文无疑是美国历史编纂学中一个里程碑。弗雷德里克·L. 帕克森誉之为"美国的再发现"，甚而比哥伦布更为"成功"。[①]罗伯特·E. 赖吉尔居然认为，"特纳这篇具有历史意义的论文，在公众心目中，仅仅稍逊于《圣经》《宪法》和《独立宣言》的地位"。[②]

特纳发表 1893 年著名论文时，年方 32 岁。当时他在威斯康星大学历史系任教。前此不久（1890 年），这位年轻的副教授刚从约翰斯·霍普金斯大学获得博士学位。[③]这篇论文虽然显示出他对东部这个著名大学史学研究中德国学派的反抗，但他却把德国学派关于历史研究的组织形式与方法学了回去。特纳最初在威斯康星大学，后来在哈佛大学一直开设《西部历史》这门课程，并通过讨论班形式，培养了一批有才华的美国历史学者。[④]这些人分散在美国全国各大学，著书立说，传播特纳对美国历史的解释，[⑤]蔚然形成一个非常有影响的边疆史学派。

起初，边疆史学派受到当时支配美国史学研究的东部几个老牌著名大学（如哈佛大学、哥伦比亚大学、普林斯顿大学、康奈尔大学、约翰斯·霍普金斯大学、密歇根大学等）的抵制，只是由于这个学派的影响日增，迟至 1910 年美国历史协会才选举特纳为年度主席。同年，一个古老的东部学府哈佛大学为特纳敞开大门，聘他执教。当时东部把来自西部的文学作品称为"从山（指阿巴拉契亚山——引者）那边侵入的哥特人"的作品，[⑥]在史学界，特纳自然也是"山

① 弗雷德里克·L. 帕克森：《边疆假说的一个世代（1893—1932）》[see *Pacific Historical Review*, Vol. 2, No. 1 (1933), p. 36]。

② Everett S. Lee, "The Turner Thesis Reexamined", *American Quarterly*, Vol. 13, No. 1 (Spring, 1961), p. 77.

③ 特纳 1884 年毕业于威斯康星大学；1889 年获硕士；1889—1891 年任威斯康星大学历史系副教授，其间赴约翰斯·霍普金斯大学深造，1890 年获博士学位。1892 年晋升为教授；至 1910 年方离开威斯康星大学，赴哈佛大学任教。

④ 早在 1905 年，特纳有成就的学生有约瑟夫·沙弗尔、埃德蒙德·明尼、托马斯·克拉克、O. G. 里比、卡尔·贝克尔和 B. H. 希巴德；此后有乔治·M. 斯蒂芬森、阿瑟·P. 怀塔克、塞缪尔·F. 比米斯、弗雷德里克·默克、默尔·柯蒂、埃弗里·克雷文、霍摩·C. 哈克特、埃格尔·E. 罗宾逊、詹姆斯·B. 伯哲斯、E. E. 戴维和弗雷德里克·L. 帕克森等。

⑤《美国历史评论》（*American Historical Review*）、《农业史》（*Agricultural History*）、《太平洋历史评论》（*Pacific Historical Review*）和《威斯康星历史杂志》（*Wisconsin Magazine of History*）等都是传播边疆学说的主要阵地。

⑥〔英〕马库斯·坎利夫著，方杰译：《美国的文学》，第 1 卷，香港：今日世界出版社 1975 年版，第 145 页。

那边"的"哥特人"了。

特纳的学生对他们的导师推崇备至，其中有的人为特纳假说辩护，甚至达到强词夺理的地步。有的虽然对特纳假说的某些部分持保留态度，但基本上仍然依照特纳的看法解释美国历史。有的认为，与其说特纳是一个成功的写作家，不如说是一个成功的教师。特纳的著名学生卡尔·贝克尔曾写过热情洋溢的文章，描述作为教师的特纳形象。贝克尔说：特纳的讲课富有启发性；他的讨论班是一种高质量的学术"合作和探险"，是一个学术"交换所"，有批评和诘询，但无责难；他要求参与讨论班的每一个学生有见解，同时要求有材料支持他的见解。①

特纳虽然是一位有影响的历史学家，但著作不多。他一生主要著作是两本论文集和两本专著，其中两本还是死后由他的学生代为整理出版的。②论文约计30篇。在哈佛大学，爱德华·钱宁教授素与特纳不睦，曾讥笑他从未写过"任何大部头的著作"③。有的历史学家认为，特纳"就学术晋升标准来说，他的著作数量是很平常的"④。当然他的朋友和学生也曾为他辩护，例如马克斯·法兰德⑤认为：特纳不必为写不出"大部头著作"而悲伤，因为哥白尼也只不过以一本小书开创了一个科学时代。又如雷·A.比林顿说，亨利·E.亨廷顿图书馆藏有特纳的32屉资料，从所收集的卡片、函件、笔记和手稿看，他是一个具有献身精神的学者，只是求全的想法妨碍他的写作数量。

特纳著作的通病是前后重复，支离松散，有时语欠修饰，含混不清。1941年乔治·W.皮尔逊发出调查表，征询关于特纳著作的意见。106份的答复意见

---

① William M. Brewer, "The Historiography of Frederick Jackson Turner", *The Journal of Negro History*, Vol. 44, No. 3 (July 1959), p. 241; p. 242; p. 246; p. 247；Carl Lotus Becker, "Frederick Jackson Turner", section1 and section 2, Howard W. Odum, ed., *American Masters of Social Science* (New York: Henry Holt, 1927), Chapter 9, pp. 274-295.

② 专著有：*The Rise of the New West (1819-1829)* (New York: Harper and Bros., 1906)和 Avery Craven, ed., *The United States (1830-1850):The Nation and Its Sections* (New York: Henry Holt and Company, 1935)。论文集有：*The Frontier in American History*（New York: Henry Holt and Company, 1921）和 *The Significance of Sections in American History* (New York: Henry Holt and Company, 1932)。后者逝世后才出版。

③ Ray Allen Billington, "Why Some Historians Rarely Write History: A Case Study of Frederick Jackson Turner", *The Mississippi Valley Historical Review*, Vol. 50, No. 1 (June 1963), p. 3.

④ Harvey Wish, *The American Historian: A Social-Intellectual History of the Writing of the American Past* (New York: Oxford University Press, 1960), p. 182.

⑤ 马克斯·法兰德为美国历史学家，曾任斯坦福大学、耶鲁大学历史学教授；1927—1941年任加利福尼亚州圣马力诺的亨廷顿图书馆和美术陈列馆的研究部主任，撰有关于美国制宪会议和宪法的著作多种。

是，原著过于简单暧昧，闪烁其词。[①]特纳认为，历史是一种"艺术"，而不是一种"科学"。他的著作是"描述性和说明性的，而不是详尽的综合"。[②]特纳一直以地域论作为研究的课题，他讲授的美国历史是沿着这一主题组织的，可是他越研究越混乱不清，以致他以地域论概念撰写的第二本专著直至临终时还不能脱稿。

特纳是美国职业史学家的第二代。[③]在第二次世界大战前，他同弗农·L. 帕林顿和查尔斯·A.比尔德都是"进步派史学家"，也是美国"新史学"学派的奠基人之一。[④]"新史学"学派和"进步史学派"同是对第一批欧洲留学生史学流派的反叛。这所以产生，是同当时美国社会发展有着密切关系的，是适应当时美国社会发展的要求的。

## 二、特纳学说产生的社会背景

查尔斯·A.比尔德曾说过，使他困惑不解的是特纳怎样碰巧想出他的论题，以为特纳或许是受了丹尼尔·韦伯斯特的思想影响。[⑤]

比尔德的想法失之简单。固然特纳的思想不是凭空而来的，是与前人思想有一定的续承关系，但也不应简单地追溯到某一个人。在这个问题上，资产阶级史学家往往陷入迷雾之中。如有的史学家指出，在特纳之前，《民族》杂志创

---

① Gene M. Gressley, "The Turner Thesis-A Problem in Historiography", p. 237.

② Michael Kraus, *The Writing of American History*, p. 283.

③ 约翰·海厄姆在《美国历史的写作》（John Higham, *Writing American History*, pp. 114-115）一书中，将1910年前的职业历史学家视为第一代，他们大多曾赴德国留学；视1910—1945年的职业史学家为第二代，他们大多是美国大学研究生院毕业的；视第三代为第二次世界大战后的历史学家。

④ Robert Darnton, "Intellectual and Cultural History", Michael Kammen, ed., *The Past Before Us: Contemporary Historical Writing in the United States* (Ithaca: Cornell University Press, 1980), p. 329；帕顿·E. 蒂林哈斯特说，早在1891年，即在詹姆斯·H. 鲁滨逊发表《新史学》一书（1911年）前20年，特纳就预言到新史学这一想法[see Pardon E. Tillinghast, *The Specious Past: Historians and Others* (Massachusetts: Addison-Wesley, 1972), p. 31]。

⑤ Charles A. Beard, "The Frontier in American History", *The New Republic*, Vol. 97, No. 1261 (February 1, 1939), p. 361.

建人艾德温·L. 戈德金①、西部史学家赫伯特·H. 班克罗夫特②曾提出过后来特纳论述的有关西部的看法。更有人指出意大利经济学家阿奇尔·劳利亚③、英国政治和经济学家沃尔特·白芝浩、德国地理学家弗雷德里赫—拉采尔④、英国政治学家詹姆斯·布赖斯⑤、德国哲学家黑格尔、英国史学家托马斯·B. 麦考利等人对特纳发生的影响。还有人在特纳著作中发现包括威斯康星大学教授威廉·T. 艾伦、经济学家理查德·T. 伊利、威斯康星州历史学会的莱蒙·C. 德莱柏、鲁本·G. 思韦茨、哲学家拉尔夫·W. 埃默森、文学家华盛顿·欧文、史学家贾斯廷·温塞尔等 13 个人的观点。⑥这个名单还可延长。有的史学家甚至一再议论特纳出生地（威斯康星州波蒂奇）的边疆环境对特纳思想的影响。

无疑，这些影响或多或少地对特纳发生过作用，但仅仅从这方面探讨，是很不够的。特纳学派是当时美国社会发展的产物。只有从这个角度估计特纳学说，才能解开查尔斯·A. 比尔德的困惑。另外，在特纳之前或同时代，有许多人直接或间接地对于美国西部发表过议论，而只有特纳就西部边疆在美国历史上的作用建立了比较完整的模式。其原因不能只简单地归结为特纳个人的学力。我们也须探索产生这种模式的社会、政治和经济条件。

特纳 1893 年发表论文时，美国正处在社会发展的转折时刻。"自由"资本主义日渐消失，垄断资本迅速增长。美国资本主义向帝国主义阶段的过渡，带来了新的社会矛盾，提出了新的社会问题。

资本的集结和生产的集中，使社会财富的分配日益悬殊，广大工农群众的生活日趋艰难，中、小企业大量破产。加之国家机器不断强化，经济危机频仍

---

① Arthur M. Schlesinger, *New Viewpoints in American History* (New York: The Macmillan Comp., 1922), p. 70.（此处施莱辛格误将戈德金的名字写为"欧尼斯特"）；John Higham, *Writing American History*, p. 119. 但雷·A. 比林顿指出，特纳当时未曾看到戈德金关于西部的论说［see Ray A. Billington, "Westward Expansion and the Frontier Thesis", John A. Garraty, ed., *Interpreting American History: Conversations with Historians* (New York: Macmillan, 1970), Vol. 1, p. 265］。

② Gilman M. Ostrander, "Turner and the Germ Theory", *Agricultural History*, Vol. 32, No. 4 (October 1958), p. 258; p. 259.

③ 李·本森认为阿奇尔·劳利亚对特纳发生很大影响［see Lee Benson, *Turner and Beard: American Historical Writing Reconsidered* (Glencoe, Illinois: Free Press, 1960), Part 1, pp. 1-40］。但雷·A. 比林顿指出，李·本森依据劳利亚著作用以立论的那部分，在特纳遗留的笔记中并未发现，比林顿反而发现特纳阅读了沃尔特·白芝浩的《物理学与政治》一书（see Ray A. Billington, "Westward Expansion and the Frontier Thesis", p. 264）。

④ Harvey Wish, *The American Historian*, pp. 186-187.

⑤ Machael Kraus, *The Writings of American History* (Norman: University of Oklahoma Press, 1953), p. 278.

⑥ Gene M. Gressley, "The Turner Thesis", p. 229.

发生，社会阶级矛盾和冲突继续扩大。工人运动规模空前，罢工斗争更加猛烈。农民运动也日形高涨，平民党运动于 1892 年达到高峰。内战后短短 20 年内，西部印第安人的土地全被剥夺，他们被驱入贫瘠不毛的居留地。向西移民的洪流有增无已，至 1890 年，国家普查局宣布边疆已告完结。与此同时，对黑人的歧视和压迫十分猖獗。军国主义也日益加强，至 1898 年美国发动了侵略古巴和菲律宾的战争。夏威夷也被美国鲸吞。美国思想史学家弗农·L. 帕林顿对此作过精辟的分析。他说，美国已经步入了"一个不同的社会秩序"，"在一个集中（垄断）资本主义的专横权力的面前"，"跟跟跄跄的边疆民主""显然垮了下来"。[①]

这一切激励着勇于探索、勤于思考的青年知识分子。在历史编纂学方面，特纳作出反应，给美国历史以新的解释。埃弗里·克雷文说，特纳的著作是 19 世纪交替时期"美国思想和精神的表现"[②]。特纳的这个学生的评语虽然不够全面，但不无道理。这也就是特纳本人所说的，"要了解今日的美国，要了解使美国成为今天这样的那些力量的兴起和发展，我们就应当用今天提供的新观点去重新研究我们的历史"[③]。

最初，特纳学说是以反对东部垄断史学研究的形式出现的。在特纳之前，美国史学界的研究重点是殖民地时期和大西洋沿岸，研究人员也以东部大学史学家为主。随着美国领土向西扩张，西部历史的重要性越来越显示出来。特纳的著作就是反映以西部环境为背景、重新解释美国历史的要求。1889 年特纳在《日晷》杂志上抱怨说："美国历史学家大部来自东部，因此我们的历史都是以大西洋沿岸的观点撰写的。……美国对密西西比河流域的占领，并没有发现它自己的历史学家。美国通史应当建立在这一事实上，即这个国家的重心已经越过山脉，进入这个伟大的地区了。"[④]特纳认为，根据这一新事实来写历史，是年轻一代历史研究者的义不容辞的任务。特纳在 1893 年那篇演说中提出一个纲领，在某种程度上也是一个抗议。用罗伊·F. 尼科尔斯的话来说，西部"要求在全国政治的阳光下占取一个地盘"。[⑤]

---

① Vernon L. Parrington, *Main Currents in American Thought* (New York: Harcourt, Brace and Co., 1927), Vol. 3, p. 404.

② Avery Craven, "Frederick Jackson Turner", William W. Hutchinson, ed., *The Marcus W. Jernegan Essays in American Historiography* (Chicago: University of Chicago Press, 1937), p. 266.

③ Frederick Jackson Turner, "Social Forces in American History", Frederick Jackson Turner, *The Frontier in American History* (New York: Henry Holt & Co., 1921), p. 330.

④ Hugh Hale Bellot, *American History and American Historians*, p. 19.

⑤ "Quoted in Louis Gottschalk", *Generalization in the Writing of History* (Chicago: University of Chicago Press 1963), p. 136.

反抗东部垄断对美国历史的解释，是以反"欧来说"的形式出现的。具体地说，特纳学说是对他的导师赫伯特·B.亚当斯的"生源说"（germ theory）表示愤怨而提出的挑战，当然也是对哥伦比亚大学的赫伯特·利维·奥斯古德和乔治·路易斯·比尔的挑战。赫伯特·B.亚当斯认为，古代条顿民族的民主"生源"被盎格鲁–撒克逊人带到英国传到美洲，成为新英格兰城镇民主的成分，最后体现在美国宪法之中。[①]但特纳认为，美国政治制度来自环境，而不是来自日耳曼的"生源"。特纳一句名言是："一个自由土地区域的存在及其不断的退缩以及美国向西的拓殖，就可以说明美国的发展。"[②]特纳反对赫伯特·B.亚当斯所倡导的从政治制度与宪法的角度去考察美国历史，主张联系社会背景。特纳对亚当斯的反抗实际上反映了当时美国职业史学家力求摆脱英国爱德华·弗里曼政治史学派影响的要求。[③]

美国史学家一向不重视历史编纂学，不重视"历史哲学"。[④]美国无大理论家，理论来自欧洲。[⑤]19世纪后叶的情况更是如此。当时美国职业史学家所持的理论是德国兰克的客观主义和法国孔德的实证主义。他们是通过兰克去宣扬实证主义的。兰克标榜客观主义，着重材料和材料的考证，他的一句名言是："事情是怎样的，就怎样叙述。"实证主义者认为，只有经验事实和经验现象才是"确实的"，科学只是经验事实和现象的记述。美国实证主义史学家尊崇兰克，并企图把兰克的方法论与认识论割裂开来，用兰克的方法论为实证主义服务。例如爱德华·钱宁说："历史学家的单纯而又艰巨的任务就是收集事实，审订事实，并把事实依照它们本身的实际组织起来，对于越出实际条件所明显揭示出来的

① 参见赫伯特·B.亚当斯：《新英格兰城镇的日尔曼起源》（see *Johns Hopkins University Studies in Historical and Political Science*, Vol. 1, 1883, pp. 5-35）。

② Frederick Jackson Turner, "The Significance of the Frontier in American History", Frederick Jackson Turner, *The Frontier in American History*, p. 1.

③ Arthur M. Schlesinger, *The Rise of the City (1878-1898)* (New York: Macmillan Co., 1933), p. 224.

④ 威廉·A.威廉斯认为，美国缺乏历史知识[see William A. Williams, *America Confronts a Revolutionary World (1776-1976)* (New York: Morrow, 1976), p. 9; p. 11]。约翰·海厄姆认为，美国人的实用主义思想方法，是"着重结果"，"不着重先例"（see John Higham, *Writing American History: Essays on Modern Scholarship*, Bloomington, Indiana, 1970, p. 10）。不同于外国史学家，他们也不愿研究史学方法论[see Arthur M. Schlesinger, *In Retrospect: The History of a Historian* (New York: Harcourt, Brace & world, 1963), p. 199; Harry E. Barnes, *A History of Historical Writing* (New York: Dover Publications, 1963), p. 260]。伯特兰·罗素形象地说："别的国家矜夸过去或现在，真正的美国公民却昂首向天空，冥想他的国家将来会如何伟大。……别国诉诸历史；美国人诉诸预言。"[见（英）伯特兰·罗索著，陈瘦石、陈瘦竹译：《自由与组织》，北京：商务印书馆1936年版]

⑤ Wesley Morsh Gewehr, et al., eds., *American Civilization: A History of the United States* (McGraw-Hill Book Company, Inc. 1957), p. 50; Leo Gurko, *Crisis of American Mind* (London: Rider, 1956), p. xi; p. 15.

任何起作用的力量都不予考虑。"①特纳对这种史观提出异议，认为历史学家若只按事物本身进行单纯的记述，则不能发现时代内在的运动，以及形成这种运动的各种社会"力量"。他认为，治史的目的不只是了解发生了若何事情，而是了解如何发生的；了解过去正是为了从现在去预察未来。这种思想正是"新史学"的嚆矢。在这里，也不难看出特纳思想中实用主义的成分。实用主义产生于19世纪70年代，于20世纪头20年在美国成为处于支配地位的哲学。②"实用主义者使哲学从缔造完整的玄学系统，转变为运用知识进行实验性的研究"。③凡是有用的，在行动上可以取得成功的观念，就是真理。写历史，是为了用历史。这正是特纳以及"进步派史学家"的史学观点的基础。

当然，特纳之所以成为"进步派史学家"不只是由于史观的原因，更重要的是社会背景。其实"史观"也是出自社会。随着垄断资本的兴起，垄断资产阶级为了缓和国内阶级矛盾，为了攫取最大利润，对外加紧推行扩张侵略政策，对内在推行镇压之余，则加紧实施改良主义的措施。"进步运动"实际上是完善垄断资本制度的改革运动。这个运动风靡一时，其势头断断续续，一直维持到第二次世界大战前夕。④参加者有统治阶级人物，很多是中、小资产阶级，其中知识分子发挥了很重要的作用。在史学界的"进步派"人物中，以特纳、比尔德和帕林顿三巨擘最为出名。威斯康星州走在这个运动的前面。正如哥伦比亚大学的"新史学"学派在纽约创办"社会研究新学院"作为实践和宣传其学说的基地一样，威斯康星大学成为威斯康星州"进步运动"的中心。

特纳主要受到两种思潮的影响，一是进化论，二是经济唯物论。二者也是"进步运动"的思想基础。在特纳著作中，到处都可发现这两种思潮的踪迹。社会科学家把自然界中的进化法则移植到社会科学中来，成为庸俗进化论。庸俗进化论抹杀了人的主观能动作用，片面强调了人受自然环境以及其他物质因素的支配，这就为地理环境决定论和种族主义开了绿灯。德国弗雷德里赫·拉采尔的地缘政治学在美国产生反响，这是艾尔弗雷德·T.马汉的制海权理论基础

---

① Cushing Strout, *The Pragmatic Revolt in American History: Carl Becker and Charles Beard* (New Haven: Yale University Press, 1958), p. 20.

② Richard Hofstadter, *Social Darwinism in American Thought* (Braziller, 1959), p. 123; p. 127; David A. Hollinger, "The Problem of Pragmatism in American History", *Journal of American History*, Vol. 67, No. 1, (June 1980), p. 91.

③ Richard Hofstadter, *Social Darwinism in American Thought*, p. 124.

④ John Higham, et al., *History*, p. 190.

之一，也是特纳的地域论和边疆论的理论依据。①当时英国社会学家赫伯特·斯宾塞所宣扬的社会达尔文主义在美国十分流行，史学家约翰·菲斯克就是一个积极的传播者。哥伦比亚大学教授、政治学家约翰·W. 伯吉斯、耶鲁大学教授威廉·G. 萨姆纳、传教士乔赛亚·斯特朗、社会学家富兰克林·H. 吉丁斯和E. L. 尤曼斯都是喧嚣一时的种族主义吹鼓手。特纳是他们的追随者，他既宣扬种族主义，又传播社会有机体论。

进化思想具有适应和改进的含义。在垄断资本形成初期，它也为垄断资本家提示了一个解决社会矛盾和冲突的方法。在特纳看来，选举改革、教育制度改革、市政改革、州际贸易立法、自然资源保护、所得税立法、食品药物检验法以及"反托拉斯"法等，都是边疆完结后续进的"社会力量"。他说："当今所从事的任务，是使旧的理想适合新的环境，是依赖政府去保持传统的民主。……政党沿着新方针组织起来，对预选制、直接选举参议员、创制权、复决权、罢免权的要求在传播。曾经是拓荒者民主中心的地区，如今在非常显著的程度上显示出这种趋势。这都是为了给民主的从前的保证，即正在消逝中的自由土地，寻找代替物而作的努力。"②这就是特纳对"进步运动"的意义所作的诠释。

在美国历史编纂学中，特纳在开拓经济史观方面贡献最大。这种新的史学观点也是来自欧洲。当时欧洲史学家如德国史学家卡尔·拉姆普雷赫特和德国经济学家古斯托夫·冯·施穆勒等对于经济生活的研究已多重视。他们摆脱了过去单一的政治史或军事史研究，改用经济观点或社会冲突的观点去考察和解释历史。

经济史观在欧洲的传播是同工人运动和社会主义运动的不断发展、马克思主义影响的日益增长有着直接关系的。马克思主义传入美国，也给美国史学界带去经济史观。当时美国的欧洲留学生借用马克思主义的一些观点去解释美国历史，但"他们完全抛弃真正马克思主义分析中的辩证格式。他们冲淡马克思主义的历史唯物主义，而在政治上仅仅强调财产的重要性"。③在特纳著作中没有直接谈到这种影响。之所以如此，大概是由于他对于当时在欧洲流行的马克思主义思潮，并没有像欧洲留学生那样感受直接和印象深刻，而更重要的是由

① Robert F. Berkhofer, Jr., "Space, Time, Culture and the New Frontier", *Agricultural History*, Vol. 38, No. 1 (January 1961), pp. 22-24.

② Frederick Jackson Turner, "Social Forces in American History", p. 321.

③ John Higham, et al., *History*, p. 179.

于他强调美国资本主义环境和经验的特殊性，强调美国西部对美国历史的特殊影响，而对欧洲的影响在很大程度上持抵制的态度。特纳的学说是"美国历史写作中的门罗主义"。[①]阿瑟·M. 施莱辛格说，"美国人不愿想他们源于欧洲"，"愿想他们的一切来自边疆"，而实际上"美国是更大的总体的一部分"。[②]施莱辛格的话无异于是对特纳的批评。

## 三、特纳假说是为垄断资产阶级服务的

了解一个历史假说的产生背景，只是研究工作的一部分，更主要的是了解它对当时社会所起的作用。

至 20 世纪 30 年代，阿巴拉契亚山以西几乎所有的大学都开设了一门有关美国西部的高级课程。[③]罗伯特·E. 赖吉尔说："特纳的想法迅速地几乎完全地被接受了，因而史学家、社会学家、小说家、戏剧家以及任一实际上是冒昧从事写作的人，都很快发表了一大批介绍性著作。"[④]尤其是廉价小说、电影和漫画对于西进运动大加渲染。戴阔沿帽的男女牛仔、无法无天的好斗的强汉、风流狡黠的女人、酗酒贪财的赌徒增加了西部的浪漫主义色彩。早在 1832 年，詹姆斯·K. 波尔丁根据蒂莫西·弗林特的《过去十年在密西西比河流域断断续续居住和旅行的回忆录》写成《嗬！向西前进》。这个书名变成流行的口号，它勾引人们的幻想，拨动人们的心弦。西部被美化为"伊甸乐园"，被美化为美国民主、个人主义、平等主义、无限机会、进取心、创造力、乐天主义、实利主义等等一系列美德的发祥地。一个作者夸张其辞地说，美国从詹姆斯敦通向俄勒冈的扩张，是"美国的史诗"和"英雄时代"。西部的故事是"我们的特洛伊战争，我们的沃森格英雄传奇，阿瑟王英雄组歌或罗兰之歌"。[⑤]但这都掩盖不了特纳假说适应垄断资本时代要求的内容，它主要表现在下列四点上。

（一）特纳虽然主张多元论，但在很大程度上是一个地理环境决定论者。他极力以地理环境决定论，掩盖垄断资本统治下日益尖锐的阶级矛盾。

---

① Avery Craven, "Frederick Jackson Turner", p. 254.

② Arthur M. Schlesinger, *Paths to the Present* (New York: Macmillan Comp., 1949), p. 172; p. 174.

③ John Higham, *Writing American History,* p. 122；Carlton J. H. Hayes, "The American Frontier-Frontier of What?", *American Historical Review*, Vol. 51, No. 2 (January 1946), p. 199.

④ Everett S. Lee, "The Turner Thesis Reexamined", p. 77.

⑤ T. K. 怀普尔：《旧西部的神话》[see Robert Hine and Edwin R. Bingham, eds., *The American Frontier: Readings and Documents* (Boston: Little/Brown, cop. 1972), p. 533]。

特纳认为，美国历史是移民向西扩展，并不断适应和改变荒野环境的过程。他说："直到现在，一部美国史大部可说是对大西部的拓殖史。"[①]他认为，密西西比河流域为一个新社会提供了基础，阿勒格尼山把东部与西部分开，即把欧洲与美国分开。在原始的西部莽莽荒原上和森林中，移民从东部与欧洲带来的文明影响再生为美国独特的文明和美国人民独特性格。西部产生了美国的民主主义、平等主义、个人主义以及民族主义的精神和制度。自然环境可影响"社会机体"，又由于获得性有遗传性，所以一种新的自然环境就可产生一种新的"社会物种"。随着边疆向太平洋沿岸扩张，这种过程不断重复。这种现象之所以发生是因为西部存在广阔无垠的"自由土地"。特纳把社会发展和历史发展的原因归结为自然环境的条件，归结为人与自然的关系。在这里，人与人的生产关系这个活跃的推动社会发展的重要因素被抹杀了。在特纳眼里，在人与自然的关系中，人是被动的。作为不同于其他动物的人的创造作用，相对地被贬低了。这是社会达尔文主义者和实用主义者的通病。

特纳用地域这个地理概念来替代阶级这个社会概念。如小查尔斯·G. 塞勒斯所说，"特纳和他的信徒们对于阶级斗争这个不协调的概念保持缄默，并把它调换为截然不同的地理的地域冲突"。[②]特纳认为，美国文明是由人与自然互相作用的结果，因此在边疆消失之后，地域间的冲突仍然存在。换言之，地域冲突是长青的。这样，特纳及其追随者就大谈特谈南部、东北部与西部地域间的颉颃。在这里，既看不到资本家、工人和农民，更看不见他们之间的矛盾了。作为经济唯物主义者，特纳固然也从经济观点去分析历史和当代的矛盾，但他把经济因素"地域化"了。在谈论地域冲突时，特纳所大力宣扬的却是调和论。他夸耀国会能以调和与妥协方式解决各州间的利害冲突，并认为欧洲各国之间的矛盾也可以"欧洲合众国"的方式加以解决。据雷·A. 比林顿说，特纳经常携带纸头，随时记录在报纸上看到的国会投票的结果，并绘制地图，用以说明对某一争论问题的地域分歧。[③]由此可见，特纳的研究局囿于地理观念之深，简直成了地域主义的婢仆。在特纳否定阶级斗争的影响下，有的美国史学家在分析社会和历史现象时提出极其荒谬的说法。例如，特纳在约翰斯·霍普金斯大学的同学、制度经济学学派创始人、1910 年继任威斯康星大学历史系主任的

---

① Frederick Jackson Turner, "The Significance of the Frontier in American History", p. 1.

② John Higham, et al., *History*, p. 176. Original text see Charles Grier Sellers, Jr., "Andrew Jackson Versus the Historians", *The Mississippi Valley Historical Review*, Vol. 44 (1958), p. 626.

③ Ray A. Billington, "Westward Expansion and the Frontier Thesis", p. 263.

约翰·R.康芒斯在所编写的《美国劳工史》（1918—1935）中，认为西部存在广大的土地和机会，因而美国劳工缺少阶级意识，只有追求职业的观念。

特纳的地理条件决定论的根据既然是西部"自由"土地，因而西部广阔土地又是他的美国资本主义发展例外论的基础。他极力宣扬至少在 19 世纪末之前，西部土地正是缓和东部劳资矛盾的安全阀。暂不论美国西部土地是否是"自由"的，也不论西部土地能否为东部城市失业工人提供出路，但这种安全阀理论确实在广大工人群众中传播了摆脱穷困的幻想，涣散了工人反对资本家的斗争。

早在 1837 年经济危机的年月里，纽约《论坛》报主编霍勒斯·格里利就曾发出激动人心的"青年们，到西部去"的号召。19 世纪三四十年代乔治·H.埃文斯提出的土地改革运动的根据，实际上就是"安全阀"理论。埃文斯认为，政府应制定法律，让工人得到土地。"土地改革不但将使工人脱离资本家的羁绊"，而且"那些留下来的人和那些迁出去的人全都一样能得到享受舒适生活的机会"。[①]由此可见，"安全阀"理论是美国早期工人运动中，否认资本主义发展一般规律的美国例外论的一种表现形式，是资产阶级思想在工人运动中传播的结果。埃文斯和特纳不同的是：前者是"自由"资本主义时期资产阶级思想在工人阶级内部的反映；后者是帝国主义时期资产阶级思想从工人运动外部，对工人群众所施加的影响，是为垄断资本服务的。

（二）除地域论外，特纳学说另一个重要成分是边疆说。雷·A.比林顿称特纳为美国历史上地域说和边疆说之父。[②]

边疆说的首要内容是扩张主义。和剥削制度一样，扩张本来就是资本主义制度的本性。[③]美国本身就是重商主义的产物，是英国商业资本扩张市场、夺取原料地的结果。英国殖民主义者一踏上北美大陆，就开始了向西扩张的进程。扩张主义是美国的催生婆，又是美国存在的条件和传统。[④]特纳所担任的角色

---

① 〔美〕菲利普·方纳著，（译者不详）：《美国工人运动史》，北京：三联书店 1956 年版，第 1 卷，第 285 页；Henry N. Smith, *Virgin Land: The American West as a Symbol and Myth* (Cambridge, Massachusetts: Harvard University Press), 1950, p. 238.

② Ray A. Billington, ed., *Frontier and Section: Selected Essays of Frederick Jackson Turner* (Englewood Cliffs, New Jersey: Prentice-Hall, 1961), p. 1.

③ Douglas F. Dowd, *The Twisted Dream: Capitalist Development in the United States Since 1776* (Cambridge, Massachusetts: Winthrop Publishers, 1977), p. xiv.

④ 如威廉·A.威廉斯说，"美国对外关系的实质"是"从一个不稳定地建立在广阔而未开发的大陆边缘的脆弱的殖民地向全球帝国发展的故事"[see William A. Williams, *From Colony to Empire* (New York: J. Wiley, 1972), p. 476]；又如哈罗德·U.福克纳说，扩张领土的"习惯"是美国立国以来的"特点"[see Harold U. Faulkner, *The Quest for Social Justice (1898-1914)* (New York: Macmillan Co., 1931), p. 516]。

正是在帝国主义初期具体勾勒美国此前扩张的图景，并为以后帝国主义扩张吹奏进行曲。当 1896 年威廉·麦金利与威廉·J. 布莱恩竞选运动非常激烈时，特纳在《大西洋》月刊上发表文章，声称西部人"相信这个国家的'显明天命'"，"要求强有力的外交政策，要求两大洋之间开辟运河，要求恢复我们的制海权，要求把本国势力伸向本土外的岛屿和邻近的国家"。[①]1910 年他在美国历史协会发表主席演说时，又重复了这个意思。[②]

特纳本人是一个扩张主义者。他的边疆说的基调就是扩张。他说，"向西扩张……提供了支配美国生活的力量"。[③]美国"跻入世界列强之林"是"这个国家向太平洋前进的合乎逻辑的结果"，也是"它占领自由土地和开发西部资源时代的继续"。[④]特纳还说："将近三个世纪来，扩张在美国生活中一直占据支配地位。随着向太平洋沿岸移民，随着自由土地被占领，这个扩张政策将近结束了。如果说这种扩张的能力不再发生作用，那就是一个鲁莽的预言。"[⑤]他也用拉迪亚德·基普林的辞藻，赞誉拓荒者为建立帝国的"前驱"。[⑥]

19 世纪末，美国在大陆上的扩张已到尽头，同时帝国主义时期国内社会矛盾有增无已，国际垄断资本间对市场、原料地和资本投放地的争夺与日俱增，因此新的扩张主义即新"显明天命"的叫嚣又鼓噪起来。特别是工农群众的积怨，委实令统治阶级感到震惊。"恐惧与愤怒"成为那个时代的旋律。当时有人喊叫，"同英国一样，我们用殖民和征服政策，来摆脱社会主义和平均地权的威胁与危险"。[⑦]1898 年缅因州参议员威廉·弗烈伊说，"我们必须获得市场，不然我们就要发生革命"。[⑧]扩张主义合唱团中最刺耳的声音来自布鲁克斯·亚当斯、艾尔弗雷德·T. 马汉、乔赛亚·斯特朗、查尔斯·A. 堪南特、艾伯特·J. 贝弗里奇等。他们主张打入中国市场，用以解决面临的国内市场日趋缩小的

---

① Frederick Jackson Turner, "The Problem of the West", Frederick Jackson Turner, *The Frontier in American History*, p. 219.

② Frederick Jackson Turner, "Social Forces in American History", p. 315.

③ Frederick Jackson Turner, "The Significance of the Frontier in American History", pp. 2-3.

④ Frederick Jackson Turner, "Social Forces in American History", p. 315.

⑤ Frederick Jackson Turner, "The Problem of the West", p. 219.

⑥ Frederick Jackson Turner, "Pioneer Ideals and the State University", Frederick Jackson Turner, *The Frontier in American History*, p. 270.

⑦ Richard Hofstadter, "Manifest Destiny and the Philippines", Daniel Arend, ed., *America in Crisis: Fourteen Crucial Episodes in American History* (Hamden, Conn.: Archon, 1971), p. 196.

⑧ George L. Anderson, *Issues and Conflicts: Studies in Twentieth Century American Diplomacy* (Lawrence: University of Kansas Press, 1959), p. 9；William A. Williams, *The Tragedy of American Diplomacy* (New York: Dell Pub. Co., 1959), p. 30.

问题。[①]

1896 年特纳曾说，"现在边疆机会已经一去不返了。对现状的不满，要求为了西部利益扩大政府的活动。……西部问题不再是一个地区问题，而是全国范围内的社会问题。……坚决要求实现在一个孚众望的英雄领导下的国民政府和帝国扩张"。[②]在特纳看来，扩张会给美国带来民主和繁荣。这就等于说没有更多的边疆，就没有更多的民主和繁荣。[③]早在 1903 年，即在美西战争后四年，特纳就宣称："在我们立国的最初 25 年中，几乎不断地努力使我们不卷入欧洲战争。在那个冲突时期过去后，美国才面向西部，开始移入和开发这个国家的广阔的内地。……这个过程已告完结，无怪美国又卷入世界政治了。四年前，美国击败了领导发现这个'新世界'的一个古老国家，这个革命现在还很少为人所理解。"[④]他说，这"表明一个新世纪的出现"。[⑤]特纳以其历史学家的敏感道出了垄断资本家及其代理人的心情。难怪特纳这种对新扩张主义精神的鼓吹，多么得到他们的赏识。布鲁克斯·亚当斯、亨利·卡伯特·洛奇、西奥多·罗斯福、伍德罗·威尔逊等一批帝国主义扩张政策的积极鼓吹或推行者对特纳推崇备至。不仅在当时，第二次世界大战后美国总统也向特纳学舌。

哈里·S.杜鲁门的杜鲁门主义盖有特纳的扩张边疆的烙印。至于约翰·F.肯尼迪所宣扬的"新边疆"和林登·B.约翰逊所倡导的"人类边疆"上面的印记，更是显而易见了。

关于边疆这一名词的解释众说纷纭，即使特纳本人的说法也前后不尽一致。特纳有时把边疆视为一种适应环境的进程，[⑥]有时视为一种地理环境。[⑦]边疆有时被视作"西部"的同义词，[⑧]但特纳又说，"归根结底，西部是一个社会形式，而不是一个地区"。[⑨]小罗伯特·伯克霍弗尔说，特纳的边疆含义"超出地区或

---

① Michael H. Hunt, *Frontier Defense and the Open Door: Manchuria in Chinese—American Relations (1895-1911)* (New Haven: Yale University Press, 1973), p. 35; p. 36.

② Frederick Jackson Turner, "The Problem of the West", p. 220.

③ William A. Williams, *The Contours of American History* (New York: The World Publishing Company, cop. 1961), pp. 364-365.

④ Frederick Jackson Turner, "Contributions of the West to American Democracy", Frederick Jackson Turner, *The Frontier in American History*, p. 246.

⑤ Frederick Jackson Turner, "Social Forces in American History", p. 312.

⑥ Avery Craven, "Frederick Jackson Turner", p. 56.

⑦ Alistair Hennessy, *The Frontier in Latin American History* (Albuquerque: University of New Mexico Press, 1979), p. 16.

⑧ Ray A. Billington, "Westward Expansion and the Frontier Thesis", p. 263.

⑨ Frederick Jackson Turner, "The Problem of the West", p. 205.

进程"，而是"作为自然的空间与作为有机体的社会之间的相互作用"。①边疆有时也被视为一条线。特纳认为，"构成边疆特点的自然界限最初是'瀑布线'，其次是阿勒格尼山脉，其次是密西西比河，其次是流向大致从北到南的密苏里河，再其次是大约处于西经 99 度的干旱地带，最后是落基山脉。"②他又把边疆称作"自由土地这一边的边缘"③，但有时又把边疆视作一种波浪，如特纳说："美国的发展不只是一个单线的前进运动，而是一个在不断前进的边疆地带上恢复到原始状况，同时在那个地区又出现新的发展的运动。美国社会的发展就是这样始终不停地周而复始地进行着。"④他认为，边疆是毛皮商与猎手、牧人、矿工和农民这四种移民组成的前后相续的移民"一路纵队"⑤。但特纳有时又把边疆视作一种"文明"的象征。他说，边疆是"野蛮和文明的汇合处"⑥。在这里，特纳把边疆的"流动"解释为"文明"的扩张了。

作为"文明边疆"，边疆的含义更加广泛了。它成为一个包罗万象的概念。凡是经济、政治和社会思想的变革都可与边疆的"流动"联系起来。托马斯·D.克拉克甚而把扩张城市界限、建设新的动力和灌溉系统、消除疾病、销售新式汽车和货物都视为新边疆。⑦弗雷德里克·默克认为如今是科学和技术的"开放边疆的时代"⑧。有两个历史学家甚至说，"新边疆处处皆在，每个人必须正视有关它的问题"⑨。边疆简直是无事不有，无所不在，变成扩张主义者的得心应手的工具了。

（三）一旦边疆成为精神和物质文明的概念，则为特纳学说的另一特点——种族主义大开方便之门了。特纳的种族主义思想突出表现在他对印第安人的态度上。他在叙述西进运动时，把印第安人视为当然的牺牲品。⑩在"自由"土地这个神话的掩饰下，西部土地上最早居民被一笔勾销，因此向西扩张就是文

---

① Robert F. Berkhofer, Jr., "Space, Time, Culture and the New Frontier", p. 24.

② Frederick Jackson Turner, "The Significance of the Frontier in American History", p. 9.

③ Frederick Jackson Turner, "The Significance of the Frontier in American History", p. 3.

④ Frederick Jackson Turner, "The Significance of the Frontier in American History", p. 2.

⑤ Frederick Jackson Turner, "The Significance of the Frontier in American History", p. 12.

⑥ Frederick Jackson Turner, "The Significance of the Frontier in American History", p. 3.

⑦ Thomas D. Clark, *Frontier America: The Story of the Westward Movement* (New York: Charles Seribner's Sons, 1959), p. 762.

⑧ see *Pacific Historical Review,* Vol. 49, No. 2 (May 1980), p. 368.

⑨ George E. Freeland and James T. Adams, *America and the New Frontier* (New York: Charles Scribner's Sons, 1936), p. 591.

⑩ 不言而喻，特纳在谈论南部社会时，也抹杀了黑人奴隶。他认为奴隶制在美国历史上只是"一个偶然现象"（see Harvey Wish, *The American Historian*, p. 192）。

明对野蛮和落后的讨伐。特纳说，"拓荒者的第一个理想就是征服的理想。"[1]他说："西部的另一个名称就是机会。……所有自然资源都为最机敏和最勇敢的人敞开着。"[2]他认为印第安人是美国文明前进道路上的障碍。他说："每条边疆都是通过一系列对印第安人战争而赢得的。"[3]无怪特纳对于吹嘘"白人负担"的英国帝国主义诗人拉迪亚德·基普林那样称赞不迭了。[4]在特纳说教的一定程度的影响下，渲染屠杀印第安"野蛮人"的廉价小说和好莱坞电影曾不胫而走，风靡一时。

（四）特纳学说的另一显著的特点是对新兴垄断资本与垄断资产阶级进行直截了当的吹捧与辩护。就特纳来说，这本是一件天经地义、顺理成章的事，也可以说这就是他的学说中主要旨趣之一。首先，特纳推崇垄断资本家为杰山的英雄人物。他把石油大王约翰·D.洛克菲勒、冶炼主马库斯·汉纳、糖业大王克劳斯·斯普列克斯、大商人马歇尔·菲尔德、钢铁大王安德鲁·卡内基吹捧为工业社会的民主的"探路人"[5]，认为旧日军事类型的西部英雄如乔治·R.克拉克、安德鲁·杰克逊和威廉·H.哈里森已经由工业领袖如约翰·D.克菲勒、安德鲁·卡内基和铁路大王詹姆斯·J.希尔代替了[6]。

特纳维护垄断资产阶级及其统治所依据的理论是一把双刃刀。一方面他在民主主义口号下极力宣扬个人主义，另一方面又尽量以民族主义口号鼓吹集权。前者是为垄断资产阶级集中财富进行辩解，后者是为垄断资产阶级集中权力而表白。因此照他的看法，垄断的出现正是对"美国民主的贡献"，公司组合的自由正是"民主制度的强有力的支柱"。[7]他认为，垄断资本权力的增长是时势的需要，是边疆完结的必然产物。他说，"昔日拓荒者的个人主义已消踪绝迹，社会组合的力量都空前地显现出来。用通俗的话来说，白手起家的人已经变成为煤炭大王、钢铁大王、石油大王、畜牧业大王、铁路大王、金融巨擘、托拉斯之王"了。[8]他继续说："控制着几十亿美元企业的工业主并不承认他们中断了拓荒者的理想。他们认为他们自己是条件变化了的拓荒者，继续实行旧日的发

① Frederick Jackson Turner, "Pioneer Ideals and the State University", p. 269.

② Frederick Jackson Turner, "The Problem of the West", p. 212.

③ Frederick Jackson Turner, "The Significance of the Frontier in American History", p. 6.

④ Frederick Jackson Turner, "The Significance of the Frontier in American History", p. 262; p. 270.

⑤ Frederick Jackson Turner, "Contributions of the West to American Democracy", pp. 264-266.

⑥ Frederick Jackson Turner, "The Significance of the Frontier in American History", p. 260.

⑦ Frederick Jackson Turner, "Contributions of the West to American Democracy", p. 265.

⑧ Frederick Jackson Turner, "Social Forces in American History", p. 318.

展国家自然资源工作。他们受到他们血管中的建设热情的驱使，即使年老体弱，即使财富积累得享用不尽，也要寻求行动和力量的新途径，也要披荆斩棘，开辟新的地块，也要寻找新的蹊径，也要扩大国家活动的视野，也要扩展他们的支配范围。"[1]特纳认为，在以前曾是拓荒者民主中心的地区中"进步派"所倡导的改革运动，正是边疆消失的必然结果，也是"正在消失的作为民主保卫者的自由土地"的"代替物"。[2]同时他也主张加强政府控制和社会管理，以代替消失的边疆。他说，美国发展的"第一个伟大的时期"结束了。[3]在接踵而来的"新纪元"中，"自由土地"的民主主义理想若要"适应"垄断资本这种"新条件"，就须"越来越多地转而依靠政府"了。[4]尽管他为这种控制装饰了许多华丽的辞藻，如这种控制不是普鲁士式的，而是"尊重"对方的，是讲求"公正""平等"的，是能"保持社会个性的流动性"的，[5]但他所倡导的抛弃放任主义、建立"大企业政治经济"的主张，实质上就是加强垄断资本的专断。作为一个历史学家，特纳之所以要参加 20 世纪初期为完善垄断资本主义制度而推行的"进步运动"的原因就在于此。

## 四、特纳史学理论基础的崩溃

1932 年特纳死后，他的学说受到美国史学界的猛烈攻击。约翰·加勒蒂说，"在所有关于美国历史的解说中，在研究和争论方面，再没有比特纳的边疆论题更易使人激动的了"。[6]虽然 1933 年也有人说，"特纳的假说犹如当年发表时那样仍易为人接受"[7]，但实际上特纳学说及其学派已经开始了江河日下的进程。正如 1962 年厄尔·波默罗伊所说，"在美国学术界，西部历史比一两个世代前衰落了。一种深刻的印象是，集中在西部历史研究班的都是比较差的研究生"。[8]出版商对于西部边疆著作也都不感兴趣。如今在纸面书的书架上很难发现有关

---

① Frederick Jackson Turner, "Social Forces in American History", p. 319.

② Frederick Jackson Turner, "Social Forces in American History", p. 321.

③ Frederick Jackson Turner, "Pioneer Ideals and the State University", p. 281.

④ Frederick Jackson Turner, "Social Forces in American History", pp. 319-321.

⑤ Frederick Jackson Turner, "Middle Western Pioneer Democracy", p. 356.

⑥ John Garraty, ed., *Historical Viewpoints: Notable Articles from American Heritage, The Magazine of History.* Vol. 1 (New York: Harper & Row, 1971), p. 66.

⑦ 帕克森：《边疆假说的一个世纪（1893—1932）》，*Pacific Historical Review*, Vol. 2, No. 1 (1933), p. 51.

⑧ Earl Pomeroy, "The Changing West", John Higham, ed., *The Reconstruction of American History* (New York: Harper & Row, Publishers, 1962), p. 81.

西部的著作，甚至好莱坞制片商也不愿摄制有关西部的电影，在 20 世纪 50 年代后期，西部影片的产量即已由四分之一降至十分之一。1964 年小 W. N. 戴维斯向大学和中学发出调查信，征询关于西部历史的意见。一位教师回答说，他不理解这种调查有什么用处；他原打算把调查表的背面当作购货单，后来改变主意，才寄回答复。①特纳学说的衰落，当然并非由于他的谢世，而是与 20 世纪 30 年代美国社会发展状况有密切的关联。

20 世纪 30 年代初期正是美国历史上前所未有的大萧条时期的开始。在经济恐慌的年月里，美国文明的许多基本价值都受到检验。西部历史与西部环境本身的脱节现象越益显著。与此同时，马克思主义广泛传播，对美国知识分子思想发生影响，既使不少美国知识分子对资本主义制度发生动摇，也使他们不无惶惑和失望之感。欧亚法西斯主义的蔓延，又使他们感到疑虑与惊恐。核物理学的发展，对当时流行的机械唯物主义世界观也是一个很大的冲击。史学界中有许多人开始从经济史观退向唯心主义。第二次世界大战前夕，美国史学著作中相对主义与和一致论的兴起②，正是思想界这种大动荡、大倒退的表现。

当 20 世纪 30 年代社会科学研究受到巨大冲击时，在史学界中首当其冲的是特纳学说。资产阶级史学家抱怨特纳无力回答面临的社会问题，无力探究西部与东部以及新旧社区间的关系。在启发思考方面，边疆论和地域论更不能同刚刚兴起的文化思想史、国际关系史、城市史等相比拟。另方面，"老左派"③和其他左翼史学家的著作也开阔了美国史学界的视野。30 年代美国出现了一批试图运用马克思主义解释美国历史的史学家，这是当时美国历史编纂学的一个不寻常的发展。这更使特纳相形见绌。例如不管路易斯·哈克后来的史观变得

---

① W. N. Davis, Jr., "Will the West Survive as a Field in American History? A Survey Report", *The Mississippi Valley Historical Review*, Vol. 50, No. 4 (March 1964), p. 672.

② 如相对主义史学家卡尔·贝克尔于 1931 年美国历史协会上，以《每个人是他自己的史学家》（Carl L. Becker, "Everyman His Own Historian"）为题发表主席演说。1933 年 12 月查尔斯·A. 比尔德在美国历史协会上发表题为《书写的历史是一种信念的行动》（Charles A. Beard, "Written History as an Act of Faith"）的主席演说，两年后又在《美国历史评论》上发表《崇高的梦想》（Charles A. Beard, "That Noble Dream"）一文。在这些论文中，他们宣扬相对主义。1944 年比尔德为布鲁克斯·亚当斯的《文明和衰退的规律》一书新版作序言时，对历史成为科学这一说法表示怀疑。在第二次世界大战前夕，一致论著作即已出现，如詹姆斯·G. 兰道尔认为南北战争是一场"不必要的战争"。一致论至 20 世纪五六十年代达到高潮。

③ Herbert M. Morais, *Deism in Eighteenth Century America* (New York: Columbia University Press, 1934); W. E. B. Du Bois, *Black Reconstruction: An Essay toward a History of the Part which Black Folk Played in the Attempt to Reconstruct Democracy in America (1860-1880)* (New York: Harcourt, Brace and Co., 1935); James S. Allen, *Reconstruction: The Battle for Democracy (1865-1876)* (New York: International Publishers, 1937); Herbert Aptheker, *American Negro Slave Revolts (1526-1860)* (New York: International Publishers, 1939).

如何保守和反动，当时他却以左派自居，曾撰文给特纳的地域论以极其有力的批判。

归纳起来，自 20 世纪 30 年代以来，特纳所受的批判主要有下列四个方面。

（一）特纳史论的地方主义、片面性色彩太浓。他忽视东部，也忽视南部。他所说的西部也主要指"旧西北"，并不包括西南部。对于欧洲经验和影响，他不仅忽视，甚而怀有敌意。特纳基于地理环境决定论的狭隘的地方主义偏见，受到许多史学家的批评。查尔斯·A.比尔德说，令他困惑不解的是为什么特纳忽视"东部理想主义中的民主要求、工人运动……以及南部的种植园制度"[①]。一个英国历史学家认为，英国和美国的历史是互为补充的，不提任何一方"都是片面的"[②]。他们认为，美国的发展离不开东部和英国的文化和社会影响，而不仅仅是由于自由土地的存在。他们指责特纳过分强调地理的"力量"。欧文·拉铁摩尔说：特纳在观察事物时，是"本末倒置"，特纳所谓的"边疆对社会所起的作用实际上正是社会对边疆的作用"。[③]因此，许多史学家们认为特纳过于渲染了西部对个人主义所起的作用。他们认为，个人主义不是来自边疆，民主也不是来自边疆，更不会源于森林[④]，而是来自东部。西部根本没有产生民主的所谓的自由土地。在西部所见到的倒是违背理想主义的土地投机，"人口流动"并不等于机会。[⑤]土地投机者反而酷似追逐腐尸的"猎鹰"。[⑥]边疆的民主是理想主义的，边疆的平等实际上也不可能保存下来。例如边疆城镇的社会结构同东部的老城镇并无二致。社会的上层是有钱的商人，其次是自由职业者如律师、记者、医生、教士和教师，再其次是技工、商店店员和职员，最下层是体力劳动者。[⑦]

（二）特纳的"安全阀"理论所受的批判最多，也最为激烈，被批判得简直是"体无完肤"。较早对"安全阀"说法提出诘难的是卡特·古德里奇和索尔·戴

---

① Charles A. Beard, "The Frontier in American History", p. 361.

② Albert F. Pollard, *Factors in American History* (New York: Macmillan Co., 1925), p. 302.

③ Owen Lattimore, *Studies in Frontier History: Collected Papers (1928-1958)* (Paris, La Haye: Mouton et Co., 1962), p. 490.

④ 1930 年本杰明·F. 怀特在《耶鲁评论》上发表文章，认为边疆反而稽延了从西方文明产生的美国民主的发展进程，在政治组织方面西部居民是模仿者，不是创造者（see Gene M. Gressley, "The Turner Thesis", p. 232.；Robert F. Berkhofer, Jr., "Space, Time, Culture and the New Frontier", p. 27）。

⑤ Gene M. Gressley, "The Turner Thesis", p. 238.

⑥ Vernon L. Parrington, *Main Currents in American Thought*, p. 9.

⑦ Nelson Klose, *Concise Study Guide to the American Frontier* (Lincoln: University of Nebraska Press, 1964), pp. 126-127.

维森。1935、1936 和 1938 年，他们以马萨诸塞州几个城镇的地方文献为据，证明东部工人很少离开城市到西部去，向西垦殖的多为"潜在工资劳动者"即农民。古德里奇和戴维森的论文引起轩然大波，批评"安全阀"的文章纷至沓来。1936 年弗雷德·香农发表论文，认为向西垦殖的移民多半是从农场到农场或从农场到城镇，而很少从城镇到农村。同年默里·凯恩研究密歇根和马萨诸塞州几个县的人口流动，认为在经济不景气的年代里，有的工人离开城镇，但不是移向西部，而是返归原地。1945 年 1 月弗雷德·香农在《农业史》上发表《为劳工—安全阀学说验尸》一文，认为"安全阀"说法是无稽之谈，因为农民移向城市的人数远远多于工人移向农村，在城市劳工市场上经常存有剩余劳动。1958 年弗雷德·香农反驳诺曼·J. 西姆勒题为《重新评价安全阀学说》一文，最后的结语是：西部土地"在某些地方或某些时间可以改善工人的状况"，但在理论上和实际上绝无"安全阀"。①在"安全阀"问题上，这段话可能就是一个难以驳倒的结论。

（三）特纳的边疆假说也受到美国左翼历史学家的批判。他们特别批驳他的地理环境决定论观点，指出他抹杀劳动人民群众在历史上的作用，抹杀社会阶级斗争，这样就不能正确解释许多重要的历史现象。例如斯托顿·林德指责特纳抹杀黑人以及奴隶制的倾覆对美国历史所起的作用。他说，19 世纪美国社会革命的主要力量，不是边疆，而是导致埋葬南部土地贵族的内战。②林德驳斥特纳有计划地贬低奴隶制以及废奴运动的重要意义，企图把对奴隶制的注意转移到边疆，把历史学家的视线从奴隶制转移到工业和农业间的冲突，这样使人们既看不到奴隶，又看不到奴隶主，因而规避了阶级斗争。林德进而指责特纳把安德鲁·杰克逊视为民主理想的化身。他认为这种说法是没有说服力的，因为杰克逊是奴隶主，他所代表的不是边疆，而是奴隶制南部。③

黑人和印第安人对西进运动都做过重大的贡献，而特纳却噤若寒蝉，不置一词。事实上许多黑人卷入了白人奴隶主所发动的西进运动，例如 1836 年得克萨斯的黑人就达 15%。甚至自由人卷入运动的人数比奴隶还多，在西部广阔牧区上几乎每一个牧场都有黑人牛仔，比例高达 30%。印第安人也是西部受苦受

---

① 弗雷德·A. 香农（Fred A. Shannon）在读诺曼·J. 西姆勒的《重新评价安全阀学说》[Norman J. Simler, "The Safety-Valve Doctrine Re-Evaluated", *Agricultural History*, Vol. 32, No. 4 (Ocbober 1958), p. 257]一文后，致编辑的信。

② Ray Allen Billington, *The American Frontier Thesis,* p. 54.

③ 以上各点参见斯托顿·林德：《关于特纳、比尔德与奴隶制问题》[Staughton Lynd, "On Turner, Beard and Slavery", *The Journal of Negro History*, Vol. 48, No. 4 (October 1963), p. 235; p. 239; p. 249]。

难最为深重的居民。随着白人的西进步伐，他们遭到灭绝人性的征剿和屠杀。内战后，印第安人赖以糊口的野牛也未幸免于难。内战结束时，西部野牛约为1500万头，至80年代牛群绝迹，随之印第安人也被杀戮殆尽，幸存者被逐入居留地。①对于这种残酷事实，特纳三缄其口。林德说得好。他说，这就是"显明天命"这种扩张主义的反映。②特纳不理会社会阶级和斗争的现象，区域论又不能辩解贫富越来越显著的分野，那么在他的学说中自然就剩下鼓吹侵略扩张的"显明天命"历史观了。

（四）批判特纳的最有力的论点是，特纳立论所依据的西部是狭隘的具有地方主义特性的农业社会，不足以说明以工商业城市为依据的美国社会发展状况。有的历史学家认为，"如今新的密集的城市已使特纳的设想破灭了"。③路易斯·哈克认为西部的农业只不过是工业的"工具"，一旦资本积累起来，农业相对地失去了作用。④亨利·N. 史密斯说，自本杰明·富兰克林至边疆完结的150年间，美国的传统就是重视农业经济。这种"农业哲学"由于不能说明已经发生的工业革命，因而特纳"陷入困境"。⑤

到19世纪90年代，以自由土地为基础的边疆时代既已结束，那么边疆学说还能解释美国历史吗？边疆既然产生民主、平等以及许多好听的美国人特质，那么，边疆的消失不会引起这些特性的衰退吗？随着资本主义在全国范围特别是在西部和南部的发展，越来越明显的事实是，西部是东部的延续，而不是它的对立物。特别是第二次世界大战之后，在城市中成长起来的年轻人中，特纳所谈论的那种地域特征全然消失了，特纳影响的消失也就指日可待。这时在史学界中，重大的政治题目都是从全国观点撰写的，例如小阿瑟·M. 施莱辛格于1945年出版的名噪一时的《杰克逊时代》一书所引起的争论就不是地域命题，而是阶级命题了。

边疆命题同样一落千丈。早在1935年路易斯·M. 哈克就称边疆假说是"钝的工具"和"梦想"。⑥有人说，边疆学说是"一个科学的假说"⑦，实际上，

① Vernon L. Parrington, *Main Currents in American Thought*, Vol. 3, p. 16.

② Staughton Lynd, "On Turner, Beard and Slavery", p. 243.

③ Stanley Elkins and Eric Mckitrick, "A Meaning for Turner's Frontier", *Political Science Quarterly*, Vol. 69, No. 3 (September 1954), p. 322.

④ Louis M. Hacker, "Sections or Classes?", *Nation*, Vol. 137, No. 3551 (July 26, 1933), p. 110.

⑤ Henry N. Smith, *Virgin Land*, p. 303.

⑥ Louis M. Hacker, "Frederick Jackson Turner: Not a Economist", *The New Republic*, Vol. 88, No. 1070 (June 5, 1935), p. 110.

⑦ John Higham, *Writing American History,* p. 121.

特纳的学说作为"科学的假说"也大成问题,因此边疆学说所引起的问题不仅是受批判的问题,而是它本身失去时效的问题。这样,以城市—工业为基础的史学理论就应运而生了。

"城市史学家们的前辈"阿瑟·M. 施莱辛格曾指出,自 19 世纪 80 年代以来,城市成为"国家生活的支配因素"。[1]1940 年他在《美国历史中的城市》一文中认为:"自从殖民地时期,城市影响在国家发展中就起着重要的作用,在 19 世纪末已成为填充乡村的主要因素。这个概念虽然削弱了边疆学说,但还不是要消灭它,而仅仅是代之以一个均衡的看法,即在美国文明兴起中乡村与城市所起的重要作用都要估计到。"[2]他说:"作为美国文明的重要因素,城市并不亚于边疆。二者的作用若不都估计到,则真相只说了一半。"[3]特纳边疆学说诞生于帝国主义阶段的初期。他的学说的背景是 19 世纪国民经济大部分以农业为主的大陆扩张时代,那是乡土社会。至 90 年代,工业品生产总值已超过农业,美国社会成为工商业社会。这时特纳学派所描述的那个"西部",与美国国民生活的主流脱离了联系,所以他们只能说出问题的"一半"。

因此,特纳学说的两大组成部分,即边疆论和地域论都分崩离析了。雷·A. 比林顿惋惜地指出:特纳固执地用那么多时间以地域论观点去研究美国历史,那是一个"悲剧"。[4]

## 五、特纳学派的适应性新发展

特纳学说有如百足之虫,"死而不僵"。第二次世界大战后,要求修改特纳学说的呼声时有所闻。

特纳学派为重新修订特纳学说立下的一条心领神会的原则是,不可抛弃它,更不要毁灭它,而是结合新的历史情势予以新的说明,即在新的历史时期为特纳学说安排新的用场。一个并非特纳学派的美国史学家卡尔·N. 德格勒曾经说

---

[1] 马克·D. 荷什:《关于城市史和城市改革的见解(1865—1914)》[see Donald Sheehan and Harold Syrett, eds., *Essays in American Historiography Papers Presented in Honor of Allan Nevins* (New York: Columbia University Press, 1960), p. 110]。

[2] Arthur M. Schlesinger, *In Retrospect*, p. 107.; Donald Sheehan, et al., eds., *Essays in American Historiography Papers Presented in Honor of Allan Nevins*, p. 115.

[3] 1940 年施莱辛格撰写的《美国历史中的城市》一文,原发表在《密西西比河流域历史评论》(1940 年 6 月),后于 1949 加以扩充,并作为第 11 章收入《通向现在的道路》一书中(See Arthur M. Schlesinger, *Paths to the Present*, p. 233)。

[4] Ray A. Billington, "Westward Expansion and the Frontier Thesis", p. 257; p. 263.

过，"过去不仅帮助我们去解释和了解现在，而且现在还帮助我们去测定将来"。[1]德格勒的这段话虽然不是针对特纳学说而发的，但这种含有相对性和实用主义成分的说法，正可说明美国历史学家所以热衷于修正特纳学说的原因。这也就是雷·A.比林顿所说的：边疆史学家们今天正在为西部历史寻求一种新的方向，设法使它比边疆论题更切合现代世界。[2]比林顿还有一段话，比较直率明白。他说："边疆假说的实际应用和在史学上学术成就的深远影响，表明弗雷德里克·杰克逊·特纳所发表的这论题，仍然值得现代学者和教师们的尊重。如果美国要在这个缩小着的 20 世纪世界中继续存在下去，它就必须承认：它的制度是通过一种独特的经历形成的，并且它的理想是由那些新成立的国家的人民根本不知道的传统形成的。只有承认美国与其邻国的不同之处和它的民主制度的长处，才能使这个国家扩大一百多年前安德鲁·杰克逊所衷心谈论的'自由范围'。20 世纪五六十年代里，学者们愈来愈注意对边疆假说进行检验，而不是对其谴责，这表明他们正在认识现实；教师在遵循他们的榜样中可以得到益处，并在课程表中给予美国扩张史的地位，高于它在 20 世纪三四十年代反特纳那一段时间所得到的。"[3]这一段话正说明为什么在第二次世界大战后，特纳学说还有它的"有用性"和"有效性"。其关键就在于比林顿所谓的"扩大""自由的范围"，即特纳学说还能为美国扩张主义政策效劳。所以战后特纳学说之所以一时又甚嚣尘上，是因为它适应了一定的政治需要。战后从侵略朝鲜的哈里·杜鲁门到加紧推行侵越战争政策的约翰·肯尼迪与林登·约翰逊，无一不是边疆扩张论的倡导者。在他们之间还有艾奇逊、哈里曼、杜勒斯、腊斯克等等高踞权位的官员，其中杜鲁门、腊斯克、肯尼迪等都曾出席过美国历史协会的年会，把扩张论直接带到史学界的讲坛之上。

为此目的，有必要重新塑造特纳的学说和形象。第二次世界大战后，为特纳辩解的美国史学家不胜枚举，大都是特纳的学生或他的学生的学生。卡尔·贝克尔有声有色地描绘特纳作为一个好老师的形象。弗雷德里克·帕克森是运用特纳观点写出美国边疆史的第一人，但不是特纳的坚定不移的辩护者。厄尔·波默罗伊则鼓吹特纳的历久不衰的成就，是在方法论方面。他说，特纳"反对浪漫主义的和文物工作者的方法"，"树立起一种新的分析方法的榜样"。[4]第二次

---

[1] Kari N. Degler, "Remaking American History", *The Journal of American History*, Vol. 67, No. 1 (June 1980), p. 21.

[2] Ray A. Billington, *The American Frontier Thesis*, p. 55.

[3] Ray A. Billington, *The American Frontier Thesis*, pp. 54-55.

[4] Earl Pomeroy, "The Changing West", p. 67.

世界大战后，特纳学说的最有名气的修正者是雷·A. 比林顿。他写了许多有关西部边疆的书和论文，对特纳学说提出新的引申和辩解。人们称他为新特纳学派的代表。比林顿是特纳学生的学生。他在威斯康星大学时听弗雷德里克·帕克森讲课，在哈佛大学时他就学于弗雷德里克·默克，可谓特纳学派的入门弟子。1949 年比林顿出版《向西扩张：美国边疆史》。这本书综合叙述了特纳的学说，完全依照"特纳的格局"，即根据特纳在哈佛大学讲授大纲撰写的。全书共 37 章，参考书目近 100 多页，其中包括 104 种杂志，并附有地图 89 幅，洋洋大观，可谓巨制。比林顿如同其他特纳辩护人一样，认为特纳本人把边疆看得"太美好"了，其实边疆也有诸如"无法无天""浪费"和"反理智主义"等等不光彩的一面。比林顿对特纳学说中关于个人主义、民主主义、"安全阀"、美国人性格以及美国文明的特殊性等等论说，都做了新的或补充的解释。

尤其引人注意的是，特纳的学生与朋友们指出特纳本人也怀疑他自己的"理论"。这种辩护方法最为有效。埃弗里·克雷文说，特纳不是"固执己见"的，他的学说是"试验性"的，且仅仅适用于他所研究的"美国历史的中期"。克雷文还提到，特纳本人就反对别人称呼他为"西部历史学家"，他也考虑到"城市发展"这个因素。[1]约翰·W. 沃德特别指出，早在 1920 年，特纳在其《美国历史上的边疆》一书的序言中，就说到"自由土地时代"被"新旧世界"不断增强的"联系"以及"集中和复杂的工业发展"所"代替"。[2]阿瑟·M. 施莱辛格也说，早在 1922 年，特纳给他的信中写道，"真实的情况是，约在 30 年前，为了改正人们的想法，我发现有必要颇为猛烈和经常地把边疆这个概念敲打'进去'"。[3]言外之意是，特纳为了矫枉就必然要过正。阿瑟·M. 施莱辛格也曾提到，1925 年特纳本人承认有"必要"根据对城市的研究，对美国历史"重新做出解释"。[4]

既然特纳本人认为有必要重新考虑他的学说，那么，别人提出修正意见，就无损特纳的形象了。于是约翰·D. 希克斯极为婉转地说：特纳毕竟是从他所处的环境出发，他描写农村正如今天历史学家描写城市一样，人们不能要求特

---

① Avery Craven, "Frederick Jackson Turner", p. 254; p. 255. 其中"美国历史的中期"指独立战争至内战一段。

② John W. Ward, "The Age of the Common Man", John Higham, ed., *The Reconstruction of American History*, p. 87; Frederick Jackson Turner, *The Frontier in American History*, Preface.

③ Arthur M. Schlesinger, *In Retrospect*, p. 197.

④ 荷什：《关于城市史和城市改革的见解》（see Donald Sheehan and Harold Syrett, eds., *Essays in American Historiography Papers Presented in Honor of Allan Nevins*, p. 115）。

纳去写他不熟悉的东西。[①]

但与此同时，在史学界紧接出现了一批边疆扩张论的鼓吹手。他们演奏的扩张进行曲历时近 30 年，直至侵越战争失败后，才逐渐消沉下去，但"余音绕梁"，犹未绝响。这类史学家中有沃尔特·P. 韦布、弗雷德里克·默克、卡尔顿·J. H. 海斯、罗伊·尼科尔斯等。当然，雷·A. 比林顿也是"躬与其盛"的。弗雷德里克·默克把扩张与"显明天命""使命观"联系起来。[②]罗伊·F. 尼科尔斯认为，战后边疆的研究应以人口移动为依据，美国的边疆已经不是向西，而是通向四面八方的了。[③]

战后以边疆说宣扬扩张论的历史学家中，以沃尔特·P. 韦布最为著名。他早在 1931 年写的《大平原》是第一部研究密西西比河流域以远西部的重要著作。他认为环境决定白人文明的特性，从而白人最后战胜印第安人。1952 年他进而写出《伟大的边疆》，把得克萨斯的边疆经验推广到世界范围，把美国的边疆经验同欧洲历史联系起来，从西方文明不断扩张的角度解释世界边疆。他认为，美洲边疆扩张的历史是欧洲文明向非欧洲地区扩张的历史，近代西方文明是开发世界边疆的直接结果。这种从欧洲不断向西扩展的文明扩张过程，早在 12 世纪即已开始，直至环绕地球。韦布所描写的多么富有奇思异想，简直是帝国主义扩张主义的一幅野心勃勃的蓝图。韦布"国际化"了特纳的扩张学说。[④]

战后边疆史学得以发展的另一个原因是，美国史学家以一些新的方法，如计量法，把社会学的内容引入西部历史的研究，从而给特纳边疆学说注入了新的活力。[⑤]特纳的方法论中含有统计学和社会学的因素，所以新特纳学派不难把计量社会史学的内容引入特纳学说。

计量社会史学是以电子计算机为手段，以统计学为方法，以社会学内容为主要研究课题的历史编纂学。新社会史学发源于第二次世界大战之前，大战后由于电子计算机的发明而大大加强。

---

① 参见约翰·D. 希克斯：《1860—1890 年间中西部文明的发展》，纽约 1934 年版；《中西部史学家的生态学》，载于《威斯康星历史杂志》（1941 年 6 月）。

② 1924 年特纳从哈佛大学退休后，默克继任讲授有关西部的历史。1957 年默克退休后，专事写作，如 1963 年出版《美国历史上的显明天命与使命观：一个重新的解释》[Frederick Merk, *Manifest Destiny and Mission in American. History: A Reinterpretation* (Knopf, New York, 1963)]。

③ Gene M. Gressley, "The Turner Thesis", p. 249.

④ John Higham, et al., *History*, p. 192. 特纳在哈佛大学的学生马库斯·L. 汉森著有《美国历史上的移民》《大西洋人口移动 1607—1860》，他把美国视作不断扩张中的欧洲的边疆，同样也"国际化"了特纳的"传统"。

⑤ 虽然特纳在研究地域论时，也使用过统计，但当时并未成为主要研究方法。

新社会史学 1929 年发轫于法国，称为"年鉴学派"。①他们反对英雄史观，反对经验主义，反对实证主义史学，反对一味崇拜书面资料。他们重视对历史发展中地理、气候、食物、贸易形式以及人口移动等自然和经济因素的分析综合，而不着重战争、条约以及王朝更迭等政治事件的描述。他们的口号是"从底层写起"，写"普通人"和"沉默的群众"，把注意力从政治转移到民间，转移到家庭、社会机构如托儿所、工厂、监狱、医院、学校等。

第二次世界大战后，英国社会史学家于 1952 年创办了可与法国《年鉴》相媲美的《过去与现在》杂志，在英国史学界取得了一个滩头阵地。自 1930 年以来，英法两国的"新""旧"史学家都曾展开过历时近 30 年的激烈辩论。至 1960 年左右，英法"新社会史"学家已赢得青年史学家的支持，其影响和声势日益扩大。②

1957 至 1961 年间，计量社会史学由欧洲传入美国。③1957 年美国社会学家李·本森批评有关 19 世纪美国选举的研究，认为那是"印象式的"，进而主张利用除报纸和手稿以外的材料，其中包括数据记载。同年，两个哈佛大学经济学教授艾尔弗雷德·H.康拉德和约翰·R.迈耶运用经济学说和计算技术，对内战前南部奴隶制进行研究，证明奴隶制是有利可图的。④这样，他们把经济学、计算技术和历史结合起来，奠立了计量经济史学。1959 年默尔·柯蒂发表了关于威斯康星州特伦珀洛"边疆县"的著作《美国社区的形成：边疆县民主实例研究》。他利用 1850、1860、1870 和 1880 年人口普查档案，借助新的计算技术：计算机卡片和计算分类机，对这个拓荒时期"边疆县"的社会"流动"进行分析，借以说明特利姆培劳有充分的经济和政治的机会，并证实特纳关于"边疆民主"的立论。1960 年一批计量史学家在普杜大学举行第一次年会，讨论共同关心的问题。这是一个新的美国史学流派形成的标志。哈里·E.巴恩斯恰当地指出，在美国从 60 年代初期起，在一定程度上，法国史学的影响代替了

---

① "年鉴学派"因其所办杂志《经济与社会历史年鉴》（后改名为《经济、社会、文明年鉴》）而得名。著名史学家有马克·布洛赫、吕西安·费弗尔和费尔南·布罗戴尔等。

② 社会史学派在英国著名的高等学府如牛津大学、剑桥大学和伦敦大学已据有教席，但同法、美相比，仍然保守，至今这些大学的重要讲座犹未容社会史学派染指。同样，法国《历史评论》和《美国历史评论》如今都不断发表有关计量社会史的文章，而《英国历史评论》则付阙如。

③ J. Mongan Kouser, "Quantitative Social—Scientific History", Michael Kammen, ed., *The Past Before Us*, p. 433.

④ Alfred H. Conrad and John R. Meyer, "The Economics of Slavery in the Ante-Bellum South", Robert William Fogel and Stanley Engerman, eds., *The Reinterpretation of American Economic History* (New York: Harper and Row, 1971).

德国史学的影响。[①]

计量社会史学在美国的发展，也引起许多史学家的猛烈反对。例如，卡尔·布里登博在一次美国历史协会主席演讲中说，人们不要在计量这个淫荡女神圣殿中礼拜。小阿瑟·M. 施莱辛格也曾说，"几乎所有重要问题之所以重要，正因为它们不可能得到计量学答案"[②]。但是这些反对并未能影响这个学派的发展进程。到 1970 年左右，他们已进入了像《经济史杂志》和《美国历史评论》《美国历史杂志》这样有名气的史学阵地，并创立诸如《社会史杂志》（1967 年）《历史方法》（1967 年）和《多学科历史杂志》（1970 年）等学术刊物。美国历史协会为诸如黑人、印第安人、妇女、家庭和低收入者等问题敞开了大门。至 20 世纪 70 年代中期，跟保守的巴黎大学一样，守旧的哈佛大学也设置了这一学派的教席。

到 20 世纪 70 年代，多学科的、特别是以社会史为内容的边疆史著作日益增加。迟至 1964 年小 W. N. 戴维斯还说，"除非作出新的学术探索，西部历史的研究能否继续存在下去，是值得怀疑的"[③]。而今，新的有关西部的比较历史、城市史、妇女史和印第安人史等著作大量出现。这种"新的学术探索"使边疆史得到起死回生的转机。

比较历史的出现为时很早，有的人甚而追溯到希罗多德。19 世纪英国法学史家弗雷德里克·威廉·梅特兰甚至说过，历史是一门比较的艺术。第二次世界大战后，比较史学在美国盛行起来。特纳在 1904 年也曾提到美国边疆应与其他国家的边疆进行比较，但未加引申。[④]特纳的学生以及其他特纳学说的研究者，在比较研究方面做了许多工作。他们将美国边疆同加拿大[⑤]、澳洲[⑥]、新西

---

① Harry E. Barnes, *A History of Historical Writing*, p. 260.

② 以上二语转引自 Michael Kammen, ed., *The Past Before Us*, p. 434.

③ 参见理查德·A. 范·奥尔曼对杰罗姆·斯蒂芬著《比较边疆：对西部研究的一个建议》（Jerome O. Steffen, *Comparative Frontier: A Proposal for Studying the American West* (Norman: University of Oklahoma Press, 1980)一书的书评[see *The Journal of American History*, Vol. 67, No. 3 (December 1980), p. 650]；雷·A. 比林顿也对该书撰写书评[see *The Journal of American History*, Vol. 85, No. 5, (December 1980), p. 1252]。

④ 参见弗雷德里克·杰克逊·特纳：《美国历史上的问题》[Howard J. Rogers, *International Congress of Arts and Science* (London: University Alliance, 1906), Vol. 2, p. 192]。

⑤ see Ray Allen Billington, *The American Frontier Thesis*, p. 32; p. 34; p. 47；Paul F. Sharp, "Three Frontiers: Some Comparative Studies of Canadian, American, and Australian Settlement", *Pacific Historical Review*, Vol. 24, No. 4 (November 1955), pp. 369-377；奥斯特兰德：《特纳与生源说》（*Agricultural History*, Vol. 32, No. 4 (January 1964), p. 260）；Karel D. Bicha, "The American Farmer and the Canadian West (1896-1914): A Revised View", *Agricultural History*, Vol. 38, No. 1 (January 1964), pp. 43-46；Robin Fisher, "Indian Warfare and Two Frontiers: A Comparison of British Columbia and Washington Territory during the early Years of Settlement", *Pacific Historical Review*, Vol. 50, No. 1 (February 1981), pp. 31-51。

⑥ see Ray Allen Billington, *The American Frontier Thesis*, p. 46; Paul F. Sharp, "Three Frontiers", pp. 369-377.

兰①、俄国②、中世纪德意志③、拉丁美洲④、非洲⑤的边疆进行比较。甚至研究中国"问题"的费正清和欧文·拉铁摩尔也引述边疆的"理论"。费正清说，"19世纪 90 年代，越过我们国内边疆之后，我们又在中国门户开放的原则下，建立了一条理论上的新边疆，我们一直在继续着这个过程。美国在亚洲的边疆与美国（原译文作"美洲"——引者）大平原的边疆不大相同"。当然，揭去费正清所描绘的动听的"同情心""好奇心"那些字句帷幕之后，剩下的就是赤裸裸的"贪婪心"了。⑥欧文·拉铁摩尔也认为，"自第一次和第二次世界大战以来，边疆史已经开始了一个新的时期"。⑦他把边疆研究同三个世界联系起来。当然他所指的三个世界同我们所说的毫不相干。

诚然，关于边疆的比较研究无非也是要说明边疆学说的"有用性"，目的在于证明美国边疆及其经验是特殊的、例外的和优异的。还是雷·A.比林顿表达了这些史学家的心情。他说，美国的边疆"不同于任何其他边疆"，在吸引"拓荒者进行开发"方面，"任何其他地方"都不如美国的"自然环境"。⑧

用比较方法论述边疆史的著作不够丰富。除一些论文外，部头较大的书很少。这是因为史学家们对于特纳所谓边疆是美国社会政治以及国民性格的决定因素这一提法，怀疑日甚。新近打开这块坚冰的是俄克拉荷马大学的历史学家和地理学家。以杰罗姆·O.斯蒂芬为代表的俄克拉荷马学派运用地理学、社会学和人类学，对边疆进行综合性研究。这种多学科研究方兴未艾，究竟有多大活力，还是未卜之数。

---

① Ray Allen Billington, *The American Frontier Thesis*, p. 32; p. 34; Peter J. Coleman, "The New Zealand Frontier and the Turner Thesis", *Pacific Historical Review*, Vol. 27, No. 3 (August 1958), pp. 224-237.

② Ray Allen Billington, *The American Frontier Thesis*, p. 34; p. 38; Donald W. Treadgold, "Siberian Colonization and the Future of Asiatic Russia", *Pacific Historical Review*, Vol. 25, No. 1 (February 1956), pp. 47-54；〔苏〕波梁斯基著，郭吴新等译：《外国经济史（资本主义时代）》，北京：三联书店 1963 年版，第 33 页。

③ Ray Allen Billington, *The American Frontier Thesis*, p. 45; James W. Tompson, "Profitable Fields of Investigation in Medieval History", *American Historical Review*, Vol. 18, No. 1 (October 1912), p. 495；〔美〕詹姆斯·W. 汤普森著，（译者不详）：《中世纪晚期欧洲经济社会史》，北京：商务印书馆 1963 年版，下册，第 102-104 页。

④ 参加 Ray Allen Billington, *The American Frontier Thesis*, p. 46；Gilman M. Ostrander, "Turner and the Germ Theory", p. 261；约翰·J. 特帕斯基（John J. Tepaske)关于亨尼西《拉丁美洲历史上的边疆》（Alistair Hennessy, *The Frontier in Latin American History*）的书评[see *American Historical Review*, Vol. 84, No. 5 (December 1979), p. 1506]。

⑤ Ray Allen Billington, *The American Frontier Thesis*, p. 45.

⑥〔美〕费正清：《美国与中国》，孙瑞芹、陈泽宪译，北京：商务印书馆 1971 年版，第 248 页。

⑦ Owen Lattimore, *Studies in Frontier History*, p. 491.

⑧ Michael Kammen, ed., *The Past Before Us*, p. 463.

　　与社会史学相联系的是对印第安人历史的研究。战后美国史学研究的新现象之一，是少数民族史受到特别重视，尤其是有关印第安人和黑人的著作和资料整理，远远超过战前任何时期。按部落或地区对印第安人的研究有增无已。这对特纳边疆史学不仅是一个莫大的补充，而且开辟了一个新研究途径。虽然这些著作没有彻底揭发白人对待印第安人的残酷情景，但比诸特纳根本无视印第安人的存在，还不失为一个前进的现象。

　　特纳不仅漠视印第安人，也漠视妇女以及她们在西进运动中的作用和地位，妇女和家庭史学的盛行也是最近 20 年来的现象。妇女在西部拓荒时期的作用，过去虽然也有人研究过，但不若如今数量之多。关于西进运动中的妇女，在 1980 年琼·M. 詹森和达理斯·A. 米勒所开列的论文目录中虽然为数仍不很多，却能表现出兴旺的势头。[①] 史学家用计量方法和新资料诸如人口调查报告、户籍登记册、婚姻丧亡登记簿以及家庭收支册等，建立了拓荒时期西部妇女的新的形象和家庭结构。琼·M. 詹森和达里斯·A. 米勒说得很生动：男人驯服了西部的自然环境，而随男人去的妇女却"温顺地"驯服了西部的社会环境，其中包括男人。当然西部拓荒时期的妇女不都是"温顺"的。除去虔诚的宗教信徒、提倡普选和责斥酗酒的"文明使者"，以及勤俭耐劳的妇女外，还有剽悍善斗的"无法无天"的妇女和属于"歌妓"等等一类的"坏女人"。[②]

　　20 世纪 70 年代，城市生活日益受到美国史学家的注意，出现了以斯蒂芬·塞恩斯特罗姆为代表的新城市史学派。在方法论上，这个学派继承了默尔·柯蒂在 19 世纪 50 年代开创的分析人口普查资料的方法。由于 1850 年至 1880 年的人口普查记载可以查阅[③]，所以关于这一时期的著作比较多，也有新的发现。例如特纳认为在西进运动中，城市经常是以拓殖运动的前哨站的形式出现的，而约翰·W. 雷普斯认为情况并不若此。他认为，城市中心不是通过一种偶然的逐步的"成长进程而形成的"，边疆城市是由"个人、集体、教会、铁路公司或政府机构选择的可望发展的地点"。[④] 理查德·韦德说，城市是"开拓边疆的先锋"。如今史学家已经修正了特纳所描述的"从拓荒者、毛皮商、粗耕

---

① Joan M. Jensen and Daris A. Miller, "The Gentle Tamers Revisited: New Approaches to the History of Women in the American West", *Pacific Historical Review*, Vol. 49, No. 2 (May 1980), p. 174.

② Joan M. Jensen and Daris A. Miller, "The Gentle Tamers Revisited", p. 173; p. 179; p. 182; p. 184.

③ 由于未便公布在世人的私人档案，政府逐次公开人口普查材料。现已公布至 1890 年。

④ 参见对约翰·W. 雷普斯著《美国西部城市：边疆城市规划史》[John W. Reps, *Cities of the American West: A History of Frontier Urban Planning* (New Jersey: Princeton University Press, 1979)]一书的书评[see *American Historical Review*, Vol. 85, No. 3 (June 1980), p. 713]。

农业及其后的细耕农业，直至以城市为最后定居形式"的顺序。[①]劳伦斯·H. 拉尔森利用 1880 年联邦人口普查资料，对堪萨斯城以西的 24 个城市进行分析，证明边疆城市仿效东部城市。在诸如建筑、消防、城市规划，以及少数民族和经济成分等方面，边疆城市与东部诸如纽黑文、锡拉丘兹等城相同，所以"城市文化是从东部移向西部的，且在移动的过程中并没有遗失任何所携带的文化"[②]。总之，新城市史学的兴起也为边疆史学打开了一个新的天地。

# 六、小结

边疆史学是一现的昙花。20 世纪最初 30 年正是这个学派兴盛的年代。自经济"大恐慌"以来，它就开始凋零了。战后，虽然史学家们赋予边疆学说以新的解释和补充，并利用新的技术手段，把它引入新的研究领域，但这都不能扭转一蹶不振的趋势。新特纳学派的带头人雷·A. 比林顿的一句话，可以概括这种并不乐观的前景。他说，在"我们开始知道边疆假说是否具有效力之前，还必须写出许多著作。"[③]

特纳的边疆论虽然是一个假说，但在美国史学发展上起过巨大的影响。这是由于它适应了早期帝国主义的需要，例如边疆扩张论、美国资本主义发展例外论、垄断制度合理论、种族优秀论等，都得到垄断资本势力的赏识和欢迎。这就是战后特纳假说的影响仍不绝如缕的原因。

扩张主义政策和活动可以解释美国国内政治和经济的许多重要现象，可是特纳漠视海外侵略扩张对内政的影响，因此他在解释垄断资本发展方面就越来越显得捉襟见肘、漏洞百出了。新特纳学派也不肯沿着这个方向进行探索，而是力图在复原特纳学说主旨的基础之上，进行引申和补充，则更显得胶柱鼓瑟、脱离实际了。

特纳对于西进运动在美国社会发展特别是在经济发展方面所起的巨大的促进作用，语焉不详。对于西进运动所表现的残酷性也未置一词。这是特纳假说的两个弱点。由于对前一点估计不足，他的假说的生命力受到损害；后一点他

---

① Richard C. Wade, *The Urban Frontier: The Rise of Western Cities (1790-1830)* （Cambridge, Massachusetts: Harvard University Press, 1959）参见《交流》（美国驻华大使馆印），第 52 期（1981 年 2 月），第 72 页。

② 参见乔恩·C. 蒂福德（Jon C. Teaford）对劳伦斯·H. 拉尔森著《边疆完结时期的西部城市》[Lawrence H. Larsen, *The Urban West at the End of the Frontier* (Lawrence: Regents Press of Kansas, 1978)]一书的评论 [*Pacific Historical Review*, Vol. 49, No3. (August 1980), pp. 519-520]。

③ Ray A. Billington, "Westward Expansion and the Frontier Thesis", p. 274.

可能想到，但不肯道出，反而把西部描绘为"伊甸乐园"，同样削弱了他的立论的说服力。

广袤无垠的西部对美国资本主义发展的意义十分巨大。"西进运动"是资本主义向广阔发展的一个典型。西部为美国资本主义的发展提供了广大的国内市场和原料、粮食供给地。西部交通的发展特别是铁路线的延伸，便于资本和劳力的"长驱直入"。一个国家以这么短的时间，开发了这么一块广大的土地，这种现象在历史上，虽然不能说是绝后的，但可以说是空前的。

美国的"西进运动"是受着资本主义剥削制度制约的。剥削与扩张是资本主义发展的必备条件。在资产阶级世界观中，这本是天经地义之事。他们对待印第安人的手段只能是掠夺和屠杀，不可能是提倡平等互助的民族政策。西部固然对移民提供了机会，但也不若特纳渲染的那样美好。西去的移民是受着无情的资本主义经济法则的支配和驱使的。生产资料的私有制在西进过程中，造成极大的物质和人力上的浪费，无数劳动者在精神和生命上付出了高昂的代价。不可否认，西部环境对早期移民的思想、传统、风尚和习惯甚至机构组织都有影响，但不应强调到不适当的程度。假如不去联系欧洲早期资产阶级革命所留传下来的民主传统，假如不联系重商主义经济活动，不联系早期资产阶级民主革命的政治活动，只一味强调西部地理环境，那就陷入荒谬的境地了。

就美国历史编纂学来说，特纳所处的时代相当于美国史学发展的中间阶段。前特纳时期，历史在美国不是独立的学科，而是从属于文学的范畴，特点是文史不分家。在内容上，历史偏重政治和军事；在方法上，偏重浪漫主义的表现手法；在观念上，未能挣脱宗教信仰的羁绊。特纳青年时代，美国史学在一批欧洲留学生的影响下，从文学分离出来，成为独立的学科，史学工作者成为独立的职业。当时在方法论上，着重资料的收集和鉴别，在理论上则奉实证主义为圭臬，历史学开始跻身于科学之林。及至特纳从研究院毕业后，美国已经进入帝国主义阶级，垄断资本的形成给美国社会带来许多新问题。特纳适逢时会，提出新的解答。他着重宏观历史，着重社会经济因素，成为"新史学"的开创人之一。两次世界大战期间，美国史学界三巨擘所倡导的"进步派史学""几乎压倒了所有其他可能产生的构思"。[1]新特纳时期是以经济大恐慌为起点的。特别是第二次世界大战后当特纳假说的弱点比较充分暴露时，新特纳学派便改弦更张，把研究重点移到行为社会学。他们以社会学为蓝图，以电子计算机为工

---

① John Higham, et al., *History*, p. 190.

具，从新的角度对西部历史进行研究。他们着重微观历史，即实例研究。研究的范围缩小了，研究的方面集中了。总的趋势是越来越就事论事，抹杀社会发展的研究，否认历史规律的研究，大有见木不见林之势。在史观方面，新特纳学派比旧特纳学派倒退了一步。

这种倒退，从认识论和方法论上看，可以找出三条缘由。（一）新特纳学派从开始就受到相对主义的影响。新史学派中的相对主义强调主观意识，否认客观存在的真实性，特别否认客观事物的矛盾性和规律性。过去查尔斯·比尔德、弗农·帕林顿和特纳本人都不回避矛盾论。而在相对主义者看来，这些矛盾均属子虚，所以接相对主义之踵而来的就是一致论史学了。一致论史学是一幅帷幕，被用来隔开人们对社会矛盾和冲突的视线。（二）新特纳学派极力抵制社会发展规律说，特别是排斥马克思主义的阶级斗争学说。阶级这个名词，他们是使用的，但他们极力回避阶级斗争这一概念，把改良主义说成是唯一变革社会的途径。更重要的是为抑制资本主义社会矛盾与冲突，发挥了釜底抽薪的作用。不管他们是否意识到，实际上这正是他们所要达到的目的。（三）战后 60 年代发展起来的计量史学，在研究边疆史中也发挥了作用。在社会科学研究中，计量只应视为一种辅助方法，因为研究的主要对象是人类社会，其本身是具有阶级性的。固然从一定的数量可以洞察一定的质量，但单纯从数量进行研究，则很容易使研究工作脱离社会，所得结论很难反映社会客观实际。这是计量史学的不可补救的弱点。而且选样问题也很难得到合理的解决。一个美国黑人史学家风趣地说，"假如放进机器去的是垃圾，出来的结果一定还是垃圾"。[1]此语中的。例如 1974 年罗伯特·威廉·福格尔和斯坦利·L.因格曼用计量学撰写的《苦难的时代：美国黑人奴隶制经济学》一书，不是可笑地证明南部奴隶制是具有生命力的，种植园主是仁慈的，黑人奴隶很少受到主人的鞭挞吗？不是也有人发表论文，可笑地证明在 19 世纪末叶和 20 世纪初叶，在"中产阶级"的心目中，垄断大企业不是"章鱼"，不是"怪兽"，而是"正常"的商业机构吗？[2]

总之，在美国历史编纂学上，特纳学派已无力恢复其旧日的支配地位。在

---

① 1979 年 10—11 月美国黑人史学家约翰·H. 富兰克林来华讲学期间在座谈会上的发言。

② 参见路易斯·格拉姆布斯和巴巴拉·B. 斯彭斯：《公众对美国大企业的反映（1880—1940）：社会变动的量的研究》[Louis Galambos and Barbara Barrow Spence, *The Public Image of Big Business in America (1880-1940): A Quantitative Study in Social Change* (Baltimore: Johns Hopkins University Press, 1975)]一书的书评[see *The Journal of American History*, Vol. 63, No. 2 (September 1976), p. 437]。

这点上，新特纳学派也无能为力。约翰·海厄姆悲伤地说，"同第二代相比"，"第三代"历史学家中"未曾产生一个明确的领导人物"，"我们没有特纳"，也"没有比尔德"来"重整旗鼓"。[①]正如特纳自己所谈的，边疆假说只是一种"信仰"；又如亨利·N. 史密斯所称，它只是一种"象征和神话"而已。至于海外边疆，如今也是一种单边主义妄想，50 和 60 年代的历史事实，对扩张主义者来说，不也是个当头棒喝吗？

写到最后，不禁令人联想到我国广大的西部土地。在社会主义制度下，我国西部的发展根本不同于美国的"西进运动"。我们有信心，有能力，也有条件以社会主义方式把我国西部建设起来。我国西部对于我国经济的发展，肯定会发生非常巨大的作用。开发西部这幅绚丽的宏图正是这个伟大的时代摆在我们每个人面前的一个伟大的挑战。对于特纳学说的研究，不仅可以了解美国历史编纂学在一个时期的发展，而且在一定程度上也可估量美国西进运动的功过得失，我们或能从中吸取一些经验和教训。这也不失为一个好的研究课题。

（原载《南开学报》1982 年第 2、3 期）

---

① 海厄姆：《美国历史的建设》（see John Higham, *Writing American History*, p. 115）。

# 论乔治·班克罗夫特史学

## ——兼释"鉴别吸收"和"学以致用"

古今中外，历史学家成千上万。如何评估一个杰出的历史学家，是个复杂的问题。笔者认为历史学家如获得"杰出"称谓，须具备三个最基本的条件：第一，在其研究领域，能鉴别吸收前人的优秀文化遗产，同时分析其不逮之处；第二，在本研究范围内，能有所创新，有益于社会的发展，或能积极应答社会发展中提出的问题；第三，对于社会未来的发展，尽可能地起到有益的启迪效用。

历史长河是后浪推前浪，一往无前。长河中有急流险滩，有汹涌澎湃的狂澜，也有叮叮咚咚的潺流。划行其间的人所经历的航道不会是笔直的，喜怒哀乐各有不同。有的有艰辛的痛苦感，有的有欣慰自得和进取不息的兴奋感。杰出的历史学家是坚强不懈的弄潮儿，能学以致用，即致社会进步之用。他们探索资料，注释往事，谈天说地，评古论今。其目的在于使同代人有一种共同感和责任感。历史学家的社会效益就在于此。这也是评估杰出历史学家的重要准则之一。

依据这些认识，笔者曾评述过美国历史学家弗雷德里克·杰克逊·特纳和威廉·阿普曼·威廉斯，试图在这两个杰出历史学家的业绩中上溯下联，审视他们在美国史学发展中鉴别吸收了什么，对当时美国社会发展起过什么影响，并有什么学术遗产留给后代。现在以同样的认识来评估乔治·班克罗夫特（1800—1891）。

美国史学发展史可分为三个阶段：独立战争至 19 世纪 70 年代为第一阶段；19 世纪 80 年代至第二次世界大战结束为第二阶段；第二次世界大战后为第三阶段。约翰·海厄姆在《美国历史的重建》一书中划分的三个阶段是：17 世纪、18—19 世纪和 19 世纪末以来。[1]约翰·富兰克林·詹姆森也将 17 世纪和 18 世

---

[1] John Higham, ed., *The Reconstruction of American History* (New York: Harper, 1962), p. 10.

纪作为两个阶段。[①]我认为，17世纪和美国独立前的18世纪不应纳入美国史学史的组成部分，只可视为美国史学发展的背景。美国史学史应从独立革命运动开始计起。就我所厘定的标准言，班克罗夫特、特纳和威廉斯应分别是这三个阶段的杰出的史学家。从社会发展角度，把这三个历史学家联系起来，即可概括美国史学发展的主要线索。在他们三人以外，若再加上两位重叠前后的过渡性史学家，即19世纪末的亨利·亚当斯以及二次大战前夕萌发并至战后盛行的"一致论"史学家丹尼尔·布尔斯廷，美国史学史的发展脉络就更加清晰。埃里克·方纳于多年前曾写道，由于"从弗雷德里克·杰克逊·特纳的'边疆论'直到20世纪50年代的'意见一致论'已被粉碎了，至今尚未出现一种新理论能填补这项空白"；而美国史学中出现的支离破碎现象，"妨碍了建立一个连贯的研究美国历史的新理论的努力"。[②]因此上述五个史学家在美国史学史上的地位更加突出了。威廉·阿普曼·威廉斯就对外政策这个美国史上越来越显示其重要性的方面做了历史考察和理论阐述，足以反映整个美国历史发展的主流，而方纳对此并未予以足够的估计。在评介威廉斯外交史学一文中，我已对"一致论"史学流派做过阐述。今拟在叙述班克罗夫特史学时，对亨利·亚当斯也做些评论。

这五位史学家在史学研究中的共同显著特点是，都较精明地回顾过去的历史，从中吸收他们认为有价值的遗产，并经过消化，提出了对当代社会发展有影响的论点。他们直面社会，议论风发，奏出时代的最强音，对当代人起到激励、鼓舞、启发反思的效用。

这五位史学家在治史的细节上又各具特点，异同参半。他们虽然都在不同程度上重视资料收集，但使用资料的方式不尽相同，如班克罗夫特烦亲托友在国内外搜集资料，但有时随兴释义，不时引起当代人的抗议。[③]威廉斯著书立说时，虽然科学史观已发展了一个世纪之久，但他在史料应用方面不免粗枝大叶，为时人所讥诮。[④]

这五位史学家的学术地位也不宜以其学术著作的数量来衡量。他们中有的

---

[①] John Franklin Jameson, *The History of Historical Writing in America* (New York: Houghton Mifflin, 1891), table of contents.

[②] 参见埃里克·方纳等著：《新美国历史》，齐文颖等译，北京：北京师范大学出版社1988年版，第3-4页。

[③] G. P. Gooch, *History and Historians in the 19th Century* (London: Longmans, Green, & Co., 1913), p. 405.

[④] Staughton Lynd, "Book Review: William Appleman Williams, The Contour of American History", *Science and Society*, Vol. 27, No. 2, 1963, p. 227.

写断代史，有的写通史，有的写卷帙浩繁的巨著，有的只发表精悍的论文。其中一锤定音的史学业绩不在于著作数量和长短，而在于能有发人情愫、动人心弦的观点和思路，并为社会提供具有教益的宏论要旨。这五位史学家中，只有布尔斯廷写出三卷本通史，井然有序地阐发论点。威廉斯虽以写作外交史专著为主，但也试图从通史角度印证其观点。班克罗夫特虽然写出 10 卷本巨著，但从严格意义上说，他所写的只不过是断代史。1874 年出版的第十卷，只写到独立战争的结束；1882 年又出版两卷，才续至美国宪法的制定。特纳和亨利·亚当斯都是以发表论文声誉鹊起，在当时史学界激起汹波巨浪。亨利·亚当斯曾出版过九卷本巨著，论述杰斐逊和麦迪逊时期的政治，但为当时人和后来人所瞩目的，还是《亨利·亚当斯的教育》一书①中的最后几章、"致美国历史教师的一封信"和"应用于历史的时势法则"几篇动情的表白和议论。②特纳在哈佛大学历史系的同事爱德华·钱宁虽然讥讽特纳著作不多，但 1893 年特纳一篇演说便在美国史学界引起轩然大波，此后近 40 年，许多史学家依据特纳的边疆假说，改写了美国通史。尽管钱宁写出综合史实的 6 卷本巨著，可因书中缺乏观点，而被读者束之高阁，逐渐淡忘。③由此可见，扣人心弦的议论，发人深思的观点，贴近时代脉搏的思想，是杰出历史学家必备的功力。班克罗夫特最符合这些条件。

在班克罗夫特同时代的历史学家中，理查德·希尔德雷斯写有六卷本《美国史》巨著。因他崇尚英国边沁学说，在观点上有点超前于美国现实，且反对浪漫主义，针砭杰斐逊，对社会多有指责，这又滞后于美国思潮，所以他的社会影响不能与班克罗夫特并驾齐驱。④至于其他同代历史学家如约翰·L. 莫特利⑤、弗朗西斯·帕克曼⑥、威廉·H. 普雷斯科特⑦、贾里德·斯帕克斯等，也都未能产生像班克罗夫特所起的全国性影响。目力受损的弗朗西斯·帕克曼写出多种专著，以文采洋溢的笔墨，把英法在北美大陆的角逐描绘得有声有色，可是所叙述的内容在时间上较早，并有较多地区局限，且书中少宣扬英雄之语，也

---

① 这本自传于 1905 年写成，1907 年内部刊行。在亚当斯逝世后，于 1918 年由马萨诸塞历史学会公开出版。

② W. T. Hutchinson, ed., *The Marcus W. Jernegan Essays in American Historiography* (Chicago: The University of Chicago Press, 1937), p. 197.

③ Allan Nevins, *The Gateway to History* (Boston: D. C. Heath, 1938), p. 272.

④ Machael Kraus, *The Writing of American History* (Norman: University of Oklahoma Press, 1937), p. 129.

⑤ 主要著作有《荷兰共和国的兴起》（1856 年）等。

⑥ 主要著作有《半世纪的冲突》（1892 年）和《庞提亚克的谋叛》（两卷，1851 年）等。

⑦ 著有《墨西哥征服史》（1843 年）和《秘鲁征服史》（1847 年）等。

少党派争议,在广大读者群中的影响不抵班克罗夫特。另一目力不济的约翰·L. 莫特利写作的内容不是本国历史,声望自然也未能与班克罗夫特齐名。当时还有一个班克罗夫特,即休伯特·班克罗夫特。他雇人收集整理从巴拿马到阿拉斯加沿太平洋海岸的史迹多达 39 卷,但集而不述,其影响更未能望乔治·班克罗夫特的项背。乔治·班克罗夫特是美国史学的奠基人,是美国第一代最有影响的国史大师。他的同代人威廉·普雷斯科特称他为美国"当代伟大的历史写作家",是取代英国人著作的第一个本土作家。[1]当时有人把他与英国史学家托马斯·麦考利相媲美。在他去世后,悼念他的人们称他为"美国史学之父"。[2]到 20 世纪 60 年代,理查德·霍夫斯塔特称班克罗夫特是"美国第一个伟大的美国史学家"。[3]

独立不久的美国还没有自主的文化,即使文化最发达的新英格兰地区也仍然笼罩在英国文化的阴影下,其道德观念和生活准则因袭英国,具有殖民地色彩。英国作家哈丽雅特·马蒂诺论述当时美国文化时说,"北美共和国是新的,但人们的观念是旧的。……美国人还没有民族特性"[4]。托马斯·麦考利所写的英国史在美国发行量比在英国还多四倍。[5]当时美国文人和画家都得去欧洲镀金,至少须先在伦敦得到承认。[6]班克罗夫特也不例外,他于 1817 年毕业于哈佛大学,一年后赴欧洲留学,就读于德意志格廷根大学,师从希棱,获博士学位(1820 年)。当时在德国学历史的美国留学生中,他是唯一获得博士学位的学子。[7]1822 年他返回美国,其间曾在柏林大学和海德尔堡大学听过神学家什里尔玛克、哲学家黑格尔、法学家泽维叶、语言学家博克等人讲课。班克罗夫特受希棱的影响较深,曾翻译希棱著作多种。希棱也以教导班克罗夫特而自豪。[8]

在国内时,班克罗夫特托人访问马德里、伦敦、巴黎、海牙、柏林和维也纳等地的档案馆,搜集资料。在欧洲期间,他不仅走访档案馆,还同当时杰出

---

① Machael Kraus, *The Writing of American History,* p. 122; p. 98; p. 100.

② John Garraty, ed., *Encyclopedia of American Biography* (New York: Harper and Row, 1974), p. 56.

③ Richard Hofstadter, *The Progressive Historians* (New York: A. A. Knopf, cop., 1968), p. 15.

④ Merle Curti, *The Growth of American Thought* (New York: Harper, 1943), p. 397.

⑤ John Higham, ed., *The Reconstruction of American History*, p. 15.

⑥ Russel B. Nye, "Thought and Culture, 1775-1860", John Garraty, ed., *Interpreting American History: Conversations with Historians*, Vol. 1 (New York: Macmillan, 1970), p. 206.

⑦ George Callcott, "Historians in Early 19th Century America", *The New England Quarterly*, Vol. 32, No. 4 (December 1959), p. 497.

⑧ 班克罗夫特除在德意志留学外,于 1846—1849 年任驻英国公使,1867—1874 年任驻德国公使。

的文学家和史学家进行了广泛的接触。在法国，他结交了研究法国革命史的史学家，如米涅、基佐、梯也尔和米什列等；在英国，他结识了史学家麦考利和亨利·哈兰姆，诗人柯立芝、华兹华斯、卡莱尔，小说家司各特等。他还会见过歌德和拜伦。

班克罗夫特取得辉煌成就的主要原因在于：他善于鉴别吸收欧洲文化，并通过消化，把欧洲文化的精华部分运用于美国史坛。他接受欧洲史学的影响，但不惟欧至上。如他虽然听过黑格尔的课，但在其著作中并无反映。他只吸收了希棱的治史方法，而对于希棱以地理环境和经济需求解释历史的观点却漠然视之。德意志史学家重视资料的认真勤奋精神，对他发生了深刻影响，但在应用史料方面，他却不若德意志同行们那样严谨不苟。因为他忙于从政，亦未将德意志学院中行之有效的研讨班制度介绍到美国。从外国史学家对他的评论中，也可看出他的著作不是照抄欧洲。普鲁士史学大师兰克在课堂上向学生介绍说，班克罗夫特的著作是"从民主主义观点撰写的前所未有的最佳著作"[1]。兰克的谈话是对他的史学成就的最高奖赏。卡莱尔对班克罗夫特说，"你过于说教"[2]。古奇也说，班克罗夫特所表述的哲学具有"孩子气"[3]。兰克一语中的，道出了班克罗夫特著作的重要内涵，并指出他所描绘的政治制度与普鲁士之不同；而卡莱尔和古奇却未能体察班克罗夫特从欧洲文化汲取所需，用以讴歌年轻祖国的激情。

班克罗夫特从当时欧洲文化中汲取了两大精华：一是民族主义，二是浪漫主义。前者主要取自德意志，后者主要取自英法。

19 世纪德意志受法国革命的影响，掀起一股民族主义狂飙。19 世纪初年，普鲁士斯泰因男爵呼吁实现德意志统一，号召历史学家激发国民的爱国主义情怀。1822 年班克罗夫特学成归国后，曾一度与另一名留德学生，仿效德意志大学预科的教学设置模式，在马萨诸塞的北安普敦，创建一所名为"园山"的学校。这是他醉心德意志教育的具体表现。他是第一个在德意志史学与美国史学家之间架起桥梁的人。[4]1871 年俾斯麦完成了德意志统一运动后曾说，"在建立

---

① G. P. Gooch, *History and Historians in the 19th Century*, p. 406; Machael Kraus, *The Writing of American History*, p. 126.

② G. P. Gooch, *History and Historians in the 19th Century*, p. 405.

③ G. P. Gooch, *History and Historians in the 19th Century*, p. 405.

④ Harvey Wish, *The American Historians: A Social-Intellectual History of the Writing of the American Past* (New York: Oxford University Press, 1960), p. 85.

新德国事业中，德意志历史教授们做出仅次于普鲁士军队的巨大贡献"。[①]班克罗夫特晚年在柏林供职时，与俾斯麦交谊甚笃，据英国作家西德尼·惠特曼说，俾斯麦退休后，在他的书房里仍悬挂着班克罗夫特的肖像，[②]他们有共同的情感和语言。而1812—1814年美英第二次战争后，美国也迸发出民族主义情绪和思潮。班克罗夫特一生受着这种思潮的激励，年迈不渝。

浪漫主义在18世纪末至19世纪40年代风靡欧洲。浪漫主义是对18世纪理性主义的反动。浪漫主义诗文的主要特征是用绘声绘色的笔触，抒发作者感情，取代理性分析，强调历史的连续性，继承启蒙思想的反封建意识，崇尚民族文化，激励民族自豪感，歌颂第三等级反对贵族的自由精神。这种被自由资产阶级赞赏的浪漫民族主义，在思想上正符合19世纪上半叶美国资产阶级兴国之道，也是班克罗夫特畅怀抒发思想和情感的源泉。

班克罗夫特鉴别吸收欧洲史学方法和理论，是以新英格兰精神为依据。新英格兰精神是在殖民地时期培育出来的。其来源还是欧洲，主要是英国。英国最早向北美大陆移民的船只就把资本主义和与之相适应的宗教思想——清教教义带到北美。1585年移民踏上罗阿诺克（Roanoke）岛时，就把扩张的目光投向西部。"从开始美国的社会和文化就不同于欧洲模式。美国的环境起着溶解的作用。"[③]在北美，非但封建主义没有植根的土壤，而且摆脱欧洲封建专制制度的移民也天然地以反封建为己任。上帝选民的宗教说教更增强了他们争取扩张物质利益和精神利益的使命感。1630年，未来的马萨诸塞海湾殖民地总督约翰·温思罗普在驶往殖民地途中在名为阿拉贝拉的船上，就写出美国人对未来的憧憬。他借用《圣经》中建立山上之城可睹世界之光的意思，描述他们的殖民地。山上的圣城象征着移民的追求欲和普世观。在北美人民赢得独立之前，清教教义的激励和广阔无垠的西部土地的召唤，已凝聚了美国人前进的目光，在思想上为人们奏起争取独立的进行曲。

清教教义是推动美国资本主义发展的精神力量，是美国资本主义文化的基石，也是美国资本主义发展初期公认的伦理规范。美国神学家赫尔穆特·理查德·尼布尔曾称"近代资本主义体系是以宗教为基础的"，"教会是附属于资本

---

① Machael Kraus, *The Writing of American History,* p. 126.

② Otto Count Zu Stolberg Wernigerode, "Bismark and His American Friends", *Virginia Quarterly Review*, Vol. 5 (July 1929), p. 398.

③ M. A. Jones, *The Limits of Liberty: American History (1607-1980)* (New York: Oxford University Press, 1983), p. 1.

主义的"。[①]这样，上帝就自然被推到历史的前台。上帝已经人格化和世俗化了。在封建社会，代表上帝说话的是君主；在资本主义社会，代表上帝发言的是教士。在美国殖民地时期和独立初期，教士如同律师一样享有很高的社会地位。《圣经》是家家户户必备的最流行的读物，此处所说的上帝同中国史学之父司马迁所谓的"天"不尽相同。"天"多指客观的自然，具有泛神的含义。"天"和清教的"上帝"都含有宿命论成分。在农业中，人们围守土地，强调"认命"，强调顺应或乞求得到天的好的安排，强调人与自然的和谐。在近代商业社会里人们迁移不定，以主动态度去表现上帝给自己安排了好命运，去证明上帝安排自己为选民，强调开拓扩张，进行征服。班克罗夫特的信念就是浸濡在这种清教教义之中的。他认为，历史研究和写作是对上帝虔敬笃信的行动。他承认自己深受乔纳森·爱德华兹神学的影响。[②]

在独立初期，新英格兰是美国历史学家的最重要的摇篮。1800—1860 年间，完成多部著作的史学家计有 145 人，其中出自新英格兰的就占 48%。在新英格兰的史学家中有 26 人毕业于哈佛，15 人毕业于耶鲁，五人毕业于布朗，四人毕业于普林斯顿，另外有 30 个学院各造就了一人至三人。[③]这批人都受过良好教育，他们的读者群也是受过一定程度的教育，并具有一定财力的。

哈佛学院毕业生班克罗夫特是以新英格兰精神撰写美国史的。他以唯一神论的信仰去"注"美国历史，以其消化了的欧洲文化去与在北美衍生的新传统文化相衔接，相融合，并应答美国社会发展中出现的新问题。衔接和融合不是简单的回归。实际上人类社会在不断发展，不可能回归原来的模式。就连对上帝的信仰，也是各派有各派的模式，各代有各代的说法。回归是表面的，实质上是创新。这就是班克罗夫特在学术上取得成功的关键之所在。这个"关键"表现在班克罗夫特虽然是以新英格兰精神写史，但所写的远远不同于约翰·帕尔弗里的五卷本《新英格兰史》。他撰写的不是区域史，而是通史（虽然最后未能彻底完成，只到制宪会议）。更重要的是他在写作通史时把目光投向大西部，而不是南部。他的《美国史》尽管不受南部种植园绅士们欢迎，却引起广大读者对未来的向往。

---

① Sydney Ahlstromi, *Theology in America: The Major Protestant Voices from Puritanism to Neo-Orthodoxy*, (Indianapolis: Bobbs-Merrill Company Inc., 1967), pp. 601-602.

② Richard C. Vitzthum, "Theme and Method in Bancroft's History of the U. S.", *New England Quarterly*, Vol. 41 (1968), p. 365; p. 367.

③ George Callcott, "Historians in Early 19th Century America", pp. 496-497.

班克罗夫特首先以上帝名义讴歌共和制，讴歌在近代史上第一次推倒封建专制并建立起的新国家。加尔文教徒认为政治的任务是光耀上帝。[1]班克罗夫特在 1826 年 7 月 4 日美国国庆日的演说中，就显示出他的民族优越感与对上帝热情歌颂间的联系。他欢呼《独立宣言》是上帝的声音，是圣谕。他说，美国在西半球的成就远比欧洲君主制伟大。"在我们面前出现的前景明亮耀目，几不可估"；"我们在实现上帝意志时，上帝答应给我们每个人以帮助。……上帝从他高高在上的地位，赞许地向我们莞尔而笑"。[2]他写上帝，是为了激扬美国历史的风光，是为了证明"显明天命"合乎上帝的意旨。[3]

在 1834 年出版的《美国史》第一卷中，班克罗夫特显示出在资料使用方面所受的训练，更重要的是他阐发了美国历史的主题思想。他说，从殖民地时期"自由"就是美国的精神。共和制是光荣的，使美国走在世界各国的前列。他赞赏德意志原始种族社会的平等。这种说法为后来赫伯特·巴克斯特·亚当斯所主张的德意志"生源说"埋下伏笔。班克罗夫特所描绘的美国几乎没有任何阴影，所有的都是一派圣洁、自信、希望和进步。人们都依照上帝提出的完美计划，安排他们的社会。1874 年《美国史》第十卷问世。他在书中所表达的基本看法、基本方法和基本偏好都原封未变。他依然强调了进步观，强调了上帝对人类事务的影响。他认为，上帝自有安排，无须设想假如上帝停止实行其法则时，人类何以自处。他安慰他的读者说，尽管人类在现世生活中有许多无法解决的问题，但最终还是会得到善果的。[4]在这里他偏重了清教教义中的宿命论。班克罗夫特自始至终是一位唯一神论史学家。

因为班克罗夫特直面广大西部，扩张主义使命观自然是他的思想走向。这自然也使他在政治上始终不渝地成为民主党人。在 19 世纪上半叶，得克萨斯和俄勒冈并入美国版图，美墨战争又扩展了西部边疆。这一连串显示"显明天命"的政治运作照耀着民主党人，其中包括班克罗夫特。至于杰斐逊收购广阔无际的路易斯安那以及西班牙割让佛罗里达，可视为民主党人向西扩张的前奏曲。班克罗夫特是安德鲁·杰克逊总统的追随者。杰克逊是 1814 年在新奥尔良打败英国军队的英雄。不止于此，他从田纳西走进白宫，就象征着来自西部的"普

[1] Curtis Nettels, *The Roots of American Civilization* (New York: Crofts, 1938), p. 57.

[2] George Bancroft, *Oration* (New York: Schermerhorn, Bancroft & Co., 1865), p. 15; p. 25.

[3] Edward Saveth, "Scientific History in America", Donald Sheehan and Harold Syrett, eds., *Essays in American Historiography: Papers Presented in Honor of Allan Nevins* (New York: Columbia University Press, 1960), p. 2.

[4] Lilian Handlin, *George Bancroft: The Intellectual as Democrat* (New York: Harper & Row, 1984), p. 324.

通人"居然能闻问国事,虽然在班克罗夫特的书中"普通人"是抽象的,不是
"有血有肉的人"。[①]班克罗夫特的政治选择不合同代新英格兰人的口味,他在
政治上的飞黄腾达也令他们吃惊。1837 年他被马丁·范布伦总统任命为波士顿
港税务司长。1845 年又被波尔克总统任命为海军部长(1845—1846 年)。在任
期间,他创建了安纳波利斯海军军官学院。在担任代理陆军部长时(1846 年),
他命令太平洋舰队司令斯洛特,若美墨战争爆发,就立即夺取加利福尼亚港口,
不久又命令泰勒将军跨越墨西哥国境,发动美墨战争。之后他被任命为驻英公
使。南北战争结束后,班克罗夫特还被召至华盛顿,为新任民主党人总统安德
鲁·约翰逊起草国情咨文,后来他出使柏林。无怪班克罗夫特传记作者莉莲·汉
德林视他为"归依"民主党的知识分子。[②]

19 世纪上半叶,民主党人长期执政,班克罗夫特以其最旺盛的年华,为民
主党服务。他是一个以政治生活为主的历史学家。[③]他的史学业绩同他的政治
活动分不开,同他所处的时代分不开。这个时代背景是了解班克罗夫特学术思
想和学术业绩的至关重要的提纲。

班克罗夫特处于美国资本主义早期发展阶段。自由资本主义节节挺进,自
由资产阶级在年轻的共和国里赢得繁盛丰硕的果实。他诞生前十多年,美国的
第一次资产阶级民主革命方告胜利结束;在一生过半时,另一次资产阶级民主
革命也吹奏胜利凯歌。这个新兴共和国所发生的新事物激发美国人自己的思考,
也引起欧洲人的兴趣。共和国独立伊始,美国人就开始考虑如何摆脱旧殖民主
义者的影响,如诺亚·韦伯斯特以美国本土发音和词汇编纂字典,并以宣泄文
化独立的民族主义精神,于 1787 年写了一本美国史。又如超验主义者拉尔
夫·埃默森于 1838 年在哈佛发表题为《美国学人》的演说,提出制定"智力独
立宣言"的呼吁。他要求美国人不要一味遵从欧洲价值观,应当在本国文化中
寻求启迪。小说家赫曼·梅尔维尔甚至说,"让我们在文学上避开对英国显示仆
从主义的影响"。[④]到美国旅游或做短期定居的欧洲人,也对新兴共和国发表各

---

① Harvey Wish, *The American Historians*, p. 86.

② Lilian Handlin, *George Bancroft*.

③ John Spencer Bassett, *The Middle Group of American Historians* (New York: Macmillan Co., 1917), p. 178.
关于 "Middle Group" 一词,马库斯·康里夫和罗宾·温克斯在合编的《过去的大师们》[Marcus Conliffe and
Robin Winks, eds., *Pastmasters* (New York: Harper & Row, 1969)]中提出质疑。他们认为此词意思含混,因未指
明 "中间" 的涵意(参见该书第Ⅶ页)。以作者叙述的内容看,"Middle Group" 是指殖民地时期与 20 世纪初
年之间的史学家,故译为 "中期"。

④ F. O. Matthiessen, *American Renaissance: Art and Expression in the Age of Emerson and Whitman* (New
York: Oxford Univ. Press, 1941), p. 191.

种议论。如 1827—1830 年间居住在美国的英国小说家弗朗西斯·特罗洛普夫人于 1832 年出版《美国家庭的习俗》,詹姆斯·斯图尔特于 1833 年在爱丁堡出版《北美旅居三年记》(两卷),弗朗西斯·莱特于 1821 年出版《美国社会和习俗观》,约瑟夫·斯特吉于 1842 年出版《1841 年旅美记》。法国人克雷弗克、托克维尔和英国人布赖斯三人相互间隔三四十年分别出书,探讨美国的社会和政治问题。克雷弗克于 1782 年在伦敦出版《一个美国农民的来函》一书中提出何谓"美国人"问题。托克维尔于 1835 年和 1840 年先后出版《论美国的民主》,英国人布赖斯于 1888 年出版《论美利坚共和国》等。总的来说,他们的论述实质上都离不开"何谓美国人"这个命题。[①]

班克罗夫特从其唯一神论的宗教观、浪漫民族主义的精神和民主党人的审视角度,成功地回应或者较好地答复了当代社会提出的一些问题,其中包括克雷弗克、埃默森等人提出的问题。1834 年《美国史》第一卷的出版,自然引起读者重视。这本书不胫而走,风行一时,10 年内连续出了 10 版。1875 年前,第一和其余各卷出了 20 余版。班克罗夫特乘自由主义和进步主义之风,挥毫弄墨,文采熠熠。

美国立国年浅,无本土古代传统可言,美国人重实际,重实用,不重视抽象原理,不重视追究思想意识的辩证发展,不重视历史细节。[②]有识之士是在实践经验中审时忖势,应答时务。他们未负荷沉重的历史传统包袱,故不受故步自封的困扰;又都具有年轻共和主义的进取精神,故无妄自菲薄、虚无主义的连累。如同全盘照搬一样,故步自封和妄自菲薄都是蒙昧的表现。他们都是摆脱蒙昧主义的佼佼者。班克罗夫特即是其中最突出的一人。

及至 19 世纪 70 年代班克罗夫特出版《美国史》第十卷时,美国史学发展开始离开文史不分的年代。由于实证主义的传播,史学被视为科学,历史学家因而被视为从事专门科学研究的自由职业者。70 年代前,从事历史写作的人都是业余爱好者。文史合一,以文取胜,历史与史观是通过绚丽璀璨的文采传递给读者的。虽然早在 1839 年哈佛大学为史料编纂家、《北美评论》主编贾里德·斯帕克斯开设了一个史学讲座,但史学还不是一门独立的学科。从事历史写作的人首先必须有钱,有了钱,自然也就有闲从事历史写作。这批业余爱好

---

① Henrry Commager, *The American Mind* (New Haven: Yale University Press, 1950), p. 3.

② Oscar Handlin, *Truth in History*, Cambridge (Massachusetts: Harvard University Press, 1979), p. 60; p. 83; p. 93; p. 94. 汉德林举例称,班克罗夫特让雕版工去掉乔治·华盛顿鼻上的肉赘。斯帕克斯整理乔治·华盛顿的信件时,常常改动文法。

者中，只有家庭殷实的帕克曼有一个收藏充实的图书室。班克罗夫特在国外收集资料，主要靠朋友，在国内主要靠名气，别人乐于提供秘藏，而且他和富孀结婚，生计有仗。班克罗夫特边从政，边写作，用了 40 年才完成《美国史》。他在财政上的幸运还在于售书赢利，而且他善于理财，精于投资。19 世纪 70 年代，东部著名大学设立了历史系。1880 年美国已有 11 个历史教授，此数后来不断增加。密歇根大学、约翰斯·霍普金斯大学（主讲人为赫伯特·巴克斯特·亚当斯）和哈佛大学（主讲人为亨利·亚当斯）开设了研讨班。1884 年全国性历史学会成立。此前若干地区性史学会已经建立。1895 年全国性历史杂志《美国历史评论》创刊。1882 年赫伯特·巴克斯特·亚当斯创办了大学学报《约翰斯·霍普金斯历史与政治科学研究》。美国历史研究沿着班克罗夫特等非职业史学家所开辟的道路前进，推陈出新，更重视资料使用的方法和准确性，索引和附录更加精确完备，研究范围扩大了，贴近了社会，远离了抽象的上帝示谕。进入 20 世纪，系统资料编纂著作和集体撰写的大型通史和专史丛书出现了，新的学派出场了，书评地位提高了。[1]多卷本丛书中较有影响的有 C. C. 李和 F. N. 思奥普编《北美历史》20 卷（1903—1907 年出版），A. B. 哈特编《美国国家史》26 卷（1904—1908 年出版），艾伦·约翰逊编《美国编年丛书》50 卷（1918—1921 年出版），A. M. 施莱辛格和 D. R. 福克斯编《美国生活历史》13 卷（1927—1948 年出版）等。

在科学历史兴起之际，美国社会发展接近 19 世纪末。在政治、经济和社会思潮方面出现一个大转折。南北战争后，随着国内统一市场的形成，工农业突飞猛进。在"镀金时代"，主要因社会财富分配问题而引起的社会集体间的矛盾有增无已。军国主义开始抬头，海外扩张的喧嚣震耳欲聋。"自由"走向"组织"，垄断和帝国主义现象出现了。[2]放任主义已失时效。随之而来的是过度的个人主义、拜金主义和由此而产生的人际关系的疏离、个人的孤独忧惧，从而引发对做人的道理、人生的意义及处世的原则规范，乃至对宇宙、自然、社会、人类命运基本态度的恍惚。一些知识分子经不住客观社会变革的冲击，亨利·亚当斯就是其中最突出的典型之一，他在思想上幻想摆脱令他苦恼的现实，在空间上他想离开美国，浪迹欧洲，在精神上希望逃往中世纪。亨利·亚当斯与他的弟弟、历史学家布洛克·亚当斯不同，没有顺利地通过这个社会转轨时期。布洛克随着社会发展大潮，成为当时海外扩张主义的鼓动者，成为扩张主义带

---

① John Higham, *The Reconstruction Of American History* (New York: Harper, 1965), p. 4.

② 〔英〕伯特兰·罗素著，陈瘦石、陈瘦竹译：《自由与组织》，上海：商务印书馆 1936 年版。

头人西奥多·罗斯福的挚友。

亨利·亚当斯毕业于哈佛大学（1858 年），随后两年在柏林学习法律，并访问了意大利和法国。回国后，随父查尔斯·弗朗西斯·亚当斯从政。1871 年进入哈佛大学执教（1871—1877 年），主讲中世纪史兼任《北美评论》主编。爱德华·钱宁称他是"最伟大的教师"。①但在执教 7 年后，他离开哈佛，声称他不清楚在讲课中要讲什么。这种言谈透露出他的苦恼和思想危机。他从理想主义转向犬儒哲学，申言人类未来人性面临惨淡的劫数。他说，在战争杀戮的后面存在着人类文明将如何自处的问题。②他认为，人类肉体上和精神上的能量，依照热力学第二定律逐渐消耗。工业技术革命加速世界最后灾难的来临。1900 年 11 月他写信给他弟弟说，他"暗暗地想人们已临近世界巨大灾难的边缘"③。这种想法显示了亨利·亚当斯对世纪末的彷徨感。他是一个过渡时期的过渡人物④，也是一个悲剧人物。他的言论具有明显的时代特征。这是他之所以在美国史学史上占有一席地位的缘由。

进入 20 世纪后，美国兴起资本主义改良运动——进步运动。这是对自由资本主义跟跄失势时所提出的新问题的回应。班克罗夫特的著作虽然在广大读者中销声匿迹了，但他所留下的精神却在潜移默化中流传下来。他所宣扬的观念如扩张主义使命观、美国特殊论和优越观等在 20 世纪美国史学著作中还时隐时现。1966 年拉塞尔·B. 奈居然将班克罗夫特的《美国史》予以删节，并付诸刊印。理查德·霍夫斯塔特称，班克罗夫特的著作"仍然是 19 世纪美国历史意识的最伟大的界碑"⑤。当时美国科学历史学家的前进道路是以班克罗夫特为起点的。科学历史写作家虽然仍沉浸在新教精神中，但在程度上已不尽与以往相同，"上帝"一词已不再是他们的口头禅了。不过有的科学历史学家的文字过于刻板，因而业余史学家的光辉灿烂的文采还不时激起读者怀古之幽情。

（原载《历史研究》1999 年第 2 期，收入本书时补入了为该刊编者所删去的部分文字。）

---

① Machael Kraus, *The Writing of American History*, p. 178.

② William Appleman Williams, "Thoughts on Reading Henry Adams", *Journal of American History*, Vol. 68, No. 1 (1981), p. 15.

③ Elizabeth Stevenson, *Henry Adams: A Biography* (New York: Octagon Books, 1977), p. 302.

④ John Barker, *Superhistorians: Makers of Our Past*, 《交流》（美国驻华大使馆刊印），No. 3, 1984, p. 4.

⑤ Richard Hofstadter, *The Progressive Historians*, p. 19.

# 1981 年中国的美国史研究

就美国历史研究来说，1981 年可以说是收获丰盛的一年。有一批新的专题论文发表了；旧命题也有了新的发展。最显著的特点是：1981 年出现了一批争鸣的文章。美中不足之处是，除了少量有关美国史的译著和资料选辑外，综合性著作不多。

## 一

"争鸣"文章的焦点大致集中在三个问题上：（1）关于"门罗宣言"的评价；（2）关于林肯对待黑人奴隶制的态度；（3）关于富兰克林·罗斯福"新政"的评价。

关于"门罗宣言"的评价，主要有下列三个争论问题：（1）门罗宣言针对的对象是什么；（2）"门罗宣言"的性质；（3）"门罗宣言"与拉丁美洲独立运动的关系。

吴瑞在《早期门罗主义剖析》（《江苏师院学报》1981 年第 1 期）一文中认为，下列两种说法都有片面性：一种是"宣言"解除了神圣同盟的干涉，保卫了拉丁美洲各国的独立；另一种是未发现有神圣同盟实行武装干涉的具体行动计划的档案材料，因而门罗主义捍卫拉美独立的说法纯粹是一种编造的谎言。作者认为，"门罗主义的提出一方面是为了谋求摆脱欧洲的影响，抵御欧洲列强的干涉，防备大国侵略，维护美洲体系，这是它的积极作用；另一方面是为了追求自己行动自由，获取自身利益而周旋于大国之间，伺机在美洲进行殖民扩张"。"这是美国政府决策人的真实思想动机"，"标志着美国政府外交政策发展到排斥欧洲势力，企图独霸美洲的新阶段"。刘恩在《关于门罗宣言的几个问题》（《世界史研究动态》1981 年第 8 期）一文有类似的看法，也认为门罗主义具有双重性质，即一方面反对欧洲列强对美洲的干涉，有自卫防御的性质；另一方面又有侵略的潜在动机。作者认为，"在门罗宣言公布时，前一种倾向是主要的，直到 1830 年后，后一种倾向才成为主导方面"，因此作者形象地把门罗宣言称为"一把多刃剑"。剑头指向欧洲列强，由美国利益构成的剑柄却操在美国之手。祝立明在《试论门罗宣言的性质与作用》（《世界历史》1981 年第 5 期）中认为，神圣同盟"严重威胁拉丁美洲国家的独立，是门罗宣言产生的基本原因"，所以他指出"'门罗宣言所打击的对象便是虚构的'说法显然不符历史事实"。同时他认为，"门罗宣言在当时历史条件下，是防御性的，在客观上它维护了拉丁美洲新独立国家不受神圣同盟的武装干涉，因此它具有一定的进步意义"，而且"扩张思想在当时由于美国自身的条件，并未成为对外政策的指导思想，这个条件就是美国当时的国力尚弱"。因而他认为，"门罗宣言是美国企图建立它在美洲的地区统治的宣言"的说法，"与实际情况是不相符的"。

关于林肯对待黑人奴隶制的态度问题，近年来有所争论，而 1981 年又有了新的发展。霍光汉和郭宁枕发表的《论废除奴隶制度中的林肯》（《郑州大学学报》1981 年第 2 期）和《关于林肯的评价问题——与刘祚昌同志的商榷》（《世界历史》1981 年第 2 期）两文的论点是：林肯"不愧是一个比较彻底的废奴主义者"；林肯的废除奴隶制的思想和立场是一贯的；在消灭奴隶制的方法、步骤和手段上，"中间容或有动摇"；林肯提出的维护联邦统一的主张是一个战略口号，"一旦资产阶级掌握政权，废除奴隶制是势在必行"的。因此他们对于林肯是被迫废除奴隶制度的以及他"领导的战争不是为了废除奴隶制度"等说法，提出异议。林穗芳的《一个传奇人物：美国第十六任总统林肯》（《人物》1981年第 1 期）则从不同的角度提出看法。他认为在两种社会制度的斗争中，林肯是"站在自由劳动一边"，"反对'奴隶劳动'"的。林肯之所以解放黑人、武装黑人，是由于人民的压力。如果林肯不让步，北部就有发生人民革命的危险。"林肯的高明处就在于他能够顺应历史发展潮流，倾听人民群众的意见，从挫折中吸取教训，根据客观需要改变政策，把这场'按照宪法原则'进行的镇压叛乱的战争，变成'以革命方式'进行的解放被奴役种族和改造社会制度的战争"。

近年来，关于富兰克林·罗斯福的对外政策多所评论，但对于罗斯福内政政策的讨论却为数很少。1981 年刘绪贻在这方面作出了新的开端。在《罗斯福"新政"对延长垄断资本主义生命的作用》（《历史教学》1981 年第 9 期）一文中，作者首先对我国解放后关于"新政"的研究，提出概括的估价和评论。他说，"解放后我国史学界一般认为新政是挽救美国垄断资本主义的改良措施，它不能解决资本主义社会的基本矛盾，消灭危机。这与解放前资产阶级学者对'新政'的研究相比，成绩是带根本性的。但 30 年来，特别是 60 年代以来我们对

'新政'的评价是有片面性的"。如有的说"罗斯福新政是一个彻头彻尾为垄断资本主义服务的东西",有的说新政"以彻底失败而告终"等。作者提出,为什么美国垄断资本主义具有一定的生命力呢?他举出一些新政对垄断资本进行限制的措施,以及适当照顾"中、小资产阶级和广大劳动群众的利益,改善他们的处境"的措施,说明"在资本主义,以至垄断资本主义制度内部,除了阶级压迫和剥削以外,还有着某种社会机制,起着改善群众处境、缓和阶级矛盾,使垄断资本主义可以维持下去的作用"。因此作者认为,罗斯福"新政"正是美国垄断资本主义部分调整其生产关系,以适应生产力发展的突出事例。

## 二

关于美国经济史,近年我国学者比较注意,特别是对于美国工农业发展的历程、特点以及迅速发展的原因论述较多。1981 年美国农业发展史的研究又有了新的成就。潘润涵、何顺果撰写的《近代农业资本主义发展的"美国式道路"》(《世界历史》1981 年第 1 期)一文引起史学工作者们的重视。作者首先分析了农业资本主义发展中美国式道路与普鲁士道路这两种不同典型所以形成的原因,认为"革命中民主力量的大小"是"决定性的原因",而"美国的民主力量是很强大的"。就此,作者表述了"美国式道路"的含义,认为"所谓农业资本主义发展的美国式道路",就是独立的自由农民在"自由土地上不受封建残余束缚的自由发展,并在充分的自由发展中形成资本主义农场主"。作者认为,这条道路在美国全国范围内取得胜利,不是一帆风顺的,而是经过一系列的斗争,其中包括革命战争。因此,作者也反对一些史学家所谓早在殖民地时代就开始了这种道路的形成过程。作者认为,"真正为美国式道路的产生开辟道路的是独立战争的胜利",而"'宅地法'的实施和种植园奴隶制的废除是农业中资本主义发展的'美国式道路'在全国范围内的初步胜利"。作者也反对"'农场主'就是资本主义农场主"的说法,认为"美国农场主经济的发展经历了两个阶段:宗法式的和资本主义的"。最后作者把"美国式道路"同法国资本主义农业发展作了比较,认为"在从封建主义向资本主义的过渡中,近代各国历史的发展不仅取决于封建制度的破坏还取决于在破坏封建制度之后农民存在的形式"。

另一篇讨论美国农业发展的论文是李存训的《美国南北战争后农业迅速发展的特点与原因》(《世界历史》1981 年第 4 期)。在特点方面,作者提出四个"并举"(发展农业同发展工业并举,发展种植业同发展畜牧业并举,发展粮食作物与发展经济作物并举，扩大耕地面积同加速农业半机械化并举）和一个"高度发展"（农业地区专业化和农产品商品化高度发展）。在原因方面，作者除提出"美国从未经历过封建主义；一开始就在资产阶级基础上发展起来，和南北战争扫除了美国资本主义发展道路的主要障碍"外，还提出五个"正确的政策和措施"（联邦政府制订了在资本主义制度下比较民主、比较进步的土地法令，大力发展农业教育和农业科学研究事业和培养农业技术人才，大规模兴修横贯北美大陆的铁路，积极鼓励移民入境，大大加强国家管理农业的行政机构，使它成为推行农业政策的重要工具和农业科学研究的中心）。黄安年在《美国经济的发展和封建影响的消除》（《北京师范大学学报》1981 年第 1 期）一文中，指出美国没有封建包袱的原因是，"欧洲移民来到北美殖民地，没有搬来欧洲的封建专制主义政治制度，而从一开始就有了带资产阶级民主制萌芽的组织形式"，当然美国在自身的发展过程中也从欧洲带来了不少封建主义的残余，但"从 18世纪 70 年代起，美国不到一百年时间内经历了两次具有重大意义的资产阶级革命，使封建残余势力受到致命打击，为资本主义在美国的全面发展创造了最好的条件"。

## 三

1981 年在美国史学研究方面，也有了新的进展。丁则民发表了《关于 18世纪美国革命的史学评介》（《社会科学战线》1981 年第 1 期）一文，作者就美国革命史中三个重点问题（革命的原因、革命期间社会阶级的矛盾斗争和 1787年宪法与革命的关系），分别评介了帝国学派、进步学派、新保守学派和新左派等学派。张友伦也对美国革命史学进行了研究。他在《关于独立战争的美国史学》（《南开学报》1981 年第 4 期）一文中，集中评述了有关独立战争性质和原因的各主要学派的观点，并结合美国政治和经济发展五个主要时期的特征，阐述美国史学发展中各流派的观点及其形成的历程和影响。

冯承柏撰写的《关于美西战争起源的美国史学》（《南开学报》1981 年第 1期），是一篇专题性质的史学论文。作者从经济、政治、文化思想以及国际关系和历史人物作用三方面加以评价，其中着重评价了朱利叶斯·普拉特所谓美国"企业界，特别是东部企业界在 1897 年底和 1898 年初的几个月强烈反对战争"的说法。作者在评介了赞成和反对普拉特观点的诸史学流派之后，得出结论说，"美国企业家自始至终反对战争之说是站不住脚的"，因为"在一部分资本家中，

特别是对于一旦战争打响后，首当其冲的东部沿海资本家集团来说，产生种种
疑虑是不足为怪的。更何况一个阶级的长远利益和整体利益，在一段时间内不
为本阶级的一部分甚至很大一部分成员所认识所理解，也是历史上屡见不鲜的
事情。……战争是美国垄断资产阶级势必采取的手段。有些资本家从自己局部
利益出发，顾虑重重，下不了开战的决心，并不能说明整个垄断资产阶级的态
度"。接着作者指出所谓"社会思潮""好战精神""新天定命运"说、"心理危
机"说、"黄色报刊煽动"等等说法，归根结底是"反映了资本主义经济发展到
新阶段的新要求"。关于美国史学家所谓麦金利"爱好和平""意志薄弱""屈服
于好战的人民和国会的强大压力"等等说法，作者指出，资产阶级学者的真正
意图是要"通过肯定麦金莱（利）本人及其政策来肯定美国进入帝国主义时期
对外侵略扩张政策的合理性"。作者认为，麦金利在和战问题上表现过犹豫不决，
但这只不过是"在统治阶级本身没有取得一致意见之前，作为阶级的代表人物
麦金莱（利）是不敢轻启战端"而已。

# 四

　　还有一批比较重要的研究成果，包括美国外交史、美国历史人物评价、美
国黑人奴隶制和黑人运动、美国民族形成的特点等。

　　黄德禄在《"天定命运"与美国大陆扩张》（《河北师院学报》1981 年第 1
期）一文中，着重分析了 19 世纪 40 至 50 年代美国大陆扩张政策，论述了"天
定命运"说的由来。王玮在《美国早期外交中的孤立主义》（《世界历史》1981
年第 6 期）一文中，结合历史事实，对"孤立主义"这个美国外交史上含混不
清的术语做了解释。他认为，孤立主义"一方面具有内向性"，即力求摆脱外部
世界的影响，抵御和防止外来干涉，维护本国独立；另一方面又具有"外向性"，
即与世界各地扩大贸易往来，保持行动自由，伺机在美洲进行扩张。

　　1981 年和往年一样，在美国外交史研究方面，讨论了第二次世界大战前夕
美国对外政策。杨嘉克、令湖萍的《美国参战前罗斯福反对希特勒法西斯的斗
争》（《山西大学学报》1981 年第 3 期），论述并肯定了罗斯福在美国参战前反
对希特勒法西斯的斗争，分析了这种斗争的发展阶段，进而阐述了罗斯福的动
机。最后作者对于战后苏联史学界和我国史学界的一些看法做了评论。曾醒时
在《捷克"五月危机"前后的美国外交》（《华南师院学报》1981 年第 2 期）中
认为，"30 年代罗斯福的外交政策毕竟是很矛盾的"，反孤立主义、反法西斯侵

略即使是主要的，也只是其中的一面。1938 年希特勒挑起捷克苏台德问题的
"五月危机"前后的美国外交活动，可以说明罗斯福外交政策中的绥靖主义的
一面。只有对两方面都作出充分的估计，"才能够比较接近历史上罗斯福外交的
真实"。张继平的《珍珠港事件为何发生？》(《世界历史》1981 年第 6 期)，则
从美国政府疏于戒备、执行中立主义、对客观形势判断错误等角度分析了事件
发生的原因。

在美国人物评价方面，有黄绍湘的《美国资产阶级民主革命家——托马
斯·杰斐逊》(《外国史知识》1981 年第 2 期)、杨增书的《美国内战中的菲利
普斯与黑人奴隶的解放》(《暨南大学学报》1981 年第 3 期)、肖宗的《在美国
播种马克思主义的约瑟夫·魏德迈》(《外国史知识》1981 年第 6 期)，以及黄
颂康的《美国对布克·华盛顿的再评价》(《世界历史》1981 年第 4 期)。黄绍
湘指出，杰斐逊是"美国杰出的启蒙思想家、资产阶级民主革命家和美国民主
传统的奠基人"。但"杰斐逊毕竟是资产阶级民主主义者，他受到所属的阶级和
所处的时代的限制，他的民主主义并不是彻底的"，如他主张白种优越论，认为
民权不可授予妇女等。杨增书认为，温德尔·菲利普斯"不愧为美国废奴运动
革命派中的一位杰出的领袖"，因为在内战期间，他"为推动林肯政府'用革命
方法进行战争'和彻底消灭奴隶制度而进行了坚持不懈的斗争，从而为美国黑
人奴隶的解放和北方的最后胜利，做出了重大的贡献"。黄颂康首先评介了关于
布克·华盛顿的传统解释及其存在的问题，进而论述了迄今已出版的布克·华
盛顿书信文件的内容以及对华盛顿再评价的内容和意义。作者认为，"布克·华
盛顿虽然绝不是一个英雄式人物，但他以自己特殊的方式方法，掌握了他那一
个时代的实业精神和南、北部白人、黑人的心理，从而获得了历史上罕见的成
功，为南部黑人办了许多好事。至于他所办的好事和他的妥协路线对黑人运动
所起的麻痹作用，两者孰重孰轻，也应实事求是地衡量，有分析地对待。因此，
不妨认为，修正学派对布克·华盛顿的再评价基本上是可以接受的，对他也应
考虑当时的历史环境，一分为二，不应完全否定"。

刘祚昌在《史学月刊》(1981 年第 4、5 期)上发表了《美国奴隶制度的起
源》。作者阐述了美国奴隶制度产生、形成和确立的过程，认为"北美的特定历
史条件及地理环境，也只有和资产阶级的贪婪性结合在一起，才产生奴隶制度"。
"在同样的历史条件及地理环境下，也未尝不可以出现更民主的劳动制度，问题
在于当事人是哪个阶级"。刘绪贻在《二次世界大战后十年美国黑人运动的起
伏》(《武汉大学学报》1981 年第 2 期)一文中论述了战后美国黑人的处境和觉

悟、战后几年黑人运动的高涨以及 1947—1955 年黑人运动低落的原因，指出"战后十年，在一阵高涨之后，美国黑人运动基本上是一个通过法院进行斗争的阶段"。

关于美国殖民地时期的研究，论文不多。较为重要的是颉普的《关于美利坚民族的形成问题》（《兰州大学学报》1981 年第 2 期）。作者将美利坚民族形成时期分为三个阶段，即渐进时期（1607—1689）、急进时期（1689—1763）和跃进时期（1763—1776），并分析了各阶段民族形成过程的特征和原因，对美国殖民地时期的历史研究，做出一定的贡献。

（合撰，原载《中国历史学年鉴（1981 年）》，人民出版社 1982 年版）

# 博与约的关系及其他*

## ——关于美国史研究的几点想法

近几年来我国美国史研究工作取得了显著的进展，这是同下列两个因素密切相关的。首先是党的十一届三中全会制定的解放思想、实事求是的方针，驱散了多年笼罩学术界的阴霾，激发了研究人员的积极性。其次，中美建交也促进了美国史研究的迅速发展。所取得的成绩表现在四个方面：第一，成立了全国性的美国史研究会，开过四次年会，会员已近三百人。专业队伍组织起来了，且在不断扩大，美国史研究机构增加了，学术讨论也活跃了。第二，发表了数量可观的有关美国史的论文、专著和译作。第三，国际学术交流加强了，外文书报和资料也不断增多。第四，有的大学和研究机构已招收美国史硕士或博士研究生，美国史研究的后备力量增强了。

对于已经取得的成绩，决不能低估；但由于基础薄弱，美国史研究无论从广度或深度看，都同时代的要求相去甚远。要取得更大的发展，就不能不考虑四个具有战略意义的问题。我想结合自己在美国史教学和科研工作中所体会到的，谈点不成熟的想法，权作引玉之砖。

第一，我们应切实解决好博与约即通与专的问题。博与约是辩证的统一，二者互相渗透，相辅相成。博而不约，则缺主攻方向，涉猎范围则不免庞杂，读书易失于浮光掠影，为文易失于泛泛。反之，约而不博，则知识面窄，就如盲者摸象，往往以偏概全，做出片面性判断。历史重在分析综合，融会贯通，这就需要博与约的统一了。

从目前实际情况看，通才实在太少了。目前普遍存在的问题还不是太博，而是太约，宏观研究不够。博览才能精思。我们应当大力开拓知识面。这对于推进学科的发展至为重要。

历史科学涉及的面极广，其中有政治、经济、社会、文化、军事、外交、

---

* 为文时曾得到李青同志的协助，顺致谢意。

法律、宗教等，简直无所不包。固然，研究国别史，不能要求每人对每门专史样样精通，那是不现实的，因为每人的精力和时间究竟是有限度的。但不论研究哪个国别，都须有通史的坚实基础。这里所指通史，不仅包括所研究的那个国家的通史，也应包括世界通史和中国通史。我们不但要通古今，还须通中外。不然，就无法从纵横关系比较历史，也不能估计某一事件或人物在总的历史进程中应占有的地位，更无从正确判断和反思我国历史现象的涵义，以及我国文化传统的价值。

就目前研究生来说，更应注意博的问题。特别是对于非本科毕业的研究生，博的问题更显得格外重要，研究生不能目无全牛，不能见木不见林，不能在三年学习过程中只为一篇论文而奋斗。知识要广些，更广些，基本知识要扎实些，更扎实些。

当然，博中也要注意求精，博而不精谓之"杂"。求精就须结合研究方向，建立一个合理的知识结构，应在博的基础上求约，在通的基础上求专。

学习无止境。学识的增长是一个日就月将的积累过程，也是一个不断扬弃落后的旧观念和旧方法，不断吸收进步的新知识、新观点和新方法的发展过程。做学问，要根据各个阶段研究的实际需要和各自知识的欠缺，调整自己的知识结构。调整得越及时、越自觉，游刃的余地就越大，庶乎有所创新。

第二，从美国史科研重大项目来看，亟待解决好有关"资料—专题—通史（或专史）"这一研究程序问题。通史的总的要求应该是：内容充实，结构严谨，在重大问题上尽可能有所创新。这样的通史才是成功的通史，才能产生较大的影响，才可能取得较稳定的学术地位。

如果把通史喻为一座大厦，那么资料和专题研究就是大厦的基础了。没有坚实的基础，牢固的大厦就无从建立。

占有丰富的资料，是研究工作最起码的条件和要求。资料是装配机器的元件。元件不足，无从装配合格的机器。像马克思的《资本论》和达尔文的《物种起源》这样的不朽名著，都是在资料基础上矗立起来的巍峨大厦。又如，早期美国史学家乔治·班克罗夫特在国内向档案馆和私人收藏家搜集资料，还到欧洲各国档案馆和私家直接或间接抄录资料，为其通史奠立了扎实的基础。另一个早期美国史学家弗朗西斯·帕克曼为了写好印第安人史迹，就亲自到印第安人中去考察，收集了充足的第一手资料。

资料是无限的，也受着时间和空间的限制。所谓充足，只能是相对的。因此我们不能一味追求资料，不能为资料而资料，但同时也不能轻视资料，须重视资料的一定的数量和质量。

有了资料，还须进行分析、筛选和综合，写出专题论文，填充本学科的空白点和薄弱环节。之后，才能建立较完整的体系，写出博大精深的通史。例如，美国外交史学者在 20 世纪初开始系统收集资料，在写出若干论文之后，到 30 年代才有高质量的外交史出现。固然我们不应妄自菲薄，应当运用马克思主义基本原理去建立新的美国通史学术体系，但不宜急功好成，忽视奠定大厦的基础，更须清醒地掌握"资料—专题—通史"这个大致的研究程序。只有好的愿望还不够，更重要的是要有实现愿望的科学方法。

通史也往往是集体合作的项目。第二次世界大战后，在美国，几个专家合作撰写通史的，比战前增多了。这说明，由于资料和跨学科研究的增加，专题研究在通史写作中的分量更突出了。"二战"后，依时间顺序排列的专题丛书在数量上和种类上也都增加了。许多史学科也更着重实例研究，即围绕一个地区或一个专题进行深入的分析和综合，因此专题论文集大量出现。论文是供写作通史的材料。这也说明，写一本内容充实的通史，势须专家们通力合作。

第三，进一步解放思想，吸收国外史学研究中有用的新知识与新方法。

美国历史研究要发展，还应不断吸收国外史学家所提出的有价值的新知识，特别要注意他们的有价值的史学方法论。通过批判吸收，丰富我们的研究内容，改进我们传统的治史与传授知识的方法，达到外为中用的目的。换言之，既要"引进"，又要消化。只"拿来"，不消化，不对比，则不能为我所用。"拿来"是手段，不是目的。目的是消化和创新，以及提高我们的研究水平。我们既不应搞自我封闭，也不应搞唯洋是尊。前者是对国外优秀文化的抹杀，后者是对我们自己文化传统的抹杀。两个抹杀是两极化的虚无主义，应予警惕。我们不仅要善于批判地吸收外来文化，丰富和反思我们的文化，而且要主动地参与世界文化的交流。吸收和参与都是我们当代学者所面临的挑战。我们国家独立生存于世界各国之林已几千年，历史悠久，源远流长。我们有自强不息的精神，有优越的社会条件，我们应当捡起时代抛给我们的"手套"。

20 世纪六七十年代以来，美国史学发展较快，在内容和方法上改变很多。这反映了美国社会、政治、经济以及文化思想运动状态，也反映了与之相适应的学术上的重大变化。就方法论说，计量史学的兴起是美国历史研究中一个重要的进展。计量史学以电子计算机为手段，以统计学为方法，使传统的手工方式往往不能使用的大量数据得到有效的利用，从而使某些适用计量法的史学研究课题得到发展。计量法首先应用于经济史的研究，继而扩展到政治史、社会史。这一方法有一定的局限性，因为历史研究中的社会关系很难用数据表达出来，而且选样的标准也不易确实，不过作为一个辅助方法，从量求质，还是有效的。计量法开辟了资料的新来源，扩大了资料的数量。这就增强了历史学对历史现象的透视力。就内容说，美国史学在 70 年代最引人注目的进展之一，是社会史研究的迅速扩大。社会结构史、社会流动史、家庭史、妇女史，以及工厂、监狱、城镇、医院和教堂等社会组织的历史，扩大了史学研究的领域。移民史、少数民族史、文化思想史的研究增强了。口述史学、比较史学也有了进展。"从下而上"地研究历史这一口号也提了出来。

现代科学发展的一个重要特点，是不同学科的相互渗透，跨学科的研究，甚至社会科学与自然科学的交叉研究，引起史学家的强烈兴趣。传统史学着重用文献资料，着重考证，着重叙述，着重政治和军事事件，而跨学科研究则着重政治、经济、文化思想史的综合和诠释，因此要求历史学家与其他学科（如社会学、人口统计学、人类学、心理学以及自然科学等）的学者进行合作，借助于其他学科的理论与方法。旧的历史学和史学方法面临着"挑战"，我们不应囿于狭窄的专业圈子之内，应看到现代科学中各学科之间相互依存、相互联系的发展趋势，要敏于涉猎其他学科，扩大视野，特别要重视边缘即交叉学科。

过去我们过于注重历史的统一性，对历史的多样性注意不够，今后应大力发扬理论联系实际即具体分析的学风。如在决定历史发展的诸因素中，经济是主要的因素，但这不等于经济决定论。承认经济是主要决定要素，并不等于否认其他因素，而且在特定的地方或特定的时间，其他因素也可成为主要的因素。总之，历史的多样性应予重视，但也不应落入相对主义的陷阱。

我们应不尚空谈，对于新的观念和新的方法要根据马克思主义基本原理，认真地进行分析、比较、筛选、吸收和积累，而不应在新事物面前采用因循守旧的态度。我们要努力运用新方法和扩大新视野，去丰富和发展马克思主义史学理论，去研究我们所短缺的新课题，以期在撰写美国通史和专史上有所创新。这是摆在我国美国史学者面前的一个重大任务。

第四，切实加强美国史学科队伍的建设，尤其重视和做好研究生的培养工作。

评定一个科研单位的标准有二，一是看是否有一定数量和质量的科研成果；二是看是否有一定的数量和质量的人才。科研单位定要多出成果，多出优秀的成果；一定要多出人才，多出优秀的人才。研究生是科研的未来生力军，事关后继有人、后继得人的问题。

从最近几年招收美国史研究生的情况来看，一个比较普遍的现象是：外语系毕业的考生外文基础好，史学基础差，历史系毕业的考生则相反。这就会增加他们在三年学习期间的学习负担，势必影响他们在专业方面所应达到的广度和深度。如果录取历史的毕业生，则因为外文水平差，同样会影响专业研究的质量。从根本上看，这个矛盾是和当前教育体系的实际状况分不开的，要解决这个矛盾，对于从小学、中学、大学到研究生院这个教育体系中的学习科目与程序，须作出通盘考虑。随着学生级别的提高，应适当调整学习程序与课程安排。目前入学考试中的综合考试，以及非本专业毕业生在入学后补修专业基础课的规定，均是权宜之计，用心是好的，但实行起来往往困难重重，不了了之。具体地说，中学是关键，应着重从中学抓起（当然，假如目前可能的话，最好从小学抓起）。中学是学生在德、智、体各方面打基础的重要时期，而且在智育本身也有个全面发展的问题。中学不应只抓数、理、化和语文等课程，对于史地和外语等也应给以足够的重视。如果学生在中学和大学阶段在历史和外语方面打下坚实的基础，那么在研究生院才可能有充裕的时间去博览，去思索，在某一方面进行深入钻研，有所创新，同时也可摆脱只为毕业论文而奋斗的局面。

作为外国史研究生，不能不大量阅读外国的书籍和报刊。这里就有一个如何对待资产阶级史学著作问题。阅读外国的书籍，应该提倡，但也应提倡提高辨别能力，提高自己运用马克思主义基本原理去剖析筛选的本领。既不应排斥一切，也不应唯外是尊。

研究生以自学为主，但不可缺少导师的引导。导师应确实负起指导的责任，切忌"放羊"。引导的主要方式是讨论。所以采用讨论方式，旨在培养研究生的独立分析与批判的能力，以及独立工作的素质。要讨论，就得求同存异，就得比较分析，就得以理服人，不搞一言堂。这对于培养研究生的民主作风、民主气度与涵养极为重要。当然，这一条不仅实用于研究生，在本科教学和科研工作中也应体现。研究内容越扩大、越复杂，越需要对话，越需要交流信息和思辨。讨论班（即习明纳尔）是培养研究生的行之有效的形式。讨论班源于德意志。在讨论班上，导师起着启发引导的作用，必要时作出提示和释疑，更重要的是发挥研究生的主动性与创造性。导师是讨论班上的一员，不搞独白式的满堂灌。导师不仅"授人以鱼"，而更重要的是"授人以渔"。近代史学流派大都是从讨论班上产生的，例子很多，不胜枚举。研究生必须经常积极地参加学术讨论会。会议无论大小，都是开展眼界、摄取新观念和新方法的场所。在英美大学中，甚至利用茶余饭后时间，举行小型报告会。报告人简短地说明所要阐发的内容，与会者提出问题。有问，有答，有辩论，可不做定论，也可"置若罔闻"。不拘形式，有话则长，无话则短，个把钟头即告结束。这种经常的活动既活跃了学生的思想，也活跃了学术气氛。

学的目的在于用。学习昨天，在于加深理解今天，尽可能好地预测明天。历史是离不开社会的。历史观，简言之，就是关于人类社会文化演进、社会发展规律的看法。评定一本著作或一个学派，主要看它的社会效果。所以对于学习社会科学的研究生来说，社会实践就是很重要的课题。书本知识是间接经验，在学习中所占的分量也较大，但不应忽视社会实践，不能搞唯书至上。研究工作不能脱离社会，应正视社会发展中所提出的新问题。参与社会实践，不仅在于发现有价值的问题或验证自己提出的解答，还在于培养为社会服务的精神。

我们当代人站在文化的交叉口上。我们走的是社会主义大路，接受的是社会主义教育，但我们或多或少地背有封建主义的包袱、小生产者的包袱。更坏的情况是，有的人甚至在潜意识中或多或少地还有半殖民地思想残余。此外，还有资本主义思想的冲击或侵蚀。就文化思潮言，我们正站在一个过渡的汇合点。我们一定要自觉、自尊和自信，保持高尚的理想和情操；还要刻苦学习，敏于精思和探索，善于识别方向，分清主流和支流，明察糟粕与精华。唯有这样，我们才能很好地应"战"，很好地发扬社会主义文化，很好地建设我们的两个文明。这是时代提出的任务，也是每个史学工作者应具有的自觉意识。

（原载《世界历史》1986 年第 4 期）

# 中国美国史研究四十年（1949—1989）

1949 年中华人民共和国的建立，为美国史研究带来了生机。解放前，美国史研究大都带有半殖民地气味，例如当时教学中所使用的课本完全是美国史学者的原著或原著译本。解放后，我国美国史学者是在一块硗薄的沙碛上，把美国史研究开展起来的。

1949 年中美邦交的中断，反抗美国侵略朝鲜战争的爆发，以及"文化大革命"的浩劫都对我国美国史研究产生了极其不利的影响。尽管如此，我国史学工作者还是在美国史这块园地上辛勤耕耘，锲而不舍。

从 1949 至 1979 这 30 年间，翻译了不少苏联学者和美国工人运动左派学者的著作。这期间我国开始试图运用马克思主义从事撰写美国通史的学者是黄绍湘。她先后出版了《美国简明史》（三联书店 1953 年版）和《美国早期发展史（1492—1823）》（人民出版社 1957 年版）。此时期也有不少有关美国史的论文相继问世。天津人民出版社择其中主要论文，依历史时间顺序，出版了《美国史论文选（1949—1979）》（杨生茂、林静芬编，1984 年版）。《美国史论文选》共收录文章 20 篇，其中有罗荣渠的《门罗主义的起源与实质》、顾学稼的《试论19 世纪末美国农民运动的发展与衰落》、王明中的《凯洛格铸造的非战公约》、黄安年的《外来移民和美国的发展》、卢明华的《论美国历史上的孤立主义问题》和邓楚川的《威尔逊与中国》等。这些文章也具有开拓研究的性质。

1979 年可以说是我国美国史研究突飞猛进的起点。1978 年底党的十一届三中全会确立了改革开放的总方针，在学术上倡导解放思想和实事求是。1979年 1 月中美正式建交，两国文化交流进入全新时期，这些均为美国史研究形成了有利的大气候。近十年来的美国史研究的成就主要表现在新的研究机构的创立，专业队伍的扩大和年轻化，国内外学术活动的增强，论文、专著、译著和基础资料的增多等方面。

关于研究机构，1964 年南开大学和武汉大学成立了美国史研究室。同年，北京大学成立了美国史研究组，南京大学成立英美对外关系研究室。中国社科院世界史所设立欧美组。该所刊物《世界历史》《世界史研究动态》等，成为发表包括美国史在内的世界史论文的主要园地。1979 年起陆续成立美国史研究室的有东北师范大学和山东师范大学。山东大学成立了美国文化研究所。北京师范大学设立了美国史组。复旦大学 1984 年成立了跨学科的美国研究中心，并已出版了《中美关系史论丛》（汪熙主编，复旦大学出版社 1985 年版）等文集。1986 年南京大学与美国约翰斯·霍普金斯大学合办中美文化研究中心。1987 年北京大学燕京美国问题研究中心成立。武汉大学、四川大学和南开大学等综合性大学均成立了美国研究中心。1988 年南开大学美国史学科被评为该领域第一个重点学科。除综合大学外，一些外语学院亦设立美国研究中心，如北京外语学院、上海外语学院和洛阳解放军外语学院等。在高等院校以外的机构有1981 年成立的中国社会科学院美国研究所。它是我国第一所多学科综合性的美国研究机构，出版了《美国研究》和《美国研究参考资料》等刊物。全国性的美国史研究学术团体是 1979 年成立的中国美国史研究会。到 1986 年第五届年会时，会员已有 341 人，会员分布于除我国台湾和港澳地区以外各省、市、自治区。该会已出版了 40 多期《通讯》，召开过五届年会。《通讯》还特辟专栏刊载美国史研究生毕业论文提要，扶植新生力量。该会编印了《美国史译丛》，组织编写六卷本《美国通史丛书》（人民出版社），还出版了三本美国史论文集，组织在美国史方面藏书较多的北京大学、南开大学、东北师大、武汉大学、北京师大、复旦大学、四川大学编印各自有关美国史的英文和中文书目。另一个学术团体是 1984 年成立的三 S 研究会，它旨在对斯诺、史沫特莱和斯特朗等国际友人进行介绍和研究。1988 年 12 月底，一个全国性学术团体——中华美国学会宣告成立，它也必将对我国美国历史及美国当代问题的研究起到积极的推动作用。

上述研究机构和团体的涌现意味着美国史专业队伍的壮大。蜚声该领域的前辈学者们，有些虽已届耄耋之年，却仍笔耕不辍，春秋正富的中年学者是学术中坚，初出茅庐的青年学子锐意创新。迄今为止，招收美国史硕士生的机构已有十多所。被授权招收美国史博士生的单位已有南开大学、中国社会科学院世界史所和东北师大。1983 年 8 月和 1987 年 11 月由《世界历史》编辑部等发起的两届全国青年世界史工作者座谈会，分别在北京和上海举行。会上我国青年美国史工作者所发表的一些见解，既富有睿智，又有现实意义。

随着专业队伍的壮大，国内外学术交流日趋活跃。除了上述两次青年学者座谈会外，1985 年 11 月在复旦大学召开了新中国成立以来第一次全国性中美关系史研讨会。与会者就"门户开放政策"和"九·一八"事变后美国对华政策等问题，展开热烈讨论。会议共收到论文 36 篇，主要汇集在《中美关系史论文集》第二辑（复旦大学历史系编，第一辑 1985 年版、第二辑 1988 年版）中。1986 年 10 月在亚洲基金会资助下，由北京大学和美国美中学术交流委员会联合发起的新中国成立以来第一次由中美学者共同参加的中美关系史学术讨论会在京举行。两国学者就解放战争时期及新中国成立初五年的中美关系中的敏感问题展开了坦率的探讨。为纪念美国宪法制定 200 周年，中国国家教委与美国美中学术交流委员会联合组织的第一次中美美国学研讨会，于 1987 年 10 月在京举行。双方代表就宪法的历史、修正案、杰弗逊与宪法、宪法与文化、宪法与外交，以及分权与总统风格等问题做了八个专题报告。几乎与此同时，在湖北大学举行了由《历史研究》杂志等单位发起的帝国主义专题讨论会。会议就列宁的帝国主义定义、考茨基的超帝国主义论、国家垄断资本主义、帝国主义历史地位及新特点和发达国家中的阶级结构等问题进行了理论探讨。1988 年 11 月为期六天的第二次中美美国学学术研讨会在南开大学举行。会议主题是美国总统制。30 多位中方学者与 16 位美国学者就与美国总统制有关的各种问题展开讨论。除上述不定期的学术会议外，最能反映我国美国史研究进展的学术会议，无疑是两年一度的中国美国史研究会年会。与会学者的人数、提交的论文篇数、选题的广度及探究的深度都逐届递增。而与会者年轻化的趋势尤令人注目。随着改革和开放的深入，选题的现实感逐渐增强。例如在 1986 年 8 月的第五届年会上，学者们从对美国政治制度、宪法和西部开发等问题的讨论，谈及我国当前政治体制改革、民主法制的健全以及开发大西北所应该和可能借鉴的合理措施。讨论带有浓重的参与意识。近年来华讲学的美国学者增多，其中有定期的富布赖特计划学者，亦有短期访问的知名学者。我国的美国史专家也频频应邀赴美讲学考察。不少青年学者赴美深造攻读，并且于 1987 年 9 月在美国成立了留美美国史学会。这些国际间学术交流对开阔视野和推动我国美国史学术走向世界无疑是大有裨益的。

　　1979 年以来我国美国史研究更重要的成就，表现在研究质与量的增长方面。这一时期翻译整理编辑的基础资料和出版的较有学术参考价值和代表性的译著，规模较大。由于篇幅所限，只得割爱。这段时期美国史的编著，就笔者所知，主要有黄绍湘由其前著《美国简明史》扩写成的《美国通史简编》（人民出版社 1979 年版）和由前著《美国早期发展史》修订扩写的《美国史纲（1492—1823）》（重庆出版社 1987 年版）、刘绪贻主编的《当代美国总统与社会——现代美国社会发展简史》（湖北人民出版社 1987 年版）、资中筠的《美国对华政策的缘起与发展：追根溯源（1945—1950）》（重庆出版社 1987 年版）、刘祚昌的《美国内战史》（人民出版社 1978 年版）、杨生茂编的《美国历史学家特纳及其学派》（商务印书馆 1984 年版）、曹绍濂的《美国政治制度史》（甘肃人民出版社 1982 年版）、邓蜀生的《伍德罗·威尔逊》（上海人民出版社 1982 年版）和《罗斯福》（浙江人民出版社 1985 年版）、陆镜生的《美国社会主义运动史》（天津人民出版社 1986 年版）、陈其人、王邦佐和谭君久的《美国两党制剖析》（商务印书馆 1984 年版）、韩铁的《艾森豪威尔的现代共和党主义》（武汉大学出版社 1984 年版）和时殷弘的《尼克松主义》（武汉大学出版社 1989 年版）等。论文集主要有三联书店出版的《美国史论文集（1981—1983）》（中国美国史研究会编，1983 年版）、天津人民出版社出版的《美国史论文选（1949—1979）》、复旦大学出版社出版的《中美关系史论丛》（汪熙主编，1985 年版）和重庆出版社出版的《中美关系史论文集》（中美关系丛书编辑委员会主编，重庆出版社 1988 年版）。尽管专著不算多，然而 1979 年以后十年的研究成果比起 1979 年以前 30 年的成果在广度和深度上显然是前进一大步。何况不少专著正在撰写中，有些即将出版或已交稿。此外，80 年代以来出版的各种版本的世界史教材、外国历史大事集和名人传、帝国主义侵华史近现代中外关系史、国际关系史、近代中国留学运动以及有关资本主义和当代帝国主义诸方面的论著，均从不同侧重点叙述和研究了美国方面相应的内容。与专著相比，这时期的论文数量尤为可观。它们不仅发表在前述的专业历史刊物上，更多的则刊载于各大学学报以及与美国研究相关的其他社会科学专业刊物上，其中不乏质量较高的论著。过去的许多空白点得以填补。关于美国史开端、若干历史人物的评价、南部重建、西进运动、罗斯福"新政"、孤立主义、门罗宣言、"门户开放政策"和抗日战争至新中国成立初期中美关系中的某些问题等等，都有较深入的研究。由于篇幅所限，即使只择要对 1979 年以来我国学者有关美国史研究较密集的问题加以论述，也不可能面面俱到。遗珠失玉，在所难免，今只侧重较新的选题予以概述，疏漏之处，尚望指正。

随着我国政治体制改革的开始，对美国政治制度史的探讨吸引了不少学者。谭君久在《美国政治制度史分期问题初探》（《世界历史》1987 年第 6 期）一文中指出，美国政治制度是美国式的资产阶级民主制，它具体表现为：（1）宪法的稳定性、权威性和灵活性；（2）严格的三权分立；（3）总统内阁；（4）典型联邦制；（5）两党制和利益集团制。黄仁伟在《美国政治制度史研究的几个问题》（《世界历史》1987 年第 2 期）中指出，国家不仅是某阶级暴力统治的机器，也是社会结构平衡的调节器，美国便具有后者的功能。进入国家垄断资本主义阶段后，国家机器同经济基础的融合不断加强。国家既是上层建筑主体，又是经济基础重要组成部分。刘德斌在《论美国两党制的产生及演变》（《世界历史》1988 年第 2 期）中认为，美国两党制的产生主要是内战前南北两种社会经济制度长期并存所致；它的发展是美国资本主义过渡到垄断阶段，并确立垄断资本统治的结果。其生存过程中有一持久性社会条件，即社会结构的中小资产阶级化和无产阶级政治上的不成熟。通过两党制的演变，社会中两大对立阶级的对抗性矛盾缓解了，两党制恢复了缓和暴力冲突和把社会各阶级阶层的要求导入一个渠道的作用。黄柯可在《美国两党制形成及历史特点》（《世界历史》1987 年第 1 期）中认为，两党制形成于 19 世纪 20 年代末，标志为民主党和辉格党争夺最高权力，并轮流执政形成制度。此后的政党始终受两个派别势力的制约。两党制是工商业资产阶级和种植园主两个派别斗争和妥协的结果，也是早期反独裁思想的产物。它排斥第三党于政权之外，主要因为它受宪法保护。

与美国政治制度紧密相关的美国文官制度改革也是近年来探讨的一个方面。王锦瑭在《美国文官制的改革》（《世界历史》1985 年第 3 期）中指出，美国文官制中的考绩制是作为起源于安德鲁·杰克逊时代的政党分赃制的对立物而产生的。该文列举了分赃制的弊害，分析了内战后文官改革运动的经济背景和社会历史渊源，详述了文官改革先驱萨姆纳的 1864 年议案、托艾·詹克斯在借鉴了包括中国科举在内的外国经验后做出的系列报告，以及 1883 年美国史上第一个文官法《彭德尔顿法》的产生和完善。之后该文指出，19 世纪 20 世纪之交的大改革不断完善上层建筑以适应经济基础，促进生产力发展，同时对劳动人民作出某些让步，故缓和内部矛盾，有利于资产阶级统治。席来旺在《美国行政系统官制的历史趋向》（《世界历史》1988 年第 1 期）一文中从宏观角度探寻了美国行政官制变革的四个历史趋向。一为不断改革，二为知识化、专业化，三为人才竞争，四为科学管理。黄兆群在《分赃乎？改革乎？》（《世界历史》1989 年第 2 期）一文中认为杰克逊代表中小资产阶级利益，是杰弗逊民主思想的崇拜者。这次改革使政府大门向百姓敞开，令不能把官职视为财产、为少数人垄断的民主思想深入人心。通过改革拔除凶邪，崇尚俊良，扭转了冗官冗费的局面。尽管改革缺乏系统纲领，且存在操之过急、私人偏见的弊病，但在当时无疑是进步的，是值得肯定的。与官制改革相联系的反贪污腐化的改革也成为近来探讨的内容。时春荣在《世界历史》（1988 年第 5 期）上载文列举了联邦政府和地方机构贪污腐化的不法行为以及现代美国历届政府反腐化改革措施。作者认为，腐化的加深和改革的失败根源，在于美国政府是大公司制度下的政府，它代表着垄断集团的利益，各级官员经常为个人或其组织的利益而活动，而国会对其内部丑闻往往姑息养奸，袒护迁就。

对于近代美国经济史，我国学者多有评述，如张友伦的《美国工业革命》（天津人民出版社 1981 年版）和《美国农业革命》（天津人民出版社 1983 年版），黄安年的《美国经济发展的历史条件》（《美国史论文集》人民出版社 1980 年版）和《外来移民与美国的发展》（《世界历史 1979 年第 6 期》，张友伦的《美国农业资本主义发展道路初探》（《世界历史》1982 年第 2 期），潘润涵、何顺果的《近代农业资本主义发展的美国式道路》（《世界历史》1981 年第 1 期），李存训的《美国南北战争后农业迅速发展的特点与原因》（《世界历史》1981 年第 4 期）等等。有关工业革命的工厂制方面，冯承柏发表了争鸣性文章《美国工厂制确立年代质疑》（《历史研究》1984 年第 6 期）。他认为工厂制度在全国范围内取得决定性胜利的时间是 19 世纪 80 至 90 年代。在研究城市史方面，王旭的《19世纪后期美国中西部城市的崛起及其历史作用》（《世界历史》1986 年第 6 期）一文是值得一提的。他认为，中西部城市的崛起是工业化向纵深发展的产物，美国经济发展的不平衡性给中西部城市化造成了有利的时空优势，使之得以跳跃式地发展，后来居上。

近年来，国家垄断资本主义和罗斯福"新政"是研究焦点最密集的问题之一。胡国成在《论美国经济制度向国家垄断资本主义的转变》（《世界历史》1985年第 5 期）中认为，早期国家垄断资本主义的特点是，国家干预经济常常是应受排挤或掠夺的商业界或消费者的要求而被动进行的，政府很少直接要求干预。国家干预的形式常以仲裁人的方式，而很少以直接投资来调节。干预一般是在州政府的规模上。因此，早期国家垄断资本主义基本上仅是个别部门中萌芽的个别现象，是作为消除经济生活中某些弊病的措施出现的。第一次世界大战中，美国政府对经济实行全面管制，国家垄断资本主义有了较大发展。但这种制度只能是暂时性的、不稳固的，因为它是战争所致，并非经济发展本身所要求的。故"一战"后，经济"恢复常态"，即战前自由放任状态。不过，此时经济仍部分地带有国家干预和管制的痕迹。30 年代大危机迫使罗斯福实行"新政"，即国家对经济实行有史以来最广泛、最深刻的干预。政府这次是应社会各阶层的要求主动地以直接和间接投资的形式，并辅之以财政金融政策，在联邦级的规模上进行的。此次由经济危机引起的国家垄断资本主义体现了经济规律的强制性作用。又因经济危机是资本主义制度所固有的，故由它引起的干预和管制是长久的、巩固的。因此，新政所实施的国家垄断资本主义一直延续下来。韩铁在《第一次世界大战到新政初期美国的合作自由主义》（《历史研究》1988 年第 6 期）中提出，在新政之前，美国私人企业组织的强大和国家机制的相对软弱，导致政府在加强干预的过程中必须依赖企业界，与之建立合作关系，故产生合作自由主义。这也是私人垄断资本主义向国家垄断资本主义的过渡仍处在初级阶段的重要标志。"一战"时的战时工业局、20 年代胡佛的社团公会主义和新政初期的国家复兴局，便是建立这种合作关系的三大尝试。作者还指出，胡佛是私人垄断资本向国家垄断资本过渡初期的历史人物。不应把他的政策笼统归结为自由放任，而无视他与 19 世纪自由主义的不同。因为他的社团公会主义已属合作自由主义范畴。其失败在于他不能适应向国家垄断资本主义的全面过渡的需要。新政初期罗斯福的经济政策虽比胡佛的大胆，但其全国工业复兴法在仰赖与企业界合作上仍属合作自由主义，与前两次尝试一脉相承，也终因未能适应全面过渡而失败。这迫使罗斯福走上福利国家和凯恩斯宏观需求管理的道路，为全面向国家垄断资本主义过渡奠定基础。

以往国内对罗斯福及其"新政"的评价很不客观。过去一般认为它是彻头彻尾为垄断资本主义服务，对资本主义剥削制度毫无触动，只不过是统治集团为挽救垂死的资本主义制度所采取的改良措施。它压制了人民民主权利，终以失败告终。对此刘绪贻在《罗斯福"新政"对延长垄断资本主义生命力的作用》（《历史教学》1981 年第 9 期）和《应当重视罗斯福新政对延长垄断资本主义生命力的作用》（《美国史论文选》）等文章中指出，"新政"是根据当时美国垄断资本主义发展需要，用国家干预经济生活的改良方法代替放任主义政策，"将私人垄断资本主义迅速地、大规模地推向美国式的、非法西斯式的国家垄断资本主义"。在保存资产阶级民主的前提下，局部改变了生产关系，在一定程度上改善了劳动人民政治经济处境，暂时缓和了阶级矛盾，基本上挽救和加强了垄断资本主义。但这并未消除美国社会基本矛盾。它酝酿着新的、更深刻、更难克服的经济危机。邓蜀生在其著作《罗斯福》中指出，"新政"不是社会主义，连最广泛意义的社会主义也不是。罗斯福不是激进主义者，没向现行制度挑战，他要求保持资本主义，改革某些弊端，而不是摧毁它。胡国成在《关于新政的分期问题——兼与刘绪贻先生商榷》（《世界历史》1986 年第 7 期）一文中认为将"新政"实施期限的下限断至今日的说法不妥。这是因为忽略了"二战"中罗斯福经济政策与战前的不同。即"二战"中政府推行的是战时经济管制而不是"新政"。该文指出延续至今的不是"新政",而是以"新政"为发端的国家垄断资本主义制度。国家垄断资本主义制度是个大的、长时段概念,而新政是其中一个小的、短时段概念。前者包括后者。

在研究美国垄断资本主义发展史,尤其是罗斯福新政及其后历届政府的社会经济政策方面,当以刘绪贻领导的武汉大学美国史研究室的成果最为突出。他主编的《当代美国总统与社会》(湖北人民出版社 1987 年版)是将该研究室学者发表过的论文进行加工和系统化后形成的。这是国内第一部战后美国内政史。作者认为,杜鲁门的"公平施政"、艾森豪威尔的"现代共和党主义"、肯尼迪的"新边疆"、约翰逊的"伟大的社会",都是"新政"的继续和扩大。直至今日,"新政"的主要政策仍是美国社会制度的根基。该书借鉴吸收了美、苏、东欧和我国经济学界和史学界的现有成果,内容丰富。尽管该书存在不少内容重复之处,但其史学价值和现实意义是不可忽视的。

美国工人运动、农民运动、黑人运动以及社会主义运动是我国美国史学界历来较受重视的领域。这些方面的研究人员和文章既有来自史学界的,也有来自国际共运和科学社会主义运动等相关领域的。陆镜生的《美国社会主义运动史》(天津人民出版社 1986 年版)是国内研究国别社会主义运动史的第一部著作。该书论述了美国自 19 世纪 50 年代初科学社会主义在美传播至"一战"后美共成立的社会主义运动,指出了该运动在美国特定环境中的特殊性;剖析了它的起伏跌落;分析了威·福斯特《美国共产党史》中的某些论断;探讨了各种非马克思主义的社会主义思潮;评述了美国的社会主义运动史学;最后扼要谈了作者对美国社会主义运动失败原因的认识。

美国史学家、流派和专题史学亦是我国学者颇为注目的方面。杨生茂在《论弗雷德里克·杰克逊特纳及其假说》(《美国史论文集(1981—1983)》)中国美国史研究会编,三联出版社 1983 年版)中对边疆史学派这位创立者作了全面评述。他还对史学"新左派"主要代表人物威廉斯进行过剖析。在《试论威·阿·威廉斯的美国外交史学》(《美国史论文集》)中,作者先分析了"新左派"思潮及背景,然后指出,60 年代新左派史学是对 50 年代一致论史学的反击;威廉斯对美国史特别是外交史上的正统解释提出异议。他的主要命题是:美国是个扩张主义国家,美国历史上从未有过孤立主义。作者指出,威廉斯将经济因素视为外交决策中起主导作用的力量。这正是威廉斯著作的价值所在。作者最后认为,虽然威廉斯对美帝国主义扩张政策特别是门户开放政策作了批判,但对资本主义社会基本矛盾认识不足。其他主要专题史学论文还有张友伦的《初论美国工人运动史学》（《世界历史》1984 年第 2 期）和《试论美国西进运动史学》（《世界历史》1985 年第 6—7 期）、丁则民的《关于 18 世纪美国革命的史学评介》（《美国史论文集》1983 年版）、杨生茂的《"新边疆"是美帝国主义侵略扩张政策的产物》（《美国史论文选》1984 年版）、黄绍湘的《评美国"新左派"史学》（《世界史研究动态》1980 年第 2 期）、冯承柏的《关于美西战争起源的美国史学》（《南开学报》1981 年第 1 期）、张广智的《美国"新史学派"述评》（《世界历史》1984 年第 2 期）、柯磊的《进步运动史学述评》（《世界史研究动态》1987 年第 12 期）和卞历南的《美国新工人史学刍议》（《世界史研究动态》1988 年第 3 期），等等。

美国外交史始终是个比较活跃的领域，尤其 20 世纪美国外交更是国内美国史、国际关系史、国际政治学者探讨的领域，论文多且见解纷繁。孤立主义和 30 年代中立法以及罗斯福对欧政策就曾引起过争鸣。王玮在《美国早期外交中的孤立主义》（《世界历史》1981 年第 6 期）中认为，1754 年 6 月的奥尔巴尼联盟计划即是孤立主义先声。华盛顿的《告别词》是孤立主义向成熟演变的里程碑。该原则在外交上首次运用是在 1812 年英法战争期间，1823 年的门罗宣言是它的发展。早期孤立主义具有两重性，一是抵御外来干涉侵略；二是谋求与外界交往，伺机向美洲扩张。卢明华在《论美国历史上的孤立主义问题》（《南京大学学报》1979 年第 4 期）中认为，严格意义上的孤立主义并不存在。孤立主义不过是部分人盗用华盛顿、杰弗逊名义编造的。邓蜀生在《罗斯福与孤立主义的斗争》（《复旦大学学报》1979 年第 4 期）中认为，中立法是孤立主义在 30 年代的表现，它反映了当时和平主义情绪。何抗生在《美国与慕尼黑》（《世界历史》1984 年第 3 期）中认为，罗斯福政府在慕尼黑危机期间采取了看风转舵的机会主义态度，虽然最终支持了英法绥靖德国、出卖捷克的政策，但所起作用不大，陷得不深。对此，黄贵荣在《罗斯福在慕尼黑事件中的作用——与何抗生同志商榷》（《世界历史》1985 年第 10 期）一文中指出，在慕尼黑会议上出卖捷克的是英、法政府，而这种出卖的最后机会却是罗斯福外交促成的，因为罗斯福建议的解决捷克争端的会议却没有包括捷克政府。"中立"作为美国削弱英、法在欧洲霸权地位的外交武器，在其被实施的初期，必然表现出"姑息"欧洲法西斯的政策倾向。关于门罗宣言，吴瑞在《早期门罗主义剖析》（《江苏师院学报》1981 年第 1 期）中认为，门罗宣言有双重性，即一方面反对欧洲列强干涉美洲，有自卫性质，另一方面又有企图独霸美洲的动机。刘恩在《关于门罗宣言的几个问题》（《世界史研究动态》1981 年第 8 期）中除了表达类似看法外，还补充说，在宣言刚宣布时，自卫倾向是主要的；1830 年后，侵略动机才为主导。此外，张宏毅的《现代美国对外政策中的意识形态因素》(《世界历史》1988 年第 6 期) 一文，是很有特色的一篇论文。

在美国史领域，中美关系史研究在 1979 年以来的这十年中可谓是发展最快、势头最盛、成果最多。这是由于：(1) 民主的学风正日趋浓厚。1979 年汪熙所发表的《略论中美关系史上的几个问题》(《世界历史》1979 年第 3 期) 引起争鸣。丁名楠、张振鹍发表了《中美关系史研究：向前推进，还是向后倒退？》(《近代史研究》1979 年第 2 期)。此后，罗荣渠也发表了引起学术界重视的《关于中美关系史和美国史研究的一些问题》(《历史研究》1980 年第 3 期)，向荣发表了《论"门户开放"政策》(《世界历史》1980 年第 5 期)，项立岭发表了《怎样向前推进？》(《世界历史》1980 年第 5 期)。这场讨论涉及中美关系史乃至整个中外关系史研究中的一些重大问题，如，如何看待美帝侵华史研究和中美关系史的性质，如何评估上述领域的研究成果等。这场讨论不仅深化了中美关系史上某些重大问题的研究，更重要的是，它开创了百家争鸣、平等讨论、各抒己见的好学风。(2) 中美建交后，随着文化交流的加强，我国学者有更多的机会赴美考察，攻读学位，得以收集第一手资料。我国的档案也多有开放。占有双边（甚至多边）新材料，无疑会大大提高研究质量。如，任东来的博士论文《不平等的同盟——美援与中美外交研究（1937—1946）》和牛军的博士论文《从赫尔利到马歇尔——美国调处国共矛盾始末》，都是在发掘我国档案的基础上写的，故有一定深度。这时期中美关系史研究成果的质量也在不断提高，主要体现在：(1) 选题日趋微观。从对历史时期的一般论述转为对具体事件、政策、人物和历史阶段的剖析，如陶文钊的《马歇尔使华与杜鲁门政府对华政策》(《中美关系史论文集》第 2 辑)。(2) 选题范围有所拓宽。除了焦点密集的政治关系外，冯承柏、黄振华的《卡尔逊与八路军的敌后游击队》(《近代史研究》1986 年第 1 期) 研究了非官方关系。汪熙、郑会欣分别撰写了《门户开放政策的一次考验》和《〈中美白银协定〉述评》(《中美关系史论文集》第 2 辑)，研究我国 30 年代货币改革与美国的关系。王建朗、严四光分别撰写的文章《试析 1942—1944 年间美国对华军事战略的演变》和《史迪威、陈纳德龃龉与美国对华政策》(《中美关系史论文集》第 2 辑)，将政治关系与军事问题相结合，研究了大战期间美军对华战略。也有人研究中美文化关系方面，如陈胜粦的《鸦片战争前后中国人对美国的了解和介绍》(《中山大学学报》1980 年第 1～2 期)、齐文颖的《关于"中国皇后"号来华问题》(《世界史研究动态》1984 年第 1 期)

都对早期中美关系作了探索。对于教会学校、中国赴美留学生、美国独立战争对辛亥革命的影响等，也有专论发表。下面择要概述几组论点：门户开放政策。它首先是针对中国提出的，也是在海外扩张时期的基本外交政策。我国学者一致认为，它的提出是美国以往对华政策的延续，标志着对华政策新阶段，即由追随英国转变为奉行独立的大国政策；同时也是完全根据美国利益的需要而提出的"分享杯羹"的政策。此问题的分歧在于，汪熙文中认为，门户开放政策对列强侵华客观上起到抑制或延缓的作用。丁名楠、张振鹍认为，虽然它起过某些作用，但这主要是维护美国在远东和中国的利益所连带产生的作用。罗荣渠指出，不能简单否定该政策在中国的国际政治中起过微妙作用。在世纪之交时，它对沙俄和日本势力起了制衡作用，后来的美日矛盾使美国成为中国抗日的盟国。邹明德在《美国门户开放政策起源研究》（《中美关系史论文集》第2辑）中认为，美国在19世纪末曾为了自身利益，不仅口头上表示维护大清统治和中国完整，且采取具体行动反对瓜分中国。该政策使列强在华势力的基本平衡成为可能。这种均势使他们在华的势力范围不再扩大。

抗战前期（1937—1941）美对华政策。冯春明在《试论抗日战争时期美国的对华政策》（《民国档案》1986年第3期）中指出，美国在道义上纵容日本侵略，且卖给它战略物资，当日本要南进时，又力主牺牲中国抗战，阻止它南进。1941年的《日美谅解备忘录》是一份迫使中国投降日本的方案，是"远东慕尼黑"阴谋。胡之信在《1937—1941年美国对华政策的演变及原因》（《求是学刊》1981年第4期）中指出，美国这时期执行的是对日姑息和助华抗日的两面政策。大部分时间里，前者为主流，但后者的程度不断增加。直到珍珠港事件前几个月，制日助华才成主流，但仍未放弃对日姑息的政策。在美日谈判中，美曾试图牺牲中国利益来与日本妥协，这是其对华政策服务于对欧政策的卑劣举动。金灿荣在《绥靖主义，还是现实主义？》（《美国研究参考资料》1988年4期）中认为，1937年起，美国对华政策出现积极变化：放弃在中日之间搞平衡，支持中国抗日，由口头到物质援华，直至有限军事介入。这对维护国民党政府抗战的信心，对中华民族抗战是有帮助的。这一现实主义外交的主要倾向是援华制日。

新中国成立前后的中美关系。王建伟在《新中国成立前后美国对华政策剖析》（《中美关系史论文集》第2辑）中认为，新中国成立前夕，美国一刻也未放弃过阻止中国革命在全国胜利的努力，但形势的发展使其企图成为泡影。新中国成立后，既敌视我国，又表明自己是朋友，以保持其在华利益。而到1950

年上半年，其政策已纳入"积极遏制"的新远东战略轨道。袁明在《新中国成立前后的美国对华政策观》（《历史研究》1987 年第 3 期）中认为，当时美国决策陷入僵局，出现了"半真空"状态。政策思想纷杂，且多矛盾，彼此抵销或相持。她还认为，恰恰相反，不是中苏联合造成了中美对抗。王辑思也指出，美国决策者在很长时期内对华政策的指导思想是高压政策，即联合其他西方国家对中国采取外交孤立和经济封锁，促使中苏分裂（《中美关系史论文集》1988 年版）。

由于篇幅所限，中美关系史研究中许多颇具新意和深度的观点未能列举。纵观当前研究势头，我们完全有理由相信，中美关系史领域不久会结出更多的硕果。

（合撰，原载肖黎主编：《中国历史学四十年，1949—1989 年》，书目文献出版社 1989 年版）

# 我对美国史研究的一点看法

光阴如梭，瞬间美国史研究室进入"而立"之年。回顾 30 年的历程，不禁百感涌集。欣然命笔撰文，权表"野人献芹"之意。

我们研究室自成立始便树立起了一个好的传统，即在为文时，重视资料的收集和整理。论说以资料为据，不尚空议。例如，为了撰写《美国黑人解放运动史》，先行编辑了两册《黑人运动大事记》；为了撰写《美国外交政策史》，首先编辑了《美国外交文件选编》和《美国外交史中文图书与论文选目》。当然，资料只是写作的基础条件，更重要的还是符合客观实际的有价值的判断。不过，过去在图书资料建设方面，还不够系统，也缺乏重点，这是一个亟待弥补的欠缺。图书建设是一门大学问，既需要热心服务的精神，又需要熟悉这门"行当"的才能。若联系即将来临的高速信息网建设问题，即为文化传播打开电子时代大门的问题，所要考虑的新问题就更多了。

评定一个研究机构的质量，主要以成果和人才为主。我们应多出书，多出人才，更重要的是多出有价值的好书，多出优秀人才。有时我想，我这辈人只能起一种架桥和铺路的作用。假如美国史研究需要几代人努力方能攀上峰巅的话，我辈人恐怕正是人梯的最底层。若能发挥一点这样的作用，亦于愿足矣。说到人才，又联想到人才外流的问题。这是美国史研究机构普遍存在的严峻问题，远水解不了近渴，不能不令人扼腕兴叹。

我认为，历史研究具有相对性，因而应当反对相对主义，前者会激发研究者不断探索的意识，鼓励其自强的精神；后者不仅否定了客观事物的实在性，也否定了在滚动的历史长河中事物的变动性。

研究外国历史的目的在于"外为中用"，因此应着力于鉴别筛选，切忌东施效颦，只能吸收其有价值的部分，其糟粕部分可视为训诫。正如同"故步自封"或"妄自菲薄"一样，"全盘西化"和"全盘吸收"都是蒙昧的表现。外国史研究者的真正功力，表现在能否掌握这种治学的"火候"。

要筛选吸收，就须进行比较研究，要比较，就得反思我们的传统文化。反思决不等于故作反面文章，而是去粗取精，扬长避短，终极目的还在于弘扬民族文化，积极参与和丰富世界文化。

说到"火候"，历史学家需要审慎掌握的尺度和视角还很多。即便是真理，往前多迈或少迈一步，也会变成谬误。历史学上有许多问题如动机与效果、功利效用与道德评估等，之所以长期争论不休，即在于争论者所取的尺度和视角不同。由此也可洞察历史研究的相对性。

个人研究与集体合作也应是研究室经常注意的问题。正由于研究工作具有个体作业的特点，往往出现分门立户，各自为政的现象。固然个体劳动这个特点不能否定，个人研究更不能应抹杀或排除，但如何在发挥个人研究的基础上，在某些课题适当组织起来，集思广益，使百川汇为大海，以块块砖石砌成雄伟大厦，也是一个值得思考的问题。尤其在新学科林立丛生，跨学科研究日益盛行的今日，更有其现实意义。

谈到推动集体研究的开展，势必涉及民主作风和学风问题。平等开诚的对话是民主作风和学风的体现。大至开会发言，小至促膝细语，都是对话。对话不但是学术上取长补短的有效方式，而且是集体科研的必要途径。思想沟通可以避免将集体合作变成单纯的形式拼凑。民主气质不是一天半日就可养成的。民主风度和规范须在长期实践中逐步形成。学校和研究机构正是培育这种素质的义不容辞的园圃之一。

当今外国学者纷纷来华讲学，在课堂上开展积极的对话，格外重要。要对话，就得考虑问题，就得分辨正误，双向交流，才能使课堂教学活跃起来。单向的听或讲，是刻板乏味的，都会存在片面构思，甚至武断和偏见。有质量的对话，都是需在课前和课上师生共同绞脑汁的。

过去曾有一种说法，即外国历史研究可分为动态与静态两类，学校研究机构可多做些属于历史性质的静态研究，行政部门的研究机构可多做些现状性质的动态研究。这种提法旨在明确分工，若掌握不当，则会割裂历史的完整性。其结果是，行政部门研究机构往往对事物知其然，而不知其所以然，片面强调功利主义；学校研究机构往往埋首故纸堆中，不愿深入现实，因而不易发挥其"学以致用"的作用。若学不致用，"历史无用论"就会冒了出来。经过多年探索，似乎产生一种新的提法，即从动态中发现和追踪问题，从静态中寻求原因和脉络。这种提法切合历史研究本身应具有的功能：温故知新、应答现实和启迪未来。

博与约即通与专的关系，也是一个值得注意的问题。在外国史研究与教学上尤应注意这种关系。就当前的研究情况言，似乎应多注意些博与通，因为在博与通的基础上，才能盖起高楼大厦。一味追求约与专，似乎是受急于求成的思想所支配。当然，在撰写博与通的综合性著作之前，也需要一定数量约与专的专著和专题论文。但在博与通的基础上的综合，才可能有创新，有深度。博与约、通与专是相辅相成的。若处理得当，自会产生显著的效果。目前研究机构在培养人才方面，应当在博与通的问题上多下些功夫，例如通史和史学史等课程必须开设，且须成为必修课。高质量的通史教材的撰写工作，更是义不容辞的任务。总之，博与约、通与专的关系是普及与提高的关系，偏一不可，但在安排上应当因情就势，适当处理。

此上所言都是一孔之见。至于读书与社会实践的关系，更是一篇大文章，姑且不谈。深感做一个明白的读书人，实在不易。但一席唠叨絮语倒可表达一个人的拳拳之情，同时以此与同仁互勉共励。我们正处在跨世纪的时代，客观社会的发展要求我们不懈的思考和努力。

（又名《我对美国史研究的一点看法——为南开大学美国史研究室成立 30 周年而作》，原载《世界历史》1995 年第 1 期）

# 世纪之交有关世界史研究的几点思考*

在 20 世纪末，回顾一下这个世纪中发生的翻天覆地的伟大变动时，真令人感到惊心动魄。在这期间，有铺盖全球的政治经济势力的组合，有难以想象的科技发明创造，有宛似洪涛狂飙的群众运动，有巨大迅速的社会制度变革，有波及东西半球的世界大战，有不胜枚举的起义与反起义的搏斗……的确，用惊心动魄来形容这个伟大的时代，并不为过。假如人们把 20 世纪末同 19 世纪末的社会与科学现象相比，天地震撼之感更加强烈。

温故知新。我们站在 21 世纪的门槛上回顾 20 世纪的世界历史，正是为了更清醒地把握人类社会在 21 世纪发展的趋势与特征，以及应对人类面临的各种纷纭繁杂的问题。

学以致用，外为中用。我们研究 20 世纪的历史，正是为了促进我国进一步迅速健全发展的需要。只要国家这一现象存在，这种需要是须臾不可或缺的。社会科学主要通过口与笔对社会发生影响，我们希望所说的与所写的都对社会发展产生积极的推动作用。这正是"研究"的真正价值。

"鉴别吸收"是我们研究世界历史的正确途径。有鉴别地消化吸收外国的优秀文化，同时滤取我国文化中的优秀部分，这样方可孕育出具有创造性的更高层次的文化，在提升世界文明方面，也可贡献我们的一分力量。在世界史研究中，全盘照搬的想法同故步自封或妄自菲薄思想一样，都是蒙昧的表现。

鉴别吸收与审慎反思都是硬功夫，必须具有独立思考、勇于攀登的精神和坚忍不拔、发愤图强的意志。研究人员不应是秘书式的人物，秘书是另一行当。

如今进入电子信息时代，经过以一定观点与方法处理的大量成套的各种各样的外国信息资料，凭借其高科技手段的优势，在网络上滚滚而来。在这种情况下，鉴别吸收更显得格外重要，其难度也更为巨大。做好这件工作，绝非一蹴即就之事。首先要增强自觉意识，要有百折不挠的精神，在应对外来文化的

---

* 2000 年 4 月 15—16 日，北京大学历史系举行"20 世纪中国的世界史研究"讨论会，会议要求寄去书面发言，兹以本文应答。

实践中，不断提高研究功力，不断完善研究方法，不断增强洞察力。在主观上，要求我们不断提高理论修养，不断丰富我们的知识；在客观上，要求有一个能敦促我们不断前进的、能开展批评与自我批评的、严格与良好的氛围。

过去我遇到的美籍华人史学家中，有两位发表了迥然相异的看法。他们讲的是美国史研究，实际上也适用于世界史研究。一位说，你们不必研究美国史，美国人写了那么多书，翻译过来就够了。另一位说，国内许多学士不能专心研究，都忙于出书，令人惋惜。前一种说法显然是错误的，因为他缺乏自信，也缺乏对同仁们的信任。后一种说法也不全对，虽然他的说法出于善良心愿，但以少概多，失于偏颇。可是他们的言论俱足引以为戒。

过去在世界史学研究中，走过许多弯路。解放前，讲"西洋史"时有的使用原文课本，全盘照搬西欧中心论，反而忽视他们整理史料的科学方法。解放后讲"世界史"，克服了"西洋史"中割裂历史，见木不见林的现象，但苏联教条主义史学方法扭曲了史学的内容。如今我们提出"鉴别吸收"与"外为中用"，可以视为拨乱反正的结果。

今值"20世纪中国的世界史研究"学术讨论会召开之际，不揣愚陋，谨陈数语，以申贺悃。

（原载《历史教学》2001年第4期）

# 申论美国史学史的大致轨迹

我在《历史研究》1999 年第 2 期《论乔治·班克拉夫特史学——兼释"鉴别吸收"和"学以致用"》中提到美国史学史的轨迹问题，认为班克拉夫特、弗雷德里克·杰克逊·特纳和威廉·阿普曼·威廉斯，再加上亨利·亚当斯和丹尼尔·布尔斯廷大致可以划出这条轨迹。

这里以美国通史中的史学家为代表，因为他们符合我曾提出的杰出史学家的三个条件，其他史学家不易做到这点。而且西方史学家大多是见木不见林，科目分得细，在本科目范围内作史学史的研究，更不易摆脱见木不见林的学术观点的局囿。何况都不结合社会政治经济思想的发展，孤零零地就事论事。

我之所以选特纳、威廉斯和班克拉夫特三人做研究对象，是因为他们都是影响通史写作、以及学科史学研究的高手。威廉斯对外交史学有影响，但曾试图以《美国外交的悲剧》(*Tragedy of American Diplomacy*) 的观点去解释美国历史 (Construction of American History)，也影响对美国通史的看法。

我用威廉斯取代布尔斯廷的原因如下。

（1）虽然威廉斯的经济观点来自查尔斯·比尔德，但是，是在美国海外扩张初起时期提出来的。虽美国外交政策后来演变为全球称霸、一枝独秀的全球超级大国，但也出不了比尔德早先提出的命题。威廉斯的经济观点确立了其在史学史地位。

（2）了解现在美国的国内外（尤其对外）政策可以从威廉斯的著作得到启发。

（3）不幸的是西方治史的方法和意识不但见木不见林，宏观分析薄弱，而且割裂史学，分门别类，互不联系，画地为牢。比尔德和威廉斯的"开放国内门户"(open door at home) 的倡议可见他们不认识外交是内政的延伸这个道理。所以才有 19 世纪初叶进步运动与海外扩张的分别立论的不能自圆其说的矛盾。布尔斯廷只谈国内和谐，避谈对外政治，其原因亦在于此。社会学家路易斯、谐和论（一致论）者亨利也不例外。

我选班克拉夫特做研究，是因为他留下的历史启示（如扩张主义使命观、美国民族优秀论、美国例外论），不论其性质是非曲直，的确影响了后代美国史学观点，实际也总结了美国人的意识形态的要素，表现为多变、双重标准、征服成性。

我选特纳，是因为我认为，尽管比尔德的影响并不亚于特纳，可我还是把特纳作为新史学的带头羊来看待；尽管特纳在进入哈佛大学（新英格兰史学堡垒）之时，在哥伦比亚大学的鲁宾逊也提出"新史学"这个学派名词。

至于亨利·亚当斯，可被视作美国社会危机循环中的过渡人物。20世纪末美国不乏其人，早些时候有保罗·肯尼迪，还有科尔科（G. Kolko）的权力有限论（limits of power）……；近时有塞缪尔·亨廷顿的文明冲突论，虽然他不是纯历史学家。

说到小施莱辛格（A. M. Schlesinger Jr.），他虽允许文化多元论，但坚持盎格鲁-撒克逊为主元。可见这位哈佛史学大师之子、肯尼迪的政治顾问，在外交问题上的不可一世，但在国内问题颇有负隅一斗之慨。过去他曾写一篇论美国几大优点的文章。1998年他出了一本名为《施莱辛格的教学大纲：理解美国必读的13本书》（"Schlesinger's Syllabus: The 13 books You Must Read to Understand America", *American Heritages*，Vol.49，No.1，March 1998.）的书目，继续推行盎格鲁-撒克逊文化。书目中推出：

托马斯·杰弗逊的《联邦党人》和《写作》（Thomas Jefferson，"The Federalists"；"Writings"）；

亚历克西斯·德·托克维尔的《民主在美国》（Alexis de Tocqueville，"Democracy in America"）；

拉尔夫·瓦尔多·爱默生的《文章与讲座》（Ralph Waldo-Emerson，"Essay and Lectures"）；

哈丽特·比切·斯托的《汤姆大叔的小屋》（Harriet Beecher Stowe，"Uncle Tom's Cabin"）；

亚伯拉罕·林肯的《演讲和写作》（Abraham Lincoln，"Speeches and Writings"）；

马克·吐温的《哈克贝利·费恩历险记》（Mark Twain，"Adventures of Huckleberry Finn"）；

詹姆斯·布赖斯的《美利坚共和国》（James Bryce，"The American Commonwealth"）；

威廉·詹姆斯的《写作》（William James，"Writings"）；

亨利·亚当斯的《亨利·亚当斯的教育》（Henry Adams，"The Education of Henry Adams"）；

H. L. 门肯的《美国语言》（H. L. Mencken，"The American Language"）；

贡纳尔·默达尔的《一个美国的困境》（Gunnar Myrdal，"An American Dilemma"）；

莱因霍尔德·尼布尔的《美国历史的讽刺》（Reinhold Niebuhr，"The Irony of American History"）。

这是他要做的一次努力。随着如今美全球主义（其中包括文化）的排山倒海之势，他也效推波助澜之力。

我未把布尔斯廷列入史学史轨迹的主体之中的原因如下。

按理说布尔斯廷的三本著作及《美国人：殖民地历程》可以视为美国史学史的主要轨迹，但我把他列在线上，并未列为主体，似乎他不应取代威廉斯。

无可否认，布尔斯廷写了通史，总结了美国社会发展的轨迹，被美国正统派视为当今最能代表美国史学的有效发言人。所以驻华美国大使馆组织力量，翻译《美国人：殖民地历程》，并把布尔斯廷请来中国与读者见面。也无可否认，他的书在行文上、在知识上，有其独到之处，也反映了美国社会的要求。不可否认，他进一步推进了美国例外论的解说，用 19 世纪特别是"一战"后的美国阶级调和论、用一致论解释美国社会发展的主流，宣传美国民族优秀论，但未能反映全球霸权主义的实质，成为威廉斯的跛脚鸭（lame duck）——一只尚不足以胜过另一个视野较广、走动敏捷的跛脚鸭。

布尔斯廷不像亨利·亚当斯那样，他没有一种历史危机感，但这种泰然自得的优越感，潜伏着历史危机，因为物极必反，毁于一旦。美国人还没意识到（少数人除外）权力的限度。昔日辉煌的罗马神圣帝国睥睨一切，蛮横恣厉，颐指气使，征服一切不听话的人，想不到毁于"蛮人"之手。虽然北欧人被贬为"蛮人"，但"蛮人"正是新文明之祖。

（见杨生茂笔记，1999 年 4 月 7 日）

# 语义学与外国史研究*

## 语义学的重要性

学历史，需要一种辅助的学科，即语义学（或释义学），平素大家对此谈论甚少。历史学家，尤其是搞外国史的史学家，应当关心提高语义学的修养，对外国政治、经济和社会理解不深者，更不应等闲视之。

语言是"表达观念的符号系统"（瑞士作家、语言学家费尔迪南·德·索绪尔语），"是人类情感的自然表露"（哲学家德谟克利特语）。正确了解历史语言文字，应当首先了解发言人的思想观念，说给什么人听，代表什么人说话（即发言的背景），为什么这样或那样说等等，然后才能正确理解文字的原意。前台词、潜台词与后台真实想法是要加以审慎分辨的。语言，尤其政治家形诸文字的语言，更应如此去了解，不然即被发言人牵着鼻子走。读者不应接受其表面陈述的现象或价值，只接受文字表面意思，而这正是发言人所追求的。条约、宣言、声明、公报……背后都有文章。

至于文章的写法，也大有琢磨必要。中国人标点廿四史就有断句问题，断句就往往涉及释义学，有时会由一个标点，争论不绝，因为它牵涉整个意思的理解，故见语义学之重要了。揣摩某句话或某段文字在原作者究竟是如何理解的，是如何想的，是需要很深的功底的，研究者不应以当下的认知去臆测古人的想法。当然评论应是当代人想法，不同于解读古人想法。在中国研究外国史，情同此理。

在外国史研究中，语义学的重要性特别明显。我们在研究外国史中，偏之毫厘，失之千里，若照猫画虎，危险之至，害人误己也误国。国内有许多人（包括大学教授）对外国现象写文章、发议论，但不知其所云，甚而画虎似犬。

---

* 这篇文章是编者集辑杨生茂先生笔记上所有有关语义学的内容而成。这些笔记内容分散在杨生茂先生从 1992 至 1998 年间所记的八篇杂文中。寄望能表达杨生茂先生多年就语义学"打算写篇文章以明之"之意。

# 语义学的要义

研究外国哲学社会科学（尤其历史）时最难的、也是最易陷入误区的是确定名词涵义。同样是一个字眼，东西方国家的理解大不相同，很难吻合；同样是一个字眼，不同的时期，内涵迥异，南辕北辙。

在了解外国名词时，首先要弄清原意，不能哗众取宠，或瞎子摸象，徒然聚话风云。确定字词的涵义源于理解，因人而异，因时而异，应以原始意为主，兼述演变。不仅要查阅字典（其中也要辨何人所编字典），而且难在搞清楚名词产生的背景和应用的当下社会涵义，以及后人如何演变其涵义等。若就事论事，取其表面定义或现成定义，不是纠缠不清（有的的确是纠缠不清，因理解不同），便是望文生义，囫囵吞枣。应用名词切忌赶时髦时尚，偏左偏右，随意太大，怕只合一时实用主义。

对于中国研究美国史的学者来说，对一些名词的定义与理解需要特别注意，比如何谓"保守"、"开放"、"互惠"、"扩张"、"个人主义"、"民主"、"帝国与帝国主义"、"国际主义"、"沙文主义与爱国主义"、"人权"、"革命与改革"[①]、"门罗主义"、"客观主义"[②]、"相对主义与相对性"等等。举个例子，"批判"本是个褒义词，其意为鉴别筛选，可惜"文革"时歪曲使用，"文革"后又投鼠忌器，谈之色变。其实西方文艺复兴就是从批判开始的，不过还不敢进行政治批判，而是从思想领域特别是从批中世纪宗教开始，进而推广到其他领域。在中国古代，所谓寓褒贬，别善恶，也是批判。

中国学者不仅要搞清名词的原意，还得从历史进程中观其动静、倾向和改变，既要追本溯源，又要察言观色；要听其言，更要观其行。名词是死的，谁都可以用，但目的不同，涵义不同，解释不同，办法也不同。

若不明语意，则只能依葫芦画瓢，甚而效颦献丑，反洋洋得意，自认为大智在握。这类例子很多，随手即可拈来。最近看某作者写的文章中说，西奥多·罗斯福反对帝国主义。真令人啼笑皆非。妄用名词，不究其意，何其轻率。为口号迷混，为名词迷混。教授居然如此，遑能苛求学生？真是误己误国、误后代来人。究其原因是不解外国的语义与语境。

---

① 作者注：如商业革命、农业革命和 1800 年革命。

② 作者注：其实无纯客观之事，标准在实践；但不同于实用主义，最易与实用主义混淆；也许本质上是实用主义，区分在主观能动性、自觉性，不是悟性！

在历史上，人们对词意的定义与理解是有变化的。这就是认识相对性的表现。名词涵义具有相对性，但不是七巧板，亦非相对主义。比如在美国学界，门罗主义因时而解释不同。

# 语义与语境

若通语义，除勤于读书、独立思考外，还须熟知和透彻了解讲话人不同的心态、习俗、宗教和社会时尚，以及社会政治经济文化传统和背景。这就是语境问题。

语境对语义的影响很重要。语境是解释语义的根据，使语义具体化、单一化。不如此，则谈不上批判吸收，或似是而非，甚至出现笑话，或良莠不分，视有价值的珍宝如瓦砾。

所有的文章和文字，从内容上看，总是指向当时实践活动的，即使是神秘主义，虚幻的、虚伪的观念，也可以在当时实践活动中找到它们的基础和因果。恐怕这是一把解决问题的钥匙。

读者对语境的理解是受读者的社会文化、所处时间、环境等因素制约的。

有人反对"学以致用"说法。这就关系到对这个说法的"语义"的理解。文人只能凭仗一支笔、一张口来表达想法。只要一张口，一动笔，无论作者是否意识到，就会影响到别人，就会对社会产生或大或小的社会效应，就会致用，说不致用是不可能的。有人标榜"客观主义""为学术而学术"。那是无稽之谈，世上没有在真空中的学问。我们希望能致有益于人生、有益于社会之用。有损人生、社会的"用"，应当反对。不过，过去所谓在"用"字上做文章，搞得太左了，太偏了，太过度了，坏了"用"的名声。文人不是"秘书"，不是什么人的"笔杆子"。秘书是另一个行当。文人写文章若套话满篇，那就不是"用"本身的罪孽，而是致用的人的罪过。文章切不可千篇一律，容不得反面意见，要有宽容之心。这是我对"学以致用"的语义的理解。

1983 年 9 月 1 日，南韩的客机在苏联领土上空被苏战斗机当作军用飞机击落。里根当时就知道是误击，但在他发表的声明里，谴责苏联不人道，击民用飞机等等。后外交文件解密，公众方知被愚弄了。当时苏联虽公布真相，可无人相信。当时怎样解读里根的声明就需要各方面知识与经验的积累了。

1898 年 2 月 15 日，美国停泊在古巴哈瓦那的缅因号军舰突然爆炸。该事件闹得沸沸扬扬，美国把责任归到西班牙政府头上，疯狂反击西班牙。后专家下海检查沉船，调查结果是爆炸系军舰内部原因，非为外来击沉。真相才明。越南战争时，东京湾事件也如此，挑衅为美方。我以前在文章中虽然把东京湾事件与缅因号并列，但当时尚不清楚前者之真相，果然不出所料。这是凭对美国外交手段之认识而来的感知。大约1994年，国内学者在写教材时，仍然说缅因号是被击沉的。这是无知加崇美所致。

一个外国人的演说、一份外交文件，背后都有原作者的想法。研究者决不能只停留在表面文章，尤其是对待外交声明类的文件，不能囿于表面辞令。可惜，现在许多学者还不解此意。国内出版了好几种X国XXX演说集，都无导言或导读，即使有，也是就事论事，未能深入文章内容的背景、用意进行分析，这类书误人不浅。又如，有的人只限于在美国人的文件里讨生活，而且满足于字面的叙述，不究文件背后的含义、背景、目的以及措辞的意义。这样的研究不无片面，未能抓住事物的实质。

伍德罗·威尔逊总统说过，除了对自己的夫人，政治家说谎并不是过失。克莱门梭说，威尔逊说起话来像耶稣，办起事来像劳合—乔治。麦金莱在是否并吞菲律宾问题上，曾跑去祈求上帝的指示。他说要基督化菲律宾人。其实菲律宾已由西班牙神甫收为天主教，何有基督化之必要？吉米·卡特曾说，总统在进椭圆形办公室前后说话是不一样的。他说了实话。克林顿为绯闻事件，前言不搭后语。至于国会议员有时更是胡言乱语，玩政治把戏，以党派划线，无责任感，讲话的文义更令人警惕。

如加拿大在讨论承认不承认新中国时，议会议员口头上说舍不了台湾人，其实，第一是它不敢冒犯美国，第二是中国经济的确有吸引力，第三，其潜台词是不愿舍弃台湾贸易。

何况在历史上以讹传讹之事甚多，如"朕即国家"〔参见奥布莱恩（O'Brien）书中的举例〕这句话的语义。教条主义不能正确理解分辨作者讲话的背景，即时间、地点、条件以及所指的人和事。

发音也影响语意，如"犬家"（great master）和"大家"（everybody）。语调也影响语意，小学生在课堂上也学过。何况历史认识具有相对性，在内证（internal criticism）与外证（external criticism）中，是很重要的。

要注意历史应同社会学、经济学等其他学科紧密联系。经济是基础，社会是人为适应经济所进行的活动，哲学上层建筑（教育、法学等等）又为这些活动从思想上开路，并为或设法为行为订立规范。同时，注意多学科的联系也得有轻重先后之分，有层次之分。

观点与材料的统一是硬功夫。一般学者往往以观点找材料，因为材料是由具有观点的人挑的。实际上原始材料本身也具有某种观点，例如判例即是，而判例可以作为原始资料用。"我注六经，六经注我"即谈观点与材料统一的互悖问题。这是关乎解读原始资料时应注意的语义学方面的功夫。

# 关于撰写美国外交史的几个问题

近年来，我国的美国外交史研究工作取得了可喜的进展。在论著出版、课程开设、研究机构创建、专业队伍成长、资料积累等方面都有显著的成绩。撰写一部比较系统的美国外交史，有了一定的条件。兹就美国外交史的写作问题谈几点看法，以求同志们指正。

## 一

撰写美国外交史是时代的需要。第二次世界大战结束以来，美国一跃而为头号帝国主义强国，雄居世界霸主的地位。20 世纪 60 年代后，美国的霸权日形削弱，但它对世界事务仍起着举足轻重的作用。世界上任何一个国家，包括我们中国，在决定其外交政策时，不能不把美国作为一个重要因素加以考虑。这就需要对美国外交的历史进行系统深入的研究。

1979 年中美建交后，两国关系不断发展，人们对于美国外交的性质、特点、方式和发展历程希望有进一步的了解。同时我国实行开放政策，开始走向世界，使这种了解更为必要和迫切。在这方面，我国史学工作者固然已经做了许多工作，但远不能适应时代的要求，例如至今我们只撰写过几种中美关系史方面的专著，而系统论述美国外交史的著作尚付阙如。目前汉译美国人撰写的美国外交通史仅有两种，一是约翰·H. 拉坦尼的《美国外交政策史》（据 1927 年版译，商务印书馆于 1936 年出版）；二是塞缪尔·比米斯的《美国外交史》（据 1965 年第五版译，第一和第二分册由商务印书馆分别于 1985 和 1987 年出版）。前一本是美国第一代外交史学者的著作，内容已很陈旧。后一本虽然至今在美国仍是一本权威著作，但不足以反映现实。其实，时间还不是主要问题，更重要的是观点，观点决定材料的取舍，决定所写的内容。

无可讳言，外交最直接反映国家利益，外交政策研究也是如此。尽管美国外交史学家对于一些具体问题看法不一，但都是以其本国利益为出发点去解释美国外交史。例如，美国史学家 A. B. 哈特曾声称，美国外交的目的是"保卫"国家的"极其重要的利益"。①比米斯认为美国外交政策出于"自由的赐福"。②托马斯·贝利主张，美国外交政策应当"首先"考虑"自身利益"。③汉斯·摩根索主张以"国家利益"去解释美国外交。④约翰·W. 戴维斯认为，扩张是为了"保证国家的安全"。⑤沃尔特·李普曼认为，外交是国家的"盾牌"。⑥对美国传统外交政策持批评态度的学者，如新左派外交史学家威廉·阿普曼·威廉斯等，虽然在一定程度上揭露了美国扩张政策的性质，其中也不乏深邃睿智之见，但他们的目的也在纠正时弊，仍是从一定角度去维护其国家利益的。⑦至于那些所谓"宫廷史学家"以及各色"显明天命论""使命论""种族优秀论""承担义务论"者，更是从美国国家利益出发，一心粉饰美国外交史了。美国一些外交决策者所谓"利他主义"纯属子虚。

我们不能故步自封，不可不读美国学者撰写的书，应当从他们的著作中鉴别、筛选和吸收有价值的观点、资料和方法论。但要了解和研究美国外交的真实历史，仅仅读美国学者所写的外交史是远远不够的。我们只可将美国学者写的美国外交史作为参考书，绝不应作为唯一的教科书。美国学者有他们的利益观和审视问题的角度，所言在不同程度上都具有片面的成分，有的甚而是极端反动的。如果囿于他们的利益观和片面见地，而不写出我们对美国外交史的看法以帮助读者尤其是青年读者去提高识别水平，其危害性真不知伊于胡底。我们应当运用马克思主义基本原理分析历史，在分析现实国际事务时，我们的指导思想是独立自主与和平共处五项原则，是爱国主义和国际主义的结合。

我们同美国学者在解释美国外交史方面的根本不同点之一是关于扩张的涵义。中国在西方资本主义国家（其中包括美国）的侵略下，沦为半殖民地长达

---

① Albert B. Hart, *The Foundations of American Foreign Policy* (New York: Macmillan Co., 1910), p. 4.

② 塞缪尔·比米斯在 1961 年美国历史协会年会上作题为《美国的外交政策和自由之赐福》的主席讲演。Samuel Bemis, "American Foreign Policy and the Blessings of Liberty", *American Historical Review*, Vol. 67, No. 2, 1962.

③ Thomas A. Bailey, *A Diplomatic History of the American People* (New York: Appleton-Century-Crofts, 1955), p. 933.

④ Hans j. Morgenthau, *In Defense of the National Interest: A Critical Examination of American Foreign Policy* (New York: Knopf, 1951).

⑤ John W. Davis, "Permanent Bases of American Foreign Policy", *Foreign Affairs*, Vol. 10, No. 1 (October 1931), pp. 9-10.

⑥ Walter Lippmann, *U. S. Foreign Policy: Shield of the Republic*, New York: Council on Books in Wartime, 1943.

⑦ 如威廉斯之所以反对美国扩张政策，主要考虑到下列对美国不利的因素：（1）核战争对美国是个威胁；（2）第三世界崛起，美国不应树敌过多；（3）国内社会经济矛盾亟待解决，尤其是侵越战争失败后矛盾更加尖锐。

一个世纪之久，其他第三世界国家跟我们也有大体相同的命运和经历。这就使我们有可能以不同于美国史学家们的体验和观点，去解释和评价美国外交政策。当然，我们不应以"偏"代"偏"，也须避免感情冲动，而应怀着科学家的良知，努力学习马克思主义基本原理，实事求是地去履行历史科学家应尽的天职。

近年来，随着对外开放与中美文化交流的增加，美国的美国外交史研究成果被不断地介绍到我国来，这是积极有益的现象，同时这也向我国学术界提出了挑战。交流必不可少，但一定不要失去自己的立足点。就中西文化关系言，"全盘西化"根本不可行，也行不通；"中学为体，西学为用"也不中用。我们只可鉴别、筛选和吸收西方有价值的东西来丰富我们的知识，促进我们对自己的传统文化进行反思，臻进我们社会主义文化的发展，同时也应积极参与世界文化的交流并促进其发展。以大喻小，写外交关系史也应依照此理。

当然，撰写美国外交史也出于学科本身建设的需要。在教学上，需要一本用中文撰写的美国外交史，即需要一个同外文美国外交史著作的对比物。在研究上，也需要尽力综合国内美国外交史学者所作出的成就，以便进一步推动这门学科的发展。

# 二

撰写美国外交史，首先须了解美国学者研究美国外交史的历程和现状，以便我们筛选和吸收。

美国外交史学发展较晚，20 世纪 20 年代才初具规模。当时美国人刚刚经历了第一次世界大战，开始思考大战的根源和参战的得失，从而刺激了对外交史学的兴趣。战前，在外交史方面只有零星著作，主题多是早期外交，内容琐碎，资料单薄，作者也多为退职外交官员。到了战后，外交史学者不再专注于个别外交事件的叙述，而开始系统地搜集和积累资料，并开始接触到美国外交原则和政策的发展过程。20 年代有影响的著作有泰勒·丹涅特的《美国人在东亚》（1922 年）和狄克斯特·珀金斯的《门罗主义，1823—1826 年》（1927 年）。这两本书分别对门户开放政策和门罗主义作了系统的论述。30 年代，出现了高质量的系统综合性的美国外交通史，其中首推塞缪尔·比米斯的《美国外交史》（1936）年。珀金斯也扩大了自己的研究范围，写出了《门罗主义，1826—1867年》（1933 年）和《门罗主义，1867—1907 年》（1937 年）。A. 惠特尼·格里斯沃德著有《美国的远东政策》（1938 年）。朱利叶斯·普拉特继《1812 年的扩张主义分子》（1925 年）之后，又写成《1898 年的扩张主义分子：夏威夷和西班牙群岛的兼并》（1936 年）；A. K. 温伯格写出《显明天命：美国历史中的国家主义研究》（1935 年），比米斯和格里丝·C.格里芬还编纂了外交史工具书《美国外交史指南，1775—1921》（1935 年）。40 年代初，又出现了托马斯·贝利的《美国人民外交史》（1940 年）。这一时期美国各大学开始加强美国外交史专题课。1939 年，美国开放截至 1918 年的外交档案材料。由政府组织的《外交关系》一书每年出一卷或多卷，选印国务院始自 1861 年的文件，1938 年时已出至 1923 年。1938 年，富兰克林·罗斯福宣布成立第一个总统图书馆的计划。此后历届总统图书馆都保存了大量外交档案。总之，到第二次世界大战爆发时，美国外交史已成为一门独立的专业学科。

第二次世界大战结束时，美国是唯一本土未遭战争浩劫的大国，其经济和军事实力反因战争而增强。在国内，保守主义势力和思潮日见抬头，黑人、工人争取民主权利的斗争不断遭到镇压。与之相适应，在外交上，美国凭借其经济和军事优势，推行争夺全球霸权的战略。在历史学上的反映是"一致论史学"的出现。其在外交史学上的反映，首先是传统学派或正统学派的强大。这个学派的人大都是在政府部门特别是在国务院服务过的"官方史学家"。他们从资产阶级的传统的"道德"论和"合法"论出发，为美国侵略扩张政策进行辩护。

随着冷战的加剧，现实主义学派应运而生。1947 年 7 月主张对苏联实行遏制政策的乔治·凯南以"X"别名在《外交季刊》上发表《苏联行动的根源》一文，就是这一学派吹起的第一声号角。这个学派的代表人物还有汉斯·摩根索和罗伯特·奥斯古德。他们主张强权政治，认为人生来就是追逐权力的，反对"道德论"和"合法论"说教。[①]随着美国扩军备战、争夺全球霸权地位政策的加强、冷战的升级、侵越战争的失利、经济危机的频仍发生、种族问题的激化，黑人运动、学生运动、民权运动和反战运动不断高涨，这一切促使美国青年史学家对过去史学研究进行反思。他们利用新发掘的史料和社会学的新方法，提出了新的解释和体系。在外交史学方面，出现了新修正派。当时在威斯康星大学任教的威廉·阿普曼·威廉斯是新左派外交史学的代表人物。[②]在他

---

① 如 Hans J. Morgenthau, *In Defense of the National Interest*; George Kennan, *American Diplomacy (1900-1950)* (Chicago: Univ. of Chicago Press, 1951).

② 代表作有：*The Tragedy of American Diplomacy* (New York: Marzani & Munsell, 1959); *The Contours of American History* (Cleveland: World Pub. Co., 1961); *America Confronts a Revolutionary World* (New York: Morrow, 1976).

的带动下，一批年轻的史学家以激进的历史观重新研究和撰写了美国外交史。新左派史学内部成分庞杂，观点也各不相同，但这批当时还很年轻的史学家对美国外交史学界的保守势力却是个强有力的挑战和冲击。

新左派外交史学家认为：贯穿美国外交政策的主线是以"门户开放"政策为主体的对外扩张。美国的对外扩张不是偶然的"越出常轨"，而是美国经济发展的必然结果。他们又认为，无限度的对外扩张会引起国内危机。他们主张美国应实行外交收缩，关注国内改革。"新左派"对美国的扩张政策进行了一定程度的批判，对于"扩张"与"冷战"的研究也比较切实，这是难能可贵的。但是，他们常常是从外部去寻找美国资本主义制度弊病的根源，无视国内基本社会矛盾的存在。这种分析是本末倒置的。

上述三个外交史学派概括了"二战"后美国外交史学的总趋势。虽然他们间的看法互有交叉，时有更改，有的史学家甚至兼采各家之说，很难归属某一学派，但不能因此以反对"贴标签"[①]或以新左派"不够成熟"[②]为借口，而摒弃对美国外交史学这种发展趋势的概括。

60 年代以后，美国外交史学界仍然标新立异，学派林立。新左派虎威犹存，其著作从数量到质量卓有进展，他们培养的弟子都开始著书立说。但是，随着改革浪潮的消退，新左派毕竟已失去以往生机勃勃的势头，外交史学的新保守主义回潮成为这一时期的主流。老一代史学家又有新作，狄克斯特·珀金斯于 1962 年出版了《对美国外交政策的探讨》，在论述帝国主义时，着意为美国涂脂抹粉。他认为美国不同于欧洲老牌帝国主义国家，少有侵略性。珀金斯非但不批评美国对别国的干涉和控制，反而指责被侵略者，甚至认为美国的干预和入侵对别国多所"裨益"。这部著作仍留有一个世纪以来流行的"美国例外论"的痕迹。这或许是正统史学的余音，但肯定是新保守主义回潮的先声。如今摩根索的现实主义论仍是美国外交决策集团决定政策的主要依据，并称雄外交史坛。自 30 年代以来主张"孤立主义"的比米斯也加入"冷战斗士"们的合唱。[③]

---

① 如理查德·W. 利奥波德在其《美国外交政策史：过去、现在和将来》(Richard W. Leopold, "The History of U. S. Foreign Policy: Past, Present and Future") 一文中所述。

② 如约翰·加勒蒂编《解释美国历史：与历史学家的谈话录》[John Garraty, ed., *Interpreting American History: Conversations with Historians* (New York: Macmillan, 1970)] 和玛库斯·坎利夫与罗宾·温克斯编《过去的大师们：关于美国历史学家的论文集》[Marcus Cunliffe and Robin Winks, eds., *Pastmasters: Some Essays on American Historians* (Westport (C. T.): Greenwood Press, 1969)] 二书中所述。

③ 1961 年比米斯在 70 岁退休时写了两篇文章：《潜艇战争和美国防御及外交战略 (1915—1945)》[(Samuel Flagg Bemis, "Submarine Warfare in the Strategy of American Defense and Diplomacy (1915-1945)", Unpublished MSS. December 1961] 和《美国外交政策和自由的赐福》["American Foreign Policy and the Blessings of Liberty", *The American Historical Review*, 67 (2): pp. 291-305] 二文。

比米斯本人深受尼古拉斯·J.斯皮克曼提倡的地缘政治的影响，转而又影响了A.惠特尼·格里斯沃德。

70年代后，美国兴起了所谓"自由发展论"，主要代表是艾米丽·S.罗森堡。她在1982年出版的《美国梦想的传播：美国的经济、文化扩张》中认为，美国外交的真正含义体现在私有制工商业经济和文化的"自由"扩张上，而这种扩张对"落后国家"是有利的。她说，落后国家要想发展，必须接受美国经济和文化的影响，必须对美国"开放"所有门户。显然这一学派所主张的"自由"与"开放"就是帝国主义强权政治的新翻版。

托马斯·麦考密克根据社会学家伊曼纽尔·沃勒斯坦因关于世界体系（或世界经济）论[1]，认为第二次世界大战后，美国代替英国，具有扩张经济和建立霸权的力量，成为世界体系的"核心"（或中心）。美国要维持其霸权地位，势必在经济上和政治上要干预和控制"边缘地区"和"半边缘地区"。这就引起第三世界的反对，即发生"有"和"无有"的对抗，特别是引起苏联的对抗，即导致冷战的发生。

稍后又出现"社团主义"说。这个学说的主要创立人是迈克尔·J.霍根。[2]他认为美国20年代以来经济发展的动力是工商业主、农场主、工会和政府四方面的通力合作，因而维持了社会的稳定。这种合作精神应当运用到美国以外的世界，即政府与私人经济势力相互合作以"维持世界秩序"。这种说法适应了全球争霸政策，这是这个学派最易受到批评之处。

约翰·L.加迪斯也是研究冷战的外交史学者。[3]人们通常称之新修正派。他批评美国在"二战"时期和战争结束时期的外交政策对冷战形势的形成发生一定的影响，但认为冷战的起源基本上应归咎于苏联。他的后一点看法就接近了传统学派的主张。

战后，尤其是60年代以后，美国外交史学在写作方法上也有很多变化。

---

[1] Thomas McCormick, "Every System Needs Center Sometimes: An Essay on Hegemony and Modern American Foreign Policy", Lloyd C. Gardner, *Redefining the Past: Essays in Diplomatic History in Honor of William Appleman Williams* (Oregon: Oregon State University Press, 1986). 关于近代史上"核心"与"边缘"区的说法，沃尔特·韦布在1952年《伟大的边疆》（Walter Webb, *The Great Frontiers*, 1952）一书中就有论述，但韦布着重从文化史观方面考察美国的扩张，而麦考密克则从经济角度加以诠释。追本溯源，这一想法还可回溯到法国年鉴学派史学家费尔南·布罗戴尔（Fernann Braudel）。

[2] Michael Hogan, "American Marshall Planners and the Search for a European New Capitalism", *American Historical Review*, Vol. 90, No. 1 (February, 1985), pp. 44-72. 其著作已于1987年秋季出版。

[3] John L. Gaddis, *The United States and the Origins of the Cold War (1941-1947)* (New York: Columbia Univ. Press, 1972).

第一，注重对当代史的研究，尤其是对战后 30 年的研究。主要内容是冷战外交、核外交、两极和多极外交等。这种倾向体现了外交史学更加直接地为现实政治斗争服务。即使是战前的课题，也不再是据实直书，强调叙述，而是偏重阐发和诠释，企图创立一种"新的过去"。

第二，结构功能主义方法引入美国外交史学。结构主义与传统的"因果分析法"和"归纳法"不同，是一种新型的解释体系。它要求从各个不同的角度和多层背景对社会展开全方位的、多维的研究，以历史的一个横断面作为综合体去寻找研究对象的确切位置、比重和作用，揭示这个综合体内部各部分之间的动态关系。长期以来，美国学者所理解的外交史内容与对外交所下的定义，只是发展国家外部利益的手段，折冲樽俎的方略，以及负有一定使命的外交人员的谈判艺术。因此，他们的书中只是叙述所进行的谈判、签订的条约、发生的外交争执和战争等等。对于决定外交政策和外交进程的国内经济、政治和思想意识的背景，对于国家的外交活动借以展开的国际背景，则语焉不详，甚至避而不谈。书中出现的人物也只是外交的工具，决策人物的社会和政治经济背景十分模糊。比如，比米斯、珀金斯和 J. 弗雷德·里庇[1]等人尽管注重多国档案材料，或在不同程度上注意到各国间相互影响，但是他们很少从国内外政治、经济和意识形态等更广阔的角度加以全面综合研究，仍未脱离就事论事的窠臼。比如比米斯只能借助"欧洲的危难使美国得到利益"这句话作为美国外交史的主题[2]，只能用诸如"自由""民主"之类的辞藻作为美国外交政策的掩饰物[3]。

"二战"前，虽然美国外交史学家如朱利叶斯·普拉特、托马斯·贝利和阿瑟·惠特克等人在不同程度上都试图越出单纯政治事件的描述，分别从社会思潮、报刊社论等方面作些背景叙述，但仍未克服视野狭窄、缺乏"总体性研究"这个通病。

"二战"后，美国史学家受"社会史学"的影响，感到美国外交史研究中割裂现象的弊端，对形成外交的经济、社会思潮以及国际关系等因素有所重视。例如阿明·拉帕波特的《美国外交史》（1975 年）着重研究了美国外交决策的国际背景；欧内斯特·梅的《门罗主义的形成》（1975 年）和《外交政策的美

---

[1] see J. F. Rippy, *Rivalry of the United States and Great Britain Over Latin America (1808-1830)* (Baltimore: The Johns Hopkins Press, 1929); *The Caribbean Danger Zone* (New York: G. P. Putnam's Sons, cop., 1940).

[2] Samuel Bemis, *A Diplomatic History of the United States* (New York: Holt, Rinehart and Winston, 1965), p. 107; p. 110; p. 137; p. 188.

[3] See Samuel Bemis, "American Foreign Policy and the Blessings of Liberty".

国传统：公共舆论的作用》（1964 年）从国内政治和公共舆论的角度考察外交
政策；诺曼·格雷伯纳的《观念和外交：有关美国外交政策思想传统的论著选
编》（1964 年）把思想史吸收到外交史的研究领域。

60 年代以来，"新左派"外交史学家对于经济因素特别重视，从分析经济
背景入手，揭发美国对外政策的主流和实质。[①]这在美国外交史学研究上是一
个新的开拓和突破。韦恩·S. 科尔提出的"合力论"[②]是值得重视的。他认为
美国外交政策史研究应从分析国内和国际背景诸因素着手。国内因素包括经济、
政治、思潮、个人或集团的动机和心理特征等等；国际因素是指国际间的实力
均衡格局，以及在国外所追求的政治和经济利益。科尔声称，美国外交政策同
这两种因素的关系，有如平行四边形的对角线，即国内因素（平行四边形的长
边）和国际因素（短边）的合力。但科尔在诸多因素中没有指出哪一个是起主
要作用的，因而模糊了历史发展的规律性，过分强调了或然性。科尔虽然提出
了这个命题，但所用史料仍显陈旧，在史论结合上更显得简单粗糙。这正说明
新外交史学有待开展更深层次的研究。正如新社会史学一样，更深层次的外交
史是需要历史学家、经济学家、政治学家、社会学家以及思想史学家的通力合
作，对多学科进行综合的研究。

第三，加强从国际关系整体角度研究外交史。由于信息和交通技术的革命，
时间和空间大大缩小，国际关系因而更加紧密。这个时代特点使得外交史学家
可能扩大眼界打破封闭式或国别式的研究。特别是出于战后美国推行全球争霸
这种战略需要，美国外交史学家自然也会从全球角度研究美国外交史。有的外
交史学家把国际力量的对比和分布视为影响美国外交的最大因素。这种对比不
仅是军事上的，而且也包括经济、政治、思想及心理等多方面。有的史学家甚
而认为"外交史"应重新命名为"国际关系史"。

为更好地研究国际关系，有的史学家主张利用多国档案，研究各国的外交
决策的过程。他们主张史学家应更多地注意美国以外的世界，研究美国和其他
国家在外交和外交决策方面是如何互相理解和制约的。在这一点上，日裔美籍
学者入江昭贡献比较突出，堪称美国外交史领域中，着重文化关系研究的第一
人。当然进行这种研究，首先需要通晓多国语言。这正是一般史学家遇到的难

---

① William A. Williams, *The Contours of American History*; Walter Lafeber, *The New Empire: An Interpretation of American Expansion (1860-1898)* (N. Y.: Cornell University Press, 1963).

② Wayne S. Cole, *An Interpretative History of American Foreign Relations* (Homewood, Illinois: Dorsey Press, 1974), pp. 1-7.

点，入江昭掌握日、汉、英、俄、法、德等国语言，比诸"二战"前只通晓英文的日本外交史学家佩森·J. 特里特[①]就胜过非只一筹了。在 30 年代，威廉·兰格教授雇用研究生翻译日文资料，而在今天这种现象则日益少见了。不过语言文字只是一种工具，利用它可以接触多国资料，但真正决定筛选和解释资料，起决定作用的还是一定的思想意识或个人政治观。比如入江昭从美国之外的角度，主要从日本民族意识的立场上，指出美日太平洋战争起因于两个民族之间的偏见和误解，以及美国对日本经济扩张要求的压制。[②]有的外交史学家认为，外交史学若能深入发展，不仅必须通晓发生交往的国家的政治、经济的状况，而且还须了解该国的文化思想传统等复杂因素。比如华裔美国学者邹谠认为，美国对中国国情的错觉和错误的估计，导致其对华政策的失败。[③]

美国对地区史的研究，也有所加强。战后，在各基金会的资助下，美国外交史学家对东南亚、中东、非洲（尤其是撒哈拉以南非洲）等地开始进行深入研究。而战前，美国在这些地区没有直接的正式关系，当时的研究主要是通过各宗主国的渠道进行的。"二战"后，这种新发展的原因是第三世界争取独立和自主运动的胜利，以及美国强化全球战略的需要。

第四，对决策程序的研究越来越得到重视。美国在战后发展的所谓"新外交"的范围和内容扩大了，外交手段和途径也更为多样化，官僚机构空前庞大，外交职能的分配也有很大改变。因此，外交决策的作用比以前更为突出，影响外交决策的因素更为复杂，这些都使更多的学者对决策程序的研究发生兴趣。[④]除了研究决策的核心层，诸如总统、国务院、国会外交委员会、国防部、中央情报局、参谋长联席会议和国家安全委员会之外，还研究政党、利益集团、大公司、社会团体，乃至少数民族、大众传播媒介、公众舆论等外围圈子对外交政策的推动或制约。这方面有关著作不少，内容也较详尽，但缺乏整体综合性研究，失之片面。例如，舆论对决策产生的影响是有限的，政策主要决定于上

---

① P. J. Treat, *Diplomatic Relations Between the United States and Japan (1853-1905)*, Vol. 3 (1932-1938) (Palo Alto: 1938).

② Akira Iriye, *Across the Pacific: An Inner History of American-East Asia Relations* (New York: Harcourt, Brace & World, 1967).

③ Tsou Tang, "The American Political Tradition and the American Image of Chinese Communism", *Political Science Quarterly*, Vol. 77, 1962, pp. 570-600; *America's Failure in China (1941-1950)*, Vol. 2 (Chicago: University of Chicago Press, 1963).

④ 如 60 年代风行的所谓"官僚决策论"，强调官僚体系在外交决策中的作用。这一理论在格雷厄姆·T. 阿里森的《决策的要素：对于古巴导弹危机的解释》[Graham T. Allison, *Essence of Decision: Explaining the Cuban Missile Crisis* (Little, Brown, 1971)]一书中得到集中的阐述。

层，即核心圈子中的所谓"精英人物"。这个规模很小的决策集团反而可以影响和玩弄舆论。另外，社会舆论也不一定都能代表广大公众的意见。例如，托马斯·贝利所说的公众舆论，多来自报刊，而一些重要报刊是操纵在与上层有经济政治联系的报业主手中的。他们可透露或封锁一定的消息，制造一定的舆论，为统治集团服务。多年来研究公众舆论的欧内斯特·梅就痛切地感到，公众舆论要比史学家们设想的远为复杂和不合理，舆论往往是由少数人编造的。[①]"二战"后，频繁出现的首脑会议使得决策核心集团更易左右舆论，国际重大谈判都集中于华盛顿，就连美国驻外大使的作用也一落千丈了。

从历史上看，随着美国扩张政策的强化与扩大，作为武装部队总司令的总统，在订立国际性协议和决定战争方面的权力日益增长。"二战"后，"帝王般的总统职位"的形象益形显著。至 1983 年美国总统向国外派遣军队约达 154次，而其中仅有五次（1812 年、1847 年、1898 年、1917 年和 1941 年）是由国会批准正式宣战的。[②]又如，自立国以来，美国总统未经参议院批准而签署了成千上万的国际性协议。[③]

计量分析法也被引进了外交史学。关于军备竞争的机制、各国军事潜力的估计、战争危机点的预测等都有计量研究。对于计量外交史学的得失看法并不一致。例如，摩尔维·斯莫尔说："统计和计算机若运用适当，则不仅对于外交史的了解可作出贡献，而且使历史在政治家做出政策方面更能发挥有用的作用。"[④]而不少人则对计量法发起猛烈的抨击。[⑤]

总之，美国外交史学在第二次世界大战后呈现繁盛景象，各学派迭次兴替，各有所本。研究方法上的改进给外交史的研究注入新鲜血液。但是，时至今日，也出现许多问题，致使不少史学家产生某种危机感。1980 年 4 月美国历史学家

---

① Ernest R. May, "An American Tradition in Foreign Policy: The Role of Public Opinion", William H. Nelson, ed., *Theory and Practice in American Politics* (Chicago: The University of Chicago Press, 1964), p. 107; *American Imperialism: A Speculative Essay* (New York: Atheneum, 1968).

② Thomas R. Dye and L. Hermon Zeigler, *American Politics in the Media Age* (Monterey, CA: Brooks/Cole Pub. Co., 1983), p. 321.

③ Louis Henkin, *Foreign Affairs and the Constitution*, Mineola (New York: Foundation Press, 1972), p. 173.

④ Melvin Small, "The Quantification of Diplomatic History", Paul G. Lauren, ed., *Diplomacy: New Approaches in History, Theory, and Policy* (New York: Free Press, 1979), p. 88.

⑤ 如卡尔·布里登博在一个美国历史协会主席演说中，要求人们不要"在计量这个淫荡女神圣殿中礼拜"，见哈里·E. 巴恩斯：《历史写作的历史》[Harry E. Barnes, *A History of Historical Writing* (New York: Dover Publications, 1963), p. 260]。关于片面使用计量法的批评，最有力的著作有保罗·A. 戴维等人编的《对于奴隶制的推断：美国黑人奴隶计量史评论》[Paul A. David, et al., eds., *Reckoning with Slavery: A Critical Study in the Quantitative History of American Negro Slavery* (New York: Oxford University Press, 1977)]。

组织年会上，卡尔·德格勒教授在主席演说中深感"专业历史学家与公众之间的日益增大的裂痕"。[1]1986 年美国历史协会第一百届年会上，威廉·麦克尼尔以《神话史学，或真理、神话、历史和历史学家》（*Mythistory，or Truth，Myth，History，and Historians*）[2]为题发表的主席演说，感叹美国史学由于研究方法的翻新，尤其是电子计算机技术被引入史学研究后，史学同广大读者的隔阂日益扩大，史学著作也日益失去其可读性，甚至也使史学家之间因为课题过分专门化而互相隔绝。"地方观念"便由此而生。麦克尼尔呼吁史学家们打破彼此间的隔绝状态，扩大视野，从世界角度去探索历史。这篇演说反映了越来越多的美国史学者对于美国外交史向何处去的问题感到不安，对于美国外交史学"不能适应全球外交"而忧心忡忡。

## 三

外交政策是国内政治和经济政策的延续，是一个国家对国际环境的控制或适应机制。因此，我们撰写美国外交史，固然要阐述美国历史上发生过的外交活动、外交事件、外交口号、外交政策和外交人物，而更重要的是把美国外交史置于更深层次背景之中，即应研究美国国内资本主义发展过程中各阶段的特点，其间经济、政治、思想等因素的交互作用，以及这些因素如何制约和促成外交政策的制订。同时也应研究国际关系的发展局势，各时期均势结构的特征和消长，以及这些因素如何制约和促成美国外交决策。总之，对美国外交史要有立体的透视、宏观的俯瞰，并结合具体史实加以阐述。当然，各种背景因素应该水乳交融，力戒杂糅拼凑，消除斧凿之痕，这样，才能克服割裂历史、孤立描述历史事件的弊病。

对外扩张是贯穿整个美国外交史的主线。以此为钥匙，才能了解美国外交史发展的全过程，才能站在宏观的高度，揭示内在的涵义，把握通篇的基调。

在一定意义上说，美国是英国商业资本扩张政策的产物，就资本主义本身性质来说，美国的发展又同扩张有着密切的联系。到大陆的第一艘船就把资本主义带到了新大陆，同时也带去了商业精神和扩张意识，以及与资本主义相联系的一整套价值观念。从欧洲西来的美洲殖民者一登上罗阿诺克岛，就具有向西扩张的渴望。美国独立后自然也把这些追求作为大英殖民帝国的遗产继承下

---

① *Journal of American History*, Vol. 67, No. 1 (June 1980), p. 21.

② 参见余茂春：《美国史学会一百周年年会侧记》，《南开学报》1986 年第 6 期，第 49-51 页；第 40 页。

来。这是出于发展资本主义的需要，因为扩张是资产阶级的本性。英国思想家约翰·洛克曾主张，国内繁荣和社会安定需要积极的帝国扩张，洛克的思想影响了美国早期革命领袖。本杰明·富兰克林在《人类增长论》中认为，人口增长必然导致扩张。美国独立之初，由于实力不足它的外交的直接目标只能是摆脱欧洲大国的控制，维护和巩固民族独立。但是，扩张作为一股潜流，在美国建国之初就成为其外交的主要内容之一，构成美国外交史的基本线索。

美国历史学家也大都承认美国是个富有扩张性的民族，但他们把"扩张"作为中性名词来使用，认为扩张是发展国家利益的需要，并不承认含有"侵略"的意思。这种说明既违背正义，又违反史实。不过，美国历史上的扩张行为在形式上和性质上是多样的，有商业扩张、文化渗透、政治操纵、传教活动，有对主权国家的侵略和兼并，有对西部"自由"土地的占领，有对欧洲国家原有殖民地的争夺和收买，还有通过军事或金融活动对别国进行直接或间接的控制。因此，我们在分析美国扩张活动时，还须结合具体情况，区别对待。

整个美国外交史大致可分为三个时期：大陆扩张时期（1775—1898 年）、海外扩张时期（1898—1945 年）和全球扩张时期（1945 年以后）。19 世纪末以前的大陆扩张，要追溯到独立战争时期。独立战争的胜利为美国商业资本发展开辟了更为广阔的道路。向西移民和夺占印第安人的土地，乃至北征加拿大，南夺西班牙殖民地，是美国商业资本发展的必然趋势。到 19 世纪 40 年代，随着美国工业资本开始长足开展，这股扩张潮流形成狂澜，美国逐步踏上美洲大陆的霸主地位。内战又为工业资本在全国范围内迅速发展开辟道路。至 90 年代初美国工业生产超过农业生产。特别是 1898 年美西战争以后，自由资本主义让位于垄断资本主义，美国开始进入追逐海外市场原料和投资场所的扩张时期。重点目标是加勒比海和远东地区，资本输出这一特点日益显著。1917 年美国参加了第一次世界大战，大战期间一度出现的国家垄断资本主义，到 30 年代经济大危机时开始形成。"二战"期间开始酝酿并在战后推行的全球称霸的战略计划，标志着美国对外政策又进入一个新时期。在这期间，发生了新的技术革命，电子计算机、新能源、新材料、新信息手段、空间科学、现代农业科学、海洋工程生物工程等新技术不断涌现，跨国金融和工业集团相互渗透和广泛发展。里根政府提出"星球大战"计划可视为当代美国军事科学和全球政治相结合的产物。总之，美国对外政策的转变是伴随着美国资本主义发展过程中的两次革命（1774—1783 年革命和 1861—1865 年内战）、一次经济大危机（1929—1933年）、五次战争（1812—1815、1847—1848、1898、1917—1918、1941—1945

年）和四个过渡（商业资本向工业资本的过渡，自由资本向垄断资本的过渡，一般垄断资本向国家垄断资本的过渡，继而向跨国垄断资本的过渡）而实现的。

美国扩张思想是以"天命观"为基础的。"天命观"最初表现为清教徒的"宿命论"。根据这种宗教思想，欧洲移民把在新大陆进行拓殖看成是上帝赋予的使命，个人发家致富是圆满完成这一使命的标志。英王颁发给殖民公司的特许状和移民自订的"五月花号公约"都含有这种"宿命论"的内容。英属北美殖民地是英国商业资本发展的产物，为商业资本服务的清教教义自然就是美国独立后从殖民地时期接受过来的思想遗产。到19世纪40年代，这种"宿命论"发展成新的扩张主义理论"显明天命"。到19世纪末海外扩张高潮中，又以"使命论"的面目出现。"二战"后则进一步以"承担义务论"为美国的扩张活动涂上一道神圣的灵光。

从三大分期角度来看，美国外交史上主要有三个基本政策口号：一是孤立主义；二是"门户开放"政策；三是杜鲁门主义。口号是为扩张主义服务的。孤立主义基本上是在大陆扩张时期提出的；"门户开放"政策是从海外扩张的需要出发的；杜鲁门主义则是向全球开展扩张活动的号角。"二战"后美国反苏、反第三世界独立和民主运动的政策滥觞于杜鲁门主义，其主要矛头是指向苏联的。在美苏意识形态与社会制度对抗的旗号下，美国以遏制政策和威慑手段为其全球战略扩张服务。

美国大陆扩张时期可分为四个阶段。[①]

1774—1814年为第一个阶段。这时美国外交的目标是维护和发展商业资本，保证资本原始积累，巩固新近赢得的独立。美国外交始于1714年秘密通讯委员会的建立。1776年委员会制定了第一个外交纲领，即《1776年条约计划》，其中阐述了美国积极发展对外贸易的方针。独立战争后，虽然富兰克林等人占领加拿大的计划没有实现，但美国赢得了发展民族资本和进行土地扩张的权力。在这种意义上，我们才能理解美国当时所揭橥的"孤立主义"。孤立主义是美国早期外交的重要口号和政策，它表现了美国人民竭力摆脱欧洲列强的愿望，也表达了美国争取扩张自由的要求。孤立主义就是抵制欧洲列强（特别是英法）支配而推行的"单干主义"。当时美国国力弱小，不能与欧洲国家抗衡，所以美国既不愿意卷入欧洲事务的旋涡，也不愿欧洲列强涉足北美。汉密尔顿的联邦党同杰斐逊的民主共和党在国内问题上分歧虽多，但在外交上具有相同的目标。

---

① 正如统计数字一样，各阶段的具体年代只是标志历史发展趋势的大致的里程碑。

他们都是企图利用外交来促进商业资本的发展，以不同方式推行孤立主义的外交方针。汉密尔顿是华盛顿《告别词》的起草人，这个文件至今被视为孤立主义的经典的阐述。杰斐逊在法国大革命期间也反对美国过分地介入欧洲局势。史学界虽有关于汉密尔顿、杰斐逊二人是否可区分为现实主义和理想主义的讨论，但须看到，他们二人只是外交手段上有所不同。实际上杰斐逊在当政之后，在国内外政策上都逐渐向汉密尔顿靠拢。①

1812—1814 年第二次美英战争结束后，美国对外政策进入第二阶段（1815—1844 年）。这时美国国内经济、政治开始发生重大变化。商业资本逐步向工业资本过渡，国内市场不断扩大，殖民地时期的沿海经济交流转变为国内三个经济区域的形成。由于欧洲战争结束，美国战时中立贸易遽然收缩。这就导致对外贸易结构发生变化：中转出口贸易下降②，本国产品的出口逐年上升；对欧贸易日趋萧条，对美洲贸易开始繁荣。③南部奴隶制植棉业开始膨胀，棉花种植地带向西南不断扩展。1807 年罗伯特·富尔顿设计的蒸汽商船在哈得孙河试航成功。伊利运河开凿成功（1825 年），巴尔的摩–俄亥俄铁路的修建以及杰尔斯敦–汉堡铁路上使用蒸汽机车（1830 年），标志着交通运输业的新发展。随着"内地开发"的发展，土地投机也日益猖獗。政治上，殖民地意识消失，要求在经济、政治和文化上独立的强烈愿望，促使民族主义的兴起。各经济地域集团的利益暂时得到协调，1820 年制定了《密苏里妥协案》。政党间矛盾减弱，出现了所谓"和睦时期"（1812 年战争结束至 20 年代中期）。国际上，1815 年反拿破仑战争结束后，欧洲建立了正统秩序。英国控制了世界航行的通道。19 世纪初期拉丁美洲爆发了独立战争，西班牙殖民帝国面临崩溃。英国乘机向拉美地区渗透，美英竞争逐渐加强。在这种背景下，美国抛出门罗主义（1823 年）。门罗主义是孤立主义的变种，其主要目的还在于抵制欧洲列强（特别是英国）干预美国的行动，只不过是把孤立主义的范围扩大了，即超越本国领土而囊括

---

① 劳伦斯·S. 卡普兰认为，杰斐逊并不是一个纯粹的理想主义者；他只不过利用法国作为平衡英国的砝码，所以他是把现实主义策略隐藏在理想主义的外衣之下[see L. S. Kaplan, "Thomas Jefferson, The Idealist or Realist?", Frank G. Merli and Theodore A. Wilson, eds., *Makers of American Diplomacy*, Vol. 1 (New York: Scribner, 1974), pp. 53-58]。杰拉德·A. 库姆认为，汉密尔顿与杰斐逊二人只是在"得当的目标和实现这些目标所需的权力范围方面有分歧，而他们中任何一人都不比对方更现实一些"[see Jerald A. Comb, *The Jay Treaty: Political Battleground for the Founding Fathers* (Berkeley, California: University of California Press, 1970), pp. 33-69; pp. 83-86]。

② 1807 年中转出口占全部出口的 56%，到 1816 年为 20%。

③ 1813 年对欧出口占总出口的 78%，1823 年为 64.7%；对美洲出口占总出口的比例 1821 年为 27%，1823 年为 32.4%。

了拉丁美洲。美国单方面宣布的门罗主义是强行将新兴拉丁美洲国家置于美国卵翼下的孤立主义。

门罗主义包括三个原则：（1）欧洲国家不得干涉西半球各独立国的事务；（2）欧洲国家不得在西半球再占领殖民地；（3）美国不干涉欧洲国家的事务。但在 1845 年前，由于美国实力尚微，无法同英国抗衡，所以门罗主义被束之高阁，没有在外交实践中发挥作用。

第三阶段是从 1845 年到内战前夕（1860 年）。19 世纪 40 年代，美国工业革命真正开始得到长足发展。民族工业兴起，国内市场扩大，同时南部奴隶种植制急剧膨胀，因而国内矛盾加剧。这直接决定了美国外交的特点。（1）用战争手段为大陆扩张服务。《门罗宣言》在公布后曾一度沉寂，至此即喧嚣起来。（2）外交政策主要反映了奴隶主集团的要求，但南北两种社会力量的矛盾又牵制了外交活动。通过得克萨斯兼并俄勒冈瓜分和美墨战争，美国攫得大片土地，美国领土一跃达到太平洋沿岸。奥斯坦德宣言充分表达了美国奴隶主集团对古巴按捺不住的贪欲。门罗主义经波尔克总统等人引申和补充，成为指引美国大陆扩张的指路星辰。"显明天命"这个号召就在这扩张高潮时期提了出来。

美国之所以在这一阶段能够大踏步地实现其大陆扩张计划，是同当时国际形势分不开的。19 世纪 40 年代之后，尤其是 1848 年欧洲革命之后，欧洲的均势遭到破坏，"东方问题"激化。1854 年克里米亚战争爆发，欧洲列强无暇西顾美洲。美国的主要竞争对手英国在对美国扩张实行多次"遏制"失败后，从40 年代起就从美洲收缩战线，把英殖民帝国的扩张重心移向亚洲和北非。这就给美国提供了有利的扩张机会。

由于美国当时无力问鼎南美，美国在拉美的攻势到达中美洲即暂告一段落。1850 年，美英签订条约，在中美洲建立"共管"状态。这是英美两国在拉丁美洲暂时达成的均势。

至内战前夕，美国向西扩张虽然仍局限于美洲大陆，但向太平洋和亚洲扩张势头业已加强，早期互惠贸易这时转而具有明显的侵略性质。1831 年与土耳其签订的条约中就规定了最惠国待遇与治外法权（后一款只见于英文约本）等条款。接踵而至的《望厦条约》（1844 年）、《神奈川条约》（1854 年）、《天津条约》（1858 年）等不平等条约，都显示了美国向太平洋、亚洲扩张的趋势。这时叫嚷向太平洋、亚洲扩张的有影响的政治人物是威廉·霍华德·西沃德①。

---

① 1838—1842 年任纽约州长，1849—1861 年任参议院议员，1861—1869 年任国务卿。

当时美国的经济和军事实力都不足与英国抗衡，它只能尾随英国炮舰之后"打家劫寨"，甚而贩运毒品。

第四阶段是 1861—1898 年。这是美国外交总进程的一个转折阶段。内战是美国第二次资产阶级革命。它粉碎了奴隶制度，统一的国内市场正式形成。工业资产阶级执掌了政权，为工业进一步发展开辟道路。内战后，随着资本主义工业迅猛发展，国内开展了又一次技术革命。至 80 年代工业革命完成，自由资本主义开始向垄断资本主义过渡（第二个过渡）。在"镀金时代"，资产阶级国家官僚政治逐渐强化，确立金本位制，不断提高关税，开始扩大海军。同时，经济危机频仍，工人运动和农民运动此起彼伏。向海外扩张的思潮开始泛滥，"新显明天命"论和"使命论"相继出现。发生于 19 世纪中叶的进化论到此变为社会达尔文主义。乔赛亚·斯特朗的种族论、J. W. 伯吉斯的盎格鲁-撒克逊种族优越论、艾尔弗雷德·马汉的"海权说"、弗雷德里克·特纳的"边疆说"等流行一时。这都为美国大规模海外扩张吹响了号角。

这一阶段，美国外交所呈现出的特殊点是，共和党长期掌握政权，外交决策权力由奴隶主转到工业资本权势集团手中。这一时期是海外扩张的酝酿阶段，有一些重要的历史事件，如中途岛的占领（1867 年）、美朝条约（1883 年）、泛美会议（1889 年）、委内瑞拉事件和奥尔尼照会（1895 年）等，都是美国大规模向拉美和太平洋亚洲地区扩张的先声。

1898 年美西战争是个划时代的重大事件。它是历史上第一个帝国主义战争，标志着美国完成了第二个过渡，进入垄断资本主义时期，拉开了海外扩张的帷幕。

美国海外扩张时期分为三个阶段。

从 1898 年到第一次世界大战结束为第一阶段。美国国内垄断集团支配了国内的经济政治生活。经济危机和政治矛盾导致"进步运动"的发生。"进步运动"是帝国主义初期，资产阶级为了完善资本主义制度而进行的一次改良主义运动，其目的在于调整垄断资本生产关系，缓和国内阶级矛盾，以促进资本主义生产发展。国际上，欧洲两大军事集团逐渐形成，它们之间的矛盾斗争酿成世界大战。英美关系自英国撤出拉丁美洲后，尤其是在 1897 年会谈以后，得到调整和改善。德国和日本的崛起，使美德和美日的矛盾日益加深。俄国在 1917 年发生十月革命，世界资本主义体系被冲开一个缺口。西方世界的力量对比发生变化，这就需要重新调整，以建立新的世界格局。

美国经济力量的强大使它走上世界舞台。以美西战争为起点，美国开始了大规模的海外扩张。为适应新时期的扩张需要，1899 年美国提出"门户开放政策"。"门户开放"表面上是美国对华外交政策，实际上也是它向海外进行扩张的总政策。同时，对旧的外交政策，如门罗主义，也加以补充和扩大，使之符合帝国主义利益的需要。1904 年西奥多·罗斯福、1911 年亨利·卡伯特·洛奇对门罗主义分别作了新的解释。门户开放的提出和门罗主义的新释，加上塔夫脱提出的"金元外交"政策，说明美国海外扩张政策经过内战后的长期酝酿，已经最后形成。1901 年，美英签订了新的运河条约，美国攫取了中美地区的控制权，打破了 1850 年美英在中美洲建立的均势，开始向南美大规模渗透。至第一次世界大战时，威尔逊又对墨西哥发动了武装干涉（1913、1914、1916 年），拉丁美洲已成为美国的后院。在亚洲，美国推行的实际是一种"合伙主义"。1905 年日俄战争后，这个"合伙主义"又表现为同日本谋求共同分割在东亚和太平洋地区的利益。这种动向表现为 1905 年《塔夫脱-桂太郎君子协定》、1908 年《卢特-高平协定》和《1917 年兰辛-石井协定》。同时，美国通过阿尔吉西拉斯会议，把门户开放政策推向非洲。威尔逊的十四点和成立国联的计划反映了介入欧洲事务与要求"世界领导地位"的新趋势。发了战争财的美国由债务国变成为债权国。它虽未参加《凡尔赛和约》（1919 年），继续推行"单干"外交，但在资本主义国家构成的新世界体系中占据了强大的经济地位。在华盛顿会议（1921—1922 年）中，"门户开放政策"也暂时取得资本主义列强的承认。

1919—1932 年是第二阶段。美国垄断资本主义在"放任主义"政策指导下飞速发展。汽车、电气和建筑工业已成为 20 年代国内经济的三大支柱，同时带动了钢铁等工业的发展。政治上，保守主义和孤立主义复活。国际局势处于相对稳定，和平主义广为传播。凡尔赛-华盛顿体系中，美国在海军力量上同英国相对抗，在太平洋上与日本相对峙。美国外交重点放在推行经济扩张方面。道威斯计划（1924 年）、杨格计划（1929 年）、胡佛延期偿付债务和赔款协定（1931 年）的目的，在于维持其经济大国的地位，以及扶植德国以对抗苏联，对付英法。因此，在决策程序上，国务院的权力削弱，商务部开始更多地干预外交。这一阶段的外交基本上处于低潮。尤其在经历十年经济繁荣（"爵士时代"）之后，于 1929 年突然跌入经济大危机的谷底，美国即竭力调整国内经济关系，外交活动遂倾向收缩。

1933 年富兰克林·罗斯福上台到 1945 年第二次世界大战结束是这一时期的第三阶段。罗斯福在空前大危机中进入白宫。为了挽救资本主义制度，他除了在国内实行"新政"之外，还对前任的对外政策进行了调整。罗斯福对外政策的目的是通过介入国际事务，尽快使国内经济复苏。

30 年代初，国际上风云激荡，德、意、日法西斯猖獗，到 1938 年达到顶峰，集中表现为德国策动对捷克斯洛伐克苏台德区的吞并活动，同时日本在发动侵华战争后，加紧了在太平洋地区的扩张。美国出于自身利益的考虑，逐步英法等国的后尘，对法西斯势力采取绥靖政策。英法炮制的慕尼黑阴谋，助长了国际反动势力气焰。"一战"后建立的凡尔赛-华盛顿体系节节崩溃。罗斯福在"二战"发生前采取伺机而动的策略。他宣布中立，默许英法的绥靖政策，在太平洋地区，对日本侵略中国东北宣布"不承认主义"，曾试图搞"远东慕尼黑"，继而又逐步加紧对日本的经济封锁。在国外形势的逼迫下，罗斯福于 1933 年正式承认苏联；在拉美，于 1934 年扯起了"睦邻政策"的旗号。

1941 年太平洋战争爆发后，美国参加第二次世界大战。美国所追求的目标是在打败德、意、日法西斯国家的前提下，为掌握战后世界政治和经济领导权奠立基础。重大外交事件是 1941 年《大西洋宪章》、1943 年德黑兰会议、1944 年开罗会议和 1945 年波茨坦会议。1945 年美国向日本投下原子弹，与其说是为了尽快结束战争，不如说是为了争夺战后世界体系中的霸权地位。1944 年布雷顿森林会议、敦巴顿橡树园会议体现了罗斯福战后既定外交构思，也是美国进入海外扩张时期后外交总战略原则的必然发展。

"二战"后，美国迈入全球扩张时期。

1945 年第二次世界大战的胜利在国际关系和美国外交政策史上都是划时代的事件。轴心国败降，英法严重被削弱，美国通过大战经济力量得到空前发展，为它的全球扩张创造了条件。从杜鲁门到里根的历届美国政府都竭力建立和确保这种全球霸权。但是美国经济力量越是膨胀，就越要依赖世界市场和原料，而社会主义力量的发展，各国人民革命运动的壮大，民族独立运动的高涨，主要资本主义国家战后初期政治经济形势的不稳定，及后来与美国越来越激烈的竞争，都威胁着美国的世界市场。美国惧怕 1929 年大危机重新降临，不得不在推行世界霸权计划中找寻出路。但称霸世界的野心与力量不足的矛盾又始终存在，并且越来越严重。这一矛盾伴随着"二战"后美国外交的全过程，形成各具特色的三个发展阶段。

1945—1968 年为"二战"后美国外交第一阶段。美国作为超级大国处于称霸世界的极盛时期，成为世界最大的资本输出国和债权国，建立起了以它为中心的资本主义世界经济秩序，并成为国际反动势力的堡垒。美国建立称霸世界的计划中突出标志，是 1947 年 3 月出笼的杜鲁门主义。美国把苏联和争取民族独立的各国革命人民视作实现其称霸计划的一大障碍，它以遏制苏联为由，为向世界扩张辩护。杜鲁门主义是在全世界范围内扩张美国势力的声明和对苏联发动全面"冷战"的宣战书，也是美国政府第一次公开宣布将遏制苏联作为国策的标志。这是美国外交政策史上的一个重大转折。同年6月抛出的马歇尔计划与杜鲁门主义相辅相成。目的在于为自己膨胀了的生产能力寻找出路，同时恢复其扩张战略的重点地区——西欧的经济，抑制那里的人民革命运动，遏制苏联的"渗透"。1949年缔结的北大西洋公约实现了美欧军事合作，从而在美国历史上第一次走上了和平时期与欧洲国家在军事上结盟的道路。这标志着美国以欧洲为重点的全球战略初步完成。在德国，美国大力扶植西方占领区，企图把它作为抗衡苏联的主力。美国在亚洲推行独占日本的政策，并大力扶蒋反共，企图建立对中国的全面控制。美国还打着"技术援助"和"开发落后地区"的旗号，提出"第四点计划"，加紧向亚非拉这个极其辽阔的中间地带扩张。

但是，美国企图称霸世界与其力量不足的矛盾从战后初期就表现出来。中国人民的伟大胜利给了美国以沉重的打击。朝鲜战争使美国在其扩张史上遭到了第一次大失败。

1953年艾森豪威尔执政后，美国谋求世界霸权的野心与实力同世界形势变化越来越不适应。艾森豪威尔政府一方面把杜鲁门时代开始建立的反共军事联盟体系扩展到全球，一方面又被迫结束侵朝战争，削减军费，收敛"解放"东欧的喧嚣。但整个50年代，由于经济具有相对稳定的特点，美国垄断资产阶级对于美国力量的限度并没有真正的认识。艾森豪威尔政府继续推行杜鲁门的遏制政策，奉行"大规模报复"和"战争边缘"政策。结果是手越伸越长，包袱越背越重。及至50年代和60年代之交，第三世界国家迅速崛起，西欧、日本经济和政治实力继续增长，1958年欧洲共同体建立，西欧国家联合反控制的作用加强。苏联军事力量不断增强并推行霸权主义外交政策。中国政治影响日见扩大。但是，当时相继执政的肯尼迪、约翰逊政府对这种重大变化缺乏清醒的估计，仍继续执行称霸世界的扩张政策。这其实也是当时美国国家垄断资本主义高度发展的必然结果。美国一手导演古巴猪湾入侵事件。在古巴导弹危机中几乎酿成一场核对抗。特别是在亚洲，美国顽固地把中国视为敌人，在越南战争中越陷越深。这时，美国的全球干涉达到了顶点，其力量已达到了极限。而苏联勃列日涅夫却利用了美国在越南的困境，埋头发展军事力量，与美国进行了愈来愈剧烈的争夺。结果，美国的经济军事实力在60年代虽然继续增长，但已远远不能适应美国称霸的野心。国内社会福利政策也因战争和通货膨胀而深受其害。这种力不从心的局面大大加速了60年代后期美国霸权的衰落。此外，美国人民争取民权与反战运动遍及全国，世界舆论对美国严厉谴责。这一切终于导致"二战"后美国外交政策的第二次大调整——尼克松主义问世。

1969—1980年为第二阶段。1969年尼克松上台执政时被一系列的国内外问题所困扰。美国深陷越南战争泥沼和在全球的侵略干涉活动，使政府开支急速增加，财政赤字扶摇直上，通货膨胀日趋严重，国际收支赤字越来越大。美元地位衰落，对外贸易状况开始恶化。美国历史上第一次出现了经济停滞、高失业与高物价上涨率两症并发的"滞胀"现象。军事上，苏美战略力量发生重大变化。长期处于核优势的美国，第一次面临美苏战略力量接近均衡的局面。苏联在争霸方面的进展日益使美国感到其全球"利益"受到威胁。美国的西欧盟国和日本的独立性更加增强。中国和第三世界其他国家力量的壮大给美国霸权主义以沉重打击。

面对这一局面，垄断资本家纷纷表态，认为越南战争是对美国经济最严重的威胁之一，因之"最紧迫最重大"的问题是结束这场战争。在这种情况下，尼克松于1969年7月提出了被称作"尼克松主义"的亚洲政策总方针，后来又进一步扩展为美国的全球政策。根据这一政策，美国进行战略收缩，把军事力量的重点从亚洲重新转向欧洲，并推行多极均势外交，试图以退为进，在海外收缩态势的同时继续维护美国重大的"霸权利益"。因此，美国结束了旷日持久的侵越战争，改变了长期的反华政策，在与苏联进行军备竞赛的同时，奉行缓和外交。尼克松主义多少改善了美国由于长期全球侵略干涉而恶化的国际地位。但是，尼克松主义忽视第三世界，并未改变在第三世界实行反对进步和改革的旧政策，继续对第三世界国家进行颠覆活动，从而严重削弱了美国的外围阵地。尼克松主义也未能遏制苏联扩张势力的继续加强。美国扶植伊朗巴列维政权失败和1979年底苏联大规模侵略阿富汗以后，极大地震动了美国朝野。1980年初，卡特提出卡特主义，试图从尼克松主义的战略收缩重新走向美国在具有重大"霸权利益"的地区直接进行军事介入的立场。他强调与第三世界的关系，与中国正式建交，采取一些防止苏联扩张的对策，使美国外交进入一个半缓和半冷战时期。

1981年至今为第三阶段。里根上台前后，处在内外交困情况下的美国，社会思潮与政治气氛起了巨大变化。自由派日益削弱，保守派力量日益加强。里根依据传统保守思想，制定内外政策。他在对外政策上的总目标是恢复越战和伊朗危机前美国享有的领导地位，重建日益削弱的美国军事力量，并从苏联手中夺回世界霸权地位。大致上说，里根政府外交政策包括四个方面。一是大力增强经济军事实力，重振国威。二是加强与西欧、日本的盟国关系。三是促进同发展中国家关系，扭转美国在中间地区争夺中的不利形势，提出把苏联势力从被占领的第三世界地盘上赶回苏联本土的"有限推回"战略（被称为"里根主义"）。四是对苏采取对抗而不失去控制，对话而不放松对抗的政策，进以遏制苏联并夺取世界霸权。里根增强从事"低强度冲突"的能力，重视常规力量，推行"多层次威慑"，倚仗雄厚的经济实力和先进的科学技术推行"星球大战"计划，打破苏美核均势，并力图在长期军备竞赛中挤垮苏联，夺取战略主动。这是一种介乎杜鲁门的冷战政策与尼克松的缓和政策之间的外交政策，可称为冷战为主、缓和为辅的政策，或称新冷战政策。

但是，里根的外交也并非都是成功的记录。美国与西欧、日本的摩擦不断，与第三世界关系未得根本改善。虽然与卡特时期相比，美对苏实力地位有所增强，国际地位有所提高，但由于试图重新获得在全球军备竞赛中的优势，不得不极大地增加债务，不能不严重地削弱国家的经济基础。创纪录的贸易逆差和财政赤字，两万亿元的国债，海外投资首次落后于日本。1987 年美国成为世界上最大的债务国。这说明里根政府无法真正扭转美国衰落的趋势。

# 四

写作美国外交史时，还有几个问题需加注意。

第一，理论问题。坚持马克思主义基本原则是我们研究历史问题应当遵循的准则，即以马克思主义的立场、观点和方法去考察历史。这样，才能在历史研究中开阔视野，作出创新，不致落于资产阶级外交史学的窠臼。

多年来国外有的学者反对经济史观，对马克思主义的唯物史观冠以"经济决定论"而加以否定。我们认为，历史的发展不是单线的，也不是平面的，而是由繁富复杂的因素互相影响和制约的，呈现出多层次和立体的结构。过去，我们对历史的统一性强调过多，对历史的多样性注意不够，这种倾向应该克服。但是诸多因素中，毕竟有一种主导的、基本的因素。它影响了其他因素的存在和运动，决定事物的主流。外交史的研究也不例外。影响外交的因素有国内的，有国际的。国内因素又分为政治、经济、思想、人物、甚至各种偶发事变等。马克思主义从来不笼统地把经济看作唯一的决定因素。在一定的、具体的历史时期或事件中，经济以外其他因素也可能是决定性的。但是从宏观和总体上看，主导因素仍是国内经济的发展，其他因素都是在一定的经济条件下派生，并为之服务的。经济是整个社会结构的基础，其上才有政治、思想、外交等。在一定程度上，外部条件（国际背景）也只有通过国内经济才能发挥作用。外交事件有时不一定直接机械地反映经济利益，但是就总体而言，政治是经济的集中表现。如果不坚持这一点，就不免分不清主流，看不清本质，陷入历史相对主义或单纯现象罗列。

比如，关于美西战争的起因问题，有人认为当时美国商人在海外利益不多，所以引起战争的原因就是统治集团的野心或好恶，或是报纸上的渲染鼓动。但是，我们觉得，脱离开工商业资本集团的经济利益，是难以理解帝国主义扩张的。又如，多数资产阶级史学者根本不承认美国是帝国主义国家。他们只承认过去的英法是帝国主义国家，而美国是商业国家，所以他们用"世界强国""商业帝国"等名词来代替帝国主义概念。若要弄清这个问题我们就得依据马克思主义去进行分析研究。我们属于第三世界，根据历史经历，我们最有资格发言，在思索中也最有体会和认识。

第二，外交活动中低高潮的关系问题。外交的发展是波浪起伏型的，有高潮，也有低潮。高潮当然要写，因为它集中反映了外交的性质和阶段性。但是低潮也不可忽视。低潮和高潮是相对的，低潮往往是高潮的准备和酝酿。构成狂飙时期的各种因素往往是在低潮时期潜伏、积累和萌生的。

例如，1815—1844年，国际形势较为平静，美国虽然进入国家主义时期，但在经济上还没有完全取得自主地位。美国外交事务方面并无重大事件，但是国内政治、经济、思想上的重大改变正在发生，商业资本逐渐向工业资本过渡。国内市场开始发展。这一阶段不写清楚，就很难把四五十年代的大扩张讲明白。又如，美国在对外关系中惯用的熟果政策往往是在低潮时期酝酿的。就事件本身来说，1902年古巴沦为美国的保护国，是经过近百年的策划的；1898年夏威夷被兼并也经历了几十年的算计。再如，内战结束到19世纪末和20世纪20年代也是低潮期。美国登上帝国主义世界舞台以及1929年爆发的空前经济大恐慌的伏因，都可分别追溯到相应的低潮年代。低潮期既是重要转折点的背景，所以高低潮之间衔接宜分外着力，不应出现断层。

第三是口号问题。美国外交史上出现的口号在不同程度上表达了美国外交的原则。研究美国外交史，不能不对这些口号作深入的探讨。口号虽然包裹着美丽的辞藻，其含义毕竟是抽象的，有的甚至是模棱庞杂的，容得作出多种随机性的解释，因而在具体运用上往往是交替或综合使用的。这反映美国外交口号带有强烈的实用主义性质，也反映美国人轻视理论，着重实际的功利主义精神。因此，我们在分析这些口号时，就不能把它们看作一成不变的信条，而应追踪它们的演变过程，透过表面的词句，研究其背后隐藏的动机和实际效用。美国内政和外交政策中，口号和实际行为时有出入，因此经常持对己对人迥然不一的"双重标准"的态度。

在许多口号中，我们可以选择四个口号来概括美国外交政策史发展过程的总线索。

其一是"孤立主义"。"孤立"事实上是不可能的，一个国家不可能"孤立"于世界事务之外。实际上这个口号是美国立国之初针对欧洲而提出的。当时美国国力弱小，不足以与欧洲列强抗衡，又惧怕欧洲列强对北美事务进行干预，因而提出"孤立主义"。由于当时美国外交的主要对象是欧洲，所以孤立主义也是当时美国整个外交政策的核心原则。它一方面打出"中立""海上自由""不卷入""不干涉"等旗号，力图摆脱欧洲大国的控制和操纵，另一方面又表现了美国争取在美洲发展自我利益的愿望。所以，孤立主义不是消极被动的政策。"孤立主义"到19世纪末一直是美国外交的基本口号，后来也时隐时现，并未退出历史舞台，而是以不同的面目服务于美国的扩张目的。在19世纪主要是策应在美洲的扩张，在20世纪则表现为隔岸观火，伺机渔利，利用欧洲的均势，谋求和巩固美国的世界地位。

其二是"门罗主义"。这是美国对美洲（主要是拉丁美洲）的政策口号，虽然在1823年提出，但实际运用始于19世纪40年代。"门罗主义"标榜"不干涉""不殖民"，实际上是美国在美洲扩张的号角。它要求从美洲大陆排斥欧洲列强，把美洲转变成美国的势力范围。门罗主义在排斥欧洲方面与孤立主义相通，在独霸美洲方面则有孤立主义所不具备的新内容，所以，门罗主义也可视作孤立主义的变种，但埋藏着称霸美洲的伏机。

在拉丁美洲国家独立之初，美国采取不承认政策。门罗主义出现后，随着在政治经济上的需要，美国不断给这个"主义"以新的内容。詹姆斯·波尔克、理查德·奥尔尼、西奥多·罗斯福、亨利·洛奇、伍德罗·威尔逊等人都对门罗主义作过新的解释，因此其含义和运用方法也在不断改变：从19世纪40年代的军事侵略，到80年代的泛美主义、20世纪初的"大棒政策"和"金元外交"、30年代的"睦邻政策"、"二战"时期区域安全、50年代开始的中央情报局的颠覆和军事干预活动。

自 50 年代以来，美国很少再提门罗主义了。[①]1982 年美国竟支持英国进行马尔维那斯群岛战争，1985 年竟同法国在加勒比海举行一次联合军事演习。这说明美国在保持它的"后院"方面已力不从心，不得不同昔日的竞争对手合伙行动。这也说明拉美国家民族独立要求和团结精神的高涨。1959 年古巴共和国成立。1983 年孔塔多拉集团建立，并多次与中美五国举行拉美九国会议。1987年 8 月，九个拉美国家宣布将于 11 月举行"该地区有史以来第一次没有美国参加的年度最高级会议"。门罗主义这个口号虽然还未僵死，但拉美人民已为它敲起了暮钟。如今，美国从全球战略出发，在一定程度上也修改了它的拉美外交策略。"后院"已不得安宁。美国在加强政治经济和军事控制之余，不得不有限度地将旧日宿敌英法的军事力量引入进去。

门罗主义虽然主要是针对拉美的政策，但也被运用于其他地区，如 19 世纪末的夏威夷、"二战"期间及其后的加拿大。

其三是"门户开放政策"。这是美国在进入帝国主义时期之后，竭力挤入欧洲列强的势力范围圈，争夺原料、市场和投资场所的海外扩张政策，是美国 20世纪海外扩张的总原则。它的实质是打开海外国家的门户。这项政策虽然发表于美西战争之后，但早在 19 世纪中叶就已提出，而且虽然首先是针对中国提出的，但在许多地区加以推行，在地域上具有普遍性。正如门罗主义一样，"门户开放政策"也是首先由英国倡议的。经过多年的经营，这项政策于 1947 年达到其预期的单独控制中国的目的，只是由于中国人民革命的胜利才告破产。所以，"门户开放政策"的推进逻辑是由"分享杯羹"，进而发展为挤掉其他帝国主义"伙伴"，变"分享"为"独占"。

其四是杜鲁门主义。这是美国在"二战"后提出的为全球战略服务的政策口号。它是前三个口号的发展结果和综合，体现了美国从区域性扩张变为全球性扩张的趋势。杜鲁门主义的中心含义是反苏反共，在运用上主要表现为在全球范围内推行遏制政策。在两极外交阶段，它表现为遏制苏联、大规模的冷战与小规模的热战相结合、原子恐吓与金元外交相结合。在多极外交阶段，它的表现形式则更为灵活多变，主要形式是文化渗透、中央情报局的颠覆活动、政治经济和军事的干预、"穿梭外交""高级会谈"和争夺第三世界中间地带等。从杜鲁门直至里根，美国的全球战略都是以遏制政策为核心的美国人提出"高边疆"政策，全球战略已经扩展到外层空间。

---

① 1984 年 11 月 17 日美国国防部长卡斯珀·温伯格在讲话中曾提到门罗主义（see *New York Times*, November 9, 1987）。

上述四个口号互相衔接，体现了美国外交主攻方向是：由欧洲到拉美，进而转到太平洋和亚洲，最后囊括全球。这条轨迹虽然在时间上参差不齐，但大致描绘出美国历史上扩张的蓝图。

第四是人物问题。

历史由人物演出。在一定内外条件下，人物对历史的发展起着重要的作用。在写美国外交史时，对于人物应予以足够的注意。

所谓人物，是指对美国外交决策或外交活动起重大作用的"精英"。写人物着墨不必过多，但需用点睛之笔，使其跃然纸上。

对人物要有鲜明的个性勾勒，要写人物的言行。更重要的是要揭示人物的政治、经济和社会背景，尤其是他们同利益集团的关系。通过对人的分析，透视美国外交的动机、性质和方向。人的背后是参与决策的集团的经济、政治利益在起作用。有关人物同幕后集团的关系的材料多是隐秘的，大都不公诸于世。必须细心寻找，从各种资料中发掘蛛丝马迹。

第五是中美关系问题。

这是美国外交史的一个重要组成部分，要占一定的比重，也要有所突出。这可算作中国人所写美国外交史的一个特色。但是，美国外交史又应有别于中美关系史，应把中美关系摆到美国外交总体系中考察，同时也要放进美国国内外背景中去分析，否则就会喧宾夺主。这一问题政策性强，敏感性也很强。分析宜格外详密，不能偏左或偏右，而要立足于实事求是。对于美国人民群众和统治阶级决策人之间也应有区分，不能混为一谈。美国外交决策人是少数人，他们在"重大利益""危机""国家安全""机要秘密"种种借口下可以制造舆论，影响舆论，掩盖舆论。尤其大众媒介直接或间接地操纵于与决策阶层有联系的财势集团的手中，更应区分广大群体与少数外交决策人之间的不同利益或不同观点了。

（合撰，原载《南开学报》1988 年第 2、3 期）

# 试论美国宪法与美国总统在外交事务中的权力

历史长河奔流不息，新鲜景色得以长存。我相信历史的相对性质，但拒绝承认相对主义。由于时间和空间的限制，历史学家不能一下就捕捉住历史的永恒真理，但能逐步地靠近彼岸。这就是我在本文的标题中采用"试"字的原因。

历史既是永远在变动之中，对美国宪法的理解也应作如是观。只有持有变动和发展的观点，才能认识美国宪法与美国外交的关系。也只有认识到美国宪法解释是由美国外交实践所制约，才能较准确地理解美国总统在外交事务上的权力与美国宪法的关系。

扩张是美国历史的一个显著特点。实现政治上、经济上与文化上的扩张，是美国外交政策的轴心。为扩张利益服务这一目的，是探索美国宪法与美国总统外交权力间关系的钥匙。

根据美国历史上扩张主义发展的特点，美国外交政策史可分为三个阶段：（1）大陆扩张阶段（1775—1897）；（2）海外扩张阶段（1898—1945）；（3）全球争霸阶段（1946 至今）。为了形象化，用三个"要"字来表示，首先是，我要做个"孤立"主义者，单独经营我自己的事，不许别人干预；其次是，我要入伙，分享大家可能获得的利益；最后是，我要别人不挡我的道，并"承担"全球争霸的"义务"。

美国宪法与美国总统外交权力的关系可依照上述三个阶段来阐述。

当考察第一个阶段时，我们自然首先想到 1787 年缔造美国宪法的背景。相对来说，出席费城制宪会议的美国建国先辈们给予外交事务的重视不若国内事务。在宪法的七条条款中，关于外交事务的文字并不多。宪法有 4000 多字，其中涉及外交事务的不过几百字。即使在后来的宪法修正案中，也从来没有提及关于外交事务的内容。在总统的弹劾案中，无论是正式提出的（如 1868 年对安德鲁·约翰逊的弹劾）或是计划中的（如 1974 年对理查德·尼克松的弹劾），在事由上都与外交无关。

美国建国先辈们对外交事务给予较少注意的原因有二。（1）他们需要一个强有力的中央政府，但希望强大得不至于推向王权专制，集中得不至于牺牲资产阶级的民主。在这些重大内政问题上他们中间矛盾丛生，意见纷纭。但在外交事务上，当时并不存在类似激烈争论的问题。关于外交问题，当时也不存在党派分歧。党派的出现是在 1787 年联邦宪法制定之后。（2）费城会议参加者的主要任务，是在国内建立一个坚强的中央政府，以代替组织松散的邦联政府。他们察觉到软弱的中央政府对于有产者和国家都是一种危险。年轻共和国的主要外交和内政的目标是巩固和维护新赢得的独立，并保持国内和平。当时美国竭力避免卷入国际纠纷。这不仅由于当时美国没有力量去与欧洲列强抗衡，也由于当时美国没有这样做的需要。

美国宪法将处理外交事务的权力只授予联邦政府，并将这种权力分散于联邦政府的行政、立法与司法三个部门，其中行政与立法拥有较多的快速反应的权力。这种疏散的权力分配方式，使得行政决策人得以挤入所留的权力空隙。这也表明宪法缔造者们的实用主义思想。他们倾向于让行动去诠释宪法中的文字。因此，至少在外交事务上的行政权力逐渐超过了立法权力。这种超过的进程虽然是"逐渐"的，但一直是通畅的。

宪法第 1 条第 8 节中"必须和适当"一语①虽然赋予国会很大权力，但实际上国会与总统在外交事务上的权力区分并不清楚，存在着一些易生混乱的地方。

此外，正如亨利·斯蒂尔·康马杰指出的那样，宪法第 2 条是"新宪法中最能引起争论与最令人不满意的部分"②。

在宪法第 2 条第 1 节中，"行政权力"一语③是有很大伸缩性的。总统被赋予很大的权力，其中包括处理外交事务。特别是当遇到像托马斯·杰斐逊总统和乔治·萨瑟兰（George Sutherland）最高法院首席法官等一些主张从宽解释行政权力的权威人物时，总统权力更易增强了。

宪法第 2 条第 3 节中"应注意使法律切实执行"一语赋予总统各种权力，其中包括缔结行政协定。1817 年《拉什-巴戈特协定》（Rush-Bagot Agreement）是美国历史上第一个国际行政协定。这个协定在第二年得到参议院的批准。自

---

① 原句为"在行使上述各项权力时，在行使本宪法赋予合众国政府或其各部门或其官员的种种权力时，（国会有权）制定一切必须和适当的法律"。

② Henry S. Commager, *The Defeat of America: Presidential Power and the National Character* (New York: Simon and Shuster, 1974), p. 127.

③ 原句为"行政权力，属于合众国总统"。

1818 年以来，由总统缔结，但未经参议院批准的国际协定就多达数千件。[①]用缔结协定的方式，美国总统获得单独订立条约的主动权。

宪法第 2 条第 3 节中"必须和适宜"一语[②]使总统得以决定或影响国会在外交事务中所采取的措施。

最为突出的是第 2 条第 2 节中"总统为合众国陆海军总司令"一语，奠定了总统战争权力的基石。虽然国会拥有宣战的权力，但进行战争的权力完全握在总统之手。总统不但有权发动战争去抵御外来的侵略，而且也可能以自己拥有的权力将战争强加给本国人民。从前美国有一种流行的说法是，根据宪法，总统只能采取防卫性的军事行动，不能进行进攻性的行动。这种说法在今天已经毫无意义了。作为总司令，总统在对外事务中的权力自然不断增长。作为行政最高当局，总统往往又得以行政命令方式或以诸如"国家利益""国家危机""国家安全""绝对秘密"等理由压制国会。

至 1983 年，美国向国外派遣军队达 150 次，而其中由国会正式宣战的仅有 5 次（1812、1847、1898、1917、1941 年）。[③]

美国独立后，约翰·亚当斯总统发动的第一场对外战争——对法战争（1799—1800 年）就是"不宣而战"。托马斯·杰斐逊总统援用前例，派兵与北非伊斯兰国家作战，这场未经国会宣布的战争断断续续打了十多年之久。托马斯·杰斐逊和约翰·麦迪逊总统如同亚历山大·汉密尔顿一样，都主张对宪法第 1 条第 2 节中"共同防御"语[④]加以宽松的解释。

1846 年詹姆斯·波尔克总统把军队派进美墨边境上存在争议的地区，并向国会宣布"墨西哥越过美国的边境，致使美国人在美国的领土上淌流鲜血"。国会遂即对墨宣战。战争发生十个月后，亚伯拉罕·林肯选入众议院。作为辉格党人，他提出"出事地点议案"，对波尔克的说法表示抗议。这表明当时总统的战争权力仍处于"襁褓"之中。假如说在大陆扩张阶段，总统战争权力不易羁勒这个特点还未明显表现出来的话，在海外扩张阶段就烁烁耀眼了。尽管国会手中执掌着财政拨款这条缰绳，但一当美国越来越倾向于向外扩张时，在处理

---

① Louis Henkin, *Foreign Affairs and the Constitution* (Mineola, New York: Foundation Press, 1972), p. 420.

② 原句为"他（总统）得经常向国会报告联邦的情况，并以他认为必须和适宜的措施向国会建议，以备其考虑……"。

③ Thomas R. Dye and Harmon T. Zeigler, *American Politics in the Media Age* (Monterey, Calif.: Brooks/Cole Publ. Co., 1983), p. 321.

④ 原句为"国会有权规定并征收税金、关税、捐税和消费税，用以偿付国债，建立共同防御和增进合众国的一般福利；……"。

外交事务方面，国会则越来越处于不利的地位了。

内战后二三十年间，美国尚处于海外扩张的前夕。当时扩张主义分子就喧嚣起来了。例如，1897 年艾尔弗雷德·塞耶·马汉就抱怨挡在扩张道路上的"宪法中的狮子"①。伍德罗·威尔逊在他的《美国立宪政府》一书中认为，政府是由环境制约的，"应由达尔文，而不应由牛顿加以解说"②。当时美国所宣扬的社会达尔文主义是为扩张主义服务的。1890 年联邦最高法院在尼格尔一案③（In Re Neagle）中认为，总统的权力并不局限于"国会立法或联邦条约所规定的条款"，还包括"由宪法本身、由我们国际关系，以及由立宪政府的性质提供的保护中所产生的权利、职责和义务"④。这一判例是美国最高法院第一次表明总统在国际事务中具有固有的权力。这个原则的主旨可视为要驱逐七年后马汉所抱怨的"狮子"。所谓"帝王般总统职位"的形象在这时开始显现出来了。

正如塞缪尔·比米斯所说，跟大陆扩张比较而言，海外扩张是一种"大的脱离常轨"的行动，但比米斯并未意识到"脱离常轨"正是"显明天命"的产物，而"显明天命"却是大陆扩张主义者的指路星辰。

在各种借口特别是在"保护美国人生命和财产"的托词下，美国总统以总司令的名义频繁地在海外用兵。在海外扩张阶段约有 21 起这类军事行动。例如，威廉·麦金利总统在 1900 年向中国派出 5000 名士兵，1903 年西奥多·罗斯福总统派海军陆战队在哥伦比亚登陆。1911 年他在一次演说中说，"我拿下巴拿马地区，而让国会去辩论"。1904 年美国海军陆战队在多米尼加共和国的三个城市登陆，1916 年再次在圣多明各登陆。1907 年美兵介入洪都拉斯-尼加拉瓜战争。1910 年和 1912 年美军两次在尼加拉瓜登陆。1914 年又在海地的太子港登陆，次年在海地再次登陆。1918 年伍德罗·威尔逊总统派 13000 名兵士侵入苏俄，并在摩尔曼斯克、海参崴、阿尔汉格尔与苏俄军作战。1920 年美军在危地马拉登陆。1926 年卡尔文·柯立芝总统向尼加拉瓜派兵 2000 人。

① 沃尔特·拉夫伯："挡道的狮子：美国作为世界强国崭露头角"（see *Political Science Quarterly*, No. 5, 1985, p. 707）。

② 引自沃尔特·拉夫伯：《宪法与美国外交政策：一个解释》（手稿），1986 年，第 19 页。17 世纪晚期至 19 世纪晚期的 200 年间，牛顿力学三定律不仅支配着西方物理学界，而且广泛影响着西方学术思想界。洛克和孟德斯鸠的三权分立说即被引为一例。此处威尔逊主张用达尔文进化论取代牛顿三定律思想，去解释政府构成。

③ 尼格尔（Neagle）为联邦法院副执行官，任最高法院法官菲尔德（Field）的警卫。1890 年被控杀死一个袭击者。尼格尔以执行联邦法律为由申请人身保护。最高法院裁决尼格尔虽然是由行政当局任命的，但他的行动是在执行联邦法律时发生的，故而无罪。

④ Arthur M. Schlesinger, Jr., *Imperial Presidency* (Boston, Mass.: Houghton Mifflin, 1973), p. 82.

至第二次世界大战前夕,总统在对外事务中的权力更形增强。在 1936 年"美国控贝尔蒙特"一案①中,最高法院判定行政协定同条约一样有效,宪法承认唯有总统具有缔结协定的权力。由此可见,虽然参议院经常抱怨总统侵犯了他们的权力,但从未能提出任何限制。在"美国控柯蒂斯-赖特出口公司"一案②中,最高法院明确把宪法下的国内政策与外交政策区分开。从这种意义看,美国就有了两个总统职位,一个是有关外事的,另一个是有关内政的,而在外事方面的权力超过了内政权力。③1941 年在德国占领丹麦后,富兰克林·罗斯福总统派空军进驻格陵兰,虽然国会明文禁止在西半球之外动用军队。同年罗斯福派兵至冰岛,再次违反禁令。在荷兰陷落后,他派兵占领了荷属圭亚那。当然这里只是从是否合宪的角度评述这些军事行动,并不是从军事上度量罗斯福所采取的行动是否可取。

第二次世界大战后,美国一直追逐全球霸权,因此美国总统的战争权力更加强化,向海外派遣军队的次数更加频繁。例如,1948 年哈里·杜鲁门总统派遣海军陆战队到南京和上海,1950 年派兵到朝鲜。1957 年德怀特·艾森豪威尔总统派兵到印度尼西亚,1958 年到危地马拉,再次到印度尼西亚;1958 年美国出兵贝鲁特。1961 年当国会允许向越南派遣军队时,在越南已经驻有 125000 名美国士兵,到 1968 年时美军人数已达 525000 人。④1962 年约翰·肯尼迪总统出动军舰封锁古巴。1965 年林登·约翰逊总统派兵 4500 人到多米尼加共和国。1967 年派第六舰队到叙利亚领海,并派"军事顾问"到刚果。1970 年理查德·尼克松总统派 1500 名海军陆战队到黎巴嫩。1975 年杰拉尔德·福特总统派兵到柬埔寨海域。1980 年吉米·卡特总统派伞兵去伊朗营救被押的美国人质。1981 年罗纳德·里根命令飞机在锡德拉湾上空击落利比亚喷气机;1983 年他向格林纳达派遣作战部队;1986 年派飞机轰炸利比亚;1987 年又派军舰进入霍尔木兹海峡。

① 根据美苏建交时所签的协定,苏联要求清理美国公民所欠苏联的债务,其中涉及纽约的各家银行。纽约州拒绝执行。最高法院首席法官乔治·萨瑟兰宣判:联邦外交权力不受州法或政策的限制。关于国际谈判和协定,"州界是不存在的"。

② 1932—1935 年间巴拉圭与玻利维亚因争夺查科-博利尔地区而发生战争,史称查科之战。1934 年国会通过联席会议决议,禁止向敌对双方出售武器。总统宣布禁运。柯蒂斯-赖特公司上诉,指控国会决议和总统公告为不适当地将立法权力授予总统。1936 年最高法院裁决,在内政方面对授权的限制,并不同样适用于外交事务,因而认为联邦政府在外交事务方面与内政事务方面的权力是有区分的。

③ Aaron Wildavsky, *Perspectives on the Presidency* (Boston: Little, Brown and Company, 1975), p. 231.

④ 资中筠主编:《战后美国外交史——从杜鲁门到里根》,下册,北京:世界知识出版社 1994 年版,第 560—561 页。

从 1799—1800 年对法海战到 1987 年波斯湾袭击战，美国历史充满了"不宣而战"的事例，特别是"二战"后美国进行了两次美国史上空前规模的对外战争。朝鲜战争和越南战争是美国史上死伤人数最多的对外战争，而越南战争又是美国史上"历时最长的战争"。直到越南战争，国会对"不宣而战"的战争从没有表示过反对，国会总是在危机时期不愿干预总司令的行动。总统也总以"国家安全"为借口，在军事行动之后才要求国会予以支持，甚而才通知国会。1973 年"战争权力法"是国会对总统海外用兵的权力加以限制的最初决定之一。法案要求总统采取军事行动时，必须于 48 小时内向国会作出报告，除非得到国会批准，这种军事行动只能继续 60 天。在讨论这个法案时"有的国会议员提出抗议，认为法案赋予总统直接进行战争的权力反而比以前增大了"。[①]姑不论情况是否如此，横竖历届总统从没有对这个法案给以认真的重视。

总统与国会为了在外交上取得共同一致的目的，经常采取互为补充的行动。普拉特修正案和台湾关系法就是这种协作行动的两个最为臭名昭著的实例。"二战"结束前后那段为时不短的年代里，在外交政策上罗斯福总统及其继任人杜鲁门总统所采取的两党协调一致原则，更能显示总统与国会间的合作与协调。在总统首先采取军事行动之后，国会往往是给以事后的支持。最近的例子是，国会于 1987 年 10 月 20 日通过一项议案，支持一天前里根总统对伊朗钻井平台发动的轰炸和袭击。有的美国人说："美国的政治好像是沿着国境线停顿下来"。这个比喻虽然不够贴切，但很生动形象。

总之，宪法是由死文字写成的，而人可以使死文字变活。例如，当年亚历山大·汉密尔顿在《联邦党人文集》第八篇中写道："不受外来威胁，是治国最有利的指导者。即使对自由的热爱，过一个时期以后，也会服从于它的指挥。"[②]而今天"外来的威胁"的含义被无限扩大了。当然这是出乎美国建国先辈们的想象的。

美国社会进步是美国人在政治、经济与文化方面成长的表现。随着社会的进步，美国人对于各种事物其中包括对美国宪法的认识也会有所前进。如今战争技术日新月异，地球也在不断"缩小"。现实生活中，安全需要互相依存和协调。假如国家间都需要和平共处的话，就须各走半程去会见对手。美国外交决

---

① George C. Herring, *America's Longest War: The United States and Vietnam (1950-1975)* (New York: McGraw-Hill, 1986), p. 262.

②〔美〕汉密尔顿、杰伊和麦迪逊著，程逢如、在汉、舒逊译：《联邦党人文集》，北京：商务印书馆 1980 年版，第 36 页。

策者总是惯用"安全"这个字眼去挑逗民众的感情的。假如以损害别人的安全去扩大自己的似是而非的安全，历史将会证明那是愚蠢的举动。在用按动电钮去发动原子战争的时代，我想美国人民会察觉权力日益增长的"帝王般总统职位"可能带来的危险。这种"职位"是出于百年多解释宪法和运用宪法的进程。解铃还须系铃人。

美国北卡罗来纳大学的迈克尔·韩德教授在其新著《思想意识与美国外交政策》一书的序言中说："假如我在这里努力所做的，能使美国对国际事务的想法有所自觉，因而能审慎和明智地运用权力的话，那么我就部分地履行了我的职责。"[①]

韩德教授的话是值得美国人耐心与清醒地加以思考的。

（原载《世界历史》1988 年第 5 期）

---

① Michael H. Hunt, *Ideology and U. S. Foreign Policy* (New Haven-London: Yale University Press, 1987), p. XIV.

# 美国外交政策史三论

## ——为《美国外交政策史》所作的导言

### 一

如今国内尚无一本较系统、较完整的有关美国外交政策史的专著。虽然中美关系方面的论著较多，且不乏精深的力作；在美国通史和国际关系史著作中，也有关于美国外交史的内容，但都只能涉及一个或几个侧面，尚不足窥美国外交政策史的全貌。我们在 1985—1989 年间撰写《美国外交政策史》一书的目的在于填补这一空白，期能产生一些抛砖引玉的效果。

实在说来，撰写本书的目的，不仅在于填充空白，更重要的还在于应答时势的需要，为有志于研究和了解美国外交政策的读者服务。当今我国实行开放政策，这是大事和大势。有开放，就会增加国际交往。在国际交往中，美国是一个很重要的对象。对于美国外交政策的演变历史自然不能不加以特别注意。历史具有连续性，今天是昨天的明天，同时也是明天的昨天。学习历史的目的在于知往晓今，并尽可能明智地预测未来。这就是"温故知新"的意思。尤其对于从事国际交往具体工作的活动家，更有"温故"和"知彼"的必要。

撰写和研究美国外交政策史，还有更深层次的意义，即了解美国在对外政策中是如何实现其国家利益的。外交是内政的延续。美国的外交政策总是反映其决策者所持的国家利益观。利己是资产阶级世界观的基本核心。外交活动中，资本主义美国的对外政策完全以本国国家利益为至上的唯一圭臬，从没有真正的利他主义，也不可能有真正的国际主义。假如在某时某事中有"利他"因素，那么这种"利他"也首先是为了利己。在美国外交家和外交史学家中，有许多人标榜美国外交政策是利他主义的。外交家这样宣传，只不过是为了实现其政治目的而施放的烟幕。对历史学家来说，假如他不是"宫廷史学家"，至少是在有意无意间、或直接间接地接受了烟幕的影响。当然传统教育的影响也起着极其重要的作用。"二战"后即便有些美国进步外交史学家著书立说，批评美国霸权主义，但其根本立论也是以本国国家利益至上为出发点的，他们大多着重批评的不是霸权主义政策的侵略实质和非正义性，而是这种政策的目标、方式以及对本国利益的危害性。

若要厘清美国对外政策的脉络和特征，就须分析美国外交决策阶层的国家利益观。

为了便于说明，这里暂以圆代表国家利益，且以甲乙两方为例。一般来说，国家利益运行的模式，可简化为下列四种：

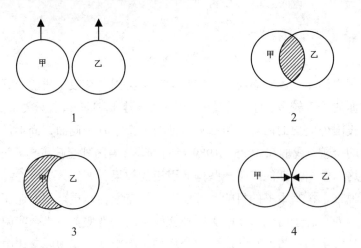

第一种模式是两国利益平行发展，互不干扰。在古代，交通不便，信息不灵，可以出现这种状况。而近现代由于信息传播和运输手段越来越有惊人的发展，时间相对缩短了，空间相对缩小了。这种并行不悖、互不相干的情形很难出现。

第二种模式是两国利益部分重叠，出现一种共同利益范围。虽然这种范围并不是一成不变的，随着时间的推移，可伸可缩，甚而消失，但这是国际交往中最佳的形式，大都是通过谈判得到实现的。这一形式往往出现在势均力敌或利益比较接近的国家间，或者在国际均势格局中能起平衡作用的国家之间。求同存异，寻找国家利益间的汇合范围，避免以武力相威胁，甚而兵戎相见的局面发生。这是国际关系中最好的状态。

第三种模式是一个国家为了实现其本身利益去侵犯别国利益，其形式是多样的，主要是领土占领，包括建立军事基地。其他形式有经济侵略、武装干涉和文化渗透等。这种侵略活动也是因时因事不断扩大或缩小。大可以扩展为对别国全部领土的占领，这就是兼并。就经济和文化言，可以扩大到控制别国的经济命脉和文化阵地，使对方成为自己的附庸。这种情况往往发生于大国与小国、强国与弱国之间，表现为以大压小，以强凌弱的态势。当然，由于小国或弱国的反抗斗争，或国际利益集团间发展的不平衡，这种活动也会受到一定的抑制或削弱。

第四种模式是战争。这是解决国家间利益矛盾的最后手段。就性质言，可分为正义战争和非正义战争。对外来侵略进行的反抗，是正义的，而欺压别国的侵略战争是非正义的。

在美国外交政策史上，上述第一种模式从未出现过。美国在立国之初，虽然倡导孤立主义，但实际上不可能存在"与世隔绝"的孤立。作为商业资本统治的国家，也不可能采取自我完全孤立的政策。当时所宣布的孤立，只是一个抵制欧洲干涉，实现国家自我利益的策略口号。就是当时在喧嚷孤立主义最甚的时候，美国还对北非用过兵（1801—1805 年，1815 年），对法国进行过"不宣而战"的海战（1789—1800 年）。当时美国所处的地理位置，也使它易于实现孤立主义政策。南北两方都是弱邻，其西面没有敌手，其东面的强敌又均远隔重洋，当时跨越大西洋需时一至三个月。19 世纪末叶以后美国经济发展起来，国力日盛，间或也喊出什么孤立主义，充其量也不过是一种战略收缩的口号而已。"二战"后，美国在全球范围内广结军事同盟，所谓孤立主义已荡然无存了。

第二种模式在美国外交史上表现最为显著、持续时间最长的是美英关系。18 世纪末叶，美国独立后，对加拿大垂涎三尺，英国也不肯轻易退出北美大陆，但在 1812—1814 年战争后，美英关系日趋缓和。1817 年拉什-巴戈特协定开其端。在 1850 年克莱顿-布尔沃条约中，美国同英国甚至平分了中美洲的秋色。在远东侵略活动中，美英更是形影相依。特别是 19 世纪末年以来，在列强争夺殖民地的角逐中，美英大都是相互借助或间接声援的。在门户开放政策中也容纳了一定的英国利益，所以英国积极响应这一政策。到 19 世纪末英国也不再反对门罗主义。甚至"二战"后，美国不顾拉丁美洲人民的反对，居然在它的后院里，积极支持英国去击败阿根廷收回马尔维纳斯群岛主权的战争。在北大西洋公约组织中，英国是最靠近美国的成员之一，与美国保持一种所谓"特殊关系"。"二战"后国力衰落的英国竭力支持美国实行冷战，而换来的却是国际地位的更加削弱。这是"二战"后英国不得不搭乘美国车所付出的代价。

在美国外交史上最常出现的是第三种模式。其方式和手段是多样的。在形式上，从军事占领到扶植软弱驯顺或残暴专横的附庸，实行"统而不治"，这是新殖民主义形式。在手段上数管齐下，从攫取原料、市场、交通、海关等等经济命脉，到通过新闻媒介、宗教传播、军事援助和经济援助以及正常的文化交流渠道，进行文化渗透，促使收受国在思想意识、价值标准、政治观念和经济制度上"美国化"。这种活动大都是单向的带有强制性的，并常以保护美国国家安全利益或美国侨民生命和财产安全为借口，发展为中央情报局颠覆活动或公开武装干涉。美国外交史学家威廉·阿普曼·威廉斯把这种依仗强权政治，建立帝国的行径称为美国的"生活之道"。以拉丁美洲为例，在美西战争后30年间，美国在那里炮制了两个共和国（古巴和巴拿马），将五个国家变为美国的"保护国"（古巴、巴拿马、多米尼加、尼加拉瓜和海地），以武力干涉九个国家内政至少达30次，武装占领的时间从几天到十几年，投资由2亿—3亿美元增至30亿美元，四个国家的海关由美国全部控制。此外，还并吞了波多黎各和维尔京群岛，开凿了条运河，取得另一条运河的开凿权，并霸占了几个海军基地。

"熟果政策"是美国对外扩张中体现第三种模式的一个特点。美国往往通过几十年，甚至成百年的政治、经济、文化的渗透和经营，逐渐扩大其侵略势力，最后把一个国家变成它的附庸，甚而直接吞并。例如，美国独立后即觊觎古巴，其间经过百多年的各种方式的谋算，最后于1901年把古巴变为美国的"保护国"（1901—1958年）。又如美国谋算夏威夷也经历了百年。美国首先把夏威夷视为禁脔，不容别国染指，然后通过商人、传教士、外交官和种植园主的活动，于1893年鼓动推倒当地王室，1898年加以兼并，1959年将其正式纳为美国的一个州。对于"二战"后由它托管的一些太平洋群岛，也采用了多少类似的策略。

在美国外交史中，第四种模式表现为"不宣而战"的武装干涉。在美国建国后二百余年期间所进行的战争，除几次为宣布的战争外，大部分是"不宣而战"的武装干涉：1787—1828年间约有23次，1829—1897年间约71次，1898—1919年间约40次，1920—1941年间约19次，从1787—1941年间共计约153次。"二战"后，从杜鲁门到里根，美国在国外至少进行过18次武装干涉，其中包括两次美国历史上空前规模的"不宣而战"的对外战争：朝鲜战争和越南战争。这些战争的对象都是小国和弱国。这种以大压小、以强凌弱的表现同上述美国扩张第三种模式有类似的特点。美国外交政策决策人惯于挥舞大棒。"二战"前主要在拉美地区施行大棒政策；"二战"后，为了争夺世界霸权，其挥舞的范围扩大到全球。

# 二

本书的基本构思是：一国外交政策的制定基本上是由其国内和国外政治、经济和思想意识诸因素所制约的。一国外交政策正是这些国内外诸因素的合力。不过外交政策具有复杂的易变因素，如意识形态的作用、舆论媒介的作用、决策过程中人的作用、实施外交政策时对时间和地点的选择、国际环境等的变化等等。因此这种合力不同于物理学上的合力，不能由一条单一的直线来表述，而可说是种因时、因地、因人不断变动的趋向。外交政策史不仅要记述外交活动的具体事由和过程，如条约、谈判、外交人物及其决策等，同样重要的是阐明形成这种趋向的国内和国外诸因素。

历史不能重演，要正确认识历史，就须比较。外交政策史同样需要比较，纵向力求在一国历史发展各阶段间对比，横向力求国与国间对比。在"温"外交政策史的"故"时，对国内因素和国际因素都须用比较法。

由于外交是内政的延续，在国内外因素中，国内因素是基本的、主导的、决定性的。国外因素只是外部条件，同国内因素相比，其在形成政策中所起的作用是次要的。外交决策人必须根据本国经济、政治等方面的利益，去创造、改变或适应外部条件，以实现其本国利益所要求的目的。这就是外交政策。当然各国所追求的利益有时是长远的，有时是短期的，有时是直接的，有时是迂回的。这都是外交政策决策人所要解决的具体问题。不言而喻，若以性质去衡量，反对侵略和压迫的政策是合乎正义的，反之则是背弃正义的。

在国内外诸因素中，起决定作用的是经济因素，但这不等于说，其他因素有时不能起决定作用。从宏观的终极的意义说，经济因素是外交政策中经常起决定作用的因素，但这也不等于说，每个具体事件都可与经济因素直接挂钩。

经济是外交决策的基础，政治是实现经济目标的保证，策略口号首先是服务于政治的。当今基于实力地位的国际关系中，经济力量更加重要，其中包括科学技术。"二战"后，核武器和空间运载工具等军事手段的发展都是植根于经济的。科学技术影响外交政策的抉择，越来越明显。

"二战"前，美国奉行不卷入欧洲纠纷的政策。虽然在"一战"和"二战"时均被卷了进去，但由于采取伺机而动的策略，结果发了大财。欧洲的纷争意味着美国发展的机会。这是外部因素影响外交政策抉择的一个例子。"二战"后，资本主义美国这个先行的超级大国受到社会主义苏联这个后起的超级大国的挑战。美国为了扩张资本主义势力，不仅在社会制度和意识形态方面，而且在经济、军事方面，尽力进行对抗和遏制，并在全球范围内争取霸权，冷战随之产生。这也是外部条件影响外交政策抉择的例子。

"二战"前，美国史学家对于世界上广大殖民地区缺乏确切的认识。他们往往通过各宗主国去了解殖民地国家的政治经济和文化状况，漠视关于殖民地国家本体的研究。这样，在外交决策上往往用西方的观点去看待东方和南方的问题，因而失误重重。"二战"后，由于美国处于超级大国地位，实行全球称霸，同时第三世界国家不断崛起，摆脱或争取摆脱殖民锁链，美国外交史学家才强调扩大研究范围，强调世界性研究，一再批评他们在历史研究中的"地方主义"，尤其注意充实对第三世界的研究力量，提倡重视国际关系史。在开始时，他们在多国语言和多国资料方面曾遇到过困难。如1938年时，研究美俄关系的美国史学家，除一两个人外，都不能读俄文。研究日本史的佩森·J. 特里特和研究中国问题的保罗·H. 克莱德只能使用西方语言资料。"二战"期间，出于军事的需要，他们训练了一些能掌握外国语种的人才，战后继续开拓这方面工作，效果比较显著。在这方面，为我们综合研究美国外交政策史，提供了一些可资借鉴的方法。

近年有人主张从"总体"角度研究外交政策史。他们认为国际关系是一种社会文化现象，是一定社会政治、经济和社会思想意识的反映，因此外交政策史的研究也是多维、多层次、多学科的综合。这一思路为外交政策史研究展现了一个新的视野，但不应脱离经济甚而政治发展这个主题，不然就会产生本末倒置的弊端。

"二战"后美国盛行诠释性历史写作，强调历史研究不仅注重资料的准确性，也应对资料做出有见地的解释；不仅注意历史事件本身，也应注意对历史事件意义的阐述。但解释历史的准确性，不仅在于所使用的史料，也在于作者所持的立场和观点，在外交政策史方面，这个特点尤为显著。不同观点和立场的外交史学家总是选用不同的资料来为自己的观点和立场辩护。又由于外交文件往往多隐晦含蓄之词，这就增加了外交史学家所作解释的歧义性。读各国外交史时，必须保持审慎鉴别的态度。我们认为，独立自主、和平共处、爱国主义和国际主义相结合诸项原则，应是我们从事审视和对比的基本尺度。

本书是结合美国国内经济、政治和社会思想发展，以及外部国际环境撰写的。这是我们几个撰稿人力图达到的目标。这种研究涉及多种学科，这是第一个难点。这样的外交政策史既不能写成一般通史，又不能脱离通史，这是第二个难点。由于主观上撰稿人多种外语水平有限和客观上多国资料不足，目前不易完满地实现所提出的目标，这是第三个难点。总之，我们的构思只是一个研究趋向，我们已尽力争取实现这个趋向。虽然本书各章间在贯彻这个趋向方面存在一定的不平稳，更深层次和更细致的内容也尚未触及，但足以自慰的是，我们都已尽力而为。这个任务的圆满完成，还有待于来日的努力。这也就是在本文开始时作者提出"抛砖引玉"之意。在科研事业中，目标应当高远一些，但在具体实践中，则应切合实际，循序而进。目标狭隘，则易限制视野；泛论原则，又易流于急功近利，终归一事难成。这是我们的共识。

# 三

扩张是贯穿整个美国对外政策中的主线，也是理解美国外交政策发展的关键。关于国际问题，美国人往往不惯于从历史角度去透视，而习惯于从地理角度去测度。历史的基本要素是时间，而地理的基本要素是空间。

在一定意义上，美国是英国商业资本扩张的产物，而美国本身的发展也同扩张有密切的联系。从西欧到北美大陆的第一艘船就带去商业精神、扩张意识，以及与资本主义相联系的价值观。美国独立后自然把这些继承了下来。

美国外交政策的发展历程大致可分为三个时期，即大陆扩张时期（1775—1897 年）、海外扩张时期（1898—1945 年）和全球称霸时期（1946 年至今）。

从三大时期的角度看，美国外交政策史上有三个具有时代意义的政策口号。一是孤立主义，二是"门户开放政策"，三是遏制政策。三者都是为扩张主义服务的。孤立主义基本上是大陆扩张时期的指导思想；"门户开放政策"是适应海外扩张的需要而提出的；遏制政策是为了全球争霸战略制定的，是在资本主义与社会主义两种社会制度对抗的情况下出现的。

在美国外交史上，政策口号含有极大的随机性和实用主义性质。决策人往往根据当时实际情况和需要，在某一地区或某一时间给某口号以不同的解释。如有人认为"显明天命"一词就有 300 多种含义。门罗主义也是一个明显的例子。1823 年门罗在咨文中所提出的对拉美三项政策原则，主要目的在于抵制西欧列强对拉美的干预，实质上是孤立主义的变种，是越出美国本土范围而强加给拉丁美洲独立国家的孤立主义。但随着美国国力的加强，美国不同执政者对1823 年门罗咨文加以种种解释，如泛美主义、大棒政策、立宪主义、睦邻政策、区域安全等，终于门罗主义被引申为美国有"权"可以任意干涉和控制拉美的原则，美国成为拉丁美洲的"国际宪兵"。美国是以整个西半球为其根据地这一想法设计其外交政策的。

美国扩张主义的理论核心是使命观。使命观发源于清教徒的宿命论。欧洲移民把移植北美以及个人发家视作实现上帝使命的行为。英王颁发的殖民公司特许状和移民自订的"五月花号公约"中，都含有这种思想内容。为商业资本服务的清教教义就是美国独立后从殖民地时期接受过来的思想遗产之一。到 19 世纪 40 年代，这种宿命论发展为大陆扩展"理论"——"显明天命"；在 19 世纪末开始的海外扩张高潮中，又掺进社会达尔文主义，成为"新显明天命"说教；"二战"后，结合全球争霸，又以"承担义务论"的面目出现。这些"理论"虽在诠释上因地、因时、因事，甚而因人而变，但万变不离其宗，都是服务于扩张主义。作为上层建筑，这些"理论"既集中反映了当时美国资本主义发展中所形成的社会思潮，又为当时扩张行动起着动员舆论的作用。

使命观的致命弱点是自命不凡，唯我独尊。美国一向认为，它的国家政策，无论是说的，还是做的，都是"符合"其他国家利益的。根据这种假设，美国又认为，它在国际事务中享有一种特别的权利。这种民族优越感和自满意识一旦发展到极端，便表现为颐指气使，把自我价值观强加给别人，并设法去驾驭别人。这种霸道作风，虽自许为"发挥领导作用"或"承担"什么"义务"，实际上却把自己置于失道寡助和力不从心的困境，迟早会把民族命运推向危险的地步。放眼丈量，历史上有多少辉煌庞大的帝国被淹没在极端尚武主义的泥淖之中。年轻的美国在历史上乏珍异史迹可陈，总是扬首向前去创立帝国，并不像年迈的英国那样总是俯首冥想过去的"光荣"的帝国。美国一向不乐于回味历史。假如 19 世纪是英国的世纪，"20 世纪是美国的世纪"，那么，21 世纪肯定不会是英国的世纪，也很难说是美国的世纪了。

为了逼近审视美国外交政策的发展脉络，我们又把上述各时期分为若干阶段。不过，首先必须说明的是：历史本来就是一条时间的长河，奔腾不息。不管分期也罢，或分段也罢，终归是一种大致概括历史发展的方法。尽管通常是以某种具有转折意义的重大事件或年代为标志，但标志究竟只是个历史发展趋势的里程碑。标志之前的事物总是标志之后事物的成因，后者又是前者的继续。而且由于人们对于历史发展趋势的认识不同，分期或分段是具有相对性的。分期或分段的目的只在于说明：外交政策的制定和实施是与一国的国内外社会政治、经济和文化发展直接相关的。

结合美国国内因素和国际条件，我们认为，大陆扩张时期可分为四个阶段；

海外扩张时期可分为三个阶段；全球称霸时期可分为四个阶段（或四次外交政策大调整）。

### （一）大陆扩张时期的四个阶段

1775—1814 年为第一阶段，即从大陆会议秘密通讯委员会的建立到 1812—1814 年第二次美英战争结束。当时美国外交的总目标是维护和发展商业资本，保证资本原始积累，巩固新近赢得的独立。

美国的独立外交活动始于大陆会议在 1775 年建立的秘密通讯委员会。1776 年委员会制定的第一个外交纲领——《1776 年条约计划》，阐述了美国积极发展对外贸易的方针。争夺海外市场从一开始就是指导美国对外政策的一个极为重要的思想。

独立后美国奉行的孤立主义反映在 1793 年华盛顿发布的《中立宣言》和 1796 年汉密尔顿为华盛顿起草的"告别词"中，在孤立主义策略的掩护下，美国从法国购得路易斯安那（1803 年），向南进占了西班牙的西佛罗里达（1810、1813 年）。

独立后的美国也无须通过英国中间商之手，同中国发展了直接贸易（1784 年）。开始时，这种贸易关系是平等的，自 1804 年美国载运鸦片的船只来到中国后，双方贸易逐步向不平等方面转化。在 1844 年《望厦条约》中，这种不平等关系完全暴露出来。

1815—1844 年为第二阶段，即美国通过同英签订《根特条约》巩固独立地位到进一步掀起向西扩张浪潮的前夕。这是加强向西扩张前的酝酿时期。

第二次美英战争实质上是另一次独立战争。战后美国国内经济和政治发生重大变化，为商业资本逐渐向工业资本的过渡开辟了道路。国内市场不断扩大，殖民地时期的沿海经济交流转变为三大经济区域的交流。"内地开发"不断扩展，殖民地意识逐渐消逝，要求经济、政治和文化上独立的愿望，促使民族主义思潮的兴起。民族主义助长了扩张的气焰。19 世纪初期拉丁美洲爆发了独立战争，西班牙殖民帝国迅速解体，英国乘机向拉美地区渗透，美英矛盾随之日增。1823 年门罗总统抛开英国，单独宣布针对拉美的外交政策，试图将新兴的拉美国家强行置于美国势力之下。前此四年，美国从西班牙手中攫取了东佛罗里达。

1845—1860 年为第三阶段，即从向西大规模扩张领土到内战前夕。至 19 世纪 40 年代，美国工业革命才真正开始得到发展。机器工业兴起，国内市场扩大，同时南部种植园奴隶制急剧膨胀，南北两种社会制度的矛盾日见加深，政治权力对比向有利于奴隶主方向倾斜。美国开始强化用战争或以战争威胁手段推行大陆扩张政策。门罗宣言在公布之后一度沉寂，至此也喧嚣起来，并经波尔克总统的引申，成为指引美国大陆扩张的准则。美国通过兼并得克萨斯、同英国瓜分俄勒冈、对墨西哥战争等步骤，一跃达到太平洋沿岸。"显明天命"这个口号就在这次扩张高潮初起时提了出来（1845 年）。这期间维也纳会议建立起来的列强间的均势彻底瓦解，欧洲问题也激化起来，这就给美国提供了进行大陆扩张的有利机会。英国对美国扩张多次实行遏制政策未获成功，但当时美国也无力问鼎南美。1850 年美英遂签订条约，协议对未来开凿的运河实行共管，共同保证中立化。

至内战前夕，美国向西扩张虽然仍局限于北美大陆，但向太平洋和亚洲的扩张势头业已加强。当时叫嚷向亚太地区扩张的最有影响的人物是威廉·亨利·西沃德。但当时美国的经济和海军力量都不足与英国抗衡，在海上它只能尾随英国炮舰之后，实行"合伙"策略。只是由于内战的爆发，这种扩张进程突然中断。

1861—1897 年为第四阶段，即从 1861 年内战开始到 1898 年美西战争前夕。在美国外交史上，这是一个从大陆扩张转向海外扩张的酝酿阶段；在社会经济制度上，是从自由资本主义向垄断资本主义过渡阶段。

内战是美国的第二次资产阶级民主革命。它粉碎了种植园奴隶制，统一的国内市场正式完成。工业资产阶级执掌了政权，为工业进步发展开辟了道路。工业资本的迅速发展，触发了新的科技革命。至 80 年代，美国完成了工业革命。90 年代初，美国工业生产跃居世界首位。在这"镀金时代"，为了追逐海外市场、原料供给地和投资场所，为了缓和国内社会矛盾，要求向海外扩张的喧嚣开始泛滥。"新显明天命"论应运而生。盎格鲁-撒克逊种族优越论、海权说、大陆边疆终结说等流行一时。这都为大规模海外扩张吹响了号角。

内战一停止，美国就恢复了被战争一度打断了的向太平洋和拉丁美洲扩张的势头。如中途岛的占领、阿拉斯加的购买、1883 年的美朝条约、泛美会议、1893 年的夏威夷"革命"、1895 年的奥尔尼照会等，都是美国大规模向拉美和太平洋扩张的前奏。

## （二）海外扩张时期的三个阶段

1898—1918 年为第一阶段，即从美西战争到第一次世界大战。1898 年美西战争在美国史上是一个划时代的重大事件。它是历史上帝国主义国家发动的第一个战争，标志着美国进入了垄断资本主义时期，开始踏上世界政治舞台。海外扩张的帷幕正式拉开。

此时的美国，垄断资本集团支配了政治经济生活，由此导致的政治和经济矛盾引出了"进步运动"。"进步运动"是帝国主义初期，资产阶级为了完善资本主义制度而进行的一次改良运动，其目的在于调整生产关系，缓和国内阶级矛盾，以促进资本主义发展。就统治阶级言，"进步运动"与海外扩张是垄断资本齐下的"双管"。这同样说明外交是内政的延续。我们不应把当时美国国内政策与对外政策对立起来，因为就外部条件言，对不发达国家与地区的市场、资源和劳动加以控制和豪夺，正是资本主义国家得以保持发展、改良的重要手段之一。

为了适应海外扩张的需要，1899 年美国提出"门户开放政策"。对殖民地或被压迫的国家来说，这个政策是种单向的、以"他"为主而不是以"我"为主的政策。这种开放是强加于人的"开放"。它在表面上是对华外交政策，实质上是美国向海外进行扩张的总政策。其"利益均沾"设想早在 19 世纪中期已初见端倪。当时美国国力不足，在亚洲角逐中只得与英国结成"伙伴"，分享杯羹，但到 19 世纪末美国国力增强时，则作为正式外交原则单独提了出来。正是在"门户开放政策"宣布后不久，美国参加了镇压中国人民反帝的义和团运动，并掠得巨款。

在拉丁美洲，1901 年美英签订了新的运河条约，美国攫得中美海峡地区的控制权，开始向南美大规模渗透。到第一次世界大战前夕，拉丁美洲已沦为美国的"后院"。

在亚洲，美国打着"门户开放"的旗号，继续推行"合伙"策略。1905 年日俄战争后，这种策略又表现为同日本谋求共同分割在亚洲和太平洋地区的势力范围。在非洲，1906 年美国通过参与阿尔吉西拉斯会议，试图把门户开放政策推向那里。

至 20 世纪初年，欧洲两大军事集团间的矛盾不断加剧。美英关系得到进一步调整。1914 年"一战"开始时，美国虽然采取隔岸观火、乘机敛财的策略，但当战火扩大时，最后还是站在英法方面，于 1917 年加入进去。战争时期，美国由债务国变为债权国。威尔逊的"十四点"和国际联盟计划反映了美国要求介入欧洲事务，要求实现"世界领导地位"的新趋向。战后，美国虽未签署凡尔赛和约，因而没有加入国际联盟，继续推行"单干"策略，但在资本主义世界新的格局中，占据强大的经济地位，其政治影响也随之空前增长。1917 年俄国发生十月革命。为了弥合在资本主义体系中被冲开的缺口，资本主义国家，其中包括美国，对新诞生的苏维埃俄罗斯进行了联合武装干涉。

1919—1933 年为第二阶段，即从 1919 年第一次世界大战结束到 1929—1933 年经济大危机发生。

"一战"后，美国垄断资本在"组合自由主义"政策指导下飞速发展。汽车、建筑业和电气工业的增长，带动钢铁等工业的兴盛。政治上，保守主义和孤立主义复活。1921—1922 年举行的华盛顿会议上，在重新宰割远东和太平洋地区殖民地与势力范围的折冲樽俎中，门户开放政策得到列强的正式承认。1923 年后，国际局势处于相对稳定状态，和平主义运动广为传播。和平主义反映美国人厌恶"一战"的情绪和力图保持战后繁荣的要求。在凡尔赛-华盛顿体系下，美国在海军军备上同英国相对抗，在太平洋上与日本相对峙。这时美国外交重点仍在欧洲，主要目标是大力解决战债问题并扩大海外投资，借以维持经济大国地位，扶持德国，对抗英法，抵制苏联。这一时期美国外交活动相对处于低潮。在华盛顿会议后，美国参加过几次裁军会议，但都因与会国间争吵不休而终告失败。1929 年突然爆发经济大危机之后，美国外交更趋向收缩态势。

1933—1945 年为第三阶段，即从富兰克林·罗斯福施行"新政"到 1945 年第二次世界大战结束。

1933 年罗斯福在空前经济危机中入主白宫。为了挽救资本主义制度，他在国内实行"新政"，国家垄断资本开始确立。罗斯福对外政策的目标是通过介入国际事务，尽快复苏国内经济。1933 年罗斯福不得不正式承认了苏联；对拉丁美洲也宣布了"睦邻政策"。

30 年代国际形势极度动荡。德、意、日法西斯势力日益猖獗，"一战"后建立起来的凡尔赛-华盛顿体系节节崩溃。"二战"前，美国采取的"中立政策"和"一战"前相同，基本上是隔岸观火策略。所不同的是，"二战"前法西斯侵略势力越出欧洲范围，蔓延到亚洲，美国有腹背受敌之虞。这就使得美国国内主张干涉的力量通过曲折途径，终于削弱了主张孤立主义的势力。1941 年日本偷袭珍珠港后美国被迫参战。大战期间，美国首先力求击败德、意、日法西斯国家与此同时，竭力为掌握战后世界政治和经济领导权奠立基础。例如 1944 年布雷顿森林会议和敦巴顿橡树园会议，就是明显的标志。

### （三）全球称霸时期的四个阶段（或四次外交政策大调整）

1945—1968 年为第一阶段，即从 1945 年"二战"结束到 1968 年美国深深陷入侵越战争困境。

经过"二战"，美国的经济和政治实力空前强大。作为超级大国，美国成为称霸世界的力量。据此，美国对外交政策做了大调整，由战时与苏联进行国际合作转向遏制苏联、争夺世界霸权的战略。1947 年 3 月杜鲁门主义的出台标志着这一转变。为了遏制苏联和社会主义国家，美国开始在广阔的中间地区，压制一切争取民族民主运动，并在世界范围内建立起反苏反共的广泛联盟。冷战随之越演越烈。1948 年 4 月开始实施的马歇尔计划与杜鲁门主义相辅并行。1949 年缔结的北大西洋公约是美国在和平时期第一次同欧洲国家建立的军事同盟。但在亚洲，美国的遏制政策并不顺利，1949 年中国人民革命的胜利，继而美国在朝鲜战场上接连失利，使美国在中国和整个朝鲜建立附庸政权的企图彻底破灭。

1953 年艾森豪威尔执政后，被迫结束了侵朝战争，但仍继续实施遏制政策，继续在全球范围内扩大反共军事联盟，并推行所谓"大规模报复"和"战争边缘"战略。随之国内出现的军事-工业复合体，显示出黩武主义的趋向。同时在国际上，第三世界崛起，西欧、日本经济力量增长，美国在推行霸权战略时遇到困难。肯尼迪、约翰逊政府深深陷入侵越战争，日益表明美国经济和军事力量越来越不能适应其称霸的图谋。同时，国内反战和争取民权运动普遍开展。美国政府陷入内外交困的境地。

1969—1980 年为第二阶段，即从尼克松结束侵越战争到卡特实施卡特主义。

1969 年尼克松执政后，国内和国际形势都不利于继续进行侵越战争。国内出现了生产迟滞、高失业、高通货膨胀并存的"滞胀"现象。在国际上，西欧和日本经济实力继续上升，独立性日见增强。苏联加速争霸步伐，苏美核力量日益接近。为了摆脱内外交困的境地，尼克松实行"二战"后第二次外交政策大调整。他于 1969 年 7 月提出所谓"尼克松主义"，宣布从越南战争脱身，两年后又提出"多极外交"均势论。

1977 年卡特上台后，提出所谓"人权外交"，但由于沿袭美国一贯对人对己实行双重道德标准的做法而收效不显著，1980 年初又试图从尼克松的收缩战略转向重点地区实行直接军事介入的政策，并有选择地改善与第三世界的关系，以此抵制苏联的扩张。1977 年美国与巴拿马订约，有条件地逐步归还巴拿马运河区主权，1979 年与中国正式恢复了外交关系。卡特所宣布的卡特主义并未使美国摆脱外交上所处的困境，在伊朗问题上所受挫折最为明显。

1981—1989 年为第三阶段，即里根当政阶段。

1981年里根上台后，对美国外交政策再度做出重大调整。里根依据传统保守主义思想，制定国内外政策。在外交上，他竭力恢复越南战争和伊朗危机之前的美国国际地位，并重整军备，力图从苏联手中夺回争霸世界的优势。1983年他提出"星球大战"计划。这是美国全球称霸政治与当代科学技术相结合的产物。里根企图凭借其先进的科学技术和较雄厚的经济实力，在军备竞赛中挤垮苏联，同时对苏联实行以武力为后盾的又对抗又对话的战略，推行"多层次威慑"，把苏联"推回去"。这种所谓"里根主义"外交政策虽显然得势，但代价十分昂贵，财政赤字剧增，外贸逆差上升，国债负担日重。1985年上半年美国成为净债务国。

1989年乔治·布什入主白宫后，于5月在得克萨斯农业和机械大学发表对苏关系的演说，提出"超遏制"政策。这是40多年来美国对苏政策的显著的战略调整，也是对苏共总书记米哈伊尔·戈尔巴乔夫"新思维"改革政策的反应。这次外交政策大调整仍然是一种由经济、军事、科技等构成的"综合国力"为后盾、以政治思想攻势为前哨的策略，既保持谈判，又保持对抗，因时因事交替使用。今后这种冷战后和遏制后时期出现的缓和趋向有何发展？冷战40多年以来的国际政治平稳结构会发生什么变化？雅尔塔会议以及战后几次国际会议建立起来的国际政治体系将有何演变？尚未可逆料。

纵观美国外交政策的发展进程，可以概括地说，美国对外政策的转变是伴随着美国资本主义发展过程中两次革命（1774—1783年革命与1861—1865年内战）、五次重大战争（1812—1814年、1846—1847年、1898年、1917—1918年和1941—1945年）、一次经济大危机（1929—1933年）和四次社会政治经济体系过渡（商业资本向工业资本的过渡，自由资本向垄断资本的过渡，一般垄断资本向国家垄断资本的过渡，继而向国际垄断资本的过渡）而实现的。其中垄断资本国际化刚从地平线上冉冉升起，其发展趋向，特别是国际垄断资本主义集团间发展不平衡规律如何发生作用，如今均未可预测。

（原载《历史研究》1991年第2期）

# 漫谈美国外交史学*

在中国美国史研究会的资助下，南开大学历史系美国史研究室编译了《美国史译丛》第 2 期。出版时，恰值研究会成立三周年，兹以此献给读者，一者纪念学会的建立，二者向同志们请教。

本期以美国外交史为主要内容，包括四篇译文和 17 件资料。译文中，有两篇是对美国外交史上两个比较重要的问题所作的阐述；另两篇对于美国外交史学的发展状况做了介绍。资料是依照时间顺序排列的。需要说明的是，资料内容并不构成什么体系，也无中心思想，只是将我们过去几年零零星星所译出的已经校订过的部分文件（截止于二次大战结束）汇集起来而已。由于篇幅所限，对一些资料做了删节。资料最忌删减，读者在此无以窥全豹，尚望见谅。

虽然早在 19 世纪 70 年代所谓科学的历史从欧洲传入美国，但美国外交史学发展比较慢，较有分量的具有系统综合性的美国外交史专著迟至 20 世纪 30 年代才出现。至此，美国外交史在美国历史编纂学上方取得独立学科的地位。此前，有关美国外交的著作在形式上多为专题论文和回忆录；在时间上多偏重建国早期的外交；就作者言，多为退职外交官员。

第二次世界大战后，外交史著作递有增加，其中国际关系著作的增加更为显著。外交史的范围也扩大了，关于政治机构在制定外交政策中的作用多所注意，但外交史的研究仍然是就事论事，不能把外交作为内政的延伸，不能作为社会经济、政治和思想综合体的一部分加以看待。结果是见树不见林，割裂了历史。这也是资产阶级史学的通病。40 年代特别是 50 年代以来，在新社会史学的影响下，新左派外交史学家注意到经济因素对外交政策的影响，给美国外交史学注入一滴新的健康的血液。但新左派外交史学家同样不注意外交与内政的关系，因而对于一些外交现象所作的解释也往往是脱离实际的。

资料第一，这是资产阶级史学家所遵循的圭臬。在实证主义哲学思想和德

---

* 南开大学历史系美国史研究室为中国美国史研究会编译了第 2 期《美国史译丛》。此文是作者为该期《译丛》所写的《编者之话》。

国实证求真方法论的影响下,美国历史研究在 19 世纪六七十年代从文学特别是从浪漫主义的传统分离出来,变成"科学",史学工作者也成为"职业"史学家。史料的收集和刊印以及历史学会的增加,标志美国史学的独立。美国外交史学家也不满足于本国各政府部门公布或者编选的文件。他们到国外档案馆诸如巴黎、伦敦、维也纳、马德里、柏林、墨西哥城等地档案馆去收集资料,编印成书提供研究人员使用。

第二次世界大战后,随着外交史和国际关系研究的发展,专业组织、刊物和资料汇编有增无已。如今美国外交史学家有了自己的独立组织(1967 年成立),并有三个较有影响的刊物:《外交季刊》(1922 年创刊)、《外交历史》(1967 年创刊)、《对外政策》(1970 年创刊)。从杜鲁门开始,历届去职总统撰写回忆录,记载了一些外交经历。一些国务卿和高级外交官员延续过去的传统,也写出了不少回忆录。从胡佛开始,历届总统在去职后,甚而在去职前,建立了以自己名字命名的图书馆,保存了大量有关外事活动的文件。这类图书馆所收藏的文件,曾引起争议。杜克大学也曾有建立尼克松图书馆之议,各方反对的意见不少。外交史工具书的出版也是这门学科成长的标志之一。近年出版的有《美国外交史文集》(约翰·E.芬德林编,1980 年版,622 页)和《美国对外政策百科:关于主要运动和观念的研究》(亚力山大·德康得编,1978 年版,1213 页)。

值得注意的是,美国外交史学的发展大致经历三个阶段:资料、专题论文和专史,即先从搜集资料开始,进而撰写专题论文,最后归纳综合为专史。美国几个比较著名的外交史学家如塞缪尔·F.比米斯、托马斯·A.贝利、朱利叶斯·W.普拉特、罗伯特·H.弗里尔等都是这样成长起来的。这种顺序合乎一般科研发展的逻辑进程,对我们也有所启发。我们有时急于写通史,比较忽视专题,所以通史往往缺乏坚实基础,不能深入,也不易创新。

至于资料问题,首先还是外语问题。美国移民史学家和外交史学家,都感到外语是个棘手的问题。只掌握资料或外语,不等于会写历史,更谈不到写出有价值的历史,但是要写外国史或与外国有关联的历史,就必须掌握有关外语。无资料,固然"难为无米之炊";无外语,也就无炊具了。尤其外交史研究所涉及的国家比较多,所以只有掌握多种文字,才能胜任愉快,游刃有余。例如在日美关系史研究方面,在美国,佩森·J.特里特可算是一位先驱者了,但他只用英文材料,局限性很大。熟习日文的艾德温·O.赖肖尔写起来,则可左右逢源,"略胜"不只一筹了。

文字表达的功力也是史学家专业修养的标准。在文史不分的年代,好的历史著作就是好的文学作品。及至文史分家后，首先重视的是史实的翔实和推理的准确，对于文字的要求就不像过去那样高了。50 年代以后，以计算机为手段，以社会学为主要内容的新社会史学发展起来后，在文字方面的要求显然更降低了。术语和专科名词大量出现，有的论文简直成了统计表，文字辞藻黯然失色。计量历史的资料不出自文字记载，而大量取自数据。姑不论计量法在社会科学研究中有多大局限性，即从文字质量的衰退而言，也着实令人兴叹不已。美国外交史著作也不例外。

本刊所选择资料虽然事先无既定章法，但约略还可体现美国外交政策史上三个主要策略口号，即孤立主义、门罗主义和门户开放政策。其他口号基本上是从这三个口号派生衍变，为其服务的。

制定这三个口号的最重要的指导思想是扩张主义。扩张主义是资本主义国家对外政策的实质，是由资本主义制度决定的。

口号是用以表达一些原则，借以动员与指导舆论的。口号是抽象的，而在实际运用上都因人、因时、因事有所不同。因此这些口号具有浓厚的实用主义性质。美国人在人生观上、在价值观上、在对待社会的态度上是功利主义者。相对来说，他们不着重理论，而着重实际；不着重过去，而重视未来。三个主要策略口号的运用，自然带有这种实用主义的气息。

孤立主义是美国建国早期提出的口号。当时美国国力比较弱，避免卷入欧洲列强的纠纷，借以保持和巩固其独立地位。孤立主义的构思早在革命时期托马斯·潘恩所撰写的《常识》中，就可窥见端倪。

孤立主义不是一种消极的被动的政策。严格地说，一个国家根本不可能孤立，纯粹的与世隔绝的孤立根本不会存在。在不同时期美国外交决策人对孤立主义的含义所作的解释有所不同。开始时，孤立主义是针对欧洲的，既不愿卷入欧洲事务，也不愿欧洲干预美洲。从这个意义说，孤立主义是策应门罗主义的。及至帝国主义时期，美国在标榜孤立、中立、不干预和不承认等政策下，极力维持欧洲的均势（正如英国极力维持欧洲大陆均势一样）。在经济上，美国在欧洲极力发展势力；在政治上，则不肯为欧洲国家火中取栗。它等候时机，投入自己的力量，借以坐收渔人之利。第一次和第二次世界大战期间，美国都是采取这种策略的。正如美国史学家 A. B. 哈特所言，美国"政府可按部就班地选择自己的时机和干预的方式。美国的力量一向在于养精蓄锐，并不在于孤立"。第二次世界大战之后，由于国际政治和经济力量的对比有利于美国，国际政治和经济关系在时间上和空间上也更加紧密，美国遂采取了全球战略，在世界范围内展开了逐取霸权的竞争，但孤立主义的特质如均衡外交、伺机渔利等，仍然是显而易见的。孤立主义不仅表现于对欧外交政策中，而且服务于争夺世界霸权了。

门罗主义最初是，而且一直是针对拉丁美洲的外交政策，但有时也运用于其他地区，如在帝国主义初期吞并夏威夷时，美国外交决策人就抬出门罗主义做辩护。在第二次世界大战进程中，门罗主义也囊括了加拿大。门罗主义是 19 世纪初期，美国主要为了抵制英国在拉丁美洲的扩张图谋而制定的。它后来演变为独霸政策，拉丁美洲成为美国的"后院"，加勒比海成为美国的"内湖"。最耐人寻味的事是：如今英国在保持其在拉丁美洲的殖民地时，反而得到美国的支持；阿根廷收复马尔维纳斯群岛的努力，竟在英美合伙干涉下失败了。

门户开放政策是美国踏入帝国主义时期针对中国提出的政策口号。有的美国外交史学家认为，这种政策早在 19 世纪中叶就提出来了；也有人认为，这种政策不仅针对中国，而且是美国传统的世界性的政策。例如，1906 年美国就是在"门户开放"的旗号下，参加争夺摩洛哥的阿尔赫西拉斯会议的。实质上这种政策是美国用以打开殖民地和半殖民地的大门，或保持其敞开，以便在帝国主义列强的掠夺竞争中分得一杯羹，甚而蓄意把它们逐步变成"熟透的苹果"，以待适当时机把它们摘掉。在 30 年代，查尔斯·A. 比尔德反对在国外推行门户开放政策，主张"开放"国内"门户"。50 年代以来，新左派外交史学家如威廉·A. 威廉斯，反对把门户开放政策作为世界范围内的扩张政策。他们不理解扩张和剥削是资本主义的本性。不扩张、不剥削，就不成其为资本主义了。难怪他们有关改革内政和外交的主张如同隔靴搔痒，根本解决不了任何实际问题。

扩张是美国的传统。美国历史上连篇累牍的"显明天命""新边疆""道义使命""战略价值""熟透的苹果""不沉的军舰"等等名词都是为扩张主义服务的。扩张就得有实力，所以实力地位政策正是扩张政策的杠杆。力主军备竞赛的"大政治"由此而生。在资本主义世界中，根本不可能有真正的裁军。

因为所选资料全无章法，在这里多说几句，无非是想取得某些补救。有几篇资料，多少具有现实意义，可资借鉴。其意义读者一眼就可洞察，编者不再赘述了。

（原载《历史教学》1982 年第 12 期）

四

# 《美国黑人解放运动简史》导言[*]

自 20 世纪 50 年代中叶起，美国黑人连续发动了大规模的反对种族歧视、争取自由和平权利的群众斗争。十年后，这场斗争发展为轰轰烈烈的武装抗暴的革命运动。它像巨大的狂澜，猛烈地冲击着垄断资产阶级的腐朽统治，使内外交困的美帝国主义更加处于风雨飘摇之中。这清楚地显示了英雄的美国黑人蕴藏着极其强大的革命力量。

美国黑人现有 2300 多万，约占美国总人口的 11%。他们都是从非洲被劫运到北美的黑人奴隶的后裔。三个半世纪以来，他们在种植园奴隶主和资产阶级的残酷统治下，走过了悲惨苦重的历程，至今还没有得到彻底的解放。"美国黑人遭受压迫是美利坚共和国的一个耻辱。"[①]

但是，历史证明，勤劳勇敢的美国黑人是不甘心受奴役的。他们先是为了反对奴隶制度、争取人身解放，继而为了反对种族歧视和迫害，争取自由和平等权利进行了英勇不屈的斗争。一部美国黑人的历史，是一部受奴役、受压迫的血泪史，也是一部广大黑人前赴后继、英勇不屈、争取解放的斗争史。他们的可歌可泣的英雄事迹，引起全世界革命人民的同情和钦佩。

中国人民敬爱的伟大领袖、国际无产阶级和被压迫民族被压迫人民的伟大导师毛主席极其关怀美国黑人争取解放的革命斗争。1963 年和 1968 年在美国黑人运动不断高涨的形势下，毛主席两次发表声明，愤怒声讨美国垄断资本集团对黑人的歧视和迫害，坚决支持黑人的正义斗争。毛主席的声明给予美国黑人以极大的鼓舞和支持。

在毛主席两个声明的光辉思想指导下，我们编写了这本《美国黑人解放运动简史》。

---

[*] 中国人民解放军五二九七七部队理论组和南开大学历史系美国史研究室及七二届部分工农兵学员：《美国黑人解放运动简史》，北京：人民出版社 1977 年版。

[①] 列宁：《论国民教育部的政策问题》，中共中央马克思恩格斯列宁斯大林著作编译局译：《列宁全集》，北京：人民出版社 1956 年版，第 19 卷，第 127 页。

列宁教导说："被压迫被剥削阶级反对压迫者的一切革命的历史，都是我们对专政问题的认识的最主要材料和来源。"①歌颂美国黑人英勇斗争的光辉业绩，揭露种植园主和大资产阶级对黑人进行残酷剥削和压迫的罪行，学习美国黑人在斗争中取得的丰富可贵的经验，有助于我们深入学习马克思关于无产阶级专政的理论，提高执行毛主席革命路线的自觉性，增强我们对于同各国人民特别是第三世界人民战斗团结的伟大意义的认识，以及把中国革命和世界革命进行到底的决心和信心。

本书把美国黑人争取解放的斗争历史分为五个时期：1. 殖民地时期；2. 独立战争至南北战争；3. 南北战争结束至第一次世界大战；4. 第一次世界大战结束至第二次世界大战；5. 第二次世界大战后。种植园主、资产阶级对黑人的奴役、歧视和压迫，广大黑人反对奴役、反对种族歧视和压迫的斗争，是美国黑人解放斗争史的主要内容。

从 16 世纪初叶西班牙殖民主义者将非洲黑人奴隶运抵北美大陆之日起，黑人就开始了反抗奴役和压迫的英勇斗争。在黑人奴隶制被推翻前，这场斗争的内容主要是反对种植园奴隶主和黑人奴隶制，争取人身解放；奴隶制被摧毁后，特别是美国进入帝国主义阶段后，主要内容是反对垄断资本的压迫和剥削。伟大的十月革命把无产阶级革命运动同被压迫民族的解放斗争联结起来了。在此之前，黑人的斗争是资产阶级革命的后备军；在此之后，黑人的斗争就成了无产阶级革命运动的同盟军和组成部分。

在殖民地时期，作为资本原始积累的手段之一，欧洲殖民主义者凭仗野蛮的暴力手段，把黑人从非洲劫运到北美殖民地。从非洲到美洲，黑人从未停止过反抗斗争。接连不断的密谋和起义，都给了奴隶主统治阶级以沉重的打击。

18 世纪后半期，北美殖民地和宗主国英国的矛盾日益激烈，民族矛盾是当时殖民地社会的主要矛盾，广大黑人想要摆脱奴隶制度，也必须反对奴隶制度的总后台——英国殖民者。

1775 至 1783 年美国的第一次资产阶级革命，使美国摆脱了英国的殖民统治。黑人英勇战斗，不怕牺牲，为美国的独立做出了重大贡献。

但是，独立战争并没有解决黑人奴隶制的问题。新建立起来的大资产阶级和大种植园奴隶主的专政，把奴隶制原封不动地保留下来。

独立战争后，随着国际市场上对棉花需求量的增加，棉花种植园和世界资

---

① 列宁：《关于专政问题的历史》，中共中央马克思恩格斯列宁斯大林著作编译局译：《列宁全集》，北京：人民出版社 1959 年版，第 31 卷，第 305 页。

本主义市场的联系更加密切。一度衰落的奴隶制种植园经济，在棉花种植业不断发展的情况下，迅速膨胀起来。正如马克思指出的："那些还在奴隶劳动……等较低级形式上从事生产的民族，一旦卷入资本主义生产方式所统治的世界市场，而这个市场又使它们的产品的外销成为首要利益，那就会在奴隶制、农奴制等等野蛮灾祸之上，再加上一层过度劳动的文明灾祸。"①美国黑人奴隶所受的压榨更加深重了；"但是只要奴隶制占统治地位，资本主义关系就每次只能偶然地作为从属关系出现，决不能作为统治的关系出现。"②所以，南部种植园奴隶制度的发展必然和北部资本主义生产方式发生冲突。

奴隶主大肆扩张奴隶制，并企图在已经取消了奴隶制的地区恢复奴隶制；资产阶级极力限制奴隶制的扩张，大力发展资本主义的生产关系；而广大劳动人民特别是黑人则坚决反对奴隶制的存在。因此，围绕奴隶制问题，限制和反限制、复辟和反复辟、统一和分裂、前进和倒退的斗争，就构成了19世纪前60年美国历史的主要内容。这场冲突最后表现为夺权和反夺权的武装斗争。

在这个时期，废除奴隶制运动在美国蓬勃兴起，工农群众反对奴隶制的斗争不断高涨，奴隶起义连绵不绝。这一切汇成直接冲击奴隶制的洪流，奴隶主阶级陷入了四面楚歌之中。但他们并不甘心失败，而是负隅顽抗。他们放出第一枪，发动了反对革命人民的战争。

奴隶制是反动的腐朽的社会制度，奴隶主是逆社会发展潮流而动的反动势力。奴隶主失道寡助，不得人心。他们所发动的不义战争注定是要失败的。

南北战争摧毁了奴隶制度，粉碎了奴隶主企图在南部以外扩张奴隶制的阴谋，击垮了他们对内制造分裂、对外实行民族投降的反革命活动，维护了国家的统一，为美国资本主义进一步发展扫除了障碍。

资产阶级作为一个剥削阶级，不可能彻底解放黑人，他们反对奴隶制的目的，只是要把黑人从奴隶主个人所占有的私有财产，变成为任凭资产阶级自由雇佣的廉价劳动力。因此，他们根本不可能容许黑人得到彻底解放，反而在"自由的"、民主共和的资本主义基础上竭力恢复已经失去的东西。

特别是到19世纪晚期，随着美国自由资本主义向垄断资本主义的过渡，资产阶级在政治上变得全面反动，对黑人的剥削和压迫更加卑鄙可耻，更加凶恶残暴。他们极力推行种族隔离和歧视制。黑人绝大部分被剥夺了选举权和受教

---

① 马克思：《资本论》，中共中央马克思恩格斯列宁斯大林著作编译局译：《马克思恩格斯全集》，北京：人民出版社1964年版，第23卷，第263-264页。

② 马克思：《剩余价值理论》，《马克思恩格斯全集》第26卷（Ⅲ），第461页。

育的权利。一般只从事最笨重的体力劳动，而且还常常被无理监禁、拷打和枪杀。在黑人人口最多的南部各州，黑人受着半封建的分成制和债偿劳役制的奴役。"北美合众国是世界上最民主的共和国之一，可是也没有一个国家的资本权力和一小撮百万富翁对全社会的统治表现得像美国那样野蛮"①。

这种残酷的剥削和压迫，迫使广大黑人群众奋起反抗。他们积极参加了多次反对垄断资本的工人和农民运动，特别是在 19 世纪 80 年代末 90 年代初的农民运动中发挥了积极的作用。但是，当时的黑人运动还没有马克思主义政党的领导，黑人无产阶级还很年轻，而且当时的工农运动，由于种族主义的腐蚀和统治阶级的挑拨，采取了排斥黑人的错误政策，因此黑人运动的领导权落入了黑人资产阶级知识分子手中。

19 世纪末 20 世纪初，黑人运动中的两条路线斗争表现为，以杜波依斯为首的一批黑人资产阶级知识分子左翼和以布克·华盛顿为首的投降主义路线的斗争。

第一次世界大战是帝国主义国家之间争夺世界霸权的结果。战争期间，大量黑人涌向北部城市，进入工业部门。这一方面使黑人无产阶级壮大，另一方面也使城市的黑人聚居区更加拥挤，生活状况更加恶化。随着三 K 党等种族主义暴行的猖獗，黑人的苦难日益加深。

黑人无产阶级的壮大，提供了黑人运动同工人运动相结合的坚实基础。十月革命的炮声和美国共产党的成立，都为黑人运动打开了新的篇章。美国共产党不仅积极组织黑人工人加入工会，而且对于黑人运动中所遇到的具体问题十分重视，在当时反对种族歧视、争取自由和平等权利的斗争中，发挥了积极领导的作用。20 年代末经济危机发生后，美国黑人运动又出现了新的高涨，美共在南部进行了大量的宣传和组织工作，世界闻名的营救"斯考兹勃罗青年"的斗争就是这一高潮的起点。在南部，分成制佃农和雇农工会建立了，反对种植园主的罢工斗争开展起来了。在北部，许多黑人工人参加了工会，不少黑人加入了共产党。黑白工人的联合有了新的发展。

第二次世界大战前夕，美国黑人积极投入了反法西斯的斗争。大战期间，种族主义的迫害有增无已，黑人的反抗斗争连续不断。在反对德、意、日法西斯的战争中，黑人也做出了卓越的贡献。

第二次世界大战后，美帝国主义对外实行夺取世界霸权的大规模侵略和战

---

① 列宁：《论国家》，《列宁全集》第 29 卷，第 442 页。

争政策，对内加强了法西斯统治，种族歧视日益扩大，种族迫害更加猖獗。但是广大黑人经过了长时间的思想和组织准备，特别是经过第二次世界大战的锻炼，觉悟和斗争精神有了提高。在战后经过近十年的积聚力量，黑人便由沉默走向反抗。从1955年起，一场轰轰烈烈的黑人反对种族歧视、争取平等权利的群众斗争，犹如汹涌澎湃的怒涛，蓬蓬勃勃地开展起来了。其规模之大，来势之猛，范围之广，时间之久，在美国历史上都是前所未有的。这一波澜壮阔的怒潮，一直持续到70年代初，猛烈地冲击着美帝国主义的腐朽统治，沉重地打击了万恶的种族歧视制度。在斗争中，黑人的组织性和思想觉悟都有了很大的提高，为美国黑人运动的不断深化开创了新的前景。

战后美国黑人运动大致有三个阶段。1955至1963年的斗争，主要是反对种族歧视、争取平等权利的群众斗争。在斗争中出现了一些新的黑人群众组织，斗争是以静坐示威等非暴力方式为主。1964至1968年是黑人抗暴斗争的高涨年代。富有战斗精神的黑人组织建立了，并开展了以革命暴力反抗反革命暴力的斗争。1968年后，黑人运动向纵深方向发展，同工人运动、反战运动、学生运动、妇女运动等密切结合起来，有力地震撼着美国整个社会，使统治阶级陷于内外交困、惶惶不安的境地。

20世纪50年代后期和60年代，是美国黑人运动空前高涨的时期，也是黑人运动中两条路线斗争十分激烈的时期。这期间，由于国际上修正主义思潮的泛滥，以及垄断资产阶级变本加厉地推行反革命两手政策的影响，美国黑人运动中的机会主义思潮也更加猖獗。当广大黑人不堪忍受垄断资产阶级的血腥镇压而奋起反抗的时候，有的黑人领袖却大肆鼓吹非暴力主义。对于烈火般的黑人抗暴斗争来说，这实际上起了消防队的作用。

与这条非暴力主义路线相对立的，是主张以革命暴力反抗反革命暴力的路线。许多富有战斗精神的黑人高举武装自卫的旗帜，不畏强暴，英勇战斗，体现了黑人敢于斗争的革命传统。

战后黑人运动虽然出现了高潮，但缺乏坚强正确的领导，美国共产党的领导权已经为现代修正主义分子所篡夺，变成了垄断资产阶级欺骗和镇压黑人运动的工具，工人运动中的左派还没有形成统一的力量。特别是垄断资产阶级越来越频繁地交替使用反革命两手政策，他们既疯狂地利用国家机器，对黑人激进派施行残酷镇压，同时在政治上、经济上和思想上玩弄种种伎俩，打进去，拉出来，分化瓦解黑人的革命队伍，麻痹黑人群众的斗争意志。这一切严重阻碍了黑人群众斗争的顺利发展。

在黑人问题上，美国垄断资产阶级的文人，散布了大量的反动谬论，妄图从思想上腐蚀黑人，为黑人运动布置下陷阱和樊笼。他们说什么美国的南北战争是一场"不必要的战争"[①]，说什么第二次世界大战后的美国进入了"第二次重建时期"[②]。垄断资产阶级政客也鼓吹什么"离开街头"，"到法院去"；鼓吹"黑人资本主义""发展黑人经济""增加黑人官吏"等。这些谬论犹如一发发糖衣炮弹，起着破坏美国黑人运动的恶劣作用。

苏修叛徒集团和美国修正主义分子极力兜售阶级斗争熄灭论，对美国黑人运动的历史和现实，也进行了恶毒的篡改和歪曲。例如：他们说什么美国的南北战争是"骨肉相残的大屠杀"。他们还同美帝国主义者一唱一和，竭力为垄断资产阶级的反动统治涂脂抹粉，传播麻痹黑人斗志的靡靡之音。例如，他们公然要求垄断资产阶级的代表约翰·肯尼迪效法林肯，颁布"第二个解放宣言"。但是谎言是不能持久的，修正主义分子的话音未落，美帝国主义镇压黑人的枪声就响遍全国，黑人学生的鲜血染红了校园的草坪，许多黑人学生惨遭杀害。美帝国主义对黑人学生的血腥屠杀，给了这些修正主义分子一记响亮的耳光。

当前，美国黑人运动正处于不断深化阶段。为了反对垄断资产阶级强化法西斯统治，转嫁经济危机，美国黑人工人和白人工人一起，不断掀起反压迫、反剥削的斗争。许多进步白人和黑人正努力学习马克思主义、列宁主义、毛泽东思想，认真总结前一段斗争的经验和教训，积极肃清各种机会主义思潮的影响，努力做到马克思主义同美国的革命实际相结合。他们日益认识到，"民族斗争，说到底，是一个阶级斗争问题"[③]。美国广大黑人同美国统治集团之间的矛盾是阶级矛盾。美国黑人的斗争只有同工人运动结合起来，才能最终结束美国垄断资产阶级的罪恶统治，取得黑人的彻底解放。

---

[①] T. J. 普利斯莱：《美国人解释他们的内战》，新泽西，1954 年版，第 99—117 页。

[②] C. W. 乌德华德：《从第一次重建到第二次重建》，载于《哈泼斯》月刊，第 230 卷，第 1329 期，1965 年 4 月，第 127—133 页。

[③] 毛泽东：《支持美国黑人反对美帝国主义种族歧视的正义斗争的声明》，《人民日报》1963 年 8 月 9 日，第 1 版。

# 《美国南北战争资料选辑》引言*

　　1861 至 1865 年间，美国南部和北部发生了一次战争，史称南北战争。在这场战争的烈火中，南部的黑人奴隶制被摧毁。

　　黑人奴隶在 17 世纪早期就被运到英属北美殖民地，至南北战争时美国黑人奴隶制已存在了近两个半世纪之久。这期间，北美殖民地人民于 1776 年宣告独立，但在独立战争中做出贡献的广大黑人，仍然没有获得自由的权利。奴隶制非但没有被废除，在进入 19 世纪后反而更加扩大了。随着棉花种植业的不断发展，奴隶价格接连上升，奴隶走私极度猖獗。独立后，奴隶制度在美国又继续维持了 70 多年。

　　贪婪成性的奴隶主对广大黑人犯下了滔天罪行，写下了人类历史上最野蛮、最黑暗、最卑鄙、最残暴的一页。

　　血腥残酷的压迫引起广大黑人的坚决反抗。仅从独立战争到南北战争不到一百年的时间里，有记载可查的规模较大的黑人奴隶起义和密谋，就有一百六十余起。其中 1800 年加布埃尔、1822 年丹马克·维赛、1831 年奈蒂·特纳、1859 年约翰·布朗所领导的起义，都是美国历史上人民革命斗争的辉煌灿烂的篇章。这些斗争沉重地打击了奴隶主的反动统治，唤醒了广大黑人群众，加速了奴隶制的崩溃，推动了美国社会的发展。

　　黑人奴隶反对奴隶制的斗争是多种多样的。武装起义是斗争的最高形式，对奴隶制的打击也最为沉重。约翰·布朗在堪萨斯（1856 年）和哈泼斯渡口（1859 年）所进行的斗争，正是南北战争的序幕。逃亡也是奴隶反抗斗争的重要形式之一。远自殖民地时期起，成批的逃亡奴隶在南方沼泽山林间就建立过自己的聚居地；进入 19 世纪，逃亡活动发展得更广泛更有组织。地下铁路运动产生了无数机智勇敢战士。他们一曲又一曲地谱写出可歌可泣的新乐章。1850 年穷凶极恶的逃奴缉捕法和 1857 年臭名昭著的德雷德·司考特判决，都从反面

---

　　* 杨生茂主编：《美国南北战争资料选辑》，上海：上海人民出版社 1978 年版。

说明了黑人反奴隶制斗争的巨大成功，以及步入穷途末路的奴隶主阶级的垂死挣扎。

进入 19 世纪，美国白人和黑人的废奴运动得到很大的发展。1830 年全国性的黑人代表会议在费城召开。1833 年"美国反奴隶制协会"成立。黑人运动中的左翼既反对"美国反奴隶制协会"的不抵抗主义，又反对统治阶级策划的向海外移植黑人的活动。他们坚持了黑人运动中的正确方向。1829 年戴维·沃克尔发布的呼吁书、1843 年亨利·海兰·加尼特在全国黑人会议上发表的演说，都代表了千千万万受压迫受剥削的黑人奴隶的呼声，奈蒂·特纳和约翰·布朗分别于 1831 年和 1859 年发动的武装起义，在很大程度上正是这些战斗号召的回响。

独立战争后，一度衰落的种植园经济又发达起来。棉花生产不断增长，"棉花大王"统治了整个南部。奴隶主经济力量既已加强，他们便通过民主党在联邦政府中占据了优势地位。在内战前夕，奴隶主的利益已经成为美国内外政策的"指路的星辰"了。

19 世纪上半叶，北方资本主义经济也有很大的发展，工业资产阶级的势力不断加强。他们出于对自由劳动力、商品市场和原料产地的需要，反对奴隶制的进一步扩展，力图把奴隶制限制在原有各蓄奴州的范围之内。但是"不断扩张领土，不断扩张奴隶制度到旧有界限之外，却是联邦各蓄奴州的生存规律。"[①]因此随着美国在北美大陆上不断扩张领土，关于在新掠得的土地上实行什么制度——是奴隶制，还是资本主义雇佣劳动制——的问题，资产阶级和奴隶主之间的阶级矛盾日益激化。

工业资产阶级和种植园奴隶主之间的矛盾，在国家的主要政治和经济问题上都有表现。19 世纪上半叶，他们虽在建立国家银行、发展内地交通、制定关税、建立新州和处理西部公有土地等问题上舌剑唇枪，争执不一，但矛盾的真正焦点则是种植园奴隶制。马克思指出，"当前南部与北部之间的斗争不是别的，而是两种社会制度即奴隶制度与自由劳动制度之间的斗争。这个斗争之所以爆发，是因为这两种制度再也不能在北美大陆上一起和平相处。它只能以其中一个制度的胜利而结束。"[②]

内战前，围绕奴隶制问题所展开的争论极其激烈。这场论战既是当时美国

---

① 中共中央马克思恩格斯列宁斯大林著作编译局译：《马克思恩格斯全集》，北京：人民出版社，1964年版，第 15 卷，第 353 页。

②《马克思恩格斯全集》第 15 卷，第 365 页。

社会阶级斗争日趋激烈的反映，也是各个阶级在战前为自己所作的舆论准备。

约翰·卡尔洪、乔治·费茨休和杰斐逊·戴维斯等民主党人是南方奴隶主的重要发言人，扩张奴隶制的鼓吹者。史蒂芬·道格拉斯这个代表与南方奴隶主有密切联系的北部民主党人，高唱"垦殖者多数的意志"说，实际上是要取消 1820 年密苏里妥协案中所规定的地理界限。这些奴隶制的卫士们逆社会发展潮流而动，竭力维护腐朽没落的奴隶制。有的人甚而叫嚣"分离"，扬言战争。

在这场论战中，资产阶级营垒内部是不一致的。以查尔斯·萨姆斯和萨地斯·史蒂文斯等为代表的共和党激进派，从工业资产阶级的立场出发，对奴隶制进行了无情的揭露和有力的抨击，主张采取坚决措施，摧毁奴隶制，并按照工业资产阶级的需要改造南部。以林肯为首的共和党人首先所关心的不是奴隶制的存废问题，而是联邦的统一问题，夺取并巩固联邦政权的问题。林肯所承袭的政治纲领是自由土地党的纲领，即只主张限制奴隶制的进一步扩张，而不反对奴隶制的继续存在。

但奴隶主不仅不容许限制奴隶制，反而力图凭借联邦政权去扩张奴隶制。1857 年德雷德·司考特判决就是证明。至此，资产阶级和奴隶主在 1787 年建立起来的联合专政的基础已经倾圮，他们所设计的政治"平衡"已不存在。不同于 1820 年密苏里妥协案和 1850 年加利福尼亚妥协案，克里滕登在 1860 年 12 月提出的妥协案未获通过。斗争已达到白热化程度。对于两种社会制度谁胜谁负的问题，必须找出答案。1860 年选举中，当奴隶主看到不能继续控制联邦政权时，便加强了分离活动。次年 4 月，他们终于打出第一枪，挑起内战。

在内战前围绕奴隶制问题所进行的论战中，废奴主义者发挥了极其重要的作用。他们的主张表达了广大革命人民的要求，推动革命运动不断发展。上文所说的沃克尔和加尼特就是其中的杰出代表。

1861 年 4 月 12 日南北战争爆发。美国内战具有"极伟大的、世界历史性的、进步的和革命的意义"。[①]正义在北部。

内战爆发后，北部广大人民群众积极支援战争。工人和农民是革命的主力军。黑人群众也积极要求加入战争。1861 年 5 月 20 日波士顿黑人群众大会所通过的决议，反映了黑人高昂的革命精神。1863 年 1 月《解放宣言》生效后，黑人正式被召入伍。

得道多助。北部的事业赢得国际进步力量的支持。英国工人阶级对联邦政

---

① 中共中央马克思恩格斯列宁斯大林著作编译局译：《列宁全集》，北京：人民出版社 1959 年版，第 28 卷，第 50 页。

府的声援最为有力。他们说："在一场既使我们深为苦恼、也使你们大受痛苦的战争中，自由的北方将会打掉奴隶的镣铐，你们就吸引住了我们的热忱而诚挚的同情。"对于反奴隶制斗争的事业，这是一曲热情洋溢、激动人心的赞歌。

领导联邦军队战胜南部奴隶主的，是美国第16任总统亚伯拉罕·林肯（1809—1865）。

林肯是一个资产阶级杰出的政治家。马克思对林肯给以很高的评价，曾称他为"英雄"。林肯之所以成为英雄，主要因为他在人民群众的支持和推动下，顺应历史潮流，维护了国家的统一，摧毁了奴隶制，解决了美国当时社会经济中存在的主要矛盾。林肯所领导的这场战争的胜利极大地推动了美国社会的发展。

战争期间，林肯政府颁布了黑人奴隶的宣言，制定了新的关税法，通过了宅地法，设立了国家银行，鼓励移民，开始兴建横贯大陆的铁路，对工农艺术实行奖励。这些资产阶级的民主改革措施，开辟了自由劳动的来源，统一了国内市场，为工业资本的迅速发展铺平了道路。至90年代，美国主要工业生产超过西欧资本主义各国，跃居世界第一位。

但林肯作为资产阶级这个剥削阶级的政治代表人物，不可能真正彻底地解放黑人。在第一次就职演说中，他就保证"不会以任何方式使任何地区的财产"受到威胁。在《解放宣言》发表的前一个月，在回答霍里斯·格里莱的《两千万人的呼吁》一文中，他还说："我在这一斗争中的首要目标就是拯救联邦，而不是拯救或摧毁奴隶制。"因此在战争开始后，他不愿武装黑人，对于奴隶制更不愿触动，只主张在个别地区实行逐步的自愿的赎买制。他设法使战争不沾染任何废奴主义的色彩。仅由于军事压力和国内外政治压力，他才以联邦军总司令的权力，作为战争措施，宣布了《解放宣言》。林肯把解放奴隶视作击败奴隶主的最后的一张牌。

《解放宣言》发布后，战争才具有解放的性质。美国内战转入了第二阶段，即从推行统一的战争转为解放的战争。从此在工人、农民和黑人的积极支持下，联邦军队转败为胜，节节向前推进，直到赢得最后的胜利。本书第四部分举出几次重要战役，说明内战进程的重大转折。

随着内战接近结束，如何处置南部的问题日益突出。在重建南部的问题上，不同阶级有不同的主张。南部黑人和贫穷白人要求实现"耕者有其田"，彻底铲除种植园奴隶制的经济基础，要求实现真正的自由和民主。资产阶级激进派，要求对旧奴隶制种植园经济和旧奴隶主寡头政治实行较多的民主改革，为资本主义工业势力迅速深入南部，创造条件。以林肯为代表的资产阶级保守派，主张在保持旧奴隶主权力的条件下（奴隶除外），恢复联邦的统一。林肯政府没有给与自由人以选举权，也没有实现"耕者有其田"。被解放了的黑人没有得到公民权，也没有得到实现其政治权利的经济权利。"自由人"的自由得不到保证，所谓解放也只是名义上的解放。

林肯死前只重建了路易斯安那、阿肯桑和田纳西三州，没有来得及实现他的全部重建计划。林肯的继任者安德鲁·约翰逊不仅接受了林肯的政策，而且把它推到极其反动的地步。

约翰逊的重建计划导致重建初期的反动。1865 年 11 月密西西比州首先制定了"黑人法典"，几乎把黑人通过战争而赢得的权力剥夺得一干二净，其他前叛乱州也相继制定了类似的法令。三 K 党这个恐怖组织是旧奴隶主镇压黑人的残暴工具。战后在南部广泛流行的分成制和劳役债偿制，成为套在"自由人"脖子上的两个沉重的铁枷。

约翰逊的反动政策，遭到广大黑人的坚决反对。1866 年南部各地黑人代表会议的召开，表现了黑人群众的激昂的战斗意志。1867—1868 年南部各州制宪会议所取得的丰硕成果，也体现了自由民群众的首创精神。

战后，随着"自由"资本主义逐渐向垄断资本主义过渡，国内阶级矛盾进一步激化。工人和农民开始了空前规模的反对大工业主、大银行家、大铁路主、大农场主的斗争。接连发生的经济危机（1865、1875—1876）更使阶级斗争不断深化。这时资产阶级激进派不仅失去了前进的势头，而且由于他们的阶级本性，掉转头来向他们的战时同盟者黑人发动新的进攻。1872 年的大赦令和自由共和党的出现，就是大资产阶级进一步走向反动的信号。

1876 年，代表大资产阶级利益的共和党与代表大种植园主利益的民主党完成了一笔肮脏交易。塞弥尔·蒂尔登（民主党）同意路瑟福德·海斯（共和党）就任总统，海斯答应由南卡罗莱纳和路易斯安那撤出联邦军队，把南部的控制权拱手交给民主党。这样，"重建时期"就结束了，但黑人并未取得自由平等的政治权利和经济权利。直至今日，美国黑人仍为自己的彻底解放进行勇敢坚决的斗争。我们坚信，他们的"正义斗争是一定要胜利的。万恶的殖民主义、帝国主义制度是随着奴役和贩卖黑人而兴盛起来的，它也必将随着黑色人种的彻底解放而告终"。[①]

为了给阅读美国史的同志提供一些基本史料，我们拟按历史事件编译若干

---

[①] 毛泽东：《呼吁世界人民联合起来反对美国帝国主义的种族歧视、支持美国黑人反对种族歧视的斗争的声名》，《人民日报》1963 年 8 月 9 日。

资料选辑，分册陆续出版。《美国南北战争资料选辑》是其中的一种。

围绕南北战争的有关问题，本书分六个部分，选编了 71 件资料。为了便于阅读，每件资料前写了按语，用活体字排印。每部分的文件是以该文件写作或事件发生的年代顺序编排的。对书中的错误和缺点，恳请读者批评指正。

参加本书翻译的有：周基堃、查良铮、陈文林、王敦书、杨生茂、李元良、张友伦、冯承柏、白凤兰。

# 《美西战争资料选辑》引言

　　1898 年 4 月至 8 月美国发动的对西班牙的战争，史称美西战争。这是第一次瓜分世界的帝国主义战争。它虽然历时很短，规模有限，但却是美国从自由资本主义发展为垄断资本主义的分水岭，是美帝国主义正式形成的标志。

　　美西战争是 19 世纪最后 30 年美国国内外矛盾激化的产物，是美国扩张政策的继续。南北战争后，美国的资本主义经济有了长足的发展，从 19 世纪 80 年代开始，生产的集中和垄断程度越来越高，银行资本与工业资本日渐融合为一。到 19 世纪末，美国不仅在工业生产上跃居世界首位，而且成为由一小撮垄断资本家统治的托拉斯帝国。由于西部土地开发殆尽，国内市场瓜分完了，阶级矛盾趋于尖锐，美国垄断资本家为了追逐最大限度利润，便把他们的贪婪目光从国内转向海外。然而，当美国踏上争夺殖民地舞台之际，世界领土已被欧洲列强瓜分完毕，美国垄断资本遵循美国资本主义向外扩张的传统，把他们的侵略矛头进一步指向加勒比海和太平洋地区，而且选中了老牌殖民主义国家西班牙在拉丁美洲和亚洲最后两块较大的殖民地——古巴和菲律宾作为首先吞食的目标。

　　处于控制通往巴拿马地峡咽喉要道的古巴和位居中国东南的菲律宾，战略地位重要，对于美国具有很大的政治经济意义。由于西班牙殖民者的残暴统治，两地人民相继掀起了反对西班牙的武装起义。在镇压人民起义的长期战争中，西班牙殖民者的实力大为削弱，尤其是在古巴，殖民政权岌岌可危。美国垄断资产阶级正是选择了这样一个对他们十分有利的时机来实现其侵略计划。他们在扩军备战，调兵遣将的同时，向西班牙发动了咄咄逼人的外交攻势；以保护在古巴的美国公民财产和人身安全为借口，向西班牙政府提出"调停""斡旋""赔偿损失""限期停火"等要求，直至派出战列舰"缅因"号驶入哈瓦那港。1898 年 2 月 15 日，"缅因"号突然爆炸沉没，美国总统麦金莱在西班牙政府答应了美国政府提出的全部要求之后，悍然发动了这场被一些资产阶级学者誉为

"美国历史上最得人心、最少痛苦"①的不义之战。

战争是在美国海军经过长期周密准备之后开始的。西班牙舰队装备陈旧，训练很差，指挥失灵，当然敌不住速度快、火力强、训练有素，一直把西班牙当作假想敌人的美国舰队。因此，无论是在马尼拉湾还是在圣地亚哥海面，西班牙舰队一触即溃，全军覆没。美国陆军的备战情况虽然逊于海军，但由于骗取了古巴和菲律宾起义军的支持，未经鏖战，就以微小的代价打败了西班牙军队。马尼拉的西班牙守军，则与美军达成默契，不战而降。

根据美西双方在巴黎签订的和约，西班牙承认古巴独立，将波多黎各、关岛和菲律宾群岛割让给美国。美国付给西班牙两千万美元作为补偿。从此，美国这个曾经为争取自身民族解放而进行过多年独立战争的国家，成了屠杀菲律宾人民、镇压古巴独立运动的刽子手，在加勒比海和太平洋上建立起星条旗的殖民帝国。为了适应这一转变，素以传播资产阶级民主自由思想自诩的最高学府成立了专门培养殖民官员的系科。②在代表垄断资本利益的约翰·海—亨利·亚当斯集团的倡议下，以雄厚的经济实力为后盾，打出了"门户开放"的旗号③，为争夺海外市场、原料产地和投资场所同其他帝国主义列强展开了激烈的角逐。

美西战争不仅完全改变了美国的国际地位，而且也更加促进了国内生产的集中和垄断。美国历史上第一次企业兼并高潮正是从 1989 年开始的。④它促进了工业资本与银行资本的结合，使国家经济、政治和文化生活更加集中在少数金融寡头的控制之下。劳动人民与垄断资本的矛盾更加突出了。

美西战争不仅使美国的历史，而且也使世界的历史开始了一个新的过程，即帝国主义的过程。正是在这个意义上，列宁认为美西战争是"世界历史新时代的主要历史标志"⑤之一。

美西战争是半个多世纪以来美国史学界十分重视的一个课题。他们的注意力集中在美西战争起源问题上。概而言之，主要有两派观点：分别以查尔斯·比

---

① Armin Rappaport, *A History of American Diplomacy* (New York: Macmillan, 1975), p. 191.

② Theodore H. White, *In Search of History: A Personal Adventure* (New York: Harper and Raw, 1978), p. 41.

③ Peter A. Poole, *America in World Politics, Foreign Policy and Policy-Makers Since 1898* (New York: Praeger, 1975), pp. 6-20.

④ Ralph L. Nelson, *Merger Movements in American Industry (1895-1956)* (New Jersey: Princeton University Press, 1959), p. 5.

⑤ 列宁：《帝国主义和社会主义运动中的分裂》（1916 年 10 月），中共中央马克思恩格斯列宁斯大林著作编译局译：《列宁选集》，北京：人民出版社，1958 年版，第 2 卷，第 844 页。

尔德和沃尔特·拉非勃为代表的修正派和新左派史学家认为，美西战争是美国经济不断扩张的必然结果；以朱利阿斯·普拉特为首的正统派史学家则极力否认这场战争的帝国主义性质，认为不是美国统治阶级，而是美国人民在一部分知识分子所鼓吹的"新天定命运""新美国精神"的驱使下促成了这场战争。围绕着美西战争起源的这场争论至今仍在继续。[①]

为了给阅读美国史的读者提供一些有关美西战争的基本史料，我们以美国官方发表的文件为主，兼采其他文献资料，编译了这本《美西战争资料选辑》。本书选编了 68（组）件资料，分为五个部分，以时间为序加以编排。每件资料前加注了简要的说明，便于阅读。对书中的错漏之处和缺点，恳请读者批评指正。

---

[①] 参阅：①James A. Field, Jr., "American Imperialism: The Worst Chapter in Almost Any Book"; Comments: Walter LaFeber and Robert L. Beisner, "Reply: James A. Field, Jr.", *The American Historical Review*, Vol. 83, No. 3 (June 1978). ②Joseph A. Fry, "William Mckinley and the Coming of the Spanish-American War"; "A Study of the Besmirching and Redemption of an Historical Image", *Diplomatic History* Vol. 3, No. 2 (Winter, 1979). ③Lewis L. Gould, "The Reick Telegram and the Spanish-American War: A Reappraisal", *Diplomatic History*, Vol. 3, No. 2 (Spring, 1979).

# 《南开大学图书馆馆藏美国史（英文）目录（上册）》前言*

本书目收录南开大学图书馆和历史系美国史研究室资料室所藏有关美国历史的英文图书，约计 4,300 册，截止于 1984 年底。目录页标出图书分类页码。书后附有著者索引。

书目是为科研服务的基本工具之一。书海浩瀚，探索费难。读者若手执书目，库中宝藏尽收眼底，确为一大快事。编辑也因能臻进阅读便利而感到无限欣慰。数月案首劳瘁虽称繁琐，实为裨益于莘莘学子的业绩。

藏书目录仅是书目之一种。顾名思义，只限于入藏之书，虽不若专题书目详尽，但分门别类，可收"了如指掌"之效。藏书目录实际上是纸面上的书架。有的书目还附有提要，但一般不易达到这个要求。

我国目录学创始于西汉成帝、哀帝之世。《汉书·艺文志》云："至成帝时……诏光禄大夫刘向校经传、诸子、诗赋，……每一书已，向辄条其篇目，撮其指意，录而奏之。会向卒，哀帝复使向子侍中奉车都尉歆卒业，于是总群书而奏其七略……"。我国封建时代最大也是最后的一部官修图书目录是乾隆三十八年（1773）至四十七年（1782）间所编纂的《四库全书总目提要》。纪昀等任总纂，收录《四库全书》的图书三千四百六十一种，及未收入《四库全书》的存目六千七百九十三种，总计一万零二百五十四种。每种都有提要，对作者生平、著述渊源，书的内容、性质、版本、文字等，都做了概括的评论和考订，共二百卷。近人余嘉锡撰《四库提要辩证》二十四卷，计四百九十篇，八十余万字，对于《四库全书总目提要》中部分图书的内容、版本、作者生平都做了翔实的订正。全书于 1958 年科学出版社印行，1980 年中华书局再版。《丛书集成初编目录》收丛书子目四千一百零七种，供查索《丛书集成初编》所收古籍之用，1960 年由上海古籍书店根据商务旧本重编出版。书前有《丛书百部提要》，简介百部丛书的编者、内容和特点，后附有以四角号码编排的书名和未出书名

---

* 南开大学图书馆和历史研究所美国史研究室编：《南开大学图书馆馆藏美国史（英文）目录（上册）》，1985 年 9 月，油印本。

两个索引。《丛书集成初编》收宋至清代重要丛书一百部，1935 年开始由商务出版。全书只完成十分之九。《中国丛书综录》由上海图书馆编，1959 至 1962 年由中华书局出版。全书分为三卷，第一卷是《总目分类目录》，收全国四十一所主要图书馆所藏丛书二千七百九十七种；第二卷是《子目分类目录》，论述所藏丛书三万八千八百九十一种子目的内容；第三卷是《子目书名索引》和《子目著者索引》，均以四角号码编排。

英文 bibliography 一词源于希腊文。希文词义最初为"著书"，后变为"关于书的著述"，即书目或目录学。至 18 世纪中叶，法图即有以后一涵义编辑的 bibliographie 问世。英国较晚，于 19 世纪初叶方用 bibliography 一词。

法国国家图书馆于 1895 年出版第一卷图书目录，至 1984 年已出三百二十余卷。"美国图书馆协会"成立于 1876 年，1882 年出版《期刊索引》修订本，达一千四百五十页，1893 年出版《美国图书馆协会目录》，1904 年出第二版时，已包括八千条目；1898 年并出版《美国图书馆协会一般著作索引》。1901 年美国国会图书馆（1800 年创立）开始编印并发行图书目录卡片，承担了统一编制国内图书目录的任务。

上面粗略列举国内外几种书目，目的在于表明书目在促进科研工作中的作用，以大喻小，也可显示本书目的重要性。

本书目系校图书馆和美国史研究室共同努力的成果。参加编辑工作的有冯承柏、林静芬、倪亭同志。校图书馆西文编目室的同志协助做了不少工作，余茂春和历史系部分 80 级同学协助抄录书卡。

由于我们水平有限，错误之处在所难免，欢迎批评指正。

南开大学历史所美国史研究室

杨生茂

1986 年 7 月

# 《美国对华政策文件选编》序言*

本书包括 1842—1918 年间中美关系史中美国官方原始文件 234 篇。据我所知，这样较系统、较全面地选译美国官方原始材料，在我国中美外交史研究中，真可视为创举。原稿为 40 万字，后从中选出 30 余万字付梓，因而价值益增。本书的出版为中美关系史研究提供了一定数量的翔实的材料。对关心和研究中美关系史的人来说，这确实是件值得庆幸之事。

在中美关系史中，1842—1918 年正是美国对华政策形成的关键时期。虽然 1842 年以前，特别是 1918 年以后，美国对华政策还有其时代特点，但从整体言，美国对华政策的大体构思在 1842—1918 年间已基本形成。

在殖民地时期，北美 13 个殖民地与中国的贸易是受宗主国英国控制的。当时北美殖民地人民对中国的了解，也是通过英国和其他西欧国家传递的。独立后不久，美国就开始同中国进行直接贸易（1784 年）。这种贸易是和平与平等的。到了 19 世纪之初，一当鸦片介入中美贸易（1804 年），这种和平与平等关系就开始变质。当时美国海上力量不足，它是尾随英国炮舰之后贩卖毒品的。在中英鸦片战争（1840—1842 年）后，美国同中国订立的《望厦条约》（1844 年）是中美关系史上第一个不平等条约。

《望厦条件》订立之际，正值美国商业资本向工业资本的转变基本完成，并大踏步开始工业革命、掀起大陆扩张狂飙的时期。在 19 世纪中期，初任美国参议院议员（1849—1861 年）、后在林肯与约翰逊政府中任国务卿（1861—1869 年）的威廉·亨利·西沃德（1801—1872 年），积极鼓吹发展海军，并主张联合英国，向太平洋和东亚大力扩张，攫取最惠国待遇。这一扩张图谋与活动，只是由于南北战争（1861—1865 年）的爆发暂时中断。

内战后，随着工业资产阶级取得政权，工业化逐步完成以及自由资本主义向垄断资本主义的过渡，美国由大陆扩张转向海外扩张。1898 年美西战争掀起

---

* 阎广耀、方生选译：《美国对华政策文件选编：从鸦片战争到第一次世界大战》，北京：人民出版社 1990 年版。

了美国扩张史上的新的一页。接踵而至的是美国单方宣布"门户开放政策"（1899—1900年），参加欧洲列强镇压义和团运动（1900年）与订立《辛丑条约》（1901年）。

正如1823年发端的"门罗主义"一样，"门户开放政策"的始作俑者仍是英国，但达到了威廉·亨利·西沃德一再追求的目的。这是因为至19世纪末年美国国力日盛，已能独断独行，不再受英国的抑制了。何况进入帝国主义时期后，在列强重新分割世界殖民地的斗争中，由于英、美同德俄间的矛盾不断加剧，以及英国逐渐退出拉美，美英关系日益接近。在远东，它们对日本也采取了扶掖（美）与联盟（英）的政策。美国这种以牺牲中国利益为筹码，在远东维持均衡的外交政策一直推行到第一次世界大战及其后。1905年塔夫脱—桂太郎备忘录、1908年鲁特—高平协定、1917年兰辛—石井协定可说明这种趋势。

1842—1918年间，还有两件颇引中美关系史研究者经常注意的事。一起是1882年美国排华工法；另一起是1908年美国退还部分庚子赔款的决定。十分明显，前者是个单方面制定的歧视法令；关于后者的性质，则众说纷纭。书中得体地请出倡议人伊利诺伊大学校长埃德蒙·J.詹姆斯来说明事情的原委。

本书的两位编译者都是美国史的研究者。阎广耀同志从1979年就开始收集并翻译本书的资料。他奔走于京津各大图书馆之间，积九年辛勤劳动，方成是稿。其锲而不舍的治学精神令人感佩。方生同志通校并修订了全稿，写了各个题目的内容简介，安排了本书的构架，编制了全部附表。其精雕细刻的用心值得称赞。我希望他们能不辍耕耘，第一次世界大战后的资料汇编能早日问世。

自1979年中美建立外交关系以来，十个年头过去了。当今我国对外政策的依据是独立自主与和平共处五项原则，现在的中美关系不会雷同书中记录的当年。1989年正是中美建立新关系十周年，此书的刊印更具有抚昔忖今的意义了。

（又见《历史教学》1991年第4期）

# 《东亚与太平洋国际关系——东西方文化的撞击（1500—1923）》序言[*]

　　本书谱写了一章关于环太平洋的国家和地区同西方国家在近代实现交往的序曲。说"序曲"，是因为本书尚未包括所有环太平洋的国家和地区，例如位于大洋洲的国家和沿太平洋的拉美国家还有待研究，但这并不丝毫减少本书的重要性。从更深层次的意义看，本书对于一个极其广阔和重要的区域，从一个方面，即从文化方面，进行开拓性的研究，并总括了过去长达四百多年的历史，这本身就是一个值得称赞的壮举。环太平洋区域，特别是东亚地区，在当今国际关系中的重要性更加突出。如今世界信息交通惊人发展，经济国际化与商品经济全球化空前发达，随着时光的推移，环太平洋区域的重要性更会不断增长。由此即可透视本书重大价值之所在。

　　关于东西关系问题，当然前人已做过许多研究，并有一直享有盛誉的力作，尤其是在考据方面的著作更为学人所称道，但以环太平洋区域的广度，从文化视角，着重阐发东西方在政治和经济交往上相互容纳糅合与相互撞击冲突来说，这本书应当说是"别开生面"，在一定程度上发挥了觅径探胜的作用。

　　无疑，作者大量使用了前人研究的成果，对待这样大的领域，不可能不借助于前人，其中包括外国学者。作者在使用外国学者的成果方面，显示出令人赞许的治学方法和态度，既不一味盲从，又有勇气加以吸收。对待外来文化，唯洋是从和唯我独尊实是谬误的两极。前者是虚无主义的表现，后者是蒙昧主义的化身。正确方法和态度应是批判吸收，即经过认真筛选与鉴别，去其糟粕，吸收其有价值的成分，通过反思，达到外为中用的目的。同时，研究也不可囿于注释考据之间或局限于前人的思想范畴，而应注入现代人的精神，以新观点、新方法和新内容繁荣我国学术园圃。唯有这样，我们才能对世界学术园地做出贡献。在本书中，作者显然以这种精神孜孜自励，其志可嘉。

---

[*] 曹中屏著，天津：天津大学出版社 1992 年版。

除资料外，在一些具体问题的看法上，作者也极力表达出独立的见地。这也需要一定的治学的执着志趣和坚定的勇气。容或在某具体问题上可能有不尽妥实之处，但这无关宏旨。历史写作具有相对性。我们相信史学中的相对性，但反对相对主义。历史不同于自然科学，不能反复试验。历史总是当代人对往事的探讨和研究。承认相对性，可激发学者的追求意识和奋进精神；承认相对主义，则只能败坏史学家的自信、自豪和自重感。

学无止境。经过进一步研究，在某些具体问题的阐发上，会更加完善。这是作者今后奋力探索的课题。

我多年有感于环太平洋史研究的重要性，但述而不作，终无所成。作者钻研和进取精神之可贵，自叹弗如，爰为数语以互励共勉。

（又名《〈东亚与太平洋国际关系——东西方文化的撞击（1500—1923）〉一书的序言》，《历史教学》1992 年第 8 期）

# 《美国对亚太政策的演变（1776—1995）》序言[*]

喜读《美国对亚太政策的演变（1776—1995）》一书，不禁命笔续貂，权为有感而发。

几年前负责编写《美国外交政策史》时，曾有意续写一本美国对亚太地区的外交史，但因健康关系，暂时搁置。而今几位中青年学者经过两年的辛勤劳作，终于完成了这一课题，也算圆了我多年的一个夙愿。在向几位作者致贺之余，殊感欣慰。

本书选题极好。在当今方兴未艾的"太平洋热"之际，这一研究成果确为应答时势的佳作。自 1922 年泰勒·丹涅特出版其力作《美国人在东亚》以来，几代美国史学家不断著书立说，诠释美国向亚太扩张的缘由，探究美国对亚太政策的得失，因立场、视野和方法不同而产生诸多见解、观点，乃至学派。但这些毕竟是美国人自己的研究，丹涅特本人也承认自己是站在华盛顿方面而不是站在东京或北京方面讲话的。这是学者向读者做出的一种坦白的交代，在一定意义上也是对东方学者的挑战。亚太地区是美国东方政策的对象和终端，这种政策产生于华盛顿，但要在亚太地区实施并加以检验。作为生活在这一地区的中国学者无疑也应有自己的研究，即从中华民族的民族利益和文化背景出发，依据翔实资料，运用辩证唯物主义历史观进行缜密剖析，得出自己的独到见解。作者在《导言》中指出："中国学者应立足自己，对美国的亚太政策做出自己的分析，提出自己的看法。这是一种责任，也是我们民族利益的需要。"对此我深表赞同。《导言》又说：美国学者也需要听到我们的声音，得以"从另一角度更全面客观地审视自身"。所言展现了广阔视野。中美两国学者分别站在太平洋此岸和彼岸，共同审视美国政策的发展历程。如能加强交流，定能避开"盲人摸象"之弊。这里关键是交流，而交流一定是对等的、相互的，一定要有我们自己的独立研究成果，不能鹦鹉学舌，否则便是流而不交，便是单向的文化征服。

---

[*] 王玮主编：《美国对亚太政策的演变（1776—1995）》，济南：山东人民出版社 1995 年版。

从这点意义看，几位作者确实做了有益的工作。

本书以"门户开放"政策为主线向读者解说了美国的亚太政策的发展过程。这种设计和构思深中肯綮。作者认为，美国在亚太地区所经营的一切，无非是要建立一个在美国凌驾下的开放型的新殖民主义体系。它既不同于老牌资本主义国家攻城略地的殖民主义，也不同于美国在拉丁美洲实行的封闭式的门罗主义体系，甚至也不同于它在夏威夷和一度在菲律宾实行的兼并或直接占领政策。作者认为，之所以出现这种不同，是因为亚太地区是西方国家的争夺对象，是美国和欧洲列强的势力沿两个不同方向进行扩张的交点，是欧洲和美洲两大体系向外扩展的结合部。这里不是美国控制的后院，也不是与欧洲仅一水之隔、任由欧洲国家宰割的非洲，所以"开放"门户、维持机会均等是美国最佳的政策选择。

本书的时间跨度较大，从 1776 年一直写到今天，甚至对未来的政策走向做了尽可能深透的预测。作者并不满足于做一般性的叙述，而是加入许多评议和分析，其中画龙点睛之笔随处可见，使论述颇具新鲜气息。例如作者对"门户开放"政策的分析，虽着墨不多，但有特色。首先，作者站在时间的高度，认为"门户开放"源于英国古典经济学家亚当·斯密的自由贸易思想，后经一个多世纪的社会发展历程，在 19 世纪末的特定历史条件下异化为"门户开放"政策。因此，这一政策不是约翰·海或英人贺璧理等人的即兴之作，也非美国用于一时一地的权宜之计，而是一种蓄之既久、成于一朝的为殖民帝国主义服务的"大政策"。第二，作者站在空间的高度，探讨了美国扩张的取向，鸟瞰美国历史发展的大势，认为"从一定意义上讲，一部美国历史就是告别大西洋，穿过西部荒野，走向太平洋的历史"。作者进一步说，从政策角度看，这一过程也就是从"脱离"到"进入"的曲折过程；"在大西洋由于'离去'而追求关闭，在太平洋则由于'进入'而追求开放，'门户开放'政策由此而生"（以上见《导言》）。这种具有宏观性和历史性的奇崛之笔，发人深思。第三，"门户开放"的是非功罪，已经讨论了近一个世纪，本书自然也要涉及这一话题。作者着重分析"门户开放"的单向性和片面性，即开放他国门户的同时关紧自己的大门，以论证其民族利己主义的实质。但作者没有局限于此，而是分析了"门户开放"思想和政策与老殖民主义相比所具有的随机性、隐晦性和相对活力性，虽寥寥数笔，却有丰富的内涵。

本书内容丰富，重大事件疏而不漏，且"二战"后部分占据了重要地位，亦为一个优点。

当然，本书也不免瑕疵之处，谅不赘述。好在本文不是书评，仅为一序。

# 《朝鲜战争中的美国与中国》序言*

朝鲜战争是中美关系史上的一个重大事件。在很大程度上，它直接导致了中美两国长达 20 余年之久的对立。特别是美国对我国台湾政策的转变，使问题更加复杂化。时至今日，台湾问题仍然是影响中美关系稳定发展的一大障碍。作者以朝鲜战争为主线，围绕国际关系总格局，系统阐发了朝鲜战争时期的中美关系。这一著作不仅具有令人赞许的学术价值，且有一定的现实意义。

应当说，国内外史学界在这一领域已做出较多的工作，做进一步的研究殊非易事。作者选择这个题目，表现了作者学术追求的勇气和本书起点的高度。我们当鼓励年轻学者在学术上勇于攀登，这是使学科兴旺发展的途径之一。

外交是内政的延续，同时还要受到诸多国际因素的制约。难能可贵的是，作者并没有拘泥于战争本身，而是力图把这场战争置于整个国际和国内的广阔背景下来考察，使人们更能清晰地了解中美两国的外交政策是如何形成的，以及这些政策是如何相互作用、相互影响的。在书中，作者论述的不单单是中美两国的关系，对于中苏关系、美苏关系、英美关系等也用相当篇幅做了较系统的分析，这不仅增加了本书的学术分量，且在一定程度上显示出一定的创新性。

本书的新意颇多，比如，对核武器在结束朝鲜战争中作用的分析，对美台关系形成的考察，对战争影响的总体透视等等，作者都提出了富有启发性的见地。

史料是史学研究的基础。没有大量的史料为依据，史学研究就成为无本之木、无源之水。史料丰厚是本书的一个显著特点。当然作者并没有沉湎于史料，而是保持审慎分析的态度，从中引出自己的独立判断。

有一点似乎应当指出：虽然作者在搜集资料方面下了功夫，但与数量颇丰的外文材料相比，引用的中文材料仍显得有些单薄，对中国对美政策的分析仍

---

* 赵学功：《朝鲜战争中的美国与中国》，太原：山西高校联合出版社 1995 年版。

感到有些乏力。当然这在材料这一客观条件上也有一定的难度。根据大量翔实的中文材料，参照大量外文材料，撰写一本避免片面性的中美关系史专著，实在是太重要了。如此，方能真正体现出我们的学术研究水平，为国际史学做出应有的贡献。

# 《美国传教士与晚清中国现代化》序言*

美国传教士在华活动是早期中美文化交流中最为显著的渠道，因此本书作者所申论的内容，是当今中国近代史和中外关系史研究中引人注目的热门话题之一。近年国内举行过多次关于美国在华教会学校的研讨会。美国教会组织也曾差人来华搜集有关教会学校的文字或口述资料。与此同时，中国和美国学者也写出了若干关于美国传教会在华文教活动的专著。更有意思的是，近年有些留学美国的学生回国收集老一代留学生的经历。当然他们所收集的资料和访问的对象，不局限于教会学校毕业生，但老一代的留学生中从教会学校出身的为数不少。以上学术研究活动正表明美国传教士在近代中美文化关系史上据有一席重要地位。

这种研究既然是"热门话题"，自然由于观察问题的角度不同以及认识的程度不同，产生许多不同的解释，特别是在评价问题上时有分歧。众说纷纭，是好现象，如此方能接近比较合乎实际的看法。应该说，本书作者所作的努力，也是试图应答"热门话题"的。

作者在图书馆中拂尘披览了许多近代来华美国传教士的中西文论著，在资料收集方面下了很大的功夫。他着力勾勒了美国传教士在华活动的主要方面，并结合他们传布"福音"的言行，提出了既有见地，又恰如其分的看法，评骘珠玑，散落全书。

我们不可简单地把美国传教士在华布道活动视为纯宗教活动。他们的活动始终是与政治、经济同步并进的。传教士、商人和外交官"三位"结为"一体"，在不同方面和不同的程度上，都是为美国向外扩张这个总趋势服务的，直是美国扩张主义"齐下"的"三管"。

在 18 世纪末叶，西方对中国文化的评论多有贬词，已不同于启蒙运动时期所表达的赞誉之意。美国开国元勋们对于中国不大了解，他们是通过西欧知晓

---

* 王立新：《美国传教士与晚清中国现代化》，天津：天津人民出版社 1997 年版。

中国的，虽然他们中间有人向往中国，如本杰明·富兰克林表示过访问中国的意愿，但在他们的意识中，中国是遥远不清的。及至 19 世纪，美国传教士来华并非个人的行动，甚而不是出自个人的意愿，而主要是由教会差遣的。当他们来华时，统治中国的清王朝已开始衰落，并在外国人的进击下节节败退，不得不俯仰由人。1804 年美国商人首次从土耳其贩来鸦片，中美贸易开始逐渐发生质变。1844 年《望厦条约》的订立正是这种质变的具体表现。这就是美国传教士来华传布"福音"时所处的大时代背景。

作者在全书之末提出了带有评估性的"误导论"，这个总结正是从当时大时代背景出发的。传教士引来的自然科学和社会科学知识，开启了当时中国面向世界的眼界。这无疑较封建思想是先进的，并可成为近代中国人选择和借鉴的内容，对近代中国的改革运动也不无促进作用。但在目的和方式上，传教士并不是将中国引向现代化。他们只能通过"福音化"达到西方化，而西方化绝不等于现代化。1995 年约翰·奈斯比特在其所著《亚洲大趋势》一书中写道："亚洲现代化不等于亚洲西方化。"其实，反置其意，同样确切。近代史上这种例子比比皆是，无须絮谈。究其原因有二，一是外国传教士往往同传入对象国抵抗现代化的封建顽固势力联袂而行，二是传教运动的进程与传入对象国本体所产生的社会原动力格格不入。

时至今日，美国有个中国学学者居然还说什么，凡当中国符合美国文化价值观和模式时，中美关系则发展顺利，反之，则困难重重。可见，这种以我为主，强加于人的霸权主义说法仍未绝唱。

谈到这里，我们不禁想到"全盘西化论"的危害性。关于这种主张，在中国现代史上曾引发一场大辩论，但至今有些人仍不能明白底里，未能做到泾渭分明。我们认为，跟故步自封、夜郎自大的顽固民粹主义以及数典忘祖、妄自菲薄的灰色虚无主义一样，全盘西化论也是蒙昧的表现。对待外来文化，我们应采取鉴别筛选，择优而从的态度，既不能一股脑地加以否定，也不应不加区别地盲目吸收。同时对于本国固有的传统文化，也应慎重反思，剔除其沉渣糟粕，发展其优秀素质。但反思不是故做反面文章，而是创造鉴别吸收外来文化优秀部分的内在条件，二者相辅相成，互为补充。同时积极参与世界文化，使两川归大海。这都是为了抵制外来文化中蓄意制造思想附庸的破坏力量，弘扬光大本国悠久文化中的优秀部分，进而丰富世界文化。做到这两点，才能成为有见识、有脊梁的清醒的文化人。但此举绝不是轻易之事，我们必须付出艰巨的努力。晚清士大夫绝对做不到这一点，而今我们没有理由不努力去做到这点。

这也许就是作者在书末总结中要表达的潜台词吧。我觉得，应当从这个高度去品评和审视这本著作。

（又名《展阅尘封著作 应对时世话题——序〈美国传教士与晚清中国现代化〉》，《历史教学》1996 年第 8 期）

# 《探径集》前言\*

《探径集》主要选收美国史学史、美国外交政策史和有关历史研究与教学的文章。这都是在莽莽史林中，循着小径，探索前进的足迹。解放前那些关于国际时事评论的文章未收。新中国成立后，主要精力花在多头教学任务中，坐下来全力搞科研始于 1964 年。在那年，美国史研究室宣告成立，但不久又开始了"文革"运动。"文革"后的 1978 年恢复了研究室工作，可是好景不长，多次接到"病危"通知书。1992 年后科研几乎又停摆了。这 10 年，主要"工作"是跑医院，只在休息时写点随笔类文章。

老然后知不足。这里所指的不足是学绩。"文革"后不久，曾以"淡泊惜阴"自勉。看来"淡泊"似乎多少做到些，辞谢了许多会议和职务，而"惜阴"则难说有了好的着落。

历史具有相对性，客观事物总是变迁不居的，同时作者对客观的认识也不是常驻不前的。虽然承认认识的相对性，但不等于承认相对主义。相对主义是随声附和的机会主义，同绝对主义是主观主义这枚铜钱的正反面。由于认识到书写历史的相对性，故在选录过去所写的文章时，尽量保存文章的"原汁原味"，因为那是时代的客观的脚步声响，也是作者当时应答客观的心音。这样才能看明白自己在漫长学习和生活道路上所遇到的曲和直。换言之，客观实践才能检验认识的正误。

贯穿自己一生思想的一条主线是反封建反帝的观念和期望国家振兴的愿望。1931、1937、1949 和 1978 这几个年代，以及这几个年代间发生的大大小小事件，都深深印在自己脑海中，自然不无反映在所写文章的字里行间。文与心通，文也与时通。在文章的灌木丛中很易觅得自我。那里没有言不由衷的话，虽然不见得句句都经得起时间的评判。

---

\* 杨生茂：《探径集》，"南开史学家论丛"杨生茂卷，中华书局 2002 年版。

"文革"结束后，又焕发了振兴国家的期盼。在主观和客观上确实有了"焕发"的机缘。在改革开放的风雨中，人人踏上了百废待举的新征途，随之想到的是前进道路上可能遇到的困难和艰险。这几年，梦寐思虑的是如何正确对待外来文化这件大事，反复阐述的主题是，鉴别吸收和学以致用的重要性和艰巨性。这个道理不仅在研究工作中应当注意，对于各项事业也是不可须臾忽视的。

写史应当有论，当然论须依据史实。史学家主要责任是以古悟今，启迪当代人和未来人。在研究中，首先须知晓通史。专而不通，必然目无全牛，失于偏颇。学美国史，首先应当学习美国通史。近年学子往往过于重专，自封眼界。当然通而不专，也会导致散漫无章，但二者相比，通还是根本。

学美国史学史不失为求通的佳径。根据在阐述美国历史发展的潮流和特点中所取得的成就，我从众多美国史学家中选出五个代表。他们是认识美国历史发展的重要人物，因为从他们各自阐述的通史领域里可以抚摩出美国历史跳动的脉搏。例如，从乔治·班克罗夫特的"通史"中，可以嗅到显明天命论、种族优越论和美国例外论的气息。弗雷德里克·杰克逊·特纳也曾点拨过海外扩张政策的决断者们。威廉·阿普曼·威廉斯从通史角度论述美国"门户开放"扩张政策的轨迹，同查尔斯·比尔德一样，也曾述及这种扩张力度的极限性。威廉斯曾长期被拒于美国主流学派史坛之外，但历史的演变无不证实其预测的一定的可信性。

一些开明的美国的外交史学家，虽然同那些冥顽自私的"官方史学家"和保守的主流派史学家所持看法有所不同，但也无不受到单边国家利益观的局囿，以及传统教育打造的扩张主义使命观的熏染。他们只能就事论事，很难揭示美国外交政策的实质。美国以外的美国外交史学家反而能看清实质性问题，并对极端利己主义的强权政治予以笔伐。这可谓旁观者清。的确，"不识庐山真面目，只缘身在此山中"。

这里录下一首 1992 年写的自赏自得的小诗。它胜过千言万语，表达了我的心境——一种缠磨与激荡的心境。

> 过去，让它过去吧，
> 今天才是常青的，
> 永远可从现在，从脚下迈出新的步伐。

回忆等于折磨，味道是辛涩的，
有时会勾起脉搏的撞击，终宵不眠，
而老人越老越难逃出这种恍惚的困境。

当然，过去也有欢乐的笑声和美好的憧憬，
回味起来，
还可拾到许多欣慰的片鳞只爪。

曾记起：四十六年前由异域归来时，
塘沽通北平的铁路两侧尽是荒滩枯草，
即使那时，
也恨不得跳下车去，捧起黄土，重重亲吻。

又记起：皓首进京，
每当走过少年熟识的天安门时，
看见簇拥的鲜花，
看见红彤彤的高墙，
看见这片祖国壮丽山河的象征，
感动得热泪盈眶。

应明白佳酿中有股股冤情苦水，
苦水中也有激励奋进的佳酿，
十全十美，只可到童话中去寻找。

聪明人，不应沉浸于已经逝去的一切，
从苦水中吮吸些香醇吧，
哪怕是点滴，
为了明天，为了来人。

假如再有一次生命的话，
可能不会有现在这种固执、自矜和恶俗，
而民族忧患意识还可能是一生思想的载体，
至于个人，毕竟是沧海中的一粟。

在编辑工作中，填补注释中的外文人名、书名、地名和出版处的工作费了许多时间。十几年前，各杂志的编辑部不要求注出原文，后来可能由于改革开放步伐的催促和电子计算机的推广，原文名称方进入注释。此外，还对注释体例、译名和数字用法尽可能的予以统一，对文字也进行了个别修改。

（又名《晚年述怀——〈探径集〉》序言》，《出版史料》，北京：开明出版社，2002 年版）

# 《梦想与现实：伍德罗·威尔逊"理想主义"外交研究》
# 序言*

伍德罗·威尔逊是美国历史上最杰出的总统之一，其彪炳赫赫的政绩和难以磨灭的深远影响，直可与乔治·华盛顿、托马斯·杰斐逊、亚伯拉罕·林肯和富兰克林·罗斯福相媲美。作者选择威尔逊总统为研究对象，可谓任重志昂。

可贵的是作者着重剖析了威尔逊总统政治成就和影响最为显著的一面——外交政策。更为可贵的是作者主要以威尔逊的卷帙浩繁的生平著述原始文件为依据，系统有力地揭示了威尔逊在外交事务中言论与实践之间所存在的矛盾及其缘由。这是本书最为明晰的特点，也表现了作者深入钻研的功底。

在大量美国历史著作中，特别是教科书中，威尔逊被誉为崇高的理想主义外交决策人或为宽宏的布道式外交的开拓者，但对其言行不一致之处，很少进行深入系统的分析，甚至以理想主义言词饰盖其强权行径的实质。

一位瑞典社会学家贡纳尔·摩道尔曾说，美国许多立法只不过表达一种愿望和梦想，有些法律并不能见诸实行，[①]言论和实践间存在着差异。摩道尔所言虽然指的是美国种族歧视问题，所言的目的也在于为美国执政者某些言行不一的表现进行开脱，但他的话倒可用来指明威尔逊外交政策中存在的言行差异并非偶然。

美国外交史学家理查德·W.凡阿尔斯廷认为，虽然威尔逊不主张侵占拉丁美洲国家的领土，但"热衷于其他牌号的帝国主义"。威尔逊训诫拉美国家要有一个"好的统治者"，"要求它们按照美国的模式建立政府"。凡阿尔斯廷说，比起先前总统来，威尔逊"为民主进行军事讨伐的冲动"受到较少的批评。威尔

---

* 王晓德：《梦想与现实：伍德罗·威尔逊"理想主义"外交研究》，北京：中国社会科学出版社 1995 年版。

① Gunnar Myrdall, *An American Dilemma: The Negro Problem and Modern Democracy* (New York: McGraw & Hill, 1962), p. 14; p. 21.

逊"让美国人民去解说这种言行不一之处"。①显然，关于威尔逊言行之间的关系，在美国历史研究中有一片模糊不清的地带。作者正是对这个地带着力予以系统的辨察。这自然增加了本书的学术分量。

在这言行关系的问题上，以"老虎"著称的法国总理克列孟梭有较显明的描述。他不无讥刺意味地说，威尔逊"谈起话来，像一个基督耶稣，但行起事来却像一个劳合—乔治"②。克列孟梭的话固然反映出第一次世界大战后法国与美国的深刻的矛盾，但道破了威尔逊在外交事务中言行间的差异。

这种差异实质上是理想主义与实用主义的纠葛。威尔逊可以发表具有理想主义的言论，但在行动中却又效力于实用主义，其中症结在于国家利益。只要国家这种机构存在，外交决策中国家利益就会成为决定性因素。尽管各国决策人运用具有理想主义的辞令去动员群众或解释其外交决策，但归根结底，决策总是为国家利益服务的。不过，在国际大家庭中，本应有一条公认的行为准则，即各国在谋取各自的利益时，无论以什么堂皇的名义，决不应侵犯别国的利益，不应以牺牲别国利益为代价，去推行本国的利益。这个准则就是解开高尚理想主义辞令与为利所趋具体实践间纠结的钥匙。本书作者所作的分析，说明他牢牢掌握了这把钥匙。

正是由于国家利益观不同，进行征讨的国家与被征讨的国家间对于理想主义辞令与具体行动间的差异，所持的看法迥然不同。前者往往强调美好辞令的一面，对于霸道行径则持容忍或开脱的态度，认为那是一种福大于祸的"恩赐"，是一种"必要的罪过"③；后者对于这种差异具有切肤之痛，故表现极大的反感。他们认为，基于使命观和社会达尔文主义的强权政治，就是"白人负担"的同义语。例如，在中国现代史上，就记载着这样一件悲欢交集的事实：最初当威尔逊发表"十四点"宣言时，许多为民族独立奋斗的中国青年激动感戴，雀跃欢呼，后威尔逊在巴黎和会上要求中国接受欺压性待遇时，中国青年便怒不可遏，举起抗议大旗。

说到这里，正可引出一个值得思考的问题，即研究外国史时应采取什么态

---

① Richard W. Van Alstyne, *American Diplomacy in Action* (Stanford: Stanford University Press, 1947), p. 223.

② Avery Craven, Walter Johnson and Roger Dunn, *A Documentary History of the American People* (Boston: Ginn, 1951), p. 679.

③"恩赐"和"必要罪过"的说法较为普遍。例如，成书有帕克·穆恩所著的《帝国主义与世界政治》(Parker Moon, *Imperialism and World politics* (New York: MacMillan, 1926)；论文有理查德·M. 艾布拉姆斯撰写的《美国在国外的干预：本世纪最初 25 年》[Richard M. Abrams, "United States Intervention Abroad: The First Quarter Century", *The American Historical Review*, Vol. 79, No. 1 (February 1974), pp. 72-102]。

度。这一问题虽然似为题外之话，但我认为正是作者在书中所要体现的研究取
向。研究外国史，其中包括外国外交史以及与之有关的原始资料，必须审慎精
思，采取鉴别筛选的态度，要发挥独立判断的功力，切忌东施效颦。和"故步
自封""妄自菲薄"一样，"全盘吸收"实为蒙昧的表现。"鉴别筛选"体现了"学
以致用"的精神，也体现了"外为中用"的治学目的。王充在《论衡》中曾说：
"为世用者，百篇无害；不为世用，一章无补。"作者在本书中不步别人后尘，
件件事系做出独立辨析，不仅思考一个政治家说了什么，而更重要的是同时也
考虑他做了什么。这一点显示了作者是个明白的读书人。非穷资料，溯本源，
精于思考，善于探索者莫能为也。

至于威尔逊言行间有何差异，以及如何看待这种差异，读者可到书中去查
考，毋须在此絮说。"开卷有益"一语，就本书言，诚有道理。

（又名《探幽取胜 独辟蹊径——〈梦想与现实：威尔逊"理想主义"外交
研究〉序》，《历史教学》1995 年第 9 期）

# 《世界历史名人》序言*

当时光迈向 21 世纪门槛的时候,新蕾出版社向全国少年读者推出这套内容丰富、文采绚丽、装帧精美的《世界历史名人》丛书(百人百册)。这的确是件令人喜幸的事情。现今我们正大力提倡和开展素质教育,这一具有大气派的出版举措应答了时代的要求。

这部丛书生动而翔实地勾勒了世界历史上一百位出类拔萃的英豪人物。他们的事迹像熠熠生辉的点点繁星,照耀着我们仰望的无垠长空。他们中有胸怀韬略、驰骋沙场的伟大统帅,有献身民族解放大业、争取国家独立的革命志士,有叱咤政坛、创造时势的杰出政治家,有思想深邃、追求世理的哲学家,有虔笃济世的宗教家,有探究自然奥秘的科学家,有以宏大精妙的声响抒发情怀的音乐大师,有以睿智的观察力描绘社会众生相的文学家。他们把高尚理想和为理想奋斗的坚忍不拔的精神洒向人间,注入青史。他们都是摆在我们面前的活生生的学习榜样。

书中人物犹如历史长河中的大川巨泊和胜地奇观。阅读这套丛书固然会增加我们的历史知识,开阔我们的视野,借古达今,做一个有见地的人。但更重要的目的是:效法英雄豪杰、先知哲人的高尚理想和情操,用他们的言行濡沫我们的思想,激励我们的行动。今天的少年朋友们,希望你们好好学习,以便将来为国家的建设事业贡献自己的青春和智慧。这样,方不愧于我们的时代、不愧于我们的社会,方能追随先哲的脚步,去完成历史赋予我们的使命。

最后,我们还要感谢新蕾出版社出版这套丛书所持的友爱厚意和高瞻远瞩的创新精神。

1999 年 11 月 15 日

---

* 杨生茂、顾传菁主编:《世界历史名人》,天津:天津新蕾出版社 2000 年版。

# 《美国通史》总序*

　　1978 年夏，在天津举行的史学规划座谈会提出建议：关于成立中国美国史研究会和编写《美国史》的问题，由武汉大学和南开大学牵个头。据此，在中国社会科学院世界历史研究所的指导下，1979 年 4 月 21—26 日在武汉大学召开了中国美国史研究会筹备会。会上，出席会议的代表们对于编写《美国通史》的问题进行了认真的讨论，一致认为，由于改革开放以来的形势发展，我国急需有一种全面而非片面、系统而非零碎的论述美国史的著作；这种著作不能像以往那样，只写到第二次世界大战结束为止，一定要写到 20 世纪 80 年代，以便人们能比较正确地认识当今的美国。但是，我国当时还没有这样的《美国通史》，如果要编写，从人力、资料等情况看，任何一个学术单位都难以胜任，但若把一些有关单位的力量组织起来，联合攻关，是有可能的。

　　会议还讨论了美国史的分期和分阶段问题，并据此认为，可以编写一套多卷本的《美国通史》，或在先编写美国史丛书的基础上，再编写《美国通史》。最后，会议决定由即将成立的中国美国史研究会组织北京大学、南开大学、吉林师范大学、四川大学、武汉大学、南京大学六校资深美国史研究人员负责；编写一套约 150 万字的六卷本《美国通史》，并推举南开大学杨生茂、武汉大学刘绪贻任主编；杨生茂主要负责前三卷，刘绪贻主要负责后三卷。为配合这一任务，会议还要求参加编写《美国通史》的六校就其负责编写的历史时期提出重点课题，邀请全国有关学者共同参与研究，并要求六校陆续发表阶段性研究成果。

　　特别值得提出的是，出席筹备会的人民出版社资深编辑邓蜀生本人是美国史研究者，深感当时我国编写与出版新美国史的迫切性。他不独在会上一再为此出谋划策，还主动为我们解决学术著作出版难的问题，代表人民出版社约稿，并自任责任编辑。

---

* 刘绪贻、杨生茂主编：《美国通史》（六卷本合集），人民出版社 2005 年版。

1979 年 11 月 29 日，中国美国史研究会在武昌洪山宾馆正式成立。当讨论到落实编写《美国通史》问题时，有些同志由于教学任务重，图书资料欠缺，表现出畏难情绪，甚至想打退堂鼓。邓蜀生再一次论述了编写新美国史的必要性和可能性，并希望大家鼓起勇气来。在他的促进下，大家重振精神，制订出了《美国通史编写计划》，规定这套《美国通史》主要为高等学校美国史专业学生和专业工作人员以及社会上的业余爱好者提供教材和参考书，要求做到解放思想，实事求是；认真掌握材料，具有比较新颖的观点；内容要全面，不能简单地写成政治史和外交史；观点明确，文字流畅，体例规范。编写任务分工如下：第一卷写殖民地时代，由北京大学负责；第二卷写独立战争前夕至内战前夕，由南开大学负责；第三卷写内战至 19 世纪末，由吉林师范大学（后改名东北师范大学）负责；第四卷写 20 世纪初至 20 年代末，由四川大学负责；第五卷写 30 年代至 50 年代初（后来改为 1929 年至第二次世界大战结束），由武汉大学负责；第六卷写 50 年代至现今（后来改为战后美国史），由南京大学负责。计划还提出了初步编写进度，预计 1985 年完成初稿。

1980 年 10 月 12—18 日在烟台举行的中国美国史研究会年会上，有五个学校提出了各自的编写提纲，还对南开大学提纲进行了初步讨论；有四个学校提出了所负责历史时期的重点研究课题。南京大学因另有任务，其负责的第六卷改由武汉大学承担。

这次会上进一步讨论了《美国通史》的编写原则和体例，杨生茂据此写成《美国通史编写原则和体例说明》（修订稿），供各校参考。此后，武汉大学拟出了第六卷编写提纲，其余各卷对原提纲进行了较大的修改和补充，并在 1982 年 6 月美国史研究会苏州年会上进行了讨论。1983 年元月，中国世界史规划小组提出将《美国通史》列为第六个五年计划期间国家重点社会科学研究项目。于是，各卷负责人就全书总的指导思想、基本内容与质量要求、理论意义与实际意义、各卷突破点、参加人员水平、资料情况以及更具体编写计划进行了讨论，并由刘绪贻综合写成《中华人民共和国哲学社会科学重点研究项目议定书》（初稿）。同年 5 月，经在长沙举行的世界史规划会议审查通过，正式确定为第六个五年计划期间国家重点社会科学研究项目。各卷分主编为：第一卷齐文颖，第二卷张友伦，第三卷丁则民，第四卷顾学稼，第五、六两卷刘绪贻。6 月上旬，各卷分主编和责任编辑在北京大学举行了小型会议，就全书及各卷指导思想、详细提纲、编写体例以及各卷衔接问题，又进行了一次讨论，并制订出"关于编写《美国通史》（六卷本）的几点（讨论）意见"和"《美国通史》（六卷本）

体例说明"（修订稿）。会议还确定本年各卷进一步修改提纲，尽可能写出一两篇样章。到 1984 年 5 月，各卷都完成了这一任务。

1985 年底，各校虽然都出版了不同形式的阶段性研究成果，但由于编写人员教学和社会工作任务重、经费短缺或资料不足等原因，都未能全部完成初稿（综合统计约完成 63%）。两主编对已完成初稿、特别是各卷样章进行审阅后，于 1986 年 2 月间会同责任编辑函各卷分主编，要求根据有关文件"对全书指导思想、内容和质量进行一次彻底检查"；体例一定要根据有关文件做到规范和统一；必须注意文字的逻辑性、科学性和风格的统一，杜绝硬伤。

由于各卷编写进行进度参差，全书不能保证从第一卷起按顺序出版，邓蜀生建议将全书暂时称为《美国通史丛书》，哪一卷先定稿就先出版哪一卷。结果是刘绪贻任分主编，韩铁、李存训、刘绪贻合撰的第六卷《战后美国史（1945—1986）》最先写出初稿。人民出版社于 1989 年 6 月出版。这是《美国通史丛书》的第一本。此后，又应人民出版社之约，仍由刘绪贻负责，在 2002 年出版了该书增订本，下限至 2000 年，即 1945—2000 年。第二本是丁则民任分主编，丁则民、黄仁伟、王旭等合撰的第三卷《美国内战与镀金时代（1861—19 世纪末）》，出版于 1990 年 6 月。第三本是张友伦任分主编，张友伦、陆镜生、李青等合撰的第二卷《美国的独立和初步繁荣（1775—1860）》，出版于 1993 年 9 月。第四本是刘绪贻、李存训著《富兰克林·D. 罗斯福时代（1929—1945）》，出版于 1994年 12 月。第一和第四两卷的编写工作因原承担者另有要务，无暇顾及，有了变动。作为《美国通史丛书》的最后两本，由南开大学李剑鸣撰写第一卷：《美国的奠基时代（1585—1775）》，华东师范大学余志森任分主编，与王春来、王锦瑭、陆甦颖等合著第四卷：《崛起和扩张的年代（1898—1929）》，两本于 2001年 9 月同时出版。至此，《美国通史丛书》共六卷全部出齐，总字数超过原定计划近一倍，共约 300 万字。在此基础上，人民出版社决定出版现在呈现在读者面前的《美国通史》（六卷本）合集，从策划至正式出版，历时 24 年。

作为国家社会科学重点研究项目，针对过去我国美国史出版物存在的主要问题，我们曾提出新编《美国通史》应具备以下一些特点。首先，既要以马克思主义为指导思想，又要克服"左"的教条主义，并结合美国历史实际进行实事求是的论述；要写出中国的美国史著作的特点，体现中国美国史研究的最新水平。其次，要理论联系实际，纠正一些流行的对美国历史的错误和模糊认识；既要借鉴美国一些对我国有益的经验，又要消除人们对美国存的某些不切实际的幻想。第三，要冲破第二次世界大战后虽未公开宣布但实际存在的界限，不能像以往美国史出版物那样只写到第二次世界大战结束止，以帮助读者更好地了解当今的美国。第四，要全面论述美国历史，不能只写成简单而片面的美国政治、经济史。第五，要运用比较丰富而新颖的资料，要附有全面扼要的外文参考书目和便利读者的索引。我们在写作过程中是力图体现这些特点的，但究竟体现到什么程度，只能由读者作出判断。

《美国通史》在作为《美国通史丛书》单卷本出版时，得到了朱庭光和张椿年两位研究员的支持；除国家资助外，其中一、四、五、六等卷还曾得到中华美国学会由美国福特基金会赞助的美国学著作出版补贴基金会的资助，我们在此致以诚挚的感谢。

虽然我们对《美国通史》的写作是严肃认真的，但《美国通史》不可能没有缺点甚至错误，衷心希望读者不吝批评指正。

（合撰，又见《博览群书》2003 年第 1 期）

# 《南开美国史学四十年（1964—2004）》序<sup>*</sup>

每人一生经历的五味俱全的事件中，总会有几桩值得追忆的大事。就我言，美国历史研究室的建立确是这类甜上加甜的"大事"。

那是 1964 年秋，历史系部分师生到河北丰润县去参加"四清"工作。秋日是收获的季节。农民拿出成布袋的炒花生招待我们。在尽兴大啖花生的次日，忽然接到学校的通知，说上级部署了有关新教学规划的任务，须立即返校筹办。花生米香馥馥的滋味还未从口中消失，耳边就响起令人振奋的佳音，这岂不是"甜上加甜"？

回校后，才知高教部计划在高校建立外国哲学、社会科学的研究机构。在南开大学要创建几个研究"据点"，在历史系建立其中 3 个，即日本史、拉丁美洲史和美国史。负责人分别是吴廷璆、梁卓生和杨生茂。

后来人们把"据点"简称为"点"，这种称谓流行很久，一直到"文革"结束后才改称"室"，再往后，又改称"所""中心"。这种名称的更动有的没有明文规定，只是顺应情势发展而产生的变化。

听取学校传达后，大家立即忙活起来。建"点"工作首先从建制开始。各"点"决定配备四至五人，老中青搭配。人员大部分是从世界史研究室和外系调入的，各"点"还吸收了一名新毕业的本科生。稍后又从校外引进专职人员，同时也派往外校去进修西班牙语。建制工作进行得相当顺利，大家的心气也很旺盛。因为缺乏详细的文字记载，追忆只凭越来越差劲的记忆力，恐怕难于列出一个齐全的名单。但在三位创建人中，有一位已谢世，另一位已离校，且沉疴缠身，自己不能不承担这份应尽的思索责任。

除一位年纪最长者外，当时大家都在一间大教室工作，每天坐班八小时。根据回忆当时各人座位和因公外出人员，在"文革"前夕三"点"已有 16 位研究人员了。日本史"点"有吴廷璆、俞辛焞、王敦书、米庆余；拉丁美洲史"点"

---

* 南开大学美国历史与文化研究中心：《南开美国史学四十周年》，天津 2004 年。

有梁卓生、周基堃、黄若迟、丁朝弼、洪国起、梁吉生；美国史"点"有杨生茂、辜燮高、陈文林、冯承柏、林静芬、李元良。当年最初入围的 16 人中，已有五人去世：吴廷璆、周基堃、陈文林、黄若迟和李元良。在此致以沉痛的悼念。

各"点"完成建制后，便开始讨论具体研究工作。根据集中力量，突出重点，逐步开展的原则，美国史"点"确定了三个主攻方向：美国黑人运动史、美国外交史和美国工人运动史。显然这三个问题是当时美国社会显现的热点，也是我们需要首先深入了解的课题。与此同时，还确定了专职负责积累有关外文资料的人员。

当时美国对中国封锁一切书刊和文字资料，所以不能直接订购，必须到北京图书进出口公司去查阅书刊目录，并委托购买。每年国家直接拨给一定数目的外汇。由于精打细算，审慎选择，所购书刊差强起步的需要。

当时购置美国图书的重点是原始资料汇编、重要通史和断代史著作以及新史学论著。报刊则重视知名度和专业性，对于具有进步观点的报刊优先考虑。举例来说，订购的报刊有《纽约时报》、《时代周刊》、《政事》月刊、《民族》周刊、《农业史》、《外交季刊》、《美国历史评论》、《太平洋历史评论》、《大西洋月刊》、《哈泼斯》、《美国新闻与世界报导》、《卫报》和《黑人历史杂志》等。

对其他二"点"的研究方向不甚了了。由于各"点"忙于筹划事务，缺少交流。回忆起来，这是个缺点。

不料，三"点"成立还不到一年半，1966 年初"文革"突然爆发。刚刚孕育的研究工作霍然遭到痛击。品尝甜味的心情顿时烟消云散，飘逸无踪。达摩克利斯之剑悬在头顶，尤其是老年人的头顶。人员编制完全打乱了。全系教师被划分为变动不定的三大组，一为牛鬼蛇神组，二为坦白从宽组，三为立新功组。年长者大都划入前两组，主要任务是交代个人历史，抄写大字报，劳动改造。外文书刊被封存，也停止订购，所存资料卡片荡然散失，翻译文稿大部弃损。

这样折腾了十年，1976 年"文革"结束时，黑压压的乌云才被拨开，光明重现，心情中的甜味又油然复萌。但令人奇怪的事是，在宣布恢复研究"据点"时，莫名其妙地竟解散了拉丁美洲史"据点"。[①]由于心有余悸，大家听了，居然举座皆暗。在这里，关于"文革"的事多写几笔，意在"忆苦思甜"，警示来人，珍惜理智。

"文革"结束的初期，美国史研究"点"的主要工作是修修补补，恢复元气。

---

① 1993 年 11 月拉丁美洲史研究室重新组建，南开大学拉丁美洲研究中心成立。

首先收拾逃脱浩劫的文字资料，并着手启动"文革"前未来得及开展工作的三个研究重点之一：美国工人运动史。最初张友伦承担这方面的研究，后来陆镜生也"入围"参加。这时"据点"铅印了《美国黑人运动大事记》（二册）和《美国外交史资料选辑》（即武汉大学美国史研究室编印的《美国历史研究资料》专刊第二辑），油印了《美国黑人运动组织汇编》《美国外交史大纲选目》和校内馆藏有关美国史研究的图书目录，继续翻译《美利坚共和国的成长》，发表了几篇关于美国黑人运动和美国外交等问题的文章。

1979 年经国家教委批准，"历史研究所"正式成立。美国史研究室为所内四个研究室之一。至此美国史研究方得走上坦途。自建"点"以来，动荡了十年之久，其间人力物力浪费惨巨，可想而知。

1979 年掀开研究工作的新的一页。这一页显示出蒸蒸日上、欣欣向荣的景象。1979 年和 1984 年先后招收了硕士和博士研究生。在这里，我想说几句题外之话。尽管"想说"，但千头万绪，非可以"几句"表达完全，粒粒珠玑，不胜俯拾。今只举出四个令人感受最深、光彩夺目的特点，以示一斑：

（1）建立"据点"时确定的三个重点发展方向，一直坚持至今。面世的专著论文，蔚然成林，在研究工作中起到长虹悬空，弘光普照的作用。在风风雨雨的环境中，锲而不舍，岿然不移，确实难能可贵。

（2）坚持美国通史研究，并持续开设通史课程，着重贯通纵向与横向历史发展的全貌，克服急于求成的浮躁情绪，培奠研究基础，进而开设和写出断代史与专题史。这又是一项可贵之举。记得 1958 年在后来改为印刷工场的教室中，我也曾开过美国通史课，但没讲几周，就被一时记不起来的什么运动一冲而散。当时所讲的通史在气势上与内容上均不可与今日相比拟。

（3）在研究与教学中，不仅着重提高学生积累资料的功底，且强调理解资料的语境与意境的识别能力，摆脱各色教条主义的影响。教条主义有两种：一是"文革"前不分皂白地引用马列经典著作的歪风，二是解放前后时时冒头的全盘西化的怪论。教条主义闭塞视听，最易令人落入坐井观天的陷坑。"鉴别吸收"是我不厌其烦地予以倡导的主张，因此对于语重心长的"双境"告诫，表示感佩。由于对外国语言文字和社会习俗有时了解不深，在引用或阐述外文材料时，应多向自己提出几个所谓"W"，如 what，why，who，whom，when，where，how 等。有时在按语中须向读者说清。自问"W"，就是捕捉"双境"的良策。

（4）美国史研究中，另一独具特色的优点是长期坚持史学史的研究与教学。

这种教研规划体现了对美国史学的深刻忖量与透彻的理解。史学史不仅反映历史学的发展，也密切联系社会的发展。史学史把社会政治、经济、思想意识的发展提升到理论层面。2001 年历史学院成立时，"美国史研究室"改称为"美国历史与文化研究中心"，李剑鸣蝉联主任。后来韩铁也应聘"加盟"。这标志着美国历史研究又提升了深度与广度。

由于美国历史发展传统和具体环境的影响，美国人一向崇尚实用主义，不重视理论思维。美国有影响的史学理论大都源于西欧，在美国加以本土化。虽然本土化外来的新理论，不失为发展本土理论的方式之一，但美国本土滋长理论的沃土不断遭受淹没，新理论往往也无法存身，更难以本土化。"二战"后，在丹尼尔·布尔斯廷、威廉·A.威廉斯史学巨擘之后，美国史学理论支离零碎，未出现在理论与从通史宏观角度阐述美国史整体进程和特征的史学大家。显然这同美国在政治、经济和文化上强力推行世界霸权主义有关。美国力图在全球范围内实行政治、经济和思想意识的直接或间接的统治或控制。这就加强了武力专横这类硬件措施，本来薄弱的理论思维软件更加削弱。此外，在垄断性的媒体比比着意弥散霸权主义说教的氛围中，美国人陶醉于自满自在和优越感之中，曾经起过积极作用的个人主义蜕变为唯我独尊的极端自私。以上种种心态在美国思维载体方面屡屡显现。在史学界也不例外，如托马斯·宾德（Thomas Binder）在所写的《拉·皮特拉报告》（*La Pietra Report*）（2000 年）中倡议"美国历史研究国际化"，并在《报告》首页排印一幅 1499 年绘制的世界地图时，把美洲放在中心突出地位。这些情况无疑会使萌发哲学思维的追求受到抑制。我们对美国历史与文化的深入研究不失为开辟探索美国未来发展的重要门径之一。

今值美国历史与文化研究中心建制四十周年之际，百感交集，思绪泉涌。可以想见，越发浓郁的甜味足供余生尽兴品尝。本文似嫌唠叨，但出自至诚。祝愿百尺竿头更进步，山花烂漫火样红。

（又名《百尺竿头更进步　山花烂漫火样红——祝美国历史与文化研究中心建制四十周年》，《中国美国史研究会通讯》2004 年第 1 期）

# 《美国通史》编后絮语

在中国美国史学这块园地里，六卷本《美国通史》是件具有里程碑意义的成果，也是许多学者锲而不舍、努力探索的结晶。

1979 年参与创建中国美国史研究会的学者们意气昂扬，主要议题是如何调动集体力量，共同绘制中国美国史学这幅宏图。讨论很快集中到编纂一部多卷本《美国通史》的问题。起初，有的同志认为研究条件还不充分，不宜展开类似通史这种宏观性较强的写作工作，最好先从通史角度有计划地编排一些专题研究课题，写出一套依照通史顺序排列的专题论文集。另有一些同志认为，专题研究固然很重要，通史写作也须建立在专题研究的基础上，但还可群策群力，有计划地先写出一部通史，即写出一部反映宏观历史的美国史读物；这不仅易于发挥集体力量，且易于促进科研的有序发展，为重点专题研究摸清底数。讨论再三，写作通史的想法取得了多数人的支持。

接着，大家制定两项启动计划：一是建议分头搜集和整理资料，先将各校图书馆所藏的有关美国史的书目油印出版；二是将美国历史分为六大段落，各校分担编写任务。

现在看来，先从通史做起的想法还是适当的。目前在不少高等院校中，还存在重专题、轻通史的现象。这表现在通史课程不够完整，且研究生过于重视专题研究，往往视野不广，目无全局，缺乏系统性和连续性认识。六卷本《美国通史》的出版或许为纠正这种缺陷提供了有益的效用。同时，近年来美国史专题论文和专著在质量方面也在不断提升。这些可喜的现象今后更会与日俱增。

六卷本《美国通史》的编写工作也留下一个好的学风。在编写过程中体现了百花齐放的精神。编委订立了各卷的上下期限，制定了编写原则和体例格式，要求各卷须有关于上层建筑的专章；至于各卷具体内容和经纬史实如何结合与阐发，则由各卷编写同志自行确定；总主编多在各卷史实衔接、史实有无硬伤和文字是否切实等方面尽力推敲。

由于电子计算机的推广和网络数码技术的发展，为研究工作提供的资源汹涌而来。这就迫切要求提高鉴别吸收的功力。资料是死的，取舍和释读资料的工作却是属于智能性质的活动。对于外来文化，我们既要勇于吸收，又要善于吸收。我们要力求写出基于独立思考的更好的外国历史读物。发挥更高的鉴别吸收功力的艰巨性与重要性也是与日俱增的。另外，就动态与静态历史现象言，依仗静态资料，为当代历史现象探索来龙去脉，阐述发展特点，更是历史学者责无旁贷的职守。这就更显示警惕盲目照搬的重大意义了。

学如积薪，后来居上。相信在若干年后，一部新的质量更高的多卷本《美国通史》能与读者见面。

（又见《六卷本〈美国通史〉笔谈·〈美国通史〉编后絮语》，《史学月刊》2003 年第 9 期）

五

# 《从雅尔塔到板门店》*一书读后

华庆昭同志关于杜鲁门时期美国与中、苏、英外交关系的论著《从雅尔塔到板门店——美国与中国、苏联及英国 1945—1953》，由中国社会科学出版社1992 年出版。该书是我国学者撰写的第一部比较全面和系统地论述战后初期美国外交的专著。杜鲁门执政时期，是美国外交史上的一个重要的转折阶段。这时美国凭借其在"二战"中积累起来的政治、经济和军事实力，迈上全球扩张、妄图称霸世界的道路。关于这一时期的美中外交，国外学者著述甚丰。过去我国学者的论述多偏重于中美关系，关于美国外交全局的专著尚属罕见。《从雅尔塔到板门店》的出版，填补了这一空白，具有优质而可贵的学术价值。

本书的第一点特色，是史料的丰富和原始性。在全书 850 个尾注中，政府档案、私人文件、日记、笔记、口述历史以及作者本人采访等第一手材料，占了 85％以上。作者对于一些被认为是权威的材料也进行了考证，尽可能做到去伪存真。例如，杜鲁门在回忆录中曾记述了他就任总统后不久会见莫洛托夫时，怎样严词教训了这位苏联外长。本书作者经过考核，发现其中一段曾为人长期广泛引用的精彩对话，实际上并不存在，而是由杜鲁门将莫洛托夫跟美方翻译波伦的谈话移植过来并加以渲染的。为了进行原始材料研究，作者扎进杜鲁门图书馆、美国国家档案馆及有关的文献图书馆先后下了两年案头功夫，为本书的可靠性和科学性打下了坚实的基础。正是由于做了细致深入的调查研究，作者才有可能向读者展示鲜为人知的真相。例如，丘吉尔的铁幕演说，杜鲁门事先是否参与策划？本书引用大量原始资料，其中包括才解密不久的材料，写出了连西方学者也未曾写过的铁幕演说出笼前后过程。

本书利用的主要是美国的资料，同时也使用了不少英国原始材料。为此，作者专门去英国国家档案馆做了一段研究工作，他用英国资料来对照美国档案中反映的情况。例如，关于 1946 年美、苏、英在伊朗的争夺，1947 年希腊和

＊ 华庆昭：《从雅尔塔到板门店：美国与中、苏、英（1945—1953）》，北京：中国社会科学出版社1992 年版。

土耳其的局势，1948 年捷克斯洛伐克事件，第一次柏林危机，中华人民共和国成立前后，以及朝鲜战争，作者都大量利用了英国材料，使读者能从不止一个角度来了解和观察过去发生的事情。

本书的另一特色，是它的可读性。跟一些历史专著常犯的文字艰涩的毛病相反，《从雅尔塔到板门店》结构清楚、文字简练、风格明快、引人入胜。作者从动笔时就确定读者对象既有学者又有一般读者。特别是，本书原稿是用英文写的，作者在改写成中文本时，对于可读性问题特别予以注意，这足见他在文字上也下了大功夫。

《从雅尔塔到板门店》一书的最大特色，在于作者在多年材料积累的基础上，经过一段时间的潜心探究，对战后初期美国外交史和国际关系上的一系列重大问题提出了自己的独立看法。

战后初期国际关系中最重要的课题之一，是关于冷战的起源。外交史学家一般不是把冷战起因归于美国帝国主义企图取得全球霸权，便是指责苏联进行共产主义扩张。本书作者则不同。他认为冷战根源于大国为战后世界设计的蓝图：一方面，想依靠联合国，特别是安理会中大国一致的原则，来维护世界和平；另一方面，美苏将世界划分为两大势力范围，企图由他们两家来主宰各国人民的命运。其结果是，联合国可能成为大国欺侮小国的工具，而当美苏两大国发生冲突时，谁也无力制止。若要使上述设计可行，要么就得使联合国成为有制裁能力的超国家机构，要么就得有足以使大国不敢打仗的超自然力量。但是在战后初期，两者都不具备，而只有大国，主要是美苏之间的一个君子协定。因而早在"二战"结束前，第三次世界大战就已经开始酝酿，开始时双方都未准备好，所以表现为冷战；后来美苏都有了毁灭性武器，谁也不敢打世界大战，这才使冷战模式化。尽管关于冷战起源至今仍无定论，但作者这种看法不失为持之有故的一家之言。

外交史学上争论的一个重大问题，是一个国家的外交政策究竟是由意识形态还是由国家的实际利益决定的。多年来，我国和外国的外交史学家大都认为前者是决定性因素，而《从雅尔塔到板门店》一书，强调了后者。在结论部分里，还对此做了专门的论述。关于意识形态在外交决策上的作用，迄今并无定论，还可各抒己见。可以相信，本书的出版将会进一步推动关于这个问题的讨论。其实关于两者所起的作用，须从一国的实际外交政策的运行中去审视。就美国而言，其外交政策决策人在制订对社会主义国家的政策中，一直是把国家利益和意识形态因素捆在一起，他们一直未放松施展意识形态方面的各种侵蚀手段。

关于美国外交的继承性，作者做出了中肯的阐发。美国外交以"显明天命"为口号，以孤立主义、门罗主义、门户开放和包围遏制为政策手段，进行从美国到西半球，最后达到全球的扩张。其间一脉相承，有着明显的继承性和连续性。这本来是不成问题的。但是有的学者在论及"二战"时和"二战"后的美国外交，特别是对华政策时，发生了困难。不少人根据"二战"结束时一度流行的关于罗斯福和杜鲁门的形象，总是认为后者改变了前者的对外政策。本书作者根据资料，论证了罗斯福和杜鲁门的外交都是美国传统外交的继续，不过有着各自时代的特点。书中强调指出，战后世界的蓝图，是罗斯福时期确定的，杜鲁门上台后即使想改变，也无多少余地。作者还针对我国流行的一些不同的看法，特别指出罗斯福和杜鲁门的对华政策，都是"扶蒋抑共"，如出一辙。

与此相联系，作者通过叙事或议论，在书中对一些重要的历史人物做出了自己的评价。他们中间有罗斯福、杜鲁门、斯大林、丘吉尔、蒋介石、艾德礼、马歇尔、艾奇逊、哈里曼、史迪威和赫尔利等人。对某些人物，作者跟一些流行的看法颇有相异之处，个人认识，见仁见智，自当不同。需要指出的是，作者不是空发议论，而是言必有据，其中以对杜鲁门的评价最为翔实多彩。这是由于作者在杜鲁门家乡先后住过一年半，在杜鲁门总统图书馆做过一年多研究，既看了有关的档案文献，又跟许多认识杜鲁门的人谈过话。仅就深入调查研究的程度而言，在我国外交史学者中是少见的。

关于战后初期的欧洲形势，作者也发表了独自的看法。在对杜鲁门主义、马歇尔计划、1948年2月捷克斯洛伐克事件和第一次柏林危机进行研究后，作者指出，不但在提出杜鲁门主义时希腊和土耳其并不存在着危急形势，而且在整个40年代后期，欧洲从来也没有过真正的战争危险。作者借用雷马克的小说书名来说，"西线无战事"。经过了这一时期，大国势力范围的分界较前更为明确，战争的危险反倒更小了。几十年来的欧洲史，印证了作者这一论断是符合实际的。

关于中国革命和中国内战，作者指出，从罗斯福到杜鲁门的对华政策，是国民党发动内战的靠山。但是随着国民党在军事上的节节败退，杜鲁门政府的态度也逐渐发生变化。马歇尔来华使命失败后美国军援就越来越少，在以后一段时间里，杜鲁门当局几乎是在看着蒋政权坐以待毙，无可奈何地既不积极援助，又不愿从中国抽身。到了1949年11月，杜鲁门当局终于决定对华政策，这一决策，体现在1950年1月杜鲁门的声明和艾奇逊在记者招待会上的讲话里。

然后，在 1950 年春，美国两党开始协调它们的远东政策，美国已不反对新中国进入联合国。后朝鲜战争爆发，在一定时期内中美建立关系的可能性才消散。与此相对照，苏联"脚踩两只船"，想旱涝保收，从雅尔塔到板门店，一贯是从民族利己主义出发，成了美国"扶蒋抑共"政策的帮凶，最后不出一兵一卒，而成了朝鲜战争的最大赢家。作者自己根据资料提出的这一论断，是值得进一步探讨的。

作为概括战后初期八年美国外交的历史专著，本书在内容上显得不够平衡，一方面，美中关系占了约一半篇幅；另一方面，一些重大的外交事件，如北约的酝酿和建立，一些重要的决策如美国国家安全委员会第 68 号文件，书中只是一点而过。作者在论述美国外交的同时，对其国内形势及对内政策涉及不多，只在结论中对有关因素做了一些分析。外交是内政的延续。就全书整体而言，内政外交还缺乏有机的联系。

本书写作计划始于 1985 年，英文初稿成于 1988 年，历经曲折，中文版先出来了。华庆昭同志现在出版了我国第一部以原始材料为基础的战后美国外交史专著，这跟他孜孜不倦的执着精神和务实的方法论有关系。1989 年 6 月，他在《世界史研究动态》采访记中说，研究国际关系史要走中国人自己的路。他认为，写作外交史应以原始资料为基础，以国家主权为衡量国际间是非的标准，并应有自己独立的见解。现在摆在我们面前的这本书便是作者体现其自我要求的实践结果。

（合撰，原载《世界历史》1992 年第 4 期）

# 一本富有启迪效益和卓异见地的好书

## ——《冲突与合作：美国与拉丁美洲关系的历史考察》*读后感

《冲突与合作》既井然有序地重温了美拉关系的演变，又切实应答了现实美拉关系中存在的问题，很值得读者展卷细阅。

自 1991 年年底苏联解体、历时 46 年的美苏冷战结束后，世界范围内经济区域化趋势日益显著。在美洲，以美国为首的以地缘政治和强权政治为支撑点的经济一体化运动应运而生。在 1989 年，美国和加拿大建立了自由贸易区。接着美、加、墨三国于 1994 年又协议建立了北美自由贸易区。随后美洲国家又先后于 1994 年与 1995 年在美国迈阿密和丹佛开会，讨论建立美洲自由贸易区问题。在西半球地平线上即将涌出一个庞大的地区经济组织之际，《冲突与合作》一书的出版，正是适逢其会，确实起到"温故"的作用，对于知晓未来的"新"无疑也会具有一定的启迪作用。

本书以事实为据，议论风发；行文朴实流畅，娓娓道来，有如长川大江，溢出源头，一泻千里；所述事件多如惊涛骇浪、险滩恶石和滚滚黑流，而风平浪静、日丽河清的情节则微乎其微。

在美拉关系这一泓水域中，河不清、浪不静，原因只在于美国的扩张主义。本书以美国扩张主义为线索分析从美国立国以来的美拉关系，可谓提纲挈领，深中肯綮。

美国外交政策史中扩张主义的演变历程，在美拉关系中表现最为显著和典型。从拉美透视美国在其他地区对外政策的特点，可收到举一反三之效。

在美拉关系史上，"河清浪静"的时期大概只有两个。一是 1823 年门罗发表咨文之前；二是 20 世纪 30 年代美国实施"睦邻"政策之时。

美国立国后，集中力量在北美大陆上进行领土扩张，曾两次出兵进侵北方邻国加拿大，但因当时力量不足，均未成功。在 1815 年维也纳会议上英国海军

---

* 洪国起、王晓德：《冲突与合作：美国与拉丁美洲关系的历史考察》，太原：山西高校联合出版社 1994 年版。

取得了大西洋制海权后，美国侵占加拿大的希望更加渺茫了。此后，美国转向南方，在衰弱的西班牙北美殖民地上另打主意。及至 19 世纪 20 年代初拉美诸国摆脱西班牙殖民统治后，美拉之间直接关系才算开始。就在这时，门罗发表了有关美拉关系的总统咨文。之后，门罗咨文不断增加新的内容、新的解释和新的实施手段，充分体现了美国外交政策那种随机应变、诡谲不定的实用主义的特点。对拉美国家而言，门罗主义如同紧箍一样，使拉美国家不得不中止反抗，俯首称臣。这就是作者所谓的"强制合作"。

20 世纪 30 年代初，美国"睦邻"政策的形式是与空前经济恐慌相伴随的。美国推行"睦邻"政策，旨在复苏国内疲惫不堪的经济，同时在欧亚法西斯势力兴起之际，为了巩固"后院"，也不得不偃旗息鼓，对邻近国家采取温和政策。

至第二次世界大战前夕，罗斯福在加拿大金斯顿发表演说，公然将门罗主义延伸到加拿大。当时加拿大总理麦肯齐·金环顾左右而言他，回避了这个抵制了 70 多年的令人毛骨悚然的问题。"二战"后，当 1948 年根据 1947 年里约热内卢条约，泛美联盟改建为具有军事同盟性质的美洲国家组织时，加拿大依然退避三舍。但 14 年后加拿大即向美洲国家组织派出常驻观察员。这说明门罗主义囊括了整个美洲。这就是"二战"后美国推行全球争霸政策的地缘基础。而今美国以经济一体化手段更加强了这个实现全球主义的基地。这正是美国代代外交决策人处心积虑地要建立的一个权力工程。《冲突与合作》的作者在书中清晰明快地阐述了建立这个工程的整个过程。

这个过程的进展是长期复杂的，其间有起伏，有曲折迂回，有刀光剑影、以势逼人，有甘言蜜语、笼络安抚，有等待"熟果自然坠落"，也有先声夺人、大打出手。作者用经济、政治和思想观念三根链条把这个过程所发生现象紧紧连在一起。尤其对每个历史转折事件，作者尤着力探究这三方面的关联，恰如其分地强化了理解整个问题的透视力。这既阐发了历史事件的发展逻辑，也体现了作者长期钻研所达到的功力。

无疑，经济因素是历史事件形成和发展的宏观的和终极的原因。虽然这不等于说每件事都可直接与经济挂钩。换言之，经济因素因地、因人、因时而异，不一定在事件中反映出来，但不以经济因素去着力探究历史事件的发生和发展，就不可能识大体，观宏旨，发掘历史的深邃意义。政治（包括军事）是服务于经济，并根植于经济的。外交现象是错综复杂的。其中有甲、乙、丙、丁的条约款项，有唇枪舌剑的折冲樽俎，有信息媒体的沸沸扬扬，有硝烟弥漫的战争，甚至有外交人员的品格好恶，等等。外交行为又是外交关系史中的重要内容。

尽管如此，外交现象和行为均不足以说明外交关系的真实含义。

外交决策人所发出的反映思想观念的口号、声明、原则、理论等是服务于政治的，又往往先行于政治，去动员舆论，或为采取的行动进行辩护。因此，新的重大口号之类的出现就预示着新的重大政治行动的来临，之所以采取新的重大政治举措，又往往直接或间接地出于新的重大的经济形势的需要。

作者成功地阐发了经济、政治和思想观念这三支齐下的"管子"之间的紧密联系，因此在一定程度上揭示了美拉关系的趋向，既把外交是内政的延伸，即内政和外交是一个铜钱的两面这一道理说得清楚，又交代了书名中用"关系"二字取代长期使用的理解较为狭窄的"外交"二字的原因。

在历史上，门罗主义令拉美人民付出的代价过于深重。如今在美洲经济一体化的运行中，他们自然"心有余悸"。加拿大总理让·克雷蒂安在 1994 年 4 月曾说："我不想让加拿大被人看作是美国的第 51 州，我们不是美国，我们是加拿大。"[①]在 1995 年 1 月他又说：加入美洲自由贸易集团的国家团结起来，就会形成一种足够抗衡美国的力量，就会防止美国利用国际条约采取变化无常的行动。[②]这种言论绝不是发自"杯弓蛇影"的惶惑，确是经过深思熟虑而发出的"曲突徙薪"的意想。"二战"爆发后才实际上落入门罗主义罗网的加拿大尚有"如临深渊，如履薄冰"的顾虑，而被门罗主义敲打 170 余年的拉美人民对西半球经济一体化的心情更是可想而知的。至于拉美人民如何"徙薪"，则是他们在审视未来国际风云变幻中应不断思量的问题了。

本书不足之处在于标题。由于美国是巨人，是霸主，而拉美国家是发展中国家，大都势单力薄，美拉关系中常常见到的是冲突多，而合作少。作者在书中所作的实事求是的阐述也表明了这个特点，因而将冲突与合作并列为全书的标题，似乎不大合卯。尤其所使用的资料主要来自美方，这种"不合卯"的情况就更显得突出。作者在第一章总论中也曾煞费苦心地把合作分为表面合作、实际合作和强制合作三类。其实表面合作与强制合作很难区分，因为这表面的背后就有强制。

另外，一本这样叙述有序和史实繁富的好书，竟未附一个索引，这对读者查找史实和线索是极不方便的。这不能不说是编写中的一个疏漏。

（原载《拉丁美洲研究》1995 年第 5 期）

---

① 高凤仪：《调整的加拿大外交政策》，《光明日报》1994 年 4 月 4 日。
② 路透社圣地亚哥电，《参考消息》1995 年 1 月 22 日。

# 博而蓄约 大而存精

## ——雷海宗撰《西洋文化史纲要》*读后感

雷海宗先生生前治学，以"博大精深、贯通中西"驰誉史坛，谢世后亦以此流芳不竭。《西洋文化史纲要》（下称《纲要》）正是佳誉绵绵的有力印证。

雷先生授课艺术之高，有口皆碑。一登上讲台，辄口若悬河，从其庞大的知识宝库中掏出的粒粒珠玑连串闪耀，令听众感到内容全面系统，且字斟句酌，无虚言冗语，逻辑性极强。每堂课自成段落，最后画龙点睛，有条不紊，益显其驾驭渊博知识的功力和才识。

雷先生博闻强记，所撰《纲要》内容丰富多彩，广征博引，分析透彻，使读者感到耐思考，耐品味，别有一番享受感。

在《纲要》中，先生点击要人、要事、要文、要书。形象地说，从纵向看，所述史实如千条长河倾泻而下，有时奔腾急驰，骇浪拍岩；有时冲过险滩巨坝，迂回转流，一往无前。由此可理会人类历史的响动和轨迹。从横向看，犹如高山峻岭，万仞沟壑，旷野浩瀚，苍绿无际，一代代人类所作的伟大贡献和所遇的艰险，尽收眼底。在笔者所读过的国内外西方文化史课程提纲中，无可望其项背者。

《纲要》由先生高足王敦书教授做了精辟翔实、丝丝入扣的"导读"。敦书教授知先生才识，知先生品德，知先生思想，知先生业绩。所作"导读"不仅有助于广大读者理解先生的洋洋大观的学理底蕴，且为弥补先生佚失业绩的一大幸举。

读《纲要》后，产生多种感想，联系现实，其中荦荦大者有四。这虽是今人忖度往人，但非妄言，意在发掘雷先生业绩中可启迪后人的真知灼见。

（1）在文化史观方面，先生持多元论，如今尤可视为卓著的贡献。本来主要文化有其产生和发展的独立的多样的环境习俗、意识心态、社会观念等等根

---

* 雷海宗：《西洋文化史纲要》（王敦书整理、导读），上海：上海古籍出版社 2001 年版。

源，其发祥和发展不应被视为单一过程，所表现的形式不会千篇一律。独立产生的文化加上彼此交流互动，古往今来，嬗变如缕。这就是世界出现多彩缤纷的文化奇异景观的原因。读《纲要》，可以引发这种体会和感触。色彩斑斓的文化不仅是争奇斗艳的，而且是不舍昼夜，川流不息的。

过去，确有人著书立说，总想在一种文化中追溯另种文化的渊源，不曾想到各种文化独立发生和独立发展的特点。例如，卫聚贤曾附会类比，把拉丁美洲文化与中国古代文化穿凿联系；朱谦之借法人歧尼的说法，把扶桑与墨西哥联系起来。罗荣渠教授曾以科学实证方法，驳斥了朱等无稽之谈，展示了文化独立发生和发展及其交流互动的通达之理。

如今，有的移民大国如美国，在国内更加宣扬"熔炉说"与"合金说"，强调以主流文化为主，多种文化合而为一；有的甚至声张历史上时隐时现的类似WASP[1]的种族优秀论。在国外，着力鼓吹文明冲突论，无视世界文化间和平与平等的交流。他们不仅以"天女散花"方式极力向世界各地推销一种文化，还以"众星捧月"方式企图将世界文化纳入一种文化之下。目前美国史学界所推行的"美国历史国际化"[2]大举措的后面，不难看到单边主义霸权政治的依稀阴影。

在《纲要》中，我们可以找到对单一文化主义的直接或间接的斥责。雷先生认为，"历史是多元的，在不同时间和地域的高等文化独自产生和自由发展的历史"。[3]语无虚发，至理难泯。雷先生的文化多元论不仅驳斥了当时一些谬论，且有以古诫今的效应。

（2）在史学方法论方面，雷先生主张鉴别吸收，反对全盘照搬外来文化。本来全盘照搬的想法同夜郎自大、故步自封以及妄自菲薄、数典忘祖的思想一样，都是文化认识中一种蒙昧主义的表现。当雷先生撰写《纲要》时，学术界还有应否全盘西化的争论。他能以史实立论，披荆斩棘，显示鉴别吸收外来文化的远见卓识，如在评述哥伦布的历史功绩时，他着重阐释"新航路"在世界史上的伟大意义，而不着重论述"新大陆"的发现。他认为，新大陆在哥伦布之前已被发现，当时之所以未创造巨大的影响，是因为还没有发现新航路时那种完备的政治经济条件。新航路给世界带来政治经济的大变革，而新大陆的发

---

① 白人盎格鲁-撒克逊新教徒，即"White Anglo-Saxon Protestant"的简称。

② Thomas Bender, *La Pietra Report: Project on Internationalizing the Study of American History* (New York: Organization of American Historians, 2000).

③ 雷海宗：《西洋文化史纲要》，第 8 页。

展也正是由于有了新航路。二者关系不可本末倒置。他的看法不雷同当时及以后西方教科书中着重渲染"发现新大陆"的提法。这是一个生动的鉴别吸收的例证。

当今几个富国垄断全球媒体的 90%，全球媒体领域严重失衡，鉴别吸收更显得非常重要。在我国改革开放的伟大事业中，对于鉴别吸收应予以格外重视。我们既不能盲从，也不能全盘照搬。我们要勇于吸收，又要善于鉴别。鉴别吸收是我们行动的指标，在思想上必须有这种认识，但鉴别是硬功夫，不能一蹴即就，必须在不断实践中积累和发展在认识上和方法上的鉴别本领。在实践上，必须有在正确实践中得到的正确理论的指导，同时也必须具有知己知彼的功力。这也是硬功夫。知己即紧密联系和深刻理解中国的社会实际，扬长避短，扩大效应。知彼即深刻认识外来文化的优缺点，弃其糟粕，取其精华，甚至取其短期有益于我们社会发展的内容和方法。若要在中外文化交流中取得良好的效果，就须掌握知己知彼这个关键问题，以及实现关键的火候。漠视知彼，则不知如何去吸收，易遭胶柱鼓瑟之消；漠视知己，则不知吸收什么，难免守株待兔之讥。

各种文化间具有对应交融的性质，比较参照是必要的，所以研究中国史的人不在一定程度上了解外国史，则易眼光局限，认识褊狭；研究外国史的人不懂中国史，更易盲目判断，效法无方，误入歧途。

（3）学以致用。古人就有这种想法。如清人章学诚认为，史学家若"征实太多，发挥太少，有如桑蚕食叶而不能抽丝"。致用是中国优秀史学传统。治史必须有议论，有认识。不管主观是否意识到，写文章在于表达看法，希望产生社会效应。社会学者主要依仗口和笔去表达思想，只要一张口或一动笔，就产生社会效应，就有"致用"效果。历史上有影响的杰出史学家，都有自己的不凡的议论，即有自己的独到的看法。

雷先生在《纲要》中也表达了这种思想，显示了发挥"学以致用"的愿望。他为了纠正中国传统史学中过于偏重记事的弊端，翻译了意大利史学家克罗奇著作的篇章。为了推动中国发展史学的研究，他引进了德国史学家斯宾格勒的文化形态观。他试图从西方文化吸取他认为有价值的学说与研究方法，以推动中国史学的发展。在这里也显示了他的学贯中西的功力。在雷先生其他议论性文章中，更具有"致用"这个特点。当然"用"有正误之别。客观效应是检验主观愿望的尺度。雷先生从国外引来的研究方法在当时史坛上展现了一派涤新耳目的风光。

（4）上面就雷先生的文化史观、史学方法论和史学目的论，提出粗浅的看法。现在就《纲要》中存在的力有未逮之处，发表点感想。一是关于马克思主义的认识，另是关于十月革命的历史估计。

在西方教科书中，也谈马克思主义，但只是作一种社会主义学说派别介绍的，阉割了马克思主义的实践性。当时雷先生称马克思主义为"科学社会主义"和"经济唯物史观"，属于"劳动阶级的学说"。这是其所长。但是另一方面，他又把马克思、列宁主张的社会主义和共产主义视为"俗世宗教"。这是其所短。他的"俗世宗教"观是来自西方传统教育的影响。

宗教是主观的精神信仰，而马克思主义是出于客观实践的信仰，从来源到发展始终离不开客观实践。马克思说，研究哲学的目的，不仅在于认识世界，还在于改造世界。"改造世界"正是资本主义社会不愿接受，且加以诋毁的缘由。俄国十月革命是资本主义发展到垄断阶段时爆发的社会主义革命。列宁领导了这次革命实践。他的最重要的理论贡献是赋予帝国主义一词以深刻的政治经济学含义。资本主义国家也使用帝国主义一词，但其含意只是版图扩张和对版图的统治，把殖民地人民抽象化。列宁比霍布森高明之处，是理论联系了客观实践，虽然他对垄断资本主义的自我改进的能力做了过低的估计。这是在革命高潮时期对社会现象所作的过度预测，但从历史长远发展看，这并非子虚。列宁另一贡献是把马克思主义与广大殖民地民族运动结合起来，为殖民地人民带来觉醒的曙光。"二战"前，资本主义世界的史学界漠视俄国历史，低估十月革命在实践上与理论上的意义，直到"二战"过程中研究苏联的机构才增多起来。雷先生在"二战"前忽视俄国研究，也是由于时代和所受教育的局囿。直到解放后他才看到新出现的"新的世界"。他说："辩证唯物主义和历史唯物主义的世界观使我好似恢复了青年时期的热情。"[1]令人欣慰的是雷先生终于看到"新世界"的曙光，在学术上迈上新的征途，极力运用马克思主义观点，编写了《世界上古史讲义》，但令人痛惜的是时不待人，这位遭遇苦难的老人过早地离开人寰，他的前进步伐猝然而止。

（原载《世界历史》2003 年第 2 期）

---

① 雷海宗：《西洋文化史纲要》，第 10 页。

六

# 克服偏向 以理服人

对历史人物如何评价，是史学界经常讨论的问题之一。

由于每个人对马克思主义基本原理掌握的程度不同，各个人的社会经历也不同，所以对具体历史人物的认识或观察角度有时不同，在评价上有时偏高，有时偏低，甚而有时偏左，有时偏右。认识的道路总不会是笔直的。出现这种现象是不足为奇的。

克服偏向的最好办法，是展开心平气和的、以理服人的"百家争鸣"。"争鸣"可以推动学术研究沿着健康道路发展，可以避免出现忽左忽右的偏颇倾向。

在评价历史人物时，我是试着从下列几条原则出发的。现在试着结合林肯这个历史人物加以说明。虽然这些也是老生常谈，但自己在实际运用时还是感到吃力的。

首先看所评论的历史人物对当时社会发展所起的作用：是起了推动的作用，还是起了阻碍的作用。这是主要的标准。

林肯是一个杰出的资产阶级政治家，是一个应当加以肯定的历史人物。姑不论林肯的出发点是什么，也不论他的阶级局限性，他毕竟亲自颁布了《解放宣言》，解放了黑人奴隶。这一行动对当时美国资本主义社会的发展是有利的。这是进步的行动。这就是大节。

林肯的这个进步行动，是出于国内外进步势力以及军事形势的压力。他能顺应时势，艰难而又不挠不屈地向前迈进。在内战前，他主张限制奴隶的扩展；内战爆发后，他又积极鼓吹以赎买方式逐步地释放奴隶；最后为了打赢战争、统一联邦，终于宣布了解放令。这就是英雄顺应了时势，时势造就了英雄。

其次，看待历史人物要合乎历史主义。一方面要把历史人物放在当时历史条件中去评论，不能要求历史人物越出历史条件，去做他做不到的事；也不能要求统治阶级人物越出他的阶级局限，去做他不能做的事。决不能以今天的原则或标准去强求古人。不加分析批判地谈论古人，可能古人都成了"完善无缺"

的人；若以今天的原则高度去强求古人，则古人必定"一无是处"了。

关于"批判"这个词，近十几年似乎不大"顺眼"。一提到"批判"，就联想到棍子。这种误解是"四人帮"极左思潮造成的恶果。其实批判就是分析明辨、扬弃糟粕、取其精华的意思。读外国资产阶级所写的历史，一定要持批判态度，不能囫囵吞枣，全盘接受，要以马克思主义基本原理去审情度理，决定取舍。读书是这样，对待古人的言行也应是这样。

例如，我们肯定林肯，因为他解决了当时美国资本主义社会提出的时代任务，我们不能因为林肯不能彻底解放黑人奴隶，而否定他的历史地位。作为工业资产阶级在政治上的代表人物，林肯反对奴隶制；但作为资本主义私有制的维护者，他不能主张立即和无条件地解放黑人奴隶。他所要求的首先是保护对工业资本发展有利的联邦统一，保护维持私有制的宪法。他希望通过宪法途径解决奴隶制问题。他进行战争的目的首先是为了平定南部的反叛。林肯不能逾越的大关是资产阶级的私有制。非到万不得已的地步，他是不肯冒风险的。

再次，对待历史人物如同对待其他事物一样，也要一分为二。既要看到好的方面，也要看到坏的方面；既要看到长处，也要看到缺点；既要看到主流，也要看到支流，不要以偏概全。

一分为二，不仅是为了恰如其分地估价历史人物，而且还为了从历史人物活动中汲取经验和教训。我认为，学习历史的目的在于鉴古知今，最好也能预测未来。当然，若要很好地做到一分为二，就得掌握充分的材料，又须掌握马克思主义基本原理。

我也曾听到这么一种说法：有的文章先把历史人物扶起来，加以肯定，然后又打下去，加以否定；或反过来，先打后扶。这种说法是不对的。历史人物该肯定几分，就肯定几分；该否定几分，就否定几分。不能搞绝对化，搞一边倒。

例如，我们既要肯定林肯是反对奴隶制的，同时也要指出他不是一个废奴主义者，也不可能彻底解放黑人奴隶。虽然林肯出于资产阶级人道主义的情感，发表过一些悯惜黑人奴隶的话，但在他的世界观中浸透着资产阶级种族主义的偏见。林肯固然不肯无条件地解放黑人，实际上也不相信解放了的黑人。1863年12月他的重建南部的计划就可说明这点。

林肯是正面人物。至于历史上的反面人物，他们逆历史潮流而动，大节是不足取的。例如，谁愿肯定美国南部同盟政府的临时"总统"杰斐逊·戴维斯的"功勋"？但好人变坏，坏人变好的事，在历史上并不罕见。即使反面人物，有时也可能在他的生涯中某个阶段对社会起过积极作用。这就需要仔细地区分主流和支流，如实地估计其功过了。

（原载《外国历史知识》1982 年第 8 期）

# 访英、希散记——历史篇

1982 年二三月间，我与几位同志访问了英国和希腊。时间很短，两国各为两周，可以说是"走马观花"。

在英国，参观了伦敦大学的勃克贝克学院历史系、历史研究所和美国研究所，约克大学历史系，爱丁堡大学历史系以及伯明翰大学历史系；会见了牛津大学和剑桥大学部分讲授历史的教授。在希腊，访问了雅典大学历史系和塞萨洛尼基大学历史系。此外还参观了一些历史博物馆和古迹胜地。兹将有关历史教学、科研以及文物古迹等方面的旅次所记，整理如下。

英国历史系课程设置比较保守。课程体系基本上是以英帝国为中心，联系西欧，因而世界史是以西欧为中心，西欧史又以英国为中心。课程科目也较为支离分散。跟美国历史系比较，课程门类不多。有些历史课分设于其他专门学院；学生虽然可以跨院选修，但从历史系看则不无残缺不全之感。对于这种课程设置，有的英国教授也感到不尽如人意，但习惯势力比较大，一时不易实行改革。

我们参观的大学，从时间说，可以分为三类：一类是古老学府，如牛津大学（1249 年）和剑桥大学（1248 年）；二类是较老的大学，如爱丁堡大学（1583 年）、伦敦大学（1836 年）和伯明翰大学（1899 年）；三类是新成立的大学，如约克大学（1960 年）。越是老学校，保守气息越浓，所受传统习惯的束缚较多，改革也就不容易了。

英国财政困难。居民深感通货膨胀和税务繁重之苦。凡带有服务性质的营业都有附加税，合百分之十。一般"小费"在十分之一上下。每人平均纳税约占收入的三分之一。所以公家和私人都感到经济紧张。比如伦敦地下铁路不如日本地铁干净，而票价迭次增长，其昂贵程度成为世界之最。一般人往往怀念"大英帝国"的昔日繁荣景象，颇有一种今不如昔的伤感。

政府紧缩开支，教育经费首当其冲。英国大学普遍感到拮据。各大学既不能增设新的教席，奖金名额和科研项目也不易增加。英国大学中教授较少，有的系甚而只有一人，如今更不易增添席位。教授职位出缺后，才得晋升补额。教授下有副教授（Reader）、高级讲师、讲师，最下为教学辅助人员。古老大学如剑桥、牛津二校拥有巨额财产，景况比较好些，而新成立的或郡立大学，则感到很大财政压力。一般正校长都是来自贵族名门的显要人物。他的职责主要是募捐，在财政上为学校想办法，具体行政工作则由副校长承担。系主任一般由教授中选举产生，主持系务会议，也参加校方会议。

英国历史系培养学生的方法具有特色。他们着重课堂讨论和论文写作，目的在于启发学生的学习主动精神，培养学生的独立思考和创造能力。通过这种训练，把文字工具、研究方法和具体知识三者结合起来。有的历史系在一年级就开设讨论班。在约克大学，我们听了一次一年级英国史讨论班的课。先由教师讲述课程的主题，提出要讨论的问题，然后由学生展开讨论，教师在中间不断插话，引导讨论深化。临下课时，教师做总结和评论，指出解决得比较好的和尚待解决的问题，并布置下次讨论的中心内容，以及参考书刊名称和具体章节，同时指出阅读时应注意的问题。因为这是一年级课程，学生对于讨论方式还不太熟悉，发言比较拘谨。为了防止冷场，教师还指定下次重点发言人。随着年级升高，学生人数不断减少，而讨论班课程门类则逐渐增加。有的采取导师制，班上的学生人数更少，有时教师与学生一比一。课堂讨论的掌舵者是教师。他引导学生通过一定的航道，达到某种学习要求。因而教师在课前须有周密详尽的准备，发给学生的十分细致的课程提纲即是明证。

另一特点是习作多。一般历史系要求每学年写三四篇文章，其中包括学期论文、专题论文和读书报告等。英国大学的假期比较长，几占学年的一半。在假期，师生摆脱了上课活动，更可集中精力从事科研，特别是研究生和教师十分重视利用假期进行学术活动。英国大学不像美国大学那样考试频繁。有的大学把考试集中在毕业前夕举行，由系（或院、校）主持，历时两三天，把大学期间主要课程通考遍。一、二年级有闭卷考试，越到高年级笔试越少。

选课制比较灵活，学生可跨系、院选课，但主修课必须保证门数，其中包括一定数量的必修课。有的选修课还要求具有一定的语文条件和写作论文的数量。

学生参加的讨论会，除课堂讨论外，还有其他形式。学生社团经常举办讲演会，甚而在午餐时间邀请专家或社会名人做简短演说，然后听众提问，讲演者作答。有话即长，无话即短，不拘形式，气氛活跃，个把钟头就告结束。

历史系毕业生的出路并不"对口"。除少量进入科研机构外，大多数走入企业，有的走入新闻界。若充当中学教师，还得再接受一年有关教育学的专门训练。经济的长期萧条带来大量失业，加之人口增加和自动化推行，更使失业问题恶化。在这种情况下，历史系毕业生在就业问题上也遇到困难。

图书馆是学生的学习活动中心。各校图书馆都实行开架制。学生直接到书架上取书，阅毕置于桌上，由管理员放回书架。图书馆席位一般不多，不如美国图书馆那样宽敞，这可能由于英国大学的学生人数不如美国大学多。图书馆也经常发生丢书现象，故图书馆出入口处都有穿制服的警卫人员值勤。装置自动报警器，在出口处，警察要翻书包。无论如何，这是一桩有伤大雅之事。

说到图书馆，自然会联想到伦敦的英国图书馆。那座图书馆，位于英国博物馆内，历史悠久（建于 1826 年），驰名世界。曾有许多学者名人如马克思、列宁、肖伯纳、休谟、吉本等在那圆形阅览室中埋头读书。但该馆的设备却很陈旧，借阅图书的办法仍是手工方式。设有电子系统的新图书馆虽已开始建筑，但旷日持久，不得完工，由此也可见到英国政府经济窘困的情况了。

英国大学的入学要求比较高，竞争比较激烈，高中毕业生中的甲等生才能进入有名气的大校，入学后，淘汰率也比较大。到高年级时，班上的学生更少。由于学生人少，教师对于每个学生的学习情况非常清楚。在大学关于研究方法和工具已有扎实的训练，再念高级学位就容易了，攻读硕士和博士的方式主要是写论文，不需要再念任何课程。这同美国研究院的训练方式不同，所以美国学生到英国念研究院，会遇到一定的困难。

英国设有"开放大学"（Open University，1969 年成立）。课程通过电视和广播讲授，作业以通讯方式进行，设有辅导中心，并授予学位。课程门类多样，有自然科学、应用科学、语文、社会科学，其中包括历史。电视教学注重形象和示范操作。这是普及教育很有效的措施。英国电视虽然也有黄色镜头，但比美国电视干净得多。

\*\*\*\*\*\*

希腊虽然参加了共同市场，但经济力量较不稳固。希腊三大财政收入是航运业、旅游业和侨汇（劳务）。这种经济本身就含有不稳固的因素，特别依赖于国际稳定环境，他们对于国际上任何动荡都感不安。

希腊的教育受西欧的影响最大。第二次世界大战后，美国的影响也急剧增长。大学生毕业后，若继续深造，就到西欧和美国去留学。教育内容和训练方法都是依照西欧和美国的。这种学术不独立的现象在考古学方面更为显著。希腊为文明古国，古迹名胜很多，但考古发掘工作一向操纵在法、英、美等外国人手中，本国人大都从事古物整理和研究工作。

为争取民族文化的自主和独立，希腊政府正在拟订法令，建立研究院，培养本国高级研究人材，并防止本国研究人材流向外国。保存民族文化的自主和独立，是民族大计，特别是对希腊这样的文明古国更为重要。但这个方针的有效实行，还得靠适当的政策。一位希腊教授说："闭关自守，故步自封，只能造成文化的落后，这是不可取的。但是盲目开放，也是有害的，特别是在社会科学方面应取审慎态度。不能妄自尊大，也不能妄自菲薄，处处事事必须做到心中有数。例如派留学生，既不能缩手缩脚，也不能一哄而起。留学生在出国前必须解决为什么学和学什么的问题。从这个角度说，他们在出国前应该在本国有一定时期的社会实践。为留学而留学，不是上策，将来会吃大亏的。"这席话很有见地。这体现了希腊知识分子具有振兴民族文化的感情，同时也说明他们正处在痛苦的探索过程之中。

希腊在发展教育事业中，也遇到一些困难，比如经费不足，就是一个恼人的问题。在塞萨洛尼基的拜占庭档案馆，保存大量土耳其文的原始文献，但工作人员只馆长和秘书二人，其他人员都被裁减了。一个训练有素的研究人员非一朝一夕可以培养出来，改业就是损失。馆长成了无兵之帅，面对偌多铁柜中的文献，只有兴叹而已。又如大学生数量与质量以及就业问题之间的矛盾也待解决。学生人数多，对于普及大学教育固然是件好事，但就业问题解决不好，也会造成人材浪费。在希腊学法律的学生人数比较多。有一位希腊教授半诙谐地说，在雅典的律师人数恐怕比纽约或伦敦还要多。塞萨洛尼基大学中注册学法律的人就有两万。学法律，主要是为了就业，为了在政府部门中找工作。注册人数多，可是学校的教室有限，结果学生出勤率不高，仅达百分之三十至四十，因此学习纪律是松弛的。有不少教师对于这种现象表示忧心忡忡。

塞萨洛尼基大学历史系一位拜占庭史教授说："历史系学生的学习期只有四年。这在学生的生命史上所占的时间份额虽然并不算长，但在形成人生观上却很重要。四年所学的虽然也不能很多，但在装备学生生活和学习中所需的基本知识和方法上，也很重要。总之，教育的主要目的在于培养合格的公民，因此历史系学生不应轻视社会实践。"其实他的话不只适用于历史系，推而广之，可以适用于整个社会科学。由此，我联想到书本知识（或课堂教学）同社会实践的关系。大学生固然不应忽视书本知识，但也不应只是关在课堂之内读书，也应当适当地参加一些社会实践，其中包括劳动实践。当然，这里的关键问题还是大学里的思想教育工作。按理说，我们学校应当把思想教育工作做得很好，但也不尽然，假如教师"只教书，不教人"，行政人员不敢抓或不肯抓思想工作，或在方法上抓得不适当，同样也不能完成思想教育的任务。例如，劳动课的主要目的在于培养学生对劳动的热爱情感和正确态度。作为思想教育课，学校的教学部门就应去抓，若只委诸劳动部门（如总务部门）作为单纯劳动去安排，则不能达到劳动教育的目的了。

在塞萨洛尼基还参观了巴尔干研究所。所内工作人员二十几人，出版杂志和书籍，并同邻近巴尔干诸国交流研究成果，接待国内外各大学和科研机构的研究人员。所内高级研究人员也到大学去讲课。这种科研机构与教学机构的关系在英国也看到过，比如伦敦大学的历史研究所（以收藏原始资料为主，英国史以地区排列，外国史以国别或地区排列，不分专题）和约克大学的波斯威克历史研究所（约克大主教区档案收藏于此，以北部英格兰教会史和约克郡历史文献为主）。这种科研机构的组织方式可供我们参考。科研单位应敞开大门，为教学和科研人员特别是边远地区的教学和科研人员服务，同时也须走出大门，接近群众，克服脱离实际的衙门作风。在大学中，教师既是教学人员，又是科研人员。教师不进行科研，教学质量不会提高；但只进行科研，不参加教学，同样也会脱离群众和实际。有一位英国教授说，在他们看来，教学和科研相结合，本是顺理成章之事，并不感到有任何矛盾之处。又有一位教授说，年老的教授愿意多担任一些教学工作，避免沉重的科研工作的负担，但我问了几位教授，回答也不尽一致。

\*\*\*\*\*\*

希腊和英国对于古迹古物的保护工作十分重视。这里首先说说英国。英国的历史虽然较中国和希腊都短，但在保护古迹方面所表现的殷切之情并无逊色。在伦敦塔的对过，保存一段罗马时代的城墙残壁，在约克保存了一段盎格鲁-撒克逊城垣，供游人凭赏。在城墙上行走片刻即到尽头。它虽不若我国长城那样雄伟壮观，但在英国却弥足珍贵了。约克还保存一条中世纪狭窄的街道，道旁阁楼突出街心，十分接近，据说住在两边楼上的人可以在街心握手。在雅典旧城也保存一条古时街道。政府不许改变街道两旁双层楼舍的外观，屋内设备不在此限。至于英国各地的教堂、博物馆、展览馆、书肆更吸引游客的注视，也展现了英国文化的风貌。例如约克大教堂巍峨耸立，辉煌夺目，既是宗教圣地，又是几代能工巧匠的艺术结晶。爱丁堡的科辛古堡为七世纪建筑，北面临海，城上有古时炮台，炮口冲向海面。堡中有军事博物馆，陈列历代兵器和戎服，堡门有卫士站岗，均着苏格兰古代军装，倒也别致。位于伦敦的英国国家博物馆自然也是游客必到之地，其中以埃及、希腊、罗马、西亚、古代英国（史前期和罗马占领时期)、远东艺术等部最为突出。英国人把埃及古代巨石宫殿、希腊古雕石刻搬到博物馆来,甚而《永乐大典》也赫然出现在玻璃橱柜之中。看起来奇宝异品,琳琅满目,但毕竟不是英国本国的创造。除了给人以英国用外国文明来装点帝国文明这种不调和的情调外,只能显示他们是富有的收藏家,更确切地说是无法无天的掠夺者而已。在各地博物馆内,每每看到小学生列队参观,在老师指导下,临摹实物。这些天真无邪的儿童自然不会理会这些古物的来历的。

在谈到希腊时,人们自然会联想到希腊的灿烂的古代文明,联想到希腊的辉煌的古迹,其中当然以雅典最负盛名。人们说,雅典有三大特产:阳光、石头和水果(以桔子和橄榄最为丰富,沿途桔树成荫,掉落在道旁的桔子比比皆是)。我想应当加上古迹名胜。

因为时间有限,不能参观所有胜迹,而且对于古希腊历史知道甚少,故所游所记均为浮光掠影。好在希腊旅游事业十分发达,既有文字指南,又有向导。导游者大半都是旅游学校毕业生,能操英、法语,旅游车上装有耳机,将耳机的插头插入面前的插座,就可听到清晰的解说,插座上标有多种语言,可供选择。在雅典停留期间,参观过卫城、太阳神庙、迈锡尼、露天剧场、拜占庭展览馆。在塞萨洛尼基参观过白塔、拜占庭教堂、"金门"石拱和马其顿博物馆。

雅典街道狭小,汽车多,行人拥挤,污染严重,沿街无树木。站在高处看,全城光秃秃的,只在古迹地区才有片片丛林,所以当地人说雅典是"奇丑"的。尽管这样,雅典凭借它的古迹名胜,还是能吸引世界游客的。

希腊的雕刻艺术有其特点。(1)希腊人所雕刻的神都是凡人,不是超人。他们体态多样,栩栩如生。有的在沉思,有的在奔腾,有的矫健,有的安详,既有喜悦,也有忧虑,人的性格都体现在尊尊雕像之上。正如荷马史诗中的神有凡人性格,有嫉妒、有懊悔、有英勇行为,也有背信弃义。史诗和雕像浑然一体,展现了古希腊人的宗教观。(2)希腊雕像多裸体,武士和运动员体魄健美,仕女则温柔典雅,所着衣带飘浮逼真。(3)雕刻重视自然美,与东方雕像的体态庞大、线条粗犷、重视威严迥然异趣,各自体现了其不同的社会观念。

西方艺术的发展同宗教有密切关系。教堂的壁画富丽堂皇,全是圣经故事。雅典的拜占庭展览馆所展出的几乎全是宗教绘画。雅典古代庙宇建立在高山之上,庙宇即是城堡,军事要地与祈祷圣地相结合,如太阳神庙傍山依水,形势险要,十分壮观。雅典卫城的主要建筑是帕提侬庙。神庙为伯里克利时代(公元前443—前429年)所建,由伯里克利的好友、伟大雕刻家菲迪亚斯为总设计师，集中了当时希腊最好的工匠艺人的创造才能。神庙的屋顶和墙壁虽荡然无存，但巨大石柱依然雄姿挺立。石柱由圆形大石盘叠砌而成，高达十米。仰望石柱之巅，远及苍穹，博大雄伟，叹观止矣。帕提侬庙的左侧，有埃利克塞奥庙。六尊巨石刻成的仕女头顶屋梁，荷重千钧，但体态安详，衣着轻盈，百观不厌。

雅典有半圆形的古代露天剧场多处。每处利用山势，座位由低渐高，音量保存于场内，建筑极符合声学原理。在剧场中央演唱，声音回荡，即使座席最后一排，亦可清晰听到。至今每值游览季节，仍演唱古代剧目。悲剧或喜剧的豪歌幽调犹足令人心脾爽朗，回味无穷。

柏克尼展览馆有一间宽阔的陈列室，其中所展出的文物全是中国制造或出土的。从商代铜器，直到明清瓷器、服饰器皿，丰富多彩。在英国许多展览馆中也经常看到中国的古代文物。中国古物流传于海外之多，数字想必可观。柏克尼所陈列的中国文物是由一个私人捐献的，这个捐献者是一个巨商富贾。因时间匆促，未来得及询问馆内工作人员。

酸雨是古代艺术珍品的大敌。比如塞萨洛尼基的"金门"上的石刻浮雕遭到腐蚀，许多处已模糊不清。陪同我们参观的一位希腊青年教师说，当他在大学读书时，浮雕的纹理清细爽目，而今竟依稀难辨了。言下不胜伤感。我相信，一向珍视古代文物的希腊，一旦拥有经济余力，这种问题一定会得到妥当解决的。

访问两国，虽然来去匆匆，但收获还是丰富的，印象还是深刻的。这一切俱足珍贵，故当离开雅典时，不无惜别之情。在分手时，我们对于两国历史学界同事们的热忱招待不胜感激。

这次所访问的，一个是文明古国，它正在为振兴民族文化，发扬悠久的文明而努力；另一个是垂老的近代帝国，它在新时代的挑战面前，正在应付政治和经济上许多严峻问题。祝愿希腊人民在独立自主的道路上取得新的胜利，英国人民能够克服阻力，顺着时代的潮流不断前进。

（原载《历史教学》1983 年第 3 期）

# 美好的回忆

人到老年，最乐于回忆往事，尤其那些值得回忆的往事。在回忆中，既有欣慰，也有缅怀，犹如吸饮沁人心脾的佳酿，味道无穷。《历史教学》创刊最初一年多的往事，就是一杯足以品尝的醇醴。

1949 年全国解放后，大多数史学工作者，包括大中学历史教师、科研人员、大学历史系的学生，莫不积极学习马克思列宁主义，愿以辩证唯物主义、历史唯物主义为指导，提高教学和科研的水平。为了传播各地史学工作者在教学和科研上所取得的经验和成果，借以达到互相促进和共同提高的目的，我们几个人在 1950 年夏商议在天津出版《历史教学》这个刊物。

开始参加筹办工作的有李光璧、杨生茂、张政烺、傅尚文、孙作云、丁则良和关德栋。筹备之初，杨生茂同志向天津市军管会文教部和有关同志谈了我们的设想，得到黄松龄部长的大力支持和鼓励，并嘱天津知识书店协助出版。书店负责人李秉谦同志也曾给予帮助。《历史教学》从筹办起，就是在党的关怀下进行工作的。当时，李光璧同志任主编，其余几人为编委，大家共同征集稿件、审定稿件，在津的编委李光璧、杨生茂、傅尚文三人还负责一些校对、出版的事务，未设专职人员。

在筹备期间，党内老前辈也给予很大支持，徐特立同志给刊物题写了刊头，非常关心这个刊物的问世。

第一期《历史教学》是 1951 年 1 月由知识书店代为出版发行的。一切费用由书店垫支，编委和与编委有关的一些同志们的稿件都没有稿酬。我们几个编委当时只知热心编辑刊物，还不清楚出版工作中会遇到的困难。

记得，第一期出版时，第二期即须编好付印。而第一期的经费须发行结算后才能收回。知识书店印刷厂不能总是预垫经费，所以第二期编好后，印刷费却无着落了。于是编委们又自己筹集第二期的印刷费，为此张正烺同志卖了自己的包括一部二十四史的存书，别的编委有的也借了债，这才凑足印刷费。为了节支，第二期刊物便在一个只有一台平板机的小印刷厂印刷，印刷质量很不好。第三期、第四期也是自筹的印刷费。记得大概在五期以后，我们才懂得可以到银行贷款。人民银行大力给予帮助。当时我们不了解实情，后来才知道天津市军管会文教部为出版这本刊物，已对银行打了招呼。编委们了解这种情况后，无不受到了很大鼓舞。

出版中另一主要的困难是编辑力量不足。1951年秋，我们便想与中国史学会天津分会联合起来，扩大编委会成员，把刊物直接归属于史学分会。当时天津史学分会的负责人之一吴廷璆同志也很支持。但如何联合在一起？如何扩大编委会？如何在过渡时期立即加强编审稿件工作？当时南开大学党委负责人王金鼎同志又亲自给予指导和帮助。几乎每个月都举行一次会议，除具体商量扩大编委会的办法外，并对每期刊物的编审问题做出安排。每月编委开会一次的惯例一直坚持到现在。从1952年第7期起，《历史教学》月刊即成为天津史学分会领导下的向全国发行的刊物。

自1951年1月《历史教学》创刊后，最初发行两千多份，仅够支付印刷费用。第三、四期以后，发行数量日益增多，到1952年初，已达一万多份，所有费用都可以自给了。

《历史教学》至今已出版了35年。回顾创办初期一年多的往事，我们深深感到：如果没有党的关怀和领导，这个刊物很难办起来，就是办起来，也很难长期坚持下去。因此，依靠和坚持党的领导，依靠广大史学工作者和读者的支持，是办好一个刊物的基本条件。1954年《历史教学》由天津市人民政府直接管理后，编委会和编辑部的力量不断充实和加强。看到35年来这个刊物的发展及其所做出的贡献，我们一些创刊编委们感到莫大的欣慰。

（合撰，原载《历史教学》1986年第1期）

# 读书、思索、对话和创新

## ——关于研究生培养工作的体会

我的专业是外国历史，在具体问题上，所谈内容不一定适合其他专业。但总的方面，还是有一定的共同性的。说得不一定准确，尚望方家指正。

读书是研究工作的关键之关键。导师应指导研究生如何读书，提出严格要求，督促他们勤奋努力。这是导师的首要职责。凡在培养工作中采取"放羊"方式的，很难说是尽职的导师。

书有两种：一种是社会实践的书，所接受的知识主要通过直接的感受。另一种是有字的书，多半是间接知识。对于研究生来说，二者不可缺一。

社会实践，不仅是培养研究生的重要方法之一，而且是整个研究生教育制度中带有方向性的不容忽视的问题。社会实践，可以增加研究生对社会需求的了解，增加学习的目的性，可以激励学习的积极主动性，保持研究意识的活力、盛旺和长青。有些研究生有时有些不切实际的想法，这主要是由于脱离社会实际所致。有的人对于旧中国的社会实际不很清楚，对于新中国的社会实际也不甚了了。过去有些好的做法应当恢复，例如社会调查就是应该逐步加以推广的方法之一。推行时应注意效果和方式，力戒形式主义。我们要警惕形式主义破坏社会实践的声誉。

劳动实践也应视为社会实践的一个组成部分。少量的适当的劳动活动可以培养研究生的劳动观点，克服轻视实际和脱离群众的意识。假如有劳动课，则不宜由学校事务科单从使用劳动力的角度去管理，而应视为德育课，划归教务处指导。

书本虽然不是知识的唯一来源，却是极其重要的源泉。对于研究生来说，更是如此。研究生主要依靠自学。必须扎扎实实地读书，其中包括资料。不然一事无成。

书海浩瀚，读时必须有所选择。有希望的研究生首先要有合理的知识结构，并能自觉地调整知识结构。从开始，导师就应从这方面提出要求，经常予以引导。例如在选课和选读基本读物方面导师就应严于要求。知识面狭窄是目前研究生知识结构的主要弱点。例如学历史的，往往外文不好，学外文的，往往历史又有缺欠。可能这是目前普遍存在的问题。另一个弱点是博与约、通与专的关系解决得不好。目前有一种不注意博通而片面追求约专的现象。基础不广，无法建立大厦，无法产生卓越人才。导师应经常劝告研究生扩大知识面，告诫他们不要一入学就为毕业论文而奋斗。

博通的要求是根据当今社会科学发展状况和趋势而提出的。如今跨学科研究十分盛行。研究工作者必须有一个广博的知识结构才能有所作为，才能在约与专上有所成就。过去我们认为知识是由点、线、面构成的。这种观念已经陈旧。时人认为知识结构应是"总体的，多维的，多层次的"。

当今我国正在建设具有中国特色的社会主义。这是创新的事业。我们的事业要求我们的知识结构要厚些，要广些。研究生不仅通外，还须通中，不仅通今，还须通古，因为对我们的传统文化需要反思，对外来文化需要筛选。要反思，要筛选，就得思索，就得比较。对待我们的传统文化，不要故步自封，也不要妄自菲薄。夜郎自大是蒙昧的表现。虚无主义是缺乏自豪、自信和自尊的象征。对待外来文化，不应一味排斥，也不应唯洋是尊。全盘西化，万不可行；"中学为体西学为用"也行不通。这都是我国历史经验已经证实的。唯一可行的方法是批判地吸收，去粗取精，去伪存真，用以丰富我国文化，并促进我们对传统文化进行反思，达到"外为中用"的目的。不仅如此，社会主义文化也须参与并丰富世界文化。这是时代的挑战，我们也应当承担。具有这种雄心，唯我至上和唯洋独尊的观念就易克服了。研究生应具有这种抱负。我们不能在"反思"口号下，一笔抹杀我国民族赖以生存的优秀而悠久的文化传统；也不能在"开放"口号下，不分青红皂白地一味照抄、照搬，甚至吹捧外国月亮圆。无论对中国传统的东西，或者外来的东西，都要一分为二，更要重点识别主流与次流，不能以偏概全。一分为二，贵在于"分"，真正本领或功力也在于分。虚无主义可鄙，照搬照抄同样可恶。

学历史，不仅有中外关系问题，也有古今关系问题。历史是过去，而学习和写作历史的却是今天的人。历史不同于自然科学，不能做重复的实验。历史总是当代人对过去的探究、思索和辨析。不同的人以及不同时代的人，对过去就有不同的看法和理解。世世代代，川流不息，历史的内容得以丰富和繁盛。有影响的历史著作和历史理论总是其时代的产物，同时又服务于所处的时代。我们承认历史解释的相对性。不然，历史认识就没有发展。但我们拒绝承认相对主义。不然，史学家就会失去追求真理的信心和勇气。历史总是在高高低低、曲曲折折地发展。学历史的目的在于极力正确地认识过去，或不断修正对过去的认识，同时借助于历史经验，极力正确地认识现实和解释现实，并尽可能地预测未来。学以致用，历史学的价值就在于此。"为学术而学术"的学术并不真正存在。掌握学习历史的目的性，才能激发学习的自觉性。导师的责任在于把研究生引向理论联系实际的道路。

理论联系实际，是一种正确的学风，也是一种正确的学习和研究的方法。具体言，各门学科有其具体的专业理论；总体言，马克思主义基本理论应当是指导我们整体事业和我们政治观的总理论。我们不能因噎废食，不能因为过去在运用马克思主义理论时犯过教条主义或其他形式的左的错误而发生怀疑，也不要在资本主义思潮的冲击面前飘忽不定，失掉立足点。马克思主义是开放的、发展的，容得探讨的。探讨的过程就是学习和运用马克思主义的过程。当然首先是坚持，即坚持马克思主义的立场、观点和方法。唯有这样，才能在实践过程吸收有价值的东西，才谈得上发展马克思主义，才能发扬我们悠久和优秀的文化遗产。

对话不仅出于活跃思想、发展学术、培养良好学风的需要，也是进行德育的好方法。若不在学校养成平等对话的习惯和相互商量的民主作风与涵养，则贻害无穷。这种民主气质的培养不仅对研究生重要，对本科生也是不容忽视的。"满堂灌"的积习应当下决心清除掉。

当然民主不能误解为无政府主义，在认识上更应把社会主义民主与资本主义制度下的资产阶级民主严格区分开来。民主与集中是统一的。无集中，则无从保证民主；无民主，也无从集中。

我一向认为，在外籍教师的课堂上，尤其应当提倡讨论和对话的学习方法。理由是我们更应当增强学生的识别和分析能力。

讨论班是增进学识、培养民主学风的最好形式。导师是讨论班的掌舵人。研究生是讨论班的主要发言人。研究生可以谈心得体会，可以质疑，可以辨析，可以答辩。导师可以作启发性发言，可以提示问题，可以谈自己的看法，又须归纳集中大家的意见。大家从各个角度剖析问题，取长补短，求同存异，最后取得一致或接近一致的看法。不一致的地方正是进一步深入着力之所在。讨论后，各课题的主要发言人可以通过筛选讨论班上的意见，完善自己的构思，写出文章。用集体智慧之光，普照班上成员。死读书的痼疾庶乎可以清除。讨论班是产生学派的场所，许多事例均可说明。

除讨论班外，也应鼓励研究生多参加一些学术活动。讲演会和学术会议都是摄取新观点、新信息、新意见的地方。在会上听别人发表意见，在会下同别人交谈。每每在三言两语中得到一点灵感，耳濡目染，受用不尽。学术事业在于日就月将，积少成多，久则自有豁然贯通之趣。

为了了解外国，学习新的知识，我们应当派遣一定数量的留学生。外国人特别注意吸收中国青年知识分子，可惜国内有许多工作者漠然视之，其实从历史上这是一篇很应该做的文章。本文只能提到"重视"和"关怀"，不能深谈。原因固然很多，但实质上是政治思想工作无说服力，不解决问题所致。例如，人才外流问题如何解决。青年留学生出国之前，在认识上至少应明确两个问题，一是为什么去外国学习，二是到外国学习什么。实质上这两个问题是有关对社会主义建设事业的信念和自觉的问题，也是有关个人理想和个人价值观的问题。如果目的不明确，甚而不端正，就可能成为资产阶级思想意识或生活方式的俘虏。对此，应当予以足够的重视和关怀。物质的效果往往是立竿见影的，而精神的影响则是潜移默化的。在导师头脑中首先应有这根弦，然后在研究生中才能找到知音。

毕业论文是三年学习和研究的总结。撰写论文的过程正是对知识、理论和技能三者加以综合实践的过程。论文必须具有新意，体现作者的创造力和独立探讨问题的能力。论文如能在过去和现在的知识海洋中，增添些点滴的贡献，那就不枉费三年的时光和精力了。这里显然有一个对比问题，同过去的著作比，同现代著作比。不脱离实际，并具有创新意义的对比物，才符合论文的要求。

总之，当代人站在文化的交叉口。我们走的是社会主义大路，接受的是社会主义教育，但我们身上或多或少地背有封建主义的包袱，小生产者的包袱。更坏的情况是，有的人甚至在潜意识中或多或少地还有半殖民地的思想残余。此外，还有资本主义思想的冲击或侵蚀。就文化思潮言，我们正站在一个过渡性的汇合点。我们一定要自觉、自尊和自信，刻苦学习，敏于精思和探索，识别糟粕与精华。唯有这样，我们才能很好地"应战"，很好地丰富和发扬我们社会主义文化，很好地建设我们的两个文明。这是时代提出的任务，也是我们应具有的自觉意识。我们要立足祖国，放眼世界。

（原载《天津高教研究》1987 年第 1 期）

# 述怀志念

当今应持什么态度去研究历史？这个问题近年经常在我的脑海出现。仔细琢磨，觉得有三个不容忽视的要点。一是运用马克思主义问题；二是对待外来文化问题；三是反思我国传统文化问题。

为了说明本意，依次略加申述。

马克思主义基本原理必须坚持，因为这是我国社会主义建设的理论基础。没有它，我们各项事业就要迷失方向。但马克思主义是开放的，容得讨论的，是随着社会主义建设的深入而不断发展的。因为马克思主义必须结合本国社会主义革命和建设的具体实践而发展，也须借鉴国际社会主义运动的具体实践，我们就须及时更新思维观念，对教条主义僵化思维尤须倍加警惕。

对外来文化，必须坚持去粗取精、去伪存真的鉴别态度和方法，必须克服盲目性。外国文化中具有价值的东西，应认真吸收。我们不应妄自尊大，故步自封，当然也不应搬弄什么"全盘西化"。鉴别（即批判）的难度也是很大的。在鉴别过程中，不会一帆风顺，有时也会出现挫折，也会走弯路。这只能靠实践来纠正，但我们头脑必须保持清醒，方向必须明确坚定。在鉴别吸收时，有时会产生误解，但不应不求甚解而炫耀。前者是提高理解能力的问题，后者则是学风问题。因此，若要正确介绍外来文化，正确鉴别外来文化，第一条要求是刻苦钻研，首先弄懂外国文化。正确理解是最根本、最起码的条件。

在选择吸收外来文化时，要正确对待作为主体和母体的我国文化传统。我国文化历史悠久，一定有其存在的理由和价值。我们不应妄自菲薄，搞虚无主义，必须坚定对我们民族文化传统的尊重和信任，但这并不等于说在我们传统文化中没有消极的甚至是落后愚昧的沉淀物。这些也需要有勇气去扬弃。历史证明，"中学为体，西学为用"的模式是行不通的。我们要立足祖国，放眼世界，不仅吸收外来的有益的东西，还须积极主动地参与世界文化的缔造。我国社会主义文化应对世界文化作出应尽的贡献。

基于上述三个想法，我认为，就历史研究这一领域言，除了继续加强对中外具体历史课题的微观研究外，还应加强比较史学的研究，对于宏观研究尤应提倡。这种更深层次的研究更能促进历史学科的发展，强化史学工作者的社会意识，显示历史科学的社会功能。在史学发展的漫长道路上，一些历史著作之所以能发挥巨大的社会影响，主要在于其本身能反映时代的要求，并能帮助历史车轮向前滚动。当然宏观的展视应建立于微观的研究之上，不然，空发议论，反而误己、误人、误事。

实现上述三个想法，需要坚韧不拔的努力，绝非一蹴即就之事。首要条件仍在于提高研究者的本领，那就是既能通古今，又能通中外。在史学研究的广度和深度上都需要扎扎实实地下功夫。

今值《天津社联学刊》复刊 100 期之际，书此志念，并抒发积思，以求教于方家。

（原载《天津社联学刊》1988 年第 6 期）

# 学史杂拾

多年来在美国史方面多花了些精力。在研究美国史时，自然会对一般史学问题有些这样或那样的想法。这些想法或有不当之处，还得求教于读者。

我一直认为，历史认识是具有相对性的。承认相对性，即承认历史的解释在一定程度上是因时而异，因社会发展而不断完善的。承认相对性，才能尊重客观，珍重材料，重视条件，并能辩证地从发展角度去审视历史问题。

但我反对相对主义，因为相对主义者否定客观事物的实在性，否定在滚动的历史长河中事物的相对性。他们从主观意志出发，把历史研究视作拼凑七巧板。

重视历史的相对性，则会鼓励历史学家去不断探索，不断修正偏误，不断前进，不断激发自强心、自信心和自尊意识。历史学家若囿于相对主义，则会沉溺于主观随意性，接踵而至的不是故步自封、顽固执拗，便是看风转舵、曲意编织。

同类事物之间的对比是历史研究中的重要方法之一。若偏执相对主义，则无从谈起对比。过去曾有一段时间，人们喊什么"彻底"之类的口号。这种提法是不科学的。我们只能说比较彻底，只能就层次上或程度上进行比较。不然，深透到底了，还有什么发展的余地。

在同类事物中进行对比的目的，在于分析鉴别，去伪存真。批判吸收，就是这个道理。"寓褒贬，别善恶"，就是从道德观念出发的批判。至于西欧文艺复兴时期的批判内涵就更广泛了。过去人们一度错误地使用"批判"二字，以致谬种横流，糟蹋了"批判"的真正的积极的精神。如今投鼠忌器，没有完全为"批判"二字正名，可见流毒造成的损害之深远。当然若说"鉴别吸收""品评吸收"，也无不可。

对于民族文化的发展来说，理应重视对外来文化的分析筛选和鉴别吸收，即外为中用，以我为主。"全盘西化"和"全盘吸收"应予反对。"中学为体，西学为用"，也行不通。前者出自民族虚无主义，后者乃是徒托空言。二者均不足取。

分析筛选，鉴别吸收，不是件容易之事，须花气力，也须花时间，不可能一蹴即就。要真正弄懂并真正理解所吸收的内容，勿人云亦云，良莠不分，尤忌哗众之念。若精于思辨吸收，也需深刻理解本民族文化的精髓和不逮之处，善于扬长舍短，择优而从。这样既防止夜郎自大，故步自封，也防止了虚无主义，妄自菲薄。尤其对研究外国历史的学者来说，其真正功夫即在此处。能否掌握治学的"火候"，由此亦可洞察。

孟子说，"尽信书，不如无书"。他并不是反对读书，而是反对不求甚解地读书，反对不加分析综合地读书。

对于外来文化，不仅局限于"吸收"，另一重要目的还在于弘扬本族文化，丰富和提升世界文化。在这里，积极的坚韧不拔的参与意识是极其需要的。

在外国史研究中，目前我们在材料上尚不足与外国学者相比量，更须加倍慎审精思，尽力在准确上下功夫。来日材料多了，又得提防陷入材料堆中而不能自拔。一般来说，文字材料的使用往往是服务于观点的，往往因使用者观点不同而做出不同的解释。假如文字材料的含义隐晦不明，那就更容易聚讼纷纭，莫衷一是了。在治史态度上，历史学家特别强调客观精神，这是对的。但纯粹的客观是难以完全实现的，因为作者对材料总是注入自己的观点，而观点的形成总脱离不开作者的审视角度、学识厚度、社会阅历和思维方法。例如，我国研究中美关系的学者，在美国图书馆阅读有关材料时就有这种感触。他们往往发现很能说明中美关系实质的材料，而美国学者却视而不见。这就是作者的观点在起作用。尽管历史著作体现治史者的观点，但历史本身绝不以治史者的意志为转移。杰出的史学家之所以杰出，是因为其观点符合了历史的转移趋向。因此，治史时应慎于判断，力戒主观臆测，损害材料的客观真实性。

历史学家的思维取向，不能脱离客观实际，但这种实际不是呆滞不变的。呆滞不变的实际绝不是真正的实际。实际得以存在，以至长保盛旺，就必须有所发展，更需要前进的发展，因此历史学家的思维不仅须符合实际，且还须明察实际的变化。

古今中外，历史学家难计其数，而真正称得上杰出的历史学家却是有数可稽的。他们都在三方面做出灿烂夺目的贡献：一是他们能综合并吸收以往文化传统中的优秀部分；二是能结合所处时代的要求，对这些优秀文化加以发扬光大；三是对未来社会发展能起到推动或启迪作用。简言之，他们能正确地或比较正确地识古知今，并估量未来。章学诚说，史学家切忌"昧于知时"，他的经世致用论实为金玉之言。

经世致用，并不等于将过去史事任意做出现代解释。有人说，所有历史都是当代史。这种说法过于绝对化，不合科学历史主义的道理。我们不能只以当时看法评说古人，也不能只以今人的认识去要求古人。若只坚持前者，则历史事理人情十全十美；若只坚持后者，则历史皆非。畸轻畸重，则不可能透视历史的发展趋势。

考据学为史学的必要的组成部分。它为史学服务，但不是史学的重要核心。刘知几所道"才、学、识"是真正史学大家必备的修养和条件。具备才、学、识，方能为经世致用的杰作。

如同其他社会科学一样，历史与自然科学的最大区别，在于人的活动长逝不居，不能放到实验室里进行重复试验。史学家发挥史学效应，主要依靠一支笔和一张嘴。写得或说得比较准确些，首先就得承认事物分析中的相对性，不让主观随意性摆布。不说过分之话，不为哗众之文。这不仅是为史之戒律，而且是史家必备之道德。清时章学诚谈到史德的重要性，其用心可谓良苦。

避免陷入主观随意性的保障，是重材料，重比较，重对话，即重对客观事物的分析和综合，同时也应重视掌握博与约、通与专的辩证关系。约与专是建立在博与通的基础之上的。若无博与通，则无从谈约与专，如建筑高楼大厦，必须有广阔坚实的基础。博而不约，通而不专，则散漫无章，不足以成材，即章学诚所谓"但知聚铜，不解铸釜"。反之，则易陷入坐井观天的困境。可惜当今研究风气中太重约与专，而忽视博与通了，太急功近利，视野狭窄了。尤其在跨学科研究日益发达的情况下，解决好这个问题，就显得更重要了。

对话的重要性，往往不易为人察觉。对话是一种学风，也是一种作风，一种待人接物的民主的气质和内涵修养，非经长久磨炼而不易得其中三昧。对话随处可遇，大至开会，小至促膝碎语，目的在于交流思想，沟通信息，但应注意方式，力避盛气凌人，尤应容许别人保留意见，并注意学习对方长处，以匡自己的不逮。在课堂，应以这种学风培养学生。我最反对"满堂灌"，主张有计划地推广讨论班形式。这种学风不是自发形成的，教师需要花更大的力气加以引导。

如今外国教师日渐增多，班上对话更为重要。这样才能使学生发挥鉴别吸收的功夫。被动地听课，是产生武断和片面的渊薮。思想附庸是政治附庸的先导。

过去很长时期，文史是不分的。有许多史学著作就是朗朗上口的文学珍品。后来突出了材料的可靠性和对材料判断的准确性，文史才分为两个独立的学科，但历史写作不能离弃文学的修养。虽然写历史不能用浪漫主义手笔，但文采还是很重要的。写历史不同于写随笔、写诗词，不能脱离材料而浮想联翩，更不应以佶屈聱牙或冷僻晦涩之词难为读者。这也是学风问题。尤其是计量史学盛行之后，有的史学著作满篇干瘪瘪的数字图表，毫无文思文趣，着实恼人。在社会科学方面，统计数字毕竟只具有相对准确性，数字只能估量人类社会活动的概量。固然从大概的数量可以找出大概的质量，但若完全依赖数字去审视历史，则可能误入迷途。社会现象不能完全用数字计算，何况数字的选择就含有选择者的主观成分，其准确性也成问题。计量学如同考据学一样，只能视作史学的重要的辅助学科。总之，文史虽然分家了，但治史者不应不重视著作的文采。

小文写完后，浏览一遍，发现还是常谈的老调。我认为，过去谈过的事，如今还有必要絮叨一番，故仍愿做个"老生"，但希望不久无需要再唠叨这些陈芝麻、旧谷子。

（原载《光明日报》1992 年 8 月 30 日）

# 识时务者为俊杰

## ——从本杰明·富兰克林说起

1992 年美国全国性刊物《美国历史杂志》聘我为特约编辑。在两月前我收到的季刊（1992 年 12 月出版）中，读到一条图书广告，书名为《本杰明·富兰克林和威廉·富兰克林：爱国者和勤王者》。原书还未见到，广告却引起一些翩翩浮想。

本杰明·富兰克林（1706—1790）是美国建国早期一位杰出的政治家。对于美国独立革命运动所立下的功绩彪炳显赫。他能顺应时代前进的潮流，由一个忠顺的不列颠臣民，转向一个坚定的反对英国殖民统治的革命者。这种转变足可说明，他是一个真正英明的识时务者。

1757—1762 年间，富兰克林是宾夕法尼亚殖民地立法会议的驻英代表。他驻节伦敦时，正值英法"七年战争"。当时他发表演说，反对同法国早日媾和，并在 1760 年匿名刊行一本小册子，题为《大不列颠与其殖民地间的利益，以及对加拿大和瓜达卢普岛的兼并》。他认为，英国若在并吞加拿大与盛产蔗糖的瓜达卢普岛之间进行选择时，英国应当选择加拿大，因为它有可供向北向西扩张的广阔土地。这篇文章说明他在 1760 年时还为英国统治者出谋献策。可是时隔不久，及至 1765 年英国颁布的印花税法进一步激化殖民地人民反英运动后，富兰克林的政治态度也产生了明显的转变。他积极支持反英斗争，因而同他的儿子威廉·富兰克林发生冲突。当时威廉·富兰克林是英王委任的新泽西殖民地的总督。父子政见的不合导致感情破裂。为父的投身革命，而儿子却甘为效忠派，最终逃往英国。

在美国革命期间，有许多家庭因政见不一而离散。美国著名史学家卡尔·贝克尔与人合撰一本小书，名为《1776 年精神及其他散文》（1927 年出版），其中有一章专门描述一家父子关于独立运动发生激烈争辩的场面。贝克尔所描绘的父亲是效忠派，儿子是爱国派，正同富兰克林父子相反。

每到历史转折时期，在持不同政治观点的一家人间总是发生分化的。譬如，在中国 20 年代大革命后，宋家三姊妹；在抗日战争时期周家三兄弟，都是因政见不一而分道扬镳的。前者行二始终坚持正义的革命立场，而行大、行三却站在对立面；后者行大、行三忠于人民，维护国家利益，而行二却沦为汉奸。

姑且不论为数有三的亲胞手足，即使一个人也有因不持恪守，前后半生的品德判然云泥的。例如，法国亨利-菲利普·贝当元帅在"一战"凡尔登战役时，成为法国举国共戴的英雄，而"二战"时却投降希特勒，成立维希傀儡政府，及至法国解放后，竟同皮埃尔·拉法尔一起被判死刑，后改为终身监禁。

历史上这种例子很多，不胜枚举。客观事物的大发展趋向是有一定规律可寻的。识别时务的人，因所采取的观点或立场不同，就会对同样的时务作出不同答案。凡经得起历史考验，名垂不朽者都是识时务的俊杰，反之虽耀威一时，终不免沦为历史沉渣。俊杰们所识的时务是随历史潮流前进的。他们能看到历史出现的新问题，同时竭力为解决问题提出中肯的答案，并勇于前进，为之奋斗。这就是品德善恶分野的关键之所在。

有的人不能真正认识时务的原因，除了贪图钱财和权势的个人私欲外，主要是不能从历史中汲取经验，不能从正反面历史事体中接受教训。这都出于对历史的无知。其中包括对客观实际以及不断变动的客观实际之无知。太史公说"通古今之变"，其意即在明察历史经验教训。从这种看法出发，学习历史的重要性便昭然若揭了。

在实行改革开放的今天，学点历史，特别是学点中外近代、现代史，对于识别时务，提高思想品位，就显得格外重要了。大至显宦巨贾，小至市井平民，若思想深处无奋力前进的意识，虽弄潮一时得手，但总有沦为沉渣之虞。富兰克林父子直是两面镜子，世人应不时立在镜前，看看自己步伐是在前进，还是在逆行。这对人对己，都是大有好处的。

（原载《历史教学》1993 年第 7 期）

# 从麦克纳马拉的反思说起

曾在美国总统约翰·肯尼迪和林登·约翰逊执政时期连任国防部长的罗伯特·麦克纳马拉，于1995年写了一本题名《回顾》的回忆录，对于美国历史上"最长的一次战争"——越南战争进行了反思。因为麦克纳马拉是美国侵越战争中决策阶层的权力人物之一，他的反思引起人们的格外注意。

在《回顾》中，麦克纳马拉说，越南战争是"错了，大错，特错"，因为当时美国决策"精英人物"（自然麦克纳马拉也在其中）是"根据我们心目中美国的原则和传统行事的。我们是根据那些价值做出决定的"。他又说，他们为"并不了解的地区制定政策"。

麦克纳马拉这番自忏的话，表现出他的道义勇气。当然，他的目的是以总结越战经验的方式，启发美国后代人除去在对外关系的传统意识中的障目一叶。但从当今美国在国际舞台上的行为看，麦克纳马拉的诤言并未在美国对外关系决策人中间产生什么显著的效应。他们仍然推崇强权即公理这种思维习惯，仍然不重视第三世界国家的民族精神和文化传统，仍然漠视这些国家的人民的向往追求。他们不理解约翰·奈斯比特在1995年于《亚洲大趋势》中所说的"亚洲现代化不等于亚洲西方化"这一道理。

美国对外关系中的障目一叶是什么？简言之，是扩张主义使命观。在美国传统教育中，使命观是支撑扩张意识形态的重要托体。这种思想渊源悠久，既表现于新教运动的躁动，又有美洲大陆广阔空间的招引。

随着经济政治实力的增长，美国所持使命观表现为三种主要扩张形式。1898年美国西班牙战争之前，孤立主义是以"显明天命"为旗号的大陆扩张，其中包括涉及拉丁美洲的门罗主义的发轫。美西战争至第二次世界大战间的海外扩张时期，使命观是以"新显明天命说"出现的。这个口号把社会达尔文主义揉进使命观，优胜劣败的自然竞争法则更突出了强权政治的地位，大陆孤立主义被迫逐步隐退。第二次世界大战后，美国的使命观体现在"承担义务"的口号中，表现为自以为是、无所不揽的霸主心态。

美国是讲究实用主义的国家。实用主义是美国土生土长的广泛流传的哲学学说,是美国人习以为常的思维和行为模式,美国对外关系的决策自然也会受到它的影响。了解这点,就不难理解美国对外扩张政策中所表现的随机应变、变幻无常、双重标准、只重视战略和策略手段、缺乏行为性质的识别等特征了。

如今美国在全球范围内,推行霸权主义,从政治、经济、军事、文化等各条战线齐头出击,一意追求全球"美国治下的和平"。这是超级大国的使命感,但终究是夸父的臆想。19 世纪,英国追求"大不列颠治下的和平",但"日不落帝国"的声势宛如昙花,好景不驻。20 世纪美国所追求的全球"大统一"也已越来越显示其极限。美国报业大王亨利·鲁斯称,20 世纪是美国的世纪。由此一位美国前总统引申说,21 世纪也是美国的世纪。后一句话就不那么稳当。英国哲学家伯特兰·罗素在所著《自由与组织》一书中,曾形象地说,美国人仰头走路,有优越感,想的是未来的辉煌,而英国人低头走路,所冥想的是过去的辉煌。迟早美国人也会俯首冥想的,不过在当今电子时代,时间和空间相对缩短,攻城略地已不是扩张的目的了,因而来日美国人冥想的内容不可能与英国人相同。

孔子说,"己所不欲,勿施于人"。他希望以此来规范人际关系的准则。实际上国际关系也应奉之为圭臬。但推行强权政治的人不会接受,也不可能理解这句名言的。他们颐指气使,以邻为壑,为了保存自己的安全和繁荣而损害别人的安全和繁荣。强权政治带来的是横暴凶狂。

(原载郭长久主编:《博导晚谈录》,天津人民出版社 1998 年版)

# 《历史教学》创刊第一年

《历史教学》创刊于 1951 年 1 月，至今已有 50 年了。假如一个人是个百岁寿星，这个数字就相当于他生命的一半；就一个杂志言，虽然来日方长，难有时限，但 50 年也是个不小的时数了。

1951 年是解放后第三年。在这 50 年间，中国和世界都发生过许多翻天覆地、震撼人心的伟大事件，《历史教学》对这些事情都有及时的反应。回忆起来，心潮澎湃。

1950 年筹办时，仅有七人（李光璧、杨生茂、傅尚文、张政烺、丁则良、孙作云和关德栋）。如今七人中在世者有两三人。所以说"两三人"，是因为关德栋在刊物创立几周后，就南下去闽杳无音信。现在确知在世的仅张政烺和我。

当时光璧和我分别在河北女子师范学院历史系和南开大学历史系任教，尚文在知识书店工作，政烺、则良和作云均不在津，分别在北京大学历史系、清华大学历史系和河南师范大学历史系任教。今值《历史教学》刊行 50 周年之际，不幸政烺罹患沉疴，只得由我追述一点初期往事，以申贺悃，同时我也感到有义务补述创刊初年的情况。记得在本刊纪念 40 周年时，尚文和我曾写过一篇短文，而今由我一人执笔，不禁有些凄怆之感。旧雨接连凋谢，不胜悲伤。

酝酿创办刊物的工作是在 1950 年下半年。最初想法是试着用新观点即马克思主义观点为中学教师办一个教学参考读物。遇到的第一个困难问题是经费。每个人从薪水中拿出一点开办费，但杯水车薪，无济于事。最后政烺毅然售出自己珍藏的百衲本二十四史，才凑足创办费用。

创办人不在一起，且各有公务，不便聚会，编辑部遂落到天津，各项业务由光璧、尚文和我三人分担。光璧和我主要负责编辑工作，尚文主要操持出版和发行。创刊初期以光璧撰文最多，其次为我和尚文，则良和作云也寄来几篇。因刊物为月刊，每期编辑和发行事务十分紧迫。我们主要工作岗位是在学校，办刊物全是业余旁务。每期从撰写或收集稿件到校对、投邮等具体工作十分繁杂，忙得应接不暇。好在当年我们年方三十多岁，挑灯夜战，尚可胜任。尤其在发稿时，一旦发现字数不足，更需夜战了。

刊物每每发生"经济恐慌"。订费一时收不进来，欠下印刷厂和邮局许多钱。可巧那时我接受市文教部的嘱托，每周播讲一次世界近代史。这项任务对我十分有益，逼着我学了许多新知识。这时文教部知道了这个新办刊物的实际情况，并表示要给以支持。随后市人民银行允许举借短期贷款，这种接济等于雪中送炭，使刊物渡过了经济难关。

《历史教学》是解放后创办的第一个全国性历史月刊，影响广泛。1951 年发行量为 2000 份，到 1952 年即增加到 10000 份。随着订户的增加，困扰刊物的经济问题得以缓解。订户增加的主要原因是学习马克思主义高潮的出现。刊物提供了学习马克思主义的历史背景，因而受到广大干部和中学教师的欢迎。

1951 年底，我去北京学习，编辑和发行工作完全落到光璧和尚文肩上。1952 年，在思想改造运动的号召下，光璧和尚文感到属于私营性质的同仁刊物应当交由公家经营。文教部同意接收，除原编辑人员仍留岗工作外，还增聘一些大、中学校教师，建立了编委会。

在刊物蓬勃发展的 50 年历程中，有三件事给我印象最深：（1）读者给予《历史教学》热情支持。这表现在订数逐年增加。马克思主义学习的扩展是刊物订户倍增的基础。（2）对于编辑方针，编委会内曾有不同的看法。有的认为《历史教学》应向国内一级学术性刊物看齐；有的认为刊物的服务对象应以中学教学为主。经过讨论，确定刊物主要服务于中学教学和广大干部，兼顾大学生，每期发表少量水准较高的学术论文，因此编辑方针是兼顾普及与提高，但以普及为主。这一方针较为适当，刊物不断的兴旺发展即是证明。（3）刊物得以维持 50 年，并深受读者赞许的可喜的业绩应归功于编辑部。相对而言编委会所起的作用往往不大。一批勤于耕耘、任劳任怨、敏于策划的编辑里手，是刊物得以茁壮成长的力量。

（原载《历史教学》2001 年第 1 期）

t

# 杨生茂简记

## 简记一　《历史系工作报告》（1950 年秋）

1. 改革经历：

天津解放后，历史系师生立即感到新时代所赋予的使命及责任的重大，普遍地感觉到不但应当积极从事学习，改造思想，并且亟待彻底认识马列主义，把握历史科学的正确的观点、立场和方法。

基于以上的认识，全系师生即于上学期举行数次座谈会，即着手进行改革事宜。全系师生对于当时课程、学习、观点及教学方法进行全面检讨及相互批评。

根据全系师生的意见，遂拟订一课程及学制改革方案（见 1950 年 7 月 27 及 29 日《天津日报》）。

假期中，经参考高教会对于历史课程的指示，采纳师生的建议、遵照前所拟订的课程及学制改革方案的精神，并结合实际情况，遂制定历史系课程草案（见附件）。

假期中有三位先生离职，并新聘先生三位，必修课程得以开设完备。

2. 现状——课程：本学期所开设之课程甚为完备。

## 简记二　《新的学习态度》

现在全国各地都弥漫着浓厚的学习空气，这是件可喜的现象。学习热潮的开展正说明了广大民众对于学习马列主义、毛泽东思想的迫切要求。

从事学习的时候，要有新的学习态度。欲想端正新的学习态度，首先就需扫除旧的不正确的学习态度。过去在地主及大资产阶级思想的影响及反动统治的钳制下，学习的动机是自私的、个人主义的；学习只在满足求知欲，为学术而学术，无的放矢，不解决问题，夸耀自炫，脱离实际。这种旧的小我的学习态度，已经不合乎新时代的要求了。

新的学习态度在于新的学习动机,新的学习动机不是在个人主义中打圈子,其目的在求自我的改造,好为人民服务,尤其是为工农阶级服务。所以在学习的时候,要多多联系实际,依靠群众,极力抛掉个人的思想包袱,时常想到人民的利益,本着老老实实的态度,实事求是的精神,虚心学习,深入钻研。

依靠群众的意思是在学习上依靠集体的力量,吸取集体的经验,走群众路线,绝不是不注重自学。在自学上,还须鼓励个人自学的创造性、自觉性和积极性,争取主动,切勿陷入被动的泥泞中。

学习是长期性的,是不能间断的,在事事物物上要学习,时时刻刻中要学习,不断地学习,不断地改造,不断地提高。我们越能领会、把握马列主义、毛泽东思想的正确理论,我们的政治认识和觉悟越会提高,对于新民主主义革命事业及将来的社会主义建设事业越能多做贡献。

(原载《南开介绍》1950 年印,南开大学档案馆存)

# 简记三 《简记日本京都美国学暑期研讨会》

1982 年 7 月 17 至 30 日,日本京都大学和同志社大学联合举行"美国问题暑期研讨班"。自 1951 年以来,这两个大学每年暑期都举办这种学术活动,其间只有四年中断。

与会者主要是日本各高等学校讲授有关美国问题的副教授和教授,也有少数研究生参加,有时也有亚洲其他国家和地区的美国问题学者。主要演讲人多是从美国邀请的著名学者。会议的实际主办单位是同志社大学的美国问题研究所。同志社大学成立于 1875 年,是日本研究美国问题的中心之一。

今年的美国学年会分为四组,有美国历史、美国经济、美国文学和美国政治。参加美国史组的有日本副教授和教授二十几人和三四个研究生。另有我国和韩国学者各一。

历史组会议分两个阶段。第一阶段是与会者宣读论文和讨论;第二阶段是由纽约市立大学教授,赫伯特·乔治·葛特曼发表演说,并举行讨论。

与会的日本的美国史教授年纪比较轻,大多是五十年代以后培养起来的。他们几乎都到美国做过不定期的研究,有的几个月,有的几年。所宣读的论文质量不平衡,不过所用原始资料比较多,研究的内容和方法比较新。例如一篇有关世界产业联合会的论文,主要材料来自该联合会的档案;另两篇关于美国工人和妇女的论文，分别采用了新社会史学和比较史学的研究方法。

赫伯特·乔治·葛特曼教授自称为"新左派"，采纳新社会史学的观点，即从经济、社会、思想意识、普通人活动等方面去解释历史，反对纯政治史，反对英雄史观。葛特曼教授的主要研究领域是 19 世纪的美国工人阶级，兼及美国黑人奴隶制。

在讲述黑人奴隶制时，葛特曼教授评论了犹里什·菲利普斯、肯尼斯·斯坦普、斯坦莱·艾尔金斯、罗伯特·弗格尔和尤金·基诺维斯；美国工人阶级形成问题上，评论了约翰·康芒斯学派（威斯康星学派）和"老左派"工人史学家，特别批判了康芒斯的制度经济学。

葛特曼教授认为，他受英国工人运动史学家 E.P. 汤普森的影响很大。他说，在研究美国工人问题上，他是把汤姆森的观点"美国化"。新社会史学发源于二次大战前的法国（1929 年年鉴学派诞生）；二次大战后传入英国（E.P. 汤普森、依里克、霍勃斯波姆等人于 1951 年创办《过去与现在》杂志）；20 世纪 50 年代中期由英国传入美国，至 60 年代在美国开始发展起来。如今的"新左派"大都是 60 年代美国社会大动荡时期的大学生或研究生，葛特曼也不例外。

（原载中国美国史研究会编：《中国美国史研究会通讯》第 15 期，1982 年 12 月）

# 杨生茂撰国际时事评论

## 《益世报》

### 1.《益世报·国际周刊》第 18 期，民国三十五年十一月二十六日，第三版

### 联合国大会漫记

汽车夫的观感

巴黎和会在 10 月 15 日下午五时半宣告结束。会后，美苏外长即分乘飞机及轮船首途来美。英法外长，因国内政务忙碌，未能及时前来，但于 11 月 4 日前俱须抵达纽约，以便于 4 日举行四外长会谈，继续讨论对意大利、匈牙利、芬兰、罗马尼亚和保加利亚的和约问题。巴黎三十一国和平会议不欢而散，诸多悬案仍须四外长直接折冲解决，其中困难问题很多，例如的里雅斯特海港（Trieste）统制问题和多瑙河开放问题。诸般问题的解决还须赖四外长的妥协精神。在对轴心附庸国和约问题解决后，还有对德和约问题。在这个问题上，四外长又须耗费一番唇舌。

现下在纽约所举行的联合国大会的主要目的，在巩固世界和平，也就是成立联合国的要义。所以一方面四外长在制造和平，另一方面联合国在维持和平。对照之下，很是有趣。

昨天晚上回家很晚，并且天又下雨，所以从车站雇了一辆汽车回来。途中，开汽车的司机说："现在各国都谈世界和平，可见人类是有进步了。"接着他又滔滔不绝地谈论巴黎和平会议。最后他又说："和平维持不易，诞生也艰难。除非各国对于和平真有信念，不然又在自欺欺人。"

回到家中，细想那位汽车夫说的话很有道理。国际间和平的破坏，固然有许多政治、社会和经济原因；但是没有互信心也是很重要的原因。无谓的猜忌和恶意宣传，都是和平的障碍。

### 印度代表潘地特夫人博得好评

印度代表团首席代表潘地特夫人是印度国会党领袖尼赫鲁的妹妹。潘夫人说一口流利的英文，演讲时掌声四起。

25日潘地特夫人发表演说，主张解放非独立民族，废除帝国主义，博得好评不少。

### 南非史末资元帅闭口无言

潘地特夫人要求大会讨论南非联邦政府歧视印度人民的问题。当时老态龙钟的史末资元帅声明反对。史末资所持的理由是："在南非的印度人是南非公民，所谓种族歧视只是内政问题，大会不应讨论。"继之苏联外次维辛斯基起立反对，他认为种族歧视与人权问题有关，大会应该讨论。结果执行委员会通过潘地特夫人提出这个问题。但潘地特夫人在大会讲到南非歧视印度人民问题时，史末资低头凝视双手，闭口无言。

同时有许多人问：既然南非歧视印度问题大会可以讨论，那么美国人歧视黑人的问题是不是也应该讨论？

### 铁幕（Iron Curtain）笼罩大会

在联合国大会举行开幕典礼时，美总统杜鲁门莅会演讲。所以警卫兵对于入场的观众，加以严格的限制。有许多新闻记者和社会著名人物被拒入场，因之惹起报界的不满。第二天晨报的标题是：铁幕笼罩联合国大会。对于警卫负责人做不客气的批评。

最有趣的一件意外事情是：因为"铁幕"的关系，大会迟开十五分钟。大会主席斯巴克用法文致开会词，因为要节省时间，所以传译员不做英文翻译。可是每位代表面前必须事先放置一份英文译稿。不幸这英文译稿的差役，在会场的门口被警卫拦住，不让他进去。几经交涉，结果在十五分钟后才让他进去。同时斯巴克在会场中等待英文译稿，在英文译稿分发到各代表手中后，他才能开始举行开幕典礼，结果较原定时间迟了十五分钟。

### 联合国大会会址

现在联合国大会的会场是在纽约大楼中，四周都是草地，风景清丽。周围地区是法拉盛草地公园（Flushing Meadows Park）所在地。1939至1940年世界展览会就在这里举行。纽约市政府要求联合国就在这块地方建立永久会址。市府情愿出让350亩田地供给联合国之用。可是将来联合国是否愿意在这里，还须大会决定。

关于联合国永久会址问题，至今还没有决定。当一二月联合国大会在伦敦开会时，决定永久会址设在美国。当时旧金山、芝加哥、费城和纽约都派代表到伦敦去□□，都希望联合国永久会址设立在各自的城市中。联合国会址委员会到美国视察后，建议将永久会址设立在康涅狄格州的斯坦福（Stanford）和格林威治（Greenwich），或纽约州韦斯特切斯特（Westchester）。后来斯坦福和格林威治的居民提出抗议，他们所持的理由是：他们住在那里已有数代，假如联合国的会址设在那里，他们必须迁移到别的地方去。所以现在联合国的预定会址是在韦斯特切斯特，联合国已经在这个县境内选定几个城镇作为理想的会址。尚待大会由其中选择其一。可是纽约城和旧金山，仍然极力竞争，在这次大会中纽约市政府的代表在每次演讲中，都抓住机会，说明欢迎联合国在纽约城建立永久会址之意；同时旧金山代表也散发传单，说明在旧金山建立永久会址的好处。

在找得永久会址前，联合国的会所是漂流不定的。3 月至 8 月间是在亨特学院的体育馆，后来会务增加，又搬到长岛的成功湖，纽约城第五街 611 号也是联合国的会址，安全理事会小组会议时常在这里举行。

联合国代表的服装和语文

联合国代表大半都穿西装，可是阿拉伯代表菲兰尔太子的服装和印度代表潘地特夫人的装饰最引人注目（记得去年旧金山开会时，顾子仁先生穿长袍布衫，也引来许多好奇的视线）。

各国代表私自间多半说本国语言，所以会场中可以听到各种不同的语言。代表讲演时，用法文或英文的最多。苏联代表用俄文（在安全理事会及社会经济理事会中，苏联代表有时用俄文，有时用英文）。中、英、法、西、俄文都是正式官方语言，可是为节省时间起见，通常译员只用英法二种语言（例如，用法文演讲，传译员立刻译成英文；用英文演讲，立刻译成法文）。但是当用俄文或中文时，传译员就须译成法文，然后再译成英文。我国代表有时也用中文演讲（例如旧金山联合国会议举行闭幕典礼时，顾维钧代表就用中文演讲。）。

联合国所雇传译员的能力都很高。因为各代表演讲有许多名词，所以传译员不但对于语文方面有功夫，并且对于社会、政治等类常识也须丰富。最重要的是传译员必须把演讲者的口气表达出来。在外交辞令中，语调着重或轻松都有很大的关系。最近纽伦堡法庭的事务结束，有许多很有本领的传译员来联合国服务，据称译述工作将更有进步。

苏联代表的座位

参加联合国大会各代表的座位本来是应该依各国英文名字的第一字母的顺

序排列的，假如依这样排列，阿根廷就应占第一席，澳大利亚占第二席，中国占第九席，苏联占第 46 席，英国第 47 席，美国第 48 席，南斯拉夫占最后的第 51 席。

可是这次大会前，秘书处认为各国应该都有占第一席的机会，所以决定用抽签方法决定占第一席的国家。第一席选定后，再依英文名字的第一字母顺序排列。抽签结果，第一席应该由英国代表占领，那么美国便占第二席，乌拉圭占第三席，委内瑞拉占第四席，南斯拉夫占第五席，阿根廷占第六席，中国占第 14 席，苏联占最后的第 51 席。

当时秘书处的负责人想到一个困难问题，他们想苏联代表一定不会满意这种排列的，他们又想到有一次巴黎举行庆祝会时，苏联代表因为被让坐在第二列的席位上，认为有失体面，所以中途退席。所以秘书处的人认为绝对不能让苏联坐在最后一席，但是不能不让英国坐第一席。他们计量半天，结果想出一个折中办法——把苏联国名的名次由英国上面搬到美国下面。

原定的顺序是：苏、英、美可是临时他们换成英、美、苏，U.K，U.S.A，U.S.S.R.。

这样一来，前排的六席中第一席由英国占，第二席由美国占，第三席由苏联占，第四席是乌拉圭，第五席是委内瑞拉，第六席是南斯拉夫。第二排的第一席是阿根廷，依次排列，结果南非代表占最后一席。

在开大会的那一天，苏联代表莫洛托夫就坐在前排中间，正当讲坛。我想苏联代表一定要领会联合国秘书处的苦心孤诣的。

联合国的经费问题

联合国的经费是由 51 个会员国分摊的。本年度的经费共 2500 万元美金。各国缴交的钱数是依各国的财政情形决定。交纳最少数额的国家是哥斯达黎加、多米尼加共和国、赤道国、萨尔瓦多、危地马拉海地、洪都拉斯、巴拿马、卢森堡、黎巴嫩、利比里亚、尼加拉瓜和巴拉圭 13 国。他们总共出 12,250 元（全额之 0.049%）。美国出 6,153,500 元（全额之 24.614%）。英国出 3,692,750 元（全额之 14.768%）。苏联出 1,723,000（全额之 6.89%）。中国出 160 万元（全额之 6.40%）。法国出 140 万元（全额之 5.602%）。至今除几个小国未交缴经费外，其他国家都如数付清。

联合国大会有决定经费数额的权力，每年在开大会的时候，秘书处把预算表呈交大会，由大会讨论。在大会中各国只有投一票的权利，所以无论国家大小，使用权力的机会是均等的。联合国代表大会决定预算，这是大会的实在权力，是间接牵掣大国垄断联合国的有效工具。就如一个宪政政府，由国民代表大会决定国家的预算，间接中就可影响政府的政策。这种规定增加联合国大会的实际权力不少，不然大会就变成一个橡皮图章，而大国便可垄断联合国了。

在这次大会中，要讨论明年的预算。联合国大会专家委员会拟定一个报告要求美国负担未来预算（大约是 2,100 万元）的 49%。对于这项建议，美国代表表示反对。美国主张各国缴款的数目最高不应该超过 25%。

联合国大会专家委员会的报告，现在还没有提出来。将来提出来的时候，美国拟取反对的态度。

### 西班牙佛朗哥政权问题

关于佛朗哥政权威胁世界和平的问题，是在 4 月 11 日由波兰代表兰格（Oscar Lange）在安全理事会提出的。当时苏、法、墨、波四国认为佛朗哥威胁世界和平。英美认为佛朗哥专制问题，只是西班牙内部问题，外国不应该干涉。后来法国提议联合国与西班牙断绝外交关系，英美表示反对。英美认为联合国只可以希望西班牙人民起来推翻佛朗哥，成立过渡民主政府；可是外国不应直接参加革命行动。当时安全理事会表决的结果，除苏、法、波、墨四国外，其余都主张静待政策。

可是在这次大会会议的第二天（10 月 24 日），联合国总秘书长赖伊在该报告书的末尾，出人意料地又提出佛朗哥问题。赖氏说，关于佛朗哥问题，安全理事会诸代表的意见大相径庭，不能获取协议。他希望西班牙能有一个民主政府，所以希望大会能够讨论这个问题。

据宪章的条文，总秘书长有权向联合国指出威胁或破坏世界和平的"情态"，所以在赖氏演讲后，一般认为赖氏指责西班牙有威胁世界和平的"情态"存在，所以赖氏运用其特权向联合国提出，可是事后赖氏否认他有意行使他的特权，他只不过作一项建议而已。

### 否决权问题

否决权的规定是在雅尔塔会议决定的。苏联为避免英美势力包围起见，坚持否决权，罗斯福为取得苏联合作起见，同意这项决定。

去年在旧金山的联合国成立大会时，我国代表站在道义的立场，本心是不赞成否决权的规定；可是当时我国站在联合国四发起国之一的地位，又不能反对，而且否决权的规定对我国利益亦无大妨碍，所以也就顺水推舟了。记得当时我国某著名外交家在记者席会上说"二害取其轻"，正可表明我国代表对这个问题的态度。

　　拥护否决权的人说："维持世界和平的实力，只有五强才能担负。五强合作是成立联合国的基本要义，只要五强直接或间接没有冲突，或者有冲突时能谋取妥协方策，那么世界和平便可维持。否决权的规定意在促进五强间的合作（尤其是苏联与其他四强间的合作），五强间能合作一天，世界和平便可多维持一天。假若五强不能合作，世界和平便可破坏，到那时候否决权是否存在根本就不再重要了。"所以五强合作是维持世界和平的必需条件，而否决权只不过是强化这种条件而已。

　　反对否决权的人说："五强有否决权，显然这是不公平的。联合国无疑是五强的御用品，小国只有认倒霉，在道义上是说不通的。而且否决权可以妨碍联合国维持和平的效力，大国可以借此欺压小国，这显然失去维持和平的原意。"

　　过去苏联代表葛罗米柯在安全理事会使用否决权的次数最多，其余四强从未使用过这种权力。中间只有英国曾经试验着使用否决权，但是最后也没有使用。苏联方面的辩护是："在安全理事会中他们的势力孤薄，不能获取大多数的票数（7票），只有使用否决权。"美国的反驳是："在规定否决权的时候，五强同意极力避免运用，非到极重要的时机，不能滥用这种特权。不然五强都任意使用否决权，哪有获得协议的一天？"美国代表詹森曾严词指责苏联滥用这种特权的失当，我国代表郭泰祺也曾声明强国应少用否决权之意。

　　否决权的规定，最易惹起各小国的不满。在这次联合国大会中，墨西哥和古巴就提出这个问题。他们提议大会应该修改宪章，废除否决权，或对否决权加以限制。

　　这项提案在大会会议第二天（10月24日）提到大会执行委员会（负责排列议事节目）讨论。当时苏联外次维辛斯基反对将否决权问题列入议事录。当时中、法、英、美的代表（顾维钧、巴罗的、潇克罗斯、奥斯丁）表示反对，认为这个问题应在大会公开讨论。在中、英、法、美的代表表明不愿修改宪章之意以后，苏联代表也就退步。结果大会可以自由讨论这个问题。

　　来日讨论这个问题时，大会当然要有一番辩论，可是修改宪章的机会甚为微少。

### 成立保管理事会问题

　　联合国成立已经快一年了，可是保管理事会还没有成立起来。这当然是由于拥有海外委任统治地的英、法、比、美、澳、新西兰六国故意拖宕。

　　在这次联合国大会中，保管理事会势须成立起来。至今法、澳，已经把成立保管理事会的计划书分别呈交大会，英、比二国也声明不日便可将计划送到。

可是美国的计划书还没有消息。美国代表团给美外交部打去电报催问，可是外交部也迟宕不答。

美国政府对这个问题迟疑不决是因为海军部的顽强反对。在战争期间，美国由日本手中抢过日本先前在太平洋上的岛屿，海军部欲想永久占据这些岛屿，作为防守阵线，不愿轻手放松。可是美国又须参加保管理事会，把日本先前在太平洋的委任统治地置放在该理事会的监视下，所以美国政府感到进退两难。虽然美国代表团打电报催问，还没有消息回来。

保管理事会是联合国六大组织之一（其余是：联合国大会、国际法庭、安全理事会、社会经济理事会、秘书处）。它的权力是监视各国统制各委任统治地（第一次世界大战后，德国和土耳其的海外属地分别委任各国统治）的行政设施，期以实现宪章的原则（如：禁止以军事方法剥削土人，鼓励土人自治精神，遵从人权等等）。该理事会中的代表至少有一半是被统治的人民代表，另一半是拥有统制地的国家的代表，其中必须包括五强。

美国海军部已经声明永久占据琉球岛和冲绳岛的意思，期用作他们的海军防御阵线。因为琉球岛和冲绳岛不是委任统治地之列，刻下不谈；可是美国势须把由日本手中夺来的加罗林纳群岛和马歇尔群岛置放在联合国监视之下的。

我想美国不久会有计划书送交联合国，不过将来保管理事会有多大的效用，却是件很值得注意的事。

10 月 28 日寄自纽约

2.《益世报·国际周刊》第 19 期，民国三十五年十二月三日，第 3 版

## 联合国易解

（一）五十一国联合国的会员国（依英文名字第一字母为序。）

| 国名 | 面积（方里） | 人口 |
|---|---|---|
| 阿根廷 | 1,084,935 | 13,906,950 |
| 澳大利亚 | 2,974,581 | 7,229,864 |
| 比利时 | 11,775 | 8,386,553 |
| 玻利维亚 | 537,792 | 3,533,900 |
| 巴西 | 3,275,510 | 44,460,000 |
| 白俄罗斯 | 49,022 | 10,367,976 |
| 加拿大 | 3,694,863 | 11,506,655 |

续表

| 国名 | 面积（方里） | 人口 |
|---|---|---|
| 智利 | 296,717 | 5,237,432 |
| 中国 | 4,314,097 | 457,835,475 |
| 哥伦比亚 | 212,659 | 38,000,000 |
| 哥斯达黎加 | 448,794 | 9,523,000 |
| 古巴 | 23,000 | 705,305 |
| 捷克 | 44,164 | 4,777,284 |
| 丹麦 | 49,358 | 14,447,000 |
| 多米尼加 | 16,575 | 3,805,000 |
| 赤道国 | 19,332 | 1,826,407 |
| 埃及 | 275,936 | 3,085,871 |
| 埃尔·萨尔瓦德 | 386,000 | 17,287,000 |
| 爱萨比亚（疑：埃塞俄比亚） | 13,176 | 1,896,168 |
| 法国 | 350,000 | 13,100,000 |
| 希腊 | 50,257 | 7,108,814 |
| 危地马拉 | 45,452 | 3,450,732 |
| 海地 | 10,204 | 3,000,000 |
| 洪都拉斯 | 44,275 | 1,105,504 |
| 印度 | 1,581,410 | 388,997,935 |
| 伊朗 | 628,060 | 15,055,115 |
| 伊拉克 | 140,000 | 3,560,456 |
| 黎巴嫩 | 727 | 100,487 |
| 利比里亚 | 45,000 | 1,500,000 |
| 卢森堡 | 999 | 301,000 |
| 墨西哥 | 763,944 | 20,625,826 |
| 荷兰 | 12,862 | 9,090,000 |
| 新西兰 | 113,315 | 1,631,414 |
| 尼加拉瓜 | 60,000 | 1,013,946 |
| 挪威 | 124,556 | 2,937,000 |
| 巴拿马 | 33,667 | 635,836 |
| 巴拉圭 | 174,854 | 1,040,420 |
| 秘鲁 | 532,000 | 7,023,111 |
| 菲律宾 | 115,600 | 16,350,000 |
| 波兰 | 150,470 | 34,775,698 |

续表

| 国名 | 面积（方里） | 人口 |
|---|---|---|
| 苏地·阿拉比亚 | 350,000 | 5,250,000 |
| 叙利亚 | 49,100 | 2,860,411 |
| 土耳其 | 294,416 | 18,871,000 |
| 乌克兰苏维埃共和国 | 174,864 | 39,760,201 |
| 南非联邦 | 473,550 | 10,718,500 |
| 苏联 | 6,368,768 | 190,278,614 |
| 英国 | 94,279 | 47,888,958 |
| 美国 | 3,022,387 | 139,000,000 |
| 乌拉圭 | 72,153 | 2,185,626 |
| 委内瑞拉 | 352,170 | 3,839,747 |
| 南斯拉夫 | 95,558 | 16,200,000 |

阿富汗、冰岛和瑞典请求加入，安全理事会已接受其请求，尚须由联合国大会通过。

"此外，尚有暹罗、缅甸、不丹、尼泊尔、奥曼、科威特、也门、外约旦（Transjordan）、罗马尼亚、匈牙利、奥国、保加利亚、阿尔巴尼亚、意大利、圣马力诺、摩纳哥、西班牙、葡萄牙、芬兰、德国、爱尔兰、瑞士、列支敦士登（Liechtenstein）和日本尚未参加。"

（二）联合国简史

**1942 年**

1 月 1 日——26 个国家首次使用"联合国"名称，在华盛顿签订条约，保证共同击败轴心国。

**1943 年**

10 月 30 日——英、法、苏三国外长及中国驻苏大使，共同发表莫斯科宣言，声明组织国际和平机构的需要。

12 月 1 日——德黑兰会议，英美苏元首声明维持世界和平的职责。

**1944 年**

10 月 7 日——中、美、英、苏四强，在华盛顿开始举行敦巴顿橡胶园会议，对于联合国组织，取得基本的协议，例如安全理事会、联合国大会等的组织；但是对于投票的规章并未解决。

**1945 年**

2 月 12 日——英、美、苏三强在雅尔塔宣布联合国投票规定的协议，并决定于 4 月间，在旧金山召集会议。

4 月 25 日——50 个国家的代表聚集于旧金山，开始起草《联合国宪章》。

6 月 7 日——五强对于否决权的问题，取得协议。

6 月 26 日——旧金山会议结束，各国代表签押宪章。

10 月 24 日——宪章发生效力。（五强和 24 个小国政府，俱已通过宪章。）

11 月 16 日——联合国成立教育、科学、文化组织。

### 1946 年

1 月 10 日——联合国大会在伦敦举行首次大会。比利时外交部长斯巴克，被选为联合国大会主席。

1 月 12 日——安全理事会宣告成立，会员共十一国，其中包括中、美、英、法、苏、埃及、墨西哥、巴西、澳大利亚、波兰和荷兰。

1 月 19 日——伊朗向安全理事会提出苏联干涉伊国内政的指控。这是该理事会的第一桩案件。

1 月 24 日——联合国原子能委员会正式成立。

1 月 28 日——联合国经济社会理事会正式开幕。

1 月 30 日——安全理事会决定令苏联和伊朗两国私下谈判解决；但该理事会有权检阅谈判的结果。

2 月 1 日——联合国大会选举赖伊（挪威）为联合国总秘书长。苏联指责英国驻军希腊足以威胁世界和平。

2 月 6 日——联合国成立国际法庭（International Court of Justice）。

2 月 7 日——乌克兰要求安全理事会，调查英国驻军印度尼西亚（Indonesia）之情形。

2 月 14 日——联合国大会决定将联合国临时会所设立在纽约。将永久会址设立在费尔菲尔德—韦斯特切斯特（Fairfield-Westchester）区域（界于纽约州）。联合国大会开幕。

2 月 16 日——苏联第一次运用否决权。否决英法二国直接与叙利亚和黎巴嫩进行谈判撤兵问题。

3 月 19 日——伊朗向安全理事会提出苏军驻伊指控。

3 月 21 日——联合国将临时会址移入纽约的亨特学院，在纽约市的布朗克斯（Bronx）市区。

3 月 25 日——安全理事会在纽约举行首次会议，开始讨论苏军撤退伊朗问题。

3 月 27 日——苏联代表葛罗米柯于安全理事会会议宣告退席，因该理事会担心延期讨论伊朗案件。

4 月 3 日——伊朗问题暂告解决。伊苏政府宣布双方业已获得协议。

4 月 11 日——波兰指责佛朗哥政权，"威胁世界和平"。

4 月 23 日——安全理事会决议，将伊朗问题保留在该理事会的议事录。同时葛罗米柯声明，不愿再参加讨论伊朗问题之意。

5 月 8 日——因伊朗问题，葛罗米柯□□。

5 月 11 日——联合国决定将临时会址由亨特学院迁到较宽阔的斯佩里工厂（Sperry Plant），在长岛的成功湖。

5 月 21 日——联合国经济社会理事会在纽约举行首次会议。

6 月 1 日——安全理事会的小组委员会，建议将西班牙问题提到联合国大会讨论。

6 月 14 日——美代表博鲁克向联合国原子能委员会提出国际统制原子能方案，主张国际共管铀矿，监督原子能工厂，并主张关于原子能问题，五强废除否决权；但美国以逐渐方式，宣露原子秘密，过渡时期共分三阶段。

6 月 19 日——苏联代表葛罗米柯也提出国际统制原子能方案。主张各国成立协定，废除原子武器。凡破坏此种协定者，由联合国处罚，但并未提出国际监督制度。

7 月 2 日——联合国原子能委员会成立特别委员会，讨论美苏统制方案。

7 月 22 日——联合国成立世界卫生组织。

8 月 2 日——联合国总秘书长赖伊对于联合国会员国间互相猜疑之心理，表示憾意。古巴提议修改宪章，废除否决权。

8 月 13 日——联合国会址委员会宣布在韦斯特切斯特县中，选定五个区域为联合国的永久会址。

8 月 15 日——联合国全部移到成功湖。

8 月 29 日——安全理事会通过瑞典、冰岛、阿富汗要求加入联合国的请求。外约旦、爱尔兰、阿尔巴尼亚、外蒙古和暹罗的请求被否决。

9 月 11 日——苏联指斥英国驻兵希腊。

9 月 20 日——安全理事会否决苏联指责希英之控告。

9 月 25 日——苏联提议联合国会员国提供在"非敌人"国家驻军的实力，安全理事会拒绝考虑此项提案。

10 月 23 日——联合国在纽约的法拉盛草原公园举行大会，继续讨论在本年一二月间伦敦联合国大会未完成之事务，并讨论其他新事项。此次会议预计于 12 月 7 日结束，大约继续六七星期，议事目录尚未确定，各国皆可临时提出议案，所以会务当逐渐增加。刻下所知的事项是：□年来会务报告成立保管理事会（Trusteeship Council）及其他新组织；承认新会员国，选举安全理事会非永久会员（退联会员国为埃及、荷兰、墨西哥）；选举经济社会理事会新会员国（退联会员国为哥伦比亚、黎巴嫩、希腊、乌克兰、美国和南斯拉夫。退联国享有被重选之权利）；决定联合国永久会址；废除否决权问题；联合国驻军"非敌人"国家问题；难民迁置问题等。每星期会议六天，每天举行会议两次，上午十一时，下午三时。

（三）联合国的组织

（请参看本年 8 月 8 日本刊第 2 期《联合国组织大纲》一文）

（四）联合国重要人物

联合国大会：

主席——斯巴克（比利时外长）

副主席——中、英、法、美、苏、南非、委内瑞拉首席代表。

| 主要会员国重要代表 | 伦敦会议（1 月 10 日至 2 月 14 日） | 纽约会议（10 月 23 日—） |
|---|---|---|
| 中国 | 王世杰、顾维钧、傅秉常、钱泰、张彭春等 | 顾维钧、张彭春、夏晋麟、胡世泽等 |
| 比利时 | 斯巴克 | 斯巴克 |
| 加拿大 | 圣·劳伦特（L. S. St. Laurent） | 圣·劳伦特 |
| 法国 | 皮杜尔（George Bidault） | 帕罗迪（Alexandre Parodi） |
| 印度 | 莫达利尔（Dewan Babadursir R. Muclaliar） | 潘地特夫人 Mrs. V. L. Pandit |
| 墨西哥 | 地亚兹（A. de Rosenzweig Diaz） | 纳牙拉（F. C. Najera） |
| 波兰 | 至莫斯基（W. Rzymowski） | 至莫斯基 |
| 乌克兰 | 曼纽尔斯基（D. Z. Manuilsky） | 曼纽尔斯基 |
| 南非联邦 | 尼克拉斯（G. H. Nicholls） | 斯马茨（J. C. Smutz） |
| 苏联 | 维辛斯基（A. Y. Vyshinsky） | 莫洛托夫（V. M. Molotov） |
| 英国 | 艾德礼（C. R. Attlee）、贝文（F. Bevin）、纳尔—贝克（P. J. Noel-Baker） | 纳尔—贝克、贝文、卡多根（A. Cadogan） |
| 美国 | 贝尔纳斯、斯退丁纽斯 | 奥斯丁（W. R. Austin） |
| 荷兰 | 范·克莱芬斯（E. N. Van Kleffens） | 范·奥斯特豪特（C. Van B. Van Oosterhout） |

此外，尚有 31 个会员国代表。

安全理事会：

主席——由会员国轮流担任，任期一个月，依英文名字的第一字母为序。

各会员国主要首席代表：

澳大利亚：伊瓦特（H. V. Evatt），哈斯勒克（Paul Hasluck，代理代表）

巴西：维鲁斯（Pedro L. Vellos）

中国：郭泰祺（代理代表夏晋麟、徐淑希）

埃及：朴□（H. Afifi Parshe）

法国：帕罗迪（Alexandre Parodi）、图尔内勒（Guy De La Tournelle）

墨西哥：纳屋（L. P. Nervo）

荷兰：范·克莱芬斯（E.N.Van Kleffens）

波兰：兰治（Oscar Lange）

英国：卡多根（Alexandre Cadogan）

苏联：葛罗米柯（A. A. Gromyko）

美国：奥斯丁（W. R. Austin）、詹森

经济社会理事会：

比利时：德乌斯（F. Dehousse）

中国：张彭春

法国：帕罗迪

印度：莫达利尔（Dewan Babadursir R. Mudaliar）

乌克兰：巴朗纳斯基（A. Baranovsky）

苏联：法纳夫（N. I. Feonov）

英国：纳尔-贝克（P. J. Noel-Baker）

美国：威纳特（J. G. Winant）

南斯拉夫：斯特姆朴（A. Stampar）

其余会员国为：加拿大、智利、哥伦比亚、古巴、捷克、希腊、黎巴嫩、挪威和秘鲁。

国际法庭：

主席——格雷罗（Gose Gustavo Guerrero）、□□□□、埃尔萨尔瓦德（Elsalvad）和□□□□。

法官——巴德旺（J. Basdevant，法国），哈克沃思（G. H. Hackworth，美国），克雷洛夫（S. B. Krylov，苏联），麦克奈尔（A. D. McNair，英国），其余中选

法官之国家有智利、埃及、巴西、墨西哥、挪威、加拿大、比利时、波兰和南斯拉夫。

原子能委员会：

主席——依国名第一字母顺序轮流，任期一月。

主要会员国代表：

澳大利亚：伊瓦特

巴西：席尔瓦（A. D. M. Silva）

加拿大：麦克诺顿（A. G. L. McNaughton）

中国：郭泰祺，夏晋麟（代理代表）

法国：巴罗的

苏联：葛罗米柯

英国：贾德干

美国：巴鲁克（B. M. Baruch）

其余会员国有：埃及、墨西哥、荷兰、波兰。

10 月 25 日 写于纽约

### 3.《益世报·国际周刊》第 20 期，民国三十五年十二月十一日，第三版

## 联合国大会开幕记实

10 月 23 日下午四时，联合国大会（United Nations Assembly）在纽约大楼（New York City Building）举行开幕典礼。当时美总统杜鲁门由华盛顿飞来致开幕词。晚间六时，美总统在纽约最出名的华尔道夫—阿斯托利亚旅馆（Hotel Waldorf Astoria）举行宴会，欢迎其他 50 国联合国会员所派遣来的代表。大会由 10 月 24 日起，即开始讨论会务，预计继续六七个星期，大概在 12 月 7 日左右便可结束。

昨天早晨记者先到联合国临时会址纽约大楼的附近巡视一番。对于这所会址的周围环境，颇有愉快的好感。纽约大楼虽然较旧金山的剧院（Opera House 去年 4 月至 6 月间，联合国在此举行成立大会）稍微小一点，但是较亨特学院（Hunter College）的体育馆（3 月至 8 月间联合国借用此地为临时会所）和成功湖（Lake Success）会场（8 月间由亨特学院移到此地）大得多。

纽约大楼位于皇后区（Queens，纽约市的一市区）的法拉盛草地公园（Flushing Meadows Park）中，是 1939 至 1940 年世界博物展览会的旧址。大楼

的四周，都有绿茵茵的草地环绕，穿插的公路把草原切成各种形状的小块。站在高处下望，大可在人工布置的图画中，找出不少天然的秀丽来。在这矿业清静的氛围中，令人忘记纽约市中心的嘈杂烦嚣，真可算是个联合国沉思激论的场合。

今天早晨记者先到华尔道夫-阿斯托利亚旅馆巡视一番。美国代表团的办公处，设立在这个旅馆中，自然这是采访新闻的好处所，并且纽约市和美总统，都要在这里举行盛大的欢迎会，所以更有事前看看的必要。

当记者在华尔道夫-阿斯托利亚旅馆徘徊，突然见到许多外交人员和警卫兵走向该旅馆的 49 街的出口。记者随人群移到门口，即见许多警察摩托车排列街旁，中间夹有数辆铮亮的汽车。只见各代表分别搭乘汽车，在警察卫护下，飞驰而去。

这时正是上午十一时。十二时左右纽约市政府要在市厅（City Hall）举行欢迎会，这些代表是去参加该项典礼的。

当时记者只看到前两部汽车上坐的人物，因为观众拥挤的关系，没有看清楚其余汽车上所坐的代表。在第一辆汽车中坐有联合国秘书长赖伊（Trygve Lie）、联合国大会主席斯巴克（Paul Henri Spark，比利时外长）、苏联出席安全理事会代表葛罗米科（A. A. Gromyko）和纽约市欢迎联合国筹备委员会主席瓦伦（G. A. Walen）；在第二辆汽车中坐有苏联外长莫洛托夫、外次维辛斯基（A.Y. Vyshinsky）和驻美大使纳维克夫（N. V. Novikov）等。

在各代表去后，记者即乘地下电车赶到市厅。市厅门前的阶台上临时架搭一个看台。各代表端坐其上。市厅建筑上悬挂 51 面联合国的国旗。总共参加代表的数目约在四百以上。看台上第一排坐有斯巴克、□□赖伊、华伦，和纽约副市长科科伦（L. J. Corcoran）。

当时先由科科伦致开会词，美国出席联合国的首席代表奥斯丁（W. R. Austin）致欢迎词。最后由斯巴克致谢词，斯巴克先讲法文，后又由传译员译成英文。

会后各代表再在警察护卫下，返归华尔道夫-阿斯托利亚旅馆。这时开始纽约市欢迎联合国代表的宴会。宴会是在该旅馆的大舞厅中举行，参加者约有一千五六百人。席间美外长伯恩斯（J. F. Byrnes）举杯致贺，他说："我们庆祝和平，庆祝一个世界（One World）上——我们的一个世界上的人民互相谅解。"当他说到"我们的一个世界（our one world）"的时候，语调特别慢而且重，一时掌声四起。

宴会由瓦伦任主席，纽约大主教麦金太尔（J. F. A. McIntyre）主祈祷，前纽约州州长雷曼（Herbert Lehman 本届民主党国会上院竞选人）、代理市长奥德怀尔（William O'Dwyer，现在加利福尼亚州养病）致欢迎词，艾夫斯（I. M. Ives，共和党国会上院竞选人）代表纽约州州长杜威（Thomas E. Dewey，本届共和党州长竞选人，因参加竞选运动，未能分身）致词。

会后，各代表纷纷离席。因联合国大会于下午四时举行开幕典礼，各代表即乘汽车远赴法拉盛草地公园。记者即搭地下电车赶往该处。

从纽约市中心到法拉盛草地公园较去成功湖方便得多。假如由时代广场（Times Square）坐电车只需四十几分钟到达梅因街（Main），在梅因街下车后，可以转乘街车一直到大会的前门。可是到长岛（Long Island）的成功湖去还得坐火车，到大内克（Great Neck）下车后，还得改乘公共汽车。火车每半小时一趟，公共汽车的开行次数每时也只有二三趟，所以交通很是不便。

大会的会场真可谓戒备森严，守门的卫警特别严厉。凡持入场证或代表团的记者才得进去。会场布置甚为庄严，代表席位在会场中央，两旁及后方是来宾席，最后方是新闻记者席。两旁靠近讲台的上方有小屋，用玻璃窗与会场分隔，是为电台广播而设。讲台分为三层，最高层坐有大会主席斯巴克、总秘书长赖伊、秘书长助理科迪埃（A. Cordier）。中间一层坐有美总统杜鲁门、纽约代理市长因皮利特利（V. R. Impelletteri），再下为传译员。讲台背幕为蓝色，挂有一巨大的金黄色世界地图，地图中心是北极，看来甚为炫丽。

首由因皮利特利致欢迎词，要求联合国接受法拉盛草地公园为联合国永久会址；继由斯巴克致词，斯巴克讲法文，因时间关系并未由传译员译成英文，不过英文译稿在事前分发给各代表。最后由杜鲁门演讲。

晚间六时三十分钟，杜鲁门在华尔道夫-阿斯托利亚旅馆接见各国代表。当时杜鲁门夫妇站在旅馆大门一端，各代表依次与之握手。杜鲁门左右站立其海陆军助理福斯克特和沃恩（Captain Foskett，Gen. Vaughan），背后挂有美国国旗及总统旗。杜鲁门满面笑容，精神奕奕。当罗斯福夫人、金氏（加拿大首相）、斯巴克、范登堡和莫洛托夫走到杜鲁门面前握手时，他们特别寒暄致晤。七时二十五分接见完毕，杜鲁门夫妇与伯恩斯（Byrnes）略谈数语后，即离开旅馆，乘火车返归华盛顿。

在联合国大会开幕的第一天中，各种官方酬酢就此结束。明天起各代表即开始讨论会务了。

10 月 23 日晚寄自纽约

**4.《益世报·国际周刊》第 24 期，民国三十六年一月八日，第三版**

## 美国国会选举的结果和意义

11 月 5 日美国举行国会选举，结果民主党失败，共和党胜利。

新近选出的国会是美国的第 80 届国会，在明年 1 月 3 日正式成立。（按：美第 80 届国会，已如期开幕。）

在这次新选出的国会上议院中，有共和党 51 席，民主党 45 席。共和党的席数较半数（48 席）尤多三席。共和党增加 13 席，同时民主党失落 11 席。

在未来的第 80 届国会中，下议院共有共和党 249 名，民主党 184 名，另外美国劳工党有一名，此外尚有一席未定。在下议院 435 席中，共和党的席位数较半数多 31 席。总计共和党增加 57 席，民主党失落 57 席

据刻下统计，选举总共票数是 32,708,200。官方估计本年投票总票数将近 35,421,339（美国人口 1.35 亿至 1.40 亿）。在一个非总统竞选年的选举中，这个数字可算巨大了。（在过去只 1936 年——非总统竞选年——投票总数超过 36,000,000）

在 32,708,200 中，共和党占 17,914,037 票，民主党占 14,794,127 票。共和党超过民主党的票数是有 300 万。

## 民主党失败的原因

### 1. 战后人民厌倦政府的统制

对于战争期间种种不便利的厌烦情绪，普遍到各阶层。现在有许多人找不到房子住，有钱买不出东西，所以大家对于现在执政的民主党都有厌倦的心理。一般人对于经济统制的得失是不大注意的，只要日常生活不方便，就开始抱怨政府。同时共和党在选举时期也极力扩大这种厌倦心理，他们的口号是"我们受够了。"

选举前夕，美国曾经有一度"肉荒"。政府坚持物价统制政策，防止通货膨胀，可是一般牲畜饲养家故意不出售牲畜，所以屠宰厂没有肉，各地肉铺所售肉量也骤减少。每天早晨各肉铺门口排队等候买肉的女人埋怨政府。报纸上也大登特载这种怨愤情绪。共和党也火上加油，提倡取消物价统制。结果政府下令取消对于牲畜售价的统制。在对于牲畜的物价统制取消后，牲畜饲养家即出售大量牛、羊、猪类，各地肉铺的供给量随之增加。在选举的那天，各地人民虽然有肉可吃了，可是对于政府统制的政策不无反感，有许多人说"肉荒"是

民主党失败的原因。笔者认为这种说法也未免言过其实，不过抱怨"肉荒"却是战后人民厌倦情绪的一个明显例子。

### 2. 杜鲁门缺乏领导才力

现任美国总统杜鲁门是位和蔼诚实的人，可是他缺乏大政治家的作风和才干。他出身农家，生性耿直和善，在国会中任战争调查委员会主席的时候，亦以诚实出名。在民主党中，杜鲁门是个中间人物。在1944年总统竞选中，故总统罗斯福遴选杜鲁门作副总统候选人，目的在调剂民主党中左右二派冲突的。自罗斯福去世后，杜鲁门在本党中处境困难，偏左则受保守派攻击，偏右则受急进派攻击，所以左右维谷，举棋不定。

并且在一代英豪伟大总统后执政，也是一件因□的事。前一任总统的英名，很易压倒继任总统的威声。杜鲁门必须遵循罗斯福的既定政策，不能改弦更张，所以他又不能吸引民众的观听。对照之下，继任总统往往□□微弱，例如1837年马丁·范布伦（Martin Van Buren）继任A.杰克逊（A. Jackson）；1865年A.约翰逊（A. Johnson）继任林肯。

### 3. 民主党中保守派与急进派的分裂

杜鲁门是民主党中的中间人物，这种人物往往也是中庸人物（例如1920年的共和党总统哈定）。他没有领导能力，以致民主党内部左右派分裂。结果民主党□然涣散，缺乏团结精神。在选举运动期间，杜鲁门□不□言，党徒□□□所适从。同时在野14年的共和党，极力进行选举运动。对比之下，民主党无形间□染失败主义的情绪。

在罗斯福逝世的时候（1945年4月12日），美民主党中有三位"新政"（New Deal）老信徒，财政部长摩根索（Henry Morgenthau Jr.）、内政部长伊克斯（Harold L. Ickes）和商业部长华莱斯。民主党中这三位"新政"老信徒属于左派（华莱斯极左）。他们相继同杜鲁门发生政见冲突，先后挂冠而去。其中以伊克斯和华莱斯的辞职最为有声有色（伊克斯因推荐保利（Pauley）为海军部次长事辞职，华莱斯因批评贝尔奈斯外交政策事辞职）在摩、伊、华三氏辞职后，民主党中的保守派占得上风。

### 4. 战后不安定的局面

战后复原时期，一般人民都有不安定的情绪。战争时期中工作甚多，战后，工厂裁工，一般工人俱有失业的恐惧。各大工厂和大资本家压迫政府取消物价统制，但一般工人又恐怕取消物价后，会有通货膨胀发生。随后各地发生长时期的工潮，更阻碍复原计划的急速实现。此外各地住房缺乏，市场日用品来路不畅等，都增加一般不安定的心理。

在这不安定的局面中，民主党虽然用罗斯福的名字大吹大擂（例如加利福尼亚州民主党党部主席是罗斯福的儿子，纽约州主席是罗斯福的太太）。可是□□□□□□究竟也不能转变□□逆局。

## 民主党的反应

美国的总统□没有英国内阁首相□有伸延性。在美国国会仅可落到异党手里，总统还可在白宫继续执政。在这种情形下，政府行政效率是会受到阻碍的。在这种情况中，总统只可采取两种行动：（1）俯首帖耳，执行国会的号令；（2）或顽强抵抗国会，用否决权否决国会的议案，引起行政机关和立法机关的冲突。

在选举结果发表后，民主党上议院 J. W. 富布莱特（J. W. Fulbright）主张杜鲁门指派共和党上议院范登堡（Vandenberg）为国务卿，然后杜鲁门自己宣布辞职，范登堡即可继任总统职。同时《芝加哥太阳报》出版人马歇尔·菲尔德（Marshall Field）也主张杜鲁门自动辞职，以避免立法与行政二机关的冲突。

杜鲁门对于这两种意见，加以拒绝。他认为在未来的两年中，他可以同国会取得和洽的。杜鲁门所以采取这种政策的原因有四：第一，杜鲁门是一位地道的政客，他由国会升任总统，所以他知道怎样对付国会议员；第二，杜鲁门本人没有伟大的政治主张，他没有什么一贯的主张可以维护（自罗斯福逝世后，"新政"也跟着消亡），所以他不会遭逢威尔逊在第一次世界大战后所遇到的政治困难；第三，杜鲁门本人性情温和，缺乏主见，与国会合作自不困难；第四，在未来两年中，假如共和党政策表现失败（例如经济不景气），民主党在 1948 年的总统竞选中还可取而代之。所以杜鲁门大可继续执政，等候 1948 年的机会。

在这次选举中，最值得注意的一件事是劳工代表的失败。有好几位劳工代表都落选。在下议院的劳工集团（Labor bloc）的势力变得非常脆弱。在过去罗斯福一向是得到工人拥护的。过去大都市及工业中心居民的拥护是罗斯福连任的主要原因（共和党的势力集中在较为保守的乡间），今年大都市的选民注册的人数很多，所以民主党本年预期选举的结果不会太坏；但不到本年选举中，有许多都市居民投票赞成共和党。所以劳工代表失败的原因大概有三。（1）工会的分歧。美国有两大工会，一个是工业工会（CIO），另一个是美国工人联合工会（AFL）。工业工会主张以工厂为组织基本，美国工人联合工会主张以行（Craft）为组织基本。前者主张参加政治，后者主张避免政治；前者主张开明政策，后者倾向保守。所以工业工会拥护民主党，联合工会拥护共和党。（2）联合工会极力反对共产党人参加工会，可是在工业工会中有共产党人，所以共和党和联合工会故意大张其词地宣传工业工会庇护共产党，在选举运动中工业工会竭力反斥这种指控，但是选民的疑忌并未减少。

在这次选举后，工业工会会长默里（P. Murray）声明要清除该会中的共产党人，并且声明假如该会不实行清除工作，他便要辞卸会长职位。

该会一向是支持民主党的，1944 年罗斯福竞选的成功得力于该会最多，这次失败却增加其敌对工会（AFL）的势力不少。

有些人推测默里将要同伊克斯和摩根索组织第三党，期以保持民主党开明派的势力。更有人推测华莱斯和上议员佩珀（C. Pepper）也要组织第三党，期以保持民主党急进派的势力。不过这都是推测，可靠程度大可怀疑。据记者个人观察，民主党的公开的分裂是不可能的，因为这次共和党的得胜反可增加民主党内部的团结。假如民主党欲想在 1948 年转败为胜，只得彼此合作。

## 共和党未来的政策

共和党的后台老板是大资本家、大工业家。所以共和党所代表的利益由他们的未来政策中，便可窥见一二。

（甲）国内政策

（1）减低个人入息税 20%。

（2）取消物价管理局（OPA）。

（3）减少国家行政预算。预计在未来两年内由每年 25,000,000,000 元，减为 16,500,000,000 元。并主张由本年度 13,000,000,000 元，军事预算中，减去 5,000,000,000 元。

（4）裁减行政机关。

（5）撤销总统战争紧急权力。

（6）成立管□工人法案，反对罢工。

（7）主张提高关税。

（8）主张调查与"新政"有关的案件，例如重新审查珍珠港案情。

（乙）外交政策

此后美国外交界的主要人物是共和党上议员范登堡（范氏将为上议院外交事务委员会主席兼上议院临时主席）。贝尔纳斯虽然还是外交部长，可是范登堡却在背后操纵决定政策的权力。至少说，贝尔纳斯在执行某种外交政策前，必须取得范登堡的同意。现任上议院外交事务委员会主席康奈利（民主党）的势力因而减少。

在外交政策上，共和党是反对国际经济合作，对于赫尔的互惠贸易政策，也持异议，并反对对外借款。

例如关于布雷顿森林协定（Bretton Woods），上院共和党中有八人赞成，28人反对。关于延续互惠贸易协定案（Reciprocal Trade Agreement）有九人赞成，25人反对。关于英借款 3,750,000,000 元案有 17 人赞成，18 人反对。在下院中，有 61 名共和党员赞成英借款案，有 122 人反对。

在对苏政策上，共和党主张坚强政策。本来在民主党中还有一派主张对苏妥协（例如华莱斯），可是将来共和党的外交政策更要强硬。

在过去共和党是主张孤立的，这种孤立的精神到现在还深深埋藏在共和党员的心中（例如过去范登堡就是孤立派的台柱）。可是在现今国际情势下，美国还没法施行孤立政策，尤其联合国设立在美国，更令美没法跑回孤立的途径。

## 共和党得胜的影响

（1）共和党的得胜结束"新政"时代。新政时代中所成立的许多机关被裁减，所成立的政策将被变更。"罗斯福时代"就此寿终正寝。此后美国转向国家主义、保守主义，对于国际主义（罗斯福的杰作之一）渐取冷淡态度。美国虽然再不会趋向孤立主义，对于联合国组织仍要支持，可是对于国际合作事业是不能如以往那样热情的。

（2）共和党的得胜也是大企业家的胜利，这是无可讳言的事。纽约州州长杜威（T. E. Dewey 共和党）在竞选州长胜利后，立时在电台广播。他说共和党的胜利不只是一个政党的胜利，也是一个"政治哲学"（Political Philosophy）的胜利。

共和党主张自由竞争，政府不干涉商业（No government in business）。这是大工业家所需要的。

此后美国国内商业繁荣是可预期的事情。一方面取消物价统制法令，增加物品售价，吸引工业家多制造物品；另一方面减低人民入息税，增加人民购买能力（同时减低政府行政经费，以弥国家收入的不足）。

不过有许多人对于共和党的政策，表示忧惧，认为这种无控制的繁荣是来日经济不景气的先声。在第一次世界大战后，共和党也施行同一政策，结果引起 1929 至 1933 年的经济恐慌。所以他们主张现在不应该减低 20% 的入息税，20% 这个数目对入息微少的人没有多大帮助，可是对于入息多的人却是一笔巨款。将来这些金钱不流入国库，反流入市场，物价增高，引起虚度的繁荣，这是很冒险的政策。

1929 至 1933 年的情景是无戒备的。

华莱斯说民主党在 1948 年总统竞选中是要失败的，不过在 1952 年民主党便有成功的希望，因为到那时候美国又得陷入经济恐慌中。他的预测是否正确，只有来日的历史才能告诉我们。

11 月 10 日于纽约

### 5.《益世报·国际周刊》第 38 期，民国三十六年四月二十三日，第 3 版

## 联合国的安全理事会

关于安全理事会的组织、权限及产生方法等问题，过去已经有许多文章论述甚详，故本文略而不述，现在仅就安全理事会的特性加以讨论。

就组织言，在联合国下面共有六大部门，一是联合国大会，二是安全理事会，三是经济社会理事会，四是国际法庭，五是托管理事会，六是秘书处。在这六个部门中，关系世界和平至为重大的即是安全理事会。因其握有维持世界和平的实际的权力，其他部门对于世界和平的作用只是属于辅助性的、间接性的。例如，联合国大会虽有遴选人事和管理财政的权力，但其真正效力亦只不过是一个世界的讨论机构（World forum）罢了。国际间的纠纷固然可以在联合国大会讨论，但大会没有直接执行的权力，大会须将讨论所得的结果交付安全理事会，一切解决的方式仍须俟安全理事会决定。

安全理事会相当旧国际联盟的理事会（The Council），但其权力却较国联理事会高大得多。就这一点，我们可以看出《联合国宪章》的起草人较上代政治家实际得多。国联失败的主因在责任不集中，每遇一事，诸会员国则东推西诿，慢怠职责。今维系世界和平的权力完全集中在安全理事会中，而在该理事会中五强所负的责任尤为重大，是以权力集中，责无旁贷，世界和平的维护较为容易。

宪章起草人注重实际，不为虚名的作风，不但在安全理事会的组织上显然易见，而在宪章的序言中亦可窥见一二。宪章序言中频频提及"和平"及"安全"四个字，而对"正义"二个字，略而不谈；但在旧国联盟约中，我们时时看到"正义"二个字，这次文辞的更改不是说现代政治家漠视"正义"，而是说现代政治家已变得注重实际。他们直截了当地用"和平"和"安全"四字，而

不肯沽名钓誉地舞文弄墨了。

安全理事会的最显著的特色是中美英苏法五强作永久会员，且据有否决权力，是以维护世界和平的责任全由五强负起，世界和战的关键亦在五强。

这种规定是美故总统罗斯福和苏联总理斯大林在雅尔塔会议时所决定的。当时苏联虽加入英美阵线，共击轴心国家，但共产主义的苏联与资本主义的英美仍彼此持疑怀忌，各不相信。可是战后英苏美间又须取得密切合作，不然世界和平恐难维持长久。在这种情形下，运用否决权的规定遂得协议。罗斯福赞成否决权的决定，因为一可以消除苏联的疑忌，使国际合作问题更趋容易，二可以消释美国国会的忧惧，使国会易于通过国际合作的条约。苏联对于否决权也表示赞同，因为苏联一向恐惧资本集团的包围，当时苏联知道在来日的国际机构中，她的势力非常单薄，故坚持否决权为其外交退守之工具。

否决权增长五强在安全理事会的实权和责任。在这种情形下，世界和平的维系工作几乎完全落在五强的肩上。当国际间发生一桩纠纷时，当事国或其他国家即将此问题向安全理事会提出。理事会处置纠纷之方法共分三步，一为和平调解，即请各有关方面至理事会诉说理由，然后理事会建议解决办法，劝告各当事国遵照执行；若当事国不能履行理事会所提出的处置建议时，理事会则取非军事制裁手段，例如断绝外交关系，经济绝交等；设若当事国仍不遵行，理事会则取武力行动，强迫当事国服从调解。但理事会在采取任何步骤时，必须得到其十一会员国中之七国赞成，七国中必须包括五强，换言之，只要有一强投反对票，则任何制裁步骤俱不能实现。

关于否决权的规定，我国本不乐意赞成，但赞同否决权的规定是充任联合国发起国的条件，所以我国又不得接受之。记得联合国在 1945 年夏季于旧金山开成立大会的时候，我国代表顾维钧语记者道：我国若不赞同否决权的决定，则不能作发起人；今欲作发起人，故势须赞成否决权，二害取其轻，乃是外交至理名言。"二害取其轻"这句话，确可表明我国当时对这问题所持的态度了。

在旧金山成立大会时，苏外长莫洛托夫所坚持的否决权，权力比现存的还要广泛。莫洛托夫主张，对于某问题是否应该提出讨论，五强也应有使用否决权的权力。英美外长竭力反对，会议遂入僵局，美总统杜鲁门派遣特使霍普金斯（Hopkins）赴莫斯科，谒见斯大林，经过数次商谈，俄方让步。

此后，宪章即将所讨论的问题分为二种，一为手续问题（Procedural Problems）；一为实质问题（Substantial Problems）。关于手续问题，十一国会员国中，只要有七国表示赞成，议案即可通过；关于实质问题，在七国赞成票中必须包括五强，若五强中任一反对，议案即不能通过。关于手续问题和实质问题的区分有时实觉不易，在会议中往往因此引起激辩，例如联合国原子能力委员会本由安全理事会十一会员国所组成，后加拿大要求加入，在表决是否允许加国入会时，美苏代表发生激辩。美代表认为这是手续问题，只要有七国赞同，加国便可入会。苏代表人为这是实质问题，七国赞成票中必须包括五强。当时理事会又重新投票，表决这应否视作手续问题。结果大多数认为是手续问题，但苏代表仍持异议，并声明第二次所投之反对票仍为否决票。后来加拿大虽然加入原子能力委员会，可是因此所引起的风波可谓不小，尤其苏代表在一次会议中，连用否决权两次，亦可传为佳话。

关于设立否决权的得失各方议论纷纭。赞成者认为否决权可以增进国际的合作，维系世界和平的基石。反对者认为否决权有违世界平等的原则，且易使安全理事会变为强国的御用品。一般提倡世界政府运动的人士尤其反对否决权，他们认为否决权是联合国的致命伤，可以妨碍国际间有效的合作，可以使联合国变成大国的分赃机关。

诚然，否决权的决定是欠公允的，在这种情势下，安全理事会也很容易变成大国的包办机关的。不过在维护世界和平的原则下，我们也不能过于理想，我们的理想尽管崇高，但是现实是不能忽视的。在这科学昌盛的时代，世界和平只有大国才有充分的力量来维持，和平的保全与破坏亦只有大国才能有力量来决定。换句话说，世界和平的台柱是建立在大国的肩膀上，小国亦只不过供给一手一臂之力而已，只要大国间不发生纠纷，和平就不会破坏的。小国与小国间的纠纷，只要没有大国在背后怂恿，是容易得到合理的解决的。大国既是世界和平的维护人，所以在调整国际邦交的工作上多分些权力，多负些责任，也是理所应当的，也是责无旁贷的，同时也是很实际的。而且在现今世界两大集团对立的情势下，各国彼此还不能消除猜忌的心理。有谓和无谓的猜忌都是妨碍世界有效合作的障碍物。在这些障碍物扫除清净前，否决权的存在或许还会增加强国间的合作的可能性。

提倡世界政府运动的人士对于否决权的职责是正确的，不过世界政府运动尚在萌芽时期，现阶段的国际还不能使这种运动开花结实。这种运动是前进的，是先知的，可是是否能应合现今国际的环境却是个很大的疑问。

退一步说，否决权的规定即使不能有效地维护和平，可是也不能破坏和平。否决权是各国外交决裂前一种缓冲的方法，是大国间一种消除疑忌的手段。可是大国与大国，或大国间因某一小国发生冲突时，否决权是否存在已经不是严重的问题了。否决权仅是一种在和平破坏前，维持和平的现在可能有效的方法而已。

反对否决权的人士还说否决权是大国欺压小国的一种庇护，大国可以否决其他国家武力的干涉，无形间便给大国许多优势。不过我们要记得安全理事会调解国际纠纷的步骤共分三步，前两步是用和平方式，最后，不得已的时候，才用武力。在用和平方式的时期中，联合国仅可发动世界舆论，或用经济方法，制裁侵略的大国，只要大国没有决心动武，纠纷就有得到合理解决的可能，若是大国决心动武，和平便可随时破坏，否决权是否存在又有什么关系。例如过去英、法、苏在舆论压迫下分别由印度尼西亚、叙利亚、伊朗撤兵，假如英法苏真有作战的决心，他们的代表便不会再三再四的投否决票了。

不过，外交场合中是以国家利益为首要的，各国的政策是以本身的利益为准绳的。假如被侵略的小国与其他大国有很密切的关系，则易惹动大国的注意，被侵略的小国也容易得到公正的调解，不然，也有被大国牺牲的危险。譬如英、美、苏在伊朗的竞争非常激烈，尤其伊朗富有井田，更能引动三国的视线，所以苏军撤伊的事件在安全理事会中弄得天翻地覆，假如一个与大国莫不相干的小国被任一大国侵略时，恐怕问题就不会这样严重了。

### 6.《益世报·国际周刊》第 41 期，民国三十六年五月十四日，第三版

## 比基尼原子弹实验详记

美国海陆空军在海军特种武器管理处副处长（Deputy Chief of Naval Operations for Special Weapons）布兰迪中将（Vice Admiral W. H. P. Blandy）指挥之下，在1946 年 6 月 29 日和 7 月 25 日举行原子实验。联合国安全理事会诸会员国都派代表参观。加拿大虽非安全理事会员，但因过去与制造原子弹工作有密切关系，也派遣代表参观。英国所派遣代表的人数较其他各国尤多。比基尼岛（Bikini）属于马歇尔群岛系（Marshall Islands），面积很小。原子弹实验是在岛旁的浅水上举行。岛上所住的土人总共 163 名，其中有一土王，名朱达（Juda），下有长老 12 人，平民 150 人。实验前，美军将全岛的土人迁移到其他安全的地方。去年 6 月间，作者在旧金山看原子弹实验电影时，曾看到那位土王也被邀参观，我们很难想象朱达对这场实验究竟发生什么感想。

1946 年 6 月 29 日美国所举行的水上爆炸实验，是测验原子弹在水面上对于军舰的影响；7 月 25 日又举行一次水下爆炸实验，意在测验原子弹对于船舱

的影响。美国还预计举行第三次水底爆炸实验。第三次实验本来预定在今年 4 月 1 日举行，可是在去年 9 月 7 日美总统杜鲁门宣布无期延宕。杜鲁门说：根据参谋部的意见，认为第三次实验是不必需的，因为过去两次实验已经足可估计原子弹对于军舰的作用。杜鲁门的秘书说：这次无期延期，并不是说政府完全放弃第三次实验的计划。但据一般推测，美政府所以迟延第三次实验的原因在节省行政经济。水底实验的经费预计需要 3500 万元，可是战后军事经费有限，为发展其他重要军事计划起见，当局不得不节省开支，因此遂有延宕第三次实验的决定。

关于原子弹在水上及水下爆炸的高度和深度俱是军事秘密，美国军部从未发表。不过据一般估计，第一次，原子弹当在水面上二三百尺处爆炸；第二次，当在水下 40 尺处；第三次，当在水下 3000 尺。

一、6 月 29 日水上爆炸实验

比基尼的浅水湖沼（Lagoon）中，排列着 73 艘船舰。有一架携带原子弹的 B-29 轰炸机，由 170 里外的夸贾林岛（Kwajalein）起飞，飞到湖沼的上空，便将原子弹对准船舰所在地投掷下去，炸弹降至水面上二三百尺处猛然爆炸。

据当时目击者叙述，当原子弹爆炸时，火光夺目，五光十色，灿烂无比，继而浓烟密起，直腾云霄，烟气滚滚，状如败絮，同时烟云四散，上大下小，宛如磐石。五分钟后，上部烟云的直径就有 444 尺。在 2200 尺高处，浓烟又形四散，呈海绵状。据说烟云的最高点足有六万尺。爆炸声音，响彻云霄，海水直立，俨若琼林玉柱。

同时空军即以无线电指挥自动飞机，穿过云层，机中满载牲畜及食品，用以测量放射性光线对于生物的感应。

事前军事当局曾作完密的准备，并曾举行一次演习，先向目标区投掷一个假原子弹。因为准备工作的完善，故在这次实验中，并无意外事件发生。

在数里外参观的科学家及新闻记者俱有一定岗位，并佩带避光色镜，保护眼目，原子弹爆炸时，俱张大口腔，预防震坏耳膜。

（一）实验的结果

这次实验的详细结果美国军事当局自然保守秘密，不肯全盘泄露。美国或能供给英国较多的消息，其他联合国所知道的是极有限的。只就官方各种报告，作下列简单的归纳：

（A）73 艘船舰中，沉没五艘，其中包括二艘驱逐舰，二艘运输舰，一艘日本巡洋舰。可是其中只有二艘立时被炸沉，所以有人推测：假如船上有人的话，其余三艘或许不致沉没。

（B）九艘受重伤，其中包括一艘轻级母舰，二艘战舰，二艘巡洋舰，二艘驱逐舰，一艘潜水艇，一艘唐克车运输船。

（C）45艘部分受轻伤，其中包括锅炉炸裂，船杆断折，所有的船身俱被烤炙变黑。

（D）放射性光线危害生命。在实验的两天后，工作人员尚不敢登船。靠近爆炸区域的船舰，所受到放射光线影响的程度，很不平均，有的地方很重，有的地方很轻。船舰所载的牲畜，有的受光线的危害表现特别的病状，有的仍安然无恙，与实验前的情形无异。医学家对于得病的牲畜，作一番详细的检查，测量现代医学究竟有多少疗治此类病症的能力。安然无恙的牲畜大都是在光线及不到的地方，例如在甲板上的牲畜得病或死亡的机会较在船舱中的多。可是死亡的牲畜不一定都是受放射性光线的危害，其他原因也很多，例如火烧和震动等。

据医学家说，暴露在放射性光线的菜蔬和叶木没有长久保留放射能的现象，经过几天后，菜蔬和叶木便可餐吃，没有什么危险。

（E）船舰上所有的无线电收音机和雷达都遭受损坏。

（F）在航空母舰所置放的飞机都被毁坏，有的被推到海里，有的机翼被吹折，有的推动机被弯曲，有的机身被分裂为二。

（G）实验的结果没有事前预料的那样惊人。事前，有许多人推测这次实验一定有很惊人的结果，他们预计所有的船舰都有被炸沉的可能，因为这一次所用的原子弹比在广岛所用的还大。美国军事家在事前大吹大擂，可是科学家发言比较慎重得多。结果这般侈想家大失所望，所以有许多国家的报纸指责美国夸大原子弹的威力，故意恐吓世界。

最明显的是比基尼岛没有被炸沉，所以一般侈谈家都感失望。实验后，岛上的棕树仍摇曳舞动，毫无损伤。爆炸时没有海啸，更没有地震，原子弹连续反应的现象也没有发生。实验后，在目标区战舰的附近仍有柳鱼条（Minnow）游泳。在船上暴露地点所载的牲畜因火烧和震动的原因即时死亡，可是在掩蔽处所载的牲畜十有八九仍安然无恙。各船舰的底部没有受伤。据当时参观的人说，离爆炸区十八里外的人感受不到任何震动。总而言之，日本在珍珠港对美国船舰所破毁的数目比这次实验的多得多。

（二）由这次实验所得到的教训

原子弹对船舰的威胁力并没有想象的那样大。这次实验是把73艘船舰放置在二百方里的比基尼浅水沼湖中，所以才有这么大的损失。平时海军当局在这二百方里的面积中顶多放置 14 艘船舰，损失更不会太严重。

假如军舰在海上驶行，相隔的距离很远。一个原子弹顶多击沉一艘战舰，而且舰队在海上常以很大的速度转换方向，由高空瞄准很不容易。

所以原子弹对于军舰建筑的设计上没有什么影响，将来军舰还不牺牲它的火力、速度和活动力三要素。专家们不主张只为增加抵抗原子弹的震动力而增加军舰的重量。他们都认为火力、速度和活动力三要素的重要性仍是不可忽视的。

将来军舰的上部建筑有许多地方要更改，目的在增加军舰的保护力。可是在日本自杀飞机队向美国军舰进攻以后，海军当局已经决定这类更改的设计了。

这次实验的最大教训是军舰不要集中在一个海港中。此后各国的军舰散布在各个小海港，大海港将要减低停泊军舰的重要性。

同时前方海军基地的重要性日渐增加，距离本土越辽远的海港，重要性越增加。此后，前方海军基地变成哨兵线，可以预防敌人飞机或潜水艇载带原子弹向本土巡视。

地下建筑工事越来越重要。坚固的地下建筑可以抗御原子弹的轰炸，尤其汽油库，格纳库更应设有坚强的地下建筑。

这次实验证明橡皮经得起原子弹的震击，在目标军舰的附近有橡皮救生船仍漂浮水上，完整无伤。

将来海军应该注意保护燃料站和修理坞，假如原子弹把添油的地方和修理的地方炸毁，海军就被置之死地。

有一般人认为将来的战争仍是海陆空军的密切的合作，缺一不可。海陆空军并不失却他们的重要性，原子弹只不过是一种更凶猛的新式武器而已。

（三）各国对于这次实验的反应

关于美国这次实验，各国都有不同的解释。英美当局认为这纯是科学性质实验。由于这次实验，可以改进军舰的构造，并且可以研究御防原子弹的方法。美海军部部长福里斯特尔（James V. Forrestal）在举行实验的时期，召集各国的代表和记者会谈，说明这次实验绝不是向世界示威。同时，英国的彻韦尔公爵（Lord Cherwell）也声明这纯是科学实验。彻韦尔曾是前英国首相丘吉尔的秘密武器顾问。

虽然英美这样说，可是其他国家对于这次实验不无戒惧的心理，对于英美的意图，不免猜忌。

莫斯科电台指责美国外交政策的矛盾，美国一方面举行原子弹大实验，一方面反要求联合国设立控制原子能力的机构，所以莫斯科认为这是"原子外交"。

苏联科学院（Academy of Science）指控"外国的反动分子"依仗科学工具，设法压迫及奴化其他人民。

在原子弹实验后，苏联报纸便开始攻击美国所提出的美洲军器标准化的建议。南美诸国对这项建议也表示猜疑，例如墨西哥就有这种态度。同时苏联对于美国在 4 月间所提出的非武统日本的计划也大加批评。

法国报纸对于这次试验损失的严重性表示忧虑，有些报纸把这次实验与战前德国军事表演的情形相提并论。

阿根廷先驱报（Vangnardia）认为这次实验即是一场军事演习。

据《世界报告》杂志的记者说，当时波兰代表认为这次实验对国际关系将有恶劣的影响，并且他预测苏联在将来也要举行原子弹大实验。

一位墨西哥代表说，这次实验恐会引起南美诸国的误会。

总而言之，这次实验不免引起许多国家的猜疑，至于猜疑的程度，各国因利害的关系自不相同。据说，这次实验对于是时正在巴黎所举行的四强外长会议即有不良的影响。

二、7 月 25 日水下爆炸实验

7 月 25 日上午 8 时 25 分，在比基尼附近，又举行一次原子弹实验。

这次原子弹是在水下爆炸，目的在试验原子弹对于舰身及海水的作用。

当时原子弹系装在一艘船只的一端，弹身仅没入水面，爆炸系用无线电电流触发，负责触发的人是康奈尔大学的物理学家霍洛威博士（Dr. Marshall Holloway）。

据称，这次炸沉的军舰共有 11 艘，其中包括战斗舰一艘，航空母舰一艘，登陆船二艘。受重伤的有战斗舰二艘，驱逐舰一艘，登陆船一艘。

海水呈现极强烈的放射能感应，鱼类死亡甚多。海底有一块面积被炸成坑，宽约 1000 尺，深有十尺。

据当时参观者形容，爆炸后即有每秒 5,000 尺速度的波浪发生，约有百万吨的水量激升天空爆炸，中心的水柱升腾最高，故作穹形，顶点可达 9000 尺，穹形基部约有 2136 尺开，水在空中停留约 20 秒，顶部喷发，灰色水沫，俨如乱絮。俄而，陡然下降，烟雾迷离，全部目标区均不可见。同时絮状烟云，直冲天际，高达四千余尺，且有大浪冲击船身，浪花滚滚，犹如万马奔驰，又如断崖落瀑。《纽约时报》记者描写当时景致甚为深刻，他说："我们看见和以前一样的火球，好似一个新太阳——比太阳光辉还要猛烈十多倍的新太阳。这个新太阳由海涌起，很快地变成灿烂夺目的云霞。在这一大堆的云霞中，涌出一座烟雾迷离的大晶山，灿烂光芒从里面照出来，又俨若一株点缀辉煌的圣诞节树。""在这伟大的晶山顶端，又出现一丛云白的絮状蘑菇，不断地高腾，不断地扩大，并且不断地变化形状和颜色，这都不是肉眼所能按迹追寻的。""起初，我们好像整个大陆由海底升起，又好像我们置身混沌初开的境界中。看着陆地由海水形成，一串串的山脉突起矗立，山巅覆盖积雪，给太阳的光芒反射出夺目的光辉。""以后，大山变成一株大树，树枝怒生猛放，树枝上长着许多肉眼看不见的果实。这些果实上带有放射性的粒体，每个都是杀人的凶器。这些果实是在'智慧树'上结成的，人类如果轻易摘取，即便是自寻死路。"

据美国国家标准局宣称，原子弹实验四天后，在洛杉矶的上空发现反射能的反应。作者猜测，在我国沿海的云层中或许也有这种反应。

原子弹实验总司令布兰迪将军谈称：原子弹在水下爆炸比在水上爆炸的力量还大。这一次船舰所损失的重量和数目等于第一次所损失的四倍。预计第三次深水实验，船舰所受的损失还要加倍。

上面是两次比基尼原子弹实验的大概情形。至于实验的秘密结果，美国不会公布的。不过，就一般情形言，我们对于原子弹对军舰的作用也可知道一二。第三次海底实验现已无期宕延，将来是否举行全视国际局势而定。

\*\*\*\*\*\*\*\*\*\*

## 一件趣事

去年8月中旬，联合国安全理事会的诸会员国家的代表在参观比基尼第二次实验后，俱取道美国分返各国。在旧金山的一个酒会席间，苏联代表亚历山德罗夫教授（Prof. Simon Peter Alexandrov）对记者道："苏联政府现下也正在计划举行原子弹实验，所以政府派我来考察美国这次实验是怎样组织的，是怎样执行的。"

虽然亚历山德罗夫教授会说英文，可是他的谈话是用俄文，后由内政部生物学家加尔特索夫（Dr. Paul S. Galtsoff）译述。

当记者问他苏联要在什么地方，什么时间举行实验，亚历山德罗夫用俄文说："我不知道什么时候，因我离开苏联已经好久了。实验地点是在苏联的地方，是在一个不能伤及居民和野兽的地方。"

新闻记者问他要不要请外国人去参观。他说："很可能请联合国各会员国，与现在美国所邀请的代表的比例相仿。"

在亚历山德罗夫教授发表这篇谈话后，旧金山的《纪事报》便把这项新闻大登特载，在第一页上的标题便是"苏联筹划其比基尼"。

后来亚历山德罗夫教授又更正这项新闻，他说，翻译的人漏掉"假如"两个字。

两天后，他到伯克利的加州大学去参观原子分裂机。因分裂机建立在山坡上，所以一个记者问他道："从这里看下去，风景很好吧？"他回答道："没有意见！"接着他解释道："英文不好，英文文字的意思与俄文的迥乎不同。我说俄文，翻译人译成英文，结果意思不对。除非我用俄文，不然我连风景也不愿评论了。"

## 7.《益世报·国际周刊》第 41 期，民国三十六年五月十四日，第三版

## 原子武器的统制问题

原子武器是现今重要国际问题之一，惜限于资料，吾人所知者犹甚少。杨生茂先生在美专攻国际问题，在本刊发表论文已多。近著原子弹与国际政治一书，于此问题叙述甚全，书甚长，兹择要披露，以飨读者。——编者识

我们知道将来原子弹与其他新近发明的武器配合起来，其破毁的力量更要加大。这种趋势是很危险的，所以有许多人主张现代的人类赶快觅求自救的办法，不应让这种杀人的利器毫无限制的发展下去，人类应该把这种带有危险性的力量转变到和平用途上去。

原子弹是世界家庭中的一个极不肖的孩子，现代科学家和政治家都在忧心积虑地设法管束这个坏孩子，不然这个孩子便会倾家荡产，亡宗灭祖的。可是假如这个孩子能够"败子回头"，以他的天赋的聪明和才力，对家庭一定有很大的帮助的。

对于控制原子能力的问题，各国政府都制定详密的法令，在联合国间也有许多慎重的讨论，尤其国际统制方策，更为重要。将来人类的幸福和灾害都放在这一代人的手掌中。

有人说：战争是不可避免的，当战争起来的时候，原子弹就如同第一次世界大战所发明的飞机一样，一定会被人利用的；所以现在谈国际统制原子能力，干脆是缘木求鱼。作者认为这种说法是很错误的，退一万步说，这种看法太悲观，太消极。依照这种看法，人类自己是无法挽回自己的劫运的，那么，非但

原子能力得不到合理的统制，就是联合国组织也不过是政客们逢场作戏的场所罢了。这种对人类自己没有自信心的看法是毫无建设性的。

对于原子能力是必须加以统制的，这一点是毫无疑义的。为世界公众的安全，或各国自身的利益，原子能力都有统制的必要。此外，还有许多不得不统制的理由。

（一）原子能力的和平用途还待发展。现今运用原子能力的最成功的方法固然是原子弹，就是将来的趋势也是偏重在制造原子弹武器这方面。至少说，在最近将来的阶段中，这种趋势是不变的。

把原子能力运用到和平途径，还需要许久时间的研究。现在最方便的研究的途径是推进原子弹的效力，或是发明一种新原子武器。和平的运用，一者需要许多时间的研究，二者还需要大量的研究经费。在战争时期，胜利即是各国的首要目标，只要能打败敌人，花钱多少倒不计较，所以美国肯用二十万万元研究制造原子弹。可是在和平的时候，国家绝不拿出这笔巨大的经费，来专门研究原子能力的和平用途。私人公司更不愿担负这笔巨大的经费，所以原子能力的和平用途的研究是缓慢的。

此后，原子能力的研究还偏重在武器方面，而且制造原子弹的成本也越来越低，至于把原子能力用来推动飞机、汽车、发电机，或用到医学上的可能还是在小规模试验中。

（二）现下各国间已经开始制造原子弹的竞赛，美国制造成原子弹，并且实地使用过。英国虽然还没有设立工厂，还没开始大规模制造，可是他们是知道许多制造的秘密。至于其他国家是否也开始制造还是个很大的哑谜。对此，各个科学家做不同的估计和推测。

苏联国内有铀矿的蕴藏，以财力及人力言，俱有制造原子弹的条件。无疑地，苏联政府也在积极进行研究中。战后，苏政府重金雇用大批德国原子专家，继续作各种研究，也有相当惊人的进展。

瑞典也有铀矿的富源，也有原子核专家，例如驰名国际的丹麦物理学家麦特纳小姐便受瑞典政府的雇用。瑞典并有一个很大的原子分裂机，可是财力方面较苏、美稍有逊色，猜想其研究工作也较为缓慢。

在安全理事会中，法，苏等国都指责西班牙佛朗哥（Franco）政府雇用纳粹科学家，进行秘密武器的研究。英、美两国虽然口口声声地说：佛朗哥政权不足威胁世界和平，同时主张外力不应干预西班牙内政，可是保存法西斯残余势力的西班牙，无疑地也在秘密进行这种研究。佛朗哥已经下令把全国的铀矿收归国有了。

1946 年 8 月中旬，由瑞士传出的消息说，瑞士在巴塞尔（Basle）建筑一个原子实验室，可以产生三千万弗打的电力。现在瑞士政府计划请英国的布朗—博韦里公司（Brown, Boveri and Cie）建立一新式原子分裂机，预计可发一万万四千万弗打的电力。瑞典政府在斯德哥尔摩也正在建筑原子分裂机，预计可发电二万万弗打。同时美国加利福尼亚省立大学在伯克利城也建筑一新原子分裂机，可发三万万五千万弗打的电力。就现在所知道的说，这三个原子分裂机是世界上最大的。

同年 9 月 17 日，比利时政府把非洲刚果的铀矿收为国有，同时也发表建筑原子分裂机的计划。

上面是战后世界中，各国原子研究竞赛的几个实例。这些实例提醒我们一件非常重要的事实。这件事实是：制造原子弹的原理，已为世人所知，用中子□□铀 295 和镭的步骤也是科学家所熟习的。现下主要的困难问题只属于工程和技术的性质，这个问题的解决也不是太困难的。只要一个国家肯用巨大的经费雇用大批的工程师和科学家，这问题是会解决的。美国是很富裕的，而且实用科学也很昌盛，所以在战争期间，美国便会出人头地把原子弹制造出来。在战后期间，若各国努力研究，迟早也会把工程和技术困难解决的。有许多科学家推测，在五年至十年以后，苏联便有制造出原子弹的可能。

现在美国军事家和政客都夸炫于世，大吹特擂，他们说，"我们知道怎样制造"（"We know how"）。但是他们从不敢说"只有我们会制造"，再过几年，别的国家也会"知道怎样制造"的。

刻下美国原子弹工厂的规模已渐缩小，可是政府□奖励各大学实验室，继续进行此类研究，同时原子弹工厂还不断地制造，存货多少，外间不得而知。可是，无疑地美国确已有大量存货了。

（三）战后军人势力的膨胀增加统制原子能力的必要。战争期间，各国军人的势力扩张起来，战后民事政府对于军人每感节制的困难。在美国有这种现象，在苏联也有类似的情形。苏联政府一度调换红军高级将领，有许多人推测，这也是苏政府抑制军人势力的政策。

在据有原子弹的美国，这个问题曾经引起许多明达人士的忧惧。他们唯恐军人得权，阻止原子能力的和平用途，又恐怕军人假借原子弹的威力而施行黩武政策。

美国军人确有操纵原子弹的野心，去年六七月间国会讨论国内原子能力管理法案时，□可分明见到军人势力争取实权的情形了。

上议院和下议院经过许多次的磋商，方能成立一个平民管理委员会。军人代表只设立一个顾问委员会，向平民管理委员会建议一切，而不把持实际执行的权力。这个法案的成立表明美国政治家眼光的远大，同时也不失为美国公民的幸运。

去年 8 月 18 日，伦敦《星期快报》（*Sunday Express*）刊登一篇著名科学家爱因斯坦的会见记。那篇谈话是爱氏在普林斯顿大学向一位英国记者发表的。他说：美国职业军人（Professional Soldiers）曾经故意延宕原子弹的发展。他又说：由于职业军人的故意阻宕，原子弹的完成就延迟了两年。我们姑不论爱氏的言论有多少可靠性，不过根据他的谈话，我们可以知道美国军人是有左右原子政策的企图的——至少职业军人是有这种企图的。

爱因斯坦还说，假如罗斯福活着的话，他一定阻止用原子弹轰炸广岛，并且他也能在苏联参战前，结束太平洋战事。爱氏的谈话有什么根据，我们不能得知。不过，我们知道这位权威科学家一向是不轻易发言的，由他的谈话中，我们便可推测民事人员和军事人员的观点不同了。

现在美国军人中，有一派主张赶快推动第三次世界大战，乘别的国家没有原子弹前，美国即可凭借原子弹统治世界。他们认为在原子弹威胁下，战争是不可避免的，现今世界必须有强力的统制方法，不然，就在现今发动战争，或可避免更不幸的大屠杀。代表这种见解的是芝加哥大学化学教授尤里（H.C. Urey）。他在去年 8 月号《航空事务》（*Air Affairs*）上，发表一篇文章，宣布这种见解。尤里教授曾经参加过制造原子弹的工作，现下在芝加哥大学也担任这类研究工作，在化学界，甚有声誉，发言是很慎重的，所以他的言论，引起社会人士的注意。往好的地方想，他的用意在促进国际合作，警告世人不合作是不能生存的，往坏的地方想，他的言论至少有两种恶劣的影响：（1）增加国际间的猜忌；（2）助长职业军人的声势。

（四）现在还没有防御原子弹袭击的方法。在战争期间，自动飞机、火箭、喷气飞机都可携带原子弹，火箭腾空能力很大，喷气飞机的速度很高，高射炮火很难防御。

比基尼实验总司令布兰迪将军说：现在没有御防原子武器的有效的方法，唯一办法就是派人到敌人后方去破坏制造原子弹的工厂。可是在各国防卫森严的情况下，间谍工作又谈何容易。

还有许多人推测，在将来的战争中，间谍工作更要厉害，只要由潜水艇或降落伞送一两个原子弹专家，携带少量金钱和一些装置原子弹的器具，便可实行大规模的破坏工作了。

防御原子弹的方法现在还未发明，史密斯教授（Dr. Henry Dewolf Smyth，著《我们面临的是什么》*What We Are Up Against*）在 1946 年 8 月号《大西洋月刊》中发出这种警告。同年 8 月号《航空事务》中尤里教授也申述此意。将来或许会有防御办法的，可是在发明防御方法前，国际统制方案是迫切需要的。

（五）科学家推动统制原子能力的方案。在过去，科学家是在实验室埋头工作，自命追寻宇宙的秘密，探求自然界的真理，对于政治是毫不闻问的。

在过去，你同一位学科学的谈政治时，他老是说："对不起，我是学科学的，对于政治问题不大懂。"科学家用这类话不知搪塞了多少迫切待决的问题，推诿了多少应负的重任。

可是，自原子弹发明后，美国科学家一变以前的态度。由于慈善观念的驱使和良心的谴责，他们再不能缄口无言，再不能容忍政治家和军事家用他们心血的结晶去为非作歹。

开明的科学家认为发明杀人不眨眼的武器是违背他们的良心的，违背科学道德的。可是当时世界要□□法西斯的威胁和纳粹主义的作孽，他们又必须制造这种武器，用以克服群丑；而且美国不制造德国也会制造的，假如德国制造出来原子弹，世界反法西斯运动就会失败的。

美国著名小说家辛克莱（Upton Sinclair）在他最近出版的小说《赢取世界》（*A World to Win*）中，描写爱因斯坦教导一位罗斯福总统的私人侦探学习原子弹的原理，打算派他到德国探取德国的原子秘密。当时爱因斯坦对那位侦探说："我试着用简单的方法告诉你，我们所要探寻的问题。这是关于用巨大的力量毁灭生命的问题。在科学史中，一向是以毁灭代替建设的，不过现在这个问题尤其是悲惨的。现在我们所处的地位是：假如我们不制造原子弹，德国就会制造的。这是我们唯一自谅的理由。我想我们都同意先消灭国家社会主义的威胁的，其他一切都赖此决定。"这段话是科学家进行原子研究的理由，也是科学家自谅的藉口，也是一位大文豪为科学家辩护的供词。

开明的科学家迫于战争时势的需要，不得不制造这种凶猛的武器，可是战后，他们却开始感觉所负责任的重大了。他们知道自己一手抚养起来的孩子的脾气，同时也知道他们孩子的优点和劣点，他们很担心这个孩子被野心的政治家或黩武的军事家领上歧途，干出自灭灭人的勾当。到这时候科学家不得不过问政治，不得不钻出实验室，跑到各地去高声疾呼了。

在战后这两年中，各大学和各社会团体的讨论会中、各电台的广播节目中、各教堂的祈祷会中，总有一二名原子弹科学家点缀其中，不管是出名的也罢，不出名的也罢。这些"原子弹科学家"总要滔滔不绝地发表一套理论。

自命为保守派的科学家主张美国要保守原子弹的秘密，认为美国可以凭借原子弹的威力，增加外交折冲的优势。开明的科学家认为只保守原子弹的秘密是件掩耳盗铃的口事。他们认为原子弹的原理大家都已知道，至于技术问题只不过是时间问题而已，所以他们主张联合国必须设立一强有力的统制机构，管理一切，如此方可避免人类更残忍的屠杀。

去年美国起草国际原子能力统制方案时，便有许多科学家参加。美国下议院通过军人管理国内原子能力法案时，便有许多科学家发出反对的宣言。同年11月间，爱因斯坦和尤里等著名科学家发起一百万元募捐运动，作为宣传原子能力的教育基金。

科学家参与政治是好现象，一方面表示科学家有社会意识，对于自己所发明的东西并不是漫然不负责任的；在另一方面，表示科学家已经不甘作政治家或军事家的工具。同时美国政治家也开始尝试科学家的见解，也肯接纳他们的提议。可是军人方面，对于科学家的意见往往有抹杀的倾向。

### 8.《益世报·国际周刊》第 44 期，民国三十六年六月四日，第六版

## 美国国际原子能力统制方案

现在联合国原子能力委员会正在纽约长岛讨论国际统制原子能力的方法。因为现下联合国所讨论的方案是主要根据美国所建议的，所以在这文中，作者先把美国外交部所公布的《国际统制原子能力报告书》叙述一下，因为美国代表巴鲁克（B. I. Baruch）向联合国所提出的美国方案大部是根据这个报告书。至于联合国原子能力委员会讨论的情形，和所遇到的困难容在下两章分别叙述。

一、《国际统制原子能力报告书》的起源

今年一月间，联合国在伦敦举行大会，当时联合国决议成立一原子能力委员会，具体的办法当时没有详细讨论，只在 1 月 18 日通过二项成立该委员会的宗旨，一是增加国际间的安全，二是促进原子能力的和平用途。

1 月 7 日美国外长贝尔纳斯指定一个五人委员会，起草国际原子能力统制方案，预备将来向联合国原子能力委员会提出。所指定的五名委员有外交次长艾奇逊（Dean Acheson）、华盛顿卡纳基研究所所长布什（V. Bush）、哈佛大学

校长科南特（James B. Conant）、陆军少将格罗夫斯（L. R. Groves）和陆军部常务次长麦克洛伊（John J. McCloy）。

1月23日上述的五人委员会又指定一顾问委员会，听取科学家的意见。顾问委员会中有田纳西流域水电管理局局长利连索尔（D. E. Lilienthal）、新泽西州贝尔电话公司总经理巴纳德（C. I. Barnard）、加利福尼亚物理教授奥本海默（J. R. Oppenheimer）、孟山都（Monsanto）化学公司的副经理托马斯（C. A. Thomas）和通用电气公司副经理温（Harry A. Winne）。这个顾问委员会由利连索尔任主席。所以这个顾问委员会有时也被叫作利连索尔委员会。这个顾问委员会负责起草国际统制原子能力的报告书。所以报告书有时也叫作利连索尔报告书。报告书由科学家起草后交给安契生委员会审查，然后再转交外交部长贝尔纳斯。所以这个报告书是由科学家和政治家互相合作而草成的。3月26日美国外交部才把报告书的内容全部公布。

二、《国际统制原子能力报告书》的内容

全报告书共有70页，书首有贝尔纳斯的弁言，全书的主要□□□是主张国际成立一"原子发展局"（Atomic Department Authority），各国须授权这个国际组织统制原子能力的发展，同时设法阻止原子战争。兹将全书的大意简述一下：

（一）原子发展局的权力

A. 原料的□□统制

原子发展局有管理、保护、开采和调查世界的铀（Uranium）矿和钍（Thorium）矿的全权。

该局有权研究提炼钍、铀二矿的权力，提炼得的铀、钍二元素须由该局保管，任何国家不得染指。炼矿时所得的副产物由该局出售。

报告书的起草人认为，现在的科学中只有铀一种可以用作炸药。照理论说，各种元素的原子在分裂时都有大量的能力放出，可是分裂别种元素的原子在刻下是不可能的，将来的可能性也很小，所以统制铀矿是唯一而有效的方法。同时钍矿也必须受统制，因为钍矿比铀矿多，其原子也不□分裂。虽然钍元素在分裂时不发生连续反应，可是与铀混在一起，即会发生连续反应的，所以也得统制钍矿。

起草报告书的科学家又说，原子能力所以发生是□□元素的原子受到外面力量的打击，重新排列其原子□□，在平素原子很稳定，因为其内部能力互相□掣□□不可破。可是当受到大的打击而原子能构造势须变□时，则有巨大的能力发散出来，这就是原子弹爆炸的原因。可是现代科学家已经知道，只有最轻的原子和最重的原子在分裂时会发出巨大的能力。有这种性质的□重的元素就是铀和钍，最轻的元素是氢原子。

氢原子和其他轻原子合并起来，就能发出极大的能力，这就是太阳永久发射光和热的方法，这种能力的巨大也是出乎想象的。可是现在人类还没有本领模仿太阳，在地球上还不能如法炮制，所以在最近将来，对于轻原子的分裂问题还不必过度忧虑。［参阅附录（Ⅱ）］

起草报告书的科学家认为，由原子发展局绝对统制铀、钍二矿是一种消弭国际间纠纷的绝妙方策。现在石油已经变成国际间追逐的羔羊，国际间许多纠纷是因争取石油发生的。假如钍、铀矿不能国际化，将来一定也会变成各国竞争的目标，国际和平自然会蒙受严重的影响。而且假如钍、铀矿不由国际管理，一切国际统制的效力无形间便会减少。假如容许各国自己开采铀矿，视察工作更形困难。将来的科学日新月异，各国一定能发明许多巧妙的方法遮蔽视察员的视线，统制原子能力的效用便变成名存实亡。所以有效的统制方策必须从统制铀、钍矿□着手。制造原子能力的原料受到有效的统制后，其余的统制方法才能有效。而且世界产铀及钍的地方也不很多，统制起来也不太麻烦。

B. 分裂原子工厂的统制

分裂原子的工厂应该由原子发展局全权统制。工厂的建筑权和经营权都隶属在该局之下。例如美国的韩福德工厂、橡树岭工厂都应交给该局管理。该局有权制造变性的钚（Denatured Plutonium）出售，以备医学家或其他科学家的应用。该局还可供给小型的反应机（Reactor），作为科学实验的工具。

C. 研究工作的管理

原子发展局的主要的研究工作是提炼铀、钍二矿和发展原子能力。前者是供给研究的原料，后者是为发展原子动力，造福人群。

至于安全的与军事无关的研究，该局不应抑制，反应设法鼓励。奖励世界公私团体的自由研究，期以发挥原子能力的伟大效能。例如把洗涤干净的放射同位素（Radioactive isotope）出售于公私机关，作医学上的研究。小型的反应机是无危险性的，也可让公私团体自由使用。［参阅附录（Ⅲ）］

起草报告书的科学家认为原子能力的应用是无法禁止的。第一因为人类求知欲望是无止境的，也不能被抑制住的；第二因为原子能力有伟大的建设用途，人类也不能轻易放弃这种伟大的天然的赐予。所以他们认为统制原子能力必须从消极和积极两方面同时着手。一方面用负性的方法去统治，去禁止；另一方面还得用建设性的方法去鼓励研究。

研究活动的范围是有一定的，大致可以分为安全性（Safe）的研究工作和危险性（Dangerous）的工作。对于安全的活动原子发展局应该增进；对于危险的活动该局应该制止。

报告书中把安全的活动和危险的活动也分开说明。

危险性的研究活动有：·(1) 开采铀矿，提炼铀矿或钍矿，制造钚，探寻铀或钍矿。这是属于原料供应方面的活动；（2）利用大反应机（Reactor），设立原子分裂工厂，制造原子武器，同位素 235（Isotope235）的加强（Enrichment），原子炸药的研究。这都是属于制造方面的活动。

安全性的研究活动有：（1）应用变性的铀 235 或钚作科学或医学上的研究，因为铀 235 和钚在变性以后，就不能作炸药，可以用在小型反应机，发生动力，供应实验（例如利用放射物，作科学、医学、工程研究上的探寻物）。（2）应用小型反应机也不能算危险性的活动。把变性的铀或钚用在小型反应机上也可发生很大的动力，同时也不会有危险。可是放出的中子和丙种放射光线非常强烈。所以一方面不能制造炸弹，消除危险的成分；另一方面能发生很大的动力，可以供给科学研究之用。

可是这种危险和安全活动的区分并不是永久不变的。随着科学的进展，这种区分也应该随之严格化的。例如变性的铀或锗可以用某种方法令其复原，复员后的铀和锗便又可制造炸弹了。一个动力大的反应机把变性的铀或锗分裂，可以发生动力高至十万到百万千瓦（Kilowatt）。用这种反应机和变性的锗或铀也可制造炸药的。第一步，先把反应机停顿，把内部的放射分裂物洗除净尽；第二步把变性的锗或铀复原，然后便可制造原子炸弹了。不过这种工作需要高度的技术知识，同时工作也非常复杂，不是一件容易的事。假如原子发展局能够严密地执行勘查工作，同时对于变性的铀或锗的供给量严加限制，这种危险也可防御的。

D. 许可证的颁发

铀、钍两种矿苗只有原子发展局有权开采，分裂的原料也只有该局有权制造。该局还可让各国自由使用小型反应机，可以出借一定数量的变性的原料，同时还要视察其用途。原子发展局本身也时时从事研究，与世界各国取得密切合作，根据研究的结果，自然随时可以断定何种反应机不会发生危险。

在报告书中，科学家认为在下列三种活动中，各国不妨得到原子发展局的许可，领到许可证（License）以后，进行各项研究：

（1）原子发展局可以供给反应机的图样，机器的动力不得超过某种限度，由该局核准后，发给许可证，然后领得变性的铀或锗后，便可开始工作。

一国以内有一个反应机当然不会有任何危险，即使一国国境内有一打以上的反应机，也很难制造炸药。原子发展局可以随时派人到各实验室视察或指导。该局可以与各国当局商量一定办法，不必须直接与各实验室分别交涉。

（2）制造放射物质的反应机，也利用变性的铀或锗，也必须先由原子发展局领得许可证，才能开始工作。

（3）数年以后，各国可以应用动力反应机（Power reactor），也用变性的铀或锗，也须由原子发展局先领得许可证。

E. 视察

报告书中，特别声明视察制度不可凭恃。视察与研究指导工作应该双管齐下，寓视察于指导之中。

视察工作分为两种，一种是视察合法的活动，一种是视察非法的活动。视察的范围甚广，如工厂的位置、附近社会的环境、工厂的图样、管理的方法、制造的方法和内部的组织等等。因为原子弹工厂的工程非常浩大，若有不逞之徒，很容易被侦察出来。

视察员必须有相当实地经验和资望，对于原子工程或研究工作也须熟悉精通。

原子发展局对于各国公私研究机关也须有明确的调查和认识。

原子发展局可以派人到各国指导研究工作，无形间也可收视察的实效。

视察制度本身是不足全恃的，将来科学发达的前途不可限量，某一国家也许有更好的技术，可以建立工厂，隐瞒视察人员的视线。所以各国也应该订立条约，废除运用原子武器。

视察人员的选择最为重要。他们必须有资望，受人尊敬；洁廉自爱，不受贿赂；仗义勇为，不畏威胁；善于应付，避免与各国政府发生无谓冲突；公正清白，得人信赖等等性格。

（二）原子发展局的组织和政策

报告书说这项建议只是举例说明的性质，至于详细方案还赖政治家的磋商与折冲。

原子发展局的职员须由各国延聘，要顾虑到地理的（Geographical）和国家的（National）分配。职员都必须有高尚的品格。行政人员最为重要，原子能力的统制是否成功与此有很大关系。职员的人才包括甚广，其中有地质学家、矿业专家、工程师、物理学家和化学家等等。

原子发展局必须与指导机关（Overseeing body）取得密切合作。这种指导机关（例如安全理事会）与原子发展局的关系，正如美国国会中预算审查委员会（Appropriation Committee）、调查委员会（Investigating Committee）、预算局（Bureau of Budget）与政府各行政机关的关系一样。另一方面原子发展局又须与各国所属的机关和工厂取得密切联络，解决许多科学上、工程上和政治上的困难。

将来原子能力统制宪章中应该极力把安全活动和危险活动划分清楚。

将来原子工厂和产业的分布问题甚难解决，例如现在美国有好几个原子工厂，自然会引起其他国家的怀疑与恐惧。

联合国可以派兵保护原子工厂，人数不必太多，假如一个国家夺取某一工厂，不见得对当事某国有利，因为在其他国家也有类似的工厂存在着。

开始的时候，工厂内部的设计，以越少危险越妙，所出售的变性的铀或镤也以越少越妙。

原料的统制为先决的条件，宪章中要特别订定清楚。在原子发展局成立的时候，对于地质的调查、实验室的成立，以及该局与各国公私机关的关系等问题必须求得适当解决。至于放射探访器、实验用的反应机，只能用于变性的原料的，可委诸各国尽先设置。

原子发展局应及早组织各种设计机关，研究各种困难问题，例如研究储藏的原料和工厂的工程问题等。

（三）过渡时期

美国现在有制造原子弹的设备和知识。将来转交原子发展局的办法应采取渐进（Step by Step）方式。国际统制制度前进一步，美国就移交一部分原子秘密或设备。美国转交的程度全依其他国家合作的诚意而定。

现在美国有制造原子弹的专权，可是再停5年至20年，其他国家也可发明原子弹，也许会驾凌美国之上。

美国渐进的方式共分为三个时期：

（1）第一段过渡时期是在原子发展局尚未成立以前，联合国原子能力委员会还在讨论阶段，许多问题还须向联合国大会和安全理事会讨论。在这时期中美国公布"局部的"秘密，大都属于理论和叙述性质，目的在供给联合国讨论的根据。

（2）第二阶段是国际统制机构已经成立，这时美国再供给一部分秘密知识，期以便利行政事宜。

（3）第三阶段是国际统治机构开始从事工业制造，这时美国供给技术知识，工程知识及炸弹制造消息等。

所以知识的公开共分为二种性质，一种是局部性质，这在联合国讨论之初就应公布的；另一种是广泛性质，其中包括理论与实际问题，这种消息是不能轻易出手的。

除去知识以外，还有物质的转让。美国的原子工厂和实验室必须交给原子发展局的，但是这种转让的程序也是采用渐进方式，最后才能转让制造炸弹的设备。

（四）这种统制方法有效的原因

报告书说这种统制方法可以避免危险，并且举出下列数点理由：

（1）铀、钍二矿不容私人开采，即使某一国私自开采，原子发展局也可调查出来。

（2）原子动力工厂和反应机的设计图样，事前必须得到该局的许可。

（3）该局借出的变性的铀235和镎不能发生连续反应（Chain reaction）作用。

（4）各国的反应机和工厂随时受该局稽查。

（5）该局的研究人员和视察人员应得与各地科学家互相交换知识，所以科学秘密不易被某一方垄断。

最后报告书说明立论的根据，认为全文的根据共有五点：（1）在现今科学发展的阶段中，原子能力在理想上或实际上的基础，科学家都知道得相当清楚，同时对于来日的发展也可预测出来；（2）原子能力统制必须先从铀、钍矿着手；（3）动力反应机和动力工厂得设计出来，使其不容易制造炸药，万一有人私下制造炸药，有经验的视察员可勘查出来的；（4）变性的铀235和镎可以作动力的来源，只要不还原，就没有危险性；（5）制造炸弹知识公开后，至少需要一年，其他国家才能仿造。

去年6月16日美国出席联合国原子能委员会代表巴鲁克,向联合国原子能力委员会（United Nations Atomic Energy Commission）提出美国的国际原子能力统制方案。他的提案大部分是根据利连索尔等五人委员会所草订的《原子能力国际统制报告书》。巴鲁克的提案另外又增加两点关于法律方面的提议：（1）国际原子发展局必须建立在一定法律上，这种法律可以制裁任何个人或任何国家；（2）关于原子能力问题，五强必须放弃否决权（Veto power），但是非原子能力问题不在此限。

6月19日苏联代表葛罗米柯（Andrei Gromyko）提出苏联的国际统制原子能力方案。最引人注意的事是，在他提出苏联方案的时候，并没有谈及美国先前所提出的方案。

苏联的方案是：

（1）世界各国订立一个国际公约，禁止运用原子武器，凡违犯此种条约者，即予严重的处罚。对于当事的个人（individuals）亦应予以严厉的惩罚（换言之，指导使用原子武器的个人亦应负破毁国际公约的责任。正如现在纳粹领袖都被视为战争罪犯，在纽伦堡受国际审判一样）。

（2）在这项公约正式成立后，30天内各国必须把原子弹的存货毁灭无遗。

（3）在这项公约正式成立后，60天内各国应制定法令，使国家法庭制裁违犯国际公约的团体或个人。

后来葛罗米柯又提议原子发展局可以统制国际原子能力，可是原子发展局必须隶属于安全理事会下，同时五强也不应放弃否决权。

葛罗米柯认为统制原子能力的权限有下列数种的区分：

（1）原子发展局完全担负行政的职权。一切管理的事务皆由发展局负责处理。

（2）一切不严重的运用原子能力威胁世界和平的事件可以由发展局交到国际法庭决断，必要时，安全理事会可以审查国际法庭的判决。

（3）一切严重的用原子能力威胁或破毁世界和平的案件，俱须由安全理事会处理。

葛罗米柯所持的理由是：据去年1月间伦敦联合国大会（United Nations General Assembly）的决定，国际原子能力委员会的任务只在商讨"应付由发现原子能力及其他有关事务所引起的问题"（"To deal with the problems raised by the discovery of atomic energy and Other related matters"），该委员会应"向安全理事会提交报告和建议"（"To submit its reports and recommendations to the Security Council"）。同时根据联合国大会的决议，"关于影响安全的事务，安全理事会可以向该委员会颁发命令。"（the Security Council "shall issue directions to the Commission on matters affection security"），根据所收到的命令，该委员会可以"调查问题的各方面，并可作相当的建议"（The Commission shall "inquire into all phases of the problem and make recommendations with respect to them"）。

由上面叙述，我们知道，现在国际原子能力统制的困难不是应不应该统制的问题，而是统治机关的权限问题。

美国主张统制权力应该完全置放在原子发展局，在原子发展局中五强没有否决权。苏联主张国际统制原子能力的最后权力应该放置在安全理事会下，同时各国订立一公约，禁止运用原子武器，凡违犯公约的个人或国家皆应受严厉的处罚。这是美苏方案不同的地方，也是联合国原子统制机关迟迟未能成立的原因。

刻下联合国原子能力委员会共由 12 个国家的代表组成，其中包括安全理事会的 11 个会员国（中、英、美、法、苏、叙利亚、巴西、澳大利亚、哥伦比亚、比利时、波兰）和加拿大。委员会的主席职位是采用轮流制。第一个月的主席是澳大利亚代表伊瓦特（Herbert Evatt），去年从 9 月 14 到 10 月 14 是由我国代表任主席（正式代表郭泰祺，代理代表为夏晋麟）。

联合国原子能委员会下共有三个小组委员会，第一个是讨论管理统制的事务；第二个是讨论如何将原子能力运用到和平用途的问题，并且讨论交换科学知识诸问题；第三个是讨论法律问题，其中包括否决问题。换言之，讨论该委员会与安全理事会的关系问题。现在所生的困难是在法律委员会中，否决权是其中最大的一个困难。第二个委员会进展最为顺利，已经向安全理事会提出其具体的报告。

据作者观察，成立原子发展局迟宕的主要原因还是各国间缺乏相信心。各国都觉得"害怕"。就以美国和苏联作个例子：苏联不相信美国的"过渡"办法，唯恐美国不肯把原子秘密全盘托出。美国也不相信苏联，坚持在五强放弃否决权后才能成立国际统制机关。两方都怕对方垄断这个国际机关。所以成立原子发展局的问题，讨论甚久，至今没有折中的办法。

关于成立国际统制机构的问题，英国的态度是模棱的。第一因为美苏都有统制原子能力的决意，与英国的念头相合；第二因为英国因人力和财力的关系刻下还不能制造原子弹，所以只好站在第三者立场作个调停人。英国的态度由去年 8 月 2 日英国务部部长贝克（J. N. Baker）在众议院所发表的演讲便可知道。贝克说："英国对于美苏两个方案，都表示赞成……美国提倡国际共有可制造原子弹的原料，这种提议实在是个重大的含有革命性的提议……苏联提议禁止制造及运用原子武器，并不与美国方案冲突……我想这两个方案可以合并的。"

自联合国原子能力委员会在伦敦成立后，该会委员即连续不断地举行了许多会议，有的是公开的，有的是秘密的，有的是专家会议，有的是外交家会议，会老是开，而会务的进展非常缓慢。

当去年秋季联合国在纽约举行大会时，为这个问题又弄得天翻地覆。当时美代表巴鲁克坚持美国方案，不肯让步，不料苏联外长莫洛托夫（当时出席四强外长会议）竟出其不意地提出世界非武装的提案，这一招弄得英美非常头痛。

废除武装就是停止制造原子弹，英美当然是不愿兑现的。

美国的策略是先让苏联加入国际统制机构，然后再把原子武器交出。苏联的策略是先让美国以条约方式郑重表明不使用原子武器，同时停止制造原子武器，然后再谈国际统制方案。这就是美苏政策格格不入的地方，也是原子发展局不能迅速成立的主因。

本年 4 月 10 日，联合国原子能力委员会之第一小组委员会，虽然不顾苏联之反对，而通过经我国略加修正之美国方案，作为其工作计划之基础，但距真正能成立有效的原子发展局还不知有多少时日。

## 9.《益世报·国际周刊》第 45 期，民国三十六年六月十一日，第六版

### 纽伦堡审判战犯对于国际法之贡献

去年 10 月 1 日，英、美、法、苏四国在纽伦堡所举行的军事法庭，宣布 22 名纳粹政权的首要军政领袖的判决词，其中有 11 名被判处绞刑，有 3 名获释，其余的都被处徒刑，由终身徒刑至十年徒刑不等。

战败国政府负责人领受战胜国的法律制裁，以这次是历史上破天荒的第一次。无怪当时世界各地人民，对这件新闻表示兴奋和新奇。

那批政治野心家和军事黩武家被判处刑，已经有半年了。在这时候，我们的兴奋的情绪和好奇的心理逐渐消逝了。可是，平心细想，这件历史上破天荒的大事迹，却有很大的意义和影响。

19 世纪初叶，当拿破仑失败的时候，英、俄、普、奥等国并没有依法制裁他，只不过把他放逐在一个海岛上，任其消逝余生。在第一次世界大战后，德皇威廉，非但没有受到国际法庭的制裁，反而能安居荷兰国的田园上，度过残年。在第二次世界大战结束后，凡未行自戕或未隐匿逃脱的纳粹战争罪魁，都由国际法庭依法处决，这确是件空前未有的史迹。这件富有历史意义的成例，在法律经典上，占有一页新的而重要的记载，其对于来日历史的影响实为重大。

在过去的历史中，虽然有设立特别法庭，审判一国元首的例子，但都是在非常环境中一种紧急办法，绝没有像这次纽伦堡审判这样的成功，从没有接受

到这样广泛的承认，也从没有这样的威严堂皇。例如 15 世纪中，英皇查尔斯第一（Charles I）被判处死刑；法国革命时法皇路易斯十六也被处绞刑，这都是革命时期中临时的紧急措施，当时并没有得到广泛的承认。

1940 年，法国维琪政府审判法战前政府领袖的事迹，也是近代史中一个特别法庭审判国家元首的例子。但是那种审判，只是政治性的报复，失掉正义的意义。就法律立场言，那次审判简直是一场不荣誉的傀儡戏。

纽伦堡军事法庭所以能成功，自有许多原因。这些原因可以解释，为什么英、美、法、苏四强在纽伦堡法庭能够取得密切的合作，而没有发生连延不决的纠纷，也可以说明这次审判的历史意义和影响。

其中最主要的原因有四：

（一）纽伦堡军事法庭有确实的法律根据。许多人对于纽伦堡法庭的权力发生怀疑，因为在过去历史中，从没有一个当权的机构，审判一个自主国家的政治行动的先例。他们认为一个自主国家的政治行动，虽然有时是不道德的，可是从没有受到法律的制裁，所以纽伦堡的审判，只是战胜国家对于战败国家的报复行为，是不合法的，纯是政治性质的。

关于这种辩论，拥护纽伦堡法庭的人作下列二种反驳：（1）"先例"的说法是毫无价值的。每一个"先例"都有一个开端，没有过去的开端，就没有现在的"先例"。没有现在的开端，就没有将来的"先例"。而且"先例"也是由过去合法的法庭依其权力及法律创立的。现在四强法庭，也未尝不可创立"先例"，所以现今的问题不是有没有"先例"的问题，而只是四强法庭合不合法的问题。（2）四强法庭是合法的，因为它的法律权力是在德国投降的条约中得到承认的。法庭的权力既然得到合法的承认，所以法庭是建立在合法的基石上的。

（二）四强法庭的判决词是有法律的根据。有许多人说纽伦堡判决词是不合法的，例如美国共和党领袖及上议院议员塔夫脱（Robert A. Taft）认为，因为在过去没有审判一个自主国家政治行动的先例，所以纳粹首领们在进行各种活动时，不知道自己所作所为将受审判；现在四强法庭在罪犯犯罪后，才决定审判一个自主国家领袖的政治行动，简直是在罪人犯罪后，制定科条，所以这是"事后的"（ex-post-facto），是不合法的。

关于这种辩论，拥护纽伦堡法庭的人作下列的反驳：当纳粹首领进行犯罪行为的时候，国际间有国际公法存在着。这种公法是由各种条约和各种习惯形成的，其中包括成文法，也包括未成文法。这种法律固然不是由一个世界立法机构制定的，可是有许多是由各国法庭或国际法庭判决成例的，有许多是经各国以条约方式正式承认的。例如，惨无人道的行为是被认为违犯国际公法的，自 1919 年来，侵略战争也被认为不法，而且 1928 年的白里安《非战公约》中德国便是第一个签字国。所以纽伦堡的判词不是"事后的"。换言之，判词是有法律根据的。

（三）四强法庭提供具体的个别的指控，避免控词的普遍化。纽伦堡法庭显然也知道关于所谓"事后的"问题的严重，也察觉出这次判决文对于来日历史的重大影响，所以法庭所提出的控告词，极力避免空洞的指控。法庭不敢只用"侵略""阴谋"等类文字，恐怕将来法庭援例滥用这些字句，曲解事实，所以法庭只集中在具体的个别的犯罪事实。

好在英、法、美、苏的军务人员在柏林等地搜获大批秘密文件，各种文件俱有当事罪犯的签名。这在提供证件的手续上，免除许多困难。

法庭提出的判决书中，包括四项主要的指控：

（1）参加下列三种行为的阴谋。

（2）破坏和平的罪行，包括计划、预备、发动、执行侵略战争。

（3）战争罪行，违犯战争的法律或习惯。

（4）违犯人道之罪行，包括暗杀、屠杀、奴化、逐放；或在战争时期前及战争时期中，以不人道方法虐待平民；或在政治上、宗教上、种族上的虐待。

纽伦堡法庭对于第三和第四种指控，特别注重。因为第一和第二中指控比较广泛，第三和第四比较具体，所以将来不致有滥用的危险。

纽伦堡法庭的这种判决方法也可说明为什么德国财政家沙赫特（Hjalmar Schacht）、外交家巴本（Franz Von Papen）和宣传家弗里切（Hans Fritsche）被判无罪的原因。

（四）纳粹罪犯取消极态度。在纽伦堡审判期间，各纳粹罪魁都很消极，除戈林外，其余的人都没有设法否认"罪行"的本身，只设法否认自己是"罪行"的发动人，因此法庭省除许多法律上的困难问题。因为罪行的发生可以用各种证据证明的，罪行的当事人也可由文件中证明出来，可是罪行本身的合法性却是件空泛的理论问题，在法庭上被告是可以进行辩论的。这也是四强法庭设法注重具体的犯罪行为，而忽视空泛指控的原因。好在当时只有戈林一人由这一方面为自己辩护，所以节省法庭许多时间。

戈林主要的辩论是：国际政治本是强权政治，在权力竞争中，预备或发动战争自不能免，在战争期间，怪戾的行为也不能免。这是国际政局中习见的事。在过去有许多国家，在许多场合，犯这种罪行，可是从没有被视作罪犯。所以战争的唯一罪行是"失败",决不应以其"目的"或"手段"决定的。因此,他认为纽伦堡法庭只是代表政治胜利的力量,而不能代表法律的威权。

戈林这种辩护是很模棱的,可是四强法庭特别注重具体的实际的罪行,而不愿专事空泛辩论,所以戈林这一招也不合使用。

戈林另外一个辩护是:他是信仰纳粹主义的。他认为强盛德国是他的高尚的目的,在实现他的目的时,是不能选择手段的。手段的合理化是依赖目的为准绳的,凡是实现目的之手段都是合理的。同时他承认他是忠于希特勒的,因为希特勒代表纳粹主义。可是当法官问他战争结束前,他被希特勒辞退的原因时,他说那只是暂时的误会,误会是由于鲍曼(Bormann)私人的诡计。

戈林居然承认纳粹党中发生诡计,在间接地等于对他所谓的高尚的目的加以否认。

总而言之,纽伦堡法庭成立国际道德的标准,对于侵略战争和不人道的行为提出特别的惩罚。这是国际公法的成文法,也是人类维系和平的更有力的支柱。在这原子时代中,这种新法律是有特别重大的意义的。

### 10.《益世报·国际周刊》第 47 期,民国三十六年六月二十五日,第六版

## 原子弹轰炸广岛和长崎详记(上)

关于原子弹轰炸广岛和长崎的结果,到最近才有准确的报告。过去各国记者已经写了许多报道,可是因为各人观察不同的缘故,往往相差的地方很大,令人难以相信,同时日本政府所发表的数字更不足靠,所以没有参考的必要。作者只根据美国政府陆续所发表的报告,详细叙述一下原子弹在广岛和长崎破坏的情形。现在我们都知道原子弹的破坏力很大,究竟有多么大,非得举出一两个实例来说明不可。

一、日本投降前九天的美国

在作者叙述广岛和长崎被破坏的情形前,先将第一枚原子弹爆炸与日本投降期间,美国政府和民间的反应略述一下,藉以说明当时美国社会间紧张的情形,为简便起见,兹取日记形式。

1945 年 8 月 6 日上午八点一刻,一枚原子弹降落在日本广岛,8 月 14 日日本即正式要求瑞士政府转交无条件的投降书,中间相隔共是九日。在这九日中,远东战争竟能结束,这实出乎一般人预料之外。就是海军司令麦克阿瑟(Douglas Mac Arthur)将军在 8 月 5 日还估计对日作战仍需一番长时期的苦战呢。

8月6日（星期一）：美总统杜鲁门由波茨坦乘巡洋舰奥古斯塔号（Augusta）首途返美，白宫秘书代表总统发表原子弹轰炸广岛的新闻，当天晚报即大登特载，人心大振。

7日（星期二）：各地晨报登载轰炸广岛的消息，同时把7月16日在新墨西哥州第一次原子实验的故事也宣布出来。

陆军部宣称：因广岛上空浓烟密布，不能即时观察广岛破坏的情形。

美总统杜鲁门仍在返美的航途中，在巡洋舰奥古斯塔号上，向所有的水手宣布这项消息。他说："诸位，你们要站稳，不要吓倒。我要向你们发表一件新闻，我们已经在日本投下一个炸弹。这个炸弹的爆炸力远胜过二万吨 TNT 炸药。"

有许多报纸撰著社论，讨论原子弹对于人类的贡献和威胁。有些科学家才告诉人民这种工作由1939年就开始进行了。

8日（星期三）：广岛上空的浓烟和尘土俱已消散，据侦察飞机报告称：广岛城中有4.1方里的面积蒙受极度的破毁。

但是日本各地对于这次轰炸没有表示过分的反应。由于日本政府消息的统制，各地人民甚少知道详情。就外表说，日本全国淡然漠视这次轰炸。

许多美国国会议员认为原子弹可以改变战争方略，并且认为美国军队人数应该减少，将来绝不致需要庞大军队。陆军部即时发表声明，反对这种主张，同时声明陆军原定计划绝不因此更改，至1946年6月间美国陆军人数仍为700万名。

在瑞典京城斯德哥尔摩（Stockholm）居住的迈特纳小姐（Dr. Lise Meitner）对于制造原子弹的成功消息表示十分惊奇。迈小姐是奥国人，是位理论物理学家，现在已经67岁。希特勒得势后，因为她是犹太人，所以逃难到丹麦京城。德军占领丹麦后，她又逃到瑞典京城。1938年年底德国科学家进行分裂铀原子的实验时，她也曾贡献许多意见。

9日（星期四）：日本国内广播对于原子弹轰炸的事情仍保持沉默的态度，但日本向海外的短波广播却痛斥原子弹的残忍，并指责美国违背日内瓦国际公约。

英首相丘吉尔演讲，认为原子弹可以缩短战争的时期，并估计可以节省90万名美兵和10万名英兵的生命。

东京同盟社报告：苏联对日宣战。在日苏战争实际已开始二小时五十五分钟后，东京才发表这项消息。

□□声明取消两天前对于原子弹的批评，教皇亲自宣布：个人并未命令发表此类宣言。

《国际新闻》（*INS*）发表杰克逊博士（Dr. H. Jackson）写的一篇文章，杰克逊认为在未来 70 年中，广岛的地面和建筑将继续呈现放射性作用。他这种预测，一时颇动听闻，但加利福尼亚大学教授欧彭哈姆即时发表声明，驳斥这种说法。同时陆军部及联邦侦探局强迫杰克逊博士正式声明，该项预测仅是他个人的估计，并无实际的根据，并且声明在过去制造原子弹的工作中，他并未担任重要职务，最后还声明据他本人所知，过去在制造原子弹的工厂中，并无工人遭受放射性光线的危害。

同时《纽约先驱论坛报》（*New York Herald Tribune*）记者伯德（R. S. Bird）也发表文章，预测原子弹爆炸时所生的温度足有摄氏 2 亿万度。这种预测是错误的，但是军事当局并未深加追究，或者因为伯德不是科学家，只是表示一位门外汉的意见，所以当局没有同他计较。

10 日（星期五）：上午 11 时，两架美国 B-29 轰炸机飞到日本长崎的上空，又掷下一枚原子弹。

美总统杜鲁门发表宣言，命令日本投降。随后，美机飞至日本上空散发 300 万份传单。

芝加哥大学宣布成立原子核研究所，出重金由哥伦比亚聘请福尔弥和猷瑞分任物理及化学教授。

全美基督教联合会（Federal Council of Churches of Christ in America）主席奥克斯南主教（Bishop G. B. Oxnam）和该联合会的公正永久和平委员会（Commission a Just and Durable Peace）主席杜勒斯（J. F. Dulles）都发表言论，要求政府暂时停止原子弹轰炸日本，让日本人民对这场巨大变动仔细想想。他们并且解释道：假如美国能停止轰炸，便可表明自己道德观念的崇高，因为当时美国的军事力量业已远胜过日本。可是，据美前陆军部长史汀生（Stimson）在本年 2 月份《哈泼斯》杂志（*Haper's*）宣称：当时美国只有两枚原子弹，在轰炸广岛和长崎后，原子弹便用完了。现今回忆当时美国人民争论是否再继续用原子弹轰炸日本的情形，实饶兴味。

贝尔神父（Rev. Bernard I. Bell）在纽约演讲，对于美政府运用原子弹的政策大加攻击。他说："用原子弹换取胜利，可以引起世界各国的道德制裁。远东人民早已认为英美政策离弃基督教条，而只凭仗帝国主义的方法。现在我们表示我们战争的方法更进一步的残忍与野蛮。"贝尔神父的结论是：此后美国的宗教事业和民主思想将失却远东人民的拥护。

11 日（星期六）：日本内阁举行阁议后，向中、英、美、苏四国发出请准投降的宣言，允许接收《波茨坦宣言》，但请求"不要取消尊重日本天皇为一自主国元首的特权"。

这个消息传到美国后，美国人民即开始庆贺，就以纽约一城言，即有数百吨废纸散落街心。可是这种庆祝仅昙花一现，因为盟国方面对于日本要求保持日皇特权的要求表示不满。

这时美国无线电台的新闻评述员就开始向听众解释日皇在日本政府所占的地位，在宪法上所享受的权利。美国人民因之对于日本宪法俱感十分兴趣，大家都开始辩论这个问题，一派主张废除日皇，最可代表这种意见的是上议员斯图尔特（Senator Tom Stewart）。他说："日皇不是好东西，他是一名战争罪犯。我很愿意看见有人用他的足趾把他吊起来。"另一派主张保存日皇，他们认为日皇是日本政治的中心，盟军可以直接驾驭日皇，间接保持日本政局的稳定。

12 日（星期日）：盟军方面请瑞士公使将回答日本投降的条件传送到东京去。盟方的条件是：日本可以保持日皇，但必须受盟军总司令麦克阿瑟将军的统制。

同时，日本报纸及电台开始广播言论，暗示战争将有变化，并且也散布和平空气。

13 日（星期一）：美国政府等待日本的回答，各地人民都觉得万分兴奋，但对于日本迟宕发出投降的回答都表示焦急难耐。

下午 9 时 34 分合众社（UP）发出一个新闻简报，说日本已经正式投降了，全国各地的无线电台接着也广播这项胜利消息。当下各地人民又开始庆贺起来，过了几分钟，各电台又更正刚才误发的新闻，原来合众社的报道只是种捕风捉影的消息。合众社称：该项消息是毫无根据的，该社现正调查究竟该项新闻由何地发出，也许是有人假借合众社的名义故意扰乱国人的听闻。该社负责人并解释道，"该项错误的新闻是在下午 9 时 34 分由合众社电线发出去的，该社当局在 9 时 36 分发现该项新闻的不正确性，即时发电到各地，警告各新闻机关，可是已经来不及了，全国各地的电台已经把这项错误新闻播送出去。"

仅仅在两分钟内，就来不及更正一项错误的消息，这就可见美国电讯事业的迅速了。

同时，在白宫中，有许多新闻记者、摄影员、电台采访员、新闻评述员（Commentators）和报纸政论家（Columoists）等候日本的回答。因为日本投降的消息随时都有发生的可能，所以从事新闻职业的人员都把守着新闻中心的白宫，唯恐失掉采取这种重要消息的机会。

轰炸后广岛的相片由无线电播送到美国。当天晚报都用很大的篇幅刊载出来。

美国内华达州（Nevada）里诺（Reno）地方的商务会给美国海军上将哈尔西（Admiral W. F. Halsey）由空路送去一副镶银的马鞍，以备哈尔西到达东京时乘坐日皇白马之需。

14 日（星期二）：夜间 1 点 49 分日本同盟社广播称：日皇接受《波茨坦宣言》的消息不久就会公布。

据美国联合电讯公司（Federal Communications Corporation）的收音台午夜 12 点 48 分的报告称：东京政府正向瑞士拍发一个很长的密码电报。同时，新闻记者等仍停留在白宫，等候消息。这时更深人寂，美总统已就寝，只有那班记者在白宫客厅中踱来踱去，焦急不耐。

合众社发表声明，说明昨天所发的错误的电报不是他们拍发的，并且悬赏 50 元，捕拿擅自拍发新闻的人犯。同时，合众社的对象美联社也悬赏 5000 元，寻找那个妖言惑众的歹徒。

下午 3 点 10 分，由瑞士传来的新闻称，"驻瑞日公使谒见瑞士外交科长（Chief of Foreign Affairs Section），会见共用四分钟"，并称，日本公使的容颜沮丧，大概他是呈交日本投降书的。

几分钟后，驻瑞美公使也到瑞士外交科举行会议，约历一小时。

下午 5 点电台广播称：于最近数小时内，将有重要新闻发生，并请听者特别注意。

下午 5 点 10 分，驻美瑞士公使送交美外交部一份电报，其中包括日本投降书的全文。

下午 7 点，美总统杜鲁门在书室召集阁员及新闻记者，正式宣布三项消息：（1）日本接受《波茨坦宣言》，准备投降；（2）麦克阿瑟将军为盟军最高统帅，现下正与各盟国磋商接受日本投降的时期；（3）各盟军对日战争即将停止。

这项消息发表后，美国全国的人民兴奋到极点。各地教堂的钟声荡漾天空，由高楼飞下的纸片俨如雪花。大城市的商店和酒馆即时闭门，预防意外。大街上成千成万的游人杂□拥挤，高呼狂叫。水兵们见到女士就拥抱接吻，结果弄得满脸都是口红。因为游人拥挤得水泄不通，各种街车都暂行停驶。据称：当天旧金山的中国城中，燃放鞭炮的数量甚多，各商店把历年花炮的存货几乎售卖一空。

不到街上参加庆祝的人们大都把无线电收音机放开，听取最近的消息。在这时候，作者才领略到美国广播事业发达得惊人。前几分钟，可以听取某电台驻英记者直接由伦敦的广播报告，后几分钟，便可以听取由马尼拉直接发出的消息，再停几分钟，又可以听取华盛顿某国会议员的评论。听者就好像随着广播节目，环游世界一周一般。

最令人感兴趣的广播节目是电台派人到街上去访问行人，听众在收音机旁可以直接听到行人嘈杂声，天空飞机声，同时也可听到一般普通人——如学生、商人、兵士和主妇等的意见，俨如置身在一个露天讨论会般。

二、广岛及长崎破毁的情形

原子弹的轰炸固然不是日本投降的唯一原因，但是无疑地原子弹是令日本投降的直接的主因之一。为什么原子弹能影响日本军人的士气，而能使尚武的军人甘拜下风？我们必须先看看究竟原子弹在广岛和长崎破毁的程度，然后才能体会出日本军人不得不投降的理由。

（1）广岛的情形

美国飞机在 1945 年 8 月 6 日上午 8 点 15 分（日本时间）向广岛投下一枚原子弹。

那时候正是学生上学，工人上工的时候。当时虽有一度空袭警报，但以后因没见着飞机，就把警报解除了。可是在解除警报 45 分钟后，美国飞机便飞到广岛上空，所以居民没有时间躲避，而且原子弹所击中的地方正是广岛商业区域，所以死伤的人数更多。

直接受原子弹轰炸的面积有 4.4 方里，在这个 4.4 方里中，所有的东西全都烧夷殆尽。

据估计，当时广岛城的人口共有 24,5000 名，人烟稠密的区域平均为每方里有 4.6 万人，事后统计有百分之三十居民被炸死或烧死，百分之三十居民蒙受重伤。

广岛城中有 200 名医生，其中死伤者约占百分之九十，在 1,780 名护士中，死伤者有 1,654 名，45 所民间医院中，只剩下三所能作临时紧急医院，距爆炸中心 3,000 多尺内的医院都完全炸毁无遗。

因为日本房舍多半是用木料筑城的，所以火焰四起，不堪收拾，又因为消防队员和救火车的缺乏，所以广岛的火一直燃烧了 30 个小时，当局才由各方凑齐人员，开始抢救。

电灯、电话、交通工具俱被破坏，地下 14 寸和 16 寸粗的水管子，有许多被炸裂。煤气管子破裂的地方有 70,000 处。

据日本官方报告，在广岛城外的 90,000 座建筑中有 62,000 座被烧毁。

（未完）

## 11.《益世报·国际周刊》第 48 期，民国三十六年七月二日，第六版

### 原子弹轰炸广岛和长崎详记（下）

（2）长崎的情形

1945 年 8 月 9 日上午 11 点 02 秒，美国两架 B-29 轰炸机向长崎投下另一枚原子弹。

当地当局在 11 点 09 秒才发出空袭警报，所以只有 400 居民跑到防空洞中，其余的人都来不及躲避。

在防空洞的大半都逃脱死亡的厄运，可是在洞口站立的人却遭受放射线光线的侵害或空气动荡的打击。

原子弹炸毁的面积的 1.8 方里，有 25,000 至 40,000 人死亡，大约有相同数目的受伤。

在投掷原子弹前一年中，已经有 136 架美机飞到长崎轰炸，总共投掷 270 吨炸弹，53 吨燃烧弹，20 吨夷榴弹，可是过去轰炸的总共的破毁力却没有这一枚原子弹的大。

长崎城中百分之八十的医院床铺俱被炸毁，长崎医院也被炸坏，850 名学生中炸死 600 名，20 名医院教授中有 12 名丧生。

公用事业完全停顿，街车停开直有三个月之久。

轰炸后，当地当局即开始火葬或掩埋尸体的工作，因为是时气候炎热，唯恐瘟疫发生。事后只有轻性痢疾流行，并无严重的瘟疫发生。

54,000 所住宅中，有 14,146 所被炸毁，有 11,494 所被烧毁，并有 5,441 所部分烧毁。商业建筑中，有百分之六十被炸毁，只有百分之十二完整无伤。

在长崎有四家大工厂，全由日财阀三菱所控制。一家是三菱船厂，电业器具工厂、军械工厂和钢铁工厂，其中除船厂没有受到任何损失外，其余三家工厂所受的损失甚为重大。

（3）广岛和长崎居民的死伤情形

关于广岛和长崎居民死伤的总数很不容易获得正确的统计。据估计，广岛居民死伤的总数大约在 10,000 与 180,000 之间，长崎的总数在 50,000 与 100,000

之间。在广岛死亡的居民大约在 70,000 与 80,000 之间，并有相同人数受伤。在长崎死亡的居民大约超过 85,000 名，受伤的人数较这个数字尤高。

死伤的主要原因是爆炸，火烧，震动，倾圮屋宇的压击，放射性光线的危害。

在广岛有百分之三十的居民被颓圮的房屋压死，百分之六十被烧死，由其他原因而死亡的人数只占百分之十。

据估计，在爆炸中心 3,000 尺内的居民都患严重的由放射光线感应所生的疾病。因接触放射光线而死亡的人数占总死亡数的百分之七八。有许多做实地调查的科学家认为，此种死亡人数当在百分之十五和二十之间。

原子弹爆炸时放射丙种放射光线，凡感受丙种放射线最多的人可得坏血症，血液中白血球全被消灭。骨骼中的骨髓亦有被毁坏的可能，喉头、肺部、胃部及肠部亦发炎浮肿，同时便秘血痢，脱落头发及肤毛的病象也随时发生。丙种放射线也能破坏男子的精子。据调查，在广岛距爆炸中心 5,000 尺的男人，在事后三个月内不能种子。怀孕的女人中，流产及早产的病情也很多。广岛城中有百分之二十七孕妇俱遭受这种痛苦。

有许多感受放射线的病情是慢性的，起初病人感到口胃失调，精神萎靡，然后口部及咽喉发炎，最后温度升高，可到华氏一百度，严重的病情可到华氏一百零四或零五度，同时头发也跟着脱落。

三、原子弹对于士气的影响

广岛和长崎居民对于原子弹的反应是恐怖和忧惧。

据事后当地居民叙述，一般人都感到极度的恐惧。每逢听到飞机声音即奔走躲藏，大家都显示坐卧不安的情状。

在原子弹轰炸前，广岛和长崎的居民都存着侥幸的心理。先前美国飞机虽然轰炸长崎六次，但破坏的程度不甚严重。美国飞机到广岛轰炸的次数很少，所以居民都侈思妄想，认为他们的城市不能受到战争的摧残，尤其是在广岛居住的人更存着幸免的心理。广岛人民认为他们的城是日本名胜之所，风景秀丽，美国飞机决不轻易牺牲这座美丽的城市，同时他们认为广岛是座基督教城市，许多美籍日人是从广岛移去的，美国飞机或许不会轰炸这座日美感情连系的城市，可是当原子弹降落在这两座城市的时候，一切侈想妄思都随之烟消云散了。

最可注意的现象是广岛和长崎的居民因仇恨美国的轰炸，变成意气用事了，抗战的决意反而提高。可是这种心理越来越形衰弱，进而对于日本战争的前途逐渐发生怀疑，最后这两城市的居民较其他城市的士气还要衰败数倍。

据 1945 年 7 月 1 日的调查：

|  | 广岛和长崎区域的居民 | 其他城市的居民 |
| --- | --- | --- |
| 对于日本胜利发生怀疑者 | 31% | 47% |
| 认为日本绝对不能胜利者 | 12% | 34% |
| 对于日本前途不发生任何怀疑者 | 39% | 28% |

可是据以后的调查，认为日本必然失败者：

| 广岛和长崎区域 | 25% |
| --- | --- |
| 距离广岛和长崎最近的区域 | 23% |
| 距离广岛和长崎较远的区域 | 15% |
| 距离广岛和长崎更远的区域 | 8% |
| 距离广岛和长崎最远的区域 | 6% |

由上面统计表看来，距离广岛和长崎越远的地方越觉得战争有望，距离越近的区域，对于战争前途越抱悲观。

四、原子弹对于日本军人政府的影响

我们不应贸然认为日本军政府领袖所以决定投降的动机，纯是受原子弹的威迫，其他因素（如日本海军损失的奇重、苏联宣布对日作战等）都应考虑，不过原子弹只是促进日本政府投降的因素之一而已。

1944 年春季，日本政府即有与盟军言和的议论。当时主和派有米内近卫等，这一派的意见才使东条辞职，后来在小矶下台后，这一派人便把铃木推为首相。在铃木的内阁中，主和及主战派仍相摩擦，米内对于言和派的主张表示同情，而陆军部长南波坚持异议，同时海陆军参谋部长也主张抗战到底。

1945 年 5 月间日本最高战事指导会议即开始寻找言和的途径。6 月 26 日，日皇在御前会议中表明言和的决意，同时要求政府负责人依此筹划适当的方策，结果日本政府请求苏联于波茨坦会议时向英美传递和平的建议。

7 月 26 日盟方发表《波茨坦宣言》，作为回答日本求和的复音，8 月 6 日广岛被原子弹轰炸，9 日长崎也被轰炸，同时苏联也对日宣战。日本政府的和平派因而抬头，主战派的气焰逐渐减杀。在 9 日的夜间至 10 日的早晨的御前会议中，才立定求和的决策。

五、原子弹的危害性

在原子弹爆炸的时候，有下列数种显著的现象：（1）白色絮状的浓烟；（2）

强烈灿烂的光辉；（3）响彻云霄的声浪；（4）高速度的"火风"（Fire Wind，原子弹爆炸时，附近温度高的空气上腾，外间冷空气向中间吹刮，在广岛的火风的速度每时达 40 里）；（5）强烈的放射性光线；（6）极高的热度；（7）剧烈的震动。

光、声、火风、烟的危害力较为轻微，其主要破毁力量却是热、震动和放射性光线：

（1）热：在广岛和长崎的火球都有数百尺的直径，在火球中央的温度足有摄氏数百万度，在火球的边缘也有摄氏数千度。科学家根据烧毁的残余物件推测，火球的温度约在摄氏 3,000 度与 9,000 度之间。据日本物理学家的估计，原子弹所放的热能足有 10B 加路里（Calories）。

（2）震动：在广岛和长崎的树木的主干还继续直立，但树枝俱被折断。至于房屋倾圮的程度全视建筑的牢固程度而定，材料结实的房屋较易保全。

（3）放射性光线：在广岛距原子弹爆炸地点 10,000 尺的地方还能发现放射能的感应。在长崎距离爆炸地点 6,500 尺的地方也发现同样的现象。

受孕的女人距爆炸地点一里的地方都遭受流产或小产的痛苦。

可是放射性光线在土地上和植物上都没有永久存留的现象。

## 六、原子弹与普通炸弹的比较

据广岛、长崎和东京三城死亡的数字，就可以说明原子弹较普通炸弹的威力大得多。

| | 广岛 | 长崎 | 东京 |
|---|---|---|---|
| 飞机数 | 1 | 1 | 279 |
| 投掷炸弹数 | 1 | 1 | 1,667 |
| 每方里的人口密度 | 46,000 | 65,000 | 130,000 |
| 炸毁的方里数 | 4.7 | 1.8 | 15.8 |
| 死亡和失踪的人数 | 70,000—80,000 | 35,000—40,000 | 83,600 |
| 受伤的人数 | 70,000 | 40,000 | 102,000 |
| 每方里的死亡人数 | 15,000 | 20,000 | 5,300 |
| 每方里死伤的人数 | 32,000 | 43,000 | 11,800 |

## 七、由广岛和长崎所得到的教训

（1）大城市是原子弹进攻的理想的目标。大城市是一国神经的枢纽。假如大城市被炸毁，一国就陷入紊乱状态中。大都市也是一国的交通、政治、文治、经济和商业的中心，人口稠密，影响巨大，最易惹起敌人的注目。

（2）地下防空洞的重要性增加，交通工具和工厂也必须移到地下去。在地下不但可以避免火灾的震荡，并且还可避免放射性光线的危害。

（3）分散大都市的居民和工厂的重要性与日增加。尤其工厂集中在大都市附近是顶危险的。作战的时候，敌人可以用几个原子弹把一国的工业全部破坏，因为居民可以随时分散的，而工厂却是固定难移的。

## 12.《益世报·国际周刊》第 75 期，民国三十七年一月七日，第六版

## 统制国际原子能的先决条件

一

联合国要想避免原子战争，就必须对于原子能有强有力的统制办法。假如联合国对于原子能不能获得有效的统制，人类文明随时都有遭受残酷破坏的可能。

国际原子能的统制问题是联合国的试金石。在处置原子能问题上，我们便可估计联合国的力量，也可推测它的前途。联合国原子能委员会已经成立有二年之久。在这期间，会务虽从不间断，但由于美苏方案的不同，会务总未能开展。瞻望前途，距成立有效的国际统制机构的那天还有一段遥远的崎岖的路程。这种耗费时间的情形，正可说明这份工作的艰巨。现在我们还须耐心观察，不应遽然对原委会作任何武断的定评。

最令我们高兴的是原委会的会务总是向前迈进，迈进的速度虽然慢，但总比停顿不动好得多。

会务进行迟滞的表面原因是美苏方案的对立，由于美苏方案的冲突，造成许多几乎无法克服的困难。但实际说来，美苏方案的对立只可视为"果"，不能视为"因"，是病症而非病源。战后美苏集团的对立抵消国际合作的效力，原委会自然也曾遭受打击。战争时期美苏的合作精神随轴心国降服而幻灭，使原有国际矛盾非但未能调解或消除，反而变本加厉。这是□□顶不幸的发□。美苏对立的主因是经济制度的不同及政治信仰的差异。这是战后国际分裂的因，也是令联合国机构虚弱的病源，原委会自然也因感染这种疾病而陷入麻痹的境地中。要想国际组织强化有力，各国必须在不同的制度及信仰下，谋取共存共荣的方法。这就须于不同中求调谐，分裂中谋妥协。如此国际和平方得维系。这是成立联合国的主要目的，自然也是成立原委会的动机。在分裂与矛盾中，谋取妥协及调谐是件艰难的工作。这就说明原委会会务迟滞不进的原因。

成立国际原子能统制机构前，必须对于下列二事先取得适当的解决：（1）

各国能否赞同放弃一部分的主权；（2）各国能否建立互信心理。这两桩事是联合国间妥协及调谐程度的标志，也是原委会成败的关键。假如这两种先决条件不能获得适当的处置，即使原子能统制机构能够成立，其效力也是脆弱的，是不经测试的。在这美苏对垒的情况下，因为内在的经济及政治的矛盾，谋求这两种条件的解决是会遭遇困难的，但耐心远见的政治家的努力也是迫切需要的。

二

主权的存在阻止国际间有效的合作，在各国不愿放弃一部分主权之前，一切国际组织只不过是外交折冲的场所，一个强有力的世界原子能统制机构很难产生。一个国家的维系凭仗法律，国家立下基本大法（如宪法），任何人民不能任意侵犯，所有国家便可奠立在稳固的磐石上。可是现今国际组织中，没有实际有效的法律，宪章只不过是各国合作的原则和方法，而不是各国必须遵守的定法。例如，在战争时期显赫一时的《大西洋宪章》只不过是一张空头支票。战后许多国际□作的□置大多违背该宪章的精神。后来罗斯福总统居然□□《大西洋宪章》只是战争时期的临时措置，而非国家既定政策。《大西洋宪章》的失效便说明原则与法律的不同。《联合国宪章》顶多只可视为一种条约，它的存在只依赖各签字国的诚意，联合国没有权力去要求所有国家服从它的决定，大国否决权的存在便是一个很明显的例证。

《联合国宪章》开宗明义的弁言中，第一句就是"我们联合国的人民……"，念起来好像现今的宪章是代表各国人民的意见，好像联合国是基于世界人民的政治组织，可是弁言的最后一段反说"有各个来旧金山的代表，我们各个政府……已经赞同现在的《联合国宪章》，并且赞成设立一定名为联合国的国际组织。"这类措辞明显地告诉我们说，宪章起草人愿意把这种国际组织建筑在世界人民的民意上，可又发现各国坚持各自的国家主权，所以在最后一段，又把"政府"搬出来。这种措辞是矛盾的。同时，由此亦可看出起草人设法使这种国际组织超逾国家主权障碍的苦心孤诣了。

各国放弃主权在现今是不可能的。可是除非各国放弃一部分主权，一切国际组织只不过是外交逐鹿的场所，因此，国际间一切的规定和原则，就不免有空泛脆弱之弊。同时国际纠纷解决的方法自不免凭借经济武力，狡词诡论，而不依照定法评判了。

国际原子能统制问题首先就遇到主权的困难。设立一个强有力的国际统制机构，管理世界上一切有关原子能的事务，是件很完美的建议。可是各国是否肯接受国际机构的严厉统制，是否愿意国际机构在他们领土内开采铀矿，是否容忍国际机构监视或勘查原子研究……这些问题的解决，全视各国是否愿意放弃一部分的主权而定。

鉴于主权问题对于世界合作的障碍，所以有许多人士主张成立世界政府，破除主权的观念。他们认为世界上不能有永久的和平，除非我们能永久维持世界秩序，可是除非我们有世界法律（world law），世界秩序亦无从维持。进一步说，世界法律是不能存在的，除非有一个世界政府能够执行这种法律；但是世界政府不能成立，除非现今的各国肯放弃主权的观念。同时主张成立世界政府的人士都认为现存的国际组织是很脆弱的，不足应付原子时代的需求。人类为求自救起见，必须联合起来，成立一种政府，把国际关系放置在一种法律的基础上。

名科学家爱因斯坦、小说家辛克莱都是世界政府运动的推动人。英前外相艾登在 1945 年 11 月 22 日亦曾表示赞助。他说："我们从来不能了解，我们现在还不能了解，在各国放弃现存的主权观念外，我们还有什么方法去由原子能中保全这个世界……我们现在就应该开始作这件事情……这是联合国的首要任务。"美作家里夫斯（Emery Reves）在他著的《和平分析》中，也极力主张制定世界法律，作为奠立世界和平的基础。

但战后国际间的鸿沟日深一日，容忍调谐的机会越来越渺茫，成立世界政府的希望也越来越暗淡。在这种情况下，即使世界政府由几个利益相近的国家出来领导成立起来，恐怕对于国际政局非但无益，而且有害。一方面可能加深世界的裂痕，另一面所成立的世界政府很易为几个强有力的国家驾驭操纵。世界政府运动是一时不能成功的，只不过代表人类的思想进步的趋势而已。

三

各国失却相互信赖的心理也是阻碍成立有效的原子能统制机构的困难之一。由于习尚、语言、制度、信仰和理想等的不同，及经济、政治等利害的冲突，各国间俱不肯轻易信赖，这是国际合作的大障碍。

彼此不相信，便不能开诚相见，猜疑嫉妒却可引起无谓的误会。再加上恶意和自私的宣传，更使谅解困难。

刻下补救的办法还得从教育方面着手。国际间文化的沟通，社会事业的合作，新闻消息的自由传递等，都可帮助填平这条阻隔彼此的鸿沟。联合国教育科学文化组织的主要任务即在这里。

消除国际隔膜的工作是渐进的，是艰巨的。现在就以国际新闻自由一项作个例子，说明这种工作的不易。

现在世界上有许多国家的人民不能享受充分的言论自由。人民所知道的，只是政府愿意告诉的，对于国际真实的情形没有明确认识的机会。各种偏见深深印入人民的心目中，令国际合作的工作日见困难。英美报纸虽然可以享受相当高度的自由，可是对于国际合作贡献的多寡，仍是一个可辩论的问题。例如美国报纸大部分是站在工商业家的立场说话，真正能反应多少民意，却是个很大的疑问。如在 1936 及 1940 年，有过半数的报纸反对重选罗斯福，但在这两次竞选中，罗氏反赢得绝对的胜利。美国报纸大王们操纵报纸政策，利用报纸作为维护他们利益的工具，而他们的利益不见得就与大众利益或世界利益相吻合。例如美国报纸大王赫斯特（W. R. Hearst）主张美国主义。这种偏隘的思想，怎能促进国际间的谅解。报纸电台都由国家统制，人民所听所见的都是政府所愿意供给的。

言论不自由便会引起恶意的宣传，这是国际合作的障碍，也是引起互相猜忌的主因之一。各国间不能开诚布公，隔阂自然与日俱增。历史家把恶意宣传列为第一次世界大战主因之一，自有相当的道理。远在 1945 年夏季，即有人注意在战后增进国际新闻自由，藉以消除国际猜忌的问题。哥伦比亚大学新闻系主任阿克曼（C. W. Ackerman）和两位报纸编辑梅吉尔（R. W. Megill）和福雷斯特（W. Forrest）周游世界，访问各国政府，讨论世界新闻自由传递的办法。当时各国政府只给一种口头的诺许，最后并没有收到任何的效果。旧金山联合国会议期间，也曾提出国际新闻自由问题，但也没有得到任何具体的办法。在经社理事会的人权委员会下，虽设有新闻报纸自由小组委员会，但所讨论的事项未免空泛，无力见诸实行。1946 年秋季在巴黎举行欧洲和平会议时，英、美、苏都赞成新闻采访的自由。这是比第一次大战后巴黎会议进步的地方。但各国记者往往偏重本国的利益，不给读者一种客观的正确的报道，这也是消除国际隔阂人事上的困难。

可是，国际新闻不自由只是阻碍各国精诚团结，招致猜忌的主因之一，其实与其说它是因，还不如说它是果。只要国际间矛盾存在，各国互相猜忌的心理即不能消除。国际新闻的传递以及文化社会事业的沟通就会受到限制。增强国际间互信的心理，最基本的方法是设法消除国际间政治及经济的矛盾。不过从国际新闻自由，沟通文化着手，也不失为一条有效的辅进方法，站在原子时代门槛的人类再不容把这个问题拖宕下去。

### 13.《益世报·国际周刊》第84期，民国三十七年三月廿四日，第六版

# 评述世界政府运动

一

联合国于1945年6月26日在美国旧金山正式成立,同年7月16日原子弹在美国新墨西哥州正式试验成功。不料在联合国成立的20日内,原子弹突然出现。在这庞大破坏武器的出现后，人们要求国际合作的心愿更形迫切，要求强化国际组织的呼声亦随之增高。因而有一部分美国人士对于现存《联合国宪章》表示不满,他们认为《联合国宪章》是原子时代前的产物,宪章本身不足应付原子时代的危急。有的人指出，否决权规定失当,认为否决权有碍国际组织的效能;有的人指出，参加联合国的国家都不肯放弃一部分的主权,所以《联合国宪章》仅仅是一种条约,而不是另一种强有力的国际公法;这种国际组织仍是旧汤旧药,不足疗治当代的病症。

由于不满意现存的联合国机构，在美国遂发生成立世界政府（World Government）的运动。近年，美国参加世界政府运动的人逐日增多，其中著名的人物有前国家工业协会会长伦德（R. L. Lund）、芝加哥大学校长哈钦斯（R. Hutchins）、前大理院法官罗伯斯（Owen Roberts）、工业工会（CIO）会长默里（P. Murray）、物理学家爱因斯坦（Albert Einstein）、化学家尤里（H. Urey）、政论家斯温（R. G. Swing）、前国会参议员泰勒（Glenn Taylor）、前国会参议员沃利斯（Jerry Voorhis）、小说家曼恩（Thomas Mann）、辛克莱（Upton Sinclair）和社会党主席托马斯（Norman Thomas）等。

在美国现下鼓吹世界政府运动的组织很多，大多数是小规模性质，其中会员较多，组织较大的约有六个:

（1）美国人民世界政府联合会（Americans United for World Government）:这个组织是由许多维护国际合作的小团体合并而成,起初他们极力赞助联合国,自原子武器出现后，方提议修改《联合国宪章》，成立世界联邦政府（Federal World Government），并且主张这个政府能制定法律，禁止侵略，全权统制原子武器。刻下这个组织由作家卡津斯（Norman Cousins，著有《现代人已过时》*Modern Man is Obsolete*）领导。

（2）联合国改革公民委员会（Citizens Committee for U.N. Reform）:现由桥牌专家库伯森（Ely Cubbertson）领导,主张联合国应有强大的武力,用以制止侵略和战争，并主张废除否决权,禁止使用原子武器,成立联合国独立军队,

限制各国武备，监视各国武备发展。

（3）邦国联合（Federal Union）：1939年《纽约时报》记者斯特莱克（G. K. Strike）创立这个组织，并刊行一种月刊，名《自由与联合》（*Freedom and Union*）。他最主要的主张是，世界上各民主国家先成立一大联邦，先造成一种强大势力，用以吸收非民主国家。他认为英、美、法、荷、比、瑞士、瑞典、挪威、英自治领等先行组织一联邦，然后邀请别国加入。

（4）美国世界联邦会（World Federalists U.S.A.）：他们主张成立一世界联邦政府，设立一世界议会，由各国选送代表参加，并设立世界独立警察和法庭，有权干涉或惩罚世界各国的人民。在步骤方面，他们主张修改《联合国宪章》，授予世界政府至上的权力，或者联合国召集世界宪法大会，制定新法律。他们并主张，凡赞成这种计划的国家可先行成立世界政府，不必等待所有各国的同意。

（5）学生联邦会（Student Federalists）：他们的主张与美国世界联邦会大致相同，会员大都是成年学生，由斯沃斯莫尔大学（Swarthmore College）的学生科尔盖特·普伦蒂斯（Colgate Prentice）任会长。第二次世界大战期间，普伦蒂斯是B-29轰炸机的飞行员，曾参加轰炸飞行19次。

（6）赞助世界联邦政府学生会（Students for Federal World Government）：系由西北大学（Northwestern University）一批退伍学生所组成，现由怀特豪斯（R. L. Whitehouse）负责会务。会员不必交缴会费，只需每星期用一小时的时间去宣传成立世界政府的主张。

## 二

上述六个推进世界政府运动的团体，在实施的方法上虽不尽相同，但在原则上却大致相仿，最主要的原则是成立国际法律。他们的理由是：现在各国国内都有法律，政府可以依法约束个人，所以各国的治安和秩序才能维系；国家法律能够延展到全世界，世界的和平也可维系。他们认为这种法律应当超越各国国家权力的，是世界化的；世界政府应当依照世界定法及强有力的执行工具，推行法定的权力到世界每个角落；世界政府有权惩罚世界各个犯法的人民，正如现在各国政府惩罚其所属的犯法的人民一样；在世界政府制度下，国家主义时代的主权观念是不容存在的。所以他们认为，现行的《联合国宪章》仅是一种条约，不是公法，条约的寿命寄存在签字国的手中，某一签字国不愿遵守，条约便告失效；因此在原子时代的现今，《联合国宪章》是脆弱的，不足维系世界和平；联合国组织故须强化，故须法律化，如此，世界和平方得保护。

在组织世界政府的方法上，上述六团体显然有不同的主张。有的主张沿用现行的宪章，不过加以修改，取消否决权，成立强有力的国际军事机关，成立强有力的原子能统制组织，扩大联合国的权力；另有人主张干脆取消现存的联合国，重新召集世界人民代表议会，选立世界政府，制定世界法律；更有人主张先由几个政治制度相近的国家出来领导大规模的联邦政府，随时约请其他国家参加。他们认为一个有组织的联邦政府自会比非联邦国家的势力强大，终久非联邦国家也自来参加。

三

世界政府的前程是崎岖不平的，是会遭遇障碍的。在现今的国际环境中，成立世界政府的可能性固是一个大可辩论的问题，而这种运动的智与不智，适当与否，也是令人质疑的。

现代国际间冲突的主因还是经济成分多，在经济关系得不到合理解决以前，只从政治形式上着手，只还是治标办法。在这种情形下，强有力的世界政府是不会出现的，而且现代各国都重视主权，哪一个国家肯牺牲全部主权而完全听从国际组织的指挥？就以现在强盛一时的美苏来说，他们的政府绝不肯这样做的。至于成立世界代表议会也有很多的困难，议会代表的数目是应以人口作比例的。人口众多的中国、印度、苏联无形间会占便宜，英美等国一定不会赞同的。其次风俗、习惯、语文、信仰的差异及教育水准的高低也是世界议会所遭遇的困难。

现今国际政局中显然分成两个集团，在这种对垒的局面不能打开前，成立世界政府的希望是微渺的，即使现在由几个国家将世界政府成立起来，其前途是极危险的。在那种情形下，世界政府很容易变成某一种政治或经济势力的御用品，更不幸的是国际鸿沟更会日深一日，分裂局面更形显著。

世界政府运动者每每攻击否决权的规定，就表面说，否决权的规定由宪章取消后，联合国便会减除一种障碍，其力量自会增加，但实际说来，这也是一种舍本追末的看法。其所规定否决权的最初目的在增加强国合作、共保世界和平的互信心理，只要消损强国互信心理的诸般原因存在，强国间的合作便会遭遇困难，联合国的效力便会减少，否决权的运用自会增多。所以否决权的运用是病象，不是病源，世界政府运动人士只注意病象，而忽视病源，自可说是种舍本追末的看法。就现今国际情势言，取消否决权，对联合国不会有所裨益，对于这个唯一的国际合作机构不会有良好的影响，对于世界和平更不会增进的。取消否决权就须修改宪章，第一步就会遭到苏联的反对，其实美国何尝愿意取消否决权。美国真正所希望的只是在这英美集团坚强的情形下，苏联少投反对票而已。

总之，在这国际的经济和政治问题得到合理解决或协调前，各国间互相猜忌的心理是不能消除的。在这种情况下，成立世界政府绝不可能。现存的联合国虽然是诞生在原子时代前，虽然宪章不足应付原子时代的诸般问题，可是联合国是现代唯一国际合作机构，并且唯有这种机构在现今才有存在的可能。假如世界各国真能以真实态度消除猜忌，以容忍精神谋取解决各种困难的方法，世界和平非是不可维持的。就刻下情形观察，英美政府对于世界政府运动都采取冷淡态度，他们顾虑到成立世界政府的种种困难，俱不愿轻易尝试，并且又恐增加世界局势的裂痕，招致联合国的夭亡。在过去联合国安理会中，有许多激烈的争辩，因此，有许多人对于联合国的合作前程发生忧虑。其实争辩决不是联合国组织的弱点，更不会阻碍国际的合作，争辩是会议间不可避免的现象，只要各国能坐在一张会议桌旁彼此争辩，和平就有保存的机会。用争辩方式解决彼此间的矛盾，总比用枪刀智慧得多。

不过我们不能一笔抹杀世界政府运动的意义。这种运动是前进的、先知的，也可代表世界思想进步的一种趋向。这种运动需要时间，也需要耐心的教育工作。本来政治制度是人类合作谋生的组织方式，虽然现在人类思想、政治、经济等还没有进步到世界政府的方式，但将来总会有达到目的的一天。这只有来日的历史才能告诉我们。

## 14.《益世报》，民国三十七年五月八日，第二版

### 巴勒斯坦问题

远在第一次世界大战中的 1917 年，英国为取得犹人的协助，即声明于战后支持犹人在巴勒斯坦建立犹太国，此即《贝尔福宣言》（Balfour Declaration）。英国既声明襄助犹人复国运动，所以在 1920 年圣雷诺（San Reno）会议中，即将巴勒斯坦委任英国统治。

在委任统治时期，英国未能忠实履行委任条文，并未扶植犹人奠立建国的政治基础，1937 年皮尔委员会（Peel Commission）对此亦有严苛的指摘。英人这类口惠而实不至的态度在 1939 年完全暴露。当时在希特勒逼害政策下，有许多犹人逃往巴勒斯坦，不料英首相张伯伦竟发表"白皮书"，限制犹人移入的数目，国际联盟委任地永久委员会虽提出抗议，但未生效。工党在执政前，对于

保守党的对犹政策大加抨击，远在 1940 年工党即指斥政府限制犹人移民的失当，1941 及 1945 年工党宣言中俱作襄助犹人复国的主张。不料工党执政后，又背弃诺言，移民数额未见增加，各地英领馆拒绝签押护照。私自潜入巴勒斯坦者均目为不法之徒，凡遭逮捕者即被强迫前往塞浦路斯岛。英国对于巴勒斯坦问题的解决，只是一味拖宕搪塞，不做积极的处置。

美国对于犹人复国运动向表同情。对于犹人迁返巴勒斯坦的原则尤表赞助。远在 1917 年美总统威尔逊即赞同《贝尔福宣言》。第二次世界大战后，杜鲁门即遣哈里森和格兰地等赴欧调查，并与英政府谈判解决方案。1946 年 1 月英美调查委员会亦告成立。经过一年的调查和谈判，在阿犹间既不得妥协方案，在英美间亦未能获取一致的意见，结果英国在 1947 年 2 月将巴勒斯坦问题推到联合国去。

1947 年 4 月间召开联大特别会议，成立巴勒斯坦委员会，草拟解决方案。9 月间第二届联合国大会于纽约召集，阿犹分治未获得通过。当时阿拉伯六名代表即相率退出会场，抗议多数"暗杀联合国宪章"。阿人反犹情绪益形高涨。今年 3 月 16 日，联合国巴勒斯坦委员会之五人委员会向安理会提出其第二次每月报告称：在 5 月 15 日英放弃委任统治后，除非预有适当之安全措施，流血恐将难免，且除非恢复巴勒斯坦治安，分治计划不能成功。3 月 19 日美代表团突然发表撤销支持分治案的声明，并主张成立巴勒斯坦全域的临时托管政府。4 月间巴勒斯坦各地骚动迭起，阿军亦行进侵。同时联大特别会议再度召集，直至 5 月 5 日，尚未能获得协议。将来是否能真正觅得适当解决办法，仍属疑问。

苏联在巴勒斯坦的经济利害关系比英美轻，在巴勒斯坦的顾忌也比较少，因之在主张上比英美较为公平。所以在安理会及联大特别会议中，苏联坚持执行联合国大会的分治决议。英国对于分治计划不加可否，只坚决表示于 5 月 15 日终止其圣地委任统治；8 月 1 日英军完全撤离圣地。但就近日英国源源向雅法增兵的情形言，英国对于撤离圣地的日期或会有再行考虑的可能。美国对于近东油田利益极尽关心，战后近东政策尤表积极。美国最初支持犹人复国运动，期以抵消英国的既存势力，但英国一味向美国及联合国身上推，一则不便得罪阿人，二则乐得别人代表解铃。不过自联大通过分治案后，在执行上遭到许多困难。阿人反美的情绪日形增高，所以外交政策上美国又要改弦更张。3 月 19 日美代表团的声明即为美国政策转变的先声。

就历史言，英国是犹人建国运动的发起者，迨后却阻挡这种运动的成功。英国这种口惠而实不至的政策实有其如意算盘及难言之隐。在道义上，英国不得不履行诺言，但在利害关系上，又不能不犹疑踟蹰。英国在近东军事政治经济的利益，不容许他们得罪阿拉伯人，为取悦阿人，既不愿承兑对犹人所开的支票，只有搪塞责任了。美国为顾计近东油田利益，也不愿得罪阿人，对于犹人复国运动不会有更大的实际的支持。随着国内备战狂潮的激荡，强权政治自会降落到政局飘摇不定的近东。这可说明美国撤销支持分治计划的原因。

近东油田是世界储量最多之地，在伊拉克、伊朗、沙特阿拉伯之油田几全为英美资本家操纵。英国不愿在近东的经济利益遭受阿人的威胁，故不能不对阿人妥协。英工党少壮议员克罗斯曼（Richard Crossman，曾著《巴勒斯坦出使记》Palestine Mission）对于英国在近东所处的局势加以说明。他说："近东是石油的主要产地，但在战略上及政治上都遭逢莫大的威胁。就政治上说，油田都不属于英国，在思想战争中，敌人很易揭起土人对外来资本家的嫉恨的情绪；就战略上说，油田都分布在很长的交通线的另一端，其间经过许多独立的阿拉伯国家。现在苏伊士运河的战略地位已较昔日减低，但摩苏尔（Mosul）及阿巴登（Abaden）油田确是英国在和平及战争期间立国不可少的。"美国近东政策，也受油田利益所支配。关于这点，美前民主党参议员泰勒（Glen Taylor）曾作透骨的揭发。3月21日泰勒要求杜鲁门撤换前华尔街狄龙瑞德公司经理、现任国防部长福莱斯特尔，即因福氏打击分治计划，只图保护美在近东的石油利益。

在巴勒斯坦问题的政治方面，英国更须首先考虑英、美、苏在近东的角逐日形增加。英国亦须交结阿人以求自固，在经济方面，英美油田事业固已取得协调（1946年12月英美订立协定，分割油田利益，美国经济势力大加扩展），此后可以共同对付苏联的经济势力向近东的伸入。但英国也不敢过于相信美国，唯恐来日美国资本势力过度膨胀，取而代之。所以英国也就不敢轻易放弃他们的政治资本——阿人的好感。在这种情形下，犹人复国运动自会遭到英国人的阻梗，而且自英军撤离埃及后，近东军事的重要性更形增加。英国历来对于苏伊士运河的防卫问题极尽智虑，现在更有在近东布置卫星的必要。远在1932年，伊拉克即脱离委任统治的限制，而宣告独立，同时与英订立盟约，允许英人有建立空军基地之权利，并允予供给运输军队之便利。伊国之财政、军事交通等实权悉为英人所操纵。1946年1月英人单独承认外约旦独立，并订立条约。英人得有驻兵及练军之权力，尔后亦开始训练沙特阿拉伯的军队，并以英式武器配备之。

美国在近东所获得的油田利益的庞大，已使美国对于近东不容忽视。在战争歇斯底里的笼罩下，军人及商人在外交政策上自有很大的影响。美派遣军事顾问团赴伊朗，撤销支持阿犹分治方案等俱为这种影响的表面化。

就道义言，犹人建国是理所当然，各国政府俱应积极赞助之，尤其英国更是责无旁贷。且据许多私人及官方考察，都认为犹人建国对于巴勒斯坦的工商业、文化、农业等的发展将有莫大的补助。阿拉伯同盟（1945年2月由埃及、伊拉克、外约旦、沙特阿拉伯、叙利亚、黎巴嫩和也门七国组成）虽然极力反对，但各阿拉伯政府多代表特权阶级，普通阿人不见得就那样仇视犹人，而且阿拉伯诸国势力很小，只要大国决心帮助犹人，阿拉伯同盟也无法阻碍犹人建国运动的实现，问题的解决全视大国有无决心。这当然涉及自私的利害关系，假如英美还想利用其以夷制夷的策略，问题就不会在最近解决的，巴勒斯坦问题只不过是列国间的足球，任人蹴踢而已。

### 15.《益世报》，民国三十七年六月三日，第三版

## 反对美扶植日本
#### ——南大昨开座谈会：杨生茂丁洪范发表演说，呼吁各界警觉挽回危机

南大自治会主办的反对美国扶植日本座谈会，昨晚在北院民主厅举行。参加者除了该校同学和南开中学同学共约二百人外，丁洪范等五教授也欣然与会讲演。座谈会开始，首先由主席报告座谈会意义，次请各教授发表意见。杨生茂教授说：日本对中国构成威胁，已有五六十年历史。我们应该有所警惕。（1）要反省、醒悟、改革，希望政府如此，人民尤应如此。（2）坚持早开和会，在和会中联合凡受害于日本帝国主义的国家，如澳洲、安南等，形成一强有力的阵线。同时坚持否决权的使用，以免美国操纵。政府把很多东西都出卖了，否决权无论如何不能出卖。至于美国为什么要扶植日本，杨氏说：战后形成之东西两壁垒，已非外交途径所能挽回。所以美国要在全世界的每一个角落建立反苏基地。这基地在远东一为日本，一为中国。美对中国当然很想扶植，但不知从何下手，姑置不论。对于日本则是积极的、全面的。证诸以往的经验，我们吃苦太多，不能不着急。有人说美国帮助日本是为了安定人民生活，这是很不正确的。这说法从好的方面讲是掩耳盗铃，从坏的方面讲是对美国政策的一种庇护。

丁洪范教授说：资本主义的再发展，必走上帝国主义的道路。一旦进入帝国主义，就离死亡不远了。现在的美国就是如此。所以美国的敌人是资本主义

本身。美国命运既已临到垂危的命运，就得拖人下水，一起灭亡，它的扶植日本就是这个缘故。

接着就按照大纲进行广泛的讨论，发言的相当踊跃。兹择要点记之如下：

（一）美国扶植日本的原因：（1）把日本作为在美国控制下侵略远东的工具；（2）保留日本法西斯残余作为反苏基地。

（二）美国如何扶植日本及其影响。（1）美国抛弃了《波茨坦宣言》的精神（彻底消灭法西斯势力），麦克阿瑟独管日本，拖延对日和会，十一国组成的远东委员会形同虚设。（2）经济方面，控制并复兴日本经济，提高日本工业水准，开放对外贸易，其纱布已经运销中国大陆，香港和南洋。（3）军事方面：造船厂、炼钢厂和冶铁业都已先后开工，以军事工业的重建，造成海陆空军的复活。（4）政治方面，保持天皇制，维护财阀，庇护法西斯战争头子，纵容战犯，压迫人民。（5）影响：日本军阀势力已抬头，其狂妄言论和行动已对中国形成威胁，而日本复活，受害的首先是中国。

（三）中国对日政策：（1）因欲获得美援，已丧失了独立性的态度；（2）开放对日贸易，使国土重新变成日本商品市场，并供以原料（铁、盐、食粮），无形中帮助了日本经济的复活。（3）重要战犯如崛内干城和冈村宁次都安然留在国内。

（四）如何抢救民族危机：（1）八年血债未尝，中华民族不能忍受日本的再事侵略。（2）团结各界反对美国扶植日本，唤起大家正视美国扶植的危机和严重性。（3）反对美国扶日，并不是反对日本人民，"也应该唤日本人民起来反对"，建立一个民主自由的日本，以至全世界的和平。

### 16.《益世报·史地周刊》第 112 期，民国三十七年十一月九日，第六版

## 概述苏联国家成长的经过（上）

第二次世界大战后，苏联跻身世界两大强国之一，关于苏联内部情形及其外交政策，世界人士都怀有莫大的兴趣及疑问。□□苏联工业化的程度若何？苏联天然资源究竟若何？苏联对于和平的意向为何？关于这些问题，虽然各国的许多外交军事人员、新闻记者、经济学家、地理学家等经常地观察和研究，但我们很可能只有少数人可以洞悉这些问题的答案。解答这些问题的困难，主因有二：（一）苏联幅员广大，仅有少部分天然资源勘查清楚，已□□□者更形微少，况苏联政府对于生产统计向未全部公布，即苏联人民对于其本国的土□

□□□□□□□计翔实，外人更无从得知；（二）苏联内政政策及组织尚未坚定，在过去 30 年中，内政政策的更改时常发生。在未来，此种情势亦有继续的可能，故其外交政策亦为因时制宜，非为一成不变的。关于未来的外交政策的演变亦未可妄下断语，试作远大长久的观察较为适当。

现在了解苏联唯一可靠的办法是去研究其历史、地理、政治等问题，以过去苏联发展的情形为背景，用□□□□□□苏联所□的局势，甚而推测其来日可能的发展。本文简述苏联国家成长的经过，其意在此。

从沙皇旧时代至现今苏联时代，俄国历史的大部分发展在于□□可作□□，天然边界及通达海外的不冻港口，直至现今，俄国还没有充分富裕时间去开发利用既已得到的土地。在□方向俄国在边界上遇不到□宜的□□边界，是以继续□□，以致形成过度膨胀之势，□□□□、气候、河流、□□乏□□者等有利因素的存在，因而俄国发展成世界最大的国家单位。

苏联疆域，由极东到极西约有一万公里，由南到北约有五千公里。国土面积约为 2,240 余方里。□□□□，占全球面积的十七分之一，陆地面积的六分之一，欧洲面积的二分之一，亚洲面积的三分之一。苏联在亚洲的领土，仅西伯利亚一地，约占其全面积的二分之一，比我国大十分之一，其在中央亚细亚的领土占其全面积的五分之一，其在欧洲的领土约占其全面积的五分之一。

□□人口约为 1.95 亿人，约为世界人口十分之一，境内民族计有 170 余种之多，其中最重要者为东斯拉夫族，包括俄罗斯人、乌克兰人、白俄罗斯人。俄罗斯人占总人口的百分之五十八，乌克兰人占百分之十六，白俄罗斯占百分之三，阿塞拜疆人、鞑靼人、阿美尼亚人、哥萨克人、乔治亚人、爱沙尼亚人等 170 余种民族约占总人口的百分之二十二。境内人民非但种族复杂，而宗教信仰亦不一致，人民信仰希腊教者居大多数，而回教、罗马教、犹太教、耶稣教的僧徒亦不□少。

一、早期的发展——9 世纪至 15 世纪

俄国主要的民族是斯拉夫族。在希腊人的古代文献中，发现关于斯拉夫族的最古的记载。拜占庭（Byzantine）的学者记述在多瑙河与顿河（R. Don）的中间有一种安提（Antes）民□□□。安提人即斯拉夫民族的一支，这部分民族□游牧生活，部落组织不甚严密。他们对于俄国文化并未留下若何事迹可熟，□□□□为俄国的鼻祖而已。

直至 9 世纪，斯拉夫民族才遇到由北方侵入的一种海盗民族，名叫北人（Norremen 或 Varangians），住在诺沃罗德（Novgarad）周围的斯拉夫民族为其

征服。862 年北人海盗王公柳里克（Rurik）定都于诺沃罗德，是即俄国立国之最早年代。

北人来自斯堪的那维亚半岛，因本土的不安，遂向西方、南方、东方迁移。向西他们到达不列颠尼（Brittainy）、英格兰、荷兰、冰岛、格林兰，最后远及北美；向南他们经波罗的海至□□及里加海湾（Gulf of Riga）。当北人沿着俄国西北□河流向南移进□，即□斯拉夫民族遭遇。□□此时斯拉夫人已沿□河流，□越平原，□亚速海（Sea of Azov），向北进入第聂伯盆地（Dnieper Basin），直达伏尔加河（R. Volga）及奥卡河（R. Oka）之上流。

在北人统治之下，斯拉夫人逐渐伸张其本身的势力，最显著的证迹是他们沿着河流成立起许多商站。这种伸张是沿着河流，向南至□□□□□的，其步骤是：先沿着河流设立商站，再□□各商站间的土地，因之沿河流系□立的定居地（Settlement）的面积逐渐扩大，又□□易及航运□□，其重要性亦逐渐增加，例如在沃尔霍夫河（Volkhov）的诺沃罗德（Novorod）□□□□□□□□□□□□□□□□□□□□□□□□□□□□□□□□。由于□□具有的天然条件，□□如□□、土壤、谷物、金属等，在 9 世纪中，斯拉夫人即□□其政治机构之□□基础，其领地北至□□，南至黑海，□□□□□□□□□□□□□□。

在这由原始的部落组织□□□□□□城邦□□的初期，政治权力及军权悉由北人所□□，□□定居地中，两个城镇的□□最为迅速，一是诺沃罗德，位于沃尔霍夫河□伊尔门湖（Lake Ilmen）之处；另一是基辅（Kiev），位于聂伯、伊尔片河（Irpen），德斯纳□河□处。基辅与诺沃罗德距离甚远，中间又为广阔的平原，因之二城俱能迅速向外扩张，不受外力拘束。879 年柳里克亡，由其族弟奥列格继位为王。奥列格率兵沿第聂伯河直达基辅，征服之，并改为国都（882 年）。执政王侯定居基辅，嫡嗣定居诺沃罗德，在政治上基辅之地位虽超越诺沃罗德，但在组织上逐渐形成两个侯国，二城俱以封建方式统治若干小王侯。

当北人发展到诸河流系的南端时，即转向东方的高加索及黑海地域推进，在这里遭遇到首次的抵抗，从东南草原地带移入的库曼（Kuman）部落顽强迎击，经过多次战争，未获进展。此诸多战争首次证明俄国东南部之不易守卫，后日外患由此方向入侵之可能由此已得证验。由于库曼人之阻挠及距基辅过远，交通不便之故，遂放弃向东南发展之计，转向东部及东北边缘地带移民。因之，奥卡及伏尔加二河间之移民人数增加，新兴城市之数目亦渐加多，其中以莫斯科之兴起（1147 年）最为显著。莫斯科位于莫斯科河（Moskva）上，因其位居中央，故渐代北方之诺沃罗德而兴起，到后亦代取基辅之地位。

在俄国历史上，13、14、15 世纪是种政治过渡时期，亦为其黑暗时代。鞑靼由东南草原地带入侵，1234 年移入多瑙河，直至吉尔吉斯草原（Kirghis Steppes）地带方告停进；第二次入侵在 1238 年，占领乌克兰之东部（西部由立陶宛占领），转向北进，俄史称为□□。鞑靼入侵有二绝大影响：（一）鞑靼统治时期凡二百余年（1240—1480 年），在此期间，俄国与西方在政治、文化、经济上均形隔绝，自此俄国文化上即感染一种东方气质，这种气质甚至保留至今，未见消除；（二）在政治组织上，鞑靼建立中央集权制，政治权力完全集中于莫斯科，诺沃罗德及基辅的政治地位全形消失，且鞑靼统治权力仅及当时存在之都市，俄人向东部及东北部的发展并未间断，其足迹远达乌拉山，其中一部分人曾越过乌拉山，直达鄂毕河（Ob River）。

1480 年，鞑靼统治颠覆后，莫斯科王国随之兴起，昔日之诺斯王朝又告恢复。在鞑靼时期，莫斯科城一方接受鞑靼之统治，一方假其势力扩张其本身的政治权力，鞑靼人去后，遂握得政治统治大权。至此，俄国发展告一段落，在六百年中，由散漫部落组织发展为中央集权的王国。

二、近代扩张（16 世纪至 19 世纪）

俄国领土之获得方式历代不同，视察历代土地扩张的动向即可明了其各期扩张的方法及方式。俄国近代领土扩张的方式共有三种，一为弥补式，二为鲸吞式，三为移民式。18 世纪以前为弥补式，18 世纪后鲸吞与移民式并用。

（一）弥补式的扩张

莫斯科王国欲想名符其实，必须完成二项任务：（1）重新征服过去在鞑靼时期所丢失的土地；（2）征取新领土，奠定王国的建立基础。为完成第一项任务，莫斯科派遣军队，征服四周的城市，如诺沃罗德、普斯科夫（Pskov）、斯摩棱斯克（Smolensk）、弗拉迪米尔（Vladimir）和伊凡诺夫（Ivanov）等地均被征服。其中力加抵抗者为莫斯科东南方的梁赞-别尔哥罗德（Ryazan Belgorod）地域，战争断断续续，继续有一世纪之久。

收复莫斯科附近土地的工作大致完成后，莫斯科政府即开始征服较远距离的领土。这次他们仍未向西扩展，最近三百年的隔绝情形或可中断，欧化政策自不待彼得时代方得倡导。这种向东南方向的扩张运动由柳里克王朝开始，至罗曼诺夫（Romanov）王朝方见成效。军队在前面作战拓土，随后农民移入，版图遂得扩张。在 16、17、18 三个世纪中，俄人合并喀山（Kazan）（1552 年）、阿斯特拉罕（Astrakham）地域、顿涅茨盆地（Donetz Basin）、顿河上下流域，极东方在乌拉山中建立斯维尔德洛夫斯克（Sverdlovsk）城。1695 年俄人并欲合并亚速地域，与土耳其人几经争战，卒于 1774 年完成，以上扩张方式可谓弥补方式，收复失地，补残为全，奠定立国的基本。

（二）海口的寻求

至 18 世纪初叶，俄国内部的扩张已促进海口的需要，文明昌盛，商务发达，近在毗邻的欧洲自易较远远不毛的西伯利亚吸引注意。俄皇彼得大帝（1689—1725 年）对于获取通达欧西"窗户"之工作极尽心思。是时俄国欧洲边界俱有强邻包围，在北有瑞典，西有波兰，南有土耳其，欲得通海窗户，势须向波罗的海或黑海进取。彼得欧游（1697 年，化名彼得·米哈伊洛夫 Peter Mikhailov）前有意向黑海扩张，及欧游返国，察欧北诸国不满意瑞典之情绪，遂避免与土耳其人竞争，决向波罗的海进展，与瑞典英王查理十二（Charles XII）争战十数年，将爱沙尼亚（Estonia）、利沃尼亚（Livonia）、英格里亚（Ingria）、卡勒利亚（Karelia）合并。"波罗的海窗户"（Window on the Baltic）卒于 1721 年打开，并于波兰沼泽地带建立一新城，名圣彼得堡，首都由莫斯科移至新城，由此亦可见彼得大帝对于通欧西门户之重视了。

**17.《益世报·史地周刊》第 113 期，民国三十七年十一月十二日，第六版**

## 概述苏联国家成长的经过（下）

至凯瑟琳女皇（1762—1796 年）时，俄国继续向西扩张，于 1773 年、1793 年和 1795 年与普、奥二国瓜分波兰三次。这三次扩张与过去性质迥然相异。瓜分波兰，帝国主义式的侵略行为，鲸吞式扩张即以此为□，但向西扩张仍未能遇到天然的边界。所侵占的土地出产亦不丰富，侵略唯一的借口是在此□区域内住有俄国农民而已。至于俄国向南扩展，久□□□□□□□，卒至 1783 年凯瑟琳女皇方将克里米亚□□。

（三）边陲移民运动

□□□□□□□□□扩张方式是边陲移民运动（Frontier Movement），扩张方向是东方，目的地是西伯利亚。这次扩张不仅是土地占领运动，而是由许多□□及自然环境□促成的自动的移民运动，非政府倡导。俄国沙皇拟行皇制，但未能生效。产生这种运动的原因有四：（1）农奴制度下，农民生活困苦，广袤的边陲地带自当农奴逃避的理想之地；（2）高加索人紧守其生活习惯，在国境内与其他民族格格不入，所以高加索人便向东移动，觅取新地，因□□□东的□□□□□；（3）俄国已注意到水獭、海豹皮毛，□□，由于世界獭豹皮毛贸易竞争之烈，利润之厚，遂□□到极东皮毛的产地；（4）沙皇贬谪政治犯至西伯利亚，增加向东之生力军。东向移民的工具是商务驿站，其□□□：移民先设立商站，遂即占有商站□□及站与站间的土地。商战的设立□沿西伯利亚河流水系的支流，鄂毕河、叶尼塞河（Yenisei）、勒拿河（Lena）由南向北流入北冰洋，而其支流则为东西向。因之，商站前进，便利不少，所□□□西伯利亚大平原需时仅 65 年（1581—1646 年）。当时俄皇只知西伯利亚为其领地，究竟面积多大，彼亦无从得知。

顿河下游是高加索人老家，俄国虽视此地为其领地，但俄国从未能征服高加索人。在俄境诸种族间，高加索人享受极高度自治，并有一独立的、严紧的军事政府。高加索人是俄军的主要精华，但其贡献不仅在此，而其最大贡献在推进移民运动。高加索人彪悍耐苦，善骑惯战，最能适应边陲生活，初移入伏尔加河流域，再东入乌拉山□□。1581—1584 年间高加索人叶尔马克（Yermak）即开始领导西伯利亚探险工作，高加索人向东移植的主因在捕取水獭、海豹。皮毛销路畅快，最易致富，且捕取不甚困难，故高加索人不惜深入荒漠山野，向东移动（此时英法移民，北美亦有类似的竞争）。

高加索人在前面开路，后面紧跟着就是俄人移民、罪犯、边奴等，在叶尔马克、托博尔斯克（Tobolsk）、汤姆斯克（Tomsk）、耶尼斯克（Yeneisk）、克拉斯诺雅斯克（Krasnoyarsk）、耶□□□克（Ya□□□tsk）等地建立城市。1646年波雅考夫（Poyarkov），卒越平行于太平洋□□的斯坦诺沃（Stanovol）山脉，□□鄂霍次克海（Sea of Okhostsk）。就地方言，天然环境是边陲移民尚不□□，2500 里宽阔的土地上非但无高山峻岭梗其□□，且有东西横流小河充作航路，边陲□民所遇的问题只在气候及森林。此带冬季特长，温度可降至零下五六十度，且森林遍地，穿行不易，□抗森林及气候□□能力及勇气。当高加索人及俄人□□太平□□，向东移动便告一段落。

（四）俄国北美移民及失败

□高加索人和俄人继续向西伯利亚□□探险扩张□□渐停在大海的东方，一块□地，□□□高山大水□无计□的毛皮财富，□□□□□□西伯利亚，□达圣彼得堡，俄皇□□□□□毛皮，□1726 年□□□□□俄□□□□□□□□海□□方去探□□□□□□□□□□性，□□□□，□□□□□□□□取名白令海峡，□□□□□□□□□□□□进行探险工作。

发现大量水獭、海豹，但不□□□□乘船□□，□□□□。

　　□□□□□□□□□□□□□□□□□□□□□□□□□□□□□□□□□□□□□□□□□□□□□□□□□□□□□□□□□，俄皇并□□太平洋□□□伸张，阿拉斯加建立。□□□队、猎户、渔夫、匠工、神父、□军向南□□，捷足先登，期以阻止英美移民在此带发展。

1808 年□长古斯考夫（Koskov）□始在□□顿，□□□□□加利福尼亚海岸进行探险工作；1812 年于加利福尼亚成立一殖民地，从事农业，种植麦黍之类，期以供给北部毛皮商人之需；1813 年并在夏威夷（Hawaii）成立一殖民地，但成立不久，即告解散。此后在加利福尼亚的俄罗斯河流域（Russian River Valley）并建立数定居地。俄人建立北美南方殖民地的主要目的在种植稻黍果木及饲养牲畜，用以供给北方商人及殖民之需要。南方殖民的兴趣在农业，而北方兴趣在渔猎，但南方殖民俱由北方总督管理，结果南方殖民的推进工作未得扩展，终久失败。而且这时俄国扩张过远，面积既广，自不易管理。1825 年因与英人哈德逊湾公司（Hudon's Bay Company）的摩擦，遂订立条约，划定加拿大与阿拉斯加的边界。1841 年将加利福尼亚的殖民地亦售予美人约翰·萨特（John Sutter）。

19 世纪中叶，毛皮贸易逐渐衰落，北美沿岸的捕鲸事业亦悉由美人控制，殖民地内部亦渐不安，且国内多事，对于辽远的海外殖民地，无力顾及。何况俄皇海外殖民的目的只在经营皮毛贸易，今此类贸易既呈衰落，殖民兴趣自会减低。同时西伯利亚大陆的发展亦亟须强化，政府目光转移至本土，对于鞭长莫及的海外自觉淡漠。由于上列诸因，俄政府遂于 1867 年以 720 万元将阿拉斯加出售于美，3000 余俄人亦大部撤返本国。俄人在北美沿岸发展的遗迹，至今存在者仅为地名而已，如加利福尼亚的俄罗斯河、阿拉斯加的科策布（Kotzebue）即是明例。

（五）19 世纪中大陆上的扩张

当俄国在北美扩展殖民地事业时，对于大陆扩张亦继续进行，所用的方式为吞食及弥补法，至 19 世纪中叶已占有外高加索、大部里海地带、中央亚细亚全部，在远东沿黑龙江到达满洲里，在广阔的大陆平原上，甚难觅得天然境界，故领土扩张呈有进无止之势，且得陇望蜀，帝国主义侵略行动自不可遏制。

19 世纪以鲸吞方式获得的领土为芬兰及属于土耳其的比萨拉比亚（Bessarabia）。芬兰的合并在 1809 年，比萨拉比亚的占领在 1812 年（1856 年于克里米亚战争，失比萨拉比亚，后于 1878 年柏林会议中收复之。）。前者增加俄国在波罗的海的控制力，后者增加俄在黑海的实力。此二次扩张限度俱以天然屏障为限，前以托尔内奥河（Tornea），后以普鲁特河（Prut），实为稀有之例。

俄国在高加索、中央亚细亚、满洲里扩张的主要借口是边境纠纷。俄国见到占领高加索以南的黑海海岸的不易，遂谋由小亚细亚东部进攻土耳其后方。但此举亦不易成功，除非先征服高加索的鞑靼人及回人部落。1830 年俄国遂出兵征伐高加索，直至 1859 年方告成功。若鞑靼人及回人抵抗不力，及早即被其征服，则在克里米亚战争中，俄国得有不少地利。1878 年俄军入占土耳其的卡尔斯省（Province of Kars），易如反掌，无怪迪斯雷利（Disraeli）在柏林会议时态度倔强，唯恐俄国势力深入阿米尼亚（Armenia）故也。

俄国侵占西伯利亚的目的，除获取毛皮富源外，还在觅取通海的"窗户"。觅取不冻港的要求影响历代俄国外交政策实为不浅，向西伯利亚扩张的部分理由亦在此端。俄国向东发展，蚕食鲸吞，直至抵达海边为止；中间并吞中国属土亦为不少，1689 年与中国订《尼布楚条约》，过去占领黑龙江及外兴安岭以北之地，从此取得法律上承认；1847 年俄将穆拉维耶夫（N. N. Muraviev）奉俄皇命，经□黑龙江诸地。1858 年穆氏趁英法联军与中国开战期间，与清室奕山订立《瑷珲条约》，中国尽失大兴安岭以南之地。1860 年建海参崴港，但该港冬季结冰，不适应用，俄国遂考虑举行南进占取不冻港，朝鲜、辽东半岛为其目标，但于此时，其注意力转向小亚细亚及中亚细亚。

在中亚细亚，俄国主要的□征服东西土耳其斯坦。俄国对于中亚细亚之侵略，自彼得大帝既已开始。18 世纪初于吉尔吉斯草原地带设置哥萨克兵营，于是曾与中国均有属国关系的哈萨克（1840 年）、布鲁特（1840 年）、□罕（1854 年）、布哈拉、基发（1868 年）等国家先后为其侵占，□□□□中国的新疆。1850 年俄国政府□□中国开放喀什葛什为商埠，中国政府不□，然已无法阻止俄国商业侵入。1851 年中俄□国乃□伊犁□□□□，以伊犁塔尔巴哈台为两国互□□，故俄国的势力更由中亚伸入我国的西部；1864 年攻下塔什干（Tashkent），后又攻下撒马尔罕（Samarkand），新疆即为其囊中物；1873 年合并西土耳其斯坦，1880 年败突厥人（Turkomans），是以于 1880 年中英俄三国在中亚几曾□□□，其间仅波斯沙漠及阿富汗山地为其缓冲地。英国深恐俄国南下入印，故对之惴惴不安，极力监视，并保护阿富汗，藉作印度的屏障。1885 年俄驻军与阿富汗军发生边界冲突，英政府即行震惊，英俄外交立见紧张，几至决裂。此后俄皇见到向印发展之不易，遂复转向远东。

1892 年俄借法资，开始建筑西伯利亚铁路，英俄在中亚的摩擦稍形缓和，但英俄外交关系的接近，还待日俄战后。盖因俄国东向的扩张又蒙受阻击，英国对之稍觉放心。19 世纪末，俄集全力于远东，如 1895 年的三国干涉日本退还辽东，1896 年中俄密约，1897 年的租借旅顺、大连，1896 年以后与朝鲜的冲突，1900 年因义和团之乱而占据东三省，结果引起日俄战争。

三、20 世纪的扩张

20 世纪初叶，俄国东西向的扩张暂形收缩，初有日俄战争（1904—1905 年）的失败，失旅顺、大连、库页岛南部，在满洲里南部，势力口为日人排出。1905 年革命后，芬兰亦得自治，第一次世界大战期间，有布列斯特-立陶夫斯克和约（Treaty of Brest-Litovsk）之订定。波兰及波罗的海三小国（立陶宛、爱沙尼亚、拉脱维亚）宣告独立。乌克兰实行自治，并割考特兰（Courtland），赔款三万万卢布。和约使俄国遭有重大损失，损失人口及可耕地四分之一，工业三分之一，煤铁四分之三，在欧洲退至彼得大帝时的边境，但这和约经巴黎和会废除。因俄国未参与和会，故由中央执行委员会宣言废除，又《凡尔赛和约》中决定将比萨拉比亚转割于罗马尼亚，但俄国政府永未正式承认。

苏俄政府成立后，内忧外患，交相煎迫，自顾尚且不暇，便无扩张余力，及至法西斯国家兴起，俄国国内倡行国家主义及工业化运动，集体安全为其要求，更无意领土的扩张，直至第二次世界大战情形始变。

二次大战后，在欧洲除与英、美、法共同军事占领德奥等国外，正式或未正式并入俄国领土者有：（1）从芬兰获得贝柴摩区（Petsamo）、贝柴摩港、加利连半岛（Karelion Peninsula）、拉高德湖（Lake Lagoda）北岸、芬兰湾中数小岛。贝柴摩港为不冻港，占领此港正符合苏联传统政策。贝柴摩为俄领土，1920年多巴条约（Treaty of Dorpat）方出让与芬，今收复之，足以保障其北面的不冻港摩尔曼斯克（Murmansk）港的对外交通。加利连半岛除由俄统治，革命时期曾起独立，后为征服。1923 年此案件曾提入国际联盟，但未得解决。1940年 3 月 31 日俄正式成立加利连-芬兰苏维埃社会主义共和国（Kareio-Finish Soviet Social Republic），正式并入俄领土。（2）立陶宛、拉脱维亚、爱沙尼亚并入俄领土，加入苏维埃联邦。（3）依波茨坦（Potsdam）谅解，俄获取科尼斯比港（Koenigsbey）及部分东普鲁士，科尼斯比港改名为加里宁堡（Kaliningrad），为波罗的海沿岸唯一不冻港口。所以在芬兰与波罗的海的海岸，俄国海口已不只有喀琅施塔得（Kronstadt）一处，而又口塔林（Tallinn）、里加（Riga），以至东普鲁士的科尼斯比了。（4）依雅尔塔（Yalta）协议，俄占领波兰东部，以寇松线（Curzon）为界。（5）依 1945 年苏捷协定，将喀尔巴阡-乌克兰

(Carpatho-Ukraine)（即旧罗塞尼亚 Rethenia，亦称小俄罗斯）并入乌克兰。喀尔巴阡-乌克兰初为匈牙利地，第一次世界大战后并入捷克，1939 年 3 月后复归匈牙利，今并入俄土。（6）比萨拉比亚初为俄领土，第一次世界大战后划归罗马尼亚，苏拒绝承认，第二次世界大战后收复之。（7）北布哥维亚（Northern Bakovla），初为奥领，第一次世界大战后划归罗马尼亚，今归苏联，为比萨拉比亚与由波兰所获得之土地的连锁地带。（8）1940 年俄从罗马尼亚占领摩尔达维亚（Moldavia）。观诸上列面积之扩张，其重要结果有二：①俄在波罗的海沿岸获得土地，并获得二不冻港；②由波罗的海至黑海完成一条不断的外围国防线。

战后，苏联在东欧次第树立数个公司，政治势力范围较前扩大，多瑙河航行权得以控制，但在黑海、地中海方面未能如愿以偿，达达尼尔海峡共管问题未能获得解决。希腊政府及土耳其政府获得英美财政军事的援助，苏联势力影响遭遇阻止，尤以希腊国内战乱相□，来日结果尚未可预测。在近东方面，因犹太建国问题，惹起若干国际摩擦，英美为保护既得的油田利益及战略地位，担心苏联向此方扩张，勾心斗角，翻云覆雨，摩擦日深，在伊朗尤甚。

在远东方面，苏联原有的海□□及彼得罗波夫罗夫斯克（位于勘察加半岛）。前者一年中有结冻期一月，后者偏处东北端，陆□□□□。但在第二次世界大战后期间，由雅尔塔会议决定将库页岛南部（South Sakhalin）及千岛群岛（Kuril islands）交还苏联。依 1945 年中苏条约，中国将旅顺港共享为海军基地，大连港为自由港（但直至现今苏联还未交还）；外蒙古脱离中国，宣告独立。唐努乌梁海（Tannu Tuva）外蒙古北面），于 1946 年初参加苏联，□北仍由苏联占领，与南□□□呈对峙之势。

|  | 面积（平方里） | 人口（百万） |
| --- | --- | --- |
| 立陶宛 | 24,038 | 3,□29 |
| 拉脱维亚 | 20,□56 | 1,95 |
| 爱沙尼亚 | 18,39 | □□□□ |
| 东波□ | 68,29□ | 10,□□□ |
| □□□□亚 | 13,134 | 2,203 |
| 比尔利比亚及布哥维纳 | 19,360 | 3,748 |
| 喀尔巴阡乌克兰 | 4,922 | 0.80 |
| 东普鲁士 | 1,500 | 0.40 |
| 卡累利阿-芬兰（Karelia-Finland） | 16,173 | 0.47 |

续表

| | 面积（平方里） | 人口（百万） |
|---|---|---|
| 贝柴摩 | 4,087 | □□□□ |
| 南库页岛 | 14,075 | 0.415 |
| 千岛群岛 | 3,949 | 0.045 |
| 唐努乌梁海 | 64,000 | 0.065 |
| 总计 | 273,947 | 24,355 |

战后苏联在其边境上建立几个小型共和国，□之外向，待机扩张，例如在芬兰的加里利共和国，中欧之比萨拉比亚，黑龙江的犹太国，更如唐努乌梁海与外蒙古之作用，即为此例。

# 《华北日报》

## 1.《华北日报》第 3232 号，民国三十六年四月四日，第六版

### 漫谈美国新闻的来源

美国的新闻事业是世界上最发达的，主要的原因是国家的富裕，应用科学的昌盛和教育的普及。

有雄厚的资本才可以助长新闻事业的发展，应用科学的昌盛才可以增进搜集和印刷新闻的便利，教育的普及才可以有大量的读者，才可以使大规模的报纸有存在的可能。

在另一方面，美国报纸成本的巨大，开支的浩繁，又使报纸变成有钱人的专利，无形间新闻自由受到莫大的限制。关于美国新闻自由问题，作者不在此讨论，不过希望读者在景羡美国报纸事业伟大的时候，对于美国新闻自由问题也要时加寻思。

美国报纸本身虽然有许多缺点，但终不失为 20 世纪中物质文明的伟大杰作。在编辑技巧方面，在营业管理方面，在新闻搜集方面，在排版印刷方面，无不精中求精，与日并进。就以新闻的来源一项言，我们便可窥见美国新闻事业的发达了。

通常一个美国平民每日所获取新闻的主要媒介物共有三种：一是报纸，二是杂志及各种新闻讯笺（News Letters），三是广播电台。

供给新闻的人有各通讯社在国内外的访员，有各报馆自己在国内外的记者，

有广播员，有时事评述家，有政论家，有各种专家等。这批人每日供给社会人士的精神食粮，满足社会人士的求知的欲望，铲除社会间的思想障碍。

现在将上诉三种媒介物分述如下。

〔甲〕报纸

一、新闻通讯社

提到美国报纸新闻来源的时候，我们会不禁想到美国三大通讯社：美联社（A.P.）、合众社（UP）和国际新闻社（INS）。

美联社是美国最大最老的新闻通讯社，是由 1,438 家报纸共同组织而成的。新闻稿只售于社中的会员报纸，订购费是以各会员报纸所在地的教育普及的情形而定，假如同一地域有数会员报纸，则该数会员报纸共同均分订购费。

合众社是美国第二个大通讯社，由斯克里普斯-霍华德（Scripps-Howard）报系所经营，与美联社竞争甚烈。因纯系商业性质，故各报均可订阅。

国际新闻社由美国报纸大王赫斯特（W.B. Hearst）所创办，较美联社和合众社大有逊色。

美联社注重新闻的正确性，禁止在新闻稿中作任何的推测或解释，采访的地理面积也较其他通讯社广大。不过今年美联社也逐渐变更政策，对于轰动性（sensational）新闻也特别注意。这也许是美联社为增进营业和与其他通讯社竞争起见，故意采取这种政策。合众社讲究新闻稿的格式，注重新闻的解释和传递的速度，对于记者名字尤加铺张（美联社时常不发表记者的名字），因为注重速度所以有时有误报新闻的地方。例如 1918 年 11 月 7 日合众社记者 R.霍华德（Roy Howard）误发签订休战和约的新闻。国际新闻社注重轰动性新闻，对于新闻多加解释，结果新闻稿读来反似社论，新闻中夹杂偏见，只能迎合一部分人的心理。

美联社成立于 1847 年，中间经过许多次的改组，最后一次是在 1927 年。合众社是在 1907 年由 E. W. 斯克里普斯（E. W. Scripps）创立，现在由斯克里普斯-霍华德（Scripps-Howard）所有。国际新闻社在 1908 年由赫斯特创立，现在附属于赫斯特的"王社"（King Features，一种时文讯社组织）。

合众社的主要股东是斯克里普斯-霍华德报系。现在的经理是 R. 霍华德（Roy Howard）和斯克里普斯-霍华德两家据有资本的大多数。另外华尔街的摩根（Morgan）和范·斯沃林根银行（Van Sweringen）也投资超过 800 万元。

国际新闻社的特点是惊奇、夸张和激愤。赫斯特本人是美国黄色新闻的鼻祖。他的通讯社多少也反映这种特性。国际新闻社曾经一度亏本，赫斯特向纽约大银行，如花旗银行、大都会人寿保险公司（Metropolitan Life Insurance）和公平人寿保险公司（Equitable Life）等，借钱补足。赫斯特在年轻的时候非常激进，肆意攻击大企业家，赢得许多朋友。可是现在他变得非常保守，口口声声离不开美国主义，由激进主义变成反动主义。这就说明国际新闻社亏本的原因。有人说，假如赫斯特采取已故《纽约时报》总经理 A.奥克斯（Adolph S. Ochs）的中庸政策，他的事业或可驾乎《纽约时报》之上。

除上述三个主要的新闻通讯社的新闻来源外，各报纸自然也雇有许多记者。小的报纸雇用记者采访当地的新闻；再稍微大点的报纸还可派遣一两名记者长期驻守美京华盛顿，采访全国性的新闻；再大的报纸还可派遣记者到世界各地，采取国外的新闻。美国最出名的私人报纸单独所经营的国外新闻社共有两家，一是《纽约时报》，一是《芝加哥新闻日报》（Chicago Daily News）。《芝加哥新闻日报》的国外新闻社的生意很好，美国各地报纸多订购它的稿件。过去《芝加哥新闻日报》国外新闻社的成绩蜚声一时，所派遣出去的记者也很整齐。至今在美国报界仍占一把荣誉的交椅。《纽约时报》国外记者的阵线也很清楚，所写的新闻稿的质量不在其他新闻社之下。不过《纽约时报》偏近保守，与纽约金融界有密切的关系，所以对于激进的思想不大采纳。

此外私人报纸派遣驻外记者的有《纽约先驱论坛报》（New York Herald-Tribune）、《圣路易邮报》（St. Louis Dispatch）和《巴尔的摩太阳报》（Baltimore Sun）等。

\*\*\*\*\*\*\*\*\*\*\*\*\*\*\*\*\*\*\*\*\*\*\*\*

华盛顿是美国政治的中心，也是美国国内外新闻的主要发源地。资本小的报纸无法派遣记者到外国去，但是总要设法派遣一两个人到美京去。驻守美京记者，一方面可以采集对于其报纸所在地有关的特殊新闻，另方面可以直接采访各种新闻以补充各通讯社的不足。《纽约时报》常用驻守华盛顿的正式记者共有 19 名，其他报纸或杂志的驻美京记者的人数也在三四名以上。

在美京采访新闻的地方很多，最主要的是由总统所召集的新闻记者会，故总统罗斯福每星期召见记者两次。记者可以随便提问题，总统便立即回答。这种新闻是很重要的，报纸每每放在首页。现在杜鲁门总统接见记者的次数很少，平均一月二三次。自从在记者会中因发言不慎，弄出许多政治纠纷后，他接见记者的次数更减少了。其余的新闻来源地是国会会议厅、各部长的办公室、各国驻美使节和随员等。其中尤以国会会议厅最为重要，上下院的会议厅中俱设有记者席，当国会开会时，这是美京记者每日必到之地。

在美京有几名很出名的记者，他们的言论转载各报，他们的见解很受欢迎，对于政府的政策时加评论。他们有的变成总统或某部长的心腹或非正式顾问，有的变成总统或某部长的政敌。其中最出名的记者有：E. K. 林德利（Ernest K. Lindley）、D. 皮尔逊（Drew Pearson）、M. 沙利文（Mark Sullivan）、P. 马龙（Paul Mallon）、A. 诺克（Arthur Knock）和 D. 劳伦斯（David Lawrence）等。

二、时文社（Syndicate）

新闻通讯社的作用在以廉价供给各报纸的新闻，减轻各报纸采访的费用。时文社的目的也在这点。时文社以重金聘请出名或有学识的人物撰著各种评论，或延请专家撰写专门文章，然后转卖于各报纸，如此各资本单薄的报纸方能以廉价购得各种时事论文或专门文章。

时文社所发出的稿子特别以著作者的名字为号召，以作者的名字吸引读者的视听。文稿的内容不只限于时事评论或分析，所包括的题目甚为广泛，从好莱坞的电影界的消息到纽约百老汇（Brood Way 街旁戏院林立）的伶界趣事，从评书到打桥牌，从时装到烹饪，从医学到漫画，从社会名人艳事到欧洲时局评论，从精选论说到臆测妄语，从街谈巷语到议论伟言，从严肃到谐谑，从社论体到日记式，从新诗到散文，从短小精悍到长篇大论……花样翻新，无奇不有。不过各报都注重时事评论或分析的文章，只有少数报纸肯把各种各样的文章夹杂在一起，看起来好像一盘大烩菜。如斯克里普斯-霍华德报系所出的午报；赫斯特报系的报纸；纽约诸小型报纸，如《纽约邮报》和《纽约新闻日报》等。

赫斯特所经营的"王社"是时文社中最大的一家，其次是斯克里普斯-霍华德报系的"联合新闻社"（United Features），再其次是美联社的"美联社头条新闻"（Associated Press Features Service）。此外尚有"北美报纸联合社"（North-American Newspaper Alliance）。这个组织是由十几家报纸组织而成，时常收买《纽约时报》的特别论文，有时也派遣一个记者到外国去采访新闻，并时常聘请外国出名人物撰写文章。另外还有几家报纸聘请专家为该报撰著文章，然后将文稿转售于其他报纸，例如《纽约先驱论坛报》（New York Herald Tribune）即售卖美著名时论家 W.李普曼（Walter Lippmann）的文章。

美国人称时文社的作者为"专栏作家"（Columnists），因为他们每天（或时常）在报纸上写一个专栏（Columns）。他们各个人都有他们自己的主张或偏见，聪明的读者日久便会察觉出各作者的缺点、长处和特性。在读这类文章之前，读者顶好先读一点作者的自传或别人对他们的批评，在明了他们的身世和背景后，方不致被他们的见解领入歧途。

美国的时论家甚多，兹列举数名蜚声一时者，以明一般。

多沃西·汤普森（Dovothy Thompson）——对于德国问题多所研究，各方推彼为德国问题专家，曾任美国报纸的驻德记者；希特勒得势后，即被逐出；幼年居住欧洲，中年后方返归美国，曾与著名小说家 U.辛克莱（Upton Sinclair）结婚，后改嫁一位匈牙利音乐家；为共和党员，亲英、亲德，反纳粹、反苏，文章精细，时有独到的见解。

沃尔特·李普曼（Walter Lippmann）——美国著名政论家之一，著作丰富；1910 年由哈佛大学卒业，曾支持威尔逊总统及国际联盟；初为民主党员，后支持社会党，现为共和党员；亲英，反对孤立政策；文章高洁可诵，为人诚实可信。

沃尔特·温切尔（Walter Winchell）——出身伶界，注重梨园新闻，尤注意轰动性故事，文字独创一格，时用新奇字句，采录道听途说娓娓动听，深合一般小市民的口味。

韦斯特布鲁克·佩格勒（Westbrook Pegler）——出身报界，初为合众社使僮，后为体育访员，奉天主教，性近保守，时批评故总统罗斯福，对于工会尤不客气。

罗斯福夫人（Eleanor Roosevelt）——每日为斯克里普斯-霍华德时文社撰写文章一篇，多取日记形式，叙述日间生活的观感，专栏名为"我的一天"（"My Day"）。

威廉姆·菲力普·西姆斯（William Philip Simms）——常用驻守美京，每日为斯克里普斯—霍华德撰文一篇，大多讨论国际时事，为人保守，但思想开明，曾在欧洲及亚洲作记者多年。

德鲁·皮尔逊（Drew Pearson）——常住美京，多叙述美京政局及各部政情，其时文栏目标题为"美京花絮"（Washington Merry Go Around）。

汉森·W.鲍德温（Hanson W. Baldwin）——为纽约时事军事专家，撰著文章讨论当代军事问题，曾毕业于美安纳波利斯海军学院。

此外尚有保罗·马龙、欧内斯特·K.林德利（Ernest K. Lindley）、埃德加·A.莫勒（Edgar A. Mowrer）等，亦颇受读者的欢迎。

﹛乙﹜杂志及各种新闻讯笺

就营业上说，美国杂志共分三种，一种是依赖广告户而生存的，另一种是依赖读者的，再一种是依赖读者和广告的。

一、依广告生存者

其中最常见的为下列数种：

《星期六晚邮报》（*Saturday Evening Post*）——在美国销行的数量甚广，广告亦很昂贵。战前仅卖五分，自太平洋战争发生后，才涨到一角。多载有关时事新闻的文章，时常派遣记者至欧洲或远东采取新闻，作有系统的报告。现为柯蒂斯公司（Curtis）所有，据去年统计，销行数目每周为三百余万册。

《煤矿工》（*Collier's*）——每周一册，其性质与《星期六晚邮报》相仿，也时常派遣记者到外国，作有系统的考察工作；对于文艺作品也很注重；现为考埃尔公司（Cowell）所有，销路约为二百余万册。

《自由》（*Liberty*）——创刊于 1924 年，初为《芝加哥论坛报》（*Chicago Tribune*）和《纽约新闻日报》（*New York Daily News*）合办，后转售于伯纳尔·麦克亚登（Bernarr Maciadden），注重美国国内人物或时事的叙述，对于国际新闻多所忽略；现下销路约为一百余万册。

《妇女家庭杂志》（*Woman's Home Journal*）和《美国人杂志》（*American Magazine*）——此二杂志全为考埃尔公司所有；对象是女性读者，《妇女家庭杂志》的销路超过三百余万，《美国人杂志》的销路也在二百万册以上。

《展望》（*Look*）——是一种图画杂志，内中照片甚多；对于国内外时事新闻多所注意，去年年底曾邀聘美故总统罗斯福次子埃利奥特·罗斯福（Eliot Roosevelt）赴苏联，谒见斯大林；E. 罗斯福回美后，为该杂志撰文多篇；销路在二百万以上。

《生活》（*Life*）——图画周刊，销路超过四百万册，对于时事照片特加铺张；为时代公司（Time Inc.）所有，创办人是亨利·鲁斯（Henry R. Luce），即现任时代公司所出的杂志的总编辑。

二、依读者生存者

《读者文摘》（*Readers' Digest*）——创刊于 1922 年，每月一册，销路超过三百万份；在法国、瑞典及南美等国并刊行国外版；现为 D. 华莱士（Dwitt Wallace）所有；因内容充实，风行一时。该杂志的政策偏向保守，时受激进派的攻击。除向美国其他杂志约稿外，并时请著名人物撰写特稿。

《新共和》（*New Republic*）——现为威拉德·司戴德（Willard Straight）的夫人所有。司戴德虽为纽约华尔街的人物，但该杂志并不渲染保守色彩。自司戴德夫人与英人埃尔姆赫斯特（Elmhurst）结婚后，杂志的基金改名为埃尔姆赫斯特基金。在过去一般人认为该杂志亲英太甚，不无道理。但近年该杂志的政策偏向激进，对于罗斯福的"新政"尤加赞助。去年年底，美前副总统及商业部长亨利·华莱士（Henry Wallace）就任总编辑，揭□"新政"传统政纲，时时抨击现任总统杜鲁门及共和党国会，华莱士号召能力甚大，杂志销路自形增加，近已由每周三万份增至十万份。

《民族周报》（*The Nation*）——销路不广，约在二三万份。创刊于南北美战争期间，起始即为急进派刊物，其作风一直继续到今日。现由 Freda Kirchway 女士经营，但因经费缺乏及业务管理方法欠佳，销路日形减少。与其竞争最烈的刊物是《新共和》。现下《新共和》的销路已扶摇直上，对比之下，《民族周报》不无望尘莫及之感。

《外交时报》（*Foreign Affairs*）——由美国"外交政策协会"（Foreign Policy Association）出版，专讨论国际问题，内容广泛而且忠实。（外交政策协会并刊印单行本，专论外交问题，取名 *Headline Books*）亦为绝好参考资料。此种杂志系学术性质，所讨论的多是专门问题，所以销路不如上列诸杂志的广大。每年共出四册。

三、依读者及广告生存者

《时代周刊》（*Time*）——为新闻周刊性质，每周销路在一百万份以上。（其中不包括海外版。目下在柏林及马尼拉具有《时代》周刊的海外印刷处。）在美国新闻杂志中独占首席。该刊为鲁斯与其耶鲁大学同学 Briton Hadden 共同创办。发刊后，风行一时，营业部每有应接不暇之势。不数年规模广大，在一九三〇年"时代周刊公司"增出《幸福》（*Fortune*），一九三六年增出《生活》（*Life*）画刊。目下该公司并制造带有教育性的电影片，美国各电影院所放映的《时代的进展》（*March of Time*）影片，即由该公司所制造。

《新闻周报》（*Newsweek*）——销路约在七八十万，为美国第二个纯新闻性周刊。投资创办者俱为纽约华尔街的大资本家（其中以 Astor，Harriman，Whitney，Mellon 四家最占势力。）杂志政策偏近保守，且经营报务者多不出身报界，故较《时代》周刊颇有逊色。

《美国新闻》（*United States News*）——编辑人为 David Lawrence，在华盛顿出版，代表商人利益，多解释时事文章，对于时事问题多作有系统的介绍。卷首附有商业情报，颇合商人口味，销路不及上述二刊物。

《世界报告》（*The World Report*）——注重有系统的综合性的时事报告，销路不广。卷末附有时事人物介绍，颇饶兴趣。

《大西洋》（*The Atlantic*）——创刊于一八五七年，在美国杂志界中甚有地位。现时编辑是 Ellery Sedgwick，销路在二三十万，每月一册，以卷首时事报告最吸引读者注意。

《哈伯斯杂志》（*Harpers' Magazine*）——创刊于一八五〇年，现由 Frederick Lewis Allen 编辑，时载与时事有关之论文，每月一册。该志在纽约出版，而大西洋在波斯顿出版，这两种杂志内容大致相仿，故彼此竞争甚烈。

\*\*\*\*\*\*\*\*\*\*\*\*

此外美国还有许多新闻讯笺（News Letters），报告商情，外交，内政，时事等类新闻。看法时期不等，有的是每周发行一次，有的是每隔二星期发一次，有的一月发一次。其中出名的有以下几家。

《逐周》讯笺（*Week by Week*）——由 Franklyn Roudybush 编写，内容大半记载与海陆军有关的新闻，刊发处设在华盛顿。

《真实讯笺》（*In Fact*）——由 George Seldes 编辑，每周一期，主要新闻在攻击妨害言论自由的各种势力，对于资本家的黑幕蓄意揭露，对于工人利益加意保护，一般目为左派刊物。Seldes 为美国出名记者，曾著书攻击黄色新闻，第一次欧战时充任从军记者，获有军部奖章。

《时辰》讯笺（*The Hour*）——反法西斯运动的刊物，由 Wythe Williams 主办。

《每周外交讯笺》（*Weekly Foreign Letter*）——由 Lawrence Dennis 编辑，亲法西斯。

《吉普林杰新闻讯笺》《惠莱-伊顿新闻讯笺》（*The Kiplinger News Letter*）（*Whaley-Eaton News Letter*）——这两种新闻讯笺俱由华盛顿发出，内中报告国会对于金融政策所通过的法令，并作商情预告等，故各大商店均订阅之。

〔丙〕广播电台

广播电台是传递新闻最敏捷的工具，美国家家户户都有收音机，所以新闻传递格外方便。在某一事件发生后，不到十几分钟，便可家喻户晓了。

美国电台广播对技术时加研究，吸引听众的力量与日俱增。过去曾经有人担忧电台或可代取报纸的位置，但近来澄明，因时间及经费的原因，电台尚无代取报纸的可能。可是大都市中收入较少的人现在的确不买报纸了，他们只要把收音机拨开，非但可以听取新闻，还可静聆各种娱乐的节目。

美国电台的节目甚为繁多，形形色色，花样翻新。除音乐，滑稽剧，竞赛会等节目外，每隔一小时报告新闻一次。遇有特别事故，播送特别新闻报告，临时请专家对于某特别事故演讲，或请在出事地点的新闻记者作简短口头报告。

例如原子弹轰炸日本的消息出来后，各电台即请麻省某科学家讲述制造原子弹的原理，请华盛顿某政治家推测这次轰炸的影响，请纽约某宗教家批评运用原子武器的得失，请驻伦敦记者报告英人对这次轰炸的反应，请驻马尼拉记者报告远东人民的观感，请驻冲绳岛记者叙述 B-29 轰炸机起飞的情形，电台并派记者到大街小巷询问过路人民，对于这次轰炸的感想，过路人便在扩音器前讲述各人的意见。听者的注意力无形间被领导到世界各地，对于各种时局，立刻了然，俨若目睹。

此外，电台尚播送许多教育节目，激发社会人士对于时事的兴趣，同时助长一般人民的常识水准。例如"American Town Meeting of the Air"每在星期四广播一次，每次取一时事问题，聘请名人充任辩论员，正反方面各二人，有时正反两面辩论甚为激烈，听来十分有趣。最令人发生兴趣的是这些充任辩论员的都是美国社会上顶有名的人士，他们有时冷笑热骂，有时反唇相讥，有时强词夺理，有时推脱规避，听来实有意味。另外尚有"人民讲坛"（The People's Platform），"人民法庭"（The People's Forum）等节目，这都是增长民智，发扬言论自由的大好机关。

美国最大的无线电广播公司共有三个：一是"国家广播公司"（The National Broadcasting Company），二是"哥伦比亚广播公司"（The Columbia Broadcasting System），三是"相互广播公司"（The Mutual Broadcasting system）。

"国家广播公司"（NBC），现归"美国无线电组合"Radio Corporation of America 所有，与"通用电气"General Electric 及"西屋"Westinghouse 二电气公司亦有密切关系。直接所管理的电台有六处，有直接关系的电台有一百五十三处，在南美有电台一百六十二处。广播政策非常保守，RCA 历任的经理俱是大学校长（如哈佛大学的 A.L.Lowell，哥伦比亚大学的 M.M.Butler），所以公司政策不重急进。

"哥伦比亚广播公司"（CBS）——哥伦比亚公司初由电影界人士所创办（如派拉蒙公司），一九三二年后由华尔街财主哈里曼（Harriman）收买其中大部股券。哥伦比亚注重新闻报道，向国内外派遣的记者人数亦较其他电台为多。直接管理的电台有七处，附属其下者有一百五十七家，在南美有电台一百二十三处。

"相互广播公司"（MBS）——直辖的电台共有三百二十九处。为纽约纽呵克（Newark）城的白姆伯格（Bamberger）百货店所有的。白姆伯格于纽约城最大的马赛（R.H.Macy）百货店有密切关系。相互公司拥护故总统罗斯福的"新政"，所以一般人认为该公司为开明派。

各广播电台俱聘有出名新闻记者，到外国去采访新闻，由各新闻发生地点向国内听众广播报告，其中最出名的记者有 CBS 的 Edward R. Murrow 和

William Shirer，NBC 的 Lowell Thomas，和 H.V. Kaltenborn。

各电台并聘请新闻评论家，评述时事，其中最出名的有：George Fielding Eloit 少校（《纽约先驱论坛报》的军事专家，受 CBS 的聘请，评述军事问题），Raymond Gram Swing（现为 MBS 讲述时事，每周二次，Swing 幼为记者，足迹遍欧洲，发言慎重，深得听众信任。），Elmer Davis（为 MBS 评述时事，每周三次，战时曾任美国宣传部长，为美国第一流时事评论家。）Fulton Lewis Jr, Raymond Walsh 等。

最后，我们还得提到无线电影宣传影机（Television），现下各百货店及大游艺场已有此类装置，现在纽约于费城间亦有此类传送装备。深信在不久将来，无线电传影机也可用为传递新闻的良好的工具。据统计，现在美国已有六家无线电传影公司开始营业了。

1946 年 12 月于纽约

## 2.《华北日报》第 3368 号，民国三十六年八月十七日

### 漫谈《纽约时报》

《华北日报》编者按：《纽约时报》是我们很熟悉的一个报名。本刊因请杨生茂先生撰文介绍。杨先生曾留美研究新闻学，现执教南开大学。

1851 年 9 月 18 日《纽约时事日报》（*The New York Daily News*）正式成立，1857 年《纽约时事日报》更改名字，遂成现在的名称——*The New York Times*。1896 年，《时报》（系简称，即 *The Times*）营业不振，销路落至 9,000 份，每日亏本 1,000 元，债台高筑，几告歇业。当时有一名 A. 奥克斯（Adolph S. Ochs）者出资 7.5 万，承购该报，重新改组后，营业方得日进。

奥克斯生于俄亥俄州的辛辛那提市，是一位祖籍德国的美国人，其父母于 1848 年方迁住美国。奥克斯从事新闻事业为期甚早，20 岁时即出资 250 元购买查塔努加（Chattanooga）的《时报》（*The Times*）的资本半数，自此即从事报业，直至 1935 年逝世的时候。

奥克斯在遗嘱中将其报纸股份遗传其外孙，并组成一托管委员会，由其婿阿尔德将军（Gen. J. O. Alder）和苏兹贝格（Arthur H. Sulzberger），及其女苏兹贝格夫人三人组成。

《纽约时报》由纽约时报公司（The New York Times Company）发行，其中

过半数之股份为苏兹贝格家所有，发行人及董事会长的职位皆由苏兹贝格一人兼任，所以他对于该报的影响甚大。

苏兹贝格说："有许多人时常问我，为什么我能获得今天的地位。我回答他们道：'唯一的秘诀是：埋头苦干，不要偷懒，把大门上的铜门环擦得净亮迎人，然后同老板的女儿结婚。'"这段话虽有幽默的风味，但也是他本人成功的逼真写照。

就销路说，《纽约时报》不是美国最大的报纸。根据去年的统计，《纽约时报》的销行数目仅占第八位，比《纽约时事日报》少 110 万余份，比《芝加哥论坛报》少 47 万余份，不过《纽约时报》的影响却比其他报纸大。第一，因为《纽约时报》的水准比较高，所选择的材料比较翔实严整，销路虽然没有色情杂耍式的小型报纸大，但对社会的影响甚为广大。第二，《纽约时报》为全国性报纸，不是地方性报纸，虽其销行数字小，而读者分布的面积却很宽广。

我们知道报纸的收入是全靠广告的。1944 年中《时报》由报费所得的收入是 700 万元，由广告所得的收入是 1,400 万元，其中 24% 是从人事广告收得，30% 从零售商业广告得来，46% 从全国性商业广告得来。

纽约时报馆设立在纽约 43 街，通常每晚 11 时即开始印刷次晨之报纸，直至次晨四时左右。每日平均用 25 万磅报纸，（即 1,200 磅重的纸卷 200 捆，装 5 列车），4,000 磅油墨。假如把印出来的报纸堆叠起来，可以比诸帝国大楼（Empire State Building 为世界最高之大楼，高 1,250 尺，共 102 层）；假如把一日的报纸一张张地接续铺开，可以由纽约铺到洛杉矶。假如是星期日报还得 5 倍于这些数字。

纽约时报馆的地下室中，共有 21 架印刷机，其中最快的，可于 1 小时内印刷 80 页的报纸 5 万份。这 5 万份报纸都能整整齐齐地叠折起来，不紊丝毫。此种印刷机的速度为每分钟 200 尺。

时报纸张的来源地是加拿大的安大略省。安大略内多大森林。《时报》于森林中开辟一小村落，居民 4,000，每年按季砍伐树木，制造报纸，专供《时报》之需。村旁有一河，设闸发电，专供全村工厂之用。

每架印刷机的滚轴上用版 8 个，每日须制版 2,000 个，每个重 50 磅。因报纸内容时有更改，故须制版之数甚多。

《时报》的编辑部是在时报大楼中（The Times Building），驰名世界的时代广场（Times Square，百老汇街与第 7 街交叉处）即在此地，在百老汇街上，影院、剧院、饭馆、酒肆多得数不清楚，地下火车亦在此设一大站。广场四周高楼林立，广告标语鲜明夺目，真可说是灯光辉煌，行人如蚁。

时报大楼的上方，沿四周建筑有一带形活动电光新闻标题的装置，逐时将重要新闻的标题用电光照耀出来。电光标题沿大楼的四周川流不息地移动着，引动广场游人的不少视线。

时报编辑部的主要部门都设在大楼的第3层楼。在这层楼上的东部，有国外新闻、国内新闻、地方新闻、社会新闻、游艺、出生与死亡及体育等编辑处。工作人员约有60名；往南为晚间总编辑部。此部所负之重任甚大，决定新闻取舍排列等重要问题；再南为助理编辑处及总编辑室，室中并有记者工作部，现下时报雇用150名记者，多半都在此写作报告。

在第三层楼的极东部（即国内外新闻编辑部之后），有电讯收录室，室中有电报机，每日平均收录100万字，其中时报仅能用12.5万字。

《时报》主要的新闻来源是美联社（每日平均发10万字），其次是合众社（每日7万字），其余如路透社和加拿大通讯社（Canadian Press）等也都供给大量的字数。

此外《时报》在国内及国外各地也派有记者。在国内的主要地点是华盛顿、波斯顿、芝加哥、旧金山及奥尔巴尼（纽约州首府），总共有40余名记者。在国外的地点有上海、东京、柏林、伦敦、巴黎及莫斯科等地。

地方新闻编辑部最为重要，所雇用的人数亦较多，采访的范围不仅包括纽约市区，而还须顾及市区外附近的城市，其下有许多部门，例如华尔街采访部、商业新闻部、电影、戏剧、无线电、家庭、音乐、社会及宗教等部门。

《时报》之社论版，单有一人负责编辑，其中除社论外，并有读者来函，长期专论，如A. 克罗克（Arthur Krock）及A. 麦考密克（Anne O'Hare McCormick）之特写。在社论版上不登新闻性质文字，着重解释新闻类文章。

社论政策由社论委员会决定，遇一重大事件则由委员投票，决定应取之态度，例如1940年总统竞选期间，社论委员会中有3人投票拥护罗斯福，有8人拥护威尔基，有一人拒绝投票，所以那年时报拥护威尔基。

时报第1版在前晚11时出版，所以在11点20分左右，即当日的新闻排列完成。在午夜一时左右出第2版，第2版的新闻内容间或有更改或修正之处很多，两点半即开始清刷机械工作，至次晨四时全部工作即告完毕。

《时报》星期日版的销路平均是89.7万余份，较平日版（即星期一至星期六）多34.5万余份。星期日版的销路不仅限于美国本国，外国亦多订购之。每星期六晚使用700吨报纸，22吨油墨，总共印刷1.3亿页，每份有25万字。

因报纸供给量之限制，报馆不能多加印刷，若无限制，数目可增至100万份。

星期日报着重解释类文章，大半都由专家执笔，所分之门类甚多，有时报杂志、图书汇报、商业广告、戏剧和社会等版，总共有八九十页，其分量足抵一本小书。

### 3.《华北日报》第3345号，中华民国三十六年十一月二号

## 访问的技术

新闻记者的主要职务有二，一是搜集采访新闻，二是把搜集采访的见闻用文字写出来。

关于写作方面，《现代报学》曾发表蒋荫恩先生的讲稿，讨论得很精邃，现在作者不揣简陋，愿就新闻采访的技术方面，略述一二。

采访的技术每因所采访之对象而异，例如采访法院新闻与采访火灾所应注意之事项即有许多不同，采访演讲集会与采访市政新闻在方法上亦不雷同。现在不能逐类一一详言，只就访问一类，试作一简单叙述。

就新闻采访的技术言，访问最为重要，因其为新闻采访的基本步骤或训练，且重要事故每每由直接访问得来。

报纸编辑需要富有访问能力的记者的帮助，尤其地方新闻编辑最感到这种需要。访问的主要工作在发问题，而其主要的困难在令接见人说出真实的圆满的答案。发问题也许是件较为易办的事，只要记者对于所采访的事件有清楚的认识，自不难提出扼要的问题，可是让接见人乐意回答所提出之问题，却是件微妙的困难的事情。因此，对于访问技术则不能不注意了。

概括地说，访问可分三个步骤：（一）会见之前——此为准备阶段；（二）会见之初——此为决定整个访问成功或失败的阶段；（三）会谈——此为访问的本身，即问答交谈的阶段。

一、会见之前：在作实际访问之前，记者应作准备工作，对于欲想访见之人应作详细的调查。他现在做什么？他的癖好是什么？他憎恶什么？他的政见是怎样？性格怎样？特长是什么？……关于接见人的情形，明了得越详细，采访的成功性也越大。

记者可以到报馆的资料室参阅过去报纸对于该人的记载，假如是有名的人，也可翻阅名人录，假如该人不出名，则可设法询问熟习该人的人士。

对于所要访问的事件，记者必须先有一番缜密的研究和考虑，譬如一个卖

牙刷的推销员必须明了其货色的高低，成本的大小，不然，他的推销工作是无从作起的。

记者当拟定数个所要提出的问题，把重要问题列在前面，最好记在脑中，不要过分依赖记事本。这步工作最为重要，可以避免临时乱凑问题，招惹接见人的厌恶。一个没有准备的记者容易失却接见人的信任心，采访自不易成功。

对于访问之时间，亦当慎重考虑，午餐或晚餐期间避免访问，对于访问地点也当注意，有的人愿意在住宅接见记者，有的人愿意在办公室接见。在事前，对于会见时应用的称呼也应当想到。

记者对于接见人的书记或秘书类人物，要和蔼客气，因为他们就是记者所要通过的第一关，若招惹他们的厌恶，在访问工作上会发生许多不必要的困难和麻烦，俗语说"姥爷好见，舅舅难缠"，即为此意。

二、会见之初：会见的开头几分钟最为重要，可以影响整个访问的成功和失败，为获得接见人的良好印象起见，首先记者须郑重说明自己是什么报派来的记者，对这一点不要忽略。态度雍容大方，理直气壮，如此方可获得接见人的信任心理。

记者设法同接见人造出一种友谊或相识的氛围，例如可以提出一两个彼此相识的朋友的名字，如此不但可以证实自己的身份，并且在感情上似乎还会接近些。

记者千万不要自怯，千万不要以为自己的访问会增加接见人许多麻烦而表示惭愧，这会给接见人一种不敢信任，或不足轻重的印象，表示歉意的客气话有时是要说的，但是不要太多。只要是"实事求是"的访问，记者就不必过分道歉的。一种端庄谦谨，理直气壮的态度，往往是会成功的。

有时候接见人虽然与记者会面了，可是仍不愿发表意见，用种种说法去规避记者的询问，例如：

①"我不喜欢你们的报纸，太腐败了。"在这时候，记者不要同接见人辩论，因为辩论对于访问有害无利，并且耽误时间。记者只可轻描淡写地说"谢谢你的批评，我们永远在努力求进步中。"接着还是追问他各项问题。

②"我不愿说话，过去记者每每把我的谈话弄错。"记者可以说："在走以前，我把你说的话校对一下，就保证决不能有出入之处。"

③"为什么你来找我？我不是新闻中心。"这也许是自谦，也许是自诩。在这种情形下，记者可以说："我所以找你，因为你是个专家，或者因为你知道的比别人多。"

④"我没工夫。"记者不要轻易放过去，可以说："我只问一两个很简单的问题，耽误不了多少时间"。

⑤"暂时不能发表。"这也许是自诩，或者真有不能发表的困难。记者须问明可能发表的时期，并声明届时再来访问，如此可以避免讨厌，或可满足接见人的虚荣心。

像前面的例子很多，举不胜举，从经验中才可想出应付的办法。

通过以上各种难关，接见人表示愿意会谈了，这才步入会见的最后阶段。

三、会谈：在会谈阶段中，记者站在主动地位，而接见人反退居被动地位。

记者要有发问和领导谈话的能力，可以用各种说法让接见人说出心腹话来。同时，接见人说得离题太远了，记者必须设法领回来，说得太晦涩或简略了，记者还得求其解释清楚。这种引领谈话的本领最为重要。

有时接见人还会反问记者，例如"对于这件事情你有什么看法？或有什么办法？"等。这是遁词，除非在特别情形下，记者不要轻于发言，只可继续追诘问题，对于接见人的反问可以婉词谢绝，或不加否可。

会谈时，记者必须倾耳细听，眼光集中在接见人身上，千万不要东顾西盼，一则可以避免引起接见人的反感，二则可以避免误解谈话的内容。当一个好听众（Good Listener），这是记者应尽的基本职责。

会谈期间，顶好不要作笔记，把谈话的内容记在脑中，会见后再把谈话速记下来，如此方不会分散注意力，不过在某种情形下，如谈话中有数字，有措词严谨的谈话等，记者可以作笔记，但事前务须请得接见人的允许，有的人讨厌把所言笔之于书，有的人为求正确起见，还欢迎笔录。

在谈话终了时，记者可以把重要的部分与接见人校对一次，以免误会。在写稿子的时候，尤应注意两点：（1）不要加入自己的主见，切忌渲染；（2）不要泄露接见人所告的秘密信息（Confidential Information）。

10 月 21 日于天津八里台

4.《华北日报》，民国三十六年十二月二十日

## 美国报业的趋势

概括地说，美国报纸事业约有六种较为显著的趋势。

1. 报纸数目日形减少，资本逐渐集中。

由于机器成本的庞大，采访新闻费用的浩繁，现今创设报馆非巨大资本莫办，已非一般普通人所能胜任。一个世纪前，美国大新闻事业家多以印刷工人起家，此后决不会再有此种现象。对于报纸事业，一般人不敢问津，只有少数资本家有时还能一试身手。但由于历史悠久的报纸的竞争，往往于创办初期亏累不堪。若资本家仍乐于支助，还可苦撑下去，不然，则只有歇业出卖。例如芝加哥百货公司大富翁菲尔德在芝加哥办《芝加哥太阳报》，在纽约办《下午报》。这两个报每年亏累甚巨，但菲尔德仍出资支持，得免歇业。美国新闻界传说菲尔德办报的目的在减轻所得税的担负，此说或不尽无理，一时报界传为佳话。（注：《下午报》已于前年10月间更改政策，开始接收广告，期以弥补财政不足。）

在另一方面，由于报纸数目的减少，显出报系（Chains）势力的扩张。各报系藉其雄厚的资本及优越的物质条件，每与孤立报纸竞争，孤立报纸往往被其吸收，而且诸报系的后面，又有华尔街老板的支持，更易发展势力。这种鲸吞现象，在1930年左右经济不景气时期，最为显著。在第二次世界大战期间，因人力及物资缺乏的缘故，这种现象曾又重演。

现在属于报系的报纸的销路占全国报纸总销路的50%以上。换言之，读者所看到的报纸至少有1/2是由报系操纵着。

由于报业托拉斯化的发展，引起许多人对美国报纸言论自由的真实性发生怀疑，有许多社会学家、教育家提出警告和质问，曾经引起不少激烈的论辩。双方各执一词，至今辩论还未休止，在现行美国经济制度下，恐怕是不可能得出结论的。

反对报纸集中化的人，时常引用1936及1940年总统竞选时期报纸的舆论为诘难的根据。在那两次竞选中，有50%以上的报纸反对罗斯福，而罗氏竟以绝对优势获选，所以很易引起一个大疑问：究竟美国报纸的"舆论"能否反映人民的公意？

2. 美国应用科学的昌明促进新闻事业的发展，及其在争取时间方面，作到惊人的迅捷。

印刷机器的改进、新传递消息工具的发明，都是应用科学的赐予。自动打字机、自动排字机、无线电传影机和无线电照相机等等装置，俱可帮助缩短新闻故事与读者相见的时间距离。例如美国最大新闻杂志《时代周刊》（Time）的编辑部是在纽约洛克菲勒中心的一座楼上，而承印《时代周刊》的工厂是在芝加哥城，中间空间距离（即航空距离）是724里。当编辑部把稿件内容及排版格式编辑妥当后，即由编辑室拍出，在芝加哥的印刷厂即同时由自动排字机排出。

有许多美国报人想象将来美国或能有无线电"报馆"的成立，意思是说，将来报馆可以藉无线电自动打字机及无线电影印机的设备，由空中收取新闻及相片，同时即刻印在纸上。他们更设想将来有一种收集新闻的机构把新闻及相片排好，由无线电拍出，各地居民即可在家中直接收取，不必经过"报馆"。由于成本及工具的缘故，以上两种设想现在还不能实现，不过他们相信将来是有实现的可能的。

另外，由于无线电传影机的试验成功，又引起许多报纸从业人员的幻想。他们想将来新闻的传递不必用字表达，可用"电影"传播。例如联合国大会在纽约所举行的两次开幕礼，及英公主的婚礼，都会用无线电传影机演映给未能亲与典礼的观众。将来无线电传影机的成本低落，及藉传影机传播新闻的组织成立时，一般人即可在家中面对传影机看新闻。那时所看的不是字，而是电影，所以那时读者所买的不是一张或两张报纸，而是一分钟或二分钟的电影。

此外，还有人认为现在印行的报纸太不便利，且字体细小，有凝目力，故主张把报纸由显微照相术摄成照片，由读者携回家中，以幻灯映到墙上（仰卧时，也可映到天花板上），既方便，而又节省目力。

以上所说的几种设想不是纯为幻想，大有实现的可能，所遇到的主要困难不是工具问题，而是社会及经济问题。

3. 报纸排版技术日形精进。现在姑不谈由于印刷机器的改良而引起的进步，所欲谈的着重编辑方面的改进。

自从新闻杂志的出现，报纸编辑对于排版技术力求改进。在这方面，《时代周刊》及《纽约客》（New Yorker）二杂志对于报纸尤有最大的影响。《时代周刊》排版的优点是眉目清楚，分类明晰；《纽约客》的特点是简洁劲干，倜傥不羁，注意时间及事实，虽细节小目，亦不肯忽略。

报纸在排版技术上最显明的改进是增加相片的用量，及登载"新闻简述"及"新闻引得"等，便利读者阅读，例如《纽约时报》的"World Today"及其星期版的"Results in Major Sports Yesterday"等。

4. 解释新闻的文章日形增多。

由于报纸在新闻报道中不能有充分面积或时间去叙述新闻发展的历史和意义，但为帮助一般读者正确了解新闻，报纸自不能不另外增加解释类的文章。

另外，由于无线电报广播及新闻杂志的竞争，报纸也不得不增加解释类的文章。无线电广播台的新闻报告在时间上占绝对的优势。为与无线电争衡，报纸即须特别扩充解释类文字的质与量，因为无线电因受时间限制在这方面自有逊色，同时新闻杂志对于新闻的解释及叙述，往往不厌其详，报纸也不能不迎头赶上去。

报纸对于解释类文字的着重，便产生一种专以解释或详述新闻为职业的报人，此即所谓时论家（Columnists）或"专栏作者"。此类报人以各人专长及嗜好的不同，经常为报纸撰写一种专论，有的谈国家大事，有的是讨论世界政局，有的论人长短，有的记述道听途说，有的品评电影戏剧，有的介绍新书，有的谈赛马赛球，有的解释牌戏及烹饪良法等，花样翻新，无奇不有。

在"专栏作者"中，以谈论政治经济者最为著名，盖因此类撰述家俱为富有学识之士，亦可称之为政论家。就性质言，其所撰述的文章类似我国报纸所载的专论，但我国报纸专论多由学者执笔，且不经常，似与美国"专栏作者"不同。

时论文章大半由时文社（Syndicates）或某一报纸出售，由各地报纸订购，如联合特辑时文社（United Feature Syndicate）出售罗斯福夫人的《我的日子》（"My Day"）、伦道夫·丘吉尔（Randolph Churchill）的《今日欧洲》（"Today in Europe"）、马奎斯·蔡尔兹（Marquis Childs）的《华盛顿在召唤》（"Washington Calling"）、西德尼·斯科尔斯基（Sidney Skolsky）的《在好莱坞》（"In Hollywood"）和鲁道夫·迪斯克（Rudolph Diske）的《船长和孩子们》（"The Captain and the Kids"，漫书）等，又如《纽约先驱论坛报》出售沃尔特·李普曼（Walter Lippmann）、马克·沙利文（Mark Sullivan）和刘易斯·甘尼特（Lewis Gannett）的文章。《纽约邮报》出售的伦纳德·里昂（Leonard Lyons）、艾尔莎·麦克斯韦（Elsa Maxwell）、埃德加·莫厄尔（Edgar Mower）和多萝西·汤普森（Dorothy Thompson）等的文章。最近北平数位学者所组织的独立时论社，其性质颇似 Syndicate。

另外，由于着重解释类文字，副刊的种类也形增多。这固然是因为人力物力条件优越而形成，但也不失为报纸在新闻报道上力求精详的趋势。副刊种类甚多，有书报、社会、体育、医药、教育、经济、游艺等，其中尤以体育版及社会版（专载社会仕媛的活动，如婚丧嫁娶等）最能引人入胜。

5. 报纸商业化的色彩日形浓厚。

美国人是讲生意经，以工商立国起家，报纸事业也不例外。19 世纪的黄色新闻，亦即因此而起。美国报纸不但是一种大企业，而且是以营利为目的的大企业，且报纸背后都有资本家支持或操纵。报纸的政策，就难离资本家的立场，至少是不能开罪于广告户的。关于广告户对于报纸的压力及影响，正引起激烈的辩论。报纸的发行人坚持报纸是以服务读者为首务，否认广告户的压力能影响报纸的政策，但有许多人能引证实例，加以驳斥。在美国现阶段下，这场争辩也不会得出结论的。

由美国新闻学系的课程中，亦可获得显著的例证。在新闻学系中有广告学、报纸管理学和广播学等。尤其在广告学课堂中，张口是"主顾"，闭口是"招徕"，简直是训练商人的助理员。由此角度，即可窥出美国报纸对于商务的重视了。

6. 报纸与无线电广播公司的颉颃日形尖锐。

往远说，报纸与无线电所争的是生存问题，假如将来每个家庭都安置无线电影印机，报纸便不会存在，不过，这是将来的问题，报纸刻下不致感到威胁；往近说，报纸与无线电所争的还是钱的问题。

自无线电广播公司成立后，报纸的广告收入日形锐减，尤其关于全国性的广告，报纸更不易争到手中，而且无线电广播的新闻简短明了而迅速，较报纸远胜一筹。何况广播公司极力改进节目，励精图治，在节目中，不但有悦耳音乐、滑稽戏剧，且对于解释新闻的节目也力求其详。例如哥伦比亚广播电台于每晚 11 时约定其驻各地之记者（如伦敦、马尼拉、华盛顿、旧金山等地），在当地作广播报告，所以听众于就寝前，即可对世界各地当日所发生之重要事故有个概括的观念。此外，各电台聘请出名的政论家，讲述或预测国内或国外之局势，例如国家广播公司即请有战争宣传部长戴维斯及著名新闻记者斯温（R.G. Swing）等。此类政论家即所谓时评家（Commentators）。

为抵抗无线电业的压力，报纸也求革新，例如解释文字的增加，提倡地方事业改革运动等，俱为自卫之良策。同时许多报纸也成立电台，直接参加广播事业，这当然只有资本雄厚的报纸才能胜任。

12 月 9 日于天津八里台

5.《华北日报》第 3525 号，民国三十七年一月二十二日

## 新闻采访在美国

美国新闻集散地以华盛顿及纽约为中心，而纽约的地位尤为重要。

美国新闻通讯社、国内各大报纸即外国驻美通讯社，俱在纽约及华盛顿设有办事处。在华盛顿有记者联谊会的设立，名为华盛顿全国新闻社团（National Press Club of Washington），并拥有高楼一栋，充作办公聚会之用。驻美外国记

者联谊会（Association of Foreign Correspondents in the U.S.）的总部设立在纽约。

纽约是金融商业新闻的集散地，华盛顿是政治新闻的中心。美国及外国各大通讯社的总部大多设立在纽约城中，在华盛顿及其他各城设有分社，因为纽约是海底电报的起点，收发新闻较华盛顿便利，而且纽约为全美经济中心，在新闻上的重要性不次于华盛顿，况且纽约与华盛顿间的电讯传递及交通工具俱很便利，由纽约亦可兼顾华盛顿。第二次世界大战后，联合国的永久会址设立于纽约，其重要性更形增加。

美国国内通讯社中以美联社、合众社和国际新闻社最出名，其他通讯社约有四五十家，在采访的范围及所采访的新闻性质上亦各有不同。美联社是美国最早的通讯社，其来源可以追溯至 1849 年成立的哈伯新闻社（Harbor News Association），中间经过数次更名及改组，现在的组织于 1900 年方告定立。现时总社设于纽约的洛克菲勒中心（Rockefeller Center），社长为肯特·库珀（Kent Cooper）。美联社的组织系合作社性质，非社员不能向其购买新闻。在二次大战时期，《芝加哥太阳报》因与《芝加哥论坛报》竞争，加美联社要求购买新闻，美联社拒绝之。《太阳报》遂上诉大理院，指控美联社违犯《反托拉斯法》，结果《太阳报》胜诉。

合众社由斯克利朴斯·赫霍德报系所有，其历史可溯至 1885 年，于 1900 年改组后方得今名，总社设立于纽约 42 街，社长为休·贝利（Hugh Baillie）。

国际新闻社为美报纸大王赫斯特所有，创立于 1909 年，总社设于纽约 45 街，社长为巴里·法里斯（Barry Faris）。

以上三大通讯社于最近 30 年来俱有长足的进展，1916 年后，其势力伸入南美，与法国哈瓦斯竞争甚烈；1930 年后，其势力伸入远东，与路透社较短长。"二战"后，美国通讯社的势力不但在南美、远东取哈瓦斯及路透社而代之，即在欧洲大陆亦成席卷天下之势，英法通讯社无能与之颉颃。

除通讯社外，美国尚有诸多报纸出售新闻，经营此类营业者俱为财力人力充沛的报纸，出卖的新闻种类有国外新闻及华盛顿新闻。各大报纸派学识丰富的记者常用驻守美京，报道国内大事。因国外新闻的采集费用巨大，故多数派有海外通讯记者的报纸都出卖新闻（《基督箴言报》例外），期以减低成本。因各小报能分担一部费用，故各大报派遣海外记者的人数及采访的范围日形增加扩大。

美国派有海外通讯社记者的报纸很多，出名的有《纽约时报》《纽约先驱论坛报》《基督箴言报》《芝加哥每日新闻》《芝加哥论坛报》《保提摩太阳报》《纽约太阳报》《纽约邮报》《芝加哥太阳报》《底特律新闻》和《布鲁克林鹰报》等，其中尤以《纽约时报》《纽约先驱论坛报》《芝加哥论坛报》《芝加哥每日新闻》四家最享盛名。

国外新闻采访以《纽约先驱论坛报》最早，可追溯至 1838 年。《纽约时报》在美西战争时期（1898 年）尚无力派遣记者赴古巴，至第一次世界大战时期方形扩张。《芝加哥论坛报》在密西西比流域拥有多数读者，美中各州报馆多购该报新闻电稿。《芝加哥每日新闻报》的国外通讯部于 1899 年成立。"一战"时期，其报道甚为精彩，各报争相购买，声誉鹊起。至今该报国外新闻报道仍为人所推许，出名记者辈出，如美国名记者雷蒙德·斯温（Raymond Swing）、约翰·根室（John Gunther）和 I. 斯托（Iceland Stowe）等俱为该报海外记者多年。

在华盛顿，美国各大报纸设有办事处，派有记者常用驻扎，外国大通讯社亦有在此成立分社者。记者可至国会旁听，参众两院的议题中设有记者席（Press Gallery）。此外政府各部门亦时常举行记者会议（Press Conference），各机关并时常分发文告，供作记者参考之资料。

美总统与记者的关系因人而异，有的总统与记者相处甚得，有的厌恶记者。历届总统每有一代言人，近年名为新闻秘书（Press Secretary），其中著名的如威尔逊时期的大卫·劳伦斯（David Lawrence）、胡佛时期的马克·萨利文（Mark Sullivan）、罗斯福时期的斯蒂芬·厄力（Stephen Early），现今杜鲁门时期的查尔斯·罗斯（Charles Ross）。

现今美政府各部门亦设有代言人，专司宣传之职，名为公共关系干事（Public-relation Man）。在过去历届总统中，以罗斯福与记者相处的关系最为成功，每于记者招待会中，罗氏恒以记者的名字（first name）而非姓打招呼，例如迪克（Dick）或鲍勃（Bob）等，听来颇多亲切之感。所以罗氏的细长的烟嘴、椭圆形的书室、桌上船舰等类的陈设品，俱为记者时常描写的资料。罗氏每星期接见记者两次，罗夫人亦接见女记者一次。女记者亦组有白宫女记者会。杜鲁门继任总统后，本欲继续罗氏的传统，按时接见记者，但因发言不慎，惹动数次政治风波，接见记者的次数因而减少。

外国驻美通讯社的总部俱成立在纽约，有的在华盛顿设立一分社。外国通讯社总部的办公室多设立在美国某大报纸或某大通讯社的建筑中，目的在增加采集新闻的便利，多数集中在纽约的洛克菲勒中心和时代广场二地。外国驻华盛顿的记者生活相当舒适，但工作繁多，非勤快人莫能胜任。一个华盛顿记者每日通常工作以读早报开始，然后参加白宫或各部记者会议，有暇还到国会旁听辩论或审讯，此外还访问国会议员、政府要员及著名游客，各国使馆及记者俱乐部亦为应到之地。政府机构每日分发许多文告，谨慎的记者不轻易遽然相信官方文字，总要因私人访问间获取幕后的事实。

驻美记者每日必须阅读的报纸有《纽约时报》《纽约先驱论坛报》《基督箴言报》《芝加哥每日新闻》《芝加哥论坛报》。这几个报纸都有自己的国外通讯社记者，对于国外新闻报道都有独到处；此外对于《纽约世界电讯报》（*New York World Telegram*）、《底特律新闻》（*Detroit News*）、《巴尔的摩太阳报》（*Baltimore Sun*）和《美国纽约日报》（*New York Journal-American*）等亦须浏览一遍。《纽约世界电讯报》是克斯利朴斯·赫霍德晚报系的代表，其中专栏资料丰富，新闻数量虽然较少，但颇能收集思广益之益。《美国纽约日报》是赫斯特报系的代表，与《芝加哥论坛报》俱可代表美国褊隘保守势力的见解。《纽约时报》及《基督箴言报》的政策比较宽大，对于国际事故多所注意。此外，国外通讯社记者尚须阅《华尔街日报》（*Wall Street Journal*）、《民族》（*Nation*）、《新共和国周刊》（*New Republic*）、《财富》（*Fortune*）、《时代周刊》（*Time*）、《外交事务》（*Foreign Affairs*）、《大西洋月刊》（*Atlantic*）、《论坛》（*Forum*）和《耶鲁评论》（*Yale Review*）等。至于外交政策协会（*Foreign Policy Association*）及外交关系协会（*Council on Foreign Relations*）所刊印的手册等，亦为珍贵的参考资料；《世界年鉴》（*World Almanac*）和《国会目录》（*Congressional Directory*）等类参考书亦不可缺少。

### 6.《华北日报》第3595号，民国三十七年四月一日，第六版

## 报纸读法十讲（一）

阅报是借着文字工具了解现代社会间诸般现象的方法。在这千变万幻的社会中，人类的复杂的活动大部都仰仗报纸来报告。就空间说，其中有国外时事、国内时事、地方时事，有涉及远在几千万里外的异域人类的活动，有涉及尽在毗邻的人士的动态，其所包括的面积的广大，真是出乎想象之外。就性质言，即有文化、经济、政治、社会、教育、宗教、军事、法律和文艺等等门类，也可说是错综繁多，罗列尽致了。

在这宇宙人寰中，每天不知道有多少事件发生，报纸不能一一登载出来，所能登载出来的都是极要紧或极有趣的，可是这种挂一漏万的新闻报道已经令人感到纷紊无章，散漫难理了。

读报也有秘诀，读报方法也是一种艺术。会读报的人一眼看去，了如指掌，

即能洞悉各项新闻的意义和价值，不会看报的人只是东翻西翻，盲目浏览，结果既无概括的观念，更无明确的了解，简直是浪费时间和精力。

现今报纸已经变成我们每日的经常的知识食粮，就如同我们买半斤油，二两醋一样重要。假如一天没有报纸，我们便会感到精神上的空虚，茫茫然无所适从。社会越进步，报纸事业越发达，同时社会对于报纸的需求也越形增加。

报纸已经不仅是传递消息的工具，并且是推动社会巨轮的主动力，其重要性的巨大，其影响的深远，已是社会公认的事实。美国总统杰斐逊说："设若在有政府无报纸与有报纸无政府之间令吾选择其一，吾当毫无疑义地选择后者。"拿破仑说，"余惧怕四家敌对报纸远胜于一万大兵。"俾斯麦说："若能绞死十数名报人，欧洲和平便可维持。"就这几句古人的名言便可知道报纸的影响之重大了。

要想在现代社会中，作一个健全的公民，每日就必须读报，因为报上所登载的各种事情与自己都有直接或间接的关系。世界的事物都是连锁性质的彼此互相关联，就如行星围绕着太阳，川流不息地转动着，同时彼此并有磁力吸引，失一则平衡不保，动一则影响全局。每日成千累万的诸般事物都与我们本身有直接或间接的影响。直接的是显然易见的，不必赘述，间接的往往因时间或空间的限制不易即刻感到。但是在潜移默化中，这种影响总会波及己身的。例如在斯大林格勒的苏军背城一战和美国 B-29 轰炸机以原子弹轰炸广岛，这两件事都是二次世界大战的转折点，当时这些新闻离我们太远，似乎没有直接关系，可是到后来，这种影响就波及己身了，在我们生命史上，对抗法西斯的战争胜利是件多么巨大的变动。

退一步说，作一个现代公民也必须读报。社会组织日形繁杂，以个人力量很难知道各种事物的情形，所以非读报不可，而且为应付现实环境起见，也不得不读报。报纸供给我们许多社会消息，告诉我们物品的价格、娱乐的节目、职业的有无和困难问题的解答等等，这些都是我们日常生活必须知道的常识。在社会中我们除由直接待人接物，换取经验知识外，恐怕报纸即是增进我们知识的主要来源。记得民国二十六年七月末旬卢沟桥战事激烈的时候，平市各大报纸都刊印号外数次，每出一次，即售卖一空，报馆大有应接不暇之势。是时便可看出社会人士需求新闻的迫切了。

报纸是依赖读者存在的，没有读者就不会有报纸，报纸品质的优劣便可反映读者的性质。报纸是应合读者——至少一部分读者——的要求，没有良好的读者，绝不能有良好的报纸。例如，近年黄色报纸风行一时，有许多人埋怨报界，其实这咎谴一部分也应归诸读者。读者欢迎黄色新闻，所以才有黄色报纸出现，假如读者不追求色情读物的刺激，黄色报馆自然亏累倒闭了。更如在开明的读者群中，保守报纸很难存在，相反地，在保守环境中，开明报纸也难立足。报纸的性质可以反映读者的教育水准，所以报纸的优劣读者也应负一部分责任。读者不要一味埋怨报纸，而忽视本身的改进。

西洋报人恒以坏牛奶比喻黄色报纸。西洋家庭以牛奶为主要食品，每日清晨必有送牛奶沿户送奶，牛奶的优劣足可影响社会人士的健康。同时，报童每晨也沿户送报，在早餐桌上，居民往往一手持牛乳杯，另手持报，半读半喝。故黄色新闻影响人民的精神生活实不减于坏牛奶损害人民的健康。但是牛奶的好坏，订户也不能卸泄责任。假如牛奶坏，订户不订，牛奶厂势必关门，不然就须改良品质，假如订户乐意订购坏牛奶，则无怨坏牛奶工厂的存在了。

报纸有时由于政府的统制，虚伪的宣传，或无理的检查，因而质量减低，这似乎责在政府与读者毫不相干。其实在间接方面，读者也应该负起两种责任①在经济方面与舆论方面支持报纸获取真正的言论自由；②鼓吹民主政治，使新闻自由得到确实的保障。

我们闭目细思，每天有多少人为供给新闻而工作，占有多少里长的电线，旋转多少架印刷机，消费多少吨报纸。报人的责任是以迅速简明的方法把当日所发生的事故的完全真像尽可能地报告出来。读者的权利是审察、了解、欣赏或批判新闻的内容。有识的读者不能目白为黑，颠倒是非，更不能指鹿为马，自欺欺人。假如读者做不到这几点，虽读报，亦近暴殄天物，同时也辜负了报人的一番辛苦。

### 7.《华北日报》第 3602 号，民国三十七年四月八日，第六版

## 报纸读法十讲（二）

在读报时，读者应当注意下列十种事项，如此，不但可以鉴赏报纸的内容，增长自己的智益，同时还可督促报纸前进，不致有负读者。

一、读者应明了报纸的作用

报纸的主要的作用在传递新闻。批评一个报纸的好坏，应由新闻内容着眼；所登的新闻是否完全，是否简明，是否真实，是否饶有兴趣，是否有建设性，是否迅速，是否公平等等，都是鉴定报纸的标准。

报纸的另一作用在促进社会的改进，大之于国家内政、外交政策，小之于

修理马路、建筑阴沟。

只报告新闻，报纸还不能算尽其大职，其所报告的新闻对于社会的影响，亦应顾及。假如对于社会不能有直接的贡献，至少也不应引起负性的反应。例如报纸中罪犯新闻往往不能收警告的效验，反而开启犯罪的门户，对于社会，为害至大。所以对于这类新闻，编者不应仅仅注意新闻的报道，且应估其对于社会的影响，慎重斟酌。

既然报纸的主要作用在报告新闻，所以报人的主要工作在编辑新闻。报纸的新闻便是采访员和编辑员合作努力的结果。从事新闻事业的人极力把新闻事件真实地呈现在读者面前，可是因为人事、人性及技术上的困难，很难作到理想的地步。在这些缺欠地方，读者就得特加注意。

报纸工作人员不是超人，当然他们有在其他人身上所发现的才能和精明，同时也有其他人类本性的缺陷和弱点。当一个事件发生后，各报及各通讯社的记者都赶到出事地点，采集新闻，因为时间的匆促，有时自不免有所忽略，且由于各记者观点和知识的不同，自然描写的方法也各殊异。另外，再加上编辑的才学和见解的不同，所印出来的新闻与原来事实更有出入之处，在这些地方，读者就得慎重。

在读报时，读者应注意下列数事：

① 因时间的匆促，报纸的初版，有时难免遗漏；对于重要事项，读者顶好参阅较晚所出的报纸。

② 在一件奇特的事情发生后，报纸上初次所登的故事多半着重轰动效应，有编辑者故意铺张，希图增加销路。

③ 读者应当注意不同的报纸所描写某一事件的差别，由这些差异的地方，便可推测出各报纸的政策的不同。

④ 不同的新闻通讯社对于某一事件所报告的故事也不同，从不同新闻社的矛盾处，便可推测出新闻的可靠性或思索出一种折衷的看法。尤其在阅读国际新闻的时候，这种观察更不可少。现在国内报纸几乎全登载一两个通讯社的消息，千篇一律，读者几乎得不到比较的机会。对于国内新闻，尤其感到这种困难。在这种情形下，读者正可运用尖锐的判断力，作确实的推断和估计，对于新闻报告固然不应轻于置信，可是疑神疑鬼，也不聪明。有识耐心的读者经过长时期的阅读，不难发现任何一个通讯社的长处和缺点。

⑤ 报纸对事实的叙述往往没有历史那样翔实，因为报纸是记载当时的事实，有的地方一时不易明了。可是历史是叙述过去的事实，因为时间的充裕和

材料的丰富，自然会较为翔实的。所以读者不要把新闻看成不变的，新闻是含有变化性的。充其量新闻报告只不过是一件事物的轮廓图画，其中细致精微处还不易见到。读者不可过于信赖新闻，应就新闻的字里行间，推测时势的演变或某一事件的动向，判断力万不可为新闻本身所拘泥。

⑥ 在时间、经济和精力的范围内，读者要尽量多看报纸，好的、坏的、开明的、反动的，都要看一下。对于一个新闻故事顶好在看到两个报纸（最好是意见相反的）的报告后，再下判断。假如一个报纸每天出两三版，首版的重要故事务必与二三版的同一故事相比较，查看故事是否有新的发展，是否有什么出入地方。一个有经验的读者通常以一两份较为翔实的报（最好是相反的）为主要读物，其他报纸只供参考之需，在经常阅读的报纸上多花点时间，对于其他报纸只稍事浏览而已。

⑦ 阅读报纸最忌死念或乱念。阅读时，要注意力集中，要快，要有轻松的兴致。打开报纸，首先阅读自己所愿看的部分，然后再阅读自己认为重要的部门（因为所愿看的不见得就是重要的），其余部分阅读与否只可依时间有无而定。有的地方可以细嚼细咽，玩味品评；有的地方可以走马观花，稍事涉猎；有的地方可以略而不读，目若无睹。

⑧ 在经济、时间与精力范围内，读者可以作一种有系统的研究，例如（a）收集非寻的照片；（b）收集各报对于其一件新闻的标题；（c）记录各报排字的错误；（d）收集各报不正确的评论；（e）比较各报对于各新闻社所供给的材料的选择标准，例如故事的长度、故事所占的位置、故事的详简（例如年纪，名字，住址等）；（f）搜集报纸的语汇，可分下列数款，如战争、科学、政治、经济和书报等；（g）收集著名记者或编辑的事迹，作简短的传记，对于他们的写作经验及其写作的重要性详加叙述；（h）收集当代著名记者或编辑的写作，其中包括内容甚广，例如气象报告、时事评论、人物叙事、生物描写和战争报告等。

8.《华北日报》第 3609 号，民国三十七年四月十五日，第六版

## 报纸读法十讲（三）

### 二、读者需认识新闻的性质

关于新闻的定义，人言人殊。聚集几个新闻学专家，就可立下几十个不同的定义。在这几十个定义中，恐怕他们对于任何一个定义也不能取得完全的协议。

就广义说，每日我们所听的、所见的，同时感兴趣的故事都是新闻；就狭义说，每日我们在报纸杂志里，在收音机旁，在电影院中所看所听的新故事都是新闻。

对于新闻的定义，我们虽然得不到一个十全十美的解说，可是这不能令我们对于新闻的性质认识不清。一件新闻至少须有下列七种性质，这也是读者审判报纸，鉴定新闻的标准。

① 新闻必须满足人们择取新闻消息的欲望：一个健全的公民也是一个消息灵通的人，认识所处的社会的问题越多，越容易变成社会中有用的建设分子，同时对于社会新闻也越感到迫切需要。而且各种社会活动往往得力于报纸的启示和诱导，社会人士往往视报纸为方向仪，追随报纸的提示或报告，决定自己前进的目标。报纸必须满足读者的求知欲望，每日必须有新鲜的消息呈列于读者面前，不然，报纸失去存在的价值。

② 新闻可以令读者回忆往事：人们在社会中每日经过许多事情，经年累月，不复忆及。有时报纸可以刷洗记忆，令读者追忆往昔，审察未来。例如，每年5月4日报纸刊载五四运动的文献和纪念五四运动的消息，令我们不禁想起那场轰轰烈烈的爱国运动。至于儿童节、妇女节等等也有类似的感触。再如，在百事匆忙中，读者很容易把所读过的新闻忘却，可是在读到与某一新闻有关的消息时，读者记忆自能恢复，把所忘却的某一新闻又重温习一遍，并可根据过去所记忆的事实评断本日的新闻。

③ 新闻可以引出一个问题、一个悬而未决的疑案或一种矛盾的情况：新闻报告叙述一种事故，同时也能引出一个未决的问题。读者在阅览新闻后，往往思想驰骋，莫能自禁。例如，报载粮食市价狂涨，在读完这段新闻后，读者便会想到：为何粮价高涨？有无回落的希望？家中存米多少？本月薪金是否够用？现在该先买米，还是先买炭？……这些问题是由一段新闻引起，读者在发出这些问题后，还得一一谋取解决的办法。这是读者阅报的目的，也是新闻应含有的特性。

④ 新闻可以使读者发生同情感：有时候我们公开地（或秘密地）崇拜某种信仰，在新闻中我们可以发现与各自情感共鸣的新闻。例如，你是一位开明派的人物，你对于工会消息自能表示欢迎，与一位顽固的资本家当然别有怀感了。

⑤ 新闻可以指示读者生活的路线：人们在苦闷或失业的时候，自然愿意沉醉在报纸阅读中。就是急进的社会人士也须阅读报纸，取得工作奋斗的指示，例如一个市场经纪，每日绝对要看报，假如有一星期不看报，便不知何所适从了。

⑥ 新闻可以鉴定一己的判断力：在阅读一段新闻后，读者往往有一定的简介，认为某事的进展将要如此如此，来日的新闻正可证验个人判断力的准确性。

⑦ 新闻可以供给了解现实世界所需要的知识：阅报主要的目的在满足求知欲望，在明了周围环境的动态。简言之，在谋取应付环境的知识，此理显然易见，毋庸申述。

读者为增进自己思考力，可以于阅读某项新闻后，拟定几个对自己有关的问题，然后写出解决诸问题的办法。或者，在读完某段新闻后，作一段判断或推测，与来日新闻比较，验其正误。

## 9.《华北日报》第3616号，民国三十七年四月二十二日，第六版

# 报纸读法十讲（四）

### 三、读者应注意报纸的编辑法

一个健全的报纸读者对于报纸编辑法的大意总要多少明了一点。在报纸编辑上有许多人事上和技术上的困难问题，这都是读者可能遇到的暗礁，在这些地方读者要特别留心。

读者须要明了报纸上所登载的新闻材料是经过编辑慎重的选择的。在选择过程中，编辑的偏见、武断、利害观念自不免夹杂其间，同时编辑的知识，修养也会影响新闻的选择。读者所见到的报告与事件的本身中间是有相当距离的。报人的责任是极力缩短这种距离，读者的责任是督促报人去缩短这种距离。这种距离的远近也是读者度量一个报纸可靠性的标尺。

编辑有许多方法左右一件新闻的重要性。现在我们如不论编辑左右新闻的目的是纯正或邪恶，不过他们有这权柄是不可否认的。

编辑可以给某一件新闻一个似是而非的标题；可以把一件重要的新闻由第一版抽出来，放在第二第三版；可以把某一项新闻省掉不登；可以大事铺张不甚重要的故事；可以把故事本身东削西减，弄得体无完肤；还可运用字句，故意渲染……

报纸的不正确的标题曾经引起许多人的责难，读者往往被标题领入歧途，这是近代报纸学上的一个严重问题。所以聪明的报纸读者不应仅阅读标题为止，而对于大标题下的小标题还要加以注意，假如时间允许，对于新闻的本文也要浏览一遍，只阅读标题而不注意新闻本文却是一件很危险的事。报纸标题有时可以反映出编辑的偏见，或报纸的政策，明眼的读者在与其他报纸对比下，自

不难洞悉底蕴。正确的标题只是说明新闻本文的内容，毫不掺夹编辑的意见。编辑的意见应在社论间发表，若在标题中显露编辑的好恶，实足减少读者对于新闻本身的信心。读者评判标题的好坏当以"明简醒目"和"直述事实"为标准。同时读者也须明了编辑命立标题的困难。报纸的面积是有限的，标题的字数有时也是有限制的，并且命题的时间也是有限制的。在这三种限制下，编辑命立标题自有相当的困难，读者也不能不体察到这点。

编辑省掉或减削新闻的多少足可反映报纸的政策，例如，一个工人报纸对于工运消息自然会详加叙述，可是资方报纸对于这类新闻便略而不谈，即使登载，也语焉不详。但报纸因面积及发稿先后的问题，往往不能把新闻刊载出来，或不得不减削一部内容，这是技术问题，与报纸政策无关。但在这种情形下，技术原因与政策原因甚难分辨，读者自不会察出编辑的困难而易生误会的。

从新闻的收集到新闻的印刷是一段很长的过程，中间经过许多复杂的手续，经过许多人的手脑，错误的地方也是很难避免的。有经验的编辑具有一副犀利的眼光，能够洞悉采访员所获得的新闻的可靠性；有经验的读者也可由编辑对于新闻报道的处理上察出编辑的能力。读者对于新闻报道的来源（官方新闻、私间新闻、通讯社和个人记者）、发稿的事间（距出事时间的长久）、发稿的地点（离出事地点的远近）、传递新闻的方法（航信、电报、无线电报或电话）、稿子的详简（如地名、年龄、住址和名字等）都应加以注意，这些地方都是读者审查新闻报告的着眼处。

此外，报纸的政策是由出版家决定。出版家是报纸的经济支持人，自然有决定政策的能力，编辑和记者都是出版家的雇员，自然也唯有出版家的命令是遵了。出版家的意见和主张，时常反映在报纸上，所以各报纸因为政策的不同，其所取的内容和主张自不相同，读者便有选择的机会了。

一个有心的读者应该作下列数种有系统的研究，藉以增进对于报纸的认识：

① 细阅报纸上的各项新闻，指出可能的消息来源，如：市政府、警察局、消防局或外国领事馆等等。

② 考察自己阅报的习惯，如先阅读何类新闻，先阅读第几页新闻等。

③ 调查自己当阅的报纸的实况，例如出版家是谁、属于何种政治派别、广告的数量、销路的多少、职员工人的待遇、编辑的人数、编辑的名字、记者的人数和名字等。

④ 由一报纸选择四五宗重要的新闻，然后与其他报纸上同类的新闻互相比较。

⑤ 读者顶好到一个当地的报馆参观一次,对于编辑部的组织和工作方式及步骤格外注意。

⑥ 收集饶有兴趣的新闻故事,对于各类新闻的写法及所用的字汇详加研究。

⑦ 选择一个重要的连续性的新闻故事,逐日阅读,数日后,对于故事的处理方法,加以批评。

## 10.《华北日报》第3623号,民国三十七年四月二十九日,第六版

## 报纸读法十讲(五)

四、读者应知道报纸所受的限制

读者有时候对于报纸的希望很高,我们时常听到埋怨报纸的语言,说某某报纸印刷太坏、某某报纸新闻太少,或某某报纸社论太保守等等。

在一方面说,这是好现象,因为报纸是公共事业,读者应当采取批评的态度。读者批评越多,报纸本身越能进步,因此报纸对于社会的贡献也越大。

不过读者在批评某一报纸前,必须先明了其在经济上或技术上所受的限制。在明了这些问题后,读者的批评方不致为侈谈妄语,不着边际,更不致吹毛求疵,遇事苛刻。

报纸所受的限制越多,这许多限制都可影响报纸的发展,其中有的是人事问题,有的是人性问题,有的是技术问题。

人事问题——例如出版家的主张、广告部的压力、政府的干涉和社会各种团体的诱力等。

人性问题——例如记者的嗜好、修养、品格、信仰和能力;编辑的学识、偏见和可靠性等。

技术问题——例如推销的方法、报纸的版面、印刷的设备、传递消息的快慢、编辑的技巧和经验等。

现代实用科学昌盛,已经增进收集新闻的速度和便利,同时亦增加新闻印刷和分发的速度。可是在新闻发生与读者看到新闻报告的中间,是要经过许多人事和人性的困难问题。科学尽管昌盛,产生报纸的方法尽管改进,可是制造报纸的人事和人性问题总不会因之化简的。这些困难问题的解决方法是落后于实用科学的进步的。

编辑部中最复杂的部门是地方新闻编辑部,其中人事问题最为复杂;国内或国外时事编辑部所着重的是编辑的经验和学识,人事问题较为简单。可是地

方新闻编辑部因与地方间的各种社会活动有直接的关系,人事困难自然会加多的。

营业部和印刷部最着重技术问题。欧美诸国对于营业方法有许多研究,广告学、商业管理、宣传学俱列入大学课程。美国报纸的营业部所用的招徕的方法真可说是花样翻新,无奇不有。美国印刷部的技术更是突飞猛进,字体的鲜明,色彩的美丽,诚可说举世无敌。

现今报纸已经变成一种社会公用事业,其重要性与电灯公司、自来水厂有同样的重要。取消报纸就如同电灯公司停止供电,可使社会陷入黑暗的蒙罩下;坏的报纸就如同自来水厂供给脏水,足可威胁整个社会的健康。报纸与其他公用事业所服务的对象都是社会,可是所取的原料却迥不相同,例如自来水厂所取的原料是天然物质,而报纸则取材于所处的社会的活动中,前者是确实不变的,后者是变幻莫测的。所以报纸事业,除在技术问题外,在人事及人性上都有更艰难的问题。

假如读者对于报纸所受的人事、人性和技术的限制发生兴趣,可以对于下列数问题作有系统的研究。

① 广告户对于报纸政策的影响;

② 近代印刷事业或交通工具的新发明;

③ 新闻记者应有的修养及训练;

④ 报纸的广告学和营业学;

⑤ 地方新闻的编辑法。

11.《华北日报》,第 3630 号,民国三十七年五月六日,第六版

## 报纸读法十讲(六)

五、读者须明悉报纸的职责

报纸的主要职责有四:① 以真实有趣的方法报告完全的新闻;② 解释新闻的意义;③ 评论新闻,藉以启示社会前进的途径;④ 供给各种消息,藉以便利或调剂读者的生活。

① 以真实有趣的方法报告完全的新闻:在报告新闻时,"有趣"和"完全"倒容易做到,可是"真实"却很不易做到。除人事上和技术上的困难外,还有人性问题。真实的标准本来就很难定立,再加上"人"的问题,"真实"更不易获得,其中尤其是"人性"问题,最难解决,例如编辑的成见、偏见、武断、修养和品格就很不容易更改。为求报人自警自励起见,美国有几家大报纸立下

信条，要求每个工作人员遵守践行。此外，美国报纸编辑协会（American Society of Newspaper Editors）在 1923 年举行首次年会时，通过七项信条：（a）负责任；（b）维护新闻自由；（c）保持独立精神；（d）诚挚、忠实、正确；（e）正直；（f）公平；（g）高雅合礼。

更有许多人主张新闻工作应视作一种职业（Profession）。从事新闻事业的人应有一种职业的道德观念，应受一定的训练，应遵守一定的法规。新闻从业员对于社会的影响不减于律师或医生，一个不良的报人为非作歹的程度不下于一个庸医或一名刀笔吏。所以从事新闻业的人俱应有良好的训练，应有职业自尊心，应遵守一定的职业法规。

新闻从业员在社会的地位一向是令人发生误会的。有的人认为新闻记者是油腔滑调，浪漫不羁；有的认为是稽查暗探，鬼鬼祟祟。这些错误观念固然是由于一般人对于新闻事业不甚明了所致，但报人本身也不能不负一部分责任。报人必须以工作的货色及人格的修养来博取社会的信任，必须使新闻的报道与事实的真情相去不远，实是报人应守的信条，也是读者度量报纸的一个尺度。

② 解释新闻的意义：解释新闻是报纸的一种很主要的职责，其作用最为有效，但亦最为危险，运用若不适当，则流弊丛生。

报告新闻不加解释最为理想，但有时因为事件的复杂或奇突，又不得不加以解释。解释的目的在帮助读者了解新闻的内容。不过在解释过程中，就不免夹杂许多外力影响，例如编辑的成见、报纸的政策等，俱可影响解释的方法。在这种情形下，读者若能多阅报纸，互为参考，则不难发现真情。最道德的办法是把解释文字另辟一栏，不与新闻本身混夹在一起。各报的专论栏，有时可收解释新闻的功用，专论大半俱为专家所撰，对于了解新闻上有莫大的辅助。专论或可视作社论，因报纸所取的专论大半与其报纸的政策相吻合。聪明的读者不要一心相信专家的话。他们的话不见得都是"圭臬"，在脑筋中都要仔细想过，才能采信于某一说法，对于专家的身历和背景，也须明了详悉，不然很难知道他们葫芦中卖的是什么药。

③ 评论新闻，藉以启示社会前进的途径：依新闻道德说，新闻中不能夹杂评论，报纸的主张应该归入社会栏，万不能掺入新闻中。报纸的主笔有时让他们的编辑把新闻加以"渲染"，这真是新闻界的悲惨现象，不过，有心的读者日久也会指出"渲染"的地方。

社论是报纸的灵魂，是报纸的生命力。没有社论，报纸只能算作供给消息的机构，而失却启导或推进社会的作用。

我国社会人士对于报纸的社论，尤其注视。社论可以反映出报纸的政策，并且也是读者审查新闻真伪的侦测仪。

④ 供给各种消息，藉以便利或调剂读者的生活：读者除去愿意知道时事新闻外，还要知道许多其他消息，例如，哪里有庙会，某某戏园唱什么戏，百货店卖什么货，哪个机关要招练习生等等。越是好报纸为社会服务的地方也越多，许多小新闻可以帮助读者解决困难的问题，也可使读者节省许多精力和时间。报纸有社会服务版，其功用专在此。

阅读时，读者应注意下列数点：

（1）报纸所揭的正确主张不见得一时就会受读者大众的欢迎，因为报纸应该是先知的，应该站在社会的前头。报纸所提倡的应该是开社会风纪，且有创造性。所以报纸的主张虽然正确，但读者不见得就能认识或了解这种主张。

（2）报纸所主张的不见得就是读者大众所需求的。报纸有时也不易明了读者大众，进步的报纸时时猜测读者的意向，测验读者的好恶，但是一个道德高尚的报纸言其所欲，不应故意奉承或阿谀读者。

（3）一个优良的报纸应当让大多数读者满意，同时其中数种篇幅亦须令少数读者满意。

（4）阅读的速度应当改换，例如阅读娱乐新闻，宜快；读社论，宜慢，容有思索时间。

（5）一个好报纸当注意社会事业的改进，例如提倡公共卫生，提倡修建公园等。

（6）特别注意区别社论和新闻，有时编辑于新闻中夹杂社论式的语调。这是一个纯洁的报纸最忌讳的地方。

（7）一个留心的读者要时常注意一个报纸新闻处理法与其政策有多少出入的地方。一个报纸尽管在社论栏中放大炮，而有时在新闻栏中反违背社论的精神。这种地方读者要详加审查，万勿为其所迷。

12.《华北日报》第 3637 号，民国三十七年五月十三日，第六版

## 报纸读法十讲（七）

六、读者应留意报纸新闻的来源

现今国内新闻的主要来源是中央通讯社，各报纸亦多采用之。由采取中央通讯社稿的多寡也可反映出各报政策的不同。

各报的国外新闻以美国通讯社供给最大。战前英国路透社和法国的哈瓦斯社在中国很有势力，战后由美国通讯社起而代之。现今各报有时也收录旧金山的广播，或采用美国新闻处的稿件。不过读者要时时记住这都是美国对外宣传的机关，所有的新闻自不免渲染着美国的利益。

中央通讯社在海外也有办事处，但因经济及人力关系现在的规模还不大。战前中国在海外没有这样完备的通讯社的存在，现在规模虽小，却是件进步的事。

中央通讯社是国营的，换言之，是官办的，读报时也要注意到这一点。

国内新闻当然以各行政机关所发表的公告最为可靠，读者应详细阅读，并须细想，推测实在的含意。

读者应注意发稿人的地点、时间，及传送的方法。对于消息的来源也应注意。假如新闻中多有"据称"或"据消息灵通方面称"等类语气，读者应当留心，多加思考。

现今各国政府对于新闻检查和宣传尤加注意，所得到的新闻往往已经各国政府机关篡改或省略，所以读者对于由国外传来的消息，仔细参考，勿轻易接受表面的价值（face value）。

探试新闻的真实性最好用比较方法，看报越多，越容易得到一个比较公正的看法，只一味迷信于一个报纸是最危险的。

七、读者应明了报纸的商业性质

印刷报纸是一件很费钱的事，同时也富有冒险的意味，所以作一个出版人是不容易的，背后总得找一个经济靠山。

一个报馆必须雇排字工人、印刷工人、编辑和采访员，同时还得租房子，买印刷机、打字机、照相机、纸和油墨，再加上其他一切的开销，这一笔花费也就可观了。尤其在最近几年内，物价高涨。报纸昂贵，工资提高，所以印刷报纸的成本更出乎一般人的经济能力范围了。而且在刊印报纸的头几个月，报馆是拿不进钱的，广告数量不多，销行数目也有限，同时报馆还得出一笔巨大的宣传费，结果只有亏累，连弄个出入相符也很不容易。在这亏累的几个月中（或几年中），后台经济支持最为重要。假如资本有限，并无接济，在这段必经而不景气阶段中，报纸便被置之死地了。

报纸的成本及花费既然巨大，所以报纸必须有正常的收入，才能维持，因此报纸的商业性质就此成立。

报纸的主要收入是广告费，一个富裕的报纸的收入有三分之二是从广告得来的。由销售报纸所得的收入是有限的，绝不能维持报纸的存在。

因为报纸在经济上是依赖广告存在的，所以广告户有时可以影响报纸的政策。一个良好的报纸设法抵抗这种影响，可是有时出版家因为经济的压迫和金钱的诱力，遂向广告户屈膝投降，任其左右，就此报纸失去服务读者的功用，而只供资本家利用了。

广告户最难对付，对之太严，则有断绝经济来源的危险，轻则生意不振，重则亏本倒闭；若对之太松，则报纸政策受其左右，失却独立生存的价值。

一个留心的读者能够由广告中辨别一个报纸的优劣，广告的好坏也是度量一个报纸的标准。好的广告必须具备下列三种条件：① 真实！不撒谎，不在新闻中掺杂广告类的文字；② 富有报告性，供给新鲜的消息；③ 不带有负性作用，无色情肉麻的宣传，无引人入邪的指示。

关于报纸应否有广告的问题，各方争论甚烈。

主张报纸要有广告的人认为：① 广告也是服务读者的一种方式，好广告可以节省读者的时间及用费；② 广告户对于报纸的影响不若想像的那样厉害，一个有见识的出版家会抵抗广告户的经济压力，报纸的主要对象还是读者，出版家不会只为讨广告户的欢心，而失却读者的信心；③ 广告乃是报纸收入的大宗，也是报纸维持生活的方式，假如没有广告，报纸势将亏本，结果只有倒闭或投降于某种势力；④ 报纸读者数目多，广告费才能高，假如读者拒绝订购某一报纸，该报纸的广告收入自会减低，所以读者有监督或制裁报纸的权力，聪明的出版家绝不愿舍弃读者而向广告户投降。

主张取消报纸广告的人认为：① 报纸应该谋求经济的独立，不应受资本家的左右；② 广告类新闻应该由报纸自动采纳，一则可以保持广告的纯洁和真实，同时还可供给读者有用的消息；③ 广告费是一笔无谓的用费，只徒增加消费者的担负，过去美国有几个无广告的报纸，结果全皆亏本，停止营业。例如，1903年斯克里普斯（Scripps）的《旧金山新闻报》，1911 年斯克里普斯的《芝加哥日书报》（*Chicago Day Book*），1912—1914 年斯克里普斯的《费城新闻邮报》（*Philadelphia News Post*）。1940 年 5 月 18 日芝加哥企业家菲尔德（Marshall Field）在纽约成立一个不收广告的小型报纸 *PM*。在过去六年中，*PM* 共赔累六百五十余万元。到 1945 年 11 月间，菲尔德忽然决定 *PM* 开始征收广告，放弃一向新闻与广告分离的主张。本年春季 *PM* 卒因亏累太多，遂告歇业。在美国经济制度下，这类报纸是难立足的。

读报时，读者应注意下列数事：

① 一个有钱的报纸容易拒抗广告户的经济能力；

② 大报纸的出版家与广告户的经济利益一向是一致的；

③ 报纸总设法增加销路，其目的在吸取广告，所以报纸新闻内容和广告的选择标准平常是以读者为归依的；

④ 广告户可以影响报纸的社论，可是影响的程度则因报纸而异；

⑤ 试研究某一报纸广告的号召方式是否真实，是否纯洁；

⑥ 试推论无广告报纸的价值。

## 13.《华北日报》第 3644 号，民国三十七年五月二十日，第六版

# 报纸读法十讲（八）

八、读者亦应自求进步

新闻报纸的质量不能好过它的读者，有良好读者大众才能有良好的报纸。在一个良好的读者群中，一个坏报纸绝不能立足，同时一个良好的报纸也不能存在于一个坏读者群中。各报都有它的特别的读者大众，就它的读者群的程度和性质，便可推测出其报纸的品质。

所以读者和报纸是打成一片的，不能分割的。因此读者的进步，可以促使报纸进步，为有良好的报纸，读者本身亦应自求改进的。

读者自求改进的方法，不外下列数项：

① 读者应多读报纸，好坏全看；

② 读者阅读时，应注意：（a）阅读之时间长短，（b）所阅读之内容，（c）阅读之次序；

③ 注意各报纸最优的地方；

④ 练习利用报纸的"每日新闻索引"、新闻摘要等；

⑤ 熟习新闻报告的结构方法；

⑥ 凡遇一重要的有连续性的新闻，当逐日阅读，勿中间停辍，如此方可得到新闻之全部内容；

⑦ 对于社论多加批评，如作者态度忠实吗、事实正确吗、理论合乎逻辑吗；

⑧ 注意自己阅读的速度：（a）阅读时不要动嘴唇，以免妨碍阅读的速度；（b）极力增加自己的语汇，尤其经济栏中的诸般名词最令人难解，读者对于各名词应有相当的认识；（c）阅读的速度当以所阅读的东西为标准；

⑨ 读者应时常浏览杂志及各种书籍，增加自己了解时事的能力；

⑩ 对于报纸的组织方式及各部门的关系应当熟习。

14.《华北日报》第 3651 号，民国三十七年五月二十七日，第六版

# 报纸读法十讲（九）

九、读者应定立审查社论的标准

社论是报纸的灵魂，是一把领导社会前进的火炬。这是报纸发表意见的地方，也是报纸权威的来源。

社论的主要成分是意见（Opinion），其中包括辩论、批评、建议、反驳等等。社论是各公共舆论处所，其中不但表现报纸的态度，并可反映读者的思潮。所以西洋报纸把"读者来函"栏看作社论的一部分，故把读者来函登在社论版上，与社论相提并立。

好的社论可以赢得读者的信心；曲解事实，或造谣蒙骗是容易被读者发现的。细心的读者在阅读社论时，要发出下列数个问题：① 社论的内在目的是否纯正；② 理论是否正确合理；③ 是否公正；④ 是否顾及大众利益；⑤ 是否有远见力，有见识，有勇气；⑥ 是否遵守新闻道德；⑦ 文章是否清明、易读；⑧ 是否能帮助读者了解新闻，是否能增进读者的思考力。

以上几个问题是读者在阅读社论时必须自询的，也是批判社论的良好标准。

此外，为增加明了某一报纸的社论的程度起见，读者对于该报纸的决定社论的方式（如出版家个人写稿，或由社论委员会写稿）及社论撰写人的背景等，应有相当的熟悉。

在一件重大事件（最好是当地的）发生后，各报俱有社论发表。把各种社论蒐集起来，然后加以比较，则对于各报的政策自易一目了然。

十、读者应知道审查报纸的困难

读者批判一个报纸的好坏，有时也很难定立一个正确的尺度，因为读者本人也有偏见、武断和思想不周密的地方。偶不小心，便失之吹毛求疵或歪曲真理。

例如报纸用字的方法似觉关系太小，其实影响甚大，一二字之差可以影响整个新闻的性质，不细心的读者在这些地方易受编辑的愚弄。譬如"节省""节俭""勤俭""吝啬""经济"等名词，意思似乎相近，而实质相去太远；再如"听众甚多""听众不少""听众颇多"的意思又相距悬殊；又如"据云""据悉""印象颇佳"等含有普遍性质的文字，更模棱圆滑，不可捉摸了。

在读者审查一个报纸时，应该注意下列数事，这是普通人所常犯的论理上的错误：

① 在某一方面相似的事物，不见得在其他方面也相似。例如："所有的活

人都有一个跳动的心，王先生有一个跳动的心，所以王先生是一个活人"（正的论断）。"所有的锁子都有钥匙，我有一个钥匙，所以我有一个锁子"（错的论断）。

② 两个"负"加起来不见得就等于一个"正"。例如："我不能不去＝我必须去。"但"纳粹恨犹太人，印度人恨英国人，所以印度人不应批评纳粹"（错的论断）。

③ 所选择的标本不见得是可靠的。例如："和尚不应该娶女人，张方丈、李方丈都娶女人，所以和尚不娶女人是假话"（错的论断）。

④ 因果不见得如想象那样简单。例如："阿司匹林可以治伤风，我吃了几片阿司匹林，我的伤风病好了，所以我的病一定是阿司匹林治好的。"（论断不一定正确。）

⑤ 我们的批断有时在无意中会错误的。例如：我们的视觉，就很容易发生错误：

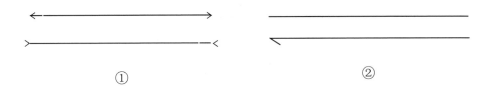

① ②

在图①中，两条相等的线，因为两端所画的箭头方向不同，所以看起来好似一短一长。

在图②中，两条平行的线，因为左端所画的箭头的关系，看起来好像一头阔，一头狭。

# 《现代知识》

**1.《现代知识》第一卷第十期，民国三十六年十月．**

## 安全理事会的否决权问题

本年度的联合国大会预定于本月 16 日在纽约举行开幕式典礼。据联合国秘书长赖伊预测，这次大会将要继续三个月之久，刻下收到的临时勋议的项目已达 43 件之多，另外尚有补充议题八项。这次议事录中所载的议案都是富有辩论争执性质的，例如巴勒斯坦问题、希腊问题和荷印问题等，料想这次大会一定是有声有色，引人注意的。

8 月 27 日在成功湖举行的安全理事会以 7：0 票通过（四国弃权），将限制"强国"否决权权利，提交联合国大会讨论之提议。此项议案虽然通过了，但当时美苏代表间却发生一番激辩和争论。苏代表葛罗米柯认为，否决权的规定决不能更改，因为该规定即为加强联合国间相互合作的基石。美代表詹森对于苏代表过去反对使用否决权之情形大加攻击，同时主张"强国"应放弃此种特权。就否决权问题说，这次争辩仅是前哨的短兵相接，将来在大会中自有一番激烈的舌战。

关于否决权的检讨，本刊第 5 期载有王铁崖先生的一篇论文，读者可详细参阅，现在这里只就否决权问题作一概括的叙述。

否决权的由来

1944 年 10 月 7 日美京顿巴敦橡园会议宣告结束，中、美、英、苏对于联合国的基本组织计划取得协议，其中包括设立联合国大会、安理会和经社理会等，但对于安理会中投票的程序问题却各持异议。

投票程序问题一直等到 1945 年 2 月间的雅尔塔会议，才算解决，罗斯福、丘吉尔和斯大林三氏协商了一个补充的原则，即在安理会中议案之通过必须取得强国之赞成，此项原则即为否决权的起源。

雅尔塔会议并决议于同年 4 月在旧金山举行联合国组织大会。在大会期间，关于安理会投票程序的解释又引起一番激烈的争执，关于运用的范围，英、美、苏间作不同的主张。因此问题，会议曾一度停顿，美总统杜鲁门派特使 H. 霍普金斯（Harry L. Hopkins）到莫斯科与斯大林直接磋商，方得协议，会议僵局方告打破。6 月 7 日遂通过宪章的 27 条第 2、3 款，投票程序问题遂得解决，否决权的运用范围方有限制。

否决权规定的内容

在《联合国宪章》中，并没有"否决权"这三个字，否决权名词只是强国间于实质问题投反对票的另一种说法而已。

关于安理会投票程序的原则，宪章第 27 条明白规定：①各理事国各有一投票权；②关于程序问题（Procedural matters）7 国赞成票即可通过；③关于实质问题（Substantial matters）7 国赞成票中必须包括 5 强，但对于和平解决纠纷的决议，纠纷当事国不能投票。

据第③项规定，关于实质问题的决议，7 国赞成票中必须包括 5 强的赞成票，假如一强不赞成，则不能获得决议，此即所谓之否决权。

由上面叙述，我们知道 5 强的否决权并不是无限制的，①否决权的运用不能适用到程序问题；②和平解决的纠纷案件，纠纷当事国不能投票，但武力解决的纠纷案件，纠纷当事强国可以使用否决权，换言之，强国可以用否决权消除武力干涉的决议。

我国代表的态度

否决权的规定是雅尔塔会议由罗、丘、斯三氏议定的，当时大战还未结束，三强固然感到战后成立国际组织，增强国际合作的必要，同时彼此间还存着互相戒备的心理。斯大林唯恐在国际组织中受到英美势力的包围，所以坚持否决权。罗斯福唯恐美国国会重蹈"一战"后的覆辙，所以赞成否决权的规定，期以抵消国会保守派的反动力量，美苏既然获得同意，英国也只有顺水推船了。

会议期间，我国得到关于否决权规定的通知及 4 月间于旧金山举行组织大会的预告。关于否决权问题，当时我国并没有正式的表示。

在旧金山联合国大会期间对于否决权的规定，我国多数代表私下俱表示不满，认为这种规定对中国没有直接的好处，将来或许有害处，但赞成否决权的规定是作联合国大会召集人的条件。所以我国为作 4 名大会邀请国之一，亦不得不勉强赞同这种规定。记得在旧金山马克·霍普金斯（Mark Hopkins）旅馆，顾维钧大使招待中国新闻记者席上，也有人提出这个问题。顾大使回答说：在外交场合上，我们要二害取其轻的。"二害取其轻"这五个字便可代表当时我国代表对这问题的态度了。

去年春季，我国代表郭泰棋在纽约哥伦比亚广播台演讲，主张各国对于否决权的运用多加审慎，不可过度，并示意强国可放弃否决权的特权。

去年 9 月间联合国在纽约举行大会的前夕，美代表詹森即放第一炮，严辞责斥苏联代表在过去运用否决权的次数过多。随后古巴、墨西哥等小国即向大会建议修改宪章，废除否决权的规定。苏联外次维辛斯基在大会强调维持否决权制度，英美首席代表取退议的态度。我国代表顾维钧在大会致词中，亦取缓和的说法。他说：否决权制度现下不能取消，但是据有否决权特权的国家应当慎重运用这种特权。

在今年大会的前夕，美代表詹森又放了一炮，并且很明显地提出强国应放弃否决权的主张，预料在 16 日后的大会中，对于这个问题当有一番争辩。我国所取的态度由 5 日王世杰外长于出国前夕在上海所发表的声明中，便可洞悉。王外长说：未来联合国大会中，最重要问题之一，厥为否决权问题……中国政府认为解决此一重大问题，实系于就否决权之合理使用一点，能获得一般性之协议，一如宪章所规定者然，而不在企图修正宪章本身，盖吾人皆知后者实不易达到目的也。

### 对于否决权规定的批评

关于否决权的规定，世界人士作各种不同的批评，毁誉参半，莫衷一是。

有的人认为，现在联合国的基本组织原则是五强合作，世界和平及安全的重任完全由五强担当；在这科学昌盛的现代，只有强国能有力量维护世界和平，同时也只有强国能发动危及世界的战争；只要强国能合作，天下便可太平无事，否决权的规定可以清除强国间的猜忌，可以增加强国间合作的可能性，在这国际矛盾仍未完全消除的现代，否决权的规定是利多于害的；而且否决权只不过是在和平绝望前，增强合作，维系和平的方法，其功用仍在保护和平，假如强国间，或强国因某一小国，发生武力冲突，和平宣告绝望的时候，有无否决权的问题已经不是要紧的问题了；否决权的规定固然有关国际平等的原则，但为维护和平起见，也不得不牺牲一点空泛的理论，何况强国负有维护的重任，为加强其力量起见，也不妨授予一种特权。

反对的人士认为，否决权的规定却是联合国最脆弱的地方，否决权的设置造成国际强权政治的现象，联合国遂易变成大国的御用品；而且否决权的运用实足妨碍联合国的效力，致使联合国不能变成国际间折冲樽俎的有效途径。所以有一部分人主张修改宪章，取消否决权，成立世界议会及世界政府，现下流行美国的世界政府运动即导源于此。

### 否决权问题的前瞻

在本月 16 日行将举行的联合国大会中，否决权问题一定会引起一番激烈的辩论的。南美小国可能再呐喊修改宪章，废除否决权的要求。苏联代表仍会坚决维持否决权制度的存在，中、美、英三国代表会给予小国较上次大会稍微积极的响应。就刻下情况言，废除否决权制度，恐怕一时不能作到。即使把否决权规定废除了，在国际政局也不会有多大裨益的，取消否决权只能增加国际分类的罅痕。国际合作的机会决不会因否决权的消失而增多，联合国的效力也决不会因否决权的废除而加强，这是很明显的事实。

在这次大会中，对于否决权运用的范围或者能变得更完密的限制，这一点作起来也很困难，但有这种可能。

美国指责苏联代表滥用否决权的权力。美国认为宪章起草人的初意是希望各强国能慎重运用此种特权。这种意思虽然在条文中没有规定出来，可是当时起草人间都有这一种"心照不宣"的谅解。所以美国的目的在限制苏联任意运用否决权的机会，在可能范围内希望对于否决权的运用加以限制，这也是美国希图用舆论力量促其实现的。

在联合国原子能委员会中，美苏间未能获得协议的主因之一，即为否决权问题。假如这次把否决权的运用权力加以限制，在原子能委员会中，美苏或能有更多的转圜的余地。在原委会统制方案搁浅的现在，美国也希望从另一角落打破这种沉闷的僵局。

苏联还会坚持否决权的存在，可能范围内，反对任何方式的修改。苏联把否决权作为自己的护身符，在安理会中英美集团的力量会压倒苏联集团，为了这点苏联自然不会轻易放弃否决权的，至于加以适当的修改，苏联或许会赞成。这就全视下列二条件：①国际舆论力量的大小，例如，在去年9月大会后苏联代表对于否决权的运用已加审慎；②其他大国与苏联互相合作信心的大小和互相容议程度的多少。

9月6日于天津八里台

## 2.《现代知识》半月刊，民国三十七年，第二卷第八期

### 关于圣雄甘地①

领袖地位是不能轻取妄求的，至少在印度决不是这样，因为领袖的条件不仅是物质的，而是心灵的、精神的。印度人民有四万万，占全世界人口总数的五分之一，种族间的关系亦很复杂，作这样一个民族领袖是件重大的巨任。印度很幸运地能在甘地翁身上发现这些充任领袖的条件。通常说，领袖的人望仅能普及到一部分人民，有时多、有时少。可是甘地翁却不同，实能独立一格。他受到普遍人民的崇敬，不分教义、不分阶级；有贫人、有富人；有兵士、有学士；有资本家王侯、有农夫平民。这种独特无偶的人望可以解释在每次国家危急时，他能以庄严和美的态度，出任全国唯一领袖的原因。

当所有印度的聪明领袖们——印度幸运还有不少——经过几时、几日，甚而几星期的集议，尚不能对某事采取决策时，便很自然地具有信心地转求甘地翁。他永未令印度失败过，永会崛起应付，领导印度屡获胜利。每次胜利中，印度的国际地位亦因之增高。

什么是他深孚众望的秘诀？简言之，即为纯洁的人道主义。他以人道态度探求各种事体，他谴责行动，但非行事之本人。譬如他责斥资本主义，但非资

---

① 编者注：印度弥索哩大学社会学硕士左伟德撰，杨生茂译。

本家，因为他相信人类的心田是有改造的可能的；他责斥英帝国主义，但非英国人；此种例证俱可推而广之，不胜枚举。因此之故，即使他的敌人亦要私下致敬，表示羡意。

甘地翁成为真正领袖另一原因，是由于他能洞悉民情，其熟习印度的程度无人能与其相比。他旅行印度最广，各乡各地俱皆熟稔。他时常周游各镇，停居草舍，啖进乡间粗食，以特别简明的语言向朴直村民讲述"求真理弃暴力"的大道理。因此他了解真正的印度乡间自然环境中生长的农民。真正的印度是在乡间，现在 80% 以上的人民不是生活在乡间吗？但当他考虑一种政策时，他便把乡间印度和城市印度合而为一，对于后者，他也同样的熟习。总而言之，他是全印度的最适当的领袖，无人能望其项背。

他虽然是全印度人民的领袖，但就平民这个名词的意义言，他尤其是平民的领袖。在工厂中及农田上工作的人最尊重他。何以故？简言之，即因他的生活方式最为简单。有许多领袖对于人民的痛苦只施以口惠，但他一本行先于言的主张，故自动接受印度农民的困顿简单的生活，克勤克俭，自苦自励，茅屋布衣，奋勉不辍。他的生活实足表彰视为印度国家标式的农民的生活。他们居住在拥挤不洁的乡间，大家庭、小茅舍，鹑衣百结，劳苦困顿，劳碌所得，仅能维生。甘地翁就以这种生活方式赢得每个人的温情敬仰。这位伟人的逝世令一般平民最感到痛心，因为平民对于这位领袖的敬爱不发于任何秘密的动机，更不欲假借其名以图私利，或维护既得的权利。他们的爱只是对于这位不贪私利、虔诚忠实的人道使者的纯洁真诚的爱。这位圣人竟然溘然长逝，三粒枪弹竟将九十余镑重的身躯销毁不生，杀害这位伟人是件犯天灭道的罪行。我们距他的死期太近，尚不能预计其对于人类的未来的损失。

有人认为他的死亡实可引起人们对于他的道理的注意，如此，尚不失为不幸中的幸事。这种想法实由于人类思想愚弱的自然结果，人们往往于悲困中设法自慰自解。假如他能再活 25 年——他希望四十多年——他对于人类智识储藏的贡献确是无可限量。而且他的贡献不仅在理论方面，而且在实行方面，假如他的道理能多见诸实行，能多随生活环境见诸运用，他的"求真理弃暴力"的信条能多见实验，行人道慈善即可沿进化路程获得长足进展。过去他每在困顿时节，尚能极力实践其理，现在他既名盖全印，更能以宣讲及劝导方式在数周内即可完成从前他在数年中所不能完成者。可是这件事情已不可能，世界必须忍受这种损失。但这并不是说甘地所完成的是微小不多，就其某数方面说，他的成就在人道历史中是绝无仅有的，"弃暴力"的道理虽已有人提倡，并小规模地由少数私人或私人小团体实行,但自甘地翁始方能史无前例地大规模的见诸实践。凡是注意印度奋力反抗英帝国主义的人都可忆及成千累万的人民,安静地忍受各种痛苦——由棍棒驱散到机关枪——而从未攘臂反抗,这不是奇迹么?

虽然甘地生前有无数的成就,可是他的遗音宛然获存,实较生前为真,此言俨近真理,因人们崇拜已逝的先知较生存者尤胜,且因甘地翁所宣讲的道理都具有真实的价值。迟早——我们希望早胜于晚——人们总会明了"弃暴力"乃为解脱人类罪恶的唯一的方法,唯有经过此途,人们才能达到建筑地上天堂的鹄目。

总之,圣雄甘地是印度的真正领袖,因在他身上发现印度的灵魂,在盛衰无偿的印度历史中的至美至善全由甘地表彰无遗;印度有此伟人,甚表荣幸,甘地不负其所生的祖国。印度仍须努力,期能不负甘地。

# 《大公报》

## 1.《大公报》(天津版),第 22064 号,民国三十五年十二月十七日,第三版

### 美国煤矿工潮(一)

一、煤矿工潮由来

自 1941 年年底日本袭击珍珠港后,美国工人即向政府保证不举行罢工。在战争期间,一方面由于工人爱国的热忱,另一方面由于工资的增高,大规模罢工的事件微乎其微。不过中间有一个例外,那就是 1943 年的煤矿工潮。

在 J.刘易斯(J. L. Lewis)领导下的矿工联合工会 (United Mine Workers)于 1943 年的春季举行罢工,要求加薪。当时总统罗斯福施用其战争紧急权力,下令接收矿厂,并强令矿工复工,不然政府即征召矿工入伍。后来刘易斯让步,允许复工。煤矿在政府保护之下继续开采。但当罗斯福把矿厂交还各厂主时,刘易斯又下令罢工。因为战事关系,罗斯福亦无可如何,只好要求各厂主增加矿工的工资。

自去年 9 月对日战争结束后,大规模的工潮遂告发生,其中最重要的工潮有汽车工人总罢工、海员总罢工和铁路职工总罢工等。在这战后的工潮中,刘易斯当然也不肯落后的。在本年 4 月间煤矿工人即宣告罢工,工潮一直继续了七个星期。在 5 月 21 日美总统杜鲁门施用其战时紧急权力,下令接收矿厂,以内政部长 J.克鲁格(J. A. Krug)为管理人。刘易斯遂同政府签订一个合同,工

资每时增至一元四角六（矿工每星期可工作 54 小时或 42 小时），并成立工人福利基金。

10 月 21 日刘易斯发表谈话，指责政府未能履行合同中数项条件，并声明愿与政府重新举行订定新合同的谈判。当时适为国会竞选的前夕，刘易斯希图利用那个时机压迫政府签订新合同。是时内政部长克鲁格正在美西代表民主党作竞选演讲，因此托故不返美京，故意把谈判时期延宕到选举之后。

11 月 5 日的国会竞选中，民主党宣告惨败，胜负既已决定。克鲁格即无所顾忌，遂开始讨论对付刘易斯的方法。杜鲁门鉴于反对工人的共和党既已得势，遂决定采取强硬政策。15 日政府通知刘易斯，声明政府不愿重开谈判的意思。刘易斯当下表明反对政府这项声明的态度，并要求政府于五天内收回成命，不然煤矿工人即于 20 日午夜开罢工。

18 日司法部长 T.克拉克（T. C. Clark）到华盛顿的联邦区法院向法官戈尔兹巴勒（T. A. Goldsborough）请求禁止矿工罢工的法令。克拉克的要求得到法官的赞同，法院遂颁发法令，命令刘易斯撤销罢工声明。政府向法院请求禁止法令的理由有二：（1）煤矿工潮对于公共"安全"及"福利"有所危害；（2）根据史密斯-康纳利议案（Smith-Connally Act），在政府管理下之工厂中，工人不能罢工。

20 日刘易斯没有正式发表罢工的命令，可是矿工都陆续离工，风潮逐渐扩大，遂演成非正式的总罢工。近日刘易斯守口如瓶，拒绝发表他并未正式颁发罢工的命令。就表面上说，矿工罢工好像是自动性质，但在暗中刘易斯却授意工人罢工，这也是他的一种策略。

21 日法官戈尔兹巴勒指责刘易斯"藐视"法庭，命令他在 25 日到法院申辩。若法官认为他的辩护理由不充足时，则于 27 日开庭审判。

25 日刘易斯出席法庭，历时三十余分钟。他的律师出场辩护，他本人仍守口如瓶，拒绝发言。法官认为辩护律师所述的理由不充足，遂命令刘易斯于 27 日出庭受审。

二、煤矿工潮的影响

矿工联合工会（UMW）共有 50 万名会员，他们都是无烟煤矿工人。就会员人数说，这是美国第四个大工会。其工会会员分布 28 个州，其中以西弗吉尼亚（West Virginia）、伊利诺伊（Illinois）、宾夕法尼亚（Pennsylvania）、阿拉巴马（Alabama）、印地安那（Indiana）、俄亥俄（Ohio）六州最多。

美国无烟煤矿的总共价值约在三十万万元左右，刻下每月产量约为六千万吨。

无烟煤主要的用途在供给各工厂、火车、电业及其他公共事业充作燃料之用。据统计，去年美国共出产五万万七千六百万吨无烟煤，其中工厂用去 38%，火车 22%，公用事业 35%（电业用 12%，暖气 23%），运往外国 5%。

由上面数字就可知道，煤炭在美国经济组织中所占地位的重要了。这也说明矿工联合工会的势力所以强定不移的原因。

自矿工罢工后，各钢铁工厂、汽车工厂都宣布缩减产量。火车公司也减少开行次数的 25%。同时政府下令由 25 日下午六时起，美东及美中 21 个州必须减低灯光的强度。华盛顿国会议厅上的灿烂灯光也告熄灭。政府各办公室的不重要的暖气也停止供给。纽约市政府指定一个煤炭节省委员会，负责颁发节省煤炭的命令。在时代广场附近的广告招牌上所有的电灯及各种霓虹灯光亦皆熄灭，午夜地下火车的数目也减少 500 辆。

现在美东的气候逐渐转寒，各住户、医院、办公室等需要暖气的数量有增无减。假如煤矿工潮继续几个星期，不但美国工业受到严重的打击，就是一般人民的健康也受到相当的危害。这是政府向法院控告刘易斯的主要理由之一。反过来说，这也是刘易斯选择现在举行罢工的原因。就策略上说，在严寒的季节举行罢工，煤矿工人易于迫令雇主屈服。可是这种策略也容易惹起社会人士的反感，对于工运的发展也不无恶劣的影响。

三、刘易斯——矿工联合工会的智囊

刘易斯身体魁伟，灰发纵横。对于服装特喜讲究，裤管熨得笔直，皮鞋擦得锃亮，左手时持雪茄，右手握手杖，头带齐眉毡帽，面部表情永为严肃。在美国报纸上的漫画中，刘易斯的肖像真令人忍俊不禁。

刘易斯现年 66 岁，其祖先系由威尔斯移来美国，其父亦为煤矿工人。1919 年他升任矿工联合工会会长，为美国劳工联合工会（American Federation of Labor）创立人 S.冈珀斯（Samuel Gompers）的助手。自此，刘易斯蜚声全国，变为美国工运领袖人物之一。

因为煤矿在美国经济组织中占有很重要的位置，所以矿工联合工会的势力也很大。现任美国劳工联合工会（会员 700 万名，其中包括 50 万名煤矿工人）会长的 W.格林（Wilhim Green）从前就是矿工联合工会的秘书长。现任工业组织工会（Congress of Industrial Organization，会员 600 万名）会长的 P. 默里（Philip Murray）也是由矿工联合会起身的。现在刘易斯在名义上是属于美国劳工联合工会，其实他个人有独立行动的权力，格林不能节制他。所以实际上刘易斯的工会分居第三位的铁路兄弟工会（Railway Brotherhood，会员 100 万）有同样的独立的性质。

刘易斯为人机警善变，倔强自负，可是他的"讨价还价"的本领突出常人。在过去工运中，刘易斯很少失败的时候，每次总为矿工争取点利益。在 1933 年矿工的工资是每时五角，在会人数是 15 万名，现在工资增到每时一元四角六，在会人数增到 50 万名。这就是矿工拥护他的原因，也是矿工工会势力增加的证明。

兹简列数项史实，说明刘易斯在美国工运中的活动。

（1）1919 年他就任矿工联合工会会长职，即开始举行罢工，要求改善矿工待遇。当时联邦法院下令禁止，工潮遂告失败。

（2）1922 年、1926 年他复举行罢工，反对减低矿工工资。

（3）1936 年工业组织工会与美国劳工联合工会正式分裂，由他任工业组织工会会长。

（4）1936 年的总统竞选运动中，他支持罗斯福（1932 年竞选中，刘易斯曾反对罗斯福）。

（5）1937 年他举行罢工，遭受罗斯福的责斥，此后他采取反对罗斯福的政策。

据最近前劳工部长 F.柏金斯（Frances Perkins）夫人在《白宫别传》（*The Roosevelt I Knew*）中说：当时刘易斯有意要求罗斯福遴选他为 1940 年民主党副总统候选人，但罗斯福对于他的要求未加理睬，所以益增他反对罗斯福的决意。

（6）1940 年总统选举运动中，刘易斯拥护共和党总统竞选人 W.威尔基（Wende Wilkie），但罗斯福竟三次中选。刘易斯遂辞卸工业组织工会会长职（由默里继任）。因此矿工联合工会变成一个独立工会。

（7）1941 年，罗斯福鉴于国际政局的紧急，再度要求工资两方谋取和谐，期以充实国防，但刘易斯不顾罗斯福的呼吁，于是年秋季复举行罢工。

（8）1943 年刘易斯再举行罢工，罗斯福施用紧急权力，接收煤矿。同时国会通过史密斯-康纳利议案，禁止工人在政府管理下的工厂中举行罢工。

（9）本年 4 月间刘易斯举行罢工，结果同政府订立合同，增加工资。

本年春季刘易斯声明加入美国劳工联合工会（AFL），与工业组织工会（CIO）取敌对政策。

10 月 21 日刘易斯要求政府重开谈判，订立新合同，并要求每时增加工资五角。杜鲁门采取强硬政策，不肯再事让步，遂酿成此次煤矿工潮。

**四、煤矿工潮的前瞻**

当记者执笔写这篇通讯的时候，煤矿工潮还没有迅速解决的希望。

政府已命令美东及美中诸州节省燃料，学校及办公厅的煤炭用量也受限制。

钢铁及汽车等类工厂的产量遽形收缩，失业工人逐渐增加。煤矿工潮得不到迅速的结果，社会间的经济损失非同小可。

煤矿工潮案件现在已由华盛顿联邦区法院处理。法院所持的理由有二：（1）刘易斯未能遵从法院的停止罢工的命令，显犯"藐视"法庭之罪；（2）刘易斯违犯史密斯—康纳利议案的法定条文。刘易斯的律师辩护说：刘易斯本人并未下令举行罢工，所以从未"藐视"法庭；政府不履行合同，所以工会要求重新订定合同；在该工会的"没合同，不作工"的政策下，工人自动去职也是无法禁止的。

在法院中，政府及工会的律师当然各执一词，激论不已，而且刘易斯有机警善辩的律师（代表政府的司法部助理部长 J.桑尼特（J. F. Sonnett）；代表工会的是 W.霍普金斯（W. K. Hopkins）律师）。两方辩论当然需要相当的时间，所以这宗案件的解决也许要延宕数天。

综合各方的观察，这宗案件的解决不外下列三途之一：（1）法官加诸刘易斯及其工会一笔大数目的罚款，或判处刘易斯监禁数月（罚款较为有效，若把刘易斯放入监中，矿工更不肯复工）；（2）刘易斯表示让步，继续接受先前与政府所订的合同，同时命令工人复工；（3）政府及工人双方让步，政府要求法院撤销"藐视"法庭的指控，工会也赞同由第三者出来仲裁。

一般人认为，第一种方法不当，因为现在社会中需要的大量煤炭对于国家经济及公众福利俱有莫大的关系。即使把刘易斯放入监中，政府亦无法强迫矿工复工，煤炭问题仍不能解决。

第二种方法刻下似乎不可能，因为矿工都是刘易斯的信徒。刘易斯知道他的力量所在，自然不肯轻易退步。

各方认为第三种方法最为适当，但刻下还看不到这种可能。

**2.《大公报》（天津版），第 22164 号，民国三十五年十二月十八日，第三版**

## 美国煤矿工潮（二）

五、这次工潮所引起的问题

在这次煤矿工潮中，一般人不禁提起两个问题。第一个问题是：煤矿（及其他与社会"福利"及"安全"有关的工业）是否应归国家所有；第二个问题是：这次工潮对于美国劳工运动有何影响。

（1）煤矿是否应归国家所有

工业国家化的呼声本来在美国低得几乎听不见。自法国实行重工业国家化后，在美国社会中才有一两声较高的呼声。不过自共和党竞选胜利后，这种微弱的呼声又低沉下去，同时大资本家的疑惧也暂时消失了。

民主党一向的政纲多少带有节制资本的性质。例如 19 世纪的克利维兰（G. Cleveland），20 世纪的威尔逊（Woodrow Wilson），罗斯福（F. D. Roosevelt）都主张国家经济平衡发展，防止财富无限制地集中在少数人手中。他们所取的手段虽然不同（例如克利维兰采取国家管理制，威尔逊采取征收入息税的方法，罗斯福采取抚助劳工运动的方法），可是他们的目的却是一样的。共和党的政纲是主张"自由竞争"的，反对政府干涉工商业，所谓"企业无政府"（"No Government in business"）。前总统 C.柯立芝（C. Coolidge，1923—1928）和胡佛（H. C. Hoover，1929—1932）便是这派的代表人物。共和党当然是反对重工业国家化的，所以在这次国会选举后，国家化的呼声又衰弱下去。

美国是世界上工业化极高的国家。美国社会间的经济组织就像一串连锁的轮子，彼此互相牵掣，互相推动。美国极富的资本家（据 11 月份的《新共和》杂志称，现在美国 70% 的工业出产由 100 个大公司操纵。在战争期间有 50 万家独立的小资本工业被大公司吸收），也得有强有力的工会组织。大资本家以巨资博取厚利，工人也须以团体组织的力量改善待遇。这两种力量互相牵掣，互相推进，如此资本社会的经济组织方不致侧重一方，失却平衡。

可是在这"自由生产""自由竞争""自由争价"的制度下，工资两方各顾本身的利益，而忽视公众利益，社会不但不能享受其应有的利益，有时反而受害。例如在这次煤矿工潮中，工人只顾增加工资，资本家只顾减低工资，在这争执中，真正吃亏的还是无辜的公众。无论结果是工人胜利或资方胜利，而公众的健康、"福利"及"安全"，俱要受到相当的危害。

在这次煤矿工潮中，美国社会间又发现几声煤矿国家化的低微呼声。提倡国家化的人们主张煤矿应由国家据有，以公众福利为首要目的，以营利为次要方法；矿工俱为政府雇员，政府依生活水准付予工资，正如其他政府雇员，如此方可免除过去一切的积弊。可是这种呼声微乎其微，在未来的几年中，共和党的国会是不会听见这种呼声的。

在这次煤矿工潮中，争执的对象是政府和工会，所以特别引起社会人士的注意。政府的理由是保护社会公众的"福利"和"安全"。政府的立场是对的，理由是很充足的，可是政府也难免有代替雇主作发言人的嫌疑。在工潮的开始，杜鲁门本来有意退居停调地位，让雇主与工会直接谈判。可是杜鲁门见到雇主与工会直接谈判的成功可能性甚为微小，工资两方的谈判一定会延宕许久的时间。同时鉴于战后经济复原的计划再经不起长时间的煤矿工潮，最后杜鲁门才决定政府出头露面，与工会周旋。可是这种政策也收不到多少成效，矿工依旧罢工，燃料依旧缺乏，工厂因缺乏燃料依旧裁工，学校因缺乏暖气仍旧关门；假如这场官司继续几个星期，国家社会所受的损失依旧巨大。所以有一部人士认为这也不是解决工资间矛盾的良好方法。他们认为现在政府可以代替雇主与工会周旋，但政府不能代替雇主作主；政府与工会的一切决定必须先取得雇主的同意，这是政府在权力上微弱的地方。假如雇主本身就是政府，则在谈判间，政府就有周旋的余地，有伸缩的可能，所以这一部分人认为现在社会应该考虑煤矿国家化的问题。他们举出田纳西水电管理局 "Tennessee Valley Authority" 为例。自第一次世界大战后，就有人提倡国营水电局，当时受到许多人的反对。反对方面最有力的理由是成立国家水电局有违 "自由竞争" 的原则。这类争论一直继续 15 年之久，最后 1933 年在罗斯福推动之下，《流域开发法》（Valley Development Act）才由国会通过。

25 日法官戈尔兹巴勒在审讯刘易斯的法庭中说："资本社会的生产能力是庞大无比的，就是马克思也承认这一点。资本社会的弱点不在生产方面，而在消费方面。工会的组织也是补救消费弱点的方法之一。"的确，在消费与生产的中间是有许多问题的。

（2）这次工潮对于美国劳工运动有何影响

美国工会的增长远在 19 世纪中叶（例如第一个煤矿工会在 1849 年成立。小规模的工会在 18 世纪末叶亦已发轫）。南北美战争后美国大工业逐渐兴起，随之工会组织亦渐扩大。例加工人骑士会（Knights of Labor）在 1869 年成立；美国劳工联合会在 1886 年成立；矿工联合工会在 1890 年成立。工人形成团体后即与资方发生冲突，继之与地方法院发生冲突。这种情形一直继续到胡佛时代。

在 1929 年至 1933 年的经济恐慌时代，失业问题非常严重。罗斯福上台后即极力改善工人待遇，要求国会通过数种法案，制定最低工资，承认"争论工资"的合法性，并准许工人以和平方式纠察工厂。在罗斯福任内工运逐渐兴起，《那利斯-拉瓜地亚法》（Norris-La Guardia Act，1932）和《瓦格纳法》（Wagner Act，1935）便是主要事迹。当时罗斯福认为工会是维持资本社会的力量之一，有工会存在，资本社会方能沿循法律手续逐渐改进，方可避免突然的革命行动。当时有许多人反对罗斯福的主张，他的政敌给他戴各种帽子。到现在，历史家方能看出罗斯福的眼光伟大处。

在罗斯福时代，工会力量虽然兴起，但因工会内部缺乏团结（例如美国劳工联合会主张不参加政治活动，工业组织工会持相反的意见），在政府中尚未获得有力的发言权。最近国会竞选中，同情工会的民主党竟告失败，几名工人代表亦告落选，这是工会的一场惨败。

共和党对工会是不表示同情的。无可讳言，共和党所代表的是资本家的利益，当然是讨厌工潮的。本来共和党的国会议员就有修改《瓦格纳法》的意思，这次煤矿工潮也要加强共和党议员这种决意的。假如共和党国会真要修改《瓦格纳法》，那么自罗斯福时代工会所赢得的权益便会消失。美国工运会倒退一步的。

同时杜鲁门最近秉承共和党的授意，宣布取消物价统制（只保留租金税制及糖类售价统制），物价遂即增高，一般生活的程度又形提高，工人又要请求增加工资。美海员罢工还未全解决，汽车工人又倡言罢工。这种情形更可令共和党议员振振有词，成立制裁工会的法案。

11 月 26 日于纽约

### 3.《大公报》（天津版），第 18708 号，民国三十七年五月二十六日

## 中东油田的面面观

这里所谓的中东（Middle East）系指接近亚洲的近东（Near East）。这地区的范围西起东地中海东岸，东至波斯湾，北起黑海的南岸，南至红海。

在这机械昌明的现代，石油用量日形增加。在现今国际政局中，中东油田的重要性亦日形增加，而且中东分为数个小国，国力俱不强大，身怀财宝，自易招人觊觎。在强国均想染指的情形下，中东则变为列强的角逐场所了。

据美国统计，现今世界所知油田中，储量最多者首推中东，约为世界总储量的 30%（美国约占 17%，苏联 18%，非洲 14.7%，欧洲其他各地 1.7%，加拿大 1.7%，阿拉斯加 1.7%，南洋 10%，亚洲其他各地 3.5%）。据苏联统计，中东石油储量为世界总储量的 45%，其中科威特占 15.4%，伊朗占 10.7%，伊拉克占 8.3%，卡塔尔占 1.7%，巴林和沙特阿拉伯占 8.9%。

中东油田的储量虽然举世无双，但其已开采的数量却较微少，只占世界石油采量的 3.7%（美国占 77.7%，中南美 12.2%，加拿大 1.7%，非洲 0.22%，苏 11.5%，欧洲其他各地 1.02%，南洋 2.6%，亚洲其他各地 1.02%）。所以中东油田的前程是远大无限的，地下蕴藏的大量天然富源尚待开发。在这种情形

下，列强视线自会被吸引到那里去。

远在 19 世纪中叶，近东已引动诸强国的视线，英法因争取埃及，曾经发生过多少次摩擦。英俄在巴尔干半岛上的竞争也很剧烈，德国也曾计划由柏林修建铁路到巴格达，并企图将土耳其变成殖民地。在上世纪，列强在近东角逐的目标只在争取军事战略地位，或扩张势力范围，而经济因素还不是主要，因当时近东天然富源还未勘查。自 20 世纪来，列强竞争的目标转向经济富源，油田遂为角逐的中心，地广人稀的沙漠地带，如沙特阿拉伯，竟骤然变为列强注目之所。

现今机械工业日形昌明，石油用量有增无已。石油热量系数较煤炭为高，燃烧后又无灰烬，运输亦较为便利，从石油中又可提取汽油，对于坦克车、轮船、飞机（近来所发明的喷气飞机除外），尤为必需燃料。由于上列数因，石油的生产自会日形重要，即使在 1929 年至 1933 年的世界不景气时期中，石油产额平均每年增加 3%。

自第一次世界大战后，列强即开始寻找石油的海外供给地。美国对于海外油田的争取尤表示积极。近年美国军人及研究机构高声疾呼，说美国石油的用量日见增高，国家应该设法开辟新来源，以期节省国内石油的储量。远在 1938年，油田专家即预测美国国内油田用竭的年代，譬如美国石油研究会预测 1953年，D. 怀特预测 1958 年。上列年代俱为估计性质，其中是否含有政治作用，却待证实。不过西半球石油储量已占世界总储量的 35%，西半球是美国势力范围，石油采取自不会受到限制。美国争取海外油田的政策，若不为杞人忧天，即另有政治及经济的目的了。

第二次世界大战中，美国供给盟军 70% 的石油用量，所以一时又引起军人及火油业老板们的忧虑。他们认为美国实有即时向海外觅取广大油田的需要，不然国内石油用竭，则对国防及工业将有莫大的影响。1946 年美国务部报告美国石油储量日形减低，至 1965 年即需由外国输入 50% 的石油，方足国内的需要。1944 年美地质学家据调查结果，发表报告说：世界油矿的重心开始由中美的墨西哥湾移往中东的波斯湾，这种移动势将继续，直至重心确立为止。这份报告更增加美国政府争取中东油田的决心，在这里自不免与垄断中东石油利益的英国发生摩擦。但在第二次大战期间，英国是需要美国的帮助，在油田利益上不得不对美让步，美国即利用机会扩张势力。自战争开始后，美国即与英国讨论均分海外油田的办法，直至 1946 年 12 月间双方才获协议。现在英美共同经营世界油田的 86%，其中 42% 是在中东。

最早获得开发中东油田权益的国家是英国。远在 1913 年英国即开始开发伊朗南部的油田，直至今日伊朗油田利益仍由英人把持，英伊石油公司（Anglo-Dranian Oil Company）的全权悉由英人操纵。

伊拉克油田（集中在摩苏尔）的开采始于 1927 年，但远在 1914 年土耳其皇帝即将油田出租于英德。英德曾合资组织土耳其石油公司（The Turkish Petroleum Company），未及开采，战争即爆发。战后，英法即开始竞争，结果于 1920 年缔结《圣雷莫协定》。伊拉克变为英国委任统治地，开采权落英人手中，法国仅取得 25%，但美国油田商人提出抗议，并称彼等与土耳其皇室亦有开采协定。1923 年洛桑会议时，美代表声言《圣雷莫协定》有违门户开放的原则，是以英、美、法 3 国复成立协定，允许美商可取有 25% 的产量。三国遂成立伊拉克石油公司（Iraq Petroleum Company），其中英资占 52.2%，美法各占 23.7%，美国经营开发中东油田的工作以此为始。此后法国在中东发展油田的势力受到排挤，中东油田遂变为英美二国角逐之场所。

美商参与开发中东油田的工作主要由洛克菲勒所操纵。1933 年加州美孚石油公司及德州美孚石油公司开始开发巴林群岛的油田，1936 年洛克菲勒公司利用沙特阿拉伯皇室（Dbn Saud）与伊拉克，外约丹王室的交恶，与沙特阿拉伯王订立条约，租借油田 60 年，面积约有 150 万方千米。此区储量甚大，1945 年出产 300 万吨，1946 年即增至 800 万吨。自美商势力伸入沙特阿拉伯后，英国资本悉被排出。

1946 年科威特油田开始采发，由英伊石油公司（英）与海湾石油公司（Gulf Oil Company）（美）共同经营，中东油田以科威特储量最多，当中东总储量的 1/3，约当世界总储量的 1/6。

据 1946 年调查，中东已知的石油储量中有 190 亿吨属于英国，150 亿吨属于美国。1946 年中英国开采量为 0.22 亿吨，美国为 0.11 亿吨。但在 1938 年英开采量为 1,400 万吨，美国为 150 万吨。可见在 8 年中，美国开采量增加甚速。假如不计入伊朗，美国在中东的油田面积较英国的大三倍，这也可列为战后美国近东政策所以积极的原因之一。

英美在中东油田利益的划分大致如下：

伊朗：伊朗油田及科威特油田的开采权大部操于英伊石油公司，其中英资本占 50%，具有近东最大的阿巴丹炼油厂，皇家荷兰壳牌（Royal Dutch Shell）亦有一小部投资，美国的海湾石油公司具有 1/2 的科威特油田开采权。

伊拉克：伊拉克石油公司拥有伊拉克卡塔尔，停战海岸（Trucial Coast），马斯喀特，阿曼等地油田的开采权，并具有 1200 里长的油管，一端终于海法，另端终于的黎波里。在伊拉克石油公司的资本中，英伊石油公司、荷国资本、法国资本各占 23.8%，美资占 25%。英国并没有海法炼油厂，其中美资占 30%。

沙特阿拉伯：油田开采权悉由美资所有，组有阿美石油公司，其中加州及德州美孚石油公司各投资 50%，1946 年 12 月纽约州美孚石油公司及纽约美孚真空有限公司（Socony-vacuum Co.）加入，共投资 40%。每年沙特阿拉伯国王收得土地税合数百万美元，洛克菲勒公司亦时予贷款。

列强在中东竞争的不只是油田，对于油管的建筑亦相持不下，例如运输伊拉克石油的最便利的方法是利用油管。当建筑油管时，英法互相争持，英主张油管终点应在巴勒斯坦沿岸，法坚持在叙利亚海岸，妥协的结果是建筑二支油管，一终于叙利亚的的黎波里，另一终于巴勒斯坦的海法。

在第二次大战期间，美商即计划建筑波斯湾及沙特阿拉伯至地中海的油管，因每吨石油经过苏伊士运河须缴税六法郎，实不经济，故亟须建筑地下油管。现已成立横贯阿拉伯管道公司（Trans-Arabian Pipeline Company），由各大油商投资，但油管终点甚难选择，因地中海东岸大部俱为英人势力范围，所以美国希望巴勒斯坦能即时脱离英人统治，美国油管终点即可建设于此。同时英国亦计划由基尔库克另建一油管直达海法，期以增加运输量。

最近巴勒斯坦的政局日趋险恶，恶风暴雨，吹打不停，自联合国大会通过分治案后，阿犹斗争益形激烈。就表面说，这是阿犹二种族不相容纳的悲剧，但往深追溯，还得归结到油田问题。在中东列强俱欲保护既得的油田利益，结果巴勒斯坦问题变为列强间的足球，来回任人蹴踢，不能得到合理的解决办法。

列强另一摩擦的场合是伊朗，美国的海湾石油公司及英国的英伊石油公司都在开采伊朗油田。伊朗政府雇用美前总统胡佛的儿子，经理油矿开采事宜。英美在伊朗的行动自然会引起苏联的不满。苏联是伊朗的近邻，对英美势力的膨胀亦觉不安。伊朗北部五省与苏国境相接，富有油产，苏联亦不无染指之意。且伊朗北部五省原割让于帝俄，1917 年苏联革命后，亦将该地归还伊朗，归还条件是在未经苏联允许之前，不准将该地转让第三国家。故现今英美势力在伊朗之增长自会引起苏联的警戒心理。战争期间，英、美、苏曾订立协定，保证伊朗独立。但在战争行将结束时期（1945 年），英美即开始与伊朗政府进行获取更多权益的谈判。苏联亦即遣使至德黑兰，要求油田权益。伊朗亲苏派遂发动示威运动，伊首相穆罕默德·萨伊德内阁因之解散。1946 年伊苏石油协定始告成立，因苏兵撤伊问题所引起的险恶局面方形平定。1947 年 10 月 23 日伊朗议会否决伊苏石油协定，伊苏关系又形紧张。同时美国向伊贷款，并派遣军事顾问团，政局益步入微妙的情势中。

## 《新路》

### 1.《新路》周刊，民国三十七年，第一卷第二十一期

### 华莱士的竞选运动

今年是美国总统选举年，至今各政党皆已推定总统候选人，热烈的选举运动亦业已展开。这幕越来越形白热化的政治竞争，直至 11 月初，方能结束。

由民主党分出来的第三党也推定华莱士为候选人，在民主党政府中，华氏曾做过副总统及农业、商业部长，退出政府后，又曾充任新共和的总编辑。今华氏组党参加竞选，无疑是由民主党阵营中杀出一支新兵马，其对于来日选举，自有莫大的影响，实在不容我们忽视。

对民主党言，华莱士出面竞选是一大打击。民主党中的激进分子都要拥护华氏，民主党阵营势必因之分裂，这又无异于给共和党造机会。本来在野将有 16 年之久的共和党急欲谋取政权，并且利用战后反动的潮流，乘波逐浪，势力实为雄厚。假如民主党内部不分裂，尚可与共和党周旋一下，而今分裂为进步及保守二派，其来日的前途诚未可乐观。在美国历史中，因党内分裂而致敌党获胜的例证甚多，1896 年民主党之败北，1912 年共和党之失利俱为前例。今年民主党恐亦难逃此种命运。

根据美国历史上第三党竞选的史绩推测，华莱士以独立党地位获胜的机会，微乎其微。华氏本人亦深明此理，故于 1946 年秋季退出杜鲁门内阁后，一再声明不愿组党。可是当时华氏并未将门关死，他说：假如杜鲁门能领导民主党，沿循新猷传统，他便不考虑组党，以免为敌党造机会。今他居然声明组党，可见杜鲁门政策已不为华氏所容忍了。

杜鲁门也曾见到党内分裂的严重性，对于党内团结工作也曾努力。他更知道在 1944 年民主党提名大会中，他的中选是万分侥幸的。当时罗斯福所以推荐一名毫无行政经验的国会议员作副总统的原因，是由于在民主党左右两派间难于抉择。当时华莱士是副总统，本可蝉联，可是因为他的思想激进，招致党内保守势力的不满。贝尔纳斯保守成分浓厚，又与激进分子不能相容，结果一位态度模棱、中庸和善的议员便被选中。杜鲁门自继罗斯福执政后，极力保持党

内团结，至少在口头上还声称继续新猷政策。虽然许多新猷元老先后辞职，但华莱士仍能身居内阁，硕果仅存，多少可以象征些团结。可是执政日久，杜鲁门必须表明所走的路线，模棱态度是不经探试的。所以在 1946 年 10 月间，杜鲁门经过几日的犹疑不决，最后方"辞掉"华氏。同年 11 月国会竞选中，共和党获得绝对胜利。此后杜鲁门即倒入保守势力的洪流中，自杜鲁门主义发表后，华杜合作的希望即成泡影，华氏出面组党的动机即导源于此。

就民主党的政治机会言，华莱士出面组党是件顶不幸的事，在继承罗斯福执政的三年内，杜鲁门政绩虽为平庸无奇，但也做到无大差池的地步。在外交方面，他虽然违背罗斯福的路线，但他亦无可奈何，因为国会两院的权力旁落他党。他自己有时不得不受人指使，何况他本人既无罗斯福那样领导能力，又无杰克逊那样魄力勇气。可是在内政方面，杜鲁门正有好文章作，例如战后减低所得税、通货膨胀、反劳工法、钳制人民思想自由等俱可归罪共和党，利用中下阶级的选民，还可与保守党相对抗。可是自华氏倡言组党竞选后，一部分开明势力又被分去，杜鲁门的机会更形微少。许多民主党党员也有见及此种危机者，故在民主党提名大会中，发生倒杜运动，怎奈素以开明著称的大理院法官陶格勒士及战时英雄艾森豪威尔将军俱谢绝提名，民主党又不得不以杜鲁门强撑门面了。

为什么华莱士要出面竞选？第一当然是因为他不满意民主党的现行政策。他认为民主党投入财阀集团的樊笼，已经失却新猷的传统；第二是由于他的竞选目光可能不在 1948 年，而在 1952 年。假如在未来的 4 年中，世界和平不遭受破坏，华氏就有被进步潮流推到政治舞台的机会。可是可能在共和党掌舵下的未来四年中，航程是险阻的，华氏的政治命运就看大风会不会把和平的船吹翻。

华莱士的政治机会有两种，一是世界和平，一是经济恐慌。华氏力言东西集团精诚合作，竭力消除国际间人为的障碍，并主张无条件的复兴与安定世界经济。在这摇旗喊杀的现今，这种精神是仁慈的、博爱的，深值寄予同情的。假如世界政局澄清一日，华氏的呼声是不会被抹杀的。第二次世界大战后，美国经济发展俨似"一战"后之情形，国内生产力扩大，而海外市场未见增加，通货膨胀，生活程度已形增高。同时共和党还高唱自由竞争，取消干涉，减低所得税，成立反劳工法等。此类措施酷似"一战"后十年中之历史缩影，将来是否也会有生产过剩，证券狂跌，银行倒闭，工厂息业的情况发生，虽未可逆料，若一旦发生，华氏则可乘机而起，开明的经济政策，即可见诸实施。

总之，在 11 月间总统竞选中，民主党的机会本来不多，自华氏参加竞选后，希望更少。华氏今年被选的机会虽然不大，但在四年后政治潮流或会把他推上政治舞台的，主要的条件是世界不发生战争。

# 《正论》

## 1.《正论》（北平），民国三十六年十月

### 联合国的过去与将来

联合国成立至今已近两年半了。在过去两年半中，联合国五大部门俱先后成立，在伦敦及纽约并举行三次大会。在这期间，联合国对于世界和平当然有许多具体的贡献和努力。不过这种贡献和努力实在不能令我们满意，与我们两年前所预期的相去太远。

成立世界军警的方案还无一致的协议，至于成立世界军警的组织更是遥遥无期。

原子能力委员会还不能制定一个统制世界原子能力的方案，最近将来也恐怕没有制定的希望。

托管理事会虽然成立起来，课时仍在空泛的协议阶段中，距实现有效的托管制度的时期还相去甚远。

在安全理事会中，英美集团与斯拉夫集团两相对立，其间鸿沟日深一日，自始以来这两集团的阵线及分划显明，从未水乳融洽过。因为否决权问题，两方又相持不下，摩擦频生。

在联合国大会中，大国与小国相互争斗，但小国常为大国利用，有失公道。大会本为世界论坛机构，其权力不在执行，而在审查、建议、阐发和更正。但大国在大会中分离小国团结，造成利己的集团组织，结果小国非但未能发挥其舆论力量，反而变成大国的应声虫。

经济社会理事会的组成目的在增进国际经济合作，消除国际社会障碍，其对于维护世界和平的功用是间接性的，是辅助性的。就表面说，其所执行的工作虽未如安理会那样耸人听闻，但其实际重要性却不在安理会之下。经社理会是防患于未然，是求长远的治本方法，而安理会是息事宁人的机构。在求见机立断的方案，这两种机构应该是相辅相成，轻重不分的，可是在过去联合国不免过于着重安理会的工作，而忽略经社理会的强化。固然经社理会的工作是渐进的，是一时不易见成效的，其努力的成绩也是一时不易察出的，但在过去两

年半中，经社理会的工作实不免有不事彻底之嫌。例如，人权委员会只通过一些空头的规章，至于能否实现，该会便未加深注意。这种不彻底的作风是无可原谅的。至少说，该会并未尽到鼓舞推进、宣扬启发的职责。注意空泛组织的推敲，而不能强化实际推进会务的效能，这使经社理会前途隐忧。

以上是联合国几点最大的缺陷，是联合国的病象，也许就是联合国的致命伤，所以目前有许多人士对于联合国的前途感到忧虑。

1. 联合国所遇到的障碍

为什么联合国不能像我们在两年以前所想象的那样有效力呢？为什么它不能发挥其所有的效能呢？解答这么问题自有许多答案，这里只提出两个最重要的。

（1）战后世界集团化——《联合国宪章》的基本原则是五强合作（甚而至于可说三强合作），把维护世界和平的巨任完全放在五强肩上，只要五强能精诚合作，世界即无大战的可能。在这科学盛兴的现代，只有大国才有威胁或破坏世界和平的能力，五强若能合作，即使世界发生战争，也是小规模的，地方性的，不致威胁整个世界人民的安全。

基于上列原则，所以才有否决权的规定。否决权是在雅尔塔会议由罗斯福、丘吉尔和斯大林三氏议定的，其目的在消除共产主义的苏联与资本主义的英美中间的猜忌，藉以增强英美苏间的合作信心，其最终目的在奠定强国支持世界和平的基石。

可是战后的国际政局却变得出乎意料的分散，法国因为内政纠纷和经济的困难，不能肩负强国的巨任；中国因为内部问题也不能出任巨荷；英国因为经济的窘困也不能不追随美国。在外交上，英国本可遵循中立路线，但因经不起金元的威胁而不得不改弦更张。在现下五强中，只有美苏二强各占一方，声势浩荡。在这种情形下，世界遂变为集团化、强权化、对垒化，这与宪章五强合作的原则大相背驰，这是联合国的最大的障碍。将来联合国能否成功就全视这种对垒的情势能否驰松，能否消除。

在过去联合国各种会议中，美苏集团冲突的情形已经显然昭著，就在其他国际会议中，这种勾心斗角的场面也可一目了然。苏联放下"铁幕"，力求自养；美国布置卫星，预防铁幕的膨胀，中间这条鸿沟是日深一日。深的原因固然是由于两大集团在政治、经济、信仰等的不同，但互失相信心亦为其中主因之一。这种猜忌心理存在一日，合作便会遇到巨大的障碍，联合国便不会走出这条崎岖险阻的路程。

（2）《联合国宪章》不能适应原子时代的需求

《联合国宪章》产生在原子时代前，几已变成时代落伍的东西。广岛的轰炸摇动了宪章的时代性，所以宪章只是在原子时代前人类谋求和平共存的规章，不能适应原子时代的需求。人类社会科学的进步，没有自然科学那样迅速，尽管有原子武器出现，而共谋生存的公约还是迟滞未进，宪章已落在时代的后面。这就是联合国组织上的最脆弱的一点。

最明显的例子是：原子武器的出现增加各国戒备的心理，都唯恐别国用迅雷不及掩耳的方法向自己进攻，所以美苏集团间的猜忌心理日形增加，可是在这种情况下，联合国本身不能想出一个自卫的办法，也不能制定一个有效的统制方案。

在联合国原子能力委员会中，美国坚持：凡论及与原子能力有关的案件时各强国必须放弃否决权，且美国决定分三期露泄各种原子秘密；而苏联坚持：联合国应先订立一种国际公约，规定运用原子武器为不合法，同时毁灭现在世界上所有的原子弹，然后再讨论统制的办法。美苏方案的对立是原委会的大阻障，这两种法案一日得不到协议，国际原子能便不会受到合理的统制，就此国际间的畏惧猜忌的心理便会日日加深，同时联合国间合作的精诚便会减少。

2. 前瞻

上面是联合国不能发挥其十足效力的二大主因，这是联合国的病源，唯一增强联合国的方法是对症下药，可是药方是不容易开的。有的人主张修改现行的宪章，废除否决权；有的人主张召开世界议会，制定世界宪法，成立世界政府；有的人主张先由所谓的西方民主国家领导成立世界联邦；有的人主张各国均应包括在内，不分彼此。虽然议论纷纭，莫衷一是，但可表示在于现行的宪章已有修改的趋势了。

作者认为，世界政府运动是种骛远不着实际的想法。这种运动本身是可贵的，是可代表人类思想前进的路途的，但是现实却不能发扬光大这种运动。刻下我们努力的原则不要好高骛远，应在现实允许的条件下作实际的改进。例如，强化经社理会工作事项，放松国际心理战争的紧张，设法减少国际经济的冲突等，都是迫切急需的。现在所需要的不是枪对枪、刀对刀的方法，而是宽容妥协，谋取谅解的态度。

联合国不是扬汤止沸的处所，应是釜底抽薪的机械；安理会是不能解决国际间的矛盾的，而只不过是矛盾演进到冲突时候，寻找解决办法的地方。矛盾本身一时得不到解决，就不能希望消除阻碍联合国前进的力量，国际矛盾的解决就得依赖各国贤明远见的政治家的努力了。

现在我们对联合国固然不能盲目地付予多大的希望，但也不必一味保持悲观的态度，因为悲观不但对现实无补，反易促成现实的恶化。我们应当做的是设法加强这种国际组织的力量，设法消除国际间的矛盾，最消极地说，我们不能加深国际间的摩擦。

我们应该向这方面努力。这种工作是神圣的、伟大的，含有慈悲性的。

10 月 25 日于八里台

# 附录 1：杨生茂年谱

**1917 年**

11 月 10 日（阴历九月二十六）生于河北省（原直隶）涿鹿县；名生茂，字畅如。

**1924—1928 年　　七至十一岁**

私塾。

**1928 年　　十一岁**

入涿鹿县立高级小学。

**1931 年　　十四岁**

考入宣化二中初中四班。

**1933 年　　十六岁**

冬，与司佩贞结婚。
为躲避日本人，全家变卖家产搬至北平。

**1934 年　　十七岁**

考入北平高级中学（亦名河北省立第十七中学）。

**1937 年　　二十岁**

高中毕业，遇卢沟桥事变。

**1938 年　　二十一岁**

考入燕京大学医预系，翌年转外语系（学号：38353）。

**1941 年　　二十四岁**

秋，赴美国，在加利福尼亚大学伯克利分校就读。

**1944 年　　二十七岁**

本科（B.A.）毕业。
考入斯坦福大学研究院历史学专业。

**1945 年　　二十八岁**

作为中文报社记者参加联合国旧金山成立大会，并采访中国代表团成员之一董必武。

**1946 年　　二十九岁**

硕士（M.A.）毕业。
到美国东部旅游。
年底回中国。

**1947 年　　三十岁**

9 月到南开大学文学院历史系任教，讲师，讲授"西洋通史""西洋近世史"和"俄国史"三门课程。
至 1951 年在津沽大学和河北女子师范学院兼课。

**1948 年　　三十一岁**

在南开大学（北院民主厅）举行的"反对美国扶日行为座谈会"上发言。
8 月晋升副教授。

**1949 年　　三十二岁**

6 月 10 日由历史系教师们签名公推为代理系主任（1950 年请辞）。
拟订历史系《课程及学制改革方案》。

开设"世界史""苏联史"和"史学名著选读"课程。

11 月被推为天津市大学新史学研究会总干事。

## 1950 年　　三十三岁

秋，撰写《历史系工作报告》。

开设"世界近代史"课程。

10 月 26 日成为中国共产党预备党员。

参与筹办《历史教学》。

任察哈尔省人民代表大会代表。

## 1951 年　　三十四岁

合创办《历史教学》，任编辑委员会委员。

5 月始，在天津中国大戏院做"世界近代史"辅导报告，后去天津广播电台讲课约半年。

应邀参加高教部举办的新中国第一次酝酿统编全国世界教材的会议。

被调去参加全国高中教材编写，如高级中学课本《世界近代现代史》、高级中学课本《世界近代现代史（必修）教学参考书》（上、下册）和高级中学课本《世界近代史（续编）·苏联现代史》。

年底被派到中央马列学院学习（至 1953 年底）。

## 1954 年　　三十七岁

年初，被借调到人民教育出版社历史编辑室工作（至 1956 年底）。

## 1956 年　　三十九岁

从这年始，数次受高教部邀请参加全国教材、科研会议。

代表南开大学，主笔向高教部提交一份《世界近代史教学提纲》。

妻携次子与次女从北京迁至天津，住天津大学一村。

## 1957 年　　四十岁

年初回南开，任世界近代史教研室主任（1966—1976 年中断，至 1984 年）。

开设"世界近代史"课程。

任国际共运史教研室主任（至 1964 年）。

### 1958 年　　四十一岁

开设"美国史"课程。

### 1959 年　　四十二岁

由中国共产党预备党员转正。

天津市劳动模范。

负责华北地区中学历史教科书的编写工作，至 1960 年。

为天津文教部主编《世界近代史》（一卷）。

招收南开大学历史系第一个世界近代史研究生。

全家搬至南开大学西村公寓楼 9 号。

### 1960 年　　四十三岁

参加高教部在北京饭店举办的商讨高等院校统编教材《世界通史》编委会会议。

任《世界通史·近代部分》（上册）主编，撰写、统稿至 1962 年。

### 1961 年　　四十四岁

晋升教授。

### 1962 年　　四十五岁

任历史系副主任（1964 年请辞）。

奉上级指示担任"外国历史小丛书"（商务印书馆出版）编委（之一）。

《世界通史·近代部分》（人民出版社）出版。

### 1963 年　　四十六岁

在世界近现代史教研室主持制定了若干份重要的培养方案，如《世界近代现代史专业培养方案》《世界近代现代史专业、美国史方向研究生学习大纲》《美国史方向研究生主要学习项目、时间分配和顺序表》和《世界近代史教师备课进修必读和参考书目》。

在乡下参加"四清"。

**1964 年　　四十七岁**

创立美国史研究室，任主任（1984 年请辞）。

着手资料建设，利用当时国家给予的外汇指标，订购外文图书和刊物。

**1966 年　　四十九岁**

被迫搬至南开大学东村。

**1967 年　　五十岁**

被迫搬至南开大学北村 3 楼。

**1972 年　　五十五岁**

奉上级指示，组织美国史研究室的老师们翻译《美利坚共和国的成长》，至
1974 年。

**1975 年　　五十八岁**

组织美国史研究室的老师们编辑《美国黑人运动大事记》。

**1977 年　　六十岁**

《美国黑人解放运动简史》（合主编，人民出版社）出版。

**1978 年　　六十一岁**

第一次招收美国史方向的硕士研究生。

参加在天津召开的中国社会科学院世界史所组织的"文革"后首次全国文
科教研规划会议。

《美国南北战争资料选辑》（主编，上海人民出版社）出版。

与俞辛焞先生合开"日美外交史专题"课。

**1979 年　　六十二岁**

与同人创办中国美国史研究会，任副理事长（1986 年后为顾问）。

参加全国世界史教学会议。

搬至新居南开大学北村 17 楼。

## 1980 年　　六十三岁

在第二届中国美国史研究会年会上参与决策编写六卷本《美国通史》，并为主编之一。

获国务院高教科研特殊津贴，每月 100 元。

参加全国文科教材规划会议。

## 1981 年　　六十四岁

任南开大学历史系学术委员会委员（至 1985 年）。

任《中国大百科全书》北美大洋洲部分副主编。

《美西战争资料选辑》（合编，上海人民出版社）出版。

## 1982 年　　六十五岁

作为"中国知名学者"项目的成员赴英国和希腊访问。

赴日本京都大学参加国际美国学年会。

获评天津市"五讲四美　为人师表"优秀教育工作者。

## 1983 年　　六十六岁

任中国社会科学院美国研究所兼职教授。

应美国科学院美中学术交流委员会"知名学者交流项目"邀请到美国访问。

《美国历史学家特纳及其学派》（主编，商务印书馆）出版。

受聘为天津市哲学社会科学规划领导小组成员。

## 1984 年　　六十七岁

中国世界近代史研究会学术顾问。

天津市哲学社会科学规划领导小组成员。

《试论弗雷德里克·杰克逊·特纳及其学派》一文获天津哲学社会科学优秀成果一等奖。

《美国史论文选，1949—1979》（合主编，天津人民出版社）出版。

## 1985 年　　六十八岁

招收中国第一个美国史方向博士研究生。

南开大学国际问题研究中心副主任。

国务院学位委员会第二届学科评议组成员。

南开大学学位委员会委员（至 1988 年）。

南开大学国际问题研究中心副主任。

国务院学位委员会第二届学科评议组成员。

### 1986 年　　六十九岁

3 月组建《美国外交政策史》编写组，召开第一次编写会议。

被聘为全国哲学社会科学"七五"规划会议世界史组成员（至 1990 年）。

参加国务院学科评议组第三次会议。

被聘为中国世界近代史研究会学术顾问和中国美国史研究会顾问。

### 1987 年　　七十岁

参加中华美国学会举办的"第一届中美美国学研讨会"。

《世界通史·近代部分》获 1949 年以来国家颁发的高等院校优秀教材一等奖。

被聘为"中国拉美史研究会纪念哥伦布发现美洲新大陆五百周年委员会"顾问。

1988 年，被聘为中华美国学会常务理事、南开大学美国研究中心顾问。

获南开大学"教师职务评审委员会"历史学科评议组副组长职务证书。

### 1988 年　　七十一岁

任中华美国学学会常务理事（1996 年请辞）。

命书斋为"澹泊惜阴斋"。

### 1989 年　　七十二岁

《简明外国人物词典》（合主编）由天津教育出版社出版。

《美国通史》（六卷本，合主编，人民出版社，1989—2001）首册出版。

### 1990 年　　七十三岁

获南开大学教学质量优秀奖。

《美国史新编》（合著，中国人民大学出版社）出版。

《美洲华侨华人史》（合主编，东方出版社）出版。

## 1991 年　　七十四岁

5 月出席"20 世纪美国与亚太地区国际学术讨论会"。

《美洲华侨华人史》获中国图书评论学会"第五届中国图书奖"二等奖。

获天津市"五一"劳动奖章。

获"七五"立功奖章。

获国务院颁发的政府特殊津贴证书。

《关于撰写〈美国外交政策史〉的几个问题》一文获天津市哲学社会科学优秀成果一等奖。

《美国外交政策史（1775—1989）》（主编，人民出版社）出版。

## 199？年

《关于研究生培养工作的体会——读书、思索、对话和创新》（《天津高教研究》1987 年第 1 期）获天津市研究生教育学会优秀论文三等奖。

## 1992 年　　七十五岁

任国家教委南开大学文科文献情报中心学术咨询委员。

任《美国历史杂志》（*Journal of American History*）国际特约编辑（2008 年 8 月辞职）。

搬至南开大学北村新居。

## 1993 年　　七十六岁

12 月 11 日妻司佩贞病故。

## 1994 年　　七十七岁

出席美国史研究室成立三十周年纪念会。

## 1995 年　　七十八岁

6 月退休。

**1996 年　　七十九岁**

任《世界历史名人传》（天津新蕾出版社）主编。

**2002 年　　八十五岁**

参加"南开大学史学家论丛"座谈。

任《博览群书》编委。

"南开史学家论丛"杨生茂卷《探径集》（中华书局）出版。

**2004 年　　八十七岁**

赠历史学院资料室《美国历史杂志》约 50 期册。

**2006 年　　八十九岁**

经校宣传部介绍，4 月 20 日接受《南方都市报》记者采访。

**2007 年　　九十岁**

4 月向"齐思和先生百年诞辰纪念学术研讨会"发出贺信。

**2010 年　　九十三岁**

5 月 4 日病故。

# 附录 2：杨生茂自述

我所要写的不是在学习征途上应当如何走，而是如何走过来的。换言之，这不是一篇评论性的小结，只是一幅如实临摹的素描。有人说，做学问是一个不断实践、不断学习的积累过程。年近古稀，回忆往事，益觉此语确为至理。实践泛指生活，学习多指读书。生活是直接经验，读书是间接经验。两相沟通，互为补充。滴水穿石，集腋成裘，日就月将，庶乎有所获。同时，学习历程也是一个辩证的发展过程。在学习过程中，应当不断摈弃旧的落后的糟粕，不断吸收新的进步的有益的观念、知识和方法。有鉴别，有分析，有筛选，有审慎的扬弃，有批判的吸收。这样才能克服抱残守缺、故步自封的因循思想。日积月累，庶乎有所发展。

细细揣摩之后，悟出"积累"和"发展"正可作为小结自己学习历程的两把解剖刀。

我的学习历程大致分为三个阶段。第一阶段是私塾；第二阶段是正规的学校；第三阶段是解放后的教与学。第一段所受的教育基本上是封建主义的；第二段是资本主义的；第三段是社会主义的。

七岁时，入私塾读书，计四年。老师是个冬烘先生。他仅让学童背诵，从未"开讲"。我虽然每天上下午背书两遍，只由于对书内内容不大了解，念起来，味同嚼蜡，至今大部分印象不深。

四年间念了些旧式书馆习读的书籍。从《三字经》等一般初级读物，到《论语》《左传》《礼记》等一般典籍。但至今仍能朗朗上口、背诵如流者都是些写人、写景、写物的比较生动的诗文。凡是讲修身、齐家、治国、平天下一类大道理的文章，则所记无几。有时自己感到封建主义道理记得少些，可为庆幸之事。这也许是自我陶醉的想法，因为在四年死记硬背的书斋生涯中，思想上不可能不受封建礼教的熏染。

童年记忆方强，故在古文方面多少打下一点基础。离开私塾后，集中时间去学习古文的机会就不多了。在所背诵的书中，感到《幼学琼林》《古文观止》

《左传》和《千家诗》这四种书，对自己写作修养帮助最大。从《幼学琼林》中学到典故和成语，从《古文观止》中学到行文气势，从《左传》中学到文章布局，从《千家诗》中学到文情画意。由于老师不是旧学科班出身，对于文章程式的要求不严，学生在行文结构方面得以自由发挥。虽然为文并不得"体"，但无拘无束，反而易于发展文思，锻炼笔锋。

十一岁时，进入高级小学。当时县城没有中学，高小就是"高等学府"了。乡人称之为"洋学堂"。从此跨入了资产阶级教育体系的门槛。这是另一个知识新天地。语文和数学是主课，课时较多。音乐、工艺和体育课是前所未见，简直令人心旷神怡。生物课引入观察的胜境。刻板的背诵取消了，只在语文课中保存一些。不知为什么学校在第四学期增添了一门英语课。英语老师似乎不大胜任。但哇啦哇啦念起来，也怪有意思的。至于学习的目的，老师未曾讲过，自己也无从想起。

在高小期间，正当北伐运动之后。关于当时政治情况，学生全不知晓，老师也不多讲。只记得经常参加"提灯会"，晚间擎灯游行，高唱"打倒列强，除军阀"之类的歌曲。全年除婚丧嫁娶和节日时亲朋聚会，热闹一番外，课外很少富有趣味的活动。唯一引人入胜的事无过于听书了。有时县城来了云游四方的"说书人"，讲《七侠五义》《彭公案》《隋唐演义》等。我每场必到，风雨无阻。当"说书人"离开县城时，自己久久感到怅惘。由听书转到读旧小说。读了许多诸如《封神演义》《西游记》《施公案》《绿野仙踪》等鬼怪和侠客小说。每年年终书摊商贩到家里索取赊欠的书款，少不了受父辈们的一场责骂。

上初中后，遇到的第一件新奇事物是学校图书馆。馆内藏书并不多，但在我心目中却是一个书的海洋。这个地方成了我课后流连忘返的处所。每晚一直坐到熄灯时刻，经工友迭次催促，才怏怏离开。

记得首先看到的是《水浒传》和创造社作家所写的小说和散文。后来也读了其他作家的作品。当时对鲁迅的小说十分欣赏，但不理解其社会意义，实际上只是文字上和情节上的赞赏。对郁达夫和冰心的诗文均感兴趣，主要也是从文字出发的。张资平、章衣萍等人的小说则等而次之，读久了，连文字也感到腻烦乏味了。这些新文学运动早期作品的内容主要是冲击封建制度和封建思想的，深深吸引住我的注意力。小说中的主人公赢得我的同情或羡慕，由此也引起我对封建大家庭和封建婚姻制度的厌恶和嫌弃。

在图书馆中，另一种有趣的读物是报刊。最喜爱的是《大公报》的《小公园》和《益世报》的《文学周刊》等副刊，开明书店出版的《中学生》和商务的《东方杂志》给我的印象也很深，每期必读。通过课外阅读，增加了历史知识和文学知识，写作能力也感到有所提高。

课堂上最感兴趣的课程是几何、小代数、英语和语文。在这几门课上花的时间比较多，但给我的影响最深的还是历史。历史老师着重讲中国近代史。近代史是中国受外国欺凌、任人宰割的历史，一连串的不平等条约接踵而至。不知不觉间产生一种憎恨外国侵略者的思想，以及为中华民族图富强的愿望。

入宣化初中那年，正赶上"九一八事变"。在报上看到抗日救亡运动的发展，心情激愤。当时宣化地处偏僻，学生运动不如平津一带活跃。不过有两件事情印象很深。一件是抗日同盟军方振武将军召开的军民大会。方将军慷慨陈词，怒斥蒋介石不抵抗、投降日本侵略者的政策。义正辞严，声泪俱下，全场听众为之动容。另一件是北平大学生组织的救亡宣传队。一天正值早操期间，突然许多穿着长衫的大学生来到操场，发表演说，阐述中华民族面临的危机以及抗日救国的道理。同学们都很激动，但当大学生走后，校园又恢复了死水般的平静。

整个初中三年，是在国难阴影中度过的。在自己思想意识中，除反封建思想外，又增添了一种厌恶"洋鬼子"的民族主义思想。幼年埋下的这两种思想，后来不断增长，成为我的思想发展的主线。

当时的心情是苦闷的。有时从上海邮购一些鸳鸯蝴蝶派小说，既追求风花雪月，缠绵悱恻的故事情节，又想学些矫揉造作的文字技巧，实质上这是脱离现实，精神麻醉的办法，也是初中学习历程中极其消极的一面。

我有乌托邦式社会公平观。看到比自己更聪明的同学，往往因为家中穷困即辍学回家，我感到社会不公平，同时也产生一种良心主义思想，不办对不起人的事，不负朋友，别人待自己一分好，自己应待别人十分好。假如别人负自己一次，原谅他；负第二次，还可原谅，不忘旧恶；假如负第三次，则分道扬镳，避鬼神而远之。这种乌托邦式的思想观念在初中时就形成了，显然受环境和旧小说的影响，其中有合理的成分，也有不合理的成分。解放后，才有了较清醒的自我认识。但往往感情用事，积重难返的旧习和不合理的成分时有出现。

当时晚上失眠，想些武侠之类的"壮举"，这种恶习从小学就开始了，一直缠绕到解放时，这固然对脑筋有所损伤。现在回想起来，当时都是由白日生活苦闷之所致。解放后，心情愉快了，这种痼习自然云散了。当然这同近年失眠不同，近年失眠是因为想做的事多，有时深感力不从心，增加烦恼所致，说明心地不够广阔豁达。少年教育可影响一生，颇有切肤之感。

1934 年进入北平高级中学。学生大半来自河北省农村，都很俭朴。教师水平也高，都有学识。在这期间，我的学业增长较快。除了课堂和图书馆外，又增加了一个新的学习天地——实验室。生物实验室中的显微镜和解剖刀，化学实验室中的试管和酒精灯，都是透视客观物质的神奇的工具。当时学校正在筹建物理实验室，只因"七七事变"半途而废了。

随着日寇侵略活动逼近华北，北平的学生救亡运动更加蓬勃。学校的军事训练也很紧张，作息时间都以吹号为准。军事教官每周带队出操几次。在操场上，练习步法和爬滚。冬季寒风凛冽，但精神抖擞盛旺。

在同学中，我是属于死念书类型的学生。北平高中都是中学救亡运动的中心之一。虽然我也参加了罢课运动，也参加了"一二·九"游行示威，也挨过警察的棍棒，但基本上是随大流的，参加运动主要是由形势所推动。当时所想的还是学业上努力上进，考个著名大学，求得个人出路，并没有自觉地投入轰轰烈烈的救亡运动之中。

随着救亡运动的发展，在文化上也出现了一个传播进步思想的运动。当时上海文化界出版许多宣传抗日救国、思想进步的书刊，其中刊物如《大众生活》《世界知识》等，书籍如《大众哲学》等都是青年学生最喜爱的读物。每逢周六放学后，同学们赶到东安市场去买新出版的书报杂志。许多讲政治经济学、辩证唯物主义的书籍都是马克思主义知识的入门读物。

1938 年进入燕京大学。当时华北已为日本侵略者占领。北平只有教会大学尚能存在。高中毕业时，本无报考这类大学的想法。在人们的印象中，燕大是一所贵族学校。但 1937 年"七七事变"后，燕大学生的成分显然变了，穿蓝色长衫、土里土气的青年人多了，我是其中之一。

大学是一个更加广阔的知识天地。因为学习兴趣比较广泛，所选课程就比较庞杂了。在理学院，我选了普通化学、普通物理、普通数学和生物四门课。在文学院，我选了语文、中国通史、世界古代史、日本史、英国史、莎士比亚、十八世纪和十九世纪英国文学、法语、新闻、心理卫生等。这些理科课程增加了自然科学的基本知识。对于后来进一步学习历史和哲学十分有用。不过在学习上并无定向，知识任凭兴趣，杂乱无章地读书，贪婪地读书，不求甚解地读书。这是燕大时期的读书特点。

读书贵在消化，贵在综合，贵在去粗存精。多读书固然好，但盲目乱动，尤其不求甚解地读，则在学业上不仅有损，甚而会误入歧途。做一个明白的读书人，是不容易的。可惜在燕大求学时还没有悟出这个道理。

由于一个偶然机会，1941 年秋季到了美国，进入加利福尼亚大学（伯克利分校）。在加大期间，半工半读，再加上学习兴趣广泛的旧病复发，所以一来二往，又念了近 4 年才得毕业。要做工，就须走出校园，因而接触了点美国社会。当然这种"接触"是很浮浅的，但多少尝到一些资本主义社会制度下以我为中心的冷酷无情的味道。

当时中国人所受的歧视是很重的。那是一种无言的社会偏见。到美国时，第一次感到种族歧视的地方是海关。入境检查时，中国人排在行列之尾。在租赁住处时，中国学生往往吃闭门羹。珍珠港事件后，日本人被迫迁入内地，而且中美也变成了反法西斯的盟国，但歧视中国人的陋习并未消除。当时痛感弱国无外交，因而对于国民党丧权辱国的腐化行径，亦怀恶感。解放后，每当读到海外侨胞对于新中国成立所受鼓舞的报道，深有同感。他们殷切期盼之情是可以想见的。

在加州大学，本科生选够 120 学分就可毕业，不论年限。有的人不到四年就毕业了，另有些人因为就业关系超过四年。这时，我才选定历史系作为专修科的。在历史系必须选修 36 个学分主课，其中包括欧洲古代史、欧洲中古史、欧洲近代史、美国通史、史学方法论等。因为学习兴趣广泛，除去历史系选课外，还在政治系、经济系、国际关系系、新闻系选课。在历史系还选了美国文化史、美国社会史、美国与第一次大战等。学习兴趣之广几乎是我的不治之症，总觉得多知道点就是享受，比物质享受要高一层次，经久无穷。回想起来，学过游泳、学过滑冰、进过打字学校、汽车驾驶学校、速记学校，网球和乒乓球也打过一些时间。虽然都是浅尝辄止，很不精通，但觉得其乐无穷。

在美国念欧洲近代史获"Progress"（社会进步）的观念。世界一切在进步、在前进的想法就定型了，常作测世度事之准。在美国半工半读期间，不仅从书本上，而且在实践中对财富悬殊、剥削制度之可恶油然而生。

美国大学讲授的内容和方法有三个缺点：（1）内容分离割裂，各科缺乏联系。如讲经济的，不读政治；讲历史的，不结合经济。就事论事，不注重宏观分析，大有见木不见林之势。（2）有的课程过于强调适用，理论性不强，商业气味很浓，如新闻系的广告学讲如何挖空心思去招徕顾客。（3）讲授方式以灌注为主，着重考试，临时测验多，读书报告少，缺少分析综合的训练。"二战"中，历史课测验少了。美国大学橄榄球赛前的场面令我记忆犹新。学生们划起火柴，唱着美国国歌，爱国气氛浓烈。

1983 年，应美国国家科学院的邀请，又到加州大学住了几周。观察到上述缺点有许多得到改正。突出表现是，跨学科的综合研究出现了，讲课内容中社会和经济因素增加了，课堂讨论和写作加多了。这说明训练学生的目标和方法正在改革，不过有些课程的商业性还是很重的。1982年曾到过英国几个大学的历史系访问过，所以察觉目前美国大学的教学方法在英国早已行之有素了。英国重视理论，着重基础训练，着重培养独立研究能力，而美国重视实用，着重培养通才。

在海外读书，自然也经常关心国内政治，关心抗战形势。读到史沫特莱、斯诺等新闻记者的报道，读《亚美》等类杂志，对于蒋介石政权的贪污腐化，感到厌恶；对于八路军艰苦抗战的事迹，深表景慕。正是基于这种心情，在1945年联合国在旧金山举行成立大会期间，我同一位华侨同学去采访董必武同志。董老是中国十人代表团的成员之一。当我们贸然去到他下榻的饭店时，他接见了我们。他作的关于八路军奋勇抗战的谈话，对于我们来说确是一席政治教化。对这件事印象很深，同时也感到荣幸，故乐于记录下来。

1944年加州大学毕业后，转到斯坦福大学研究院。这是一所私立学校。一年分四个学期，假期相隔仅一两周，学习比较繁重。在斯坦福两年期间，主修美国外交史，导师是托马斯·贝利。他的学识渊博，可算是美国有名的外交史学家之一。照美国人的说法，他是保守的；依我看，他是反动的。他引用大量报刊资料作为诠释外交事件的舆论，似乎说美国每项外交政策是顺乎"舆论"的。他的文笔流利，但书的内容失于零散。他以利己主义作为估量外交活动的尺度，将强权政治、天命观、使命观熔于一炉，构成他的外交史学的体系。我钦佩他的治学的勤奋和博闻强记，但对他所持的观点表示嫌恶。1946年底，当我离美返国时，美国报纸大力宣扬参议员阿瑟·范登堡所提出的援蒋拨款议案。我想这种宣传一定符合贝利教授的想法。我给他写了一封信，说明援蒋一举是不正当的，中国人民是不会感谢的。当然我不知道他对那封信的反应。不过我认为，那封信是我交给他的作业中最好的一份。当1983年访美时，不料在我到达旧金山前几周，他与世长辞，真是"失之交臂"。

1947年秋，来到南开大学历史系，开始了教书生涯，时年三十。1982年黄钰生先生在冯承柏先生家谈，我是抗战结束后南开大学文科第一个归国的年轻教师。我主讲的课程是"西洋通史"。那时"西洋通史"的内容具有半殖民地气息，连所使用的课本都是美国人编写的。

一年后，天津解放。在自己的生命史和学术史上又掀开了新的一页，兼有"枯木逢春"和"梁上君子"之感。一方面，感到所学皆非，许多封建的和资产阶级的观点显然是反动的；另一方面感到一切皆须从头学起，所要学的新知识太多了。马克思主义经典著作和新民主主义革命理论一股脑涌入眼帘，大有应接不暇之势。

第一步是学习新的社会主义的道理。学习方式也跟过去不同了。在实践中学，即在思想改造中学，在社会运动中学，在讲课中学。边学边讲，边讲边学。

在学习上，自己觉得有一种顺理成章之感。所以有这种感觉，主要得力于在旧社会中积累起来的两种思想。一种是民族感情。解放标志着半殖民地历史的结束，民族新生了，自我新生了。第二种是社会进步观念。历史能使人产生进步观。例如进化论就是讲发展和进步的学说。有了进步观，自然会意识到社会主义不但超过封建主义，也高过资本主义。

解放前一年，在报纸杂志上写了些国际评论性文章。当时奢谈中立外交。解放后一看，觉得愚蠢无比，全都付之一炬。点把火，比较轻而易举，去掉旧的思想意识，则不那么简单了。不过，"一炬"总算弃旧图新的象征吧。

解放初期，在天津电台上讲世界近代史半年。虽是现炒现卖，但逼着自己多读了一些依据马克思主义观点写的书籍，当时主要是苏联课本，边干边学，收获很大，也得感谢组织上的栽培。

1951 年底—1953 年在高级党校学习，随后到人民教育出版社当了两年编辑。1957 年初又回到南开大学历史系，继续讲世界近代史，也开设了美国史。1964 年美国史研究室成立之后，就一头扎进美国史讲授和研究工作中了。

外国史真正研究工作是在解放后开始的。美国史研究也不例外。1958 年开始讲美国通史课。我觉得在美国史研究中，目前有一个问题很值得注意。这就是博与约、通与专的关系问题。

就目前实际状况和需要来看，还应着重博和通。这是基础。唯有在扎实的基础上，才能盖起高楼。目前似乎有一种过于着重约与专的倾向，这也许是由一种急于求成的思想所支配。在数量中求质量，没有一定的数量，质量也很难保证。在综合之前，应当运用马克思主义基本原理，写出大量的论文和专著，填补重要空白。在博与通基础上的综合，才能有创新，有深度。

我所谈的不仅是就一般状况而言，同时也就个人状况说的。虽然年近花甲，学习美国史近四十五年了，但博与约、通与专的问题解决得还不好，还不满意，还不感到心安理得。

当然，一般性的综合还是必要的，不能因噎废食，也不能妄自菲薄，例如写教材非但有必要，而且是义不容辞的。我常想，直到今天，我们还没有写出一本美国外交史教科书，这是不应该的。外交史关系民族利益至巨。让学生去看外国人的外交史课本，那就不妥当了。学生应先看我国学者写的美国外交史，然后再看外国人写的，这样才能有比较，有辨别，不致形成先入为主的偏见，甚而误入迷途。

一个单位研究工作的好坏，主要以成果和人才为标志。我们应当多出书，多出人才，特别是多出好书，多出优秀人才。有时我想，我们这一辈人只能起个桥梁和铺路作用。假如美国史研究需要几代人梯才能攀上峰巅的话，恐怕我这一辈人正是在人梯的最下层。能发挥好底层人梯的作用，亦于愿足矣。

1985 年 3 月初稿

（又见：杨令侠、朱佳寅编：《中国世界史学界的拓荒者——杨生茂先生百年诞辰纪念文集》，南开大学出版社 2017 年版，第 3 页。）

# 附录 3：杨生茂著述举要

## 著作

**独著：**

探径集.北京：中华书局，2002.

**合著：**

美国史新编. 北京：中国人民大学出版社，1990 年初版，1994 年再版. 书评见光明日报.1991-3-27；世界历史.1992（4）.

**主编：**

美国南北战争资料选辑. 上海：上海人民出版社，1978.

美国史译丛·美国外交史资料专号.1982（2）.

美国历史学家特纳及其学派. 北京：商务印书馆，1983. 书评见光明日报. 1988-10-19.

美国外交政策史（1775—1989）. 北京：人民出版社，1991. 书评见世界历史.1994（3）.

世界历史名人. 天津：新蕾出版社，2000.

**合主编：**

高级中学课本·世界近代现代史. 北京：人民教育出版社，1955 年初版，1956 年再版.

高级中学课本·世界近代现代史·教学参考书（上、下册）. 北京：人民教育出版社，1956.

高级中学课本·世界近代史（续编）·苏联现代史. 北京：人民教育出版

社，1956.

世界通史·近代部分（上、下册）. 北京：人民出版社，1962.

美国黑人运动大事记（上、下册）. 铅印稿，1975.

美国霸权主义对外政策资料选辑. 铅印稿，1976.

美国黑人解放运动简史. 北京：人民出版社，1977.

美国南北战争资料选辑. 上海：上海人民出版社，1978.

美西战争资料选辑. 上海：上海人民出版社，1981.

美国史论文选，1949—1979. 天津：天津人民出版社，1984.

美国通史丛书（六卷本）. 北京：人民出版社，1989—2001.

简明外国人物词典. 天津：天津教育出版社，1989. 书评见社会科学季刊.
1990（6）.

美洲华侨华人史. 北京：东方出版社，1990.书评见人民日报（海外版）. 1992-
2-22.

美国历史百科辞典. 上海：上海辞书出版社，2004.

# 论文

## 一

美帝侵华政策的演变. 历史教学，1951（1）.

抗日战争期间美帝如何武装日本. 历史教学，1951（2）.

1937 至 1941 年抗战期间美日如何合伙侵华. 历史教学，1951（4）.

读《前日本陆军军人因准备和使用细菌武器被控案审判材料（中译本》. 历
史教学，1951（4）.

法兰西资产阶级革命（1789—1794）世界近代史讲授记录. 历史教学，1951
（8）.

法兰西资产阶级革命（1789—1794）续世界近代史讲授记录（一、二）.
历史教学，1951（10）、（11）.

"新边疆"是美帝国主义侵略扩张政策的产物——兼论美国"边疆史学派".
南开大学学报，1965（1）. 书评见张小辰.《"新边疆"是美帝国主义侵略扩张
政策的产物》一文读后. 历史研究，1966（1）.

扼杀黑人革命运动的一把软刀子——评《黑人资本主义——量的分析》. 南

开大学学报，1977（5）.

林肯与黑人奴隶的"解放"——一个评价（上、下）.南开大学学报，1978
（4）、（5）.

## 二

试论威廉·阿普曼·威廉斯的美国外交史学（上、下）. 世界历史，1980
（1）、（2）.

试论弗雷德里克·杰克逊·特纳及其学派（上、下）. 南开大学学报，1982
（2）、（3）.

漫谈美国外交史学. 历史教学，1982（12）.

1981 年中国的美国史研究.（合撰）中国历史学年鉴：1982 年. 北京：人
民出版社，1982.

博与约的关系及其他——关于美国史研究的几点想法. 世界历史，1986（4）.

中国美国史研究四十年（1949—1989）. 中国历史学四十年. 北京：书目
文献出版社，1989.

再论鉴别吸收——兼论美国外交史研究中词义学的重要性. 1995 年撰（未
发表）.

我对美国史研究的一点看法——为南开大学美国史研究室成立三十周年而
作. 世界历史，1995（1）.

论乔治·班克罗夫特史学——兼释"鉴别吸收"和"学以致用". 历史研究，
1999（2）.

## 三

试论美国宪法与美国总统在外交事务中的权力. 世界历史，1988（5）. 英
文稿发表于美国历史学家对外关系学会刊物：通讯（Newsletter），第 19 卷第 3
期.

关于撰写美国外交史的几个问题（上、下）.（合撰）南开大学学报，1988
（2）、（3）.

美国外交政策史三论. 历史研究，1991（2）. 书评见席来旺、刘笑盈. 系统
审视一个国家的扩张史——评《美国外交政策史（1775—1989）》. 世界历史，
1994（3）.

"美国外交"辞条，约五千字，1997 年 8 月 3 日。

## 四

美国黑人解放运动简史·序言. 北京：人民出版社，1977.

引言. 杨生茂等编. 美西战争资料选辑. 上海：上海人民出版社，1981.

编者之话. 南开大学美国史研究室主编. 美国史译丛，1982（2）.

前言. 南开大学图书馆馆藏美国史（英文）目录，1985.

一部绚丽多彩的民间文学集成——《轩辕黄帝故乡的传说》序. 历史教学，1991（12）.

美国对华政策文件选编序. 历史教学，1991（4）.

东亚与太平洋国际关系——东西方文化的碰撞（1500—1923）一书的序言. 历史教学，1992（8）.

美国对亚太政策的演变·序言. 王玮主编. 济南：山东人民出版社，1995.

朝鲜战争中的美国与中国·序言. 赵学功著. 太原：山西高校联合出版社，1995.

展阅尘封著作 应对时世话题——序《美国传教士与晚清中国现代化》. 历史教学，1996（8）.

晚年述怀——《探径集》·前言. 出版史料. 北京：开明出版社，2002（4）.

从雅尔塔到板门店一书读后. （合撰）世界历史，1992（4）.

南开大学美国史教研室科研教学成果目录（1964年至1994年）·序. 1994-9-10.

探幽取胜 独辟蹊径——《梦想与现实》序. 历史教学，1995（9）.

一本富有启迪效益和卓异见地的好书——《冲突与合作：美国与拉丁美洲关系的考察》读后感. 拉丁美洲研究，1995（5）.

《世界历史名人》丛书（百人百册）序. 杨生茂. 顾传菁主编. 天津：新蕾出版社，2000.

《美国通史》·总序. （合撰）博览群书，2003（1）.

博而蓄约、大而存精——雷海宗撰《西洋文化史纲要》读后感. 世界历史，2003（2）.

序一. 美国历史与文化研究中心. 南开美国史四十年（1964—2004）. 又名，百尺竿头更进步，山花烂漫火样红——祝南开大学美国历史与文化研究中心建制四十周年. 中国美国史研究通讯，2004（1）.

厚积薄发 朴实生动——王柏灵著《匈奴史话》. 历史教学，2004（11）.

《在梦想与现实之间——鲁斯与中国》读后感. 美国史研究会通讯，2006（1）.

## 五

历史系工作报告. 存南开大学档案馆.

新的学习态度. 南开介绍. 1950 年印，存南开大学档案馆.

克服偏见 以理服人. 外国历史知识，1982（8）.

访英、希散记——历史篇. 历史教学，1983（3）.

写给编辑的话. 历史教学，1983（9）.

课堂上也要松绑. 南开大学历史系：史曦. 1984 年创刊号.

记乔治·格特曼. 中国美国史研究会通讯，1984（2）.

忆加利福尼亚大学（伯克利）. 武汉大学印. 中国美国史研究会通讯，1986（25）. 后收入加利福尼亚大学. 长沙：湖南教育出版社，1986.

给王心扬译文引言.（原文为 Beard's Noble Dream）东北师范大学编. 美国历史译丛，1985（1）.

美好的回忆.（合撰）历史教学，1986（1）.

读书、思考、对话和创新——关于研究生培养工作的体会. 天津高教研究，1987（1）.

述怀志念. 天津社联学刊. 复刊百期纪念专号，1988（6）.

学史杂拾. 光明日报. 1992-8-30.

论历史人物. 世界历史知识，1992（8）.

识时务者为俊杰——从本杰明·富兰克林说起. 历史教学，1993（7）.

从麦克纳马拉的反思说起. 今晚报. 1997-8-7. 又见郭长久主编. 博导晚谈录. 天津人民出版社. 1998.

《历史教学》创刊第一年. 历史教学，2001（1）.

浮想联翩——世纪之交有关世界史研究的几点思考. 历史教学，2001（4）.

《美国通史》编后絮语. 史学月刊，2003（9）.

一个不忍目睹的荒唐的译名. 学术界，2004（6）.

## 六

记两位图书馆员. 南开图书馆建馆八十周年纪念集. 天津：南开大学出版社，1979.

滥竽充数记. 燕园友谊（1938—1988：三八班入学五十周年纪念刊）. 1990.

咏忆. 今晚报. 1992-9-8.

时光荏苒，记忆常青——缅怀赵风章同学. 燕大校友通讯，1993 年 7 月第 15 期.

学习的历程（上、下）. 张家口日报. 1994-5-8、1994-5-15.

春节时分话早春. 天津老年时报. 1994-2-10.

追忆"一二·九"、悼念棺中"灵". 天津日报. 1995-12-6.

追忆往事：老人一种心态. 天津老年时报. 1996-11-?

缅怀同窗好友赵风章. 天津老年时报. 1997-2-1.

遥寄眷念情. 宣化一中 95 周年纪念文集. 1997-12.

心系祖国的海外游子——缅怀历史学家万心蕙老人. 天津老年时报. 1997-10-7.

追忆. 燕京大学三八班入学纪念刊. 1998.

忆青年时期思想的焦点. 天津老年时报. 1998-10-11.

榜样的力量是无穷的. 天津老年时报. 1998-8-7.

初到南开. 南开学报，1999 年校庆 80 年.

喜读外孙女新作. 天津老年时报，1999-2-?.

短暂停留南开园 风度音貌今犹存——记巩绍英同志. 回眸南开. 天津：南开大学出版社，1999. 又见巩绍贤编. 巩绍英纪念文集. 辽宁工程技术大学印刷厂，2000.

浮想偶得. 天津老年时报. 2000-6-17.

为后辈起名的困扰. 天津老年时报. 2000-12-25.

学海泛舟. 高增德、丁东. 世纪学人自述. 北京十月文艺出版社，2000.

耳背的烦恼. 天津老年时报. 2001-2-27.

祖孙戏题彩画记. 天津老年时报. 2003-3-17.

老少斗趣. 天津老年时报. 2003-2-10.

悼念二杨老友. 天津老年时报. 2003-3-31.

晨吟. 天津老年时报. 2003-6-2.

令人怀念的往事——谈万心蕙. 美国史研究会通讯，2004（2）.

老友造访有感. 天津老年时报. 2004-9-29.

忧患满怀探径勤. 政协天津市文史资料研究委员会. 天津文史资料选辑. 天津人民出版社，2004（2）.

尴尬中的尴尬. 天津老年时报. 2005-8-8.

摔跤记. 天津老年时报. 2006-3-12.

我很想做一个奥运会志愿服务者. 天津老年时报. 2008-3-7.